Impresa, comunicazione, mercato
Collana diretta da Giampaolo Fabris

L'impresa per raggiungere i suoi scopi istituzionali, perché questi possano essere letti e coordinati in una strategia unitaria, deve costantemente confrontarsi con il mondo esterno e divenire soggetto di comunicazione. Oggi il concetto di comunicazione si allarga sino ad investire gran parte dei comportamenti di impresa interpretati anche in quanto segni. Nella nuova prospettiva questi divengono - consapevolmente o inconsapevolmente - parte del flusso di comunicazione che l'impresa emette per raggiungere il sociale e il mercato. La collana *Impresa, comunicazione, mercato* vuole offrire un contributo di approfondimento e di ricerca allo studio dei processi di comunicazione che connettono l'impresa con l'ambiente esterno e con i suoi consumatori. La pubblicità rappresenterà quindi, in quanto attività da sempre riconosciuta ed istituzionalizzata come comunicazione d'impresa, l'ambito privilegiato della collana. Pubblicità, che almeno nella tradizione editoriale italiana, è stata più spesso interpretata nei suoi aspetti fantasmagorici, effimeri e di trovata che non in termini di riflessione scientifica. E accanto alla pubblicità troverà spazio nella collana l'analisi di tutti quegli interventi dell'impresa che, in termini più o meno palesi, la portano a comunicare con l'esterno. Quindi i prodotti e i servizi che immette sul mercato visti anche come segni e comunicazione ma anche il packaging, le promozioni, il design, le attività below the line, la dimensione grafica e architettonica sempre considerati sotto la dimensione comunicazionale. E, naturalmente, le attività che più esplicitamente affiancano la comunicazione pubblicitaria: le sponsorizzazioni e le relazioni pubbliche.

Giampaolo Fabris, Laura Minestroni

VALORE E VALORI DELLA MARCA

Come costruire e gestire una marca di successo

FrancoAngeli

In copertina: immagine di Laura Minestroni.

Ristampa	Anno
1 2 3 4 5 6 7 8 9	2004 2005 2006 2007 2008 2009 2010 2011 2012 2013 2014 2015

Stampa: Tipomonza, via Merano 18, Milano.

Indice

Tutte le tavole e i dati statistici contenuti in questo volume sono basati, a meno di diversa indicazione, sulla rilevazione Monitor 3SC: una indagine campionaria condotta mediante interviste personali su un campione rappresentativo della popolazione italiana adulta composto da 2500 casi ogni 18 mesi dal 1979 da GPF&Associati. I campioni intervistati nei diversi anni sono omogenei e quindi comparabili. Se non vi è indicazione di anno i dati si riferiscono all'ultima rilevazione condotta (novembre 2003).

Parte prima

La marca: una risorsa complessa

1. La marca oggi

1.1. Valore e valori della marca

Non è un gioco di parole. *La marca ha valore quando introietta e trasmette forti valori.* Nel suo lungo divenire storico – da semplice marcatore di proprietà/identificazione a motore semiotico ed identità – la marca è approdata adesso al variegato mondo dei valori e dell'etica. *Valori* nell'interpretazione sociologica corrente, come aggregati di senso – cognitivi e affettivi – coerenti, duraturi, moralmente vincolanti, capaci di guidare le scelte individuali per un periodo di tempo sufficientemente prolungato. Sono elementi che fondano l'identità sociale e la specificità individuale e di gruppo ma, allo stesso tempo, sono i nuclei attraverso cui passano e si consolidano i processi di differenziazione sociale.

Che la marca abbia un valore – anzi, come si legge sempre più spesso, nei testi di management, che "rappresenti l'asset più importante di cui l'impresa dispone" – vi sono ormai troppe evidenze per doverlo ancora documentare. Un valore che prescinde anche dalle sue quote di mercato, dalla sua distribuzione commerciale, dai suoi attributi più tangibili, dal valore delle sue shares e che ha fatto spesso parlare di *alchimia della marca*[1]. La marca cioè come costruzione magica: come quando, in polverosi laboratori, l'alchimista tentava la prodigiosa trasmutazione del metallo in oro. Al limite la marca come *un re Mida dei nostri giorni* che trasforma in oro tutto ciò che tocca.

La metafora – anche se seduttiva ed affascinante – è però solo parzialmente corretta. Presupposto, infatti, perché la marca possa trasformarsi in produttore di ricchezza è che comunque il materiale che firma non sia un vile metallo: la vera *conditio sine qua non* perché la marca possa esprimere il suo grande potenziale, trasformarsi in uno straordinario moltiplicatore di valore è

1. L. Minestroni, *L'alchimia della marca. Fenomenologia di un moltiplicatore di valore*, FrancoAngeli, Milano, 2002.

che si giustapponga ad un buon prodotto o servizio. Esempi di marche che siano riuscite a sopperire a vistosi deficit sul fronte delle performance – del contratto cioè che la marca sottoscrive ontologicamente con il consumatore garantendo il rispetto di queste ed una costanza poi di qualità – e ad avere successo sono ben difficili da riscontrare. Al massimo si tratta di affermazioni momentanee, di fenomeni dell'ordine dei *fad* o delle mode: destinati cioè ad avere vita breve. Quando una marca – anche se ha costruito attorno a sé un grande patrimonio simbolico – diviene inadempiente sotto il profilo della qualità, la sua attrattività perde rapidamente di richiamo. A fronte di un consumatore più competente, esigente e *demanding*, il rispetto e l'acritica reverenza di un tempo nei confronti della marca non trovano più spazi o ragion d'essere.

L'*allure* che la marca riesce a creare, anche se questa si è consolidata nel tempo, non è sufficiente a contrastare le lacune sul fronte delle performance Pensiamo, ma vi è purtroppo solo l'imbarazzo della scelta al proposito, a Jaguar – un nome mitico nel settore dell'automobilismo – le cui prestazioni erano andate progressivamente indebolendosi, nel corso degli anni, sino a scontentare fortemente i suoi utenti. Un'immagine consolidata da decenni e di grande prestigio non è riuscita a supplire alle vistose defaillance, e la marca ha perso rapidamente valore e quote di mercato imboccando un poco dignitoso viale del tramonto. È solo con l'intervento di Ford – che si fa massicciamente carico nell'attenuare prima ed eliminare poi la difettosità della vettura – che Jaguar torna ad essere una marca che genera valore: per i suoi azionisti e per la sua utenza. Tuttavia, resta un'ombra sul suo blasone perché le inadempienze, anche se superate, lasciano sempre una traccia.

Ma, una volta adempiuto al rispetto a questa sorta di prerequisito rappresentato dalla qualità, considerato a tutti gli effetti un must, *è proprio la marca che può attribuire caratteri totemici ai prodotti che firma*. Per conseguire il successo, per creare valore non è più sufficiente per l'impresa avere buoni prodotti ad un prezzo equo: questo rappresenta una condizione certamente essenziale ma non sufficiente. Ci sono un'infinità di buoni prodotti e servizi sul mercato destinati a restare in una sorta di limbo o a scomparire perché non vivificati dall'afflato della marca. Di una marca che non sia pura denotazione, non sia cioè entrata con maestria e determinazione, nel mondo della connotazione.

Tra l'altro è noto come le differenze tangibili tra produttori diversi tendano, all'interno dello stesso comparto, ad assottigliarsi sempre di più ed a divenire progressivamente indistinguibili sotto il profilo dei valori d'uso. Anche le innovazioni più sostantive, quelle che un tempo costituivano una duratura rendita di posizione, adesso rischiano di essere clonate quasi in tempo reale. Ferrero, una delle grandi marche italiane dell'industria dolciaria, per decenni ha avuto nel suo portfolio quei prodotti che l'imprenditore Michele Ferrero definisce come "prodotti impresa": vale a dire prodotti che da soli possono costituire un'azienda e che è quasi impossibile riprodurre alla stessa struttura di costi, che hanno quindi caratteristiche uniche e differenzianti, che hanno una vita lunghissima e che sviluppano imponenti fatturati. Si pensi, per tutti, a Nutella e Rocher. Eppure, in tempi recenti, è stato sempre più difficile, per Ferrero, mantenere un vantaggio competitivo basato sulle caratteristiche di unicità dei suoi prodotti. Quando immette sul mercato un prodotto fortemente innovativo come le merendine refrigerate (Pinguì, Fetta al latte, ecc.) questo viene riprodotto, dopo pochi mesi, da una Centrale del Latte italiana. La marca invece è impossibile da clonare.

La marca, sempre meno, può fruire di rendite di posizione basate sia su fattori distintivi strutturali od oggettivi sia sulla pregiudiziale fedeltà del consumatore che, come vedremo più oltre, rivendica invece una crescente autonomia, discrezionalità e sperimentalismo pur continuando a guardare alla marca con interesse e considerazione. La marca deve costruirsi una propria equity di grande spessore e costruire poi un fertile terreno di dialogo con il consumatore. Deve continuamente elaborare, arricchire – mantenendo inalterati i suoi *significati* di fondo ed intervenendo costantemente sui *significanti* – la propria identità se non vuol recitare un impotente soliloquio.

La metafora dell'alchimia, inoltre, ha un altro coté debole: l'alchimista è sovente, almeno nella comune accezione, più un mago stregone che uno scienziato. Ed invece, perché la marca possa produrre valore, questa necessita sino in fondo l'apporto della scienza: se la creatività, l'immaginazione, la fantasia sono importanti per attribuire protagonismo alla marca, pure queste si devono coniugare, ed essere comunque subordinate, ad un approccio rigoroso, sistemico al branding. Ad un pensiero strategico. La lista di marche che hanno equivocato il credito ottenuto in passato alla stregua di un lasciapassare che garantisse legittimazione ad un modo di procedere che prescindeva dai bisogni, desideri, aspettative del consumatore, insensibile alle conseguenze del cambiamento sociale, poco coerente con la propria mission o senza il necessario apporto della ricerca, se non sono scomparse dal mercato sono ancora intente a curarsi le ferite. Il forte credito del passato o di cui si gode attualmente non significa certo "licenza di...", e può essere dilapidato in poco tempo. La marca deve essere consapevole che mette in gioco il proprio nome e la propria reputazione tutti i giorni, Dissennate operazioni di stretching della marca (vedi più oltre) non solo non hanno riverberato la positività della marca sulle *new entries* ma hanno sovente compromesso anche la credibilità dei suoi prodotti storici. L'arroganza o la miopia di chi considera la marca – anziché una costruzione *in progress* a cui dedicare cura, attenzione e dedizione – come una sorta di *cash cow* da mungere e da spremere e da cui attingere soltanto profitti è stata duramente punita. La lista dei continui insuccessi sul fronte della marca non risparmia nemmeno le più titolate[2].

2. Cfr. M. Haig, *Brand Failures. The Truth and The 100 Biggest Branding Mistakes of All Time*, Kogan Page, London, 2003.

La marca sviluppa una equity quando sia correttamente gestita nella piena consapevolezza del suo valore e delle sue potenzialità. Altrimenti il mantra, recitato sempre più spesso, della marca come capitale più prezioso per l'impresa si svuota di contenuti. *Sembra un paradosso ma sono poche le imprese a dedicare alla marca – alla costruzione e gestione della sua equity – quell'attenzione e quell'intelligenza strategica che mercati sempre più ipercompetitivi e complessi richiederebbero.* La testimonianza la si trova con immediatezza nei brief delle campagne pubblicitarie – che costituiscono da sempre uno degli strumenti privilegiati per potenziare il valore della marca – il più delle volte elusivi e generici; nella messa a punto di strategie di comunicazione sovente delegate quasi interamente all'esterno; nelle ricerche sulla marca che si basano ancora su dimensioni obsolete da paleomarketing come l'awareness, l'immagine, il posizionamento; nell'assenza di un cruscotto – o di una cabina di regia – che indichi velocità, direzione, possibili ostacoli, mappatura del territorio che marca intende percorrere e che sia davvero capace di generare sinergie tra i tanti media con cui questa comunica per levare la sua massa critica.

Il branding, oggi, è diventato terreno fecondo di analisi e costruzione scientifica: l'ampliarsi a dismisura della letteratura in materia e il corpo sempre più consistente di ricerche condotte supportano autorevolmente questa considerazione. Una accezione di scienza – come tutte le scienze umane, sociali e del comportamento – diversa da quella delle scienze cosiddette esatte (come la matematica, la fisica o la chimica) ma anche da quelle economiche che sovente millantano, grazie al ricorso ad un apparato statistico-matematico sempre più complesso, una pretesa oggettività ed attendibilità che sono ben lungi dal possedere. Tra l'altro, sia detto per inciso, il mondo dell'economia, macro e micro, ha sempre non considerato o sottovalutato il ruolo della marca: guardandola più come un fattore di disturbo che come un autonomo generatore di valore.

La marca ha valore se, e in quanto, riesce a sedimentarsi con una identità chiara, distintiva e coinvolgente nella mente del consumatore. Il concetto di *customer oriented brand equity* – l'acronimo è *COBE* – che è quello che, adotteremo e svilupperemo nel corso del volume in contrapposizione ad un equivoca dizione di brand equity – parte proprio da questo assunto. La forza della marca, la sua capacità di produrre ricchezza, la sua equity si basa in realtà su *ciò che il consumatore ha appreso, visto, sentito, percepito, sperimentato personalmente nel tempo.* La *COBE* si attiva quando il consumatore elabora un elevato livello di conoscenza e familiarità con la marca che riesce a sedimentare nella sua mente un ricco patrimonio di associazioni positive in maniera consistente e duratura.

Potremo anche vedere la equity di una marca come un sistema dinamico in continua evoluzione, fortemente interconnesso – dove ogni dimensione è in relazione (influenza e viene influenzata) alle altre – come una piramide (fig. 1) che ha alla base la salienza della marca (la sua visibilità/awareness, la competenza nel settore in cui opera, la fiducia che suscita). Ad un livello immediatamente superiore si trovano gli attributi tangibili, le caratteristiche oggettive e performative, i valori d'uso della marca, le esperienze pregresse e, in parallelo, il patrimonio associativo e simbolico che evoca, la sua immagine, il suo percepito ai diversi livelli di consapevolezza. Ad un livello ancora superiore troviamo una traduzione in termini valutativi dei valori d'uso, l'interesse per le performance attribuite, la customer satisfaction, le convinzioni sulla superiorità performativa della marca e – sullo stesso piano – i sentimenti, le emozioni che suscita, l'attualità che manifesta. Al cuore di questo cono si trova l'essenza della marca (*brand essence*[3]), il suo DNA, il suo patrimonio genetico e fondativo come viene percepito dal pubblico. All'apice della piramide del *COBE* vi è la relazione reale che la marca intesse con il suo pubblico, il commitment nei suoi confronti, la fedeltà che genera.

Fig. 1 - La piramide del COBE

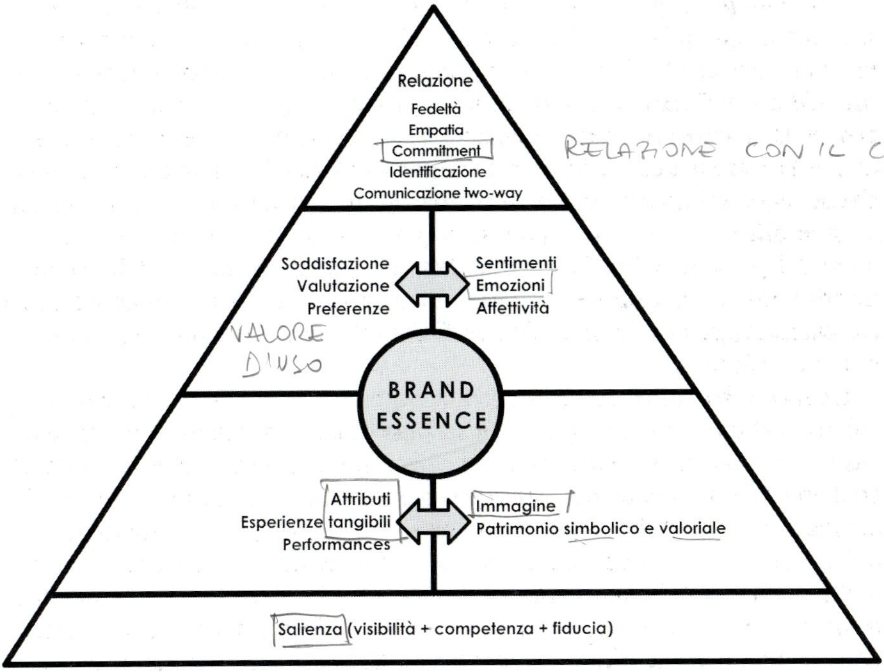

3. La *brand essence* è il cuore e l'anima della marca, il suo *pathos* e il suo *ethos*, il suo patrimonio genetico. Ne parleremo più oltre. Alcuni esempi di *brand essence*: "*Stimulating creative people*": Lego; "*Cuore sportivo*": Alfa Romeo; "*Connecting people*": Nokia; "*Active health*": Danone; "*Just do it*": Nike; "*Cosmetic with a conscience*": Body Shop; "*United Colors of Benetton*": Benetton; "*Up against conventions*": Virgin; "*Dove c'è Barilla c'è casa*": Barilla; "*We try harder*": Avis.

È questo preciso ed emblematico assunto a discriminare la marca dalla *marca* (una distinzione ortografica che non riproporremmo più nel corso del volume – riferendoci costantemente alla prima a quella cioè che è riuscita a crearsi visibilità e spazio nell'universo semiotico – ma che il lettore deve tenere sempre ben presente): la marca *è un mondo vitale, un Lebenswelt denso di significato e di forza attrattiva, che deposita consistenti tracce mnestiche nelle sue utenze e che genera un manto di polvere di stelle attorno a un prodotto o servizio*, mentre la *m*arca è soltanto un segno che ha un portato semantico esclusivamente identificativo. Una premessa apparentemente banale: in realtà davvero fondativa dello statuto epistemologico della marca.

La marca senza questo presupposto è pura virtualità, una *empty box* da divenire poi, agli occhi del mercato, così trasparente da risultare invisibile. Assai meno caratterizzante, invece, il diffuso luogo comune secondo cui "la marca conta per i prodotti che contano": nel senso che sarebbero quelle decisioni d'acquisto realmente coinvolgenti il consumatore – per l'esborso economico elevato che comportano o per le forti implicazioni emotive che mettono in moto (due dimensioni talvolta coincidenti, molto spesso no) – a valorizzare il ruolo e l'importanza della marca. Mentre, per i prodotti più banalizzati o di routine la marca sarebbe poco rilevante o del tutto irrilevante, esaurendosi nel suo significato primario prettamente identificativo. Anche se c'è un fondamento di verità in questa teoria, crediamo che non si possa parlare di una legge invariabile e definitiva. Infatti, vi sono marche fortissime nel settore dei prodotti commodity, come pure beni di grandissimo valore per i quali il brand è sovente assente (ad esempio gran parte dei gioielli venduti risultano *unbranded*). Pensiamo nel primo caso a Barilla: vi è una continua ricorrenza di ricerche, condotte dalle fonti più disparate, a mettere in rilievo come questa marca sia al primissimo posto in Italia quando si studia l'empatia ed il commitment dei consumatori verso una marca. Eppure Barilla, sino ad un recentissimo passato, firmava esclusivamente il più basico dei prodotti del nostro Paese: un prodotto acquistato di routine, poco costoso – e un tempo assai poco emozionalmente investito – come la pasta alimentare. Un tempo: perché nel corso degli anni, mano a mano che Barilla costruiva la sua equity di marca, la pasta da consumo povero e dimesso, socialmente poco qualificante e nutrizionalmente poco corretto (questi erano gli stereotipi che le venivano attribuiti, destinati inevitabilmente a mitigare la elevata gratificazione orale comunque riconosciutale) si è trasformata in un prodotto moderno e postmoderno, salutare, naturale, semplice e buono. Una singola marca è cioè riuscita – un'impresa solitamente ardua da conseguire – a divenire protagonista nell'affollatissimo empireo delle marche, oltre a bonificare un intero comparto merceologico trasformando la product image della pasta alimentare.

Un altro esempio, forse il più eclatante di tutti perché è la marca più nota – forse più diffusa – al mondo: una sorta di archetipo di tutte le marche. La Coca-Cola. Il prodotto che firma è una banale soft drink. Metà del suo nome

(Cola) è un nome generico di cui tutti possono impossessarsi, l'altra metà è vagamente inquietante ed allude ad un lontano passato in cui l'estratto delle foglie di coca c'era realmente. Eppure è divenuta, in tutto il mondo, una marca di culto, forse l'icona più accreditata del Paese a stelle a strisce. Ed è riuscita – pur firmando un prodotto che è all'antitesi delle tendenze attuali del bere: gli orientamenti attuali sono verso bibite poco gasate e naturali di cui la spremuta di arancia rappresenta una sorta di idealtipo, la Coca-Cola è fortemente *carbonated* ed all'antitesi della naturalità – persino a contrastare grandi trend socio-culturali che altrimenti ne avrebbero decretato un pressoché certo declino.

La forza del marchio è ben sintetizzata dalle vicende che accompagnano gli esordi della New Coke. Nel 1985, il management della Coca-Cola, dopo una serie di test sul gradimento del pubblico che avevano rilevato la netta preferenza per una variante di gusto – ed in parte come conseguenza della *Pepsi Challenge*, la sfida che il suo principale competitor le aveva lanciato mostrando in blind test condotti in tutta America come i consumatori preferissero la Pepsi alla "*Real Thing*" – optò per lo storico cambio di formula. Facendo oggetto di una massiccia comunicazione il nuovo prodotto, ribattezzato New Coke, e ritirando quello originario dal mercato, ai vertici della Coca-Cola Company erano sicuri di riuscire ad arginare il calo delle quote di mercato e di accontentare il pubblico, con un gusto nuovo e superiore. Invece, quando fu dato l'annuncio ufficiale, le reazioni furono così drammaticamente negative da indurre l'azienda a reintrodurre precipitosamente la vecchia versione con il nome di Coca-Cola Classic. Eppure i test condotti dalla Coca-Cola (quasi 200 mila taste test!) erano assolutamente inequivoci: la nuova formulazione non solo risultava decisamente preferibile rispetto a quella commercializzata[4] ma si era dimostrata anche del tutto superiore rispetto alla Pepsi. Il gusto più gradevole era stato immediatamente declassato in quanto percepito come attentato alla integrità della marca, al suo statuto costitutivo. Reintroducendo, si può ben dire a favor di popolo, la tradizionale Coca-Cola ed ammettendo quello che nei manuali viene definito come "il più grande errore di marketing di tutti i tempi" Donald Keough, chief operating manager di Coca-Cola, si espresse in questi termini "la passione per l'originale Coca Cola – questa è la parola giusta, passione – ci ha davvero colti di sorpresa. È stato meraviglioso. È un meraviglioso mistero tutto americano, un enigma americano che non si può misurare come non si può misurare l'amore, l'orgoglio e il patriottismo"[5].

Valore in che senso della marca? Valore innanzitutto per il consumatore. La marca riduce l'incertezza al momento della scelta. La marca è, prima di

4. Nei blind test la New Coke batteva la vecchia 55 a 45, ma la preferenza diventava 61 a 39 quando le due bevande venivano poi identificate per quello che erano. Cfr.: A. Sparvoli, "Non toccate la Coca-Cola", *Mark-Up*, settembre 1995.

5. M. Haig, *cit.*, p. 15.

tutto, *sicurezza*. Minimizza cioè il fattore rischio: un rischio che può essere[6]:

- *funzionale*, ovvero performativo: che il prodotto cioè, nelle sue prestazioni, non risulti all'altezza delle aspettative. La garanzia di qualità costante nel tempo, e a prezzi competitivi, è alla base del contratto tra consumatore e marca;
- di *integrità fisica*: che il prodotto/servizo costituisca una fonte di possibili pericoli alla propria incolumità, alla propria salute e al proprio benessere (o a quello di altri);
- *economico*: che il prodotto/servizio, dopo l'acquisto, non risulti all'altezza del prezzo pagato;
- *sociale*: che il prodotto/servizio non sia in grado di garantire la legittimazione sociale della scelta. La marca, quindi, anche come veicolo di rassicurazione ed integrazione sociale;
- *psicologico*: che il prodotto/servizio non contribuisca anche al benessere psicologico dell'*user*;
- *temporale*: che l'acquisto finisca per rappresentare una perdita di tempo, attraverso la continua problematizzazione delle scelte e la sperimentazione incessante;
- *mordi e fuggi*: che la fruizione del prodotto/servizio non sia supportata da un referente in grado di assicurare risposte a dubbi, problemi, necessità del consumatore. Il rapporto con la marca non si esaurisce, infatti, nella vendita ma garantisce responsabilità ed assistenza per tutto il periodo in cui prosegue l'uso.

Non tutte queste condizioni sono sempre assolte dalla marca, che può dimostrarsi "latitante" rispetto alla riduzione di uno (o più) rischi tra quelli sopra citati: ma in questi casi ci si inoltra nella sua patologia e si può essere ben certi che lo scotto da pagare sarà elevatissimo. Talvolta sono state sufficienti poche inadempienze per mettere in crisi marche che godevano di una reputazione e di una diffusione planetaria.

Ma, soprattutto, valore per il consumatore mutuato dalla capacità della marca di *attribuire un cuore ed un'anima al mondo degli oggetti, di trasformare una mera prestazione d'uso in comportamento dotato di senso, di cambiare una transazione economica in una relazione* (o, almeno, in una speranza di questa: la marca è largamente inadempiente su questo fronte); di prestarsi a divenire **una nuova forma di linguaggio** con cui comunicare a se stessi ed agli altri; di veicolare significati, mondi, valori che si condividono e di cui ci si compiace. Si viene così a fondare una sorta di *contratto sociale*, non scritto ma non per questo meno cogente, tra il pubblico e la marca. La marca deve essere cioè all'altezza delle aspettative e delle promesse e i con-

6. K.L. Keller, *Strategic Brand Management. Building, Measuring, and Managing Brand Equity*, Prentice Hall, Upple Saddle River, 2003.

sumatori le restituiranno, in cambio, fiducia e credibilità: un *do ut des* ben al di là della tradizionale asimmetria che ha sempre caratterizzato i rapporti tra produzione e consumo. Restituzione sotto forma anche di atti di acquisto e, laddove la equity sia davvero importante, fedeltà come premessa per una *long lasting relationship*.

Il valore di una marca per il consumatore può divenire così elevato da generare qualcosa di simile a ciò che si verifica, in medicina, con l'"*effetto placebo*" quando una sostanza inerte, avallata però dall'autorevolezza di un medico – dimostra di realizzare effetti terapeutici. In uno studio pubblicato dal *British Medical Journal*[7] è segnalata una ricerca in cui i pazienti che usavano come antidolorifico la propria marca ottenevano effetti assai più consistenti di quando veniva loro somministrato un analgesico che pure aveva la stessa consistenza chimica ma privo della marca. Nella tavola che segue (fig. 2) è riportato lo spazio che occupano una serie di marche di birra quando queste vengono fatte assaggiare con la marca. Nella successiva (fig. 3) le stesse marche sono state fatte testare, allo stesso campione, in confezione blind. Come si vede con molta chiarezza, a parte Guiness che è di colore scuro e quindi facilmente riconoscibile, tutte le altre marche perdono di distintività[8].

Fig. 2 - Percezione di sei marche di birra quando gli intervistati sanno il nome della marca

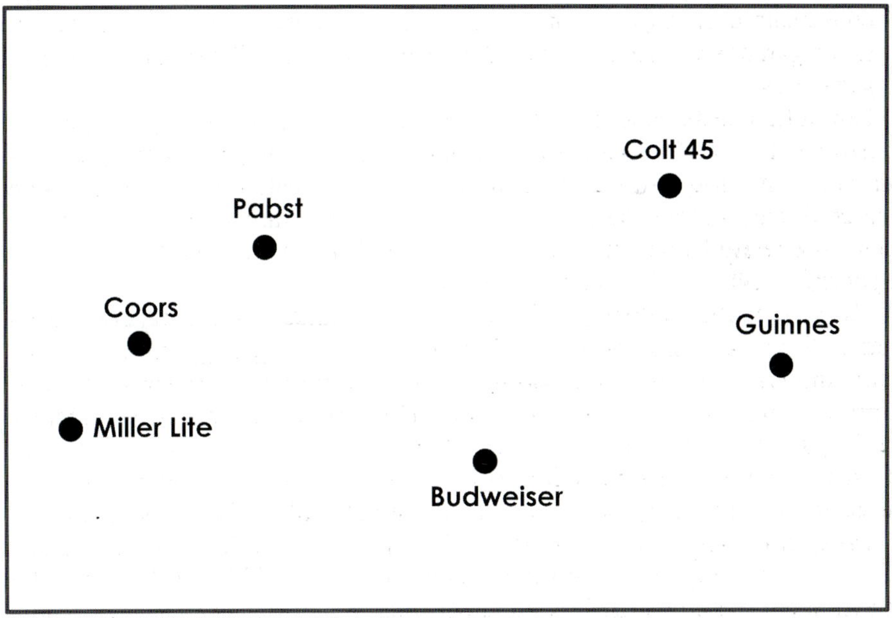

7. A. Brantwaite, P. Cooper, "Analgesic effect of branding in treatment of headheaches", *British Medical Journal*, 282, 1981.
8. K.L. Keller, *cit.*, p. 62.

Fig. 3 - Percezione di sei marche di birra quando gli intervistati non sanno il nome della marca

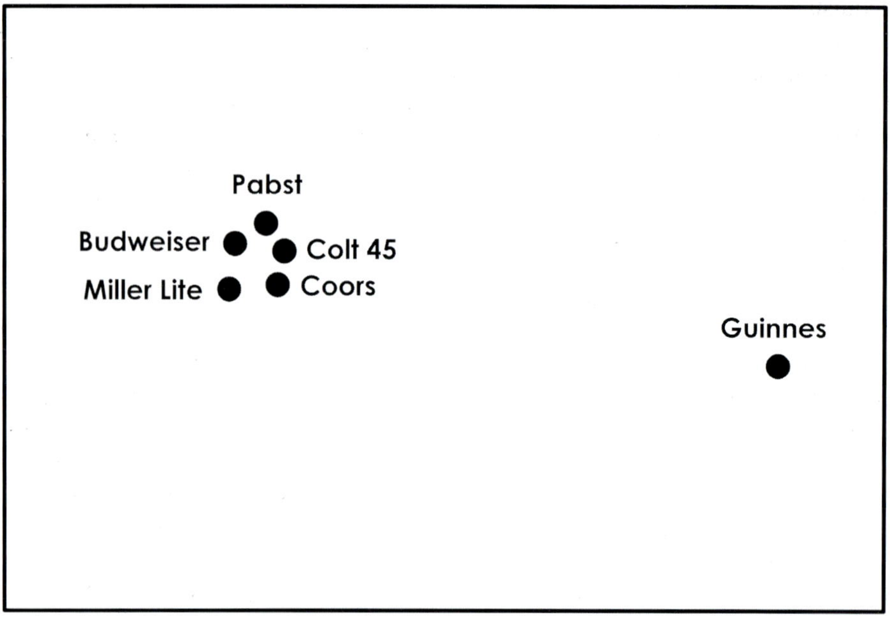

Il valore che la marca, se questa è correttamente gestita, *genera per l'impresa* eccede largamente i tradizionali indicatori (quote di mercato, diffusione, brevetti ecc.). Quando agli studenti introduciamo il tema del valore della marca ricorriamo a questo semplice esempio: la presentazione di un prodotto *unbranded* – come una bottiglia di acqua minerale, senza etichetta – con l'invito ad ipotizzarne il costo. Successivamente presentiamo la bottiglia con un'etichetta di marca ed indichiamo poi il prezzo che, con questo abbigliaggio, il prodotto ha sul mercato. Il delta prezzo fra la confezione con e senza etichetta rappresenta una prima approssimazione del valore della marca. Il valore della marca è riconducibile all'extraprezzo – è una delle possibili definizioni – che si è disposti a pagare rispetto allo stesso prodotto nella versione *unbranded*. Si possono inoltre costruire, come è noto, delle curve dell'elasticità della marca al prezzo, che indicano cioè con precisione la perdita o l'acquisto di quote di mercato all'aumentare o al diminuire del prezzo. È uno degli esercizi preferiti dalla microeconomia.

Il detonatore, negli anni Ottanta, a generare un'inedita attenzione alla marca e alla sua equity, sono alcuni passaggi di proprietà che sovvertono tutti i parametri di valutazione della marca. Il gruppo Buitoni Perugina passa dal gruppo di Carlo De Benedetti che l'aveva acquisito qualche anno prima (1985) alla Nestlé (1988) per un prezzo che non trova alcun riscontro nei libri contabili né in quanto speso in precedenza per l'acquisto dalla famiglia Buitoni, anche se nel pacchetto c'è la Curti riso: un rapporto da 1 a 8; Philip Morris acquista la Kraft per un importo quattro volte superiore al suo valore di libro; Nestlé rileva la Rowntree per un importo cinque volte superiore a quello degli asset tangibili. Il sospetto che il valore di una marca sia anche influenzato da fattori extracontabili comincia, in quegli anni, a divenire una certezza.

Valore della marca per l'impresa quindi come *moltiplicatore del suo valore oggettivo* in caso di vendita; come *maggior prezzo* che riesce a scontare sul mercato, sovente in un'area premium price; come *maggior potere contrattuale* nei confronti della distribuzione; come possibilità di *operazioni di estensione della marca o di licensing* – per molti stilisti nel settore della moda le licenze rappresentano la fonte più importante di profitti – sia come *maggiore apprezzamento sul mercato azionario.*

È comunque da ricordare che, a cadenze ricorrenti, c'è chi profetizza la fine o il declino ormai imminente delle marche. I recenti attacchi del movimento No Logo alla marca hanno fatto titolare a molti periodici italiani (chissà se hanno anche considerato, nel loro furore antindustriale – che la fine delle marche porterebbe alla loro stessa inevitabile scomparsa?), talvolta dedicando all'argomento intere copertine, che la marca fosse ormai avviata verso il viale del tramonto. Le ricerche indicano che l'impatto del movimento in termini di dissuasione dall'acquisto rispetto a prodotti di marca – o di alcune marche – è stato invece nullo. Talvolta – al di là del provincialismo dei media italiani e della loro inclinazione anticonsumista di stampo radical chic – sono media di ben altra caratura a profetizzare l'imminente tramonto delle marche. Times (11 agosto 1993) durante una delle più gravi crisi dell'industria di marca titola "*Brands - Who needs them*?" In quell'anno gran parte della stampa internazionale si interrogò sul futuro delle marche disegnato per lo più a fosche tinte. Cosa era successo? Per fronteggiare l'attacco di marche di sigarette discount che, nel giro di pochi anni, avevano conquistato dal niente il 30% del mercato con un differenziale di prezzo di 1 a 2 rispetto a Marlboro – la marca mitica di sigarette, uno dei marchi più consolidati al mondo la cui storia comunicazionale è parte significativa della storia dell'advertising –, Philips Morris decise, per la prima volta, di operare forti promozioni per ridurre il prezzo di Marlboro. Da notare che le grandi marche di sigarette negli anni precedenti – anche nei periodi più recessivi – avevano costantemente aumentato il prezzo nell'ordine del 10%. Il risultato fu il crollo delle azioni di Philip Morris il giorno dell'annuncio del *cut price* (venerdì 2 febbraio 1993 che sarà ricordato dagli analisti finanziari come *Marlboro Friday*) che travolse, oltre agli altri produttori di sigarette, gran parte delle marche di beni di largo consumo come Procter&Gamble, Heinz, Quaker, Coca-Cola nella convinzione che la equity delle grandi marche fosse ormai destinata a dissolversi. Il crollo delle azioni venne rapidamente riassorbito ma la leggenda della possibile morte delle marche durò ancora a lungo.

In tempi più recenti è stata la crescente sensibilità del consumatore al prezzo a far dubitare della tenuta delle marche nei confronti delle non marche a basso prezzo e, soprattutto, la crescente competitività delle marche della grande distribuzione, su cui ci soffermeremo in seguito. Ma, nonostante queste *continue sfide*, la marca sembra – almeno a livello di goodwill nel pubblico – godere di una buona salute.

È opportuno sempre aver presente che il differenziale di prezzo che la marca riesce a scontare è più la risultante di un complesso paniere di attributi che non di un automatico e spurio, non meglio definito, moltiplicatore di valore piovuto dal cielo. Le marche di eccellenza oggi sono quelle *loyalty leader*. La fedeltà dei propri utenti e consumatori è una dimensione importante del valore di una marca soprattutto in mercati, come gli attuali, che non crescono più (dimentichiamo i prodotti hi-tech e quelli più innovativi) ai ritmi del passato.

La transizione da un marketing di tipo offensivo – quando l'obiettivo prevalente è quello di conquistare quote crescenti di mercato e di allargare il proprio parco di consumatori ed i mercati appaiono come un gigantesco pozzo di san Patrizio – ad un *marketing di tipo difensivo* – quando, a fronte di mercati statici o in regresso, si tende invece a mantenere le proprie shares ed a fidelizzare la clientela – è centrale per cogliere correttamente il significato attuale ed il ruolo della equity di marca. Tra l'altro anche la fedeltà alla marca non è certo una dimensione a sé stante ma una sorta di epifenomeno, a valle, della soddisfazione del consumatore. E questa, a sua volta, come vedremo in seguito, è la risultante di un livello di prestazioni/qualità del bene o servizio coerente con le attese del mercato, dando però un'interpretazione olistica al concetto di qualità che finisce per coinvolgere tutta l'area dei significati intangibili, simbolici e di segno della marca.

L'equity della marca è la struttura latente e la risultante di una catena sillogistica (fig. 4) che prende avvio dalla percezione della marca da parte dei consumatori (come cioè la marca vive nella mente del consumatore), che ne influenza la soddisfazione (termine, in questo nuovo contesto, del tutto riduttivo) in funzione dei comportamenti di consumo, che a sua volta genera la fedeltà ed è capace di trasformarli in alto-consumanti e ad elevato tasso di frequentazione della marca, attraendo anche i consumatori più *floaters*.

La fedeltà è quindi rapportabile alla soddisfazione del consumatore che, a sua volta, è funzione del plesso di attributi associati alla marca e percepiti dal suo pubblico. Si crea così una catena causale che, oltre a determinare la fedeltà, influisce sugli *heavy buyers* (non sempre vi è coincidenza al di là dell'apparente tautologia: posso essere infedele alla marca e pure generare un'elevata frequentazione/fedeltà, ed essere fedele ma con ritmi di acquisto rallentati oppure acquistando quantità più contenute) e riesce ad intercettare i *floaters*.

Fig. 4 - La catena causale della equity della marca

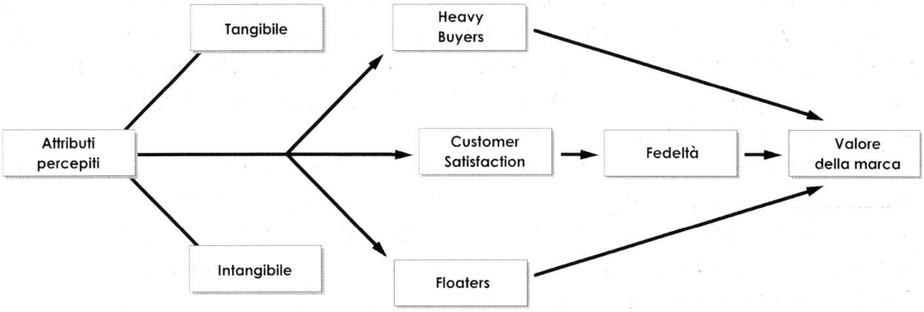

"Uno dei più popolari e potenzialmente rilevanti concetti di marketing nato negli anni '80 – osserva Keller – è il concetto di brand equity. L'emergere della brand equity, comunque, ha portato buone e cattive notizie. Le buone sono che ha comportato un crescente rilievo della marca, che in precedenza era stata relativamente negletta, nelle strategie di marketing, collocandola al centro dell'attenzione manageriale e dell'attività di ricerca. Le cattive notizie sono relative al fatto che il concetto è stato definito in tante diverse maniere per un numero di diversi scopi"[9]. D'altra parte in una società ed in mercati complessi come quelli in cui viviamo non c'è certo da meravigliarsi se persino le categorie e la stessa epistemologia assumano molteplici significati e sfuggano ad un univoco criterio di definizione o classificazione.

Brand equity nella sua corretta interpretazione dovrebbe essere intesa come un concetto composito e non il semplice traslato del *brand value* (quando cioè una marca si vende o si acquista o è indicata nei bilanci: la dimensione su cui si basano gran parte delle classifiche delle marche come quelle prodotte da Interbrand Group o Arthur Andersen) anche se è ciò che lo genera; un concetto multidimensionale perché compendia fattori comportamentali, di atteggiamento e di coinvolgimento affettivo nei confronti della marca. È comunque da segnalare come nei processi di *due diligence* o di *auditing* gli analisti finanziari – solitamente adusi agli *hard data* – stiano dedicando un'attenzione crescente a questa dimensione. Equity non è nemmeno, come vedremo, un sinonimo più coerente con i tempi e più alla moda rispetto al concetto di brand image che David Ogilvy cominciò a rendere popolare sin dagli anni Cinquanta: l'immagine rientra nel concetto di brand equity, come del resto quello di posizionamento, ma va ben oltre.

9. *Ibidem*, p. 42.

Valore e valori quindi: se il concetto di valore è di immediata comprensione quello di *valori*, quando non siano soltanto riconducibili all'interpretazione più ortodossa della equity (vantaggi per il consumatore e per la stessa marca) ma *che investono massicciamente il mondo del sociale e dell'etica,* necessita di qualche ulteriore precisazione. Sino ad un recente passato la marca era abituata a flirtare con il sistema dei valori connessi al comparto merceologico di appartenenza (la sicurezza per le auto, la salute per l'alimentazione, la famiglia per i prodotti consumati nella casa e via dicendo). Adesso la prospettiva si amplia. Sono sempre più le marche che paiono incorporare nel proprio DNA *grandi valori sociali* come la tolleranza, il rispetto reciproco, il cosmopolitismo, l'attenzione per l'ambiente, l'amicizia. E il pubblico dimostra di apprezzare che l'equity della marca si estenda a queste dimensioni allorché la nuova vocazione non si esaurisca nei claim pubblicitari ma responsabilizzi invece, in prima persona, la marca su questi temi. Impegnandosi ad adottare – *in primis* nei prodotti/servizi che produce, ma anche in altri ambiti – comportamenti conseguenti.

La marca, nel suo divenire (fig. 5), passa da un mero ruolo denotativo per approdare al complesso e ricco mondo delle connotazioni dove i primi step la vedono caratterizzarsi in termini di goodwill e di posizionamento (performativo simbolico). Successivamente per evolvere di pari passo con il sociale, il mercato e il consumatore, la marca dovrà assimilare valori culturalmente ege-

Fig. 5 - Ruoli ed esistenze della marca

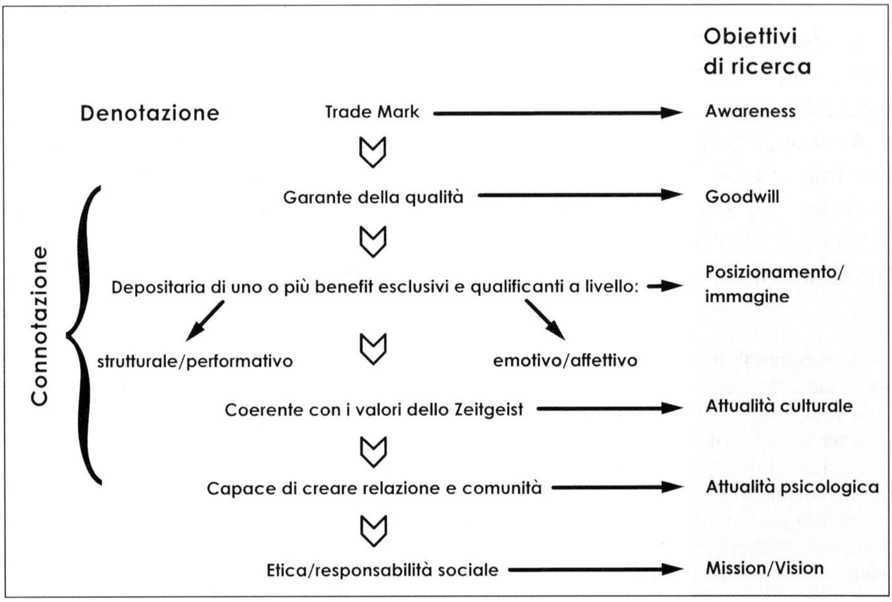

moni – attualità culturale – ma anche divenire una marca relazionale (su cui ci soffermeremo in seguito) e confrontarsi seriamente con il mondo dell'etica e delle responsabilità sociali. Ogni fase è un'evoluzione ma anche una assimilazione, un incorporo della fase precedente.

Valori inoltre perché l'area delle *responsabilità sociali*[10] *e dell'etica* mette in gioco dimensioni che non solo il mercato sembra apprezzare quando sono realmente, e non opportunisticamente, partecipate da una marca ma a cui questa viene – indipendentemente da ogni autonoma elaborazione – sollecitata dal complesso sistema degli *stakeholders*[11].

Casi di drammatiche insolvenze come quelli relativi a Cirio e Parmalat – due marche eccellenti del sistema Italia che pure con le loro malversazioni non hanno influito direttamente sui prodotti nel mercato (quindi *strictu sensu* non hanno leso gli interessi dei consumatori) ma che in maniera fraudolenta hanno compromesso i risparmi di decine di migliaia di risparmiatori, messo in crisi fornitori, con una proprietà che si è comportata in maniera non solo eticamente riprovevole ma anche truffaldina, distruggendo la reputazione di marchi eccellenti, nuocendo fortemente all'immagine del Paese: due marche che vengono stigmatizzate dai consumatori, come dimostrano le ricerche, con una giusta, ma imprevedibile, severità e indignazione – rappresentano una efficace cartina di tornasole capace di rivelare quanto il consumatore, oggi, sia sensibile ad un'interpretazione più lata delle responsabilità della marca. Oggi – forse per supplire ad una propria mancanza di condivisione di valori forti, al crollo delle ideologie, al relativismo etico: è una tesi che adombriamo più oltre – il pubblico sembra attribuire *una crescente importanza alle frequentazioni, da parte della marca, verso il mondo dell'etica.* E dimostra di apprezzare e di premiare quelle marche che si comportano coerentemente a queste aspettative.

Anzi, una decisa opzione in questa direzione appare risultare come un fattore importante di potenziamento dell'equity: i dati che presentiamo in altre parti del volume lo attestano con molta evidenza. Tuttavia, è un'area questa che non può e non deve rappresentare una sorta di nuova etichetta *up to date*, un trattamento cosmetico che riverbera goodwill sulla marca e che prescinde,

10. Responsabilità sociale non significa certo la redazione di un bilancio sociale che ha impliciti molti elementi di equivocità. Un bilancio di sostenibilità che dovrebbe fornire la misura della vocazione etica dell'impresa ed in cui rientrano finanziamenti di attività per le fasce deboli, per la sanità insieme agli sponsor sportivi.

11. Una terminologia mutuata dal mondo della finanza: i significati che le vengono più spesso attribuiti sono riconducibili a tre filoni interpretativi. Il primo di natura strettamente finanziaria per cui equivale al valore economico della marca. Il secondo la considera invece come una sorta di sinonimo della marca. Il terzo si riferisce alle diverse dimensioni del brand, il suo patrimonio performativo, simbolico e associativo. Il *COBE* copre le due ultime accezioni.

in larga misura, dai suoi comportamenti e dalla sua cultura. Non è sufficiente impegnarsi nella beneficenza o fare del mecenatismo oppure sponsorizzare nobili cause senza che la cultura e la prassi dell'impresa non siano prioritariamente impegnate a tradurre la tensione etica. Anche e, soprattutto, nel proprio specifico. Lungo tutta la filiera del consumo: dal reperimento delle materie prime, ai metodi di lavorazione, alle condizioni di chi lavora nell'impresa, ad una produzione ecocompatibile, sino allo smaltimento dei rifiuti. A cominciare dalla netta presa di distanze rispetto alla produzione di *prodotti socialmente controversi* (che rappresenta una delle nuove frontiere della marca). Perché le Case Farmaceutiche hanno dato tardive risposte o non hanno risposto affatto ai Paesi in cui i brevetti sui farmaci – nella fattispecie quelli per l'AIDS – costringevano ad uno sterminio di massa? Perché le grandi multinazionali del tabacco utilizzano nel Terzo Mondo quegli strumenti promozionali, quel surrettizio sistema di valori per pubblicizzare le loro marche che è messo al bando in Occidente? Sono troppe le domande senza risposta negli orizzonti attuali della marca sul fronte delle responsabilità sociali.

Valore e valori quindi: valori che partono dal migliore adempimento della basica promessa di fabbricare buoni prodotti, ad un prezzo competitivo, a basso o nullo impatto ambientale, coerentemente alle culture in cui andranno a diffondersi, nel massimo rispetto di chi lavora nell'impresa. È partendo da queste premesse che si costruisce la marca in reale e non strumentale o pretestuosa sintonia con la nuova sensibilità al mondo dell'etica: una scelta autonoma, largamente discrezionale, ben al di là di quelle che sono le norme o i vincoli che la legge impone.

1.2. La nuova realtà della marca

Negli ultimi decenni la marca ha acquisito un'importanza ed una autonomia crescenti in tutti i settori del consumo, della società, della cultura e della economia.

Si è trasformata in un potentissimo strumento semiotico, in un capitale straordinario: una risorsa preziosa per le aziende, una sorta di pietra filosofale capace – se ben gestita – di trasformare in oro beni e servizi. Diventata la vera protagonista degli scenari mondiali, tanto da farsi oggetto di dibattito e di schieramenti "politici" – *No logo/Pro Logo* – la marca è ormai partecipe, più o meno silenziosa, delle nostre esistenze. Detestata, demonizzata, boicottata oppure amata, moltiplicata, venerata. Onnipresente. Un'autentica diva, parte di uno starsystem particolarissimo, dei consumi e dei costumi degli individui. Mentre scriviamo a Londra, alla Royal Academy, a fianco di una straordinaria esposizione sui Preraffaeliti vi è una mostra, altrettanto straordinaria su Giorgio Armani, la marca o griffe più prestigiosa del made in Italy della moda.

Una mostra che è approdata in spazi tanto prestigiosi direttamente dal Guggenheim di New York. Crediamo non si sia mai riflettuto a lungo sull'impatto che le marche esercitano nel qualificare l'immagine di un Paese che, sia detto per inciso (*absit iniuria verbis*), per essere davvero promossa andrebbe gestita con modalità simili a quelle della marca. Il made in... del nostro Paese è certamente debitore al mondo delle marche (dalla Ferrari a quelle della moda e del design, dal sistema alimentare) dell'apprezzamento che ottiene nel mondo.

Eppure, per lungo tempo, il mondo dell'economia ha sottovalutato o, se si vuole, osservato a distanza, il mondo della marca. In particolare, la teoria economica ha generalmente accettato con un certo scetticismo (che sconfinava sovente in una divertita ironia o in un puritano moralismo) le dimensioni qualitative del brand, concentrandosi su quelle quantitative, misurabili. Il mondo della finanza e del business ha visto con diffidenza e con scarsa simpatia la marca che – a differenza del prodotto – è difficilmente iscrivibile in un modello matematico, in una formula precisa, in un ordine cristallizzabile. Certo, la marca non ha una consistenza sul piano della realtà fisica: non è l'etichetta, nemmeno il logotipo o il *flagship store* che la interpreta sul versante distributivo. In realtà la marca è un soggetto che ha una natura totalmente immateriale e, contemporaneamente, è dotata di una vitalità unica: vive nel presente, si evolve parallelamente alla storia, alla società e agli individui. Incarna lo *Spirito del Tempo*, è soggetta a continui aggiustamenti, a mutamenti incessanti, a revisioni di significato e di senso. Appartiene all'attualità culturale e produce valore semiotico, prima ancora che commerciale.

Dunque, il sistema delle imprese e la cultura aziendale, hanno sempre mostrato un certo disagio nel comprendere la natura e il funzionamento della marca. I manager – da sempre adusi a confrontarsi con categorie economiche e con una preparazione sostanzialmente aziendalista – *hanno tutt'ora difficoltà a confrontarsi con il nuovo statuto epistemologico – eminentemente narrativo – della marca.*

La visione economica del valore della marca, poi, tende a concepirla esclusivamente – come abbiamo visto – come un differenziale di prezzo che il consumatore è disposto a pagare per un prodotto *branded* rispetto ad un prodotto analogo, ma *unbranded.* Un modello però sin troppo semplice, meccanicistico, che pare eludere lo spessore di significati che la marca oggi deve veicolare. Che, in buona sostanza, pare considerare la marca come entità totalmente scollegata dal prodotto e dal contesto, dagli individui e dalle culture egemoni: come un'etichetta bidimensionale. Non è azzardato affermare che fino ai primi anni Ottanta la marca sia stata percepita, dalla logica economica, come un elemento di disturbo, un "corpo estraneo", una dimensione doverosa, tuttavia ingombrante e mal compresa. Fino ad allora – sebbene ormai regola nota e risaputa come nel mondo delle aziende fosse importante rafforzare i propri marchi (se non altro perché questi aiutano a vendere di più e a prezzi più alti, ad accrescere o mantenere quote di mercato, a diversificare la produzione) – le preoccupazioni prevalenti erano ancora rivolte alla produzione di beni e alla loro commercializzazione più che a valorizzare la marca.

Il montante interesse sulla marca come possibile moltiplicatore di valore nasce, lo abbiamo già indicato, a seguito dell'ondata di fusioni e acquisizioni che ha caratterizzato i mercati occidentali nel corso di tutti gli anni Ottanta. Ad un certo punto, infatti, ci si è resi conto che le marche avevano acquisito un proprio peso autonomo ed erano diventate *drivers* determinanti nello stabilire il valore di un'azienda, nella fase di definizione di un suo prezzo di mercato.

Prima ancora che di "acquisto di un'azienda" si cominciò a parlare di "acquisto di una marca", naturalmente con tutte le problematiche legate alla determinazione del suo prezzo e – dunque – del suo valore. Lo studio sul reale significato dei marchi, sulla loro "essenza", sul loro peso nelle scelte di consumo degli individui, sulla loro importanza nella cultura e nella vita delle persone, sul plesso di caratteristiche intangibili e variabili psicologiche di cui sono portatori, ha gradualmente distolto il management dal mondo fisico dei prodotti e l'ha avvicinato sempre di più a quello intangibile e simbolico del brand. O, meglio, ha progressivamente annullato la tradizionale separazione tra prodotto (performativo, tangibile, misurabile, quantificabile) e marca (astratta, teorica, imprendibile, spettacolare). Sono occorsi diversi decenni perché il mondo economico/finanziario e quello imprenditoriale/manageriale si adeguassero a questo rivoluzionario mutamento, legati com'erano all'idea che la loro attività di base fosse ancora di vendere beni e non creare significati, e che il branding fosse soltanto una sorta di incidente di percorso o un inevitabile complemento.

È soltanto da una ventina d'anni che la marca ha iniziato ad assumere una importanza cruciale nelle strategie di acquisizione dei grandi gruppi industriali. Multinazionali come Nestlé e Philip Morris, con le loro significative acquisizioni che non trovano riscontro nei fondamentali economici, dimostrano platealmente che, acquistando una marca, non si rilevano soltanto prodotti e stabilimenti, ma anche elementi intangibili e performance immateriali: dall'identità ai valori, dall'immagine alla qualità percepita, dalla notorietà alla stima.

Il management inizia a comprendere il reale valore della marca dal momento in cui prende coscienza del ruolo delle risorse immateriali nella costruzione del vantaggio competitivo di un'azienda. L'attenzione si sposta allora sui modelli di gestione e sulla misurazione del valore della marca. Tuttavia, soprattutto nel nostro Paese, siamo ancora distanti da una sua piena comprensione, da un approccio multidimensionale, capace di cogliere e di accogliere la varietà e la densità di significati che questo oggi ingloba.

1.3. Da Mikey Mouse a Madonna: il senso della marca oltre il prodotto

Che cos'è la marca oggi? È il prodotto con cui si sposa – in alcuni casi indissolubilmente – come la mitica barretta Mars o la candeggina Ace? Oppure è un sistema di valori e di significati, come Coca-Cola, simbolo dell'*american way of life*, come Sony sinonimo di tecnologia e progresso giapponese, come Levi's emblema della libertà? È forse un servizio eccellente ed efficiente al pari di McDonald's, Avis o Hertz? È uno stile di vita e una filosofia come Virgin, Lifegate o Body Shop?

Certamente la marca contemporanea è tutto questo ed anche di più: è un addensato di attributi tangibili ed intangibili, di performance effettive ed affettive, di qualità e di coerenza. Non esiste settore del consumo che non veda, in crescendo, espandersi la marca anche negli angoli più remoti: si brandizzano la frutta – un tempo erano solo le banane Ciquita – la verdura, le carni, i salumi, le scope per pulire i pavimenti, gli accessori di abbigliamento. Ed anche in settori – come l'abbigliamento intimo – dove in precedenza la marca era solo denotazione questa viene investita di un crescente commitment. Non a caso il branding contemporaneo assume in maniera crescente una dimensione astratta, spesso addirittura ideologica[12]: la marca si svincola dal prodotto e dal servizio, disegna autentici territori, descrive e definisce stili di vita e propone sistemi di valori. La marca adesso è sintonia, fiducia, appartenenza. È un legame profondo, o un flirt appassionato. Spesso la si ostenta, con orgoglio, discretamente, oppure a caratteri cubitali, sugli indumenti[13]. È un luogo ordinato e coerente, sensato ed umanissimo.

Ecco perché oggi possono, a tutti gli effetti, considerarsi brand persino certi personaggi cinematografici, alcuni format televisivi, squadre di calcio come il Manchester United o i team NBA, una serie di *entertainment events*, di fortunati cartoons, di sportivi professionisti, di pop e rockstar. La signora Louise Veronica Ciccone, in arte Madonna, è una marca a tutti gli effetti: prodotto musicale, ma pure oggetto sociale e culturale, Madonna individua un mondo coerente al proprio interno ed in continua sintonia con lo spirito del tempo. Tutta la sua fertile produzione stagionale di modelli estetici, stili di vita, accessori, tendenze alimentari, attività sportive, tecniche new age, dinamiche fa-

12. Per un approfondimento sul tema della marca come ideologia si veda: A. De Martini, *La comunicazione people oriented. Un nuovo modello per la comunicazione d'impresa*, Guerini e Associati, Milano, 2002, pp. 15-33.

13. Esistono anche certamente gli aspetti patologici di questo forte commitment per la marca: Repubblica (27 dicembre 2003) riportava che negli Usa, nell'ultimo anno, 298 bambine sono stati chiamate Armani, 49 Canon, 7 Del Monte, 268 Chanel, mentre ci sono 353 Lexus (Toyota) sempre fra i maschietti, 55 Chevy (vezzeggiativo per Chevrolet), 5 bambine Celica (la Toyota va forte).

miliari, caratterizza e posiziona un intero luogo del discorso. Madonna asseconda un mercato complesso e in continua evoluzione, costruisce un'offerta per la domanda, flirta continuamente col proprio interlocutore, trasforma il suo packaging[14] ed orienta i propri messaggi proprio come una marca commerciale. Oggi anche un partito politico viene concepito in un'ottica di marca.

Un nome come Luciano Pavarotti è una marca, una marca globale che firma dalle *eau de toilette* agli eventi benefici. Celine Dion non è soltanto una cantante di talento, è un *big brand name*, un marchio in licenza, profittevole e appealing. Alcuni mitici telefilm o produzioni televisive come Muppet Show o Guerre Stellari, il Grande Fratello o Chi vuol esser milionario, Baywatch o Friends, sono ormai nomi capaci di creare un mercato anche al di là del piccolo schermo, cioè oltre l'evento cui si legano in origine: hanno generato un merchandising di straordinaria varietà e ricchezza (format esportabili e globali, gadgets di ogni tipo, cartoleria, peluches, giochi di società, videocassette, magazine, linee di abbigliamento e cosmetici…); hanno creato mode e tendenze; hanno istituito mondi possibili e comunità del consumo. Ognuno dei grandi successi cinematografici di Walt Disney è – di per se – una marca: Il Re Leone, La Sirenetta, Mulan – solo per citarne alcuni – si sono trasformati in autentici capitali di marca. I grandi classici da Mikey Mouse a Paperino hanno la stessa potenza commerciale, mediatica, affettiva e comunicativa della Coca-Cola.

Alcuni personaggi dello starsystem sportivo – Michael Jordan in testa (ma non dobbiamo dimenticare Ronaldo, Tiger Woods, David Beckham[15], Lance Armstrong, e tanti altri) – sono diventati significativi *brand names*: veri e propri Re Mida capaci di trasformare in metallo prezioso ogni prodotto o servizio al quale hanno prestato il proprio volto. Celebrità della musica pop del calibro di Backstreet Boys e Spice Girls vengono gestite ed amministrate con gli stessi strumenti del più sofisticato brand management. Jennifer Lopez e Britney Spears incarnano la logica della marca di culto, sono cioè in grado di brandizzare interi comparti merceologici e di creare tribù del consumo (non solo musicale). E non è casuale se, in una recente pubblicazione statunitense dedicata al *cult branding* compaiano, accanto a marche come Harley Davidson e Vans, una presentatrice televisiva straordinariamente appealing per il pubblico americano come Ophra Winfrey e una serie di telefilm come Star Trek[16].

14. A proposito del packaging dell'"oggetto Madonna" si veda: M. Ferraresi, *Il packaging. Oggetto e comunicazione*, FrancoAngeli, Milano, 1999 ma anche E. Egalini, *Un'icona di nome Madonna*, Tesi di Laurea IULM, Milano 2002.

15. *Brand It like Beckham* è il titolo emblematico di un articolo apparso sul magazine Time: "la faccia di Beckham vende di tutto dall'olio lubrificante per auto ai telefoni cellulari fino ai cioccolatini giapponesi…". M. Elliott, "Brand it like Beckham", *Time*, 30 giugno 2003.

16. Per un approfondimento si rimanda a M. Ragas e B.J. Bueno, *The Power of Cult Branding. How 9 Magnetic Brands Turned Customers into Loyal Followers (and Yours Can, Too!)*, Prima Venture, New York, 2002.

Una delle tentazioni più irresistibili per una diva, oggi, è quella di racchiudere l'essenza del suo carisma e della sua identità in un profumo: *Exult* di Naomi Campbell, ardente esuberante, un bouquet di fiori e frutti dominato dalla nota intrigante del fiore della passione. "Carla Fracci", un'eau de parfum armoniosa come un passo di danza, che vibra di raffinati accordi di fiori bianchi. "Glow by J. Lo", di Jennifer Lopez: un profumo che è un cocktail magnetico che racchiude la freschezza del pompelmo e del neroli e la sensualità della rosa e dell'ambra. "Celine Dion", una sinfonia di lillà, papavero e legni biondi, con un cuore generoso di rosa gialla e tiarè. È facile intuire il passaggio dallo *starsystem* alla *brand essence*: un passaggio che si realizza pienamente dal momento in cui la marca cessa di essere semplice depositaria di benefit tangibili e performance oggettive ed estende il suo "dominio" all'area delle passioni, dei sentimenti, delle sensibilità, degli ideali e dei valori.

Nondimeno, partiti politici, università, ospedali, istituti bancari, città, nazioni, musei, team sportivi, appartengono allo statuto del brand e del branding. E non a caso Ritzer ha parlato di mcdonaldizzazione della società[17].

La marca, allora, è la vera grande protagonista della società postmoderna: è divenuta diva, star, confidente ed amica. Un'indagine condotta nel 1998 in Inghilterra dall'Henley Center e pubblicata dal *Sunday Times*, ha rivelato che il pubblico ha fiducia nei nomi di marca come Kellogg's, Heinz e Marks&Spencer, più che nel Parlamento, nella polizia e nelle leggi[18]. Non è sorprendente, se si pensa che oggi la marca sta assumendo le sembianze di un istanza antropomorfa e colloquiale. Caratterizzata da una straordinaria prossimità – fisica ma anche affettiva, etica, valoriale – con la gente. La ricerca mette in luce l'importanza della relazione tra consumatore e grande marca e, nello stesso tempo, pare rivelare una curiosa sfumatura: la relazione con la marca, oggi è percepita come sana, sicura ed affidabile. È una relazione nuova, frutto dell'individualismo e della tendenza all'individualità: le società occidentali riconoscono la frammentazione delle nostre identità personali e sociali ed incoraggiano la costruzione di una personale *self-identity* attraverso il consumo di beni e servizi.

La nuova relazione tra marca e consumatore è anche frutto di una domanda crescente di esperienze simboliche, emozionali e sensoriali: brand, più che prodotti, possono oggi garantire questo tipo di soddisfazione unica, polisensoriale ed esperenziale. Infine, non dobbiamo dimenticare che la relazione tra marca e consumatore può considerarsi a tutti gli effetti un nuovo strumento-guida in un mondo globale, dove certe marche, certi eroi, certi sistemi di segni e di significati, assumono il ruolo di bussola e di istituzione fiduciaria ed elettiva.

17. Si veda, a questo proposito, l'ormai classico: G. Ritzer, *Il mondo alla McDonald's*, Il Mulino, Bologna, 1997.

18. "A can of worms is a bad diet", *Sunday Times*, 5 aprile 1998, da I. Ellwood, *The Essential Brand Book. Over 100 Techniques to Increase Brand Value*, Kogan Page, London, 2000, p. 10.

1.4. La marca contemporanea e il nuovo consumatore

Il rapporto tra consumatore e marca si è profondamente evoluto nel corso degli anni: non poteva, del resto, essere diversamente essendo ambedue il prodotto della Storia. E questa muta e si trasforma in continuazione. A fronte della marca – e suo principale interlocutore – c'è *un consumatore che ha cambiato radicalmente pelle*[19]. Nel senso che anche consumare è una sorta di job e, come ogni altro mestiere, lo si apprende col tempo. Ormai il consumatore ha portato a termine il suo periodo di noviziato ed il mestiere lo ha imparato bene. Di quella figura oleografica della "massaia" – una sorta di Alice nel Paese delle Meraviglie che si aggirava in una specie di trance ipnotica tra i banchi del supermercato all'inizio del diffondersi della grande distribuzione, sedotta ed affascinata dal rutilare delle merci – non c'è più alcuna traccia. La massaia o, per usare un'espressione di Enrico Finzi la signora Maria[20], che tanto a lungo ha costituito il target elettivo delle strategie di marketing di tante aziende nel settore dei beni di largo consumo. Oggi c'è un consumatore maturo – abbiamo sempre più insofferenza nell'usare il termine consumatore che non dà conto della componente intrinsecamente umana e sociale dell'agire di consumo, ma ormai le consuetudini impongono così: l'importante è tenere sempre presente che si tratta di un termine riduttivo e *misleading* – che pretende un rapporto dialettico con il mondo dei consumi e delle marche. Un consumatore comunque disorientato da quell'iperofferta con cui si deve costantemente confrontare e che abbiamo definito come "sindrome di Stendhal": un travolgente moltiplicarsi dell'offerta in termini di opportunità, canali di distribuzione, prodotti e messaggi.

La antica subalternità e deferenza del consumatore nei confronti delle grandi marche, che potevano così godere di una sorta di rendita di posizione, si è ormai dissolta: le marche devono riconquistarsi giorno per giorno fiducia e crediti. Un indicatore di questa tradizionale asimmetria di rapporti si evince sul fronte del prezzo. In Italia, prima che la GDO si sviluppasse (un fenomeno che è avvenuto con grande ritardo rispetto agli altri Paesi industriali avanzati), è noto come le marche – ad attestare il forte, pregresso goodwill nei loro confronti – riuscivano a spuntare prezzi e profitti ben più elevati di quanto succedesse altrove. È sufficiente osservare, per le marche delle multinazionali, i bilanci in Italia ed in altri Paesi. Ma è uno scenario questo che appartiene al passato. Il combinato congiunto di un rapido espandersi della grande distribuzione, l'ingresso di variegate formule distributive all'insegna del discount insieme all'incremento esponenziale della *price sensitivity* da parte del consu-

19. Al nuovo consumatore abbiamo dedicato recentemente un volume. Ci limitiamo pertanto a pochi accenni rinviando per una più esauriente trattazione a G. Fabris, *Il nuovo consumatore: verso il postmoderno*, Milano, FrancoAngeli, 2003.

20. Oppure, come l'ha definita Beniamino Placido, "la casalinga di Voghera".

matore ha fatto rapidamente tramontare questa anomalia tutta italiana. Lo shift è stato da "è giusto il prezzo che mi propongono le marche", intendendo quindi il prezzo come una variabile indipendente a "il prezzo giusto lo decido io e mi darò da fare fino a che non troverò un'offerta che coincida con la mia valutazione", trasformandosi quindi in una variabile dipendente. Anche se la ricerca non è certamente al prezzo più basso ma quella che assicura il miglior rapporto tra prezzo e qualità. E qui la marca rientra prepotentemente in gioco.

Quanto detto non implica che si sia sviluppato un atteggiamento critico o negativo verso la marca: anzi, come si evince dalle tavole che seguono (figg. 6 e 7), il vissuto della marca resta ancora positivo ed appealing ed i consensi nei suoi confronti appaiono in crescita.

Fig. 6 - In Italia, dopo un periodo di appannamento, il goodwill nei confronti della marca appare in netta ripresa

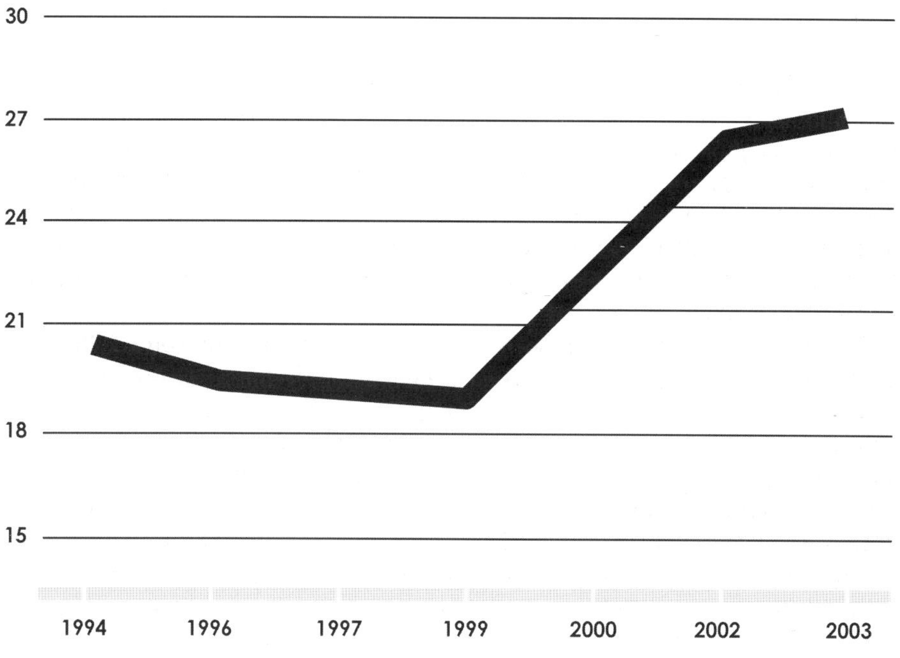

Il consumatore – consideriamo che l'orientamento all'individualismo ha fortemente permeato il *mainstream* del cambiamento sociale degli ultimi due decenni – rivendica una maggiore discrezionalità di scelta. Un processo quindi di affrancamento nei confronti della tradizionale dipendenza dalla marca. Proprio come succede ai ragazzi che crescono e che si conquistano una maggiore autonomia, anche psicologica, rispetto al mondo dei genitori ed a quello degli adulti.

Fig. 7 - "Capita spesso che piccole marche (o prodotti senza marca) siano migliori delle grandi marche"

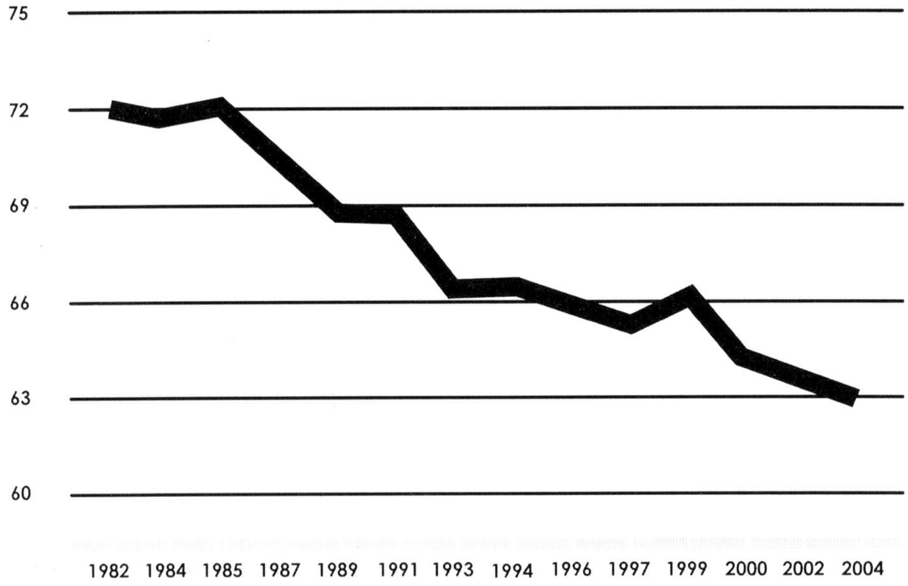

Un consumatore *maturo* significa un consumatore *competente*. Meglio in grado di valutare le prestazioni e la qualità della marca, disincantato rispetto al possibile pregresso di meriti acquisiti su questi fronti ma non onorati nel presente, che opera continui confronti fra marche senza alcuna sudditanza, che legge, si informa, gira per i punti vendita, frequenta i siti delle marche. Un consumatore *esigente*, che non si accontenta facilmente e che è inflessibile nei confronti di chi non ha saputo mantenere le promesse.

In Italia non si è mai diffuso un consumerismo militante come è successo in molti Paesi industriali avanzati e, conseguentemente, la pregiudiziale messa in mora, talvolta addirittura la demonizzazione, di alcune marche o settori produttivi: eppure questo si manifesta – anziché in termini conflittuali od oppositivi – con la richiesta di una maggior attenzione alle richieste e alle aspettative del consumatore. Un consumatore *demanding* che chiede sempre di più, che pretende servizi aggiuntivi rispetto al minimo contrattuale delle prestazioni di base. Le marche italiane sono sovente inadempienti su questo fronte e non hanno compreso che l'offerta di servizio – lungo tutta la filiera – è ormai divenuta parte integrante del variegato plesso di attributi che costituiscono la qualità.

Cosa sia poi qualità – a fronte di un consumatore esigente, competente e smaliziato – è tutt'altro che scontato. *La qualità è* – ricordiamolo – *una categoria costantemente in fieri, una costruzione in progress costantemente can-*

giante, una sorta di opera aperta che si trasforma e si arricchisce di sempre nuove dimensioni. Vedremo più oltre – parlando del posizionamento della marca basato sui consumer benefit – come la valorizzazione di questi all'interno della equity della marca rischi di venire rapidamente spiazzata dall'orientamento nuovo a declassare – o promuovere? – a *pre-requisiti* molti degli attributi tangibili della sua offerta. Le frontiere della qualità si spingono sempre più avanti sino ad incorporare, in maniera consistente, i contenuti simbolici, gli asset intangibili della marca. È interessante notare, ad esempio, come *la qualità della pubblicità stia divenendo parte della qualità di un prodotto.* Se, sino ad un recente passato, compito della pubblicità non era certo vendere ma elevare la propensione al consumo – che della vendita costituisce comunque la premessa – e qua esauriva le sue responsabilità, adesso, oltre a questo importante obiettivo, la pubblicità per una marca di qualità deve venire percepita in termini di qualità. Una marca importante non può permettersi una pubblicità scadente anche se *pushing* ed efficace sotto il profilo delle vendite: deve appunto risultare, agli occhi di chi vi è esposto, di qualità. Cosa sia poi di qualità in relazione alla pubblicità è un altro capitolo che non possiamo aprire in questa sede. Era solo per sottolineare *la multidimensionalità del concetto di qualità* con cui la marca deve oggi confrontarsi.

Il consumatore mostra comunque un maggior interesse ai *brand benefit* nell'accezione più lata rispetto ai *brand attributes.* Questi ultimi rappresentano le dimensioni più significative che caratterizzano un prodotto o servizio (per un cellulare: la forma, il colore, l'ergonomia, il display, la durata delle batterie, la tastiera, le principali funzioni ecc). In realtà l'attenzione dell'utente è concentrata sui *brand benefit*: che cosa cioè la marca può fare per me, come può essermi utile, il significato ed il valore che attribuisce, per la sua esistenza, al prodotto o servizio. Ma quale sono le richieste che il nuovo consumatore rivolge alla marca? Sono richieste nuove ed antiche insieme che vertono proprio su quelli che dovrebbero costituire i reali capisaldi della marca. C'è un sistema di aspettative che, ogni volta che si acquista un prodotto o servizio, non deve essere disatteso ma assolto e, se possibile, superato in termini di qualità.

Anzitutto quindi, ancora una volta, *garanzia di qualità.* Da definirsi come *un plesso di attributi la cui gerarchia cambia in maniera anche incisiva a seconda dei target.* Ogni marca, al di là delle sue performance aggiuntive, satura un bisogno di base: quello più tautologico a seconda della classe di prodotto (gratificazione orale, trasporto, lavare, pulire, dissetare ecc). Una prima definizione, anche se molto restrittiva, di qualità si risolve nella capacità di soddisfare, nella maniera più compiuta e completa per il consumatore, quel bisogno di base. Accanto a questa primigenia vocazione della marca esiste una costellazione di istanze aggiuntive che devono essere al pari soddisfatte, al più alto livello possibile secondo le priorità che sono richieste dal target a cui la marca si rivolge ed a seconda del posizionamento che ha adottato. Qualità per una marca alimentare significa essere buona, ma anche naturale, salubre, di facile digeribilità, culturalmente attuale, con un buon contenuto di servizio. Deve essere – a seconda dei segmenti – tradizionale o innovativa, avere un prezzo accessibile e via dicendo. È singolare come, a fronte di questo continuo ampliarsi della accezione di qualità, dell'espandersi delle sue frontiere, vi si dedichi poi così poca attenzione, si adottino ancora i parametri tradizionali e si consideri come qualità quella che viene intesa oggettivamente e codificata come tale dai tecnici della produzione.

Qualità è anche, in misura crescente, un *concetto olistico*: dove caratteristiche tangibili ed intangibili appaiono interagire in una sorta di processo osmotico. Marche che esprimono una eccellente qualità oggettiva ma senza un forte appeal emotivo sono destinate ad avere successo solo nei *wishful thinking* degli assertori della razionalità nei consumi. Non è possibile definire la qualità della marca nel disinteresse del ruolo che questa gioca nella semiosfera. Caratteristiche fisiche, connotati emotivi e simbolici, rilevanti sia a livello psicologico che socioculturale, contribuiscono a definire lo statuto della qualità della marca.

L'*innovazione* – nel senso di innovazione tecnologica ma anche culturale- è la seconda altra grande area che, per il consumatore, definisce e legittima la marca.Vi è una costante attesa di qualcosa di nuovo nel grande *landscape* con cui il consumatore costantemente si confronta affacciandosi alle sue finestre: l'attesa di una nuova offerta, di soluzioni che lo intrighino e lo coinvolgano, di nuove proposte che contribuiscano a migliorare la sua qualità della vita, che lo aiutino a meglio destreggiarsi nel grande labirinto della società complessa. Un'attesa che, troppo spesso, riesce frustrata perché il mondo delle imprese sovente sottovaluta questa domanda ed esprime un'interpretazione dell'innovazione troppo autocentrica. Privilegiando cioè innovazioni di processo produttivo, rivolte ad abbattere costi e tempi di produzione – un obiettivo più che legittimo nell'ottica della impresa – che non *innovazioni di prodotto* che generino un vantaggio reale per il consumatore. Così che questo appare sempre più disinteressato, talvolta diffidente, per quelle innovazioni, c.d. di marketing, in cui la variazione rispetto al vecchio è del tutto marginale (una nuova etichetta, il mutare di una confezione, una non percepibile variazione su tema che viene presentata come una straordinaria scoperta).

Una richiesta di innovazione non solo in termini di creazione di nuovi prodotti, di immissione sul mercato di beni in precedenza inesistenti anche in quei comparti apparentemente più banali e di uso quotidiano: ma anche di un'innovazione che non risponda solo ad obiettivi commerciali di chi la mette in essere. Come succede in quei settori – *technology driven* e non spinti dalle esigenze del consumo – che immettono sul mercato a getto continuo (si pensi all'industria dei computer o della telefonia mobile) – innovazioni che rendono obsolete le precedenti proposte prima ancora che queste siano state metabolizzate. L' innovazione tra l'altro resta l'unico – ma ancora per quanto, visto il dinamismo delle private label su questo fronte? – vero asset che distingue le marche industriali da quelle della distribuzione. Che, nella tradizione, hanno più goduto di una rendita parassitaria sul fronte dell'innovazione che di una propria autonoma iniziativa. L'assenza di propositività sul versante dell'innovazione, il non avere reparti di R&D, costose strutture di ricerca – come è invece abituale per l'industria di marca – è il presupposto che permette alle private label di avere strutture di costo molto più leggere e di vendere a prezzi più che competitivi.

Il *servizio* è la terza grande area in cui il consumatore si attende dalla marca prestazioni e distintività. E è invece questa, solitamente, un'area di sostantiva inadempienza da parte della marca che conserva, solitamente, un'interpretazione restrittiva delle proprie prestazioni. Oggi il consumatore, invece, richiede con insistenza maggior servizio che non significa soltanto maggiore deferenza e rispetto (anche se ciò non guasta) ma soprattutto un aiuto reale a risparmiare tempo e fatica, a rendere meno problematico l'uso della marca in tutta la sua filiera. Una marca quindi che risulti ben distribuita e facile da reperire; che si possa portare a casa con facilità (o indossare, trasportare, tenere con sé, ecc.); semplice da stoccare nell'abitazione, poco ingombrante e facile da utilizzare; che fornisca piena accessibilità a tutte le informazioni rilevanti sulle materie prime, provenienza, modi d'uso; che sia *packaging user friendly* (si provi – *si parva licet* – a cercare di aprire un qualsiasi formato grande di acqua minerale e sarà subito chiaro il disinteresse della produzione nel risolvere un problema largamente sentito) e non afona; in grado di fornire una rapida ed efficiente assistenza post-vendita nei casi in cui risultasse necessario; capace di farsi carico di un rapido, ed ecologico, smaltimento dei rifiuti. Basta guardare uno qualsiasi dei supermercati italiani – che pure sono formule distributive di grandi modernità e culturalmente attuali – a fronte delle formule più innovative di altri Paesi per rendersi conto delle vistose latitanze sul fronte del servizio (aggregazione di merci sugli scaffali che non corrisponde alle modalità d'uso; mancanza di una segnaletica convincente; carrelli muti: si vedano, ad esempio, i carrelli intelligenti, in Germania, del Futurshop della Metro; inesistenza della prova dei prodotti; code alle casse; sistemi tradizionali ed ormai anacronistici di pesatura e pezzatura dell'ortofrutta; mancanza di corsie privilegiate per gli anziani; difficoltà di ricevere a casa la merce acquistata e via dicendo). E, lo sottolineiamo ancora, si tratta di una struttura distributiva moderna che il consumatore dimostra di apprezzare e da cui le marche possono imparare molto.

Ma ciò che appare caratterizzare meglio oggi il rapporto tra consumatore e marca è quella che viene definita come *dualità della marca* – capacità di parlare alla mente ma anche al cuore, di coinvolgere il consumatore e creare commitment ma anche di soddisfare al meglio i valori d'uso – o, per usare altri termini, la *dimensione olistica della marca*. Dove olismo significa una continua osmosi tra significati tangibili ed intangibili, tra performance e il mondo delle emozioni e dei valori, tra la realtà e il sogno. Se la marca ha perseguito con grande determinazione, e qualche ritardo, l'aspetto più hard delle attese nei suoi confronti – se vogliamo qualità, innovazione e servizio sono tante sfaccettature di uno stesso plesso di prestazioni – l'attenzione agli aspetti intangibili è stata più occasionale, meno sistemica e, comunque, ancillare. Lasciata, in molti casi, più all'estro o alla creatività dei pubblicitari che ad un preciso pensiero strategico al proposito. All'insegna del noi (il mondo della produzione) "pensiamo alle dimensioni importanti" e deleghiamo voi (i pubblicitari) all'*outsourcing*, alla messa a punto dei significati, simboli, valori e linguaggi della marca. Una specie di ciliegina da mettere su un dolce già confezionato per abbellire la torta. Peccato – come vedremo in tutto il corso del volume – che siano molto spesso questi supposti elementi decorativi a divenire i veri driver all'acquisto.

In questa sua conquistata nuova autonomia il consumatore si attende che la marca instauri ora un *dialogo da pari a pari*. Un dialogo – in luogo del tradizionale monologo – in grado di sviluppare nuove modalità di interazione, che generi una *relazione* – ancora tutta da inventare ma reale – tra consumatore e brand. E che non si esaurisca nella mera transazione economica. Una marca con cui intessere un rapporto adulto all'insegna della *massima trasparenza*, al di là di ormai anacronistici paternalismi: un rapporto dialettico rispettoso della nuova individualità del consumatore. Che non vuole essere soltanto *un volto nella folla* – è il titolo di un celebre libro di David Riesman – ma che aspira ad un trattamento *ad personam* e da persona.

Sulla transizione da un orientamento al marketing da parte dell'impresa (dopo quello alla produzione e alle vendite che hanno caratterizzato fasi storiche precedenti) ad un *orientamento al consumatore* si è molto detto e scritto. Ciò che si stenta a capire è che non si tratta di un'opzione ma di un vero e proprio obbligo se non si vuole perdere di sintonia con il mercato. Sovente frainteso con il precedente orientamento al marketing quello al consumatore comporta invece una vera e propria discontinuità rispetto alle prassi precedenti. La marca, per mantenere la sua attualità e il suo valore, dovrà essere ben consapevole che si tratta di una vera e propria rivoluzione copernicana nei rapporti che instaura con il consumatore.

1.5. Dalla fedeltà alla poligamia

Anche se la fedeltà del consumatore alla marca è solo una componente (sovente la risultante) della brand equity, essa ne rappresenta comunque una dimensione di grande rilevanza. E, soprattutto, una dimensione su cui è possibile indagare con buona precisione, trattandosi di un dato fattuale, comportamentale. Anzitutto, osservandola in termini diacronici, longitudinali vi è un'importante osservazione preliminare. La fedeltà alla marca va diminuendo in quasi tutti i comparti del consumo. L'iper-offerta, il moltiplicarsi dei canali distributivi, la maggiore discrezionalità ed autonomia del consumatore generano infatti tassi crescenti di infedeltà. Nel largo consumo (figg. 8 e 9) flette costantemente chi si orienta verso una sola marca (dal 48 al 35% negli ultimi anni) ed aumenta, in parallelo, chi sceglie all'interno di un parterre, più o meno dilatato, di marche (dal 39% al 51%). La decisione finale avviene cioè, sempre più spesso, all'interno di un ballottaggio fra marche: a seconda della convenienza dell'offerta o dell'umore prevalente al momento dell'acquisto. Resta sostanzialmente stabile la percentuale di chi opta per una pressoché totale promiscuità nella scelta della marca.

Fig. 8 - La crisi della fedeltà di marca

	1994	1996	1996	1997	1999	94-02
Monogami (acquistano sempre la stessa marca)	47.9	40.6	36.2	40.0	35.1	-12.8
Poligami (limitano la scelta ad un numero ristretto di marche)	38.6	44.8	51.7	47.7	50.8	+12.2
Promiscui (cambiano spesso marche)	13.8	14.6	12.1	12.3	14.1	+0.30

Mediamente una marca perde, nel corso di un anno, 10/15% dei suoi consumatori: *in cinque anni quasi la metà di coloro con cui è entrata in relazione*. Il risultato è che un capitale di inestimabile valore – il parco, appunto, dei consumatori fedeli – è sottoposto ad una preoccupante erosione[21].

La crescente infedeltà alla marca praticamente in tutti i settori del mercato – un orientamento ormai così consolidato da apparire irreversibile – rappresenta una delle *challenge* più difficili con cui il mondo delle imprese deve confrontarsi. Il trend è molto chiaro: il consumatore si costituisce, per ciascun comparto, una *shopping list* di marche, una sorta di paniere selettivo con un ristretto numero di brand – in genere non più di tre – e sceglie poi, all'interno di queste, con grande discrezionalità. A seconda della facilità di reperimento, dei suoi stati d'animo, di una promozione, di una campagna pubblicitaria[22] particolarmente efficace.

Se il consumatore *monogamo*, fedele ad una sola marca è in fase di forte rarefazione, non aumenta invece quello assolutamente *promiscuo*: quello che, tendenzialmente, acquista sempre marche diverse o non fa attenzione alla

21. Dati GPF&Associati.

22. Si vedano, a questo proposito le interessanti riflessioni su *brand e advertising* in: R. Heat, "The Hidden Power of Advertising. How low involvement processing influences the way we choose brands", *Admap Monograph*, n. 7, Admap Publications, Oxfordshire, 2001.

marca. È invece quello *poligamo* – che ha costruito un proprio, personalissimo parterre di marche a cui abbiamo fatto riferimento – a rappresentare la grande realtà emergente dei mercati. D'altro canto la capacità di *customer retention* – la fidelizzazione del consumatore – rappresenta – in mercati dove l'acquisto di nuovi consumatori è estremamente più oneroso che conservare quelli acquisiti – forse il più rilevante vantaggio competitivo. Un'esigenza questa che appare messa a dura prova dalla crescente infedeltà del consumatore. Gli studi di customer satisfaction – che dovrebbero costituire l'approccio più fisiologico ed organico per incrementare la *brand loyalty* – trovano, del resto, scarsa applicazione al di fuori del settore dei servizi.

Fig. 9 - La fedeltà alla marca

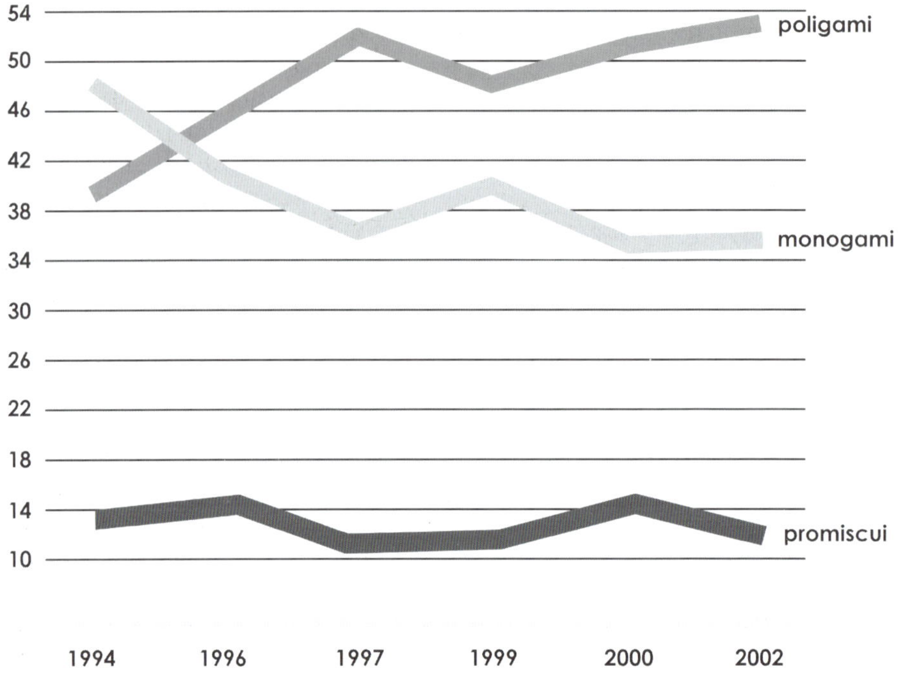

Prima di chiosare alcune problematiche relative ai metodi ed i parametri per definire la fedeltà alla marca in questo nuovo scenario sarà opportuno premettere alcune considerazioni. Anzitutto che il rilievo della marca – il cui peso è inversamente proporzionale a quanto appena detto in merito alla fedeltà: nel senso che la marca ottiene, rispetto al passato, un forte apprezzamento in tutti i comparti del consumo – cresce proporzionalmente all'importanza che il prodotto riveste per il consumatore. Il suo ruolo è cioè massimo per i prodotti che valgono davvero per il consumatore e tende a decrescere per quelli, invece, niente o affatto rilevanti. Con molte significative eccezioni come abbiamo visto nel primo paragrafo. Dove "valere" o "contare" non sono dimensioni misurabili soltanto in termini di esborso necessario per l'acquisto, ma di coloritura emozionale che questo genera. È il commitment, l'investimento emotivo ed affettivo, l'empatia che l'acquisto del bene su cui la marca è apposta suscita, ad essere direttamente correlato al peso e al ruolo che questa può svolgere. All'importanza cioè della marca nella decisione di acquisto[23].

L'acquisto di un indumento, di una marca di sigari, di un oggetto da regalo può avere lo stesso rilievo – per quanto riguarda il ruolo della marca – rispetto alla scelta di un prodotto estremamente più costoso. Sono gli oggetti più banalizzati, di routine della nostra quotidianità – si pensi a tutta l'area della pulizia della casa – ad incontrare maggiori difficoltà nello stabilire un dialogo ed una relazione tra consumatore e marca. Per questi, ad esempio, conta assai più la quantità dell'investimento pubblicitario (il *tone of voice*) che non i valori della marca. Naturalmente non è una legge questa: abbiamo già detto di Barilla che – partendo da uno dei prodotti più basici ed anche più indifferenziati dei nostri menù alimentari – è riuscita a divenire – come dimostrano con impressionante coerenza le ricerche – la marca più vicina al cuore degli italiani. In questi casi – quando cioè emerge lo straordinario peso della marca in categorie di prodotto in cui questa dovrebbe avere scarso rilievo – la spiegazione è da ravvisare nel fatto che la marca è riuscita nello stimolante e difficile compito di traghettare il bene dalla categoria delle *commodity* a quella degli *specialty* (secondo la definizione dell'American Marketing Association)[24]. Marche cioè che hanno – indipendentemente dal comparto produttivo a cui appartengono – caratteri di unicità, esclusività ed elevata desiderabilità.

La fedeltà alla marca, inoltre, dipende – anche nell'ambito di uno stesso comparto – dalle modalità con cui viene progettata la spesa. Ad esempio, nel settore dei prodotti *convenience*, è possibile individuare almeno quattro diverse modalità. Vi è cioè chi: ha pianificato l'acquisto del prodotto e della marca; ha programmato in anticipo il prodotto ma non la marca; compera una

23. La sensibilità alla marca gioca un ruolo fondamentale nel coinvolgimento del consumatore ed entra in maniera significativa nelle dinamiche decisionali che precedono l'acquisto. Gli ormai classici studi di Kapferer e Laurent, a questo proposito, dimostrano come non esistano – in linea generale – consumatori sensibili alle marche e consumatori insensibili alle marche. È la situazione specifica dell'acquirente, di fronte alla scelta, che determina la necessità dell'istanza fondamentale "qual'è la marca?". In particolare, in termini di coinvolgimento del consumatore, entrano in gioco diversi fattori: il grado di interesse e di competenza rispetto al settore merceologico di riferimento, la percezione del rischio in relazione all'acquisto, la percezione di differenze tra marca e marca, il valore di rappresentatività sociale del prodotto, eccetera. Per un approfondimento si veda: J.-N. Kapferer, G. Laurent, *La sensibilité aux marques. Marchès sans marques. Marchès à marques*, Éditions d'Organisation, Paris, 1992.

24. Si rimanda a P.E. Murphy e B.M. Enis, "Classifying Products Strategically", *Journal of Marketing*, July, 1996.

marca diversa da quella pianificata; acquista d'impulso, senza cioè che preesista una intenzione di acquisto. Sarebbe solo la prima modalità – che riguarda, ad esempio, circa il 20% degli acquisti nel settore food e bevande – per cui si potrebbe parlare correttamente di fedeltà alla marca.

La fedeltà alla marca non significa certamente la scelta esclusiva della stessa marca per tutti gli acquisti[25]. Ormai vi è un orientamento in letteratura – dato appunto l'assottigliarsi della fedeltà – nel considerare fedele, nel settore dei beni di largo consumo, il consumatore che scelga una stessa marca nel 50% degli acquisti. Per l'acquisto di un auto vi è una forte convergenza nel ritenere fedele l'utente che sceglie la stessa marca nel 45% degli acquisti. Ma vi è una corrente di pensiero che preferisce il ricorso a parametri di atteggiamento in luogo di parametri comportamentali ritenendo che questi ultimi – che possono essere influenzati dall'abitudine, dalla componente inerziale delle scelte, dalla mera convenienza economica – siano meno significativi rispetto ad indicatori che studino la vicinanza emotiva – il coinvolgimento – con la marca. L'indicatore che preferiamo è quello che adotta una combinazione tra le due tipologie di approccio. La comprensione di che tipologia di acquirenti una marca disponga è un primissimo indicatore – ma significativo – della equity della marca.

Nel comparto dei servizi la soddisfazione del consumatore è un buon indicatore di fedeltà. Il dato illustrato nella fig. 10 lo testimonia con buona evidenza: sono state reintervistate a un anno di distanza le stesse persone (clientela business e privato) di cui – nella prima indagine – era stato rilevato il grado di soddisfazione per il servizio erogato dal proprio gestore nel settore della telefonia mobile. Fra gli intervistati che avevano manifestato la maggiore soddisfazione l'abbandono è stato modesto (intorno al 10%) e la fedeltà elevata. Fra quelli invece che avevano manifestato minore soddisfazione la fedeltà è messa a dura prova e solo il 40/50% rimane fedele alla marca.

Recenti indagini mostrano comunque – a parte il generale abbattersi della fedeltà alla marca – che i consumatori fedeli sono più propensi a supportare un incremento nel prezzo della marca; che le carte fedeltà, del tipo di quelle diffuse nella grande distribuzione, hanno una scarsa efficacia nel generare una effettiva fedeltà al di là dei vantaggi che offrono; che le promozioni, a differenza della pubblicità, non esercitano alcun effetto sulla fedeltà alla marca.

25. Per un approfondimento relativa a una serie di sperimentazioni sul panel consumatori Attwood si veda G. Fabris "Fin dove giunge la fedeltà alla marca", *I prodotti di marca*, Milano, 1961.

*Fig. 10 - Soddisfazione e fedeltà nel settore dei servizi. Clientela "business" e "consumer"**

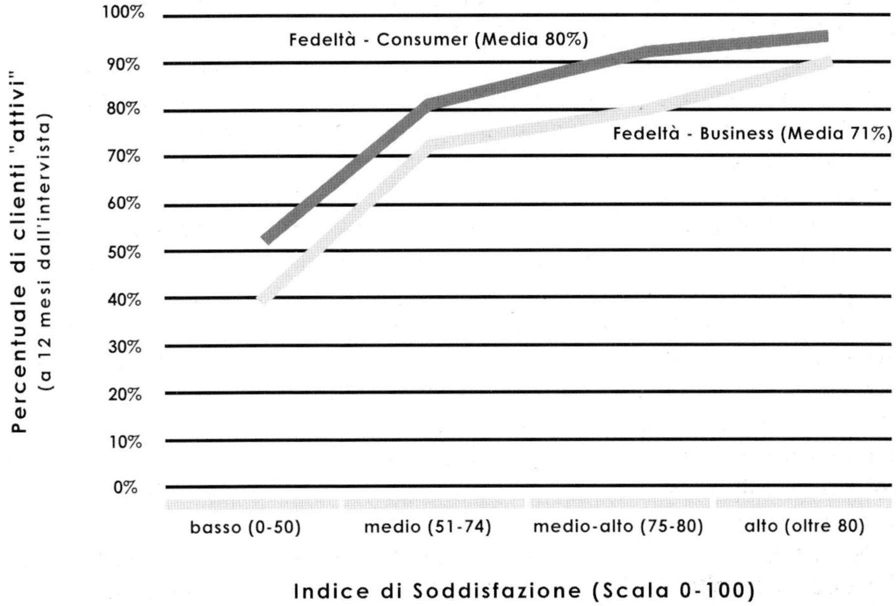

1.6. Infedeltà alla marca: patologia o fisiologia?

La fedeltà alla marca è dunque in crisi. E va diffondendosi, presso chi produce e vende, una sorta di rassegnata impotenza nei confronti di questo fenomeno. Considerato ormai non come fatto patologico, ma assolutamente fisiologico[26]. Quasi uno scotto obbligato, una sorta di irreversibile pedaggio alla modernizzazione dei mercati.

La fedeltà alla marca, invece, *è tutt'altro che una variabile indipendente*. Le due tavole che seguono (fig. 11 e fig. 12) lo dimostrano – sia pure riferendosi ad una antecedente della fedeltà che è la customer satisfaction – con grande evidenza. Nella prima si rileva che il grado di soddisfazione dell'utenza della grande distribuzione sta costantemente, anche se lentamente, declinando.

Nella seconda si vede come due insegne abbiano un andamento diverso e contrastante rispetto al trend a decrescere della CS: l'Indice di Soddisfazione del Consumatore nei confronti delle 11 insegne rilevate si distribuisce in 15

* In particolare la tendenza all'abbandono e alla "migrazione" verso gli operatori che offrono una qualità complessiva più elevata e hanno una pressione commerciale maggiore, si rileva prima, e in misura più elevata, sulla clientela business piuttosto che sui privati.

26. Si veda: G. Hallberg, *I consumatori non sono tutti uguali*, Lupetti, Milano, 1999.

punti, differenza misurata tra il *best in class* e l'insegna che incontra in misura minore i favori del consumatore. Lo spunto più interessante ci è offerto dall'analisi diacronica: questo gap di immagine e Customer Satisfaction è andato crescendo nel corso degli anni. Solo nel 1997 le 11 insegne erano concentrate in 5 punti, divenuti 7, poi 10 ed ora 15: segno che alcune insegne hanno fortemente creduto ed investito nella qualità e nell'immagine, mentre altre hanno via via perduto terreno non riuscendo a comunicare un'identità di marca vincente e nemmeno (di conseguenza) a far percepire una qualità del servizio all'altezza delle crescenti aspettative del mercato.

Anche se il trend è certamente nella direzione che abbiamo appena descritto (decrescere della fedeltà alla marca), esistono ampie possibilità di intervento, di comportamenti proattivi in un processo che, se non gestito, può avere altrimenti effetti devastanti sui conti economici. La sottovalutazione di questi è anche dovuta al permanere di una diffusa convinzione che non trova più, però, che rari riscontri nei mercati di oggi. Quella di una crescita continua, a ritmi sovente esponenziali, dei consumi, come è successo in passato. La realtà odierna è ben diversa: fatti salvi i settori più innovativi, la prospettiva – in tutti i Paesi industriali avanzati – è ormai di una crescita assai contenuta se non nulla. A fronte di questo scenario dovrebbe corrispondere – una

Fig. 11 - L'indice di customer satisfaction nella GDO cala negli anni

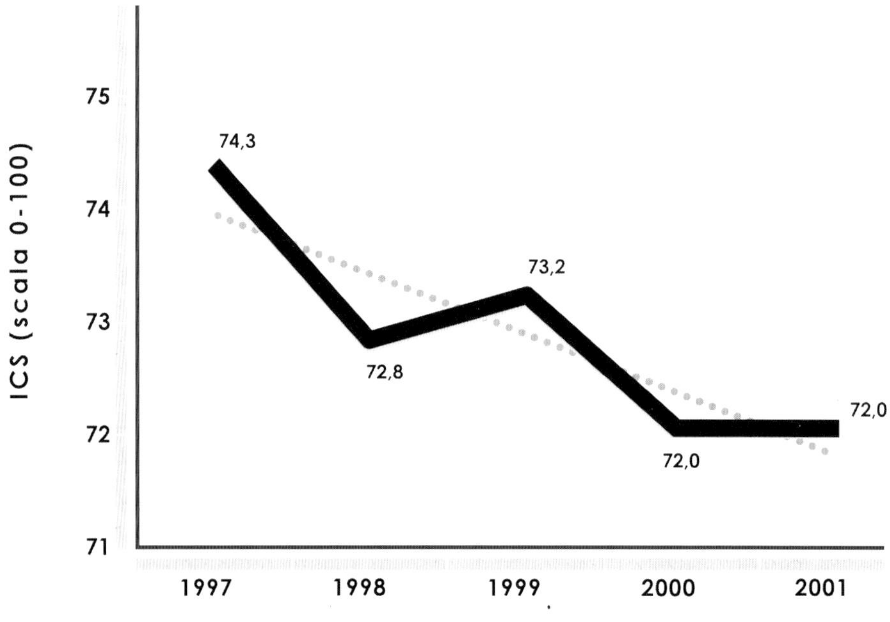

Fig. 12 - Aumenta il gap tra insegne. La soddisfazione diventa un fattore sempre più discriminante

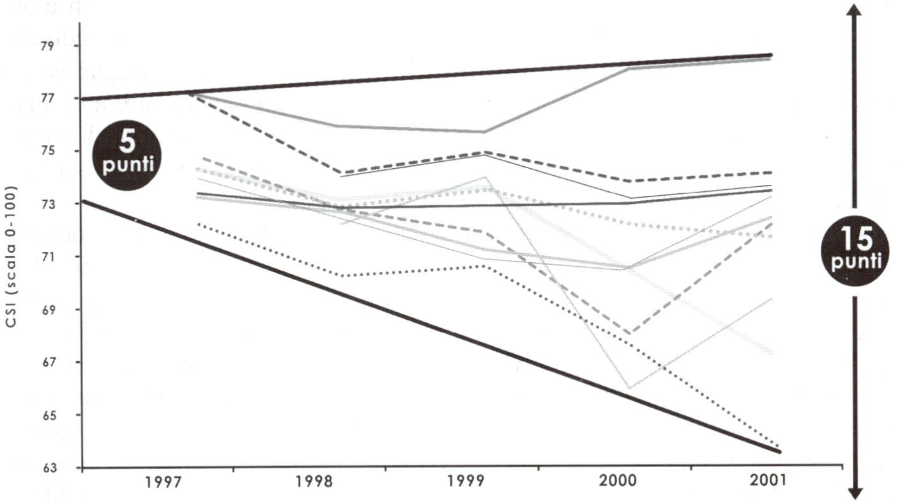

lezione che le imprese tardano ad apprendere – una transizione da un marketing offensivo, tutto rivolto alla conquista di nuovi consumatori e shares di mercato, ad un marketing invece difensivo[27]. Conquistare nuovi consumatori, accettando tassi elevati di *turnover*, può essere giustificato se il saldo risulta attivo in mercati fortemente espansivi. La conquista di un nuovo cliente è assai più onerosa rispetto agli interventi che possono essere messi in atto per conservarlo[28]. In mercati statici le strategie di impresa dovrebbero privilegiare la salvaguardia di quel capitale – oggi seriamente minacciato – rappresentato dai consumatori fedeli. Che questi contribuiscano, in maniera determinante, alla redditività dell'impresa è ormai fuori discussione. Le marche più redditizie, con maggiori capacità di crescita e di maggior successo sono quelle *loyalty leader*. Che possono cioè vantare non il parco consumatori più ampio ma un consistente zoccolo duro di consumatori fedeli. Esistono ormai dati inequivoci a supporto di questa affermazione. Non a caso, da qualche tempo, si fa sempre più spesso riferimento al *ciclo di vita del consumatore*. An-

27. La tendenza contemporanea è quella a costruire delle relazioni a lungo termine col consumatore, attraverso un marketing basato su concetti nuovi come fiducia, conoscenza, riconoscenza, condivisione di valori, attaccamento. Per un approfondimento si veda: S. Godin, *Permission Marketing. Turning Strangers into Friends, and Friends into Costumers*, Simon and Schuster, New York, 1999.

28. Si vedano, a questo proposito, le interessanti riflessioni sul concetto di "fedeltà del consumatore" in: D.A. Aaker, *Brand Equity. La gestione del valore della marca*, FrancoAngeli, Milano, 1997 e G. Fabris (2002), *cit.*

che la metafora, che antepone nella relazione con il consumatore l'obiettivo del matrimonio a quello della *seduzione quale paradigma del successo*, trova sempre nuovi cultori.

Quando un consumatore inizia ad acquistare prodotti/servizi di una marca, durante il periodo di noviziato, la sua redditività è ridotta. Nel settore delle assicurazioni e delle carte di credito, ad esempio, durante il primo anno, il consumatore genera minusvalenze. Il reddito prodotto aumenta invece, con una costante progressione, all'aumentare dell'anzianità nella relazione tra cliente e marca. Esistono ormai metodologie consolidate per quantificare il contributo – che è consistente – del fattore fedeltà alla redditività dell'impresa.

Rispetto al passato la fedeltà dei propri consumatori, intesa come una sorta di virtù di cui compiacersi, si tramuta in comportamento da perseguire attentamente. Nella consapevolezza che si tratti di un asset di reddito, e di un fattore competitivo, di primaria importanza.

I temi della fidelizzazione, della *customer retention* si sono, in questi anni, prepotentemente imposti all'attenzione. Ma, nei fatti, si tende a fornirne poi un'interpretazione restrittiva nelle risposte ed interventi conseguenti. Degradate a mere *technicality* del tipo emissione di *fidelity card* o il ricorso a promozioni rivolte ad incentivare acquisti ripetuti.

In realtà esiste una via maestra per creare e conservare consumatori fedeli. Perché *soddisfazione del consumatore e fedeltà alla marca sono due facce di una stessa medaglia*. Nel senso che vi sono elevate probabilità che un consumatore soddisfatto sia, o divenga, un consumatore fedele. Le ricadute positive di una elevata *customer satisfaction* sono molteplici. Ma certamente l'effetto più qualificante e più premiante per chi la genera, è proprio quello di accrescere la fedeltà alla marca. Si tratta di un assioma fondamentale e imprescindibile per il branding contemporaneo E non è casuale se tutti i metodi di gestione che prescindono da questa constatazione risultino, nel tempo, inefficaci. È unicamente attraverso una reale tensione ad accrescere la soddisfazione del cliente che aumentano le probabilità di conseguire importanti risultati sinergici. Dunque, soltanto attraverso un costante nutrimento della relazione marca-consumatore è possibile raggiungere quel "*bonding*" di cui tanto parlano gli anglosassoni.

Bonding è un legame autentico e profondo che connette *brand* e *customer:* "questo legame, fatto da un sentimento di esclusività, di insostituibilità, tanto per i benefici tangibili che per i valori intangibili, crea una comunità di persone che assomigliano più a degli adepti che a dei clienti. Più che di fedeltà, bisogna allora parlare in questo caso di impegno reciproco. L'ideale di ogni marca è quello di creare questo legame incorruttibile ed unico"[29]. Kapferer

29. J.-N. Kapferer, *Les marques à l'épreuve de la pratique*, Éditions d'Organisation, Paris, 2002, p. 200.

descrive così questa nuova frontiera della fedeltà, un sentimento totale ed incondizionato, *engagement réciproque*: una adesione umana e sincera, priva di riserve e densa di entusiasmo, un vero commitment.

1.7. Fedeltà, immagine e soddisfazione del consumatore

Il mondo delle imprese sta, con qualche ritardo, comprendendo l'importanza di poter disporre di uno zoccolo duro di consumatori fedeli. Nella valutazione del valore di una marca, del resto, gli analisti finanziari dimostrano di apprezzare sempre più questa dimensione. Aspetto cruciale e fondativo delle attività di marketing, la fedeltà "può essere definita come una misura dell'attaccamento del cliente alla marca"[30]. La sua importanza strategica è chiaramente legata ai profitti che verranno, agli attacchi della concorrenza (maggiore è la fedeltà alla marca, meno vulnerabili saranno i clienti rispetto alle iniziative dei competitor) e, più in generale, alle vendite. Come osserva Aaker "gli acquirenti abituali rappresentano un valore notevole perché sono una fonte di reddito che si può prolungare nel tempo. Il tasso di usura dei clienti ad alta fedeltà è più basso e, quindi, il loro valore è più alto"[31]. La fedeltà alla marca rappresenta dunque l'indicatore più significativo della capacità (della marca) di produrre reddito per il futuro (Claes Fornell). E non è casuale, allora, se questa dimensione così preziosa e tanto profittevole sia oggi perseguita, coltivata, stimata e valutata dalle imprese e dal mercato. La strategia di ascolto e di attenzione verso una componente di così tanto rilievo del target (i consumatori fedeli) va infatti lentamente generalizzandosi e si sta facendo pratica corrente e sempre più affinata. Tuttavia, troppo spesso in un recente passato, la fedeltà di marca è stata trascurata, sottoalimentata e non abbastanza sfruttata.

A differenza di tutte le altre dimensioni qualitative che concorrono a costruire l'equity della marca (la notorietà, la qualità percepita, i valori associati, la sensibilità...) la fedeltà è strettamente collegata all'esperienza d'uso della marca. Non può esserci fedeltà alla marca se prima non c'è un acquisto e un utilizzo/fruizione del prodotto (o del servizio). Ecco perché il cliente può considerarsi oggi l'autentica risorsa della marca. Ed un significativo corollario della fedeltà è costituito dal crescente ricorso alle indagini di customer satisfaction. Intese appunto come strumento principe per la fidelizzazione della propria clientela. Per intervenire così, tempestivamente, sulle aree di minore soddisfazione e per fornire un prodotto/servizio sempre più rispondente alle attese. In taluni casi eccedendo nelle prestazioni. Per generare quel consumatore *delighted* che costituirà la vera rendita di posizione per la marca.

30. D.A. Aaker (1997), *cit.*, p. 64.
31. *Ibidem*, p. 67.

Eppure questo tipo di indagini – se non condotte con grande accortezza e con una visione davvero globale delle relazioni tra consumatore e marca – rischia di generare pericolosi effetti boomerang. Non solo per la frequente latitanza di un rigoroso apparato metodologico: elevare le prestazioni in dimensioni non cruciali della qualità significa sovente grossi investimenti ed una non avveduta allocazione senza un grosso spreco di risorse (il consumatore, ad esempio, non è per niente attendibile nell'indicare la priorità nelle attese, gerarchia che può essere dedotta unicamente con complessi modelli matematici). Ma, soprattutto, perché *la soddisfazione del consumatore è solo in parte rapportabile alle performance del bene/servizio*. La percezione della qualità – anche per quanto concerne aspetti oggettivi – è sempre filtrata dall'equity globale che una marca esprime. Disponendo di un'immagine deteriorata, o comunque non eccellente, ci si dovrà confrontare con un consumatore assai più critico, prevenuto ed esigente. All'opposto, disponendo di un buon credito d'immagine, si potrà contare su una maggiore benevolenza – che non significa mai fideistica assoluzione – nei confronti di possibili manchevolezze. Non a caso, infatti, la fedeltà alla marca è influenzata in parte da tutte le importanti dimensioni del valore della marca. Dalla qualità percepita ai valori associati. "Se la fedeltà fosse legata al prodotto piuttosto che alla marca non si potrebbe parlare di valore aggiunto"[32].

Cosa significa tutto ciò? Che è indispensabile *conoscere quanto l'immagine di marca pesi* – esistono sofisticati algoritmi che lo consentono – *nella percezione della qualità del prodotto*. Perché potrebbe, ad esempio, risultare prioritario privilegiare l'implementazione della propria immagine/qualità percepita/notorietà/familiarità/prossimità valoriale col consumatore, piuttosto che intervenire sulle prestazioni del prodotto o del servizio. Il rischio, altrimenti, è che l'investimento per rendere più performativo il bene possa venire vanificato da una scarsa predisposizione a percepirlo.

Nello studio dei comportamenti di consumo, alla ricerca dei *drivers* che guidano e determinano le scelte di acquisto, *identità percepita* della marca e *soddisfazione del consumatore* rappresentano spesso *due facce di una stessa medaglia*. E sovente è difficile individuare quale sia la causa e quale l'effetto: è l'identificazione del consumatore con i valori della marca a guidare la soddisfazione e quindi la fedeltà? O, viceversa, la soddisfazione del consumatore, frutto dell'esperienza ripetuta di acquisto e di utilizzo del prodotto/servizio, ha come effetto quello di rafforzare l'immagine della marca? Se disegnassimo i due concetti immagine-soddisfazione legati tra loro da una freccia, certamente la freccia varrebbe nei due versi, creando così un circolo virtuoso in cui l'esperienza di acquisto consolida e rafforza i valori della marca e la marca contribuisce a costruire la soddisfazione attraverso il suo ruolo rassicurante,

32. *Ibidem*.

di fiducia, di trasmissione di un insieme valoriale. La teoria di Festinger della dissonanza cognitiva sottolinea come tra comportamenti e atteggiamenti vi sia una forte tendenza omeostatica.

Se analizziamo le dinamiche in un mercato di largo consumo, sicuramente l'immagine di marca assume un peso maggiore nel determinare le scelte e la fedeltà, lasciando un ruolo secondario alle variabili tangibili legate al prodotto o alla fruizione del servizio. Al contrario, immaginando un ipotetico mercato di puro servizio, scevro da ogni riferimento ed identità di marca, ecco che la soddisfazione del cliente assumerebbe un ruolo guida assoluto nell'indirizzare la fedeltà e la spesa futura del consumatore. Come osserva Aaker "l'acquisto di una merce come la benzina o il grano non comporta, se non in casi rarissimi, fedeltà al prodotto, a meno che il servizio aggiunto sia collegato alla marca e possa, di conseguenza, generare un rapporto di fedeltà"[33]. Inoltre, lo stesso prodotto/servizio può vivere un ciclo di vita in cui immagine della marca e Customer Satisfaction (CS) si alternano e si avvicendano nel giocare da protagonista per la determinazione delle scelte di consumo: è, ad esempio, il caso della telefonia mobile. Pensiamo ai primi anni di nascita ed esplosione del servizio. Il ruolo giocato dalle componenti più tangibili di servizio è stato vincente nel determinare il successo degli operatori: la competizione si è giocata sul terreno della qualità della copertura, dell'efficienza dei call center, della chiarezza dell'offerta tariffaria. Al crescere del mercato e all'aumentare del livello di servizio gli operatori si sono allineati via via sulla qualità dei servizi fino ad offrire prestazioni quasi indistinguibili: poter chiamare da un qualunque posto o essere raggiunti e poter comunicare con chiarezza sta diventando un fatto scontato ed assumendo la fisionomia di una commodity. A questo punto, ciò che può creare la differenza è prevalentemente l'immagine della marca. La comunicazione è in grado di giocare un ruolo sempre più importante quale elemento strategico – centrale e decisivo – per segnare la diversità dai concorrenti e per mantenere un territorio di riferimento valoriale e socioculturale diverso da quello degli altri player.

Recentemente, valutando la Customer Satisfaction per una serie di servizi specifici di un operatore di telefonia in Italia e in Uk, si è potuto constatare che – ad assoluta parità nella qualità del servizio (oggettivamente misurabile perché computerizzato) – la soddisfazione del consumatore di oltre Manica (impatto inusuale: i consumatori inglesi in genere sono più critici e insoddisfatti di quelli italiani) era assai più elevata rispetto a quella rilevata nel nostro Paese. La differenza sta nel fatto che l'operatore inglese è considerato una sorta di fiore all'occhiello dell'industria nazionale, mentre non gode di un'immagine altrettanto favorevole in Italia.

33. *Ibidem*.

Pensiamo inoltre a tutta l'area dei servizi pubblici che paga lo scotto di una stereotipica (purtroppo fondata) cattiva immagine delle imprese pubbliche. Nei cui confronti si è quindi più severi nella valutazione.

C'è un settore, ed è quello della grande distribuzione che sembra vivere oggi una dinamica in cui customer satisfaction e immagine assumono un ruolo sinergico. I dati rilevati ed analizzati ogni anno da CFI-GPF nello studio denominato Indice Nazionale di Customer Satisfaction nella grande distribuzione alimentare (fig. 13) ne evidenziano il profondo legame. Immagine e soddisfazione procedono di pari passo.

Tra le tante sfide che la marca ha dovuto e deve affrontare, la maturità del consumatore che prende coscienza, valuta, accresce la sua capacità di discernere e scegliere è senza dubbio tra le più temibili ed è quella che delimita il territorio su cui si sfidano i principali competitor. Se quindi l'equity di marca e la customer satisfaction diventano il terreno elettivo su cui si affrontano le insegne della grande distribuzione, se dunque l'immagine di marca, rappresenta l'area di distintività nei confronti dei competitor, sorge la domanda: su quali elementi nel percepito del consumatore bisogna lavorare per rafforzare l'equity della marca? Ci vengono in aiuto ancora una volta i risultati di un grande studio che GPF&A realizza ogni anno sulla rete Coop. In questa indagine, condotta su un campione di punti vendita della rete, si raccolgono dati relativi alla qualità percepita (articolata in tutte le sue componenti, dal personale, al layout del punto vendita, ai prezzi, le promozioni, il prodotto Coop

Fig. 13 - Indice Nazionale di Customer Satisfaction nella grande distribuzione alimentare

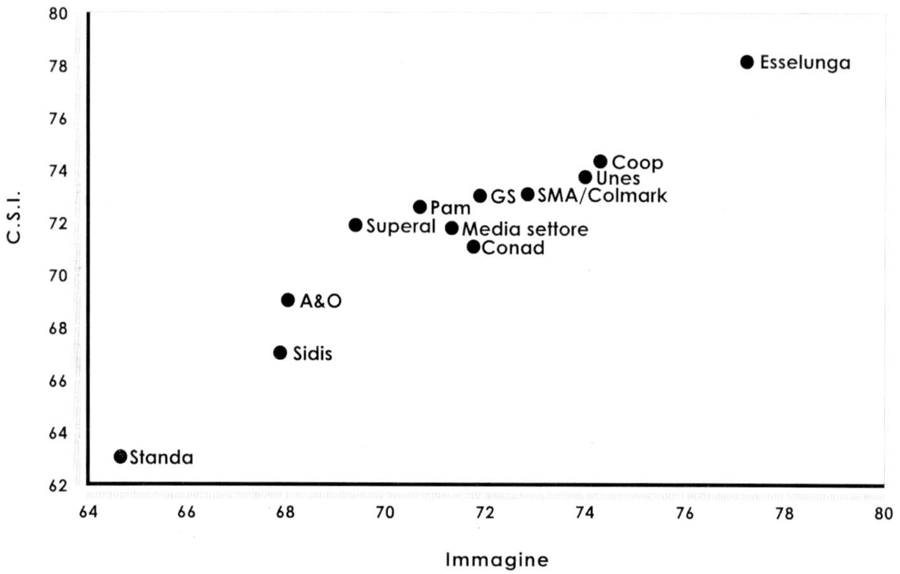

ecc.), l'immagine-distintività, la pubblicità, la soddisfazione, i comportamenti di spesa (fedeltà, portafoglio spesa, passaparola). I dati sono quindi elaborati con un modello matematico sofisticato che consente non solo di fotografare, attraverso i giudizi dei consumatori, il livello di percepito, ma anche di comprendere le dinamiche tra le variabili e i legami causa-effetto per rispondere a domande del tipo: quanto è importante l'immagine – intesa qui come identificazione/condivisione del consumatore nei valori della marca – nel determinare il comportamento del consumatore? E quali variabili impattano sull'immagine? E dove agire per rafforzare la soddisfazione del consumatore?

Tra le dinamiche analizzate ci sembra interessante quella che emerge nell'esaminare la catena *prodotto a marchio Coop – pubblicità – immagine*. Se l'immagine risulta la principale determinante della soddisfazione, ossia la variabile sulla quale agire per incrementare la soddisfazione del consumatore e quindi la sua fedeltà, per rafforzare la relazione con l'insegna, due appaiono le variabili che emergono sopra tutte le altre nel costruire l'immagine-distintività di Coop: la comunicazione e il prodotto a marchio. Ciò che vogliamo qui sottolineare è la rilevanza della marca – nella fattispecie dei prodotti a marca Coop – del prodotto a marchio, che risulta molto più impattante sull'immagine che non sulla soddisfazione del consumatore. In particolare quest'area va intesa – ed è il caso specifico di Coop, non di un'insegna qualunque – come capacità della marca privata di trasmettere elementi di sicurezza e rassicurazione, e di comunicare il rispetto dell'ambiente. Questi risultano i fattori maggiormente impattanti nel costruire il giudizio dei consumatori e l'importanza attribuita al prodotto a marchio, molto più degli item di convenienza o di profondità di assortimento.

Fig. 14 - Alcune variabili che determinano l'immagine-distintività di Coop

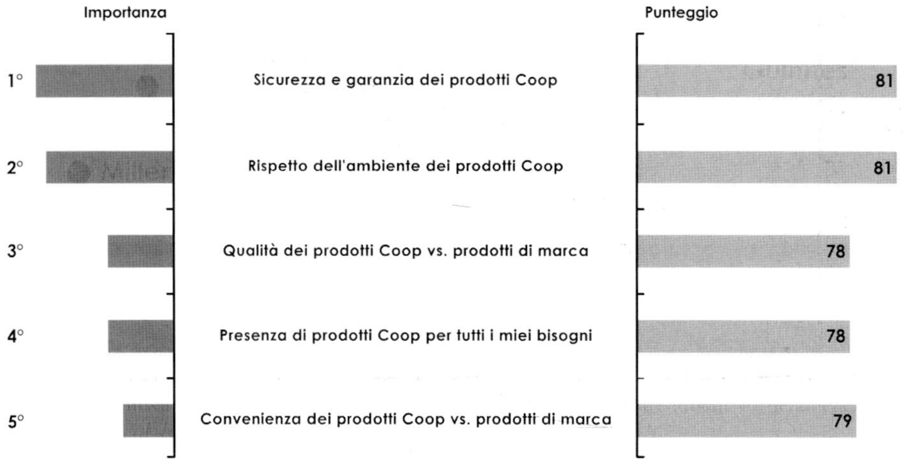

I dati mostrati nella tavola (fig. 14) confermano che Coop ha saputo progettare e realizzare nel marchio privato un vero e proprio elemento di forza, capace di trasmettere alcuni valori della propria marca – di vicinanza al cliente, di garanzia di scelta, di rispetto per l'ambiente. I numeri lo confermano, ponendo il marchio Coop tra i leader anche in termini quantitativi e la scelta di posizionare il marchio privato in un area di qualità e investendolo di una mission valoriale più che conferendogli elementi di mera convenienza o da primo prezzo, danno ragione di questa scelta. La propria marca è diventata quindi oggi, un fattore strategico nel costruire l'immagine-distintività di Coop.

Del resto anche Wal-Mart una delle maggiori catene al mondo nella distribuzione che ha fatto dell'*every day low price* il fondamento del suo posizionamento ("*We sell for less always*") quando, in una recente richiesta, ha chiesto ai suoi consumatori cosa li attirasse di più nei confronti dell'insegna il termine "fiducia" è stato nettamente anteposto a "prezzi bassi".

Quali sono le conclusioni che dobbiamo trarre da questo excursus attorno alle complesse relazioni che intercorrono tra immagine di marca (che ricordiamo è una componente di rilievo della equity) e customer satisfaction? Certamente non anteporre la valutazione dell'immagine alle performance dei prodotti. Non imputare cioè un insoddisfacente riscontro della propria qualità soltanto a carenze d'immagine (che poi generano un ciclo virtuoso perverso: l'immagine perturbata può essere anche conseguenza di antiche disattenzioni sul versante della qualità). Bensì affrontare, congiuntamente, ambedue le dimensioni nella valutazione della customer satisfaction. Due facce, lo abbiamo detto, di una stessa medaglia. L'immagine è ormai divenuta parte integrante della qualità di un bene.

2. Natura e divenire della marca

2.1. Esistenze e divenire della marca

La marca, nel suo divenire storico, ha interpretato ruoli e funzioni estremamente differenti. Ogni volta incorporando le dimensioni precedenti, il suo stesso passato. Quasi avesse vissuto molteplici e distinte esistenze. E non è casuale: figlia del mercato e della comunicazione, portatrice di significati e di valori, contaminata dallo spirito del tempo e dai mutamenti di una società in continua evoluzione, la marca è soggetta al cambiamento e, come ogni altro soggetto che vive nella storia, è destinata a mutare se vuole sopravvivere. Sin dal suo primo apparire ha incarnato accezioni e valenze sempre nuove e – nel medesimo tempo – destinate ad essere superate. Ha vestito abiti inediti, ha parlato linguaggi via via rinnovati. S'è incaricata, ogni volta, di rispondere alle esigenze cangianti degli individui, a quelle – altrettanto dinamiche – del contesto sociale e commerciale. Ha rivisto incessantemente le proprie missioni ed i propri orientamenti, alcuni dei quali sono risultati – col tempo – tautologici: forse superati, o più probabilmente, inglobati e finalmente inscritti nello stesso codice genetico del branding. Ogni condizione del mercato, ogni scenario di consumo, ogni ambito competitivo ha suggerito la strada ed ha offerto gli strumenti e gli argomenti per essere gestito.

Tuttavia, questa continua evoluzione a fronte del cambiamento – lungi dall'essere il frutto di una condizione fragile ed incerta, oppure la risultante di un vagare provvisorio e debole – si rivela come un preciso dovere per la marca: una sorta di percorso obbligato verso la modernità, l'attualità, il contatto/relazione quotidiani con i consumatori. Nondimeno, accanto alla vocazione al mutamento, la marca deve sempre riaffermare la propria coerenza e la propria stabilità. Un apparente paradosso, oppure, se si vuole, una tensione dialettica tipica di tutte le società contemporanee, come pure della condizione postmoderna e di tutte quelle dimensioni associate al consumo. Dimensioni che paiono trovare soluzioni sempre *in progress* e mai definitive, attraverso la continua rimessa in causa dei propri presupposti, mediante l'incessante revisione dei propri significati e dei propri orizzonti. In un certo senso, la marca oggi si trova nella condizione di dover gestire, con gli strumenti ottimali, la *dialettica tra stabilità e innovazione*. È una sfida, perché richiede – da parte del management – una straordinaria attitudine ad affrontare la perenne tensione tra continuità e "rottura", tra conservazione e crescita, tra classicità e contemporaneità.

È proprio in nome di questa sfida che la marca moderna, nella sua esistenza, ha attraversato una serie di fasi e nuove aperture. Abbiamo tentato di ricostruire questo cammino per tappe, facendo luce su ciascun passaggio che – ricordiamo – non annulla ogni volta l'esperienza passata, ma la contiene e la tramanda. Otto momenti importanti che descrivono un iter che pare cercare una progressiva "affinità elettiva" con gli individui, dopo aver conquistato l'attenzione e la fiducia dei consumatori:

Il divenire della marca

Si tratta di "età" importanti che tuttavia non descrivono un ciclo di vita, ma segnano profondamente una ricca esistenza evolutiva. Altri autori hanno fissato stadi differenti di questa metamorfosi, proponendo appellativi diversi e un numero minore o maggiore di tappe. John Mariotti, ad esempio, individua tre età della marca: *the first age*, in cui "l'obiettivo è quello di conquistare il maggior numero possibile di portafogli del consumatore"; una *second age*, il cui "l'obiettivo è quello di conquistare il maggior numero possibile di menti del consumatore"; e infine una *third age* (da non confondere con la "terza età") in cui l'obiettivo è quello di conquistare "il maggior numero possibile di vite e persino di anime del consumatore"[1]. È chiaro che le tre fasi ricalcano il passaggio dalla fiducia al posizionamento, ai valori, che analizzeremo di seguito.

2.2. Memorabilità e *awareness*: il *trademark*

Da tempo la marca s'è emancipata dal ruolo originario di mero marcatore della produzione, così come dall'iniziale equivalenza tra visibilità/notorietà e successo commerciale.

La necessità di segnalare l'*appropriazione* e l'*identificazione* del bene di consumo – che emerge visibilmente con l'avvento della rivoluzione industriale e acquista pieno significato con la produzione di massa – si trasforma in esigenza di *differenziazione* non appena il mercato dominato dalle merci volge in mercato dominato dalle marche. Diviene necessità inderogabile nel periodo storico in cui si passa dallo sfuso o dall'artigianale al confezionato e all'industriale.

Farsi riconoscere, e riuscire a distinguersi rispetto alla concorrenza appare come un'esigenza imprescindibile e una missione inevitabile della marca nella sua accezione moderna, industriale: una sorta di *primum vivere*. Diventa necessario, allora, rendere distinguibile e memorabile il *trademark*, il marchio di fabbrica, con il suo verbo e le sue icone, sviluppando la diffusione del nome e del logo. E puntando sul ricordo.

Coerente a questa fase è quindi perseguire la *memorabilità* e la *notorietà* (*awareness*) presso il consumatore: una specie di *t1* nella costruzione della marca. Si tratta di un parametro di sicura importanza in tutti quei mercati in cui la marca deve entrare in un paniere o trovare legittimazione in una determinata categoria merceologica: una premessa necessaria ma assolutamente non sufficiente.

Il mondo del marketing e quello della pubblicità hanno tradizionalmente utilizzato – ed utilizzano tutt'ora – una serie di parametri interpretativi e di test sul consumatore per stabilire la portata e la natura della relazione (una relazione basica ed elementare) tra il pubblico e la marca. "La misura più selettiva – scrive Lombardi – è quella della *brand saliency*: se, e quanto, una marca supera le concorrenti nel venire in mente spontaneamente"[2]. La marca che viene citata per prima, all'interno di una categoria merceologica, è detta *top of mind*. È certamente, questa, la dimensione più significativa nell'ambito degli studi sul ricordo della marca. Gli altri indicatori afferenti al ricordo so-

1. J. Mariotti, *Smart Things to Know About Brands & Branding*, Capstone, Milford, 1999, pp. 17-18.

2. M. Lombardi (a cura di), *Il dolce tuono. Marca e pubblicità nel terzo millennio*, FrancoAngeli, Milano, 2000, p. 74.

no il *ricordo spontaneo* (tutte le marche evocate spontaneamente sulla base della sollecitazione che fa riferimento al prodotto) e il *ricordo aiutato*: di fatto il riconoscimento del nome della marca. Un indicatore troppo vago, quest'ultimo, per dar conto della presenza della marca nell'immaginario collettivo. Molte marche che fanno ormai parte del cimitero degli elefanti – marche un tempo affermate ma di cui resta solo una debole traccia nella memoria – ottengono solitamente *scores* elevati a questo tipo di sollecitazione. L'awareness è il primissimo step nel rapporto tra la marca e il suo pubblico, il traguardo iniziale della marca che vuole entrare a far parte di uno scenario competitivo, che intende stabilire una connessione, un legame, tra marchio e classe di prodotto. È l'obiettivo del branding in un'epoca di "primo approccio" alla comunicazione d'impresa. Come osserva Aaker, "il riconoscimento di marca costituisce il primo gradino nel processo della comunicazione. È inutile cercare di comunicare caratteristiche di una marca finché il suo nome non risulti consolidato e quindi possa essere oggetto di associazioni"[3].

Grazie agli effetti congiunti di pubblicità, sponsorizzazione, distribuzione e packaging – ma soprattutto con il ricorso alla prima – la marca può farsi conoscere in questa fase di *start up*, può apparire visibilmente e permanere nella mente del consumatore: una sorta di *imprinting*. Non è casuale che questa fase della marca, osservata in una prospettiva di tipo genetico-biologico, sia stata paragonata alle prime impressioni degli animali alla nascita. Sono sufficienti pochi secondi per incidere permanentemente, nella memoria di un animale appena nato, l'identità del suo genitore. Allo stesso modo, è necessario un buon esordio affinché una marca possa essere accettata favorevolmente e definitivamente nella coscienza degli individui. Significando, automaticamente una intera categoria merceologica. Come l'oca Martina che viene al mondo riconoscendo, come madre, lo scienziato Konrad Lorenz, che l'ha "covata" ed accolta, la marca può fissarsi nella memoria degli individui e rendersi indelebile, solo se si rende riconoscibile. La presenza nella memoria del consumatore è certamente un importante presupposto per la creazione di una relazione. Nella "guerra delle bollicine" – la straordinaria saga comparativa tra Coca e Pepsi, forse l'episodio di comunicazione più importante nella storia della pubblicità – va menzionato un filmato di straordinaria efficacia in cui l'idea del ricordo della marca è centrale e significativa. Il commercial, ambientato nel futuro, mostra una sorta di sopralluogo didattico di un professore accompagnato dai suoi studenti in un sito archeologico. In un'atmosfera del tipo "*The day after*", ma in cui si scorgono nitidamente sullo sfondo alcuni cartelloni pubblicitari della Pepsi, il docente illustra agli allievi il senso e la funzione di alcuni oggetti che emergono dagli scavi. Manufatti della nostra quotidianità, una chitarra: prontamente interpretati e spiegati dall'anziano

3. D.A. Aaker (1997), *cit.*, p. 92.

professore. Quando un ragazzo gli porta una bottiglia dalla inconfondibile silhouette della Coca-Cola il professore la pulisce con attenzione, la libera dalle incrostazioni, la osserva con grande curiosità ed infine ammette candidamente "*I've no idea*". Anche il ricordo della marca più famosa del mondo era svanito nel nulla, mentre Pepsi continuava a far parte del *domestic landscape*.

Tuttavia, una volta che la marca s'è moltiplicata in una miriade di segni e di insegne, una volta che ha garantito visibilità alla produzione commerciale, una volta che ha costruito solidità e riconoscibilità del nome, la sua missione inizia ad assumere un nuovo, e ben altro, spessore. La marca si trova adesso a muoversi in spazi fisici e semiotici dove beni e servizi paiono aumentare di densità, e, al contempo, caratterizzarsi per relativa fungibilità. Nomenclatura, etichette e sembianti memorabili, rischiano ora di perdersi e confondersi nel rumore di fondo. Si rende allora necessaria la formulazione e l'addizione di contenuti e di significati. "Se il nome, oppure un piccolo disegno al posto del nome, permettono di differenziare un prodotto, non dicono nulla di specifico, né su di esso, né sul suo produttore. In un contesto di produzione industriale di massa, la quantità di prodotti presenti sul mercato e la loro relativa somiglianza rendono questo discorso implicito sempre meno udibile e comprensibile"[4]. La marca appare adesso obbligata a ridefinire il suo ruolo strategico: il perseguimento della notorietà, non più variabile discriminante e missione essenziale del branding, cede ora il passo alla ricerca di fiducia e benevolenza.

La marca denotativa, quella del *trademark* della notorietà, quella che identifica il prodotto, quella a cui – per dirla con Eco – "... il codice fa corrispondere un significante senza previa mediazione"[5] cede gradatamente il passo alla *marca connotativa*, depositaria di significati e valori, che contribuisce "alla costituzione di una o più unità culturali espresse dalla funzione segnica precedentemente costituitasi"[6]. La marca, come funzione segnica, s'investe – grazie all'azione del tempo, alla memoria del consumo, alla stratificazione della comunicazione – di un contenuto proprio e – per certi versi – ereditario.

2.3. Fiducia: dal *trademark* al *trustmark*

Il lungo iter evolutivo della marca prosegue nel tempo, emancipandosi dai contenuti originari e dalle missioni tipiche degli esordi. L'identificazione, il riconoscimento, la visibilità, la notorietà, vanno gradualmente ad iscriversi nel codice genetico del *branding*. Tendono, cioè, a divenire parametri tautologici e piuttosto marginali in termini di progettazione e pianificazione strategica.

4. A. Semprini, *La Marca. Dal prodotto al mercato, dal mercato alla società*, Lupetti, Milano, 1996, p. 43.
5. U. Eco, *Trattato di semiotica generale*, Bompiani, Milano, 1975, p. 123.
6. *Ibidem*.

Il secondo momento "storico" della marca vede un decisivo spostamento di obiettivi: dalla *visibilità* alla *fiducia*. Una volta acquisita notorietà e riconoscibilità, ormai protagonista di mercati densi e competitivi, la marca tende a divenire garante della competenza specifica in quel settore, della buona qualità del bene che connota e della sua costanza nel tempo. Conferisce al prodotto la rassicurazione di saper svolgere bene, al meglio, le prestazioni che il consumatore si attende.

È piuttosto significativo, a questo proposito, che il marketing anglosassone distingua i semplici *trademarks* dai ben più solidi *trustmarks*. I marchi di fabbrica dai marchi fiduciari. Dunque non basta un marchio registrato per ricevere la confidenza e il favore del pubblico. Non è sufficiente una buona dose di notorietà per guadagnarsi il credito dell'individuo consumatore. Una recente inchiesta nel settore alimentare, condotta in Francia dal gruppo Danone, rivela con grande efficacia come non tutte le marche siano in egual misura sinonimo di fiducia. Evian raccoglie 82% dei voti di fiducia, Danone 75,8%, Nestlé 73,4%, Kellogg's 44%, Motta 42% e Coca-Cola 30%[7].

È proprio il termine *fiducia/conferire fiducia*, quello che meglio esprime l'obiettivo strategico della marca in questa fase. A cui corrisponde, da parte del consumatore, un atteggiamento di generico apprezzamento, capace però di orientare le scelte.

Questa esigenza di legittimazione sul mercato, in particolare verso il target di riferimento, si esprime attraverso standard di qualità, innovazione e servizio superiori rispetto alla concorrenza *unbranded*. Il prodotto di marca assicura migliori prestazioni, buone performance e un risultato "imbattibile". In questo modo la marca può stipulare una sorta di contratto di fiducia, come credito per il futuro, col suo interlocutore privilegiato: il consumatore. Sono gli anni di: *"Galbani vuol dire fiducia", "Volkswagen, c'è da fidarsi", "Buitoni, la seconda mamma del bambino", "Ignis lavatrici. I primi nella scienza dell'acqua", "Snia viscosa. Il marchio del primato di qualità", "Nutella, l'esperienza dei primi"*.

Coevo è l'orientamento – da parte delle imprese e del mondo della comunicazione – ad attribuire al marchio *simpatia e desiderabilità*. La reputazione e l'*immagine* – il plesso cioè di associazioni che vengono attribuite alla marca, il profilo semantico, per esprimersi in termini di ricerca, che la marca ottiene su una serie di dimensioni rilevanti – diventano adesso, i traguardi delle imprese, che paiono concentrate nella costruzione di una rispettabilità e di una facciata appetibili e credibili, più che nella messa a punto di specifiche qualità dei prodotti e delle insegne. La preoccupazione, nella gestione del

7. Si veda J.-N. Kapferer, *Les marques. Capital de l'Enterprise*, Éditions d'Organisation, Paris, 2000, p. 26.

brand, è ora quella di conoscere in che modo si è percepiti. Diventa fondamentale che il pubblico riceva una "buona impressione" dalle insegne e dalle etichette. Spetta dunque al consumatore definire la marca e il suo contenuto. È evidente che questo approccio non prevede la messa a punto di un "progetto di marca", né la costruzione di una sua identità o di una coerenza nel tempo. Siamo in una fase piuttosto acerba della gestione della marca: potremmo definirla una fase adolescenziale. *Prima ancora di sapere chi si è, ci si preoccupa di come s'è percepiti.* Prima di avere ben chiara la propria verità, la propria essenza, la propria missione al mondo (e dunque sul mercato) ci si preoccupa di quello che pensano gli altri. Queste marche paiono così incapaci (i tempi non sono maturi) di enunciare (ed annunciare) chiaramente il proprio ruolo ed i propri valori. Né di definire e comunicare la relazione con gli altri attori dello scenario competitivo, i propri tratti salienti e distintivi, la propria singolarità e, infine, il proprio "mestiere". L'immagine, allora, arriva prima dell'identità. È giusto in questa fase che prende corpo il concetto di goodwill.

2.4. Il *goodwill*

Dopo gli anni del *trademark*, la marca del *trustmark* si fa garante della qualità e s'impegna nella costruzione di rispettabilità e fiducia. Obiettivo della ricerca, del marketing e delle strategie è il perseguimento del goodwill.

Il goodwill è una *attitudine psicologica favorevole, una predisposizione alla benevolenza* da parte del consumatore (ma anche del distributore e di tutta la filiera distributiva) nei confronti della marca: una sorta di sintesi valutativa dell'immagine. Nient'altro che una simpatia preziosa, un sentimento da capitalizzare, in quanto fonte potenziale di benefici futuri. Il goodwill diventa un obiettivo strategico nella costruzione di solide architetture di marca. Non è ancora l'atteggiamento o lo stato d'animo che orienterà la scelta, ma certamente si tratta di una importante predisposizione.

Va sottolineato, tuttavia, come questo plusvalore offra una duplice possibilità di lettura. Kapferer individua nel concetto anglosassone di goodwill, una curiosa convergenza tra finanza e marketing, tra uno sguardo "contabile", azionario (il prezzo di mercato dell'impresa) ed uno più sensibile, di tipo simbolico ed affettivo (il valore che il consumatore attribuisce al marchio). Più precisamente distingue tra "*goodwill comptable*" o "*survaleur*", derivante dall'analisi finanziaria e monetaria della marca e *goodwill psicologico*. Quest'ultimo non sarebbe altro che quel vantaggio competitivo intangibile e "ideologico" lentamente creato dalla marca nel tempo, presso il suo pubblico. In altre parole, una sorta di stratificazione di buone impressioni, capace di generare un sentimento di generica fiducia, di affettuosa inclinazione nei confronti del *brand*[8]. Il concetto di goodwill può dunque considerarsi assai prossimo a quello di valore della marca. Come osserva Randall "è la differenza tra il prezzo pagato per acquistare l'impresa e i risultati del bilancio che genera il goodwill, e questo si suppone includa il valore della marca"[9].

Che cosa apporta, in definitiva, il goodwill? Certamente anche la benevolenza dei distributori: un atteggiamento favorevole che assicura la presenza sul punto vendita, l'appoggio e l'esclusiva dei grossisti e dei rivenditori (pedine fondamentali all'interno di lunghi circuiti di filiera commerciale che tendono ad associare il proprio nome a quello del marchio prestigioso), la possibilità di operazioni di licensing e di estensione della marca e – *last but not least* – la predisposizione all'acquisto, come pure alla fedeltà, da parte dei consumatori finali.

Punto di ancoraggio di tutte le impressioni del consumatore, memoria storica delle esperienze d'uso del prodotto, la marca attraversa e percorre gli anni del goodwill. E infine li supera, fino a divenire forte, affidabile, confidenziale. Per approdare alla fase del *commitment*: *un sentimento persistente e durevole. Più solido della stessa fedeltà*. Talvolta una vera e propria rendita di posizione, una fiducia consolidata, capace di agire a lungo termine, come un'antica memoria. Una reputazione che non evapora nel tempo, resiste agli andamenti del mercato e ai flussi della comunicazione.

Un traguardo importante, comunque, quello del goodwill perché la marca è un concentrato di informazioni e di conoscenze: il suo valore, alla nascita, può dirsi pressoché nullo. A parte il costo dei depositi giuridici e gli onorari degli studi legali e dei grafici, gli esordi della marca sono privi di ascendenze ereditarie e di stratificazioni simboliche. Dal punto di vista commerciale, gli albori dell'insegna sono ricchi di potenzialità ma poveri di storia. La marca giovane è debole. È soltanto col tempo – grazie agli investimenti economici e umani, mediante l'incessante ricerca della qualità, dell'innovazione e del servizio, attraverso l'adattamento alle nuove aspettative del consumatore e la prossimità col pubblico – che il segno diventa senso: un concentrato d'informazioni duraturo e moltiplicato. A differenza della pubblicità – col suo messaggio effimero, destinata all'oblio e a un rapido sorpasso – la marca resta nella memoria del consumatore con le sue promesse e i suoi risultati, con le sue parole ed il suo mondo.

Una volta conquistate notorietà, memorabilità e fiducia presso il suo pubblico, la marca si appresta a "posizionarsi": a presidiare, cioè, uno spazio unico, distintivo e caratteristico nella mente del consumatore. Alla marca viene collegato un insieme di associazioni, di rappresentazioni simboliche che ne costituiscono una sorta di prodromo di identità. Esaminiamo, ad esempio, il plesso di associazioni che caratterizzano McDonald's (fig. 1).

8. Si veda *Le "goodwill", convergence de la finance et du marketing*, in: J.-N. Kapferer (2000), *cit.*, pp. 19-23.

9. G. Randall, *Branding*, Kogan Page, London, 1997, p. 25.

Fig. 1 - Il plesso di associazioni che caratterizzano la marca McDonald's

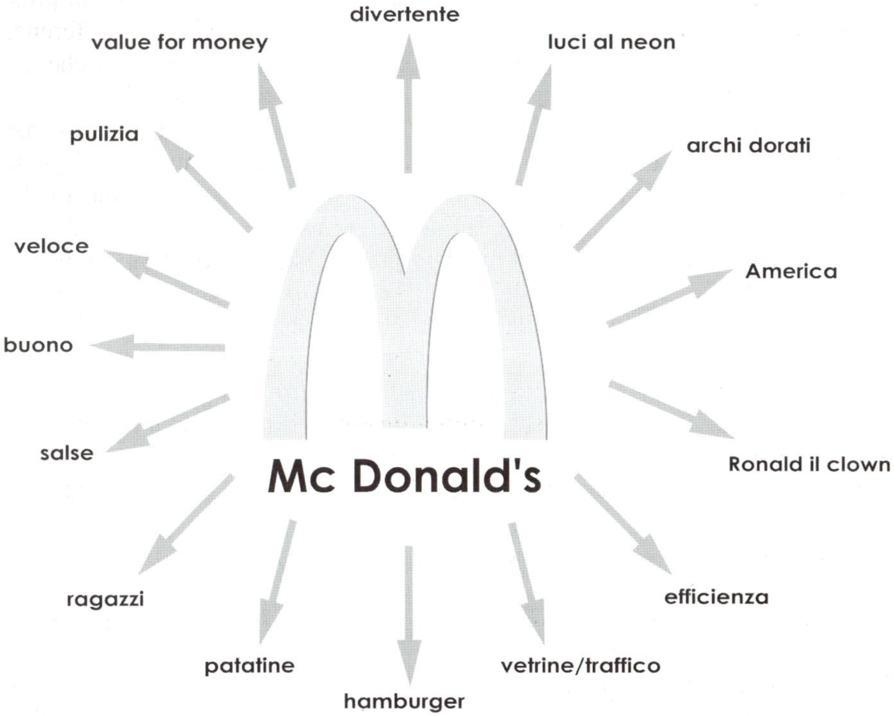

Così presentato appare come un condensato caotico di tante diverse dimensioni. La marca dovrà poi farle precipitare in una sorta di summa che ne costituisce il posizionamento e dedicare a questo carattere di elevata desiderabilità. La gestalt complessiva che ne risulterà sarà assai diversa rispetto ad una semplice sommatoria delle singole associazioni. Compito della ricerca sarà successivamente quello di analizzare le connessioni tra le diverse variabili: l'intensità e il legame di queste associazioni con la equity della marca in modo da individuare le leve principali per elevarla.

2.5. Posizionamento: la scelta del target

Nella vita della marca, nella sua inquieta e mutevole esistenza, esiste una fase, quella del posizionamento, che pare rappresentarne, per un lungo periodo, una sorta di *conditio sine qua non* per l'affermazione ed il successo. A partire dalla prima metà degli anni Settanta, la competizione crescente, la perdita di caratteri differenziali oggettivi tra le marche stesse e lo spostamento operato dal consumatore nel cercare le distintività a livello simbolico, rende il problema del posizionamento assolutamente cruciale e prioritario per l'impresa. Si delinea, cioè, la necessità di dare un senso alle strategie di marketing e comunicazione, l'urgenza di definire un progetto rispetto a ciò che si trasmette all'esterno: alla marca devono essere attribuite *caratteristiche uniche, facilmente riconoscibili, persistenti nel tempo, rilevanti per il consumatore*.

La continua immissione di prodotti sul mercato, gli scenari commerciali sempre più affollati e concorrenziali, la condizione di assoluta iperscelta che si andava prospettando al pubblico, iniziano – in questa fase – a porsi come nuovi stimoli per una ridefinizione del valore della marca. La generica benevolenza nei confronti dell'impresa o dell'etichetta ora non è più sufficiente. Il semplice nome di marca, per quanto conosciuto, affidabile e ammiccante, risulta inadeguato a connotare un intero luogo del discorso. Identificarsi, garantire bontà ed essere memorabili divengono in questo momento dei traguardi impliciti: una sorta di prerequisiti. Emerge adesso un bisogno tutto nuovo di dare un contenuto alle argomentazioni del branding, di qualificare parola e verbo dei prodotti griffati.

Si tratta di costruire, all'interno della personalità della marca, *un segno forte e caratterizzante*; quasi si volesse riprodurre, a livello simbolico, quelle differenziazioni strutturali che un tempo, agli albori dei mercati di massa, connotavano le prime marche. S'intuisce, cioè, che il posizionamento, se sufficientemente forte e intenso, può divenire il vero patrimonio della marca: saranno infatti le sue caratteristiche di unicità a differenziarla rispetto alle altre proposte del mercato e a rendere difficilmente proponibile lo stesso spazio semantico per i competitor.

La comunicazione di marca cessa così di indicare il mero prodotto ed inizia ad evocare e suggerirne attributi. In maniera esplicita, attraente, chiara. La "legge del posizionamento", in questa fase, postula che occorre, nell'ambito delle possibili prestazioni ricercate in un prodotto, impossessarsene di una (al massimo due) capace di stabilire associazioni forti con il marchio. Cercare di appropriarsi di più caratteristiche rilevanti appare problematico e rischia di produrre generici goodwill anziché generare una chiara fisionomia di marca.

L'obiettivo è quello di creare una relazione sinonimica, diretta tra brand e performance. Ovvero, attribuire alla marca tratti di unicità e forte definizione, per renderla distintiva in un affollato scenario competitivo, *associandola a specifici consumer benefit*. In altre parole, si tratta ora di elaborare significati atti a qualificare la produzione. Di mettere a fuoco e proporre con grande efficacia, caratteristiche, vantaggi e benefici che siano unici, distintivi, rilevanti per il consumatore e facilmente riconoscibili.

Tutta la problematica del *posizionamento* – il presidio di un preciso spazio mentale nell'immaginario dei consumatori, la creazione di propri attributi esclusivi – è riconducibile a questa fase della storia della marca. Le radici del posizionamento affondano nel terreno dell'*Unique Selling Proposition*. Sebbene i due approcci siano sostanzialmente differenti, culturalmente distanti, Rosser Reeves[10], che sviluppa ed applica il modello dell'USP alla pubblicità degli anni Cinquanta e Sessanta, focalizza gli obiettivi della comunicazione al segnalare la presenza, nel prodotto, di un vantaggio unico, una caratteristica specifica, che sia importante e rilevante per il consumatore. Una promessa che scaturisce dai fatti inerenti l'oggetto da pubblicizzare, da un beneficio che la concorrenza non può offrire. Un'argomentazione talmente forte, così potente da poter spingere masse indistinte di consumatori all'acquisto. Una affermazione di distintività che va dimostrata e messa in scena in maniera chiara, efficace. Da ripetere, riproporre e mantenere per anni e anni: tendenzialmente per sempre. Tuttavia, l'USP, nella sua estrema sintesi, nel suo approccio quasi ipodermico, puntiforme, secco, non prevede la presa in conto del consumatore, e – focalizzandosi su un attributo – pare glissare pure sulla complessità del contesto commerciale e socioculturale. Ma, a quei tempi, marche e prodotti non erano soggetti a quell'affollamento e quella densità competitiva che si innesterà nei mercati soltanto qualche anno più tardi. E il martellamento pubblicitario del singolo beneficio risultava sufficiente.

Benché sia stato osservato come "la pratica di rivolgere un richiamo a una porzione prescelta degli acquirenti potenziali è probabilmente vecchia quanto la pubblicità stessa..."[11], le prime formulazioni del termine "posizionamento", come agire strategico nel campo dell'advertising e del marketing, prendono consistenza agli albori degli anni Settanta.

È il 1969 quando Jack Trout pubblica sull'*Industrial Marketing*, un articolo dal titolo "*Positioning is a game people play in today's me-too marketplace*"[12]. L'idea di un mercato altamente competitivo, caratterizzato da feno-

10. Rosser Reeves (1910-1984) è uno dei grandi protagonisti della storia della comunicazione americana e. più in generale, della storia dell'*advertising*. Nel 1940, insieme a Ted Bates fonda l'agenzia che porta il nome di quest'ultimo. Il testo che raccolse tutte le sue idee in fatto di pubblicità è il celeberrimo *Reality in Advertising* (1961), tradotto in Italia nel 1963 da Lilli Denon per i Tipi di Etas Kompass e ripubblicato nella seconda metà degli anni Ottanta col titolo *I miti di Madison Avenue*. Qui Reeves sottolinea e ribadisce la sua fondamentale fiducia verso il contenuto del messaggio, verso una promessa che doveva nascere dal prodotto stesso, dai suoi attributi performativi, dai suoi *benefit*. È la nascita della USP, come linea guida di ogni strategia di comunicazione. Reeves individua tre comandamenti dell'Unique Selling Proposition: 1) ogni campagna pubblicitaria deve proporre un beneficio per il consumatore; 2) deve essere un beneficio che la concorrenza non può offrire o che, di fatto, non offre; 3) il beneficio deve essere così forte da poter spingere milioni di consumatori all'acquisto del prodotto in questione. Cfr: R. Reeves, *Reality in Advertising*, A.A. Knopf, New York, 1961 (trad. it. di L. Denon, *La Realtà Pubblicitaria*, Etas Kompass, Milano, 1963 e *I miti di Madison Avenue*, Lupetti & Co, Milano, 1988) e E. Pirella, *Il Copywriter. Mestiere d'Arte*, Il Saggiatore, Milano, 2001.

11. L. Bogart, *Strategia in pubblicità. Come combinare media e messaggi con mercati e motivazione*, FrancoAngeli, Milano, 1990, p. 338.

12. Nel 1972 proseguono gli interventi di Trout sul concetto di posizionamento. In una serie di articoli pubblicati sul settimanale *Advertising Age* intitolati "*The Positioning Era*" Trout

meni di concorrenza inseguitrice ed imitativa (dinamiche di *me too*, appunto) sembra indirizzare il marketing verso la messa a punto di marche dalla personalità forte, facilmente riconoscibile, e chiaramente intelligibile per il target group di riferimento. Si tratta, in definitiva, di individuare ed edificare un'area particolare per la marca, in un determinato settore merceologico, indirizzando la propria promozione verso un gruppo ben definibile di consumatori. Come osserva Bogart "questo target può avere in comune alcune caratteristiche sociali o di personalità, oppure i suoi membri possono condividere un particolare insieme di motivazioni d'uso del prodotto, oppure una modalità d'uso comune"[13].

"Il posizionamento è... il meccanismo per il quale una marca investe una porzione di contenuto, un'idea, un concetto e, appropriandosene, ne fa un territorio proprio, qualifica il proprio discorso"[14]. Dunque, una proposizione di valore. In altri termini, un tratto dell'identità di marca che deve essere comunicato nel miglior modo possibile al target di riferimento.

Sebbene l'articolazione del posizionamento sia un processo che si costruisce a partire dal prodotto (un bene di consumo, un servizio, una impresa, una istituzione, una persona e, naturalmente, una marca) è errato considerare – come sovente accade – il posizionamento come "quello che si fa al prodotto". In realtà il posizionamento è qualcosa che avviene nella mente del consumatore, o, che, in altri termini, "posiziona il prodotto nella mente del pubblico"[15].

Emergere con successo, all'interno di mercati iperaffollati, iperestesi e densi di comunicazione, significa, per una marca, emanciparsi dalla vaga connotazione di "buon prodotto". La generica benevolenza, la simpatia occasionale e l'indistinta preferenza del consumatore, rischiano infatti di apparire elementi "non determinanti" ai fini della decisione d'acquisto. Soprattutto quando i beni ed i servizi sono fungibili e le performance oggettive risultano omologabili. Si rende così necessaria una differenziazione, una precisa caratterizzazione in grado di conferire agli oggetti del consumo unicità e distinzione. Si tratta, in altri termini, di prendere in considerazione, non solo gli elementi di forza e di debolezza della marca, ma anche quelli dello scenario competitivo. E, cosi facendo, di collocare il brand in un preciso territorio, un'area definita e difendibile: occupare uno spazio definito nell'immaginario del consumatore.

chiarisce come il mondo della pubblicità, negli Stati Uniti, stia prendendo coscienza del nuovo, rivoluzionario, approccio al mercato e alla marca. Si vedano: A. Ries, J. Trout, *Positioning: the Battle for Your Mind*, McGraw-Hill, New York, 2001, p. 3 e J. Trout, S. Rivkin, *The New Positioning. The Latest on the World's #1 Business Strategy*, McGraw-Hill, New York, 1996, p. IX.

13. L. Bogart, *cit.*, p. 337.
14. A. Semprini (1996), *cit.*, p. 44.
15. A. Ries, J. Trout, *cit.*, p. 2.

La fase del posizionamento è quella che vede la marca ampliare i propri orizzonti in una prospettiva nuova: i prodotti ora sembrano incarnare discorsi, caratteristiche e funzioni in relazione allo scenario competitivo e a quello di consumo. Il marchio autocratico, chiuso nel proprio perimetro, circoscritto entro la propria immagine ed i propri benefici è destinato a soccombere. È necessario, ora, osservare il contesto e comprendere che tutte le scelte del consumatore sono di tipo comparativo. Benefici, attributi e prestazioni, possono dirsi determinanti e motivanti, unicamente in rapporto agli altri attori del mercato. Non solo: un posizionamento efficace è quello che gode di una lunghezza di vantaggio rispetto alla concorrenza, quello che per primo individua, occupa e tutela un campo definito, una sorta di *hortus conclusus*, nei bisogni e nei desideri dell'audience. Come osservano con un pittoresco linguaggio Ries e Trout:

> Nell'era del posizionamento, non basta inventare o scoprire qualcosa. Può addirittura non essere necessario. Bisogna, invece, essere i primi ad entrare nella mente del pubblico. IBM non ha inventato il computer. Lo ha fatto Sperry-Rand. Ma IBM è stata la prima azienda a creare un posizionamento per il computer nella mente del consumatore.
> Lo Sperry-Rand del quindicesimo secolo è stato Cristoforo Colombo... Come ogni bambino saprà, all'uomo che ha scoperto l'America, sono stati a malapena riconosciuti i suoi meriti. Cristoforo Colombo fece l'errore di cercare l'oro e di tenere la bocca chiusa. Amerigo Vespucci no.
> L'IBM del quindicesimo secolo, Amerigo arrivò cinque anni dopo Cristoforo. Ma azzeccò un paio di mosse. Primo, posizionò il Nuovo Mondo come un continente separato, totalmente distinto dall'Asia... Secondo, produsse una gran quantità di scritti sulle sue scoperte e sulle sue teorie... Il risultato fu che gli Europei accreditarono ad Amerigo Vespucci la scoperta dell'America e la chiamarono col suo nome. Cristoforo Colombo morì in prigione[16].

È prassi ricorrente nel mondo delle imprese – constatando che i consumatori attribuiscono certi crediti a marche concorrenti – affermare "noi ce l'avevamo prima" oppure "noi li possediamo di più". Probabilmente è vero, ma non sono stati comunicati. E adesso che sono stati scippati è ben difficile riappropriarsene. Il posizionamento prevede una sorta di presidio nella mente del consumatore: una "circoscrizione territoriale" sottoposta ad un unico referente, un'unica marca, un unico beneficio.

L'approccio al posizionamento ha rappresentato, per oltre vent'anni, un vero e proprio must per le imprese. Non un'opzione, un'operazione discrezionale o facoltativa, ma un reale imperativo categorico per il successo.

Questa del posizionamento appare, in prima battuta, come un'area di stretta pertinenza e di totale e completa responsabilità del management: non può

16. *Ibidem*, pp. 24-25.

essere delegata all'esterno, né la sua individuazione affidata a chi la dovrà elaborare creativamente (la pubblicità/i pubblicitari). Dunque una sorta di quintessenza del pensiero strategico dell'azienda, espressa in termini decisamente inequivoci e tale da catalizzare un'assoluta convergenza di consensi. Si tratta – posizionando un prodotto – di realizzare due operazioni distinte:

- da un lato l'individuazione del tipo di pubblico a cui rivolgersi, del target o dei target da privilegiare;
- dall'altro la definizione del plesso di significati e attributi che devono caratterizzare il prodotto agli occhi del target.

La scelta di posizionamento in termini di target – vale a dire il segmento di popolazione che la marca deve selettivamente raggiungere, con cui essere in maggiore sintonia e di cui conoscere a fondo aspettative, desideri, sistemi di valori – è una decisione importante. Che condizionerà poi, in modo determinante, il posizionamento più propriamente inteso (in termini cioè di tratti differenziali da attribuire alla marca). Eppure, nonostante la crucialità del problema, l'approccio concettuale e metodologico adottato per affrontarlo è ancora fortemente condizionato dall'inerzia di vecchie consuetudini assolutamente inadeguate a dar conto dell'incisività dei cambiamenti che sono intercorsi nel sociale negli ultimi decenni.

Il diffuso, continuo ricorso ai criteri demografici come il sesso, l'età, la professione, la zone di residenza – che ancora adesso costituiscono il criterio più adoperato per definire il target a cui riferirsi – ne è la più vistosa testimonianza. I criteri demografici hanno solo il pregio di essere facilmente identificabili ma hanno – ci sia consentita una iperbole – lo stesso potere discriminante del sapere che una persona ha gli occhi azzurri o i capelli rossi: tendenzialmente nessuno. Oggi la differenza tra uomo e donna, per gran parte dei comparti merceologici, è irrilevante ai fini delle scelte e dei modelli di consumo, soprattutto a parità di scolarità. I giovani – il segmento che, almeno stereotipicamente, dovrebbe esprimere una maggiore omogeneità – costituiscono in realtà un aggregato statistico tutt'altro che omogeneo, in cui coesistono stili di vita e modelli di comportamento diversissimi. Lo stesso dicasi per le fasce più anziane della popolazione: anch'esse erroneamente descritte come portatrici di sistemi di bisogni assai simili. La professione è considerata ancora un fattore discriminante, ma riteniamo solo perché ha alle spalle una lunga tradizione sociologica – la sociologia appunto delle professioni – in quanto queste costituivano un fattore selettivo ai fini dell'attribuzione ad una classe sociale, quando ancora queste esistevano. Ad occuparsene sono rimasti ormai quegli scienziati sociali che somigliano ad Hegel ormai vecchio che non usciva più di casa per non constatare che il mondo andava ormai (si pensi alle guerre napoleoniche ed ai grandi sconvolgimenti che, in quegli anni, travolgevano l'Europa) in una direzione diversa rispetto a quanto aveva teorizzato. Il reddito poi – uno dei parametri consacrati dalla tradizione – a parte alcune tipologie di prodotti indirizzate esclusivamente agli altri redditieri, è assai meno discriminante della propensione al consumo.

Il ricorso agli *stili di vita* è stato considerato, negli ultimi decenni, come la naturale evoluzione dei criteri demografici. Cluster di popolazione – quelli definiti come stili di vita – trasversali rispetto ai criteri demografici ma che mostrano elevate omogeneità in termini esistenziali e valoriali condividendo un sistema assai simile di bisogni, aspirazioni, impiego del tempo libero, esposizione ai media, modelli di consumo. Uno degli autori di questo volume ha lavorato per un semestre con Arnold Mitchell allo Stanford Research Institute (Paolo Alto, California) nel 1985 alla costruzione dei *Nine American Life Style* – che rappresenta tutt'ora con l'acronimo VALS (*Value Attitude Life Style*) uno dei metodi più impiegati negli Usa per l'individuazione dei target – e ha pubblicato con Mondadori *Le Otto Italie* dove sono analizzati i principali stili di vita individuati (1988) nella società italiana[17]. Ma l'impetuoso cambiamento di questi anni, l'intensificarsi dei processi di frammentazione sociale, le multidentità che coesistono oggi nell'individuo postmoderno – che ha dato l'avvio a tutta una serie di studi e ricerche sul camaleontismo sociale o le identità deboli – sottraggono agli stili di vita gran parte del loro potere euristico. Perché si vanno moltiplicando esponenzialmente e perché lo stesso individuo può, allo stesso tempo, condividerne diversi senza che questo generi alcun fenomeno di disagio psicologico o di schizofrenia sociale.

Per confrontarci con questa nuova realtà – e per risolvere un problema apparentemente insolubile e riuscire, al tempo stesso, a costruire tassonomie indispensabili per la lettura del sociale e dei mercati – abbiamo optato con Vittorio Mortara per un criterio metodologico e concettuale che potrebbe apparire, ad una prima lettura, come un passo indietro rispetto agli stili di vita ma di cui costituisce in realtà una importante evoluzione. Abbiamo individuato mediante un lungo ed appassionante lavoro di matrice etnoantropologica le principali subculture che coesistono oggi nel Paese e che non rappresentano degli stili di vita ma sono, esse stesse, *generatrici di molteplici stili di vita*. Con le subculture, in altre parole, abbiamo individuato dei comun denominatori, delle strutture latenti unificanti nell'ambito di stili di vita eterogenei e molteplici che possono essere condivisi anche da uno stesso individuo ma che comunque – è possibile ma estremamente improbabile che la scelta avvenga fra stili di vita che traggano origine da culture diverse – manifestano una medesima matrice valoriale.

Di seguito vengono rappresentate graficamente le principali subculture in cui si scompone la società italiana utilizzando la mappa socioculturale con cui GPF analizza, da metà degli anni Settanta, morfologia, struttura e dinamica del cambiamento nella società italiana. L'asse delle ascisse nella mappa contrappone –

17. G. Fabris, V. Mortara, *Le Otto Italie*, Mondadori, Milano, 1988.

ipersemplifichiamo per brevità – una polarità di apertura sociale versus chiusura: un asse cioè che collega i residui di società arcaica (ad Est della mappa) con le prime, ma ormai consistenti, enclave di una società postmoderna); l'asse delle ordinate – particolarmente significativo nell'ultimo decennio che vede un massiccio esodo dall'emisfero inferiore della mappa ed un continuo afflusso nella metà superiore – a Nord vi è un forte orientamento verso i (dis)valori del sé, del privato, dell'individualismo e a Sud invece una spiccata sensibilità e adesione al sociale. Descriviamo brevemente le sei subculture così individuate.

- *Cultura Tradizionale* (rappresenta il 12% della popolazione): importanza della famiglia, religiosità di tipo tradizionale, attaccamento alla comunità locale, etica del lavoro, risparmio e spirito di sacrificio.
- *Cultura Piccolo-borghese* (rappresenta il 16% della popolazione): rispetto per l'autorità, ordine e decoro formale, puritanesimo, ricerca di prestigio, consumismo tradizionale, familismo, insicurezza.
- *Cultura Civica* (rappresenta il 20% della popolazione): partecipazione e coinvolgimento sociale, solidarismo, ecologismo, volontariato, idealismo, semplicità volontaria e pragmatismo di consumo.
- *Cultura Postmaterialista* (rappresenta il 18% della popolazione): interesse per la cultura e la conoscenza, impegno, secolarizzazione, etica, rifiuto dell'autoritarismo, parificazione dei ruoli, ambientalismo.
- *Cultura Affluente* (rappresenta il 23% della popolazione): evasione, divertimento, narcisismo, consumismo, individualismo, cultura dell'effimero, interesse per *fads* e mode, attenzione al fitness.
- *Nuova Frontiera* (rappresenta l'11% della popolazione): cultura del rischio, società di rete, etica del piacere, cosmopolitismo, apertura alle diversità, flessibilità, pragmatismo.

Fig. 2 - Le principali subculture della società italiana 2003

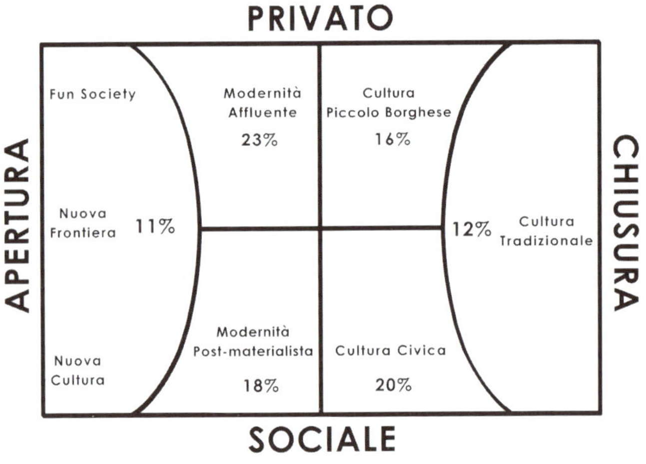

L'individuazione dei segmenti di popolazione con cui la marca deve dialogare preferenzialmente – le subculture nella loro espressione più recente – rappresenta *il presupposto di qualsiasi strategia di posizionamento.* L'analisi cioè delle subculture – o siti valoriali – in cui si concentra lo zoccolo duro dei consumatori – attuali o prospettici – della marca appare indispensabile per un corretto posizionamento di tutto il marketing mix della marca – dalle indicazioni ai tecnici della produzione agli imput per i reparti di R&D, dall'identità visiva della marca al brief per la campagna pubblicitaria – oltre che per la definizione del suo stesso statuto: la scelta del vasto repertorio degli attributi tangibili e delle relative promesse e del patrimonio intangibile. Il pubblico della marca potrà interessare più subculture, tendenzialmente tutte. Ma è necessario, anzitutto, individuare dove la marca attinge il suo pubblico – consumatori attuali e *prospect* – per privilegiare poi – al fine di una migliore definizione del plesso di attributi che la marca dovrà presidiare nelle sue strategie di marketing e di comunicazione – uno o più subculture che siano socioculturalmente affini.

Conoscere il linguaggio della frammentazione sociale, i valori e i comportamenti delle diverse subculture diviene – anche per il management e per chi deve gestire la marca – una componente obbligata e qualificante del proprio bagaglio culturale e professionale.

2.5.1. *Fasi e criteri del posizionamento*

Quello del posizionamento è uno degli approcci più tradizionali, condivisi e frequentati, nella storia del marketing e della pubblicità. L'idea di dare voce e corpo alla marca attraverso la messa a fuoco di caratteristiche che siano uniche e distintive in relazione alla concorrenza e motivanti per il consumatore finale, ha caratterizzato le strategie d'impresa fino ad un recentissimo passato. E, a dire il vero, ancora oggi non è raro imbattersi in dinamiche che esauriscono nel *positioning* tutta la loro propositività. Tuttavia, l'approccio al posizionamento non è mai stato uguale a se stesso. E questo ci sembra un dato piuttosto significativo.

Il posizionamento pone alla ribalta l'importanza della "scelta del punto di leva"[18], ovvero quel tratto peculiare, desiderabile e determinante le scelte d'acquisto. Una comunicazione efficace dovrebbe focalizzarsi su uno o pochissimi elementi. Come osservano Trout e Rivkin, "*The More Information, the More Confusion*"[19]. L'affollamento delle informazioni, all'interno dello stesso messaggio, risulta deleterio ai fini della comprensione e della memo-

18. Per un approfondimento si veda: M. Lombardi, in M. Lombardi (a cura di), *Il nuovo manuale di tecniche pubblicitarie. Il senso e il valore della pubblicità*, FrancoAngeli, Milano, 1998, pp. 125-126.

19. Si veda J. Trout, S. Rivkin, *cit.*, pp. 7-8.

rizzazione e, in ultima analisi, a tutti i livelli di elaborazione. La tentazione potrebbe essere quella di costruire il messaggio chiamando in causa tutte le componenti del prodotto a disposizione, articolando una densità di attributi, benefici e proposizioni di vendita che non farebbe altro però che depistare o disorientare il target, libero di selezionare ciò che gli è più facile percepire. In questo caso ci sono molte probabilità di perdere di vista la vera necessità della marca: cogliere il significato centrale del prodotto, quello più importante per il consumatore. È proprio l'essenza cangiante e dinamica di questo significato che ha mosso le scelte di posizionamento negli anni. Il punto di leva s'è spostato ed ha assunto connotazioni sempre nuove. Si è passati *da un'attenzione ai benefici tangibili della marca (e del prodotto) al presidio di quelli intangibili, affettivi, emotivi.*

Nella prima fase la caratterizzazione della marca avviene attraverso aspetti funzionali, concreti e oggettivi che connotano il prodotto. *È l'epopea, questa, dei consumer benefit.* Si punta sulla performance reale, osservabile, esperibile: quella dimensione forte e memorabile che rende l'oggetto in questione diverso rispetto ai competitor. In altre parole più appetibile, desiderabile, particolarmente efficiente. Il discorso della marca si arricchisce così di significati dimostrabili e manifesti, legati a questioni di *problem-solving* e di utilità performativa, codificati sulla base di risultati visibili, di prestazioni eccellenti e di promesse mantenute. Si traslano cioè, sul marchio, quegli attributi unici, distintivi e tipici del prodotto, creando così una sorta di contiguità tra significato del marchio e *core benefit.* Ecco allora che Volvo si caratterizza per la sicurezza, Alfa Romeo per la brillantezza del motore, Audi per l'eccellenza tecnologica e Volkswagen per la robustezza.

L'esigenza di impadronirsi di un benefit di prodotto – rilevante per il consumatore, largamente condiviso (se non si ha vocazione alla nicchia) e non presidiato da altri – diviene, in questo primo approccio al posizionamento, del tutto primaria. La pubblicità è una ricca fonte di esemplificazioni e di suggestioni, in questo senso. Basti pensare a tutta una serie di pay-off che mettono in luce una valenza forte e tangibile della marca: *"Tonno Rio mare. È così tenero che si taglia con un grissino"; "Ace, smacchia a fondo e non fa straap"; "Esselunga, prezzi corti"; "Cif ammoniacal, lui non graffia"; "Maionese Calvè, gusto a volontà*". È una sorta di meccanismo pavloviano quello che sottostà alla logica del posizionamento: dove la presentazione di uno stimolo neutro (il nome della marca) crea, mediante il benefit che gli è stato associato – se l'associazione è frutto di una comunicazione forte ed efficace – un riflesso condizionato.

In una fase successiva, il posizionamento si estende anche all'area dei benefici intangibili o attributi soggettivi. Non si tratta più, adesso, di veicolare, mediante la marca, il valore delle prestazioni d'uso e le caratteristiche merceologiche del prodotto. Ora i significati dell'etichetta si fanno simbolici, le prestazioni diventano affettive, le proprietà del marchio risultano più emozionali che funzionali.

L'allegria e la libertà per Coca-Cola, la classe per Dior, il rigore per Armani, la riconoscibilità/unicità per Glen Grant, l'energia per Gatorade il multiculturalismo e la fratellanza per Benetton, il "*Connecting people*" per Nokia. E, ancora, Barilla presidia l'area dell'affetto familiare, Mulino Bianco quella della salute e della natura, Kraft ("*Cose buone dal mondo*") quella del cosmopolitismo gastronomico. E così via. L'importante è che questi attributi o "tratti della personalità" siano coerenti, credibili e congrui in relazione al settore merceologico e all'identità della marca stessa, rilevanti ai fini della motivazione di acquisto e fortemente caratterizzanti. Per un dentifricio posso scegliere tra lo splendore dei denti e il sorriso – un posizionamento paracosmetico –, la certezza di un alito fresco, la difesa dalle carie e dal tartaro, la protezione delle gengive, un buon sapore e via dicendo. Normalmente la marca leader si impossessa del benefit più rilevante ed è arduo – per le altre – entrare nello stesso dominio di posizionamento: non resta che presidiare altri benefit.

L'obiettivo resta sempre quello di dotare la marca di una personalità forte, distintiva e davvero originale, capace di infrangere quella cortina d'indifferenza determinata da un mercato affollatissimo e denso di prodotti per lo più fungibili. Basti pensare alle prestazioni simboliche di un orologio che dichiara di non avere confini: "*Sector. No limits*". E a quelle di uno zainetto che pare incarnare spirito d'indipendenza, autonomia, dinamismo e senso del viaggio: "*Invicta. Tutta la libertà*". Oppure all'affettività quasi confidenziale di un piumino che annuncia "*Moncler, mon cher*", o ancora alle promesse di un deodorante che sembra assicurare complicità e filrt inattesi: "*Malizia profumo d'intesa*". O, infine, alla superiorità di un prodotto per consumatori piuttosto esigenti e pretenziosi "*Rowenta, per chi non si accontenta*". I due citati pay-off di Moncler e Rowenta servono anche – costruendo una rima – a creare un legame associativo ancora più forte tra il nome della marca e il benefit.

L'evoluzione del concetto di posizionamento vede il felice matrimonio tra benefici di prodotto ed attributi intangibili. Questa integrazione a due dimensioni, questa nuova idea di costruzione della marca, arriva indenne sino ad un recente passato, in alcuni casi sino ai giorni nostri. Si prende adesso consapevolezza che è necessario far evolvere il rapporto del consumatore nei confronti del brand: occorre promuovere ed edificare il passaggio da una generica preferenza e disponibilità all'acquisto ad una forte relazione emotiva con la marca, ad un diretto coinvolgimento con questa. È in questa direzione che si dirige la costruzione dell'identità del marchio.

2.5.2. *Modelli e quesiti del posizionamento*

Diversi autori contemporanei hanno fornito importanti contributi teorici in merito al concetto di posizionamento. Il tratto che accomuna i vari punti di vista, siano essi di scuola anglosassone che francese o italiana, è l'idea che il posizionamento risulterebbe dal gioco combinatorio di una serie di quesiti o dimensioni necessarie. O meglio, che il territorio della marca – quello spazio della mente del consumatore presidiato dal brand – sarebbe generato e determinato da alcuni *assets* o risposte fondamentali.

Uno dei primi approcci, apparso in un articolo firmato congiuntamente da Variot e Kapferer agli inizi degli anni Ottanta[20], considera uno schema triangolare in cui il posizionamento è generato dall'area circoscritta da tre segmenti, corrispondenti ad altrettante domande: *Pourquoi?*, *À qui? Quand?* (fig. 3).

Fig. 3 - Il triangolo del posizionamento secondo Kapferer e Variot

La marca si troverebbe allora a dover strategicamente replicare in merito alle motivazioni che ne determinerebbero l'acquisto (*perché?*), al suo interlocutore privilegiato, il target group (*a chi?*) e ad una sorta di collocazione temporale della situazione di consumo o contestualizzazione di questa (*quando?*). Un modello fin troppo scarno ed essenziale questo, che trova una prima evoluzione quando Kapferer aggiunge una nuova dimensione nel suo quadrilatero del posizionamento. Si tratta di uno sguardo analitico finalizzato a rispondere a quattro interrogativi fondamentali: *la marque pourquoi*?, *La marque pour qui*?, *La marque pour quand*?, *La marque contre qui*?[21]. Proviamo a leggerli uno ad uno.

- *La marca perché?* È la dimensione della *promessa*, del consumer benefit, del vantaggio esclusivo, dell'attributo di prodotto. "*Acqua Lete, con la minor presenza di sodio*", "*Kit Kat per un break gustoso*", "*Orangina, con vera polpa d'arancio*", "*Amaro Lucano, sapore vero*", …
- *La marca per chi?* È la dimensione del *destinatario*, del segmento di consumo per il quale la marca è pensata e rivolta. "*Pepsi è la scelta della nuova generazione*", "*Denim è per l'uomo che non deve chiedere mai*", … ma

20. L'articolo in questione è citato da M. Sicard in *Ce que marque veut dire…*, Éditions d'Organisation, Paris, 2002, p. 90.

21. Si veda: J.-N. Kapferer (2000), *cit.*, pp. 104-105.

anche, seppur non esplicitata, Armani per chi segue la moda e pure vuol essere elegante, Zegna per chi privilegia l'eleganza sullo stilismo, Dolce&Gabbana per chi è più sensibile alla moda, Gaultier per chi ama la trasgressione e via dicendo.

- *La marca quando?* È la dimensione dell'occasione di consumo. In quale arco della giornata, in quale stagione, in quale situazione. Alcune marche sono concepite e posizionate per la convivialità o per una fruizione di tipo domestico/familiare. Altre per momenti specifici della giornata come il fuori pasto della sera (After Eight), oppure per un consumo collettivo: i mitici ricevimenti dell'Ambasciatore – che hanno caratterizzato il posizionamento degli esordi per le praline Ferrero Rocher – hanno collocato la marca in un contesto esclusivo di "momenti speciali". Tutta la storia della comunicazione di Coca-Cola ha dimostrato come un prodotto inizialmente percepito come tipica bevanda estiva, potesse abbattere tutte le barriere della stagionalità, concedendosi comunque un momento di ristoro ("*A Drink of All the Year*", "*Thirst Knows No Season*", "*Have a Pause*", "*The Pause that Refreshes*", "*Relax Refreshed*", "*This is the Time For Real Refreshment*"...) fino a raggiungere una trasversalità, una ubiquità ed una atemporalità davvero inedite. "*Always Coca-Cola*", sembra proprio la risposta al quesito formulato da Kapferer: la marca quando?
- *La marca contro chi?* In un contesto altamente concorrenziale è fondamentale *individuare i competitor*, avere ben chiara la posizione, e il ruolo, degli altri attori del mercato. Si può trattare dello stesso comparto merceologico, come nel celebre caso della società di autonoleggio Avis, storicamente posizionata come agguerrito inseguitore del leader (Hertz) e dunque più determinata nella battaglia (chi non ricorda mitico ed inossidabile pay off "*We are only number two but... We try harder*"). E come non menzionare il celebre annuncio di Theodore Mac Manus per Cadillac, una pagina a tutto testo il cui titolo era "*The Penalty of Leadership*", ovvero "il duro compito di essere leader", quello che toccava alla Cadillac, per tanti anni marca (e vettura) di successo, che si era vista superare da un modello Packard a sei cilindri. Oppure, la lotta tra marche può avvenire tra settori differenti, ma contigui (la vodka Absolut e il wisky Lagavulin).

Fig. 4 - Il quadrilatero del posizionamento di Kapferer

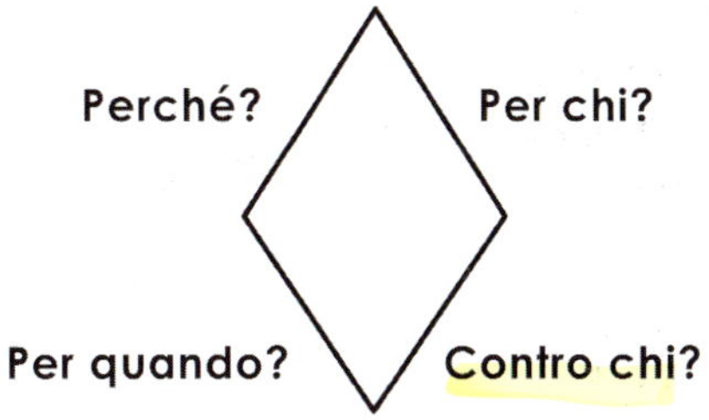

È dunque evidente che quando si fa riferimento al presidio di uno spazio ben preciso nella mente del consumatore – sia che si tratti di quadrilatero oppure di un triangolo o di qualunque altra figura presa a prestito dalla geometria euclidea – la questione fondamentale è individuare le dimensioni, il perimetro e l'*ubi consistam* di questo territorio simbolico.

I modelli empirici, nati per definire le strategie di posizionamento, sono molteplici. Ma un tratto li accomuna: la necessità di mettere a fuoco dei lineamenti distintivi per la marca, di esaltarne le potenzialità in relazione allo scenario competitivo. Il rischio di essere non visti, non uditi o non ricordati diventa altissimo quando la concorrenza s'addensa e la comunicazione si fa satura di messaggi. Lo ricordano Kapferer e Laurent: "cardini del marketing e della pubblicità, da qualche tempo le marche dubitano di loro stesse: del loro peso reale nelle decisioni dei consumatori. La banalizzazione, che si credeva confinata ai mercati di prima necessità o agli alimentari, minaccia ora i prodotti durevoli: televisori, aspirapolvere, lavatrici..."[22]. E quello che possiamo chiamare l'"effetto scaldabagno": chi, fra noi, ricorda ragionevolmente la marca di questo banalissimo elettrodomestico? E dunque, l'iperscelta del consumatore a fronte delle sue decisioni d'acquisto, unita ad una generica omologazione e ad una certa equivalenza performativa dei prodotti, a stimolare la ricerca di una più precisa efficacia ed efficienza delle marche: il posizionamento diventa, allora, una modalità di comunicare i significati centrali del brand. Profondamente radicata nella storia del marketing e del management, la tensione al posizionamento – che diviene una vera e propria religione – contamina ed ispira la cultura della pubblicità a partire dalla *Positioning Era* di Jack Trout fino ai giorni nostri. Tuttavia s'assottiglia e abbandona parte della sua potenza originaria.

Lombardi, riprendendo lo studio condotto da Rossiter e Percy[23], analizza il posizionamento sulla base di tre ordini di scelte: il *territorio*, il *target* e il *beneficio*. Anche qui ritorna la metodologia degli interrogativi che, attraverso la risposta puntuale e chiara della marca, partecipa alla costruzione di un *brainscape* – una collocazione precisa – nella mente del pubblico. Posizionare una marca significa, in sintesi, rispondere a tre domande fondamentali: "*Che cos'è il prodotto*?", "*Per chi esiste la marca*?" e "*che cosa offre la marca*?"[24]. È piuttosto chiaro come i modelli fin qui esaminati presentino delle analogie sostanziali.

Il primo quesito riguarda la natura del bene per cui la marca si propone. In particolare, consente di fornire una definizione di prodotto in relazione alla categoria merceologica. Parlare di "drink", "vermouth", o "aperitivo", non è

22. J.-N. Kapferer, G. Laurent, *cit.*, p. 15.

23. Si veda: M. Lombardi in M. Lombardi (a cura di) (1998), *cit.*, p. 117 e J.R. Rossiter, L. Percy, *Advertising Communication and Management*, McGraw-Hill, New York, 1997, pp. 140-144.

24. M. Lombardi in M. Lombardi (a cura di) (1998), *cit.*, p. 117.

la stessa cosa. Come risulta profondamente differente, articolare la comunicazione di marca in termini di "merendina", "snack", "barretta", "prodotto da forno per la prima colazione", "golosità" o "tortina". Anche se il prodotto rimane lo stesso, una differente segnatura, un diverso appellativo, può contribuire a modificarne incisivamente la collocazione di categoria e la percezione all'interno del mercato. Basti pensare a Seven-Up, il *soft-drink* che, in tempi recenti, negli Stati uniti è stato posizionato come bevanda alternativa rispetto a Coca e Pepsi, una sorta di non-cola: "*Seven-Up. The Uncola*".

La seconda questione "*per chi esiste la marca*?" introduce il concetto di target o gruppo di riferimento. Posizionare equivale a collocare la marca in uno scenario di consumo che preveda un pubblico-destinatario. La marca, in questo modo, dichiara di voler essere riconosciuta anche per il tipo persone che ne fruiscono. È, in buona sostanza, la precisa indicazione di un modello sociale, un gruppo di appartenenza. Come osserva Lombardi il modello del gruppo di riferimento "può essere un divertissement della marca o diventare un positioning, se perseguito con costanza"[25].

Ma è il terzo interrogativo, "*che cosa offre la marca al consumatore*?" quello che implica le scelte strategiche più importanti in termini di costruzione d'identità. È la promessa – implicita o esplicita – che la marca si impegna ad assolvere in cambio di un atto di acquisto.

E, soprattutto, è quello che nel tempo ha contribuito a rivedere le missioni e gli orientamenti della marca. Si tratta, in definitiva, di individuare il benefit ideale, il più opportuno, il più efficace, da offrire al consumatore. Ma la natura di questo benefit ideale s'è evoluta negli anni; non è certo casuale, considerando che le aspettative, le sensibilità ed i bisogni stessi del consumatore sono mutati col tempo. E si è passati dagli attributi oggettivi, a quelli soggettivi/emozionali, fino ad arrivare ai valori.

2.5.3. *I limiti del posizionamento*

La marca deve molto all'approccio di posizionamento. Un concetto chiave, importante, rivoluzionario, sia per il mondo del branding che per quello della pubblicità. Una osservazione analitica, particolarmente efficace in una fase in cui gli scenari del mercato e del consumo sembravano volgere ad una crescente ed ineluttabile complessità. Complessità che non s'arresta, piuttosto s'assesta come componente essenziale, nell'economia e nelle società postmoderne.

Quello del *positioning* si rivela oggi come un modello necessario ma non più sufficiente. È servito a ricordare al marketing che, per il consumatore, le scelte sono essenzialmente di tipo comparativo. E che ogni processo decisio-

25. *Ibidem*, p. 119.

nale va considerato in funzione del contesto. Inoltre ha rafforzato il valore delle caratteristiche distintive, insegnando la costruzione di unicità e di performance rilevanti per il target. Ha, in qualche modo, anticipato l'idea di marca come territorio, perché non ha fatto altro che presidiare, e delimitare, una porzione di piano: una *tranche* compatta ed omogenea dell'immaginario, dei desideri e dei bisogni del consumatore. Ha, soprattutto, enfatizzato la necessità per la marca di avere una fisionomia unica e distintiva: i prodotti si possono clonare le marche no.

Tuttavia il posizionamento presenta dei limiti, nella misura in cui esso rimane ancorato ai benefici – manifesti o intangibili che siano – del bene o del servizio. Il posizionamento della marca risulta una operazione difficile ed ambigua. Posizionare un prodotto, d'altra parte, appare una operazione abbastanza chiara e comprensibile: si individuano pochi benefit significativi e rilevanti, si tratteggiano le peculiarità performative dell'oggetto in questione, si analizza il contesto... Ma posizionare la marca equivale *a soffocare una entità ricca di senso e di significazione entro una losanga di interrogativi*, ad asfissiarne tutte le potenzialità entro triangoli o questionari riduttivi e semplicistici. In fondo, la marca è un soggetto dotato di parola, umanissimo e pensante. Un organismo vivente, pronto ad accogliere culture e valori, a contaminare ed essere contaminato dallo Spirito del Tempo. Come inscriverla in un modello, un quadrilatero, una geometria di interrogativi, e dimensioni? Come restituirne lo spessore e la densità di segni che la compongono? Come coglierne la vera essenza, la reale differenza?

La marca è un essere eminentemente discorsivo e narrativo. Il posizionamento – così come è convenzionalmente inteso – impone i limiti di un fraseggio isolato e balbuziente, un modello "per punti", un diagramma privo di respiro, irrigidito com'è attorno ad un sillabario di attributi. Non permette di differenziare marche contingue dal punto di vista delle strategie, ma profondamente distanti come campo semiotico e culturale, come plesso di significati e di valori (basti pensare a Pepsi e Coke). Si tratta di uno strumento capace di mettere in luce prodotti e merci, di dare risonanza e rilevanza a beni e servizi. Ma inadeguato ad abbracciare e cogliere la varietà delle dimensioni che compongono la marca. Non sufficientemente elastico per afferrarne l'identità.

Inoltre, il posizionamento, capace di orientare i messaggi pubblicitari dal punto di vista testuale, linguistico, verbale, pare muto ed indifferente riguardo al tono, allo stile, all'atmosfera della comunicazione. Tutti ingredienti particolarmente rilevanti nella costruzione dell'architettura della marca contemporanea. Sembrerebbe quasi che, sullo schema bidimensionale del posizionamento, si innesti in maniera piuttosto casuale il guizzo creativo del pubblicitario. Cosicché, una volta enunciati consumer benefit e proposizioni di vendita, una volta arginato e difeso un campo di motivazioni e prestazioni, tutto il resto è fantasia, caso, pretesto, gioco. Nel branding contemporaneo invece, forma e contenuti paiono innestarsi, compenetrarsi, generare una nuova significazione. Il motore semiotico di cui parla Semprini[26] a proposito della marca è un congegno capace di produrre energia e movimento a partire da un carburante ben miscelato, la risultante di un dosaggio armonico ed efficiente di tutte le sue componenti: suoni, colori, musiche, personaggi, eventi, packaging, spot, jingle, memorie, esperienze d'uso, notorietà, fedeltà, sensibilità condivise, stili di vita e così via. Appare piuttosto difficile, a questo punto, posizionare una qualsiasi marca sulla base di una manciata di tratti performativi oppure emozionali.

Vi sono tutta una serie di vincoli nell'adottare senza riserva le operazioni di posizionamento: primo tra tutti il fatto che il *posizionamento tende ad ossidarsi attorno all'identità della marca*. A rappresentare, cioè, un'intelaiatura pregressa che a volte risulta insuperabile. Eventuali tracce di posizionamenti passati e lo scenario dei posizionamenti dei competitor finiscono per divenire ostacoli soffocanti, sistemi di segni sterili e poco dinamici, incapaci di muoversi insieme all'attualità socioculturale e alle attese del consumatore. Riposizionare una marca è infatti una operazione difficile e pericolosa. Perché c'è il rischio di destrutturare il vecchio sistema di segni senza riuscire a crearne di nuovi, o, comunque, di dover gestire per un lungo periodo di tempo, una identità confusa e contraddittoria se non decisamente schizofrenica.

Saranno possibili arricchimenti, implementazioni, nuove significazioni, variazioni sul tema. Tuttavia crediamo che la storia del marketing – a parte alcuni casi eccellenti tra cui Marlboro che nasce come brand tutta al femminile e compie un ribaltamento a 180 gradi in termini di assoluta caratterizzazione machista – dimostri come riposizionare sia una operazione di dubbia riuscita.

Lo scenario competitivo rappresenta un ulteriore, significativo vincolo all'adozione di un proprio spazio che non sia presidiato da altri. Quando si parla di attributi tangibili, di performance oggettive, o financo affettive, il posizionamento può risultare arduo ed impervio se i territori di riferimento sono già occupati o fortemente caratterizzati dagli avversari. Ecco perché crediamo che il posizionamento abbia ormai ampiamente mostrato tutti i suoi limiti: una operazione che rischia di vampirizzare la marca, di renderla statica e fragile, in cerca di respiro tra la folla dei competitor. *Una pratica che non tiene conto della marca in progress, la marca opera-aperta, la marca viva e vitale* che lotta per la sopravvivenza e che va verso una propria evoluzione. La procedura più corretta e stimolante è certamente quella della *creazione di un proprio sistema di segni e di valori, un plesso unico di simboli e di discorsi*, in modo da connotare una precisa identità di marca.

26. "La marca è un motore semiotico. Il suo combustibile sono materiali disparati come nomi, colori, suoni, concetti, oggetti, sogni, desideri. Il suo risultato (quando il motore è stato montato correttamente) è un universo ordinato, strutturato, interpretabile e in certa misura attraente". Si veda: A. Semprini, *Marche e mondi possibili. Un approccio semiotico al marketing della marca*, FrancoAngeli, Milano, 1993, pp. 55-56.

Come osserva Kapferer "la forma di un messaggio è il fondo che risale alla superficie. Ormai non si può più dissociare il fondo della marca dalla sua forma, dal suo modo d'espressione scritto, visuale e sonoro. L'identità della marca fornisce il quadro di coerenza della marca nella sua globalità. Si tratta di un concetto in grado di coprire limiti del posizionamento, di guidare le modalità espressive della marca ed assicurarne unità e permanenza"[27].

Il retaggio comunque che dobbiamo conservare, mutuandolo dall'approccio del posizionamento, è l'imperativo di creare fisionomie e personalità di marche davvero uniche e distintive.

C'è un'altra considerazione da fare a proposito del posizionamento: quelli che un tempo erano considerati benefit qualificanti, per una classe di prodotto, adesso tendono ad essere considerati tautologici, a venir *declassati a prerequisiti*. Si va sviluppando una diffusa consapevolezza, in molte categorie merceologiche, all'insegna del "ci mancherebbe altro che..." come se, ormai, quelli che un tempo erano attributi distintivi e qualificanti, oggi si fossero incorporati nella stessa categoria di prodotto. Ci mancherebbe altro che un auto resti in panne, che la pasta di semola non tenga la cottura, che una bevanda non sia fresca e non disseti. *Tratti ormai non più distintivi e qualificanti una marca*: se però se ne scopre la latitanza il consumatore diviene un giudice inflessibile e cancellerà per sempre la marca dalla sua shopping list. Questa ulteriore, recente evoluzione del concetto qualità finisce per incrinare ulteriormente la validità e il portato del posizionamento: molte marche che si erano impossessate di quello che un tempo era un benefit distintivo si trovano adesso a presidiare, e ad essere caratterizzate da, un attributo non caratterizzante, ormai attribuito – staremmo per dire *ope legis* – a tutte le marche del settore.

2.6. Commitment, coinvolgimento, rappresentazione di sé, relazione

Apparentemente una fase evoluta della fase di goodwill, una sorta di goodwill potenziato, in realtà questo nuovo step implica un netto scarto di marcia. Dalla simpatia, al sorriso, ad una predisposizione favorevole si passa all'*empatia, all'identificazione, al legame, alla rappresentazione sociale del sé*. La marca diviene un'amica fidata, con cui si sta volentieri in compagnia, che fa parte del nostro *coté* affettivo ed emozionale, che offre agli altri una buona rappresentazione di ciò che siamo o vogliamo essere, quasi una sorta di biglietto da visita. Il *coinvolgimento* è la risultante di tutto il variegato plesso di attributi in cui si può dipanare la marca, ma le emozioni che questa suscita ne costituiscono l'asse portante. In realtà il commitment è la risultante

27. J.-N. Kapferer (2000), *cit.*, p. 107.

dell'adozione – da parte della marca – anche delle dimensioni (di attualità, relazione, etiche) su cui ci soffermeremo nei prossimi paragrafi.

2.6.1. *Emozioni*

Se c'è una emergenza su cui gli osservatori del cambiamento sociale concordano è quella di un *inedito protagonismo, nel vivere sociale, delle emozioni*.

Sempre più ci affidiamo alle emozioni nelle relazioni con gli altri, per valutare quello che abbiamo intorno, per indirizzare i nostri comportamenti. Persino il mondo dell'economia – tradizionalmente diffidente nei confronti di tutto ciò che si discosti dalla razionalità – sembra riconoscere, adesso, l'importanza di questo nuovo paradigma.

Tuttavia, il rilievo della componente emotiva negli atti di acquisto non rappresenta certo una novità. Già alcuni decenni fa, con la nascita delle ricerche motivazionali, si era presa consapevolezza del ruolo delle emozioni nelle decisioni di consumo. Ma da qua a sottolinearne, come adesso accade, l'assoluta centralità nella costruzione e nell'identità della marca, la differenza è davvero sostantiva.

Alcuni comparti merceologici hanno incarnato uno spostamento decisamente significativo dalla sfera della razionalità all'universo del desiderio, dall'oggettivo al soggettivo, dallo statuto di esperienza tangibile alla caratterizzazione psicologica.

Il settore alimentare ha ormai assottigliato le sue valenze tradizionali legate ai significati di sempre (come nutrimento, computo calorico, cottura, cucina, preparazione dei cibi), per entrare a pieno nello statuto di "*esperienza sensoriale*". E persino il gusto sta mutando in "godimento". La pubblicità descrive le modalità di consumo del prodotto attraverso immagini che parlano di momenti di piacere intenso, coinvolgimenti ludici e investimenti libidici.

I computer si sono trasformati da "*technology equipment*" – cioè semplici attrezzature di tipo tecnologico, meri utensili di supporto organizzativo e gestionale (l'*organisateur*, appunto, come è chiamato il pc in Francia) – a concetti allargati, accezioni più ampie dal significato esteso e vitale come "*life-style entertainment*". Guidalberto Guidi, nuovo CO di Ducati ci diceva – in un simposio a Villa D'Este sul ruolo della marche – che, iniziando il suo lavoro, una delle principali preoccupazioni era stata quella di trasformare una fabbrica metalmeccanica, che pure produceva eccellenti moto, in una *factory di entertainment e di emozioni*. Gli importanti successi di Ducati in questi anni gli hanno dato pienamente ragione.

Gli aeroplani, e più in generale le compagnie aereee, hanno ormai poco a che fare con l'idea di "mezzo di trasporto", di veicoli ed attrezzatura logistica per gli spostamenti transoceanici. Si tratta, piuttosto di "*travel organization*", di servizi per rendere più gradevole la qualità della vita dei consumatori. Le automobili – che la pubblicità ha sempre descritto in termini di affidabilità, sicurezza, velocità, stabilità – appaiono sempre più territori del comfort, del piacere, dell'armonia: autentiche "seconde case", luoghi da vivere intensamente sul versante delle emozioni, delle sensazioni, delle intime percezioni. La pubblicità delle marche tedesche di altagamma – insuperabili per quanto concerne prestazioni e tecnologia – in questi anni hanno quasi completamente omesso il riferimento all'eccellenza delle performance, per parlare invece di emozioni, valori, stili di vita. Sovente con uno stile *friendly*, scanzonato ed ironico. Altre volte con un mood caldo, appassionato, avvolgente e seduttivo.

Insomma gli attributi intangibili stanno acquisendo uno spessore crescente: diventano dimensioni "motivanti" e desiderabili per il consumatore contemporaneo. Ed entrano, a pieno titolo, nella dimensione del valore e nel mondo dei valori della marca. Nondimeno i *tangibile assets*, lungi dall'essere abbandonati dal marketing contemporaneo, risultano comunque sempre più marginali, forse parametri tautologici o inscritti in forma genetica nella sostanza del brand.

Appare sorprendente, dando un'occhiata anche distratta alla pubblicità, constatare il largo ricorso al termine "emozione". Il rilievo non è soltanto nominalistico. Nelle strategie di marca le emozioni stanno assumendo un ruolo del tutto prioritario. Nel senso che – in questo periodo storico – le marche debbono, per rapportarsi efficacemente al mercato, essere in grado di suscitare esperienze altamente emotive. Devono riuscire a dialogare con le emozioni del consumatore con altrettanta incisività ed immediatezza con cui, tradizionalmente, hanno saputo comunicare con altri livelli della vita affettiva e mentale. In altre parole, si tratta adesso di enfatizzare quelle che gli americani chiamano le *human connections between corporations and consumers*[28]. È una sorta di branding delle emozioni e delle sensazioni: un nuovo paradigma per stabilire un fertile dialogo e autentici punti di contatto tra gli individui e le marche di largo consumo. Un cocktail dinamico fatto di antropologia, immaginazione, sensorialità, esperienze, passione, desiderio.

Nel suo divenire, la marca, ormai definitivamente assolta la funzione identificativa legata ad un approccio meramente cognitivo, ha dovuto sviluppare nuove, inedite, dimensioni. Il passaggio dalla fase della ricerca di memorabilità (awareness) alla costruzione di relazioni ed emozioni è lento e graduale. La marca, via via, s'è impossessata di consumer benefit esclusivi, di valori riferiti al settore merceologico di riferimento e, in alcuni casi, di grandi valori sociali. Tuttavia, l'obiettivo che ha attraversato la mutazione del branding negli ultimi 15/20 anni, è rimasto lo stesso: creare una identità esclusiva, forte-

28. M. Gobé, *Emotional Branding: The New Paradigm for Connecting Brands to People*, Allworth Press, New York, 2001, p. X.

mente caratterizzata, una personalità diversa da tutte le altre per competere con successo in uno scenario, anche semiotico, sempre più denso ed affollato.

Adesso la marca – antesignane sono state le grandi marche del villaggio globale: da Coca-Cola a Levi's, da General Electric ad Apple – avverte l'esigenza di potenziare al massimo il suo *coté* emotivo. E non è casuale, se negli ultimi anni, alcuni tra i più significativi esempi di letteratura manageriale individuino l'essenza fondativa della marca globale più che nella distribuzione e nella liberalizzazione del mercato mondiale, in una *connessione assolutamente strategica con un bisogno emozionale universale*.

La priorità diviene quindi, adesso, di "riscaldare" la marca perché questa possa traslare *calore e colore* alle merci. Parlare un linguaggio che non solo *non è razionale* ma nemmeno verbale. Il linguaggio delle emozioni parla al cuore più che alla mente, ai sentimenti più che alla ragione. È un codice capace di forgiare relazioni profonde e durature, di individuare punti di contatto vivi e vitali tra impresa ed individuo, di trascendere la soddisfazione materiale e orientarsi verso mete aspirazionali e motivazioni umanissime.

Per molto tempo si è discusso se la strategia vincente, in pubblicità, fosse privilegiare l'aspetto razionale o quello emotivo. Il problema adesso si pone per la stessa identità della marca: nel senso che *positioning*, immagine, autorevolezza, fiducia appaiono come condizioni necessarie ma assolutamente non sufficienti per promuovere un'immagine di marca seduttiva e culturalmente attuale. Negli ultimi tempi, nel linguaggio del branding, ricorre il termine commitment: si tratta di una dinamica relazionale e nello stesso tempo sentimentale tra brand e consumatore. Una idea profonda di adesione, condivisione e stima verso il territorio valoriale ma anche emozionale della marca.

La marca deve essere in grado di flirtare con il mondo magico dell'immaginazione, dei sentimenti, dell'affettività e della sensibilità. Per ottenere una risposta forte e chiara dal consumatore essa deve poter creare delle vibrazioni, un *mood* positivo, esprimere un linguaggio che parli – pur all'interno di un medesimo spartito – alla globalità dei sensi.

Marketing Aesthetics[29], *Experiential Marketing*, *Emotional Branding*, appaiono allora come tante declinazioni di un unico, inedito, orientamento: quello ai contenuti emotivi, affettivi ed umanissimi della marca. Una marca, dunque, che sia garanzia, orientamento, qualità, innovazione, ma che appartenga pure al campo delle esperienze sensibili, dei rimandi intangibili e desiderabili. E così Nescafè, dichiara – in una recente campagna stampa francese – di essere creatore di emozioni "*Nescafé, createur d'emotions*", Fiat, col suo modello sportivo Barchetta, ricorda che "*La passione ci guida*", Lindt, celebre per la sua cioccolata parla di "*scioglievolezza*", Estée Lauder battezza

29. Si veda B. Schmitt, A. Simonson, *Marketing Aesthetics: the Strategic Management of Brands, Identity and Image*, The Free Press, New York, 1997.

"*Pleasures*" la sua ultima eau de toilette, mentre Ralph Lauren sceglie "*Romance*" sempre per un profumo.

E persino sms, portale Internet e chat, utilizzano delle piccole icone chiamate "emoticons" (emotions+icons) che possono essere applicate dall'utente accanto ai messaggi di testo: cuori, stelle, fiorellini, smiles: un linguaggio giocoso che incarna sinteticamente stati d'animo e sentimenti: l'amore (il cuoricino), la rabbia (il volto di un pupazzetto arrabbiato), la gioia (la faccia che sorride), la passione (la rosa rossa) ecc.

Oggi esistono brand particolarmente distinguibili sul versante delle prestazioni oggettive, del servizio offerto al consumatore, dell'innovazione tecnologica, della qualità. Tuttavia, poche sono in grado di muovere, e insieme commuovere, il consumatore. Di fronte al carattere multiforme e complesso, all'ampiezza di certi comparti merceologici, la marca struttura l'offerta, la rende più accessibile. Il suo straordinario potere è quello di generare coinvolgimento, interesse, attenzione. Quello di 'provocare reazioni'. In questo senso possiamo dire che la marca *muove*, perché produce movimento, sposta letteralmente l'attenzione e l'azione del consumatore verso il proprio intorno semantico. Ma non basta. Oggi una delle funzioni più significative del branding è quella di commuovere, muovere insieme: *cum movere*, appunto. Dunque, mettere in relazione più attori, avvicinare, creare connessioni attraverso sistemi di valori condivisi e condivisibili... In sintesi, quella di oggi è una marca che non ha obliato le sue missioni primitive: non cessa di muovere l'*homo economicus*. Ma – in più – s'avvia a commuovere l'*homo reciprocus*. Ecco, allora, la duplice natura e la duplice funzione della marca: un branding che continua egregiamente ad identificare, orientare, contrassegnare ed informare. E che, per la prima volta, inizia a chiamare in causa sentimenti, emozioni, attitudini e posizioni etiche[30].

Una marca – come una persona, o un paesaggio o un'opera d'arte – può essere oggettivamente bella, memorabile, riconoscibile ma non suscitare nessun fremito che catalizzi l'interesse del consumatore. Può, in buona sostanza, risultare, a dispetto di altre dimensioni importanti che possono esserle attribuite, afona e poco attraente.

Il serbatoio delle emozioni positive a cui il branding contemporaneo può attingere è davvero esteso e variegato. In questo grande contenitore ogni marca deve trovare una propria vocazione e una suo particolarissimo senso: l'amore, il piacere, la tenerezza, la nostalgia, il desiderio, la passione, l'euforia, l'insolito, la felicità, la speranza, la gioia, il divertimento, la tensione etica. Si tratta di dimensioni capaci di produrre quello che Hegel chiamerebbe "il fremito del senso", in grado di scaldare gli animi e generare sentimenti di autentico commitment e sincere affinità elettive.

30. Per un approfondimento si rimanda a L. Minestroni (2002), *cit.*, pp. 96-97.

Al di là di astratte categorizzazioni la marca deve comunque essere vissuta in termini di coinvolgimento emotivo. Così come quando si vede o si pensa ad una persona amata il cuore batte più forte, spunta il sorriso, gli occhi si possono inumidire e l'orizzonte si tinge di rosa. Questo è anche il ruolo che la marca oggi deve svolgere. Affettività, coinvolgimento, vibrazioni, seduttività. Chiamale, se vuoi, emozioni.

2.6.2. *I dieci comandamenti dell'*Emotional Branding

Il rilievo crescente della componente emozionale nell'agire di consumo, come pure nelle strategie di mercato, sembra condurre ad un'inevitabile conversione delle dimensioni classiche e fondative della marca: garanzia, qualità, servizio, notorietà, identità, funzionalità, risultano adesso arricchite di senso e contaminate da nuove significazioni. Ora si parla di fiducia, di preferenza, di aspirazioni, di sensazioni, di esperienze e di rispetto. Persino la figura del consumatore pare allontanarsi dalle sue accezioni tradizionali e muoversi in un'area sempre meno economica e sempre più umana, connettiva. Collocandosi in una posizione interlocutoria, conoscitiva, maieutica. Siamo di fronte ad un nuovo panorama in cui il *trademark*, il marchio di fabbrica a caccia di celebrità e visibilità, tipico dei primordi della marca industriale, lascia il posto ad un branding che è anche relazione: *una relazione personalizzata e fortemente caratterizzata sul versante del dialogo, dei sentimenti, dell'ascolto, della comprensione e della fiducia*. Dunque, uno scenario di grande mutazione rispetto agli orientamenti e alle missioni tradizionali: dal concetto di brand awareness ci si sposta ora verso una nuova idea di *emotional branding* per approdare alla marca relazionale e alla marca etica.

Marc Gobé, autorevole cantore dell'Emotional Branding, ha stilato una sorta di decalogo del cambiamento, che qui di seguito riassumiamo.

I Dieci Comandamenti dell'Emotional Branding[31]:

1. *From consumers to people*.
2. *From product to experience*.
3. *From honesty to trust*.
4. *From quality to preference*.
5. *From notoriety to aspiration*.
6. *From identity to personality*.
7. *From function to feel*.
8. *From ubiquity to presence*.
9. *From communication to dialogue*.
10. *From service to relashionship*.

31. M. Gobé (2001), *cit.*, pp. XXXIII-XXXI.

La transizione dal vecchio paradigma della brand awareness al nuovo orientamento al branding emozionale comporta dunque un radicale mutamento di scenari, di modelli, di approcci teorici al consumo, di missioni per la marca. Soffermiamoci brevemente – anche se proviamo una istintiva antipatia per i decaloghi, che somigliano troppo a leggi – sullo schema che ci propone Gobé, che ha il merito di paracadutare la marca nel cuore di una società complessa.

L'idea fondamentale è quella che il destinatario della comunicazione, il fruitore dei prodotti e dei servizi, non sia più un generico acquirente, un soggetto economico, una parte della transazione. *Si tratta adesso di rivolgersi a individui*. Se il consumatore si limita ad acquistare, gli individui vivono. Se il consumatore ha dei bisogni, gli individui hanno dei desideri. Se il consumatore va attaccato, colpito (il bersaglio), segmentato, osservato, gli individui vanno compresi, rispettati, ascoltati. Il passo successivo è la trasformazione dell'idea di prodotto in una nuova più ampia e coinvolgente significazione: l'esperienza. Dunque è necessario, in questa fase, catturare l'immaginazione, stimolare la curiosità ed i sensi, proporre continuamente una rilevanza emozionale negli oggetti d'uso quotidiano, nei servizi, nei marchi.

Il canale dell'*esperienza* diventa così una modalità di accesso ai desideri della gente, uno strumento di soddisfazione che trascende la pura materialità dei benefit oggettivi e tangibili per dirigersi in un terreno tutto nuovo: una memorabile, pienissima, avventura del consumo. Da un certo punto di vista, siamo di fronte ad nuova prospettiva per continuare ad attrarre ed "incantare" i consumatori in uno scenario di estrema razionalizzazione e disincanto. Ritzer direbbe che si tratta di una esigenza di ripristinare il fascino e rigenerare l'incanto in un'epoca di calcolabilità, prevedibilità e controllo: "i sistemi efficienti non danno spazio a nulla che abbia parvenze di incanto, e si sforzano sistematicamente di eliminarlo da ogni aspetto del loro funzionamento, poiché tutto ciò che è magico, misterioso, fantastico, onirico e via dicendo finisce col risultare inefficiente… L'incanto delle cattedrali del consumo deve essere rigenerato affinché esse possano mantenere la loro capacità di attrarre un numero sufficiente di consumatori"[32].

Ritzer parla di spettacolarizzazione, di simulazioni, di stravaganze. Si riferisce a parchi a tema, *flagship store*, ma anche centri commerciali e, più in generale, a riti, prodotti e merci dell'iperconsumismo. Ma l'incanto di cui parla è assai simile a quel concetto di emozione di cui il branding contemporaneo pare avvolgersi e contaminarsi. L'immaginazione, e l'eccitazione, si fanno luoghi del desiderio, mete del bello ideale, veicoli di curiosità e benefici altamente motivanti per l'audience.

32. G. Ritzer, *La religione dei consumi. Cattedrali, pellegrinaggi e riti dell'iperconsumismo*, Il Mulino, Bologna, 2000, pp. 101, 113.

Il terzo passaggio significativo dalla marca dell'awareness alla marca dell'emozione è – per Gobé – quello che investe il mondo del management, della produzione e della distribuzione più in generale. È lo spostamento dal valore dell'onestà al *sentimento della fiducia*. L'onestà è un'aspettativa, un dovere delle imprese, un prerequisito, un codice deontologico, un obbligo giuridico. La fiducia è un patto silenzioso, un'intima relazione tra individui e brand: qualcosa da conquistare. Se l'onestà appartiene alle istituzioni, alla legge, al "Grande Altro"[33], la fiducia riguarda l'amicizia, i legami sinceri, la confidenza, i taciti accordi. Ha a che fare con quel feeling, con quel sentire denso di partecipazione che coinvolge anche la sfera delle emozioni.

Al pari dell'onestà, oggi anche la qualità è diventata un prerequisito, un'offerta necessaria per rimanere competitivi: al suo posto pare affermarsi il concetto di preferenza, una reale *connection* tra i consumatori e le marche, una adesione incondizionata, più autentica del goodwill, più intima dell'indistinta simpatia. Levi's rimane un desiderabile marchio di qualità, ma recentemente pare aver perso il suo status preferenziale. Al contrario, Victoria's Secret è un marchio che negli ultimi anni, negli stati Uniti, ha conquistato una prestigiosa connessione emozionale col proprio pubblico.

E ancora: lo step successivo che guida dalla memorabilità all'emozionalità nel branding è quello che riguarda *l'evoluzione del concetto di notorietà*. Per una marca, essere conosciuta, ri-conosciuta e "famosa" riveste certamente una grande importanza: è il sintomo di visibilità nel mercato di riferimento, a volte di dominanza in un comparto merceologico. Ma la notorietà non implica, di riflesso, la simpatia e la stima: essere conosciuti non significa necessariamente essere apprezzati ed amati. La memorabilità, la celebrità, la rinomanza, possono anche escludere il desiderio e l'ammirazione. Intel Inside è un marchio noto: tutti oggi conoscono il microprocessore Pentium, che imprime il proprio sigillo, garanzia di qualità ed alte prestazioni tecnologiche, sopra i personal computer di tutto il mondo. Tuttavia, sul versante emozionale, Intel Inside appare carente, se non latitante. Nello stesso settore, Apple risulta molto più "umano", affettivo, ludico e familiare che non IBM, certamente leader del mercato, ma assai poco coinvolgente e desiderabile.

Indubbiamente esiste una correlazione tra notorietà e stima, tra notorietà e desiderabilità. Questo è innegabile. Ma la diretta proporzionalità si va sempre più assottigliando. Nell'era dell'awareness, una fase piuttosto giovanile della marca, era sufficiente la visibilità, la capacità di suscitare attenzione e ricordo, per entrare nel cuore e nelle emozioni dei consumatori. Oggi questo assioma sembra perdere di veridicità assoluta. Sono gli scenari ad alta densità e alta complessità del mercato contemporaneo a produrre un mutamento di sen-

33. Con riferimento a: S. Žižek, *Il Grande Altro. Nazionalismo, godimento, cultura di massa*, Feltrinelli, Milano, 1999.

so. Come osserva Aaker "dallo studio (condotto da) Landor emerge la presenza di una elevata correlazione tra notorietà è stima. Ovviamente la correlazione è dovuta in parte proprio al fatto che le persone conoscono e ricordano soprattutto le marche che preferiscono. Ciò dipende in parte anche dal fatto che le marche familiari tendono ad essere preferite; ovviamente ci sono eccezioni, alcune marche come Greyhound, Playboy e Warner Bros hanno dei livelli di riconoscimento elevati, mentre gli indici di stima non lo sono altrettanto. Altre marche, come Rolls-Royce, Hilton. Harley-Davidson, Windex e Rolex, si trovano nella situazione opposta, avendo l'intrigante opportunità di capitalizzare sullo score di stima, per costruire la notorietà"[34]. Ora, se è vero che quando si parla di stima si ha a che fare con un sentimento a forte componente razionale, è anche vero che non vanno dimenticate le implicazioni affettive, empatiche ed emozionali del termine.

Nell'era *dell'emotional branding* la notorietà pare costretta a cedere il passo all'*aspirazionalità*. Il desiderio nasce da mete che alloggiano nel cuore e nei sentimenti del consumatore, da un discorso dei sensi e degli ideali. Da una profonda simpatia.

L'orientamento alla sfera delle emozioni comporta un ulteriore significativo aggiornamento dei significati della marca. Il concetto di identità appare adesso meno esaustivo rispetto ad un recente passato. Sicuramente necessario, ma non più sufficiente ad incarnare nella sua interezza la specificità del brand. L'identità senza *personalità* appare sterile, muta, priva di vita. L'identità è oggettiva, descrittiva e ricognitiva. Esprime la differenza in rapporto al panorama competitivo. La personalità riguarda il carattere e il carisma della marca: la sua aura, il suo plesso di significati intangibili e di tratti affettivi capaci di provocare risposte emozionali nel consumatore. Grazie all'identità la marca risulta unica. Grazie alla personalità essa diventa speciale, seduttiva, attraente. "American Airlines ha una forte identità, ma Virgin Airlines ha personalità"[35]. Lo spostamento dall'identità alla personalità ricalca gli stilemi ed i significati di una analoga transizione in atto: quella dalla funzione alla *sensorialità*.

La funzionalità di un prodotto, attributo performativo straordinariamente rilevante per la marca, ha a che fare con qualità oggettive, pratiche, tangibili, visibili. Il design sensoriale del brand coinvolge le esperienze del consumatore. Esperienze d'uso, esperienze che coinvolgono il tatto, la vista, l'udito, l'olfatto, il gusto. La mera funzionalità di una marca può condurre all'usura semantica, se non è costantemente implementata dall'esperienza sensoriale che diventa, allora, ingrediente dotato di senso, capace di produrre discorsi ed emozioni. Una serie di brand celebri, e di prodotti di culto del mercato contemporaneo, devono il loro straordinario successo ad un continuo aggiorna-

34. D.A. Aaker (1997), *cit.*, pp. 98-99.
35. M. Gobé (2001), *cit.*, p. XXX.

mento del versante estetico e sensoriale: Absolut Vodka (con gli esercizi di stile attorno alla forma archetipica originaria), Apple iMac (che introduce il concetto di *cool*, il colore, il calore, il gioco, in un luogo tradizionalmente freddo asettico e impersonale come il personal computer), Gillette (che con i suoi rasoi usa e getta trasforma l'idea di lama tagliente in un oggetto dal design affettivo, dal cromatismo seducente e sempre nuovo, dall'impugnatura calda ed ergonomica), Swatch (lo strumento del tempo pronto ad accogliere infinite varianti stilistiche e referenziali). La funzione si arricchisce di significati emozionali, sensoriali, ludici: la marca – e con essa il prodotto – diventa *friendly*, amichevole, familiare.

Le emozioni introducono nel marketing un ennesimo tragitto: quello dall'ubiquità alla *presenza*. La marca contemporanea è onnipresente, riprodotta e moltiplicata. Non c'è spazio urbano, stadio sportivo, palinsesto televisivo, pagina di quotidiano, divisa di un calciatore, maglietta, o berretto di un qualsiasi ragazzino che non sia veicolo di promozione della marca. Il logo, il nome del marchio, le immagini istituzionali presentano ormai livelli di affollamento tali che non sarebbe improprio parlare addirittura di "inquinamento"da marchi. È singolare come *le marche non si preoccupino del potenziale, devastante effetto boomerang di questa indiscriminata* (accentuata anche dall'industria dei falsi) *proliferazione.*

L'ubiquità, che garantisce visibilità, non assicura quell'*emotional connection*, in grado di motivare il consumatore contemporaneo. L'onnipresenza non è sintomo di relazione affettiva, di desiderabilità, di feeling, di *mood* positivo. L'ubiquità è una dimensione quantitativa. La presenza, al contrario, è qualitativa. L'ubiquità è vista. Ma è soltanto la presenza emozionale che è "sentita".

Si tratta, in ultima analisi, di stabilire una interattività, uno scambio di segni tra individuo ed impresa, tra consumatore e brand. Un dialogo. Ecco perché l'emotional branding conduce pure ad un passaggio fondamentale: *dalla comunicazione al dialogo*. La comunicazione è dire. Il dialogo è condividere un discorso. La comunicazione è informazione: è una asserzione a senso unico, *one-way proposition*. La marca dice la sua verità, augurandosi che piaccia al consumatore. Il dialogo instaura un doppio legame, perché implica una risposta, e ancora un rimando. I progressi nei media digitali, Internet incluso, stanno aprendo grandi prospettive in questo senso. Grandi *partnership* tra *individui* e *corporations*, sensibilità, esperienze ed opinioni condivise tra la gente e le marche: relazioni profonde e dinamiche tra consumatori e brand.

La *relazione* appare in definitiva come grande catalizzatrice di emozioni. Una relazione che appanna l'antica idea di transazione, che supera persino il concetto di "servizio", già inscritto nel codice genetico della marca, nelle sue missioni originarie. Il servizio si colloca in una prospettiva commerciale, di vendita: un basico livello di efficienza, un prerequisito dell'impresa contemporanea. Di nuovo appare come una proposizione a senso unico. La relazione è portatrice di conoscenza, capace di costruire senso, di produrre significazione. È uno sforzo di comprensione verso il consumatore, è la nuova aspettativa del pubblico. La transazione valutaria, il paradigma prestazione-sanzione, lo scambio di beni e servizi, la soddisfazione dei bisogni e l'esborso di moneta, sembrano oggi concetti obsoleti ed arcaici.

Persino il servizio, se non arricchito da un dialogo centrale e costitutivo col consumatore, se non investito di una nuova e più ampia significazione appare una dimensione asfittica e riduttiva. Un ristorante dove il cibo proposto raggiunge livelli di grande qualità, in cui la rapidità e prontezza del personale ai tavoli è davvero insuperabile, dove le possibilità di scelta nel menù sono ricche e variegate, è un ristorante efficiente, che offre massimi livelli di servizo. Ma un ristorante che, oltre a tutto questo, aggiunga un benvenuto personalizzato al cliente, che viene salutato per nome, accolto affettuosamente, riconosciuto ed anticipato nei gusti e nelle aspettative, è sicuramente un ristorante eccellente. La prospettiva economica classica, con i due attori tradizionali – domanda ed offerta – presupponeva una visione sostanzialmente duale del mercato. La marca, allora, come Giano Bifronte, signore dei passaggi, si collocava sulla soglia, come mediatrice di transazione, come territorio del *do ut des*, come luogo della contropartita. La *transazione* prevedeva un orientamento rettilineo, complanare. Tutt'al più un vettore. Di contenuti, di discorsi, di significati. Ma con la relazione questa dinamica acquista un valore inedito, un doppio-senso, una duplice argomentazione che si dipana nello spazio, si articola in più dimensioni, producendo energia. Diventa legame, rapporto, interazione originaria e costitutiva tra soggetto e oggetto. Tra consumatore e marca. Tra consumatore e consumatore. Tra le nuove esigenze di vita dell'individuo contemporaneo ed il plesso di valori e di sensibilità dell'impresa. Verso l'immaginario sociale. Una proposizione interlocutoria e connettiva, questa della marca contemporanea, estroversa e dialogante: una marca orientata verso i soggetti che l'hanno generata (l'azienda, gli imprenditori) ma anche verso le altre marche (si pensi alle nuove tendenze del co-marketing, co-advertising). Quello che si crea è, dunque, un autentico vincolo d'affetto, d'amicizia e di fiducia tra due attori "affini" e coesi. In questo senso, allora, il consumo acquisisce un ruolo di catalizzatore e di guida[36]. Ecco perché, citando la letteratura manageriale di scuola americana, è possibile affermare che "*relashionship is aknowledgment*"[37].

Si parla sempre più spesso, oggi, di *marca relazionale*. Se venisse realmente intesa e interpretata per quello che è, o può divenire, rappresenterebbe davvero la nuova frontiera della marca: purtroppo appare l'argomentarne più una sorta di tributo, di ossequio ad una problematica di moda e culturalmente attuale che sintomo di un reale impegno – da parte del branding – ad avven-

36. Si veda L. Minestroni (2002), *cit.*, pp. 64-65.
37. M. Gobé, *cit.*, p. XXXI.

turarsi su questi fronti. La quasi totale assenza in Internet – un mezzo in cui l'interattività non solo è possibile ma rappresenta anche la dimensione più qualificante – nei siti delle marche di rapporti personalizzati *one-to-one*, di reali feedback ne è una vistosa testimonianza. Relazione significa interazione, scambio, condivisione, dialettica, reale confronto: significa *transizione dal broadcasting al narrow casting*. È allora che subentra il commitment, che la marca assume il significato di "per me" e non "per tutti", che si antropomorfizza in un reale – e non allucinatorio e mistificato – e caldo rapporto tra simili.

2.7. L'attualità culturale

Nell'evolvere della marca – in una società che va accentuando in maniera esponenziale i suoi tassi di mutamento – l'attenzione alla coerenza con lo Zeitgeist, con il nuovo, con i valori e gli stili di vita soggetti ad un continuo processo di cambiamento diviene un imperativo assoluto. Altrimenti lo scotto da pagare è una crescente marginalità rispetto al *mainstream* del cambiamento, l'inattualità culturale e l'avvio di un processo di obsolescenza.

Quello che viene solitamente chiamato "ciclo di vita della marca" in realtà riflette, il più delle volte, l'incapacità o l'insensibilità di raccordare la marca al nuovo che va emergendo. L'incapacità di *un costante fine tuning con i trend sociali.*

In una società come quella contemporanea complessa, cangiante ed in continua evoluzione, la marca s'investe di significati e di valori sempre nuovi. La sua identità è soggetta a continui aggiustamenti, è sempre rimessa in gioco e in discussione, in incessante mutazione: non si tratta di inquietudini adolescenziali, né di opportunismo mercenario o demagogia. La marca non è una instabile banderuola, ma un essere discorsivo: opera aperta, pronta ad adattarsi all'ambiente circostante, a stabilire una sintonia con lo spirito del tempo e con le culture egemoni. A fondersi con l'immaginario del suo pubblico, a innestarsi nel presente e lasciarsi contaminare dei valori del momento.

L'attualità culturale si rivela, allora, dimensione centrale e fondativa per il branding. Perché se è vero che la marca è la memoria del prodotto, la somma delle esperienze d'uso del consumatore e della loro reiterazione nel tempo, una sorta di stratificazione in divenire delle impressioni che genera, è anche vero che essa è un attore sociale, uno specchio dei tempi, un riflesso del "qui e ora".

Le dinamiche ed i valori di consumo sono suscettibili di evoluzione e di aggiornamento, al pari degli individui e del contesto socioculturale ai quali sono profondamente legati. Ogni epoca vede il prevalere di sensibilità e di gusti, di ideali e di obiettivi: valori ed atteggiamenti, adottati e condivisi dalla gente, che assumono potere di definizione della scena sociale e incarnano una precisa funzione di rappresentazione collettiva. Valori dominanti, che si trasformano e assumono nuovi significati strada facendo: alcuni relativamente stabili (la libertà, la pace, l'amore...) altri più mobili (la virilità, l'edonismo, il narcisismo, la trasgressione, la forza).

Negli anni Ottanta s'è assistito ad una particolare sensibilità verso *l'area del sé e del privato*, ad un crescente apprezzamento per il piacere sensibile, immediato, estetico. La pubblicità parla di "*Egoïste*" (Chanel) ed afferma che "*Io siamo*" (Stefanel) e "*Io esiste*" (Max). Si tratta di un decennio tutto particolare, in cui *edonismo e narcisismo* – protagonisti di una vera e propria "marcia trionfale"[38] – *vengono assunti a valori da vasti strati della popolazione*. Valori che – in quella fase – sembrano contaminare, ispirare e nutrire con grande efficacia il discorso delle marche. Valori promossi e raffigurati dalla pubblicità, esaltati dalla moda e dalle griffe, rinforzati dai media e legittimati dal comportamento degli individui. È l'epoca della Milano da Bere, dell'Edonismo reaganiano, della Pubblimania, dell'"over design", del boom delle palestre, dei centri estetici e delle top-model come icone di riferimento. Una logica teatrale-ostentativa in cui il successo, la realizzazione di sé, l'autocompiacimento seduttivo e l'ammiccamento a tutti i costi si spalmano indistintamente sopra ogni comparto del consumo, della produzione, della comunicazione e dell'esperienza umana. Tutti significati che, oggi, pur restando sostanzialmente attivi, hanno perso egemonia culturale e rappresentatività collettiva. Adesso il loro eccesso è fortemente stigmatizzato. E non è casuale: recessione economica, crisi politiche, conflitti internazionali, attentati terroristici hanno rallentato l'avanzata di questi valori. Non solo: una nuova coscienza dei problemi planetari, una accresciuta sensibilità all'emergenza ambientale, alla povertà nei paesi del Terzo Mondo e alla distribuzione delle ricchezze, comincia a ridimensionare, oggi, il rapporto tra le persone e le cose, tra i consumatori e il consumo, tra la gente e la vita. E così, quasi da un giorno all'altro, la ridondanza narcisistica ed edonistica degli anni Ottanta, insieme al lusso, all'ostentazione, al piacere a tutti i costi, all'io-centrismo, alla ricerca affannosa del successo, sono apparsi concetti fuori luogo, orientamenti di cattivo gusto, al limite della blasfemia. L'individualità ha sostituito in breve tempo l'individualismo.

Il decennio successivo cede gradatamente il passo a nuovi valori legati all'autenticità, alla ricerca di equilibrio e di armonia, all'autonomia, all'espressione del sé. Il corpo viene riconsiderato in termini prevalentemente olistici (corpo e psiche): all'aerobica frenetica e al body building ipertrofico si sostituiscono il fitness, lo yoga, la meditazione e una nuova idea di *wellness*. La solidarietà, il volontariato, l'understatement e una rinnovata semplicità caratterizzano la seconda metà degli anni Novanta. Tuttavia, l'edonismo non è total-

38. A. Semprini (1996), *cit.*, p. 93.

mente scomparso dal "pacchetto" di valori delle società occidentali. È mutato il suo significato e s'è ridotta la sua portata. Meno condiviso, più marginale e discreto, c'è anche piacere nel rinunciare o procrastinare un piacere.

I valori si succedono e si evolvono, si trasformano e s'arricchiscono. A volte ritornano, maturati, implementati, aggiornati. La naturalità, la semplicità, la vicinanza con i valori autentici e tradizionali che il Mulino Bianco proponeva nella seconda metà anni Ottanta in toni vagamente nostalgici, stanno riaffiorando in forme differenti e attraverso contenuti più attuali. La naturalità di oggi è anche il biologico, l'autenticità è trasparenza comunicativa e produttiva, la semplicità è sobrietà: un rifiuto dell'eccesso, dell'inutile e del lusso eterodiretto. Anche quando sembrano ritornare sui propri passi e rievocare dimensioni conosciute, la società e l'universo dei consumi rielaborano valori e modelli preesistenti, inglobandoli nel proprio codice genetico, metabolizzandone il cambiamento. La marca stessa, nel suo divenire, ha costantemente arricchito le proprie funzioni ed i propri significati culturali. Ogni volta incorporando le dimensioni precedenti.

L'inizio del nuovo millennio vede l'ascesa dei grandi valori etici e sociali. Il senso di responsabilità delle imprese, il rispetto per l'ecosistema, l'aiuto ai Paesi del Terzo Mondo, tutte istanze fortemente emergenti nella nostra società e nella nostra cultura.

Per una marca, quella dell'attualità culturale diventa una vera e propria linea operativa, una strategia vincente. Si tratta allora di fare evolvere i significati ed i discorsi del brand in forte sintonia con i valori del contesto sociale. In questo modo il marchio diventa portatore di sensibilità e orientamenti condivisi, la sua identità s'immerge nel presente, la sua immagine risulta sempre coerente con lo Zeitgeist. I motivi dello straordinario successo e della posizione dominante di marche, all'interno di certi mercati, sono da ricercarsi proprio nella straordinaria capacità di assorbire ed anticipare i valori e le culture presenti in un determinato momento, in una determinata società.

2.7.1. *Le mete collettive/stili di vita/affinità elettive/siti valoriali*

Oggi *la tensione al fine tuning con il consumatore* è alla base di qualsiasi strategia di successo.

Nel marketing contemporaneo interpretare i bisogni degli individui – i loro valori, stili di vita in una prospettiva dinamica –, perseguire la sintonia col proprio pubblico, indirizzare i messaggi verso un obiettivo preciso, diventano tutti imperativi per assicurarsi la competitività all'interno di mercati sempre più complessi, imprevedibili e sfuggenti. Una vera e propria *conditio sine qua non* per rendere culturalmente attuale la marca.

Gli scenari sociali e di mercato stanno incisivamente cambiando: il panorama di consumo appare ora frammentato, cangiante, incoerente almeno sulla base del vecchio paradigma. I tradizionali criteri di classificazione – parametri demografici come le fasce d'età, ma anche il reddito, il sesso – appaiono inadeguati a tradurre con efficacia gli assetti e le dinamiche reali del consumo. Chiavi di lettura obsolete, eccessivamente rigide e stereotipate.

Persino gli stili di vita – considerati negli ultimi tempi la tassonomia più adatta a descrivere gli individui ed i consumi della modernità, e tutt'ora investiti di una sostanziale validità – cominciano, come abbiamo già sottolineato, a mostrare limiti interpretativi non trascurabili, punti di scarsa flessibilità. Essi appaiono come strumenti sempre più opachi e sempre meno chiarificatori dell'agire di consumo. In effetti, un medesimo spartito, lo stile di vita appunto, può essere interpretato in tonalità e modalità differenti. La frammentazione sociale, la moltiplicazione delle identità, l'estrema eterogeneità delle tipologie umane, rappresentano oggi una barriera all'applicazione dei codici di lettura classici anche i più recenti. L'accelerazione del mutamento tende a trasformare incisivamente gli assetti preesistenti, anche i più freschi. Appare sempre più arduo, dunque, tentare di inquadrare e cristallizzare entro griglie e stilemi, entro formule e idealtipi, i processi sociali e le dinamiche acquisitive.

I mille volti del consumatore postmoderno appaiono una sfida continua a chi tenta di fotografarne l'effimero sguardo: categorie imprendibili, difficilmente iscrivibili in modelli di classificazione e segmentazione. Certi organizzatori di senso sociale che un tempo fornivano le coordinate agli stili di vita (i comportamenti di consumo, l'esposizione ai media, l'impiego del tempo libero, la sensibilità individuale, i gusti musicali, le preferenze alimentari, il vissuto quotidiano, ecc.) si stanno disgregando, dando origine ad un disequilibrio come condizione strutturale assolutamente non gestibile e poco prevedibile. Il carattere tribale e gregario di certi atteggiamenti sta lasciando il posto ad un inedito passaggio della società verso l'area del privato e della soggettività. Diventa necessario, allora, un continuo ricorso a nuovi sistemi di classificazione e di studio dei consumatori.

Il precarizzarsi delle identità rende sempre più difficile per il mondo della marca farsi bussola, guida e modello, per gli individui. Oggi, sarebbe improponibile parlare della "*Milano da bere*", suggerire l'acquisto di una automobile perché "*piace alla gente che piace*". La logica tradizionale dello stile di vita appare sempre meno applicabile ai segni e agli attori del mercato. Sempre più eclettici, creolizzati, instabili e contaminati, gli stili di vita stanno diventando luoghi concettuali troppo spesso eterogenei ed incoerenti al proprio interno. Gli stessi individui si comportano e consumano senza una logica apparente, con un atteggiamento spesso instabile e zigzagante, nebuloso e a fasi alterne, secondo criteri che appaiono sovente indecifrabili agli uomini di marketing.

La marca contemporanea deve necessariamente fare i conti con la *non permanenza dei modelli di consumo*, con la provvisorietà degli atteggiamenti, con l'instabilità dei gusti della gente. Per questo, piuttosto che di aggregati demografici, di veterocriteri di classificazione, di gruppi omogenei, il brand dovrà interessarsi, sempre più, di sensibilità e di valori, di territori socioculturali, di frontiere e grandi aree di affinità elettive.

I nuovi approcci al marketing della marca vedono la nascita di siti valoriali, luoghi in cui il consumo pare ritrovare la sua natura profondamente umana ed antropologica e riaffermare il valore del consumatore come attore sociale.

Conoscere il consumatore, allora, in questa nuova fase, significa individuare i trends emergenti che muovono la società, le nuove sensibilità che plasmano le scelte degli individui, i grandi ideali che orientano l'azione, le principali culture di riferimento di un Paese o di un popolo. Si tratta, in buona sostanza, di realizzare affinità elettive con il nuovo emergente che aggregano per sintonia, di mete collettive che partecipano alla formazione dell'identità di una marca.

2.8. Valori

La strategia del posizionamento, cavallo di battaglia e bussola nelle strategie di marketing per oltre vent'anni, si evolve e si arricchisce. Non ancora del tutto abbandonata, la realtà del *positioning* trova nuove contaminazioni e nuovi stimoli nella società complessa del nuovo millennio.

Il presidio di un territorio unico per la marca, costruito attorno a benefici esclusivi, l'individuazione di caratteristiche distintive e motivanti per il consumatore in rapporto alla concorrenza, la preoccupazione per l'immagine, per come s'è percepiti dal pubblico, cedono ora gradatamente il passo alla *costruzione di senso*. Il posizionamento appare come un concetto riduttivo del mondo della marca: pare infatti asfissiare le potenzialità che la marca – in quanto essere discorsivo e "pensante" – contiene al proprio interno. Occorre adesso attribuire significati, orientamenti profondi, sensibilità e idee essenziali alla marca.

Dopo la memorabilità, l'immagine, la fiducia, la ricerca di attributi qualificanti, la generazione di emozioni e di commitment il passaggio successivo – nella messa a fuoco delle funzioni e delle dimensioni della marca – *è la proposizione di un sistema di valori con cui questa si identifica*. Che è l'altra faccia della medaglia dell'attualità culturale. È come se le marche sentissero ora l'esigenza di aggiungere, ai contenuti originari delle proprie etichette e dei propri prodotti (l'efficienza performativa, la garanzia di qualità, l'affidabilità, l'impegno all'innovazione), una serie di significazioni decisamente più ampie e coinvolgenti.

I tradizionali approcci del marketing hanno sempre miopemente considerato certi tratti della personalità di marca – la libertà di Levi's, la fiducia di Galbani, il mangiare sano e il ritorno alla natura del Mulino Bianco – come concetti astratti e generalissimi, al limite aree di posizionamento piuttosto nebulose e grossolane. In realtà, oggi si capisce che più che concetti, si tratta di valori: condizioni desiderabili e condivisibili, obiettivi da raggiungere, qualità e finalità motivanti. Libertà, fiducia, armonia, rispetto, onestà, amicizia, amore, semplicità, purezza: ecco soltanto una minima parte della tavolozza dei valori a cui attinge la marca. Non si tratta di significati propri ed esclusivi dell'universo del consumo. Piuttosto di *dimensioni simboliche, etiche e sociali che trovano consensi e legittimazione nella società in cui viviamo*: qualità ritenute dalla maggioranza degli individui degne d'investimento, nobili ideali, traguardi auspicati. Dunque le marche contemporanee sembrano orientate ad articolare valori, a produrre senso, a darsi una profondità di vedute e di respiro. Il loro sembra, allora, una nuovo ruolo di mediazione tra l'universo della produzione e quello del consumo: la *marca relazionale* crea contatti, stabilisce affinità elettive, si collega – più o meno direttamente – a tutte quelle qualità umane e comuni, socialmente valorizzate. La marca introduce nel suo nucleo d'identità il valore. Essa sgrava il prodotto dalla fisicità della merce e della fabbrica e ne fa una sorta di attore sociale a sé stante. Si compie così una operazione di qualificazione simbolica: il *brand* tratteggia un orizzonte allargato fatto di valenze universali e discorsi reali.

Si tratta di *valori direttamente connessi ai prodotti* (come ad esempio la creatività per un computer, la naturalità per un frollino), oppure *grandi valori sociali* che non hanno una diretta rispondenza nelle merci (il cosmopolitismo, la tolleranza, la fraternità tra i popoli per Benetton), e persino – e questa è la fase contemporanea – *grandi valori etici*. L'etica, il bene, il fine ultimo: oltre l'utilità intrinseca della cosa, superando l'attributo performativo, la marca s'investe di scelte "vitali", di desiderabilità e diventa regno del significato.

Il consumatore, ormai libero dalle tradizionali implicazioni commerciali, economiche o industriali, è adesso un individuo, "un destinatario, qualcuno che consuma tanto dei prodotti quanto dei messaggi e del senso su questi prodotti"[39].

La marca adotta dunque un nuovo linguaggio, quello dei valori, e volge il suo sguardo al di là del mero atto d'acquisto: alla vita in senso generale, ai sogni, ai bisogni e ai desideri della gente.

2.8.1. *Dai valori di prodotto ai grandi valori sociali*

Nel passaggio dal marchio di fabbrica, garante di notorietà, affidabilità e attributi performativi, alla marca dell'attualità culturale e dei valori, sembra assottigliarsi la centralità del prodotto. Che diviene marginale, accessorio, a volte quasi pretestuoso, anche se è ciò che legittima la marca.

39. *Ibidem*, p. 87.

La tenuta della cottura, la resistenza, la puntualità, l'accelerazione, il gusto e la morbidezza appaiono – come abbiamo osservato – condizioni tautologiche, una sorta di prerequisiti inglobati nel codice genetico della "merceologia", dei servizi e dell'"oggettistica". Prestazioni tangibili, ormai imprescindibili – e tuttavia scontate – a fronte di scenari di mercato sempre più densi e competitivi.

Un provocatorio paradosso vuole che quella che un tempo era chiamata *società dei consumi* si stia trasformando nella *società meno materialistica che sia mai esistita*. Ribaltando cioè completamente l'assioma che la società in cui viviamo sia invece profondamente materialista, quasi totalmente dedita al possesso di merce.

L'apparente contraddizione sottolinea come, nelle società moderne, *i beni si vadano dematerializzando*. Non solo assistiamo, da tempo, ad una crescente processo di miniaturizzazione dei prodotti – sempre più leggeri e ridotti come dimensioni –, ad una transizione verso un'economia dei servizi, ma ciò che si scambia, sul mercato, è solo apparentemente rappresentato da prodotti. In realtà sono immagini, segni, messaggi. Ai contenuti materici, alla fisicità di un prodotto subentra – nel processo di scelta – il significato che questo riveste all'interno di una complessa, ma a tutti cognita, grammatica sociale. Non merce quindi, ma un sistema di segni ben codificato all'interno della semiosfera. Il cibo, un apparecchio hi-fi, un cosmetico, un capo di abbigliamento hanno ormai perso la loro funzione primaria – il loro valore d'uso – per metamorfosarsi in comunicazione. In un segnale forte, per se e per gli altri, della propria identità. Del resto è noto che, in un mercato moderno, a competere sono i messaggi, non i prodotti.

Lo statuto più recente delle grandi marche – le grandi protagoniste del mercato moderno – sembra enfatizzare ulteriormente questa tendenza.

Da un lato sono gli *intangibles* della marca a venir privilegiati nella comunicazione. Quindi non vantaggi o caratteristiche direttamente riconducibili a dimensioni strutturali, ad uno specifico produttivo, non benefici per il consumatore in termini prestazionali. Ma, soprattutto, il forte legame – una connessione quasi sinonimica – con valori sociali fortemente condivisi, con identità culturalmente egemoni, con stili di vita emergenti. La marca esprime cioè, nei suoi orientamenti più recenti, un mondo coeso di valori così che l'adesione a questo possa consentire acquisti in settori merceologici anche estremamente eterogenei ma che si riconoscono in uno stesso plesso di valori. L'atmosfera rarefatta dei negozi monomarca di Ralph Lauren – da Parigi a Berverly Hills, stile *Old England* – è solo uno dei tanti esempi possibili – consente alla marca di proporre un insieme diversificato di prodotti – dall'abbigliamento agli accessori, dagli oggetti per la casa alla cartoleria – ma unificato da forti significati di fondo. Ciò che si acquista, in realtà, è l'accesso ad un mondo, sono brani di una *Weltanshauung* da condividere quasi indipendentemente dalla fruizione della merce. Ormai declassata, laddove l'universo della marca sia molto forte, a poco più che pretesto.

Da un'altra prospettiva, il distacco dalla componente materica è ancora più forte. La marca non solo va prendendo le distanze dai prodotti a cui era tradizionalmente associata ma sovente se ne allontana a tal punto da non essere più riconducibile a nessuno di questi. Pensiamo ad alcune delle marche di maggior successo dell'ultima generazione. Virgin, quale tipologia di prodotti associa alla sua marca? L'industria discografica? L'abbigliamento? La navigazione aerea? Le linee ferroviarie? Le bevande analcoliche? I cosmetici? Certamente tutto questo, ma, soprattutto, qualcosa che lo trascende e che è rappresentato dal plesso di valori della marca. Disney, una delle grandi marche del villaggio globale, non si identifica con alcun prodotto. Ma con un sistema di segni che trasforma il significato – ed il valore – dei prodotti a cui si appone.

Le nuove frontiere della marca si ampliano sino a raggiungere, non solo in termini geografici ma anche in termini valoriali, una dimensione cosmica. È una prospettiva che trova ancora largamente latitanti le imprese italiane – con l'unica eccezione forse di Benetton – ma che vede invece fortemente impegnate grandi multinazionali. È un plesso articolato di valori e di stili di vita, un universo culturale a tutto tondo quello che si propone. I valori d'uso dei prodotti sono ormai lontani e quasi irrilevanti. Talvolta non esistono nemmeno. Si edifica un mondo con lo stesso impegno con cui i futuristi, partendo dai loro valori, si dedicavano a ricostruire l'universo: dall'arte alla vita quotidiana. Brand come Hard Rock Cafè, Diesel, Nike, McDonald's, Coca-Cola, Ralph Lauren, Virgin comunicano mondi possibili e campi semiotici. E trovano concrete rappresentazioni in campagne pubblicitarie di grande impatto emotivo: sotto forma di saga, pathos ed ethos. Oppure si rivelano mediante autentiche cattedrali del consumo: grandi megastore, *flagship stores*, negozi monomarca che diventano straordinari territori in cui il senso delle cose, è pure il senso della marca, in cui si respira un'atmosfera coerente all'essenza del brand. Queste mete del consumo, così attraenti e ricche di fascino, diventano esperienze totali e totalizzanti, zone dell'anima e dei sensi, dello spettacolare e del ludico. Capaci di delimitare aree dense di significato, di descrivere stili di vita, di abbracciare – attraverso gli oggetti, la moltiplicazione dei prodotti e le architetture – interi luoghi del discorso. Come osserva Ritzer: "al fine di attirare masse sempre più ampie di consumatori, queste cattedrali del consumo avvertono l'esigenza di offrire, o almeno danno l'impressione di offrire, un numero sempre maggiore di scenari magici, fantastici e incantati in cui fare gli acquisti... Una visita a Walt Disney World è stata descritta come 'il viaggio alla Mecca della classe media, la visita obbligatoria alla città riarsa dal sole' e sono state trovate analogie fra un viaggio a Disney World e pellegrinaggi in luoghi religiosi tipo Lourdes. Megalibrerie come Barnes and Noble e Borders sono state definite 'cattedrali della parola stampata'"[40]. Sono

40. G. Ritzer (2000), *cit.*, p. 18.

questi luoghi – insieme a quelli più impalpabili evocati attraverso l'*advertising* e, più in generale, il mix di comunicazione – ad incarnare i valori della marca. Sembrano suggerire universi paralleli, proporre alternative eventuali, indicare scenari probabili e desiderabili: attivano processi di proiezione ed identificazione e realizzano una singolare messa in discorso del prodotto.

Una messa in discorso che, nel marketing contemporaneo, si focalizza sempre più sulle dimensioni immateriali del prodotto, piuttosto che sui suoi tratti tangibili ed oggettivi. Si tratta di tutti quegli aspetti connessi all'immaginario evocato dagli oggetti, oppure legati al simbolismo profondo di cui un prodotto può eventualmente disporre o, ancora, alle associazioni che questo genera nella mente del consumatore. Tutti attributi intangibili e latenti che necessitano d'essere discorsivizzati per manifestarsi e rivelarsi.

Dunque *la marca dispone di uno straordinario potere di creazione di mondi.* Tuttavia, sarebbe un errore interpretare questi mondi in chiave di mancata autenticità. Limitativo tentare di ridurli ad universi impossibili o finzioni virtuali. Infatti, in ragione della sua natura semiotica e comunicativa, la marca attinge all'immaginario, al simbolico, al mito. Si lascia contaminare dalla metafora e dall'allegoria. Allude e suggerisce. Scalda e colora. E dunque, come osserva Semprini "i suoi discorsi sfuggono alla dialettica vero/falso, e producono un universo che secerne ed instaura al suo interno la sua propria verità[41]. La legittimità di una *brand identity*, di un territorio di marca, di una metafora di marca dipende allora, più dalla *coerenza interna* della marca stessa, che dalla sua normalizzazione od omologazione rispetto alla realtà esterna. La marca credibile non è tanto quella che si adegua al reale, quanto quella che *delimita una armonia di segni e significazioni, che circoscrive un sistema di valori profondamente coesi ed omogenei.* Ecco perché "nell'universo Volkswagen un'automobile può diventare formica e gli altri animali hanno il dono della parola, senza che ciò disturbi la credibilità del mondo evocato. Citröen può far decollare un'automobile da una portaerei o lanciarne un'altra sulla Muraglia Cinese, senza che la cosa sia giudicata 'incredibile'"[42]. Questa capacità di generare inedite interpretazioni della realtà, questo straordinario potere di articolare e veicolare dimensioni intangibili, di proporre un nuovo ordine delle cose, di riscrivere una grammatica particolarissima e sensata, è da collocarsi nella specificità della marca. Si tratta di un ruolo centrale e decisivo nel passaggio dai valori di prodotto ai valori intangibili, ai valori sociali, ai grandi valori di tipo etico.

La marca oggi, nelle sue manifestazioni più evolute, esprime con grande trasparenza la nuova realtà della dematerializzazione dei mercati. Il prodotto ha perso il suo protagonismo, il valore d'uso e ha lasciato il posto allo scambio sociale, la materia si confonde nell'universo dei segni e diviene essa stes-

41. A. Semprini (1993), *cit.*, p. 84.
42. *Ibidem.*

sa segno. La gestione della marca, la costruzione attorno ad essa di un sistema coeso, unico e culturalmente attuale di simboli e la loro regia diviene uno dei compiti più difficili, e più stimolanti insieme, per l'industria moderna.

In questa nuova fase è la marca stessa che assume dimensioni inedite e comunica con grande spessore ed una rilevanza sconosciuta in passato, i propri significati. *Sono valori sociali nel pieno senso del termine, mete collettive considerate condivisibili e desiderabili e che trascendono l'universo del consumo*. Valori alti: come l'amicizia, la famiglia, l'onestà, l'amore, la pace, la vita, la libertà, la tolleranza. Valori che sovente non sono enunciati dalla marca ma impliciti nelle storie che narra o negli eventi che genera. La marca aggiunge ai valori d'uso dei suoi prodotti, alle loro rappresentazioni simboliche nuove dimensioni valoriali, una sorta di tessuto connettivo che può collegare prodotti diversi o alternative diverse dello stesso prodotto. Barilla non vende soltanto un'ottima pasta di semola. Propone con i suoi prodotti i valori della famiglia, gli affetti, la casa. Mulino Bianco non vende soltanto biscotti ma tradizione, il nostro passato buono e sano, con i suoi sentimenti e modi di produzione più genuini che danno credito alla promessa di naturalità e salute. Coop non è soltanto il marchio della grande distribuzione di qualità, ma rappresenta l'insegna oggi più impegnata nel rispetto dell'ecosistema, dei Paesi del Terzo Mondo e, naturalmente, del consumatore.

Vi sono dei vincoli per la marca nell'adottare uno o più valori caratterizzanti. Deve esservi una *relazione con i significati delle merci*; una notevole *coerenza con le missioni e la cultura interna all'impresa*; una *accertata attualità culturale dei discorsi e dei contenuti* che propone. Perché i valori evolvono costantemente nel tempo[43]. Mutano i loro codici e significanti. Investono di eticità e rilevanza sociale aree e comportamenti per poi, magari, prenderne le distanze.

Un attento monitoraggio della condivisione e della dinamica dei valori, di quelli emergenti e quelli in declino, di quelli che più caratterizzano il target di riferimento e quelli, invece, più distanti, diviene allora indispensabile per l'impresa.

Il maggiore apprezzamento espresso dal consumatore in questi anni di recessione economica, quando il prezzo diviene la discriminante assoluta delle scelte verso benefit di prodotto chiari ed esclusivi, anziché generare nuove alchimie tra valori e performance di prodotto, ha spesso comportato conseguenze perverse. Nel senso di un abbandono dei valori della marca per appiattirsi su un arrocco, più o meno creativo, relativo alle prestazioni di prodotto. Disimpegnandosi dai valori che aveva promosso, la marca rischia di perdere uno degli asset più importanti di cui dispone. La comunicazione di Levi's rappresenta il referente d'obbligo per dimostrare come valori della marca e benefit di prodotto possano felicemente coesistere.

43. Cfr. F. Alberoni, *Valori*, BUR, Milano, 1995.

2.8.2. *Verso la marca etica*

Dall'area dei valori a quella dell'etica il passo è breve.

L'etica e l'assunzione di responsabilità sociali da parte delle marche sta divenendo, da qualche tempo, tema di straordinaria attualità. Il moltiplicarsi di convegni, studi e pubblicazioni in quest'area rappresenta una tangibile evidenza. Ci sarebbe solo da compiacersene se non venisse talvolta il sospetto che, il tanto parlarne, finisca poi per costituire un comodo alibi per eludere, di fatto, comportamenti congruenti. Un sospetto ancora più malevolo è che, ad essere più attive nel dibattito, siano sovente quelle imprese, o quei settori produttivi, che hanno più scheletri nell'armadio. Che una nuova, rilevante consapevolezza degradi ad ossequio ad una moda. Molti di noi ricordano come, nelle sale di attesa della Enron a Houston, fosse appesa con grande evidenza una nobile Carta dei Valori. Emanuele Pirella afferma che quando, in pubblicità, si vedono cieli azzurri e tersi si può essere ragionevolmente certi che l'inserzionista sia poi un'impresa con grosse responsabilità di inquinamento.

Eppure, sgombrato il campo da questi doverosi *caveat*, l'enfasi attuale sull'etica appare di assoluta crucialità. Non solo perché una richiesta in tal senso viene da numerosi stakeholder con cui la marca deve interagire, ma anche dal mercato. È proprio dal mondo dei consumatori che sono rivolte, più o meno consapevolmente, le maggiori sollecitazioni alla marca a confrontarsi anche con queste dimensioni. C'è un curioso paradosso da segnalare: viviamo in una una società che ha elaborato un fortissimo orientamento all'individualismo, uno spiccato narcisismo ed egoismo e che pure va sviluppando un inedito goodwill verso quelle marche che dimostrano una particolare sensibilità sociale. Quasi che l'apprezzamento di siffatti comportamenti – non imposti alla marca dalle leggi ma dettati da un'autonoma e discrezionale assunzione di responsabilità – svolga una funzione di supplenza nei confronti dell'impoverimento del proprio sistema di valori.

Le ricerche che monitorizzano dimensioni relative all'impegno della marca nel sociale evidenziano trend di adesione costantemente crescente. A sottolineare che questo tipo di impegno non è certo estraneo anche ai fini del raggiungimento di obiettivi di mercato. Certo, nel breve termine, è improbabile che si riscontri un ritorno commerciale. Anche se le indagini dimostrano che i casi di abbandono o di disaffezione dalla marca, quando questa sia percepita come inadempiente a queste nuove responsabilità sociali, sono in costante aumento. Ciò che è certo è che l'arricchimento dell'immagine e dell'equity della marca – soprattutto presso i segmenti culturalmente più avanzati – con dimensioni non direttamente riconducibili alle prestazioni d'uso, a performance strutturali e all'insegna dell'etica, rappresenta un'asset importante. La recente, forte valorizzazione delle marche della distribuzione – Coop ed Esselunga per tutte – nei confronti delle marche industriali si basa anche su un percepito maggior impegno su questo fronte.

Ma cosa significa, secondo i consumatori, comportarsi eticamente? Anzitutto l'adempimento della marca ad alcune domande fortemente sentite: *un corretto rapporto prezzo qualità* e il progressivo incorporo in questa (abbiamo già osservato come la qualità sia un concetto storicamente condizionato, che evolve in continuazione) di dimensioni che attraversano tutta la filiera produttiva. In questo senso, la nuova idea di qualità prevede, tra l'altro, che le imprese assicurino la massima sicurezza – dal reperimento delle materie prime, ai metodi di lavorazione, allo smaltimento dei rifiuti –, garantiscano eque condizioni di lavoro ai dipendenti, considerino un rapporto con l'ecosistema che vada ben oltre gli obblighi imposti dalle norme, dai codici deontologici o dalle consuetudini. Scelte produttive rispettose delle nuove domande possono divenire parte qualificante del patrimonio genetico, della cultura della marca. Il mecenatismo, la filantropia, se non vengono assolte con la massima trasparenza queste richieste di base, appaiono ininfluenti e – anche se apprezzate – rischiano di risultare spurie ed estranee rispetto all'identità della marca.

3. La marca nel divenire dei consumi[1]

3.1. La nascita della marca moderna

Quando nasce la marca? Certamente, se volessimo risalire alle origini, ai protomarchi, agli esordi di un'antichissimo e fondamentale "atto di marchiatura" dovremmo cominciare da molto lontano. Probabilmente la marca esiste da che esiste l'uomo, l'uomo organizzato in comunità che, marchiando a fuoco il bestiame per segnarne la proprietà, realizzava il significativo passaggio dalla natura alla cultura, istituendo un nuovo ordine e un nuovo senso alle cose, quello del discorso, della significazione, dell'appartenenza: in Mesopotamia – in epoca preistorica – i mattoni dei palazzi recavano un segno distintivo e così nelle tombe dei Faraoni egizi. Oppure, potremmo andare indietro di duemila anni, ai tempi dei greci e dei romani (basta andare a Pompei per una testimonianza *de visu*) con i loro sofisticati sistemi economici e commerciali, con i loro imperi particolarmente estesi: in questo caso i primi marchi furono messi a punto per stabilire l'origine e la qualità di oggetti e beni di consumo, per individuarne la fonte o la paternità, per istituire un segno di fiducia che annullasse la distanza tra produttore e consumatore. Nel Medioevo e nel Rinascimento contrassegni certificavano l'origine di svariati manufatti: dagli utensili ai gioielli alle armi. Firenze è tutta una straordinaria memoria storica di queste protomarche.

Ma la marca di cui vogliamo parlare è quella moderna, è il marchio di fabbrica che nasce e si sviluppa parallelamente alla civiltà industriale, al consumo di massa, e alla diffusione dei mass media e della pubblicità.

Sono in molti a sostenere che il tramonto del XIX secolo può considerarsi a tutti gli effetti l'inizio della prima *golden era* della marca moderna. Alcuni

1. Non si intende certo, in questo capitolo, tratteggiare una storia della marca e nemmeno tentarne una sinopsi: ci si limita solo a brevi cenni sulla dinamica dei consumi negli ultimi decenni avendo sullo sfondo la marca. Per contestualizzarne il divenire e le inevitabili trasformazioni.

fanno coincidere la nascita del *modern brand mark* con un preciso decennio: il 1890[2]. In effetti, molte delle marche contemporanee più appealing, più solide e più potenti (commercialmente e semioticamente) nascono giusto nell'ultima decade dell'Ottocento, alcune già nella seconda metà. In linea generale possiamo affermare che è proprio a cavallo tra i due secoli che prendono vita e si sviluppano imprese, marchi e prodotti destinati ad un successo a lungo termine e ad una vitalità che sembra non volersi estinguere.

La rivoluzione industriale produce profonde trasformazioni nel tessuto economico e in quello sociale. La produzione di massa – standardizzata, automatizzata e di grandi serie – trasforma il prodotto artigianale in merce industriale e rende gli scambi sempre più anonimi. Il conseguente consumo di massa, insieme ad un crescente benessere economico, genera una domanda di merci quantitativamente imponente e qualitativamente variegata. Un sempre maggiore numero di individui accede a pratiche di consumo che vanno al di là del semplice sostentamento. La domanda si trasforma: essa contiene anche una precisa istanza sociale di differenziazione e di distinzione. La marca diventa potente segno distintivo da aggiungere ai prodotti e strumento della competizione commerciale.

La tabella che segue raggruppa una serie di celebri marche internazionali che datano il loro esordio dal 1850 in poi (alcune di queste erano già leader del proprio mercato nell'ultima decade dello stesso secolo). Essa rivela la straordinaria longevità di certi nomi che paiono contravvenire ad ogni teoria sul ciclo di vita, mantenendosi in uno stato di perenne giovinezza come delle mature signore, piene di fascino e seduttività a dispetto dell'anagrafe. E, nello stesso tempo, vuole enfatizzare l'importanza di un *long-term commitment* per la marca e per l'impresa, di una relazione duratura col consumatore, di una sfida continua: una tensione secolare verso l'eccellenza e la qualità dei prodotti e dei servizi.

L'inizio del ventesimo secolo porta uno straordinario sviluppo economico, una crescita delle attività pubblicitarie e un fiorire di nuove marche. I primi trent'anni del Novecento sanciscono la definitiva affermazione della marca moderna. Le profonde trasformazioni introdotte dalla rivoluzione industriale all'interno del tessuto economico, della domanda e delle abitudini di vita, creano dunque i presupposti e le condizioni per l'esordio della marca e per un suo utilizzo sistematico. Il consumo di massa la rende necessaria: uno strumento di identificazione, di garanzia, di orientamento, di differenziazione. Lo sviluppo del settore commerciale segue lo sviluppo industriale: con l'ampliarsi del mercato si viene a creare un progressivo allontanamento del produttore dai suoi potenziali consumatori. La vendita al consumo dei beni prodotti dall'industria viene affidata ad imprese indipendenti e gradatamente iniziano a delinearsi i germi delle prime forme distributive[3].

2. Si veda, tra gli altri, I. Ellwood, *cit.*, p. 13.

3. Per un approfondimento sul tema della distribuzione si rimanda a: G. Lugli, L. Pellegrini, *Marketing distributivo*, UTET, Torino, 2002.

Marca	*Anno di nascita*	*Marca*	*Anno di nascita*
Agfa	1873	Fiat	1899
American Express	1850	Ford	1896
Aquascutum	1853	Galbani	1880
Avon	1896	Glen Grant	1840
Badoit	1837	Guerlain	1828
Bahlsen	1889	Harrods	1849
Ballantine's	1827	Heineken	1864
Barbour	1894	Heinz	1876
Barilla	1877	Hermès	1837
BASF	1865	Ivory	1879
Bata	1894	Knorr	1870
Bayer	1899	Kodak	1888
Bausch & Lomb	1850	Lavazza	1895
Benson & Hedges	1873	Levi's	1850
Bonduelle	1853	Lipton	1889
Borsalino	1857	Louis Vuitton	1854
Brooks Brothers	1818	Maggi	1883
Budweiser	1876	Martini & Rossi	1879
Buitoni	1827	Michelin	1889
Burberry's	1856	Mitsubishi	1870
Cadbury's	1842	Nokia	1865
Campbell's	1869	Pepsi Cola	1893
Cartier	1847	Philips	1890
Chap Stick	1880	Piaggio	1894
Chivas Regal	1858	Pirelli	1890
Church's	1873	Quaker	1877
Clarks	1825	Roger & Gallet	1862
Coca-Cola	1886	Shiseido	1872
Cointreau	1875	Singer	1851
Colgate	1806	Steinway	1853
Daimler	1890	Swarovski	1895
Daks	1894	Tabasco	1868
Del Monte	1886	Tag-Heuer	1860
Dunlop	1888	Vaseline	1859
Esso	1870	Wella	1880
Evian	1826		

Avremmo potuto realizzare una tabella analoga alla precedente, comprensiva di tutte quelle marche nate tra il 1900 e il 1930. Non sarebbe stato sufficiente lo spazio del volume per elencare e registrare l'inizio di fortunate epopee del brand. Per narrare di saghe imprenditoriali caratterizzate da uno straordinario successo e da una formidabile capacità di evoluzione e di adattamento. Per raccontare di come l'era moderna abbia accompagnato uomini e avventure nel mondo degli affari e dell'industria. Per parlare di autentici pionieri, di spirito d'avventura, d'intuito e di testardaggine nel perseguire sogni e progetti, nell'inaugurare interi comparti del consumo e nell'inventare nuovi prodotti, nuovi servizi e – in definitiva – nuove marche.

3.2. La ricostruzione in Italia 1945-1950: il primato della bottega

Nel periodo 1945-1950, l'Italia, impegnata nel gravoso compito della ricostruzione, si trova, dal punto di vista della struttura dei consumi, ad un livello poco più di sopravvivenza. I redditi non consentono, per una larga parte della popolazione, scelte che non siano riferite ai bisogni basici. La discrezionalità nell'allocazione del reddito è praticamente inesistente. Molte famiglie hanno inoltre perso, negli eventi bellici, tutto ciò che possedevano. Mentre i nuclei contadini non hanno modificato sostanzialmente i livelli di vita, gli abitanti delle città, vasti strati della piccola/media borghesia, gli operai, il sottoproletariato urbano sembrano perpetuare, per quanto concerne i consumi, l'economia della guerra[4]. Le spese per la casa e l'alimentazione assorbono quasi interamente i modesti budget familiari. Non esistono, a livello collettivo, modelli da imitare ma, semmai, singoli beni da desiderare (la macchina da cucire, il ciclomotore, i primi alimenti in scatola, la radio). L'autoconsumo, così come un'etica sacrificale e del risparmio, improntano le scelte del consumatore.

Al pari di tutte le culture di stampo tradizionale, anche quella italiana del periodo è omogenea e statica, ma anche capace di autoriprodursi sempre uguale per una sorta di partenogenesi antropologica. Tuttavia, ed è quasi un paradosso, proprio in questo periodo si vengono a determinare alcune delle cause di frattura che caratterizzeranno i decenni successivi. Infatti il periodo della ricostruzione è anche un periodo di apertura, di introduzione nel Paese, al seguito delle truppe alleate prima e degli aiuti economici (il piano Marshall) poi, di stimoli esogeni. Spesso si tratta di piccole cose (la gomma da masticare, il boogie woogie, la musica jazz, le pellicole hollywoodiane) a volte di grandi idee (il concetto di democrazia nella sua versione anglosassone, l'aspirazione al benessere, la produzione di massa di stampo ford-tayloristico). Complessivamente queste innovazioni pongono le basi per gli sviluppi successivi, creano i presupposti per un pieno sviluppo della marca industriale e commerciale, contribuiscono in maniera determinante a svecchiare il sistema socioculturale. Esistono nella percezione del pubblico grandi marche italiane – per lo più sono considerate grandi quelle a cui si fa molta pubblicità anzi "réclame" per dirla con la terminologia dell'epoca – e, molto più defilate, le grandi marche straniere sovente oggetto di imbargo nell'epoca dell'au-

4. A proposito dell'"Italia della ricostruzione economica" si veda: G. Sapelli, *Storia economica dell'Italia contemporanea*, Bruno Mondadori, Milano, 1997.

tarchia fascista. Fanno allora un timido ingresso alcune marche/prodotti di culto *dell'american way of life*: le gomme da masticare che i militari americani dell'esercito di liberazione lanciavano dai cingolati ai ragazzini insieme alle Life Savers (le mitiche caramelle col buco), le scatolette di carne (*meat and chilly*) e la Coca-Cola.

Per tutti gli anni Cinquanta la struttura distributiva del commercio, come pure certe dinamiche di consumo, rimangono profondamente ancorate ad un modello tradizionale, potremmo dire ottocentesco, che vede negli empori, nei negozi sotto casa e nelle botteghe di drogheria il cuore della vendita al dettaglio. Come osservano Sordet, Paysant e Brosselin, "s'è potuto qualificare l'inizio dell'era industriale – sul piano della commercializzazione – a partire dal periodo di predominanza del dettagliante. In regola generale, il mercato dei beni di consumo era composto da prodotti anonimi... I mercati erano fortemente localizzati e il dettagliante era il padrone assoluto dei suoi approvvigionamenti; tutt'al più indicava ai suoi clienti i luoghi di provenienza dei prodotti venduti"[5]. Dunque, *il piccolo negozio di vicinato, rappresenta, per lungo tempo il punto vendita per eccellenza*: dalla fine del XIX secolo a tutto il dopoguerra rimane il punto di riferimento centrale ed assoluto per le scelte di consumo degli individui. Caratterizzato da un'assoluta prossimità fisica col consumatore, profondamente radicato nel tessuto urbano e definito da una precisa identità: quella del rivenditore. Si tratta di un luogo amicale, quasi confidenziale, in cui resiste un umanissimo filo di relazione: un rapporto diretto, interlocutorio, fiduciario col negoziante. Il quale accoglie, rassicura, conosce e ri-conosce il cliente.

I primi supermercati ed i magazzini popolari, già apparsi negli Stati Uniti a partire dagli anni '30, inizieranno a svilupparsi in maniera significativa nei Paesi industriali avanzati soltanto nel tardo dopoguerra. In questa fase, la competenza in merito ai prodotti e agli articoli in vendita è tutta nelle mani del bottegaio (che spesso è anche artigiano o piccolo produttore). Sebbene alcuni beni di consumo riportino il nome del fabbricante, in genere non c'è una sostanziale differenza tra prodotti all'interno della stessa categoria merceologica. È come se le merci generiche, vendute a peso, a litro, a metro, siano, in questa fase, ancora prive di una sostanziale identità. È il regno dello "sfuso": la confezione, per la maggior parte dei beni, è ancora di là da venire. Le sigarette – anche per ragioni di costo – si comperano sfuse per singole unità, la progenitrice di Nutella a cucchiaiate da un grande mastello. I prodotti, in sé sono opachi, muti: privi di una reale voce in merito alla propria bontà, alla qualità, alla provenienza, alle performance. È il negoziante che incarna queste funzioni di garanzia, di orientamento, di qualificazione. È sempre lui a

5. Aa.Vv., *Les marques de Distributeurs jouent dans la cour des grands*, Éditions d'Organisation, Paris, 2002, p. 19.

personalizzare la transazione introducendo la relazione, ad apporre la propria identità sugli oggetti e sulle merci che ancora ne sono sprovvisti. A descrivere prestazioni, illustrare esperienze d'uso, consigliare e suggerire sulla base dei gusti e delle aspettative dell'interlocutore. A contaminare con la propria personalità gli articoli proposti. In questa fase la lista della spesa è ancora generica: zucchero, latte, farina, detersivo. "I beni assumono gran parte del loro significato… dal luogo e dalla relazione all'interno della quale sono venduti, si presentano personalizzati al consumatore, vestiti della relazione sociale e dai significati particolaristici del venditore e del luogo di vendita"[6].

In buona sostanza, il rapporto col pubblico è fondato e sostenuto dalla competenza sui prodotti venduti e dall'onestà della relazione col negoziante. La correttezza ed il mantenimento delle reciproche promesse sono il nutrimento di questa relazione: una relazione interlocutoria e particolaristica, personale e fiduciaria. Avallata e sigillata dal credito che spesso viene concesso dal venditore al consumatore: il conto aperto dal bottegaio è il paradigma di questa *liaison* confidenziale e commerciale. Il venditore considera dunque la clientela come un vero e proprio patrimonio da gestire e consolidare.

Ogni negozio è fortemente radicato su un territorio. Non si tratta semplicemente di un'area geografica, cittadina, spaziale, ma anche di un tessuto sociale. Il bottegaio offrendo il suo servizio a questo territorio si sottopone ad una sorta di controllo da parte dei suoi abitanti. È indubbiamente un controllo di tipo sociale, capace di consolidare e cementare la fiducia del pubblico. Nondimeno, ogni negozio assicura una funzione di visibilità: al suo interno, i consumatori – appartenenti ad un gruppo omogeneo sia socialmente che territorialmente – esibiscono i propri comportamenti di consumo e manifestano il loro agire sociale.

Questo tipo di struttura distributiva ha certamente contagiato e condizionato tutto il mondo della produzione, soprattutto in Italia. L'atomizzazione dei punti vendita, la loro polverizzazione nel territorio, la centralità del negoziante e il suo pieno controllo sulle scelte d'acquisto del consumatore, hanno rappresentato un freno ad una piena e matura diffusione della marca moderna. Hanno costituito, inoltre, una sorta di deterrente per l'ingresso alle imprese straniere e un fattore protezionistico nei confronti di quelle italiane. Dunque uno scenario che ha segnato il ritardo di certe strutture distributive e certe dinamiche commerciali, soprattutto nel nostro Paese.

Inoltre questa pratica costituiva un ostacolo serio anche per l'industria. Risultava sempre più difficile smaltire regolarmente una grande quantità di beni, considerando che i produttori erano condannati a discutere le vendite con un enorme numero di dettaglianti, ciascuno con un proprio punto di vista, de-

6. D. Secondulfo, *Bottega e ipermercato: luoghi e non luoghi del consumo*, in Aa.Vv., *La casa e il supermercato. Luoghi e comportamenti del consumo*, a cura di Giorgio Triani, Elèuthera, Milano, 1996.

gli obblighi di gestione e delle esigenze differenti rispetto a quelle del vicino. Ognuno con la consapevolezza che le proprie decisioni – buone o cattive – sarebbero state probabilmente seguite molto docilmente dalla propria clientela.

Non solo. Il potere del dettagliante è stato – da sempre e in molti Paesi – considerato un vincolo significativo pure in relazione ai nuovi comportamenti ed atteggiamenti di consumo. E dunque capace di produrre un fondamentale ritardo persino negli orientamenti degli individui consumatori.

L'arrivo delle prime marche industriali – pur sempre nell'ambito della bottega – pare destabilizzare lievemente le dinamiche di potere e di relazione che s'instaurano tra dettagliante, acquirente e beni di consumo. I primi metodi di confezionamento ed impacchettamento riescono ad innestare "piccole dosi" d'identità nell'anonimato dei prodotti. Ora il bottegaio affabulatore viene in parte esonerato dal classico ruolo di garante. Tuttavia, la sua missione rimane sostanzialmente quella di assicurare, consigliare e suggerire, anche in merito alla provenienza industriale, guardata con sospetto. In ogni caso, almeno fino alla definitiva affermazione del supermercato, è sempre il negoziante a fare da mediatore, a compiere la scelta per il cliente. È ancora lui a decidere, attraverso gli ordini e le forniture, quali marche acquistare, quali prodotti proporre al consumatore. La spesa rimane una incombenza quotidiana, basata sul contatto diretto, *vis à vis*, tra cliente ed esercente. L'uno di fronte all'altro, separati dal banco di vendita. Il negoziante – al di là del registratore di cassa nei pochi casi in cui questo esiste – gestisce il suo piccolo regno. Prende l'ordine e preleva i singoli articoli dai frigoriferi, dagli scaffali, dal retrobottega. E arriva, in molti casi, a conoscere alla perfezione le abitudini d'acquisto del cliente. Tanto da anticiparlo e, in un certo senso, ad esonerarlo da un processo decisionale autonomo. È evidente che il potere di scelta è ancora nelle sue mani. Tuttavia, per tutti gli anni Sessanta, questa sorta di predominio comincia ad allentarsi. L'arrivo del supermercato cambia il mondo dello shopping e stravolge le dinamiche tra consumatore e dettagliante. Gradatamente il potere sulle scelte di consumo passa nelle mani della gente o, meglio, del mondo della produzione. La teoria dei poteri controbilanciati (distribuzione/produzione/consumo) di cui si inizia a parlare nasconde in realtà una forte sperequazione: a tutto vantaggio di chi produce.

3.3. Gli anni dell'industrializzazione: 1950-1960

Gli anni '50 inaugurano un ventennio di sviluppo economico davvero straordinario, di dimensioni mai conosciute in precedenza. Sviluppo che consente, ad una parte sempre maggiore di individui, di accedere ai nuovi consumi. Tutta una serie di beni e di prodotti che fino a poco tempo prima costituivano – per gran parte della popolazione – spese occasionali, se non di lusso, diventano oggetti d'uso comune, acquisti frequenti e, in alcuni casi, quotidiani. In particolare, in questa fase, si assiste ad una sorta di integrazione nelle spese di tutti i giorni di settori merceologici che un tempo ne erano preclusi: una parte consistente dei consumi non alimentari – soprattutto nel tessile e nell'abbigliamento – si "banalizza" e, per certi versi, diventa assimilabile ai consumi di generi alimentari. Il pubblico inizia a mutare le proprie esigenze ed il proprio rapporto con l'universo del delle merci. Gli italiani iniziano a "comprare all'americana"[7] e una piccola rivoluzione del settore commerciale prende avvio. Le marche degli elettrodomestici (l'auto è ancora troppo costosa per divenire un'aspirazione di massa) – un settore industriale che rappresenta uno dei perni dello sviluppo economico e delle esportazioni in questa fase – e dei televisori divengono rapidamente popolari e rappresentano il vero sogno nel cassetto di ampi strati della popolazione[8].

A partire dagli anni Sessanta la grande distribuzione inizia a delinearsi come la prima risposta – almeno sul versante commerciale – ai nuovi stili di vita che si andavano configurando nella società industriali avanzate. Stili di vita che imponevano maggiore razionalità negli acquisti, risparmio di tempo e di denaro, maggiore autonomia e discrezionalità del consumatore.

È probabilmente l'urbanesimo il fenomeno che mette in opera questa sostanziale trasformazione: un mutamento di fondo nelle modalità di relazione tra gli individui, nelle dinamiche di consumo, nella gestione del tempo per sé, per la famiglia e per il lavoro. Cambia il modo di vivere la città e la campagna, di organizzare le attività produttive e quelle domestiche, lo svago e il riposo. Come osserva Livraghi "per urbanesimo... non si deve intendere soltanto il trasferimento fisico di molte persone dalla campagna, o dai piccoli centri, alle città. Urbanesimo è anche la trasformazione di molte località che, pur restando piccole, assumono una fisionomia nuova. Urbanesimo è l'effetto che ha sul costume lo sviluppo delle vie di comunicazione, con una frequenza enormemente accelerata di incontri e di scambi. Urbanesimo è la rottura portata dai grandi mezzi di comunicazione di massa e in particolare dalla televisione che apre una finestra sul mondo e propone nuovi modelli di comportamento"[9]. Tuttavia, l'Italia appare in ritardo rispetto agli altri Paesi occidentali più avanzati.

Terminata la fase della prima ricostruzione, il nostro Paese sembra, dal punto di vista dell'economia, voler riguadagnare il tempo perduto. Si apre un

7. E. Scarpellini, *Comprare all'americana. Le origini della rivoluzione commerciale in Italia 1945-1971*, Il Mulino, Bologna, 2001.

8. Sono la Doxa di Luzzatto Fegiz, la Sirm di Ernesto Norbedo, la Misura di Gabriele Calvi, il Ciser dei fratelli Lieto ad avviare – in questi anni – le prime ricerche sistematiche sul consumatore e la marca. A metà degli anni Sessanta si aggiungerà la Demoskopea. Sigle e marchi di società di ricerche che fanno da sfondo, in questi anni, allo studio sistematico del consumo: Nielsen non è ancora presente mentre Attwood (rilevata poi da Demoskopea) conclude la sua attività di monitoraggio dei comportamenti di acquisto mediante un panel di consumatori.

9. G. Livraghi, "La pubblicità televisiva dal punto di vista dell'impresa", in Aa.Vv., *Pubblicità e televisione*, ERI Edizioni Rai Radiotelevisione Italiana, Roma, 1968, pp. 154-155.

decennio di rapido e tumultuoso sviluppo economico (il "miracolo italiano") che sposta, in brevissimo tempo, il baricentro del sistema dal settore primario a quello secondario. Dall'agricoltura all'industria. Dalle campagne alle città.

I nuovi orientamenti all'azione sono valori tipicamente industriali collegati al concetto di "*achievement*", all'ascesa sociale: che consiste da un lato, e si estrinseca dall'altro, nella acquisizione di beni. La cultura del risparmio tipica della tradizione contadina è in fase di profonda revisone: da comportamento etico e doveristico a mezzo per l'accesso a beni di consumo. In prospettiva, i nuovi soggetti inurbati sembrano fortemente orientati dal desiderio di omogeneizzarsi agli altri, attraverso l'acquisto di beni prodotti dalla nascente industria. Comincia a prendere forma una sorta di rivoluzione copernicana per quanto concerne l'allocazione del reddito. *Non è più il risparmio a rappresentare un valore. Sono i beni espressione della nuova società industriale, i beni del "progresso" a costituire una meta che appare condivisibile a molti.* Il consumo al di là dello stretto necessario era apparso, con la sola eccezione dei segmenti privilegiati, non proprio la "turpe brama" di cui parla Weber nell'etica del nascente capitalismo ma comunque un *disvalore*. Adesso, invece, il consumo comincia ad atteggiarsi come la giusta ricompensa alle fatiche del lavoro; un indicatore importante del ruolo sociale; la condizione necessaria per elevare la qualità della vita. Prende consistenza in questi anni, insieme alla nascente simbologia di status, il concetto di *standard package* o di *beni di cittadinanza*. Mentre la prima qualifica la famiglia in termini di prestigio sociale e mette in moto meccanismi di tipo emulativo-ostentativo, i secondi prefigurano la dotazione minima ed ottimale, a seconda dei casi, di beni che ciascuna famiglia deve possedere per sentirsi partecipe, a pieno diritto, della nuova cultura urbano-metropolitana.

Gli anni Cinquanta si concludono con uno storico avvenimento per il mondo della marca: inizia (3 febbraio 1957) Carosello, il primo programma pubblicitario della televisione che durerà per circa vent'anni. È vero che è ancora una esigua minoranza quella che possiede la televisione (3,5 milioni) ma gli incrementi negli abbonamenti, dopo i primi anni, si sviluppano ad un ritmo esponenziale. La televisione affianca così la radio nel portare la marca nella casa degli italiani ed è un affiancamento di grande autorevolezza: è vero che si tratta di una pubblicità sui generis – 2 minuti e 15 secondi inizialmente per ogni Carosello, cui "il codino", la parte pubblicitaria non poteva superare i 35 secondi, il tutto preventivamente sottoposto alla visione (censura?) della Sipra: il più emblematico tributo alla cultura antiindustriale egemone nel Paese – ma le marche conquistano una visibilità inedita sino ad allora. I personaggi di Carosello aiutano a rendere popolare e a antropomorfizzare la marca anche presso i bambini: da Caballero a Carmencita di Paulista Lavazza e Topo Gigio per i Pavesi ma anche Ulisse e l'ombra per Hag, Calimero per Mira Lanza, il vigile e il foresto per il brodo Lombardi, l'omino coi baffi di Bialetti. Gli adulti sorridono alle storie dell'ispettore Rock che non ha usato la brillantina Linetti, alle saghe di caccia alla volpe e ai caminetti accesi sorseggiando Vecchia Romagna o Stock 84 ("il signore sì che se ne intende")[10].

La marca acquisisce, con la televisione, uno spessore che va ben al di là di una generica simpatia e notorietà: la marca inoltre – sia pure con la modalità meno canonica ed ortodossa – comincia a *raccontare una storia*, a *farsi storia*, cioè narrazione che, come vedremo più oltre, rappresenta una importante dimensione fondativa della marca. Peccato che in questa fase la marca ancora non possa raccontare la propria storia perché la televisione di Stato glielo impedisce.

I consumi evolvono rapidamente. Forse il settore in cui il fenomeno è più evidente riguarda i mezzi di trasporto. L'italiano medio nel corso di tutti gli anni '60, inizialmente pedone o al massimo proprietario di una bicicletta, passa al ciclomotore (l'ubiquo Mosquito), poi allo scooter (il boom delle Vespe e delle Lambrette) e giunge, alla fine del decennio, all'automobile. La 600 che viene prodotta nel '54 e, poco dopo, la 500 segnano la fase della motorizzazione di massa degli italiani. La versione dell'auto per la borghesia relativamente benestante sarà allora la 1100. Per i veri benestanti ci sono la Lancia e l'Alfa. Agip (inizialmente Supercortemaggiore) con il suo cane a sei zampe e marginalmente Esso e Shell – divengono assieme a Fiat le protomarche della modernità industriale. Ma gli effetti di questa tensione acquisitiva si fanno sentire anche in altri settori: gli elettrodomestici, la cucina a più fuochi, a gas, e magari col forno, la radio, il giradischi, il frigorifero. Il frigo oltre alla sua importante componente di servizio nel conservare le derrate alimentari, svolge, inconsapevolmente ma non per questo in modo meno coinvolgente, anche la funzione simbolica di esorcizzare – con l'esibizione e l'abbondanza degli alimenti – i fantasmi ancora vicini dell'indigenza e della fame. Ignis, Rex, Castor, Zoppas, Ariston sono le marche del settore che si fanno rapidamente strada nel nascente *landscape* degli italiani.

È in questa nuova accelerazione e rottura rispetto ai vecchi, patriarcali moduli di riferimento, alla cultura contadina e familistica che il ruolo del dettagliante passa in secondo piano. Il primato del negozio di vicinato – a lungo il punto vendita per eccellenza – viene dapprima insidiato e poi parzialmente conquistato dal supermercato. La piccola distribuzione – tradizionalmente radicata nel territorio e nel tessuto sociale – cede così gradatamente il passo alla grande. Si tratta di una nuova struttura commerciale, dagli inediti significati di modernità e di progresso. È caratterizzata dall'impersonalità delle relazioni: la diretta conseguenza di una sostanziale emancipazione del cliente rispetto al rapporto individuale e fiduciario col venditore. Siamo ancora in una fase in cui la donna – vera Alice nel Paese delle meraviglie – si aggira in una

10. Per un approfondimento si veda Aa.Vv., *Carosello. Non è vero che tutto fa brodo*, Silvana Editoriale, Milano, 1996.

sorta di trance ipnoide fra i banchi di vendita. I prodotti di marca cominciano ad imporsi e a marginalizzare il vasto, sino ad allora, universo *unbranded*. I prodotti sfusi lasciano gradatamente il passo ai prodotti confezionati.

È soprattutto nel settore alimentare che i nuovi beni si impongono su quelli autoctoni il cui consumo si era andato radicando nel corso dei secoli. I dadi per brodo (Star, Knorr, Liebig, Maggi), il burro, la margarina, i formaggini fusi, rappresentano gli antesignani, in quegli anni, di un ingresso – dapprima timido poi sempre più impetuoso – degli alimenti industriali nei menù degli italiani. La carne rappresenta ancora un'aspirazione per vasti strati della popolazione, almeno in termini di alimentazione quotidiana, ma i suoi consumi vanno rapidamente aumentando. Una diffusione di massa cominciano ad avere anche i prodotti legati all'igiene e alla cura della persona – dal dentifricio agli assorbenti igienici – sino ad allora confinati in strati ristretti della popolazione. Prodotti apparentemente dimessi come i detersivi, che iniziavano a diffondersi nel decennio precedente, in realtà mutano incisivamente il costume e segnano una profonda discontinuità rispetto ad alcune delle incombenze più tradizionali della donna. Sarà la lavatrice a portare a compimento questo processo di affrancamento: il pay-off allora di Candy "*Grazie Candy*" ottiene uno straordinario successo perché certifica l'effettiva gratitudine delle donne italiane nei confronti del maggior produttore di lavatrici. Uno dei compiti più gravosi come il bucato viene alleggerito dalle nuove polveri che sostituiscono il sapone a mano ma, soprattutto, che sembrano trasformare, insieme agli altri prodotti-servizio che si affermano in questi anni, il mondo umile della casalinghità in una sorta di laboratorio da operaio specializzato. E *sono i produttori di detersivi – le grandi multinazionali della detergenza – a portare in Italia le più moderne tecniche di marketing e di comunicazione* che tanta importanza avranno ai fini dello sviluppo dei consumi. Le grandi marche delle multinazionali straniere – anche se hanno nomi rassicuranti "all'italiana" – cominciano ad avere cittadinanza stabile nel nostro Paese: l'industria dei detersivi porta al diapason lo scontro e la competitività per le marche di cui quello tra Omo (Unilever) e Olà (Palmolive) che si svolge in quegli anni assume caratteri archetipici.

L'alimentazione vede ormai l'ingresso incontrastato dei nuovi alimenti industriali. Dalla margarina (lo scontro questa volta è tra Gradina della Van den Berg e Foglia d'oro dell'italiana Star) ai surgelati, dalle minestre disidratate (Knorr, Liebig) all'olio di semi, dalle confetture agli snacks salati, dagli alimenti omogeneizzati (dove si scontrano Nipiol Buitoni e Plasmon) alla carne in scatola (regno incontrastato di Simmenthal anche se Montana la incalza con Manzotin a colpi di Carosello), dai formaggini al caffè liofilizzato[11]. Un

11. Come ha dimostrato una celebre ricerca motivazionale, il caffè liofilizzato Nescafé, ai suoi esordi, negli Stati Uniti, suscitava ansie distruttive verso l'oggetto d'amore: la massaia che usa un caffè istantaneo, trascura, cioè non ama, la sua famiglia. Si veda: F. Alberoni, "Per

ingresso che non è indolore. Siamo infatti ancora in una fase in cui l'oscillazione tra diffidenza e meraviglia, timore e stupore, accompagna l'atteggiamento del pubblico all'esordio di certi preparati industriali. Il nuovo è accolto con distanza e insieme con trepidazione. Si tratta di abbandonare gli oggetti della classicità e della tradizione, le ricette della nonna, le abitudini di sempre, le sane consuetudini per abbracciare confezioni inedite e "diavolerie" di fabbrica.

I nuovi beni di consumo – ora sottratti dal sigillo verbale e rassicurante del negoziante di fiducia – vanno a sostituire precedenti modalità d'uso e precedenti beni strumentali. Nei confronti degli alimenti pre-confezionati, dei detersivi, delle lavatrici che si offrono come alternativa alla preparazione domestica del cibo e al bucato manuale (in altre parole, per tutti quei prodotti che sollevano o sostituiscono la donna nelle sue interpretazioni di ruolo più tradizionali) – il consumatore sviluppa particolari difese. Come osservava Alberoni nel 1967: "il meccanismo è analogo a quello che opera nel caso delle resistenze alla innovazione dei beni strumentali artigiani e contadini... in una prima fase il nuovo prodotto viene vissuto come pericoloso, distruttivo. I cibi industriali come non genuini, dannosi per il corpo, per gli stomaci delicati; i detersivi come aggressivi chimici, pericolosi per i tessuti e, le lavatrici, come oggetti sadici che sciupano, strappano i tessuti... In una seconda fase il prodotto ... viene accettato ma non come sostitutivo del vecchio metodo, bensì in una specie di compromesso in cui i componenti del vecchio schema hanno un significato riparativo per il danneggiamento prodotto dal nuovo prodotto. Così la massaia farà la pasta in casa di quando in quando ... nel lavare userà ad un tempo detersivo e sapone conferendo a quest'ultimo un significato riparativo... e, se comprerà la lavatrice, sceglierà una semiautomatica oppure compirà certe operazioni (riparative) a mano. A poco a poco la nuova modalità assume anch'essa un significato di amore... In questa fase la massaia deride chi si comporta come lei si comportava nel passato"[12]. E così, col passare del tempo, le resistenze diminuiscono, i timori si dissolvono e le liste generiche della spesa si arricchiscono di specifiche di marca.

3.4. La marca e l'esordio del supermercato

Il passaggio dall'esistenza della marca alla messa in pratica di autentiche *politiche di marca* rappresenta uno dei fondamentali cambiamenti all'interno della società dei consumi e segna – di fatto – lo spostamento da un'economia di tipo industriale ad una economia evoluta, tipica delle società occidentali

una teoria generale delle resistenze alla innovazione nei consumi", in: *Le ricerche motivazionali. Principi - Metolodologia - Applicazioni* (a cura di Giampaolo Fabris), Etas Kompass, Milano, 1967, p. 134.

12. *Ibidem*.

avanzate. Questo passaggio inizia nella seconda metà del secolo scorso e si realizza pienamente soltanto negli anni '60, quando – attraverso gli strumenti della comunicazione pubblicitaria e grazie alla evoluzione dei mercati e dei sistemi distributivi – la marca stabilisce, per la prima volta, un rapporto diretto tra produttore e consumatore.

È giusto in questa fase che le grandi imprese di distribuzione acquisiscono una progressiva e crescente indipendenza rispetto alle logiche dei loro fornitori, nel tentativo di soddisfare la nuova domanda di servizi commerciali. *La nascita del supermercato come libero servizio trasforma radicalmente le dinamiche legate alla scelta d'acquisto e il ruolo della marca.* Oggetti e soggetti del consumo, modalità di interazione tra venditore e cliente, ruoli e funzioni dell'intermediario, subiscono una profonda revisone, un'autentica rivoluzione. In particolare, avviene uno spostamento di potere dal dettagliante al consumatore. Ed un significativo passaggio dai prodotti *unbranded* a quelli *branded*.

Il nuovo luogo del consumo appare, adesso, come una sorta di territorio di quella *freedom of choice*, già declamata nei primi anni del boom economico nei *commercials* americani. Una libertà di scelta che, in realtà, si realizza pienamente soltanto in questa fase.

Quello che risulta stravolto è l'intero processo decisionale che precede il momento dell'acquisto. Fino alla nascita del supermercato era il negoziante che aveva il pieno controllo sugli orientamenti del cliente: il bottegaio affabulatore consigliava, suggeriva, rassicurava. Tuttavia, la gamma dei prodotti limitata e lo stesso vincolo fiduciario tra dettagliante e acquirente finivano per rimettere sostanzialmente in mano al negoziante ogni decisione.

Nella nuova tipologia distributiva, invece, l'esperienza d'acquisto è imperniata sulla scelta individuale. Il cliente – divenuto ormai consumatore – è gradatamente affrancato dal patto d'affidamento e di garanzia col venditore e sviluppa una propria, autonoma, competenza d'acquisto. Non spetta più all'esercente – o perlomeno, in questa fase, non completamente a lui – decidere in merito ai desideri, ai gusti e alle abitudini di ciascuno.

Sempre più solo di fronte alla vasta estensione dell'offerta, l'individuo acquisisce progressivamente gli strumenti critici per selezionare e per scegliere. Percorre liberamente le corsie, ricerca e preleva gli articoli a seconda delle sue preferenze, si lascia guidare dall'esperienza sensoriale (osserva le confezioni, tocca la merce, annusa gli aromi...). Ora il portafoglio del singolo produttore e l'assortimento del distributore non coincidono. L'assemblaggio dell'assortimento nasce da una preselezione dell'offerta industriale e, nello stesso tempo, include beni altamente fungibili e direttamente concorrenti[13].

13. Per un approfondimento si veda: G. Lugli, L. Pellegrini, *cit.*

Adesso, i beni di consumo si sgravano dai significati legati al contesto di vendita, dal verbo umanissimo del negoziante, dalla garanzia personale e diretta del bottegaio e cominciano una sorta di viaggio, in solitario, nel nuovo mercato. Nudi ed autonomi, iniziano a parlare attraverso le marche. A raccontare se stessi, i propri benefici, le proprie prestazioni ed il proprio *appeal* con la pubblicità e le comunicazioni di massa. I prodotti svolgono nuove funzioni sociali, non solo riconducibili al loro valore d'uso e prevalentemente simboliche. La pubblicità svolge, naturalmente, un ruolo decisivo nella semantizzazione delle marche, nella loro iscrizione nell'universo semiotico. Il consumo, che sino a ieri era stato un formidabile indicatore delle differenze sociali, diviene un altrettanto formidabile alleato di un imponente processo di democratizzazione di massa.

In questo momento di transizione la marca industriale svolge un ruolo particolarmente significativo. E si rivela un eccezionale strumento di conoscenza: è un concentrato d'informazioni e di esperienze d'uso relative al prodotto, permette di distinguere gli articoli nel panorama competitivo, evita di compiere ogni volta l'intero processo decisionale, è una garanzia di qualità, è una promessa di continuità e coerenza nelle performance e nel servizio. È quella "marca funzionale", che assicura l'efficace soluzione di problemi oggettivi e pratici: nutrire, proteggere, dissetare, sgrassare, sbiancare, profumare, riparare, guarire, rinfrescare. Si tratta di un branding che svolge missioni di *problem solving*. Una marca, in definitiva, saldamente ancorata ai benefici del prodotto, agli attributi tangibili, performativi. Come una bussola, la marca guida il consumatore, indica la via, istruisce sul percorso. Inoltre struttura l'offerta. E differenzia – all'interno della stessa categoria merceologica – prodotti analoghi ma con caratteristiche, funzioni ed attributi diversi. Per la prima volta in assoluto, il cliente si trova "esposto alla possibilità di sviluppare un rapporto con le marche dei beni di consumo ad elevata rotazione (*fast-moving consumer goods*…)"[14].

Gli anni Sessanta sanciscono anche la nascita dei primi sistemi di mantenimento del prezzo al dettaglio. In precedenza era il negoziante che stabiliva i prezzi dei vari articoli in vendita: li fissava e li modificava sistematicamente, aumentandoli o diminuendoli rispetto alla cifra consigliata dal produttore, a seconda di personalissime politiche commerciali, per attirare i clienti, invogliarli a provare certi prodotti, oppure per sfruttare al massimo il successo di determinati articoli. Anche quando si trattava di prodotti industriali, confezionati, di marca, era lui a deciderne il prezzo. Tuttavia questo metodo rischiava di compromettere la qualità percepita rispetto a determinate marche, che si trovavano repentinamente esposte a ribassi o svendite, a fluttuazioni di listi-

14. M. Lindstrom, *Clicks, Bricks & Brands. Ovvero il matrimonio tra economia on-line ed economia off-line*, Etas, Milano, 2002, p. 3.

no, a rincari apparentemente immotivati. Tutte strategie *brand-killer*, capaci di diluire il valore della marca, in grado di sgretolarne forza e credibilità.

Con l'arrivo dei primi supermercati – che portano inscritto già nel proprio nome, l'ambizioso intento di posizionarsi "al di sopra" (dal latino *super*) rispetto agli altri esercizi commerciali – viene finalmente applicato il prezzo fisso alla confezione di marca. Così, il dettagliante è messo totalmente fuori gioco su questo versante. Adesso è il produttore che controlla i prezzi. Questa pratica, oltre a garantire i margini di profitto ai nuovi esercenti, costringe i dettaglianti all'obbedienza. Non solo: in un certo senso livella i vari punti vendita sulla dimensione del prezzo, eliminando il primo fattore motivazionale (a parte la collocazione territoriale, la facilità di raggiungimento) nella scelta di un negozio rispetto ad un altro.

In questo modo i prezzi risultano pressoché uguali in tutti i punti vendita. E siccome anche l'assortimento è lo stesso, quello che fa la differenza è, adesso, la marca. La fedeltà del cliente, che fino a quel momento era una sorta di patto stabilito tra pubblico e dettagliante, adesso si sposta sul versante della marca. È la marca che promette e rassicura: sul prezzo, sulla qualità costante, sull'affidabilità del prodotto. Avviene così il passaggio dal *trademark*, il marchio di fabbrica che garantisce visibilità, notorietà e memorabilità al marchio di fiducia: il *trustmark*. Si tratta di un vincolo fiduciario, un patto silenzioso, tra la gente e i nuovi segni del consumo. Nondimeno, si assiste ad un ulteriore passaggio dall'esercente alla marca. Adesso, grazie alla marca e al supermercato, il consumatore sembra recuperare potere sulle scelte d'acquisto. L'identità e la personalità della marca si sostituiscono gradatamente all'identità e alla personalità del venditore. Negli Stati Uniti, nel 1965, le marche in circolazione aumentano del 400% rispetto a quelle presenti soltanto cinque anni prima[15]. Tuttavia, si è ancora in un sistema di domanda superiore all'offerta. La marca ottiene fiducia, appoggio incondizionato: è portatrice di innovazione, migliora la qualità della vita degli individui, è la portacolori esclusiva del "prodotto-eroe", incarna garanzie di qualità e di sicurezza. Tra gli anni Sessanta e gli anni Settanta anche il marketing attraversa una fase di mutamento: passa gradatamente dalla vendita dei prodotti all'ascolto del mercato, da un orientamento alla produzione ad un (ancor labile) orientamento al consumo. La competizione si muove lentamente, più alla ricerca di nuovi consumatori, di nuove acquisizioni, di nuove transazioni, che verso la relazione con i clienti già acquisiti. È verso la fine degli anni Sessanta che le problematiche relative all'immagine della marca cominciano a diffondersi nel management delle imprese italiane più marketing oriented.

15. *Ibidem*, p. 4.

3.5. L'integrazione consumista e il discontento: 1960-1970

Negli ultimi cinquant'anni la marca s'è conquistata un potere davvero straordinario. La sua forza commerciale, simbolica e semiotica è cresciuta sino a trasformare quello che fino ad un recente passato era un semplice *imprinting* di fabbrica, in una formidabile risorsa per le imprese.

I sentimenti ambivalenti che avevano caratterizzato il rapporto tra individui e marche sin dal primo dopoguerra – attrazione/sospetto, amore/diffidenza, meraviglia/paura – si dissolvono progressivamente a partire dalla seconda metà degli anni Sessanta. La marca comincia ad essere osservata attraverso uno sguardo nuovo. Il suo rapporto col consumatore diviene più amichevole, fiduciario, esclusivo: a volte denso di gratitudine e di entusiasmo. L'individuo assume un ruolo centrale e decisivo nelle dinamiche acquisitive e commerciali: si fa parte attiva, dimensione viva e determinante dello scambio, sia che partecipi per adesione, per consenso, sia che intervenga per rifiuto, trasformazione, negazione. Il pubblico inizia – forse per la prima volta nella storia dei consumi – ad intuire le regole del gioco e a comprenderne le convenzioni. Non più massa indistinta, gruppo omogeneo, ma popolazione variegata e sempre più complessa, giudicante e pensante: che s'appresta a suggerire inedite modalità di approccio alla comunicazione, grazie alla segmentazione dei mercati, ai modi espressivi della pubblicità, al crescente potere della marca. Ma il processo è lento, graduale e prudenziale. Tuttavia è un cambiamento piuttosto visibile ed eloquente. Tanto che persino lo sguardo degli studiosi pare – quasi in tempo reale – coglierne a pieno tutta la significatività.

Si comprende, ad esempio, che la marca non è mera etichetta bidimensionale, puro denotato, ma motore capace di produrre valore, di suscitare interesse, di evocare discorsi, di coinvolgere attivamente gli individui: "man mano che il consumatore si assesta nei suoi nuovi sistemi di riferimento e le sue ansie diminuiscono, il prodotto e la marca divengono abituali e il loro valore generico di sicurezza-garanzia si indebolisce. Il consumatore diviene più critico, meno fedele, più esigente: si riapre il ciclo della scelta. Un prodotto migliore o meglio presentato, un prezzo più conveniente, un messaggio più aderente alle sue particolari esigenze, possono fargli abbandonare quello che in precedenza era un pilastro del suo sistema. E con l'andare del tempo questi movimenti tendono a divenire più rapidi, più sciolti, fin quasi talvolta ad assumere l'aspetto di un consapevole gioco... La fase fideistica, di appoggio incondizionato alla marca, tende a rinascere ogni volta che si presenta un consumo od un comportamento nuovo; ma poi col tempo si elide per far posto ad atteggiameti più selettivi. In pratica, a gioco lungo, il capitale di adesione acquisito può essere conservato solo se la marca impara a flettersi alle esigenze del pubblico: con le caratteristiche del prodotto, con il prezzo, con l'imballaggio, ed anche (ed in misura non indifferente) con l'apporto di significati forniti dalla pubblicità"[16]. Ma sul finire degli anni Sessanta questo processo pare subire una battuta d'arresto.

Nel corso degli anni caldi della rivolta studentesca, della classe operaia in Paradiso, dell'immaginazione al potere, si assiste ad un periodo di grande incertezza per la marca e per l'impresa in generale. I valori del momento – quelli della rivoluzione, della politica, della lotta sociale – hanno poco a che fare col benessere, con l'impresa e col mercato. Tutto il sistema del consumo è rimesso in discussione. Il mondo delle aziende, schiacciato dalle tensioni politiche e dalle pressanti istanze sindacali, sembra non curarsi particolarmente dei propri marchi. Piuttosto, in molti casi, si tenta di andare avanti sulla falsariga del passato, ignorando la cronaca, glissando sui valori ideologici, politici ed anticonsumistici del momento. Soltanto alcune marche come il detersivo *All*, e l'automobile *Dyane*, paiono cercare rispondenze tra merce e contesto sociale, tra marca e ideologia, dichiarando che "*All è rivoluzione*" e che "*Dyane 6 è l'auto contestatataria*"[17].

Il movimento del '68 non fa cadere nessun governo, non ha delle immediate conseguenze politiche, ma è destinato a svolgere un'importante funzione di destabilizzazione in una quantità di aree e per un lungo periodo. Anzi, si dice spesso che, a differenza degli altri Paesi dove si esaurisce rapidamente, il '68 in Italia si espande a tutti gli anni Settanta. Non vi è settore sociale che non venga contagiato, ed in molti casi messo in crisi, dai moti sessantottini. Anche nel consumo funge da *break even point* tra la cultura integrazionista del periodo precedente che promuove il consumo a momento di emancipazione e di arricchimento e gli anni successivi che vedranno un processo di ideologizzazione e demonizzazione del consumo che non aveva precedenti nella società italiana. Anche se il forte permanere di una cultura antindustriale di tipo arcaico aveva da sempre individuato nel consumo, nella contrapposizione a questo, uno dei suoi favoriti cavalli di battaglia.

3.6. La demonizzazione del consumo e l'austerità: 1970-1980

Gli anni Settanta, rappresentano in Italia il periodo della cultura dell'austerità e del sociale. È 1973 quando, in seguito al conflitto arabo-israeliano scoppia la crisi del petrolio. La popolazione dell'Occidente si rende conto – probabilmente per la prima volta – di quanto la sua economia e la sua esistenza dipendano dal greggio e dai suoi derivati. È uno shock tanto economico quanto culturale. Sul piano economico l'effetto maggiore è l'inflazione. Il nostro governo risponde col blocco dei prezzi dei prodotti di prima necessità.

16. G. Livraghi, *cit.*, pp. 155-156.
17. Per un approfondimento si veda L. Minestroni (2002), *cit.*, pp. 52-57.

Imprese come Barilla si trovano al centro della bufera. "I prezzi imposti dal governo richiederebbero di eliminare o ridurre il grano duro, il più costoso. Però, in questo modo, si scontenterebbe il consumatore abituato alla pasta di tipo italiano, che tiene la cottura, che resta 'al dente'. La Barilla decide di tener ferma la qualità del prodotto e di pubblicizzarla. Nasce così l'annuncio che mette a confronto la forchettatata di pasta che tiene la cottura e quella con grano tenero che non 'tiene'"[18]. Ma lo shock petrolifero produce un effetto anche sul versante culturale. L'Occidente mette in discussione il suo modello di sviluppo, il sistema capitalistico viene profondamente criticato, il suo principio fondamentale – lo spreco – condannato e additato. Il consumo viene demonizzato. Il Partito Comunista diviene il primo partito in Italia e in molte grandi città italiane si inaugurano giunte di sinistra.

D'altra parte, nel nostro Paese, le due più importanti subculture hanno sempre condiviso un atteggiamento di diffidenza, se non di ostilità verso il consumo. Quella cattolica nel timore che l'indulgenza per i piaceri terreni finisca per distogliere dalla tensione verso una vita extratererrena; quella marxista per evitare che negli ozi ed agi del consumo si dissipi la volontà di lotta della classe operaia, destinata altrimenti a perdere i suoi stessi connotati di classe per confluire, imborghesendosi con le blandizie del consumo, nell'informe aggregato dei ceti medi. In realtà questi anatemi, queste drastiche condanne non si tradurranno coerentemente in un'astensione dai consumi, i quali continuano a restare l'area dei "vizi privati e pubbliche virtù".

Ciascuno continuerà, nel decennio, a consumare in modo non dissimile da prima evitando però ostentazioni e facendo del *low profile* una sorta di regola di vita. La contrazione dei redditi unita al clima socioculturale prevalente forma, in questi anni, una sorta di cocktail esplosivo per molti settori del consumo. Il settore dell'auto e dell'abbigliamento, così come molti comparti dei beni di lusso, fanno registrare per tutti gli anni Settanta, una gelata che non ha molti precedenti nella storia del nostro Paese. Si diffondono le tematiche ecologiche, s'inizia a parlare di energia alternativa, di fuga dalla città e di problemi ambientali.

Nello stesso tempo, avviene un ennesimo spostamento: per certi versi paradossale ed inatteso. La crisi delle istituzioni tradizionali – Chiesa, partiti, famiglia e scuola – che fino a quel momento rappresentavano significative fonti di socializzazione e di trasmissione ideologica, apre spazi all'influenza dei media. I sistemi di comunicazione, in questa fase, "modificano i processi di produzione e di distribuzione delle conoscenze"[19], orientano i comportamenti nei vari ambiti della vita sociale e stabiliscono un profondo e duraturo

18. F. Alberoni, "Gli anni Settanta tra storia e società", in: Aa.Vv., (a cura di A. Ivardi Canapini e G. Gonizzi), *Barilla, cento anni di pubblicità e comunicazione*, Archivio Storico Barilla, Silvana Editoriale, Parma, 1994, p. 262.

19. D. Pittèri, *La pubblicità in Italia. Dal dopoguerra a oggi*, Laterza, Bari, 2002, p. 137.

legame col mondo delle imprese. Queste, forse per la prima volta, trasmettono al pubblico una nuova visione ideologica e valoriale basata sul consumo. Strumento e luogo privilegiato di questo processo è la pubblicità. Prosegue infatti la trasformazione dei prodotti in segno, la sovradeterminazione della performance oggettiva, del valore d'uso in un *metalinguaggio dotato di una propria grammatica e sintassi* interna rappresentato dal mondo delle merci. Si comunica con gli altri anche facendo ricorso a questo *nuovo tipo di alfabeto*, non più per manifestare soltanto il prestigio sociale come avveniva tradizionalmente o, come succedeva in tempi più recenti, la modernità culturale. È una metalingua quella dei consumi che serve per comunicare la propria identità, la propria cultura e *Weltanschauung*.

È in questo clima culturale che nasce Mulino Bianco, un marchio che s'ispira ai valori più autentici e all'esistenza pulita e sana di un'epoca contadina e preindustriale. Siamo nel 1975 e l'economia italiana inizia lentamente a riprendersi. È in quegli anni che prende consistenza quel processo di rivisitazione dei ruoli sessuali che tanta influenza è destinato ad avere nel mondo dei consumi e della marca laddove i ruoli sessuali, in precedenza, erano rigorosamente suddivisi: l'uomo per gli acquisti più impegnativi e a maggior contenuto tecnologico, la donna per tutto il variegato mondo della casa, abbigliamento incluso.

Questa tendenza esprime l'esito di due movimenti complementari:

- il percorso di emancipazione femminile: l'affermarsi della donna come soggetto consapevole, capace di autodeterminazione, affrancato dalla tutela patriarcale, coniugale, maschile in genere;
- il venire meno della tradizionale rigidità di ruolo maschile, che si compie attraverso la legittimazione – nel suo orizzonte di vita – di nuovi valori, comportamenti, sensibilità (intuitività, tenerezza, creatività...) di tradizionale pertinenza femminile.

Se l'uomo oggi esprime più liberamente la propria emotività e le debolezze, le proprie inclinazioni estetiche o le aspirazioni narcisistiche, la donna da parte sua rigetta lo stereotipo tradizionale che la vedeva relegata tra le mura domestiche, dedita alla cura e alla soddisfazione dei bisogni familiari, e assume sempre più un'identità forte, autonoma, centrata su aspettative complesse ed esigenze di gratificazione personale.

Questo non significa, evidentemente, che siano scomparse le profonde disparità tra i sessi, in particolare legate alla distribuzione del potere. Maschilismo e misoginia rimangono tratti culturali ancora fortemente radicati nella nostra cultura e certi stereotipi di natura sessuale restano difficili da superare.

Il processo che si avvia in quegli anni di revisione dei ruoli sessuali sembra difficilmente reversibile, anche perché tende ad innescare dinamiche circolari di cambiamento: per fare un solo esempio, la crescente presenza delle donne del mondo del lavoro (risultato di una trasformazione strutturale in termini di opportunità lavorative ma anche di un importante mutamento nel sistema delle aspettative femminili) porta a ridefinire i compiti domestici – cura dei figli, approvvigionamenti, pulizia della casa – come ineludibili doveri di entrambi i componenti della coppia. Questo fenomeno si traduce in una socializzazione dei figli a modelli di comportamento *di genere* profondamente diversi rispetto a quelli del passato e tende in questo modo a sedimentare rappresentazioni sociali inedite e paritarie dell'identità femminile e maschile.

3.7. La deideologizzazione del consumo e l'effimero: 1980-1987

A cavallo tra la fine degli anni Settanta e l'inizio degli anni Ottanta, la cultura dominante in Italia subisce una evidentissima e drastica svolta. Una vera e propria inversione a 180 gradi. *L'individuo torna ad essere al centro della scena dopo tanti anni di dominio del sociale* e si tratta di un individuo molto particolare. L'idealtipo lo ritrae come voglioso di emergere e di differenziarsi dagli altri ("rampante" è il termine utilizzato per designare la versione nazionale dello yuppie d'oltre oceano) desideroso di godere delle comodità offerte dalla vita contemporanea e del lusso, attento alle apparenze ed ansioso di "apparire", di mostrarsi, di farsi invidiare dagli altri ("presenzialismo" è un'altra parola chiave degli anni '80), sostanzialmente egoista ed egocentrico.

Sono gli anni definiti come "riflusso": in realtà anni di accelerata modernizzazione del nostro Paese che rientra – dopo la vistosa discontinuità degli anni Settanta – nell'alveo del mainstream dei Paesi industriali avanzati.

Sono certamente anche gli anni del rampantismo, della corruzione dilagante, di Mani Sporche, di quello che allora si definiva come "edonismo reganiano". Ma sono anche gli anni in cui il Paese entra, definitivamente, sia pure con grave ritardo, nella società industriale affrancandosi dalle remore di una cultura tradizionale ed arcaica. *L'orientamento all'edonismo rappresenta forse la più profonda tra le trasformazioni socioculturali che hanno interessato negli ultimi decenni le società industriali avanzate*. Fa parte del progressivo emergere di quell'*etica del piacere* che si è imposta come valore diffuso e comune per crescenti settori di popolazione.

Il diffondersi di questa "nuova morale" nel nostro Paese ha contribuito a superare quell'interdizione del piacere che:

- la tradizione cattolica con la sua enfasi sul valore morale della privazione;
- quella di matrice marxista (ortodossa) attenta a valorizzare una coscienza di classe tanto più lucida quanto più intrisa di sobrietà;
- la stessa cultura di stampo borghese, orientata al differimento del piacere e all'etica del lavoro;

avevano promosso e sostenuto.

La legittimazione dell'edonismo coincide, non a caso, con la crisi delle prime due prospettive e con la radicale trasformazione della terza. *Oggi il piacere perde la propria subalternità rispetto ai concetti di dovere, sacrificio, attesa, per trasformarsi in valore autonomo e importante criterio ordinatore della vita individuale.* L'edonismo esprime non solo il rifiuto della sofferenza/privazione psicologica e materiale, ma anche, e sempre più, un orientamento attivo – e alieno da sensi di colpa – alla ricerca di piacere, benessere, felicità terrena, gratificazione sensoriale immediata.

I tratti fondativi della tendenza si trovano perciò da una parte in una prospettiva temporale centrata *sul presente*, dall'altra in un equilibrio tra *gratificazione materiale e soddisfazione psichica.*

Soprattutto tra i segmenti avanzati, la *smaterializzazione* dei contenuti del piacere rappresenta un elemento di crescente importanza. Gratificazione alimentare ed estetizzazione della vita quotidiana, benessere fisico e armonia spirituale tendono a proporsi come manifestazioni individuali riconducibili ad una comune aspettativa di piacere.

Le televisioni commerciali interrompono, in quegli anni, il monopolio della televisione di Stato, liberalizzano l'accesso alla pubblicità e divengono un *efficacissimo canale attraverso cui le marche possono raggiungere un pubblico vastissimo*, per potenziare la propria equity. È stato detto che l'UPA – la confederazione delle imprese che fanno pubblicita – ha fatto la fortuna di Berlusconi inondando le sue reti di pubblicità. Probabilmente è vero, ma è certamente vero anche il contrario: che il mondo della pubblicità – e in primis quello della marca – contraggano un forte debito nei confronti delle reti Fininvest. Per dare a Cesare quello che è di Cesare. Tra l'altro non tutti sanno che Berlusconi si è laureato con una tesi di laurea sulla pubblicità (che venne premiata insieme a quella discussa in quell'anno da uno degli autori di questo volume, con il Premio Giannino Manzoni. Era l'anno 1962).

Il consumo cambia (nel decennio) di segno: da fonte di alienazione e di condizionamenti torna ad essere strumento importante per arricchire la qualità della vita. Significativo, a questo proposito, il mutamento degli atteggiamenti nei confronti della pubblicità. La preconcetta ostilità nei suoi confronti si trasforma in un pragmatismo di giudizi sino a sfociare, verso la fine del decennio, in inedite manifestazioni di pubplimania[20]. Ma soprattutto si assiste ad una deideologizzazione del consumo, ad una sua neutralizzazione da un punto di vista ideologico.

20. È nel 1988 che nasce *Pubblimania*, il programma televisivo della terza rete Rai destinato a divenire di culto e firmato per diverse edizioni da uno degli autori di questo libro, insieme a Romano Frassa. Negli stessi anni nasce il neologismo *pubblivoro*, che letteralmente significa "colui che si nutre di pubblicità", mutuato dal francese *pubblivore*, coniato dall'intellettuale parigino Jean Marie Boursicot per indicare chi riconosce al messaggio pubblicitario un valore anche estetico, spettacolare, ludico, che va oltre quello strettamente commerciale legato alla promozione di una marca (o di un prodotto). Nel 1981 Boursicot inaugura la sua celebre *Nuit des Publivores*, vera e propria maratona di spot pubblicitari internazionali, proiettata nei teatri, nelle sale cinematografiche e nei teleschermi di tutto il mondo.

È forse il caso di sottolineare, in questa sede, la profonda differenza che sottende le manifestazioni consumistiche degli anni '50-'60 da quelle degli anni '80. Non si tratta solo di una differenza quantitativa dovuta al fatto che, nel frattempo, lo sviluppo economico ha fatto sì che siano molti di più gli italiani che possono permettersi di acquistare e consumare. E non si tratta nemmeno di una differenza qualitativa che contrappone gli acquisti utilitaristici degli anni '50 a quelli improntati al lusso e alla esibizione degli anni '80. Esiste anche una differenza più profonda e che attiene agli obiettivi, alla funzione: negli anni del "miracolo economico" gli italiani acquistano e consumano per essere uguali agli altri (emblematici quei beni "di cittadinanza" a cui abbiamo già accennato nel terzo paragrafo di questo capitolo), per integrarsi nella nascente cultura metropolitana industriale. Negli anni '80 essi acquistano e consumano per differenziarsi dagli altri, per distinguersi, anche se la gamma vasta – ma comunque contenuta- dei beni e dei servizi disponibili a tale scopo comporta, in ultima analisi, un effetto di appiattimento. Forse è anche il diffondersi di una cultura dell'*apparire* contrapposta a quella dell'*avere* che aveva, in precedenza, contrassegnato le prime manifestazioni consumistiche.

Sul piano economico si verifica ovviamente uno sviluppo della domanda interna che imprime una brusca accelerata ad un ciclo che era comunque in fase ascendente. Ne beneficiano quei comparti del consumo che maggiormente erano stati penalizzati nel decennio precedente: l'auto e l'abbigliamento. Inoltre, soprattutto in un primo tempo, ad essere privilegiati sono quei settori economici che più direttamente si pongono al servizio dei nuovi ceti emergenti: la moda e il design; i produttori di oggetti di lusso, di cosmetici, di accessori; coloro che producono servizi agli individui e li aiutano ad essere in forma e "belli"; gli imprenditori del divertimento; i demiurghi del look.

È giusto in questa fase che si assiste ad un progressivo e sostanziale mutamento nella natura e nella funzione della marca ormai libera di esprimere propri linguaggi, una propria visione del mondo, attraverso un media tanto pervasivo come la televisione. Cresce la competitività all'interno dei mercati; aumenta il contenuto in ricerca e innovazione dei beni di largo consumo; si dilata sensibilmente il numero dei prodotti all'interno di uno stesso comparto merceologico.

Attraverso la pubblicità le marche s'accingono ad instaurare rapporti diretti con i consumatori, supportate da nuove configurazioni di struttura nel sistema della distribuzione commerciale. Già dal tramonto degli anni Settanta, la grande distribuzione inizia a crescere sensibilmente dal punto di vista numerico come pure da quello organizzativo. L'aumento dei supermercati e l'arrivo dei primi ipermercati, producono inediti percorsi di consumo: distillano e concentrano tempi e luoghi d'acquisto in territori privilegiati e in occasioni specifiche. Si assiste all'emarginazione progressiva del piccolo esercizio commerciale. Diminuiscono i costi di trasporto e quelli per l'ingresso nella grande distribuzione. Aumentano gli assortimenti delle merci e la loro rotazione. Le marche instaurano nuove modalità di relazione e di "negoziazione" con la distribuzione e col pubblico. Adesso le marche si confrontano direttamente sugli scaffali del supermarket e conquistano una straordinaria autonomia comunicazionale che le emancipa dal filo diretto col bottegaio. Per chi produce beni di largo consumo si tratta una sfida del tutto inedita e sicuramente stimolante, che si rinnova ogni giorno.

La marca diventa un elemento discriminante nelle logiche d'acquisto. Nello stesso tempo si trasforma in una potentissima arma a disposizione delle imprese per fronteggiare la forza crescente della distribuzione, per contrastarne vincoli e barriere d'accesso e per introdurre con maggiore facilità i nuovi beni. La pluralità della scelta, la crescente competitività, il confronto diretto e sempre più serrato tra produttori, la moltiplicazione degli spazi e delle occasioni di consumo conducono inevitabilmente ad una profonda revisone del ruolo e della funzione della marca. Ora essa non deve più comunicare semplicemente valori di affidabilità e di qualità. Deve essere in grado di generare valore aggiunto, di incarnare valenze simboliche, di soddisfare bisogni immateriali.

Gli anni Ottanta consacrano il branding a pietra filosofale: strumento capace di convertire in oro, in valuta pregiata, beni e servizi che altrimenti sarebbero anonimi, indistinti, muti. Le marche indirizzano la scelta dell'*audience*, moltiplicano il valore degli oggetti cui si legano, creano un vincolo fiduciario col consumatore, accrescono la forza finanziaria delle imprese. Quel potere che a cominciare dagli anni Sessanta si era trasferito dal dettagliante al consumatore, passa adesso oramai decisamente alla marca.

E non è casuale: col crescere dell'offerta rispetto alla domanda, con l'aumentare della competizione, col progressivo affollamento dei mercati, la marca si trova costretta a rivedere i propri ruoli e le proprie funzioni. La marca *problem-solving* – quella che lava più bianco, sgrassa più a fondo, smacchia e non fa *straap* – sembra destinata a perdere di incisività e di distintività. I benefici tangibili del prodotto risultano sempre più riproducibili, addirittura clonabili grazie ai progressi nella tecnologia e ad un sapere scientifico diffuso. Il nucleo della funzionalità pare adesso insufficiente a connotare marche e prodotti di largo consumo. Ora c'è bisogno di valori emozionali, d'immagine e personalità. Di atmosfere e sentimenti davvero esclusivi. Nascono il "Marlboro Country" e il calore domestico di Barilla, esplode il look da tagliaboschi di Timberland e compare il bucato affettivo di Coccolino, sono di moda il rigore di Armani e le feste dell'Amaro Ramazzotti, quelle – per intendersi – della "Milano da Bere". Sono soprattutto le griffe, assurte definitivamente allo statuto di brand, a meglio rappresentare lo spirito del tempo: Armani, Krizia, Versace, Ferré nascono come marche proprio in questa fase, anche perché il contesto socioculturale degli anni Ottanta è particolarmente recettivo a divenire un fertile terreno di cultura.

Siamo in una fase in cui i nuovi atteggiamenti di consumo evolvono ad un ritmo accelerato e frenetico: assai superiore, almeno nel nostro Paese, a quello della distribuzione. Mentre il consumatore italiano s'incammina lungo il percorso tracciato dai Paesi industriali avanzati, la struttura commerciale non sembra affatto intenzionata a seguire lo stesso iter.

3.8. Perturbazioni e discontinuità: 1988-1996

Il tramonto degli anni '80 segna, in Italia, una fase di profondo ed accelerato mutamento, all'insegna della discontinuità. Le cause sono molteplici. Alcune sono macroscopiche e politiche e riguardano eventi su scala mondiale: il più importante, e vistoso, consiste nell'improvviso crollo dell'impero sovietico. E poi, come conseguenza, la caduta del Muro di Berlino e la fine della "guerra fredda". Ma anche la guerra del Golfo, il conflitto nell'ex Yugoslavia, quello in Somalia, in Bosnia. Altri eventi e stimoli esogeni si verificano negli anni immediatamente successivi: gli esponenziali progressi compiuti dalla scienza e dalla tecnologia. Importanti innovazioni nel campo delle comunicazioni, della elaborazione delle informazioni, della biologia applicata, della medicina e di tanti altri campi trovano una immediata applicazione e spesso una entusiastica accettazione: televisione via satellite, multimedialità ed ipertesti, applicazioni della telematica al mondo dello svago e del lavoro, automatizzazione e robotizzazione delle procedure di lavoro industriale, ingegneria genetica, inseminazione e gravidanza assistite, sono solo alcune delle nuove tecnologie che si diffondono all'estero e rimbalzano poco dopo nel nostro Paese.

Nel giro di pochi anni l'Italia poi, da almeno un paio di secoli esportatrice di emigranti, diviene centro di attrazione di importanti correnti migratorie. La nostra società si trasforma decisamente, in senso multietnico. Vi è poi l'operazione "Mani pulite" che mette sotto processo, e praticamente fa uscire dal gioco, una intera classe politico-amministrativa: difficile dire se l'insieme di indagini e processi che si raccolgono sotto questa etichetta siano la causa del mutamento o effetto del mutato clima socioculturale che si verifica alla fine del decennio. Certo si tratta di uno spartiacque importante tra l'Italia degli anni '80 e la nostra Italia, quella in cui oggi viviamo. E come non ricordare le tante emergenze di quegli/questi anni? L'emergenza ambientale che viene alla luce ogni qual volta un evento naturale un po' fuori dall'ordinario danneggia o semplicemente spaventa gli italiani; l'emergenza clandestini o più semplicemente extra-comunitari; l'emergenza "grande malavita organizzata" che consegue ai riusciti attentati ai giudici Falcone e Borsellino; l'emergenza demografica; l'emergenza istituzionale; l'emergenza deficit pubblico. E poi l'inflazione, la svalutazione, l'emergenza occupazione e così via per un interminabile e mai completo elenco.

I consumi sono profondamente contagiati dal nuovo clima socioculturale. L'emergere di valori che per molti versi si pongono all'antitesi di quelli più diffusi nel precedente decennio – ad esempio *understatement versus ostentazione e prestigio* – influenza incisivamente i nuovi modelli di acquisto. Più penalizzati risultano proprio quei consumi che avevano maggiormente caratterizzato quegli anni: per tutti il settore dell'abbigliamento. I nuovi valori che si diffondono nel sociale si saldano con una crisi economica – una delle più drammatiche che il nostro Paese abbia mai attraversato – che, dapprima strisciante, trova nel '93 il suo epicentro. Il potere d'acquisto delle famiglie si contrae fortemente e continuerà lo stesso andamento, sia pure più contenuto, negli anni a venire. Prende consistenza, per la prima volta, un *teorema delle aspettative decrescenti*. Diminuizione nei redditi e crisi del *welfare state* non legittimano più le radicate convinzioni di un crescente benessere e sviluppo dei consumi. L'obiettivo sembra divenire, depressivamente, il mantenimento dello *status quo*.

Si verifica inoltre, in questi anni, un processo di saturazione che coinvolge un numero sempre maggiore di comparti del consumo. Sono mercati che hanno ormai toccato, in alcuni caso oltrepassato, la soglia degli incrementi possibili e la competizione delle imprese in quei mercati assomiglia sempre più ad un gioco a somma zero. Un nuovo sistema di valori non oppositivo ma più dialettico nei confronti del consumo; una congiuntura economica particolarmente sfavorevole; una overdose di fenomeni di cambiamento che, dapprima accolti con entusiasmo, finiscono per privare gli italiani – senza che nulla cambi – dei tradizionali punti di riferimento generando una sorta di sindrome da incertezza; l'emergere delle aspettative decrescenti e della saturazione di molti mercati; lo sviluppo del consumerismo e di una eccezionale sensibilità al prezzo contribuiscono a perturbare fortemente l'assetto dei consumi.

Soprattutto la modernità (forse tautologicamente – ma inevitabilmente – definita come insieme di valori contrapposti a quelli sanciti dalla tradizione) sembrava essere entrata in una crisi irreversibile di significato: non appariva più in grado di dar senso all'agire sociale, non era più il riferimento cui mirare, la sua simbologia andava perdendo spessore, attrattiva e capacità di egemonizzare il vissuto collettivo.

Qualsiasi teleologia supportata dalla visione della modernità (le speranze ideologiche, gli ideali di progresso, le prospettive di benessere ed economiche) era dunque – in coincidenza con gli inizi del decennio – venuta meno, mentre si andava progressivamente affermando la consapevolezza di un domani non necessariamente migliore dell'oggi (e anzi, probabilmente, più accidentato e irto di difficoltà).

Il sistema di aspettative crescenti, che aveva nutrito generazioni di italiani, aveva dunque cessato improvvisamente di alimentare l'immaginario sociale. Gli stessi segmenti che avevano da sempre svolto funzioni di avanguardia (i giovani *in primis*) nell'introdurre i prodromi del mutamento, venivano declassati e scalzati da altre subculture più tradizionali come interpreti di attualità culturale.

Il consumo si fa più cauto e riflessivo. Si diffondono naturalmente nuovi beni e servizi – sono di questi anni la spettacolosa escalation del telefono cellulare e del personal computer – ma l'interesse per il nuovo, così spasmodico nel decennio precedente, sembra attivarsi solo in presenza di novità sostantive nei consumi. Sono i consumi di tempo libero, le vacanze, i viaggi e un repertorio sempre più articolato di spese per la salute, nella sua interpretazione più distica, a non subire contrazioni ad onta del clima sostanzialmente recessivo di questi anni.

Se si considera inoltre che – in parallelo ad altre rivoluzioni – si porta a compimento una rivoluzione distributiva con la conseguente comparsa di nuove formule (discount, centri commerciali, ipermercati, ecc.) e di marche commerciali, si può apprezzare quanto incisivo sia stato, in questa fase il mutamento nei comportamenti e negli atteggiamenti di consumo.

Sono gli anni in cui compare su basi industriali il fenomeno del discount che con le sue non marche porta un primo massiccio attacco frontale al mondo della marca. Sono gli stessi anni in cui un gigante della distribuzione come Carrefour immette fra le sue referenze i prodotti bianchi o prodotti liberi: i contenitori sono bianchi con sopra stampigliato il *product name* (biscotti, pasta, detersivo ecc.) e nessun riferimento al *brand name*. Il significato è chiaro: perché mai pagare un sovrapprezzo alla marca? Il guanto di sfida alla marca è ormai platealmente lanciato.

La marca commerciale innesca dunque un processo di radicale mutamento all'interno dei mercati di largo consumo come pure all'interno delle dinamiche distributive ed acquisitive. Col tempo, essa inizierà a svolgere un controllo diretto sulla qualità dei beni che garantisce, sviluppando competenze specifiche, e comincerà a studiare i mercati con modalità assai simili a quelle del produttore, integrando le proprie missioni tradizionali con un lavoro di marketing e di strategia sconosciuto in passato.

3.9. L'avvento dell'hard discount

La formula del discount nasce in Germania sul finire degli anni Settanta, e da qui viene esportata in molti Paesi europei già nella seconda metà del decennio successivo. Nonostante la progressiva saturazione del mercato d'origine, i discounter tedeschi sono riusciti a mantenere un apprezzabile tasso di sviluppo proprio grazie all'esportazione del "format". In tutta Europa, infatti, in un arco di tempo che va dal 1980 al 1990 circa, sono fiorite esperienze distributive locali ispirate al modello germanico. In buona sostanza, quella del discount è una formula che si propone di offrire al consumatore la massima convenienza possibile "agendo su tutte e tre le componenti della catena del valore distributivo, vale a dire il contenuto, il contesto e l'infrastuttura"[21]. A seconda del livello di convenienza offerto al pubblico, il discount può essere declinato in tre tipologie rappresentative: *hard*, *soft* e *club*[22]. In Italia, il formato di maggior successo è stato – sin dal suo primo apparire – quello dell'hard discount che annovera tra le dimensioni caratterizzanti e fondative: la riduzione dell'ampiezza e della profondità dell'assortimento, la massiccia offerta di prodotti *generics*, l'eliminazione di merci deperibili, le strutture di vendita basiche e spartane, la contrazione del personale al minimo necessario, la trasformazione del magazzino in una piattaforma di smistamento.

Superfici di vendita che ricordano i supermercati dei Paesi del socialismo reale di qualche anno fa o centri di prima assistenza nel caso di calamità naturale con merci affastellate e prive di un adeguato assortimento non possono, alla lunga, che alienare le simpatie di fasce consistenti del pubblico. A maggior ragione livelli di qualità e, comunque, di garanzia al consumatore al di sotto degli standard ormai abituali e l'assenza del familiare e rassicurante universo delle marche finiscono per frenare sensibilmente lo slancio degli esordi. Così che il moderno consumatore esigente, superati gli iniziali entusiasmi – quando il discount, per lo strardinario vantaggio dei prezzi, era apparso come una sorta di paese di Bengodi – tende ad abbandonarlo. O a ridimensionarlo per gli acquisti di routine con scarso o nullo coinvolgimento emotivo. Il discount conquisterà una quota ancora significativa del mercato ancorandosi però largamente a quella fascia di reddito basso a cui è vocato. E con cui ai suoi albori, per una irripetibile serie di circostanze, era riuscito a non identificarsi.

Questo formato distributivo – che si propone al consumatore come un'alternativa ad un prezzo decisamente inferiore rispetto alla più tradizionale grande distribuzione organizzata – deve la sua fortuna e la sua straordinaria esplosione ad una particolare congiuntura economico-sociale. Innanzitutto l'accresciuta sensibilità al prezzo in un momento di crisi e di recessione economica come quello del primo lustro degli anni '90.

I tardi anni Ottanta vedono il tramonto dell'edonismo e del narcisismo, della Milano da Bere e dell'ostentazione del consumo. E sembrano accogliere un rinnovato orientamento alle dinamiche acquisitive ed esistenziali, più pragmatico e intimista. Nuove tendenze verso l'affare e il risparmio si sostituiscono all'ostentazione del consumo e alla legge dello status. Il consumatore è adesso più esperto, smaliziato. Il suo atteggiamento pare cambiato, forse in maniera definitiva, verso una maturità e una consapevolezza sconosciute in passato.

La coesistenza di grandi catene di distribuzione in forte competizione tra loro, in un generalizzato processo di *trading up*, provoca inoltre – in questa

21. G. Lugli, L. Pellegrini, *cit.*, p. 75.
22. *Ibidem*.

fase – un vuoto di offerta nelle fasce più basse di prezzo[23]. L'hard discount arriva colmando questa lacuna, e propone una serie di beni di largo consumo straordinariamente convenienti. Il consumatore che sceglie di fare la spesa all'hard discount non acquista prodotti o marche, ma soltanto l'insegna e la sua sensibile differenza (un livello drasticamente inferiore) in termini di prezzi rispetto al resto del mercato. Allo stesso modo l'hard discounter, ovvero il distributore, non vende marche o beni di consumo, ma la quintessenza del risparmio materializzata nell'insegna. Il luogo delle vendita è spoglio e disadorno; le confezioni dei prodotti con un packaging minimalista ed una grafica ridotta all'osso; la disposizione delle merci sugli scaffali e nei corridoi ricalca il modello del magazzino di stoccaggio.

L'hard discount è il trionfo del prodotto "nudo e crudo", affrancato da ogni valore associato al branding, da ogni qualità simbolica, da ogni performance sociale. L'appeal della grande marca – costruito a partire dalla comunicazione, dalla pubblicità e dal marketing mix – è qui annullato a favore dell'assoluta convenienza rispetto al prezzo.

Tutto concorre ad affermare la filosofia di fondo in cui "il prezzo è tutto, il resto è nulla". Si tratta, in definitiva, della riduzione al minimo di ogni costo (immagine, pubblicità, comunicazione, spazi espositivi, personale, ecc.) con l'obiettivo di mantenere inalterate l'efficienza e l'efficacia. L'offerta di prodotti dalle performance discrete ad un prezzo drammaticamente basso, rivela l'intento primario della massimizzazione del rapporto qualità/prezzo.

Nell'hard discount scompare ogni dimensione ludica e spettacolare dell'esperienza del consumo. Allo stesso modo, pare sensibilmente assottigliarsi ogni caratterizzazione sensoriale ed emozionale dello shopping. L'acquisto è funzionale, pragmatico, finalizzato al risparmio, concentrato sul prezzo e sulla prestazione base della categoria merceologica. Un modello che ad una prima analisi sembrerebbe rivolto ai target meno abbienti e che, tuttavia, si rivela anche meta e pellegrinaggio di un pubblico piuttosto eterogeneo. Alcuni autori suggeriscono come la bontà di questa formula hard discount possa ben essere espressa dalla frase "se per i poveri risparmiare è una necessità, per i ricchi risparmiare è una vera passione"[24].

Tra il 1990 e il 1993 le previsioni più diffuse nella letteratura specialistica e tra gli operatori del settore distributivo configuravano un futuro roseo e luminoso per gli hard discount. Soltanto pochi anni dopo, nel 1995, si intravedeva la minaccia di una crisi e cupe nuvole all'orizzonte rivelavano un futuro difficile e oscuro per il settore.

I successivi sviluppi indicano come il fenomeno dell'hard discount – che aveva fatto registrare una crescita impetuosa – manifesti poi molte battute

23. Per un approfondimento si veda: G. Toletti, "Hard Discount: quale futuro", in Aa.Vv., *La casa e il supermercato. Luoghi e comportamenti del consumo*, *cit.*, p. 87.

24. *Ibidem*.

d'arresto. Nel senso di chiusura di molti punti vendita, di disaffezione di una parte della clientela. Sta di fatto che i distributori italiani non sono riusciti a realizzare quell'interessante rapporto qualità/prezzo che ha rappresentato l'arma vincente dei loro omologhi tedeschi. E questo può considerarsi uno dei principali fattori della rapida obsolescenza di una tale formula distributiva.

Sarà agli inizi del nuovo millennio quando un cocktail micidiale – inflazione a fronte di redditi stagnanti e di crescente erosione del risparmio – eleverà esponenzialmente la sensibilità al prezzo che l'hard discount tornerà a crescere.

Il nuovo scenario vede comunque un passaggio di mano da improvvisate e disordinate espressioni di microimprenditorialità commerciale alle grandi catene specialistiche del ramo. Ma soprattutto la radicazione della clientela – sino a ieri a forte caratterizzazione interclassista – presso i segmenti meno abbienti della popolazione.

3.10. Il nuovo millennio e oltre: 1997...

Si crea verso la fine degli anni Novanta un diffuso clima di attesa: come se, nell'inconscio collettivo, le ansie millenaristiche ("mille e non più di mille") dopo un lunghissimo sonno di dieci secoli riprendessero vigore. Si fanno consuntivi, si fa autocritica per avvenimenti del passato (la Chiesa, il comunismo, la nuova destra) come se si volesse davvero chiudere un'epoca più che prepararsi ad avviarne una nuova. Le grandi ideologie che avevano permeato tutto un secolo sono ormai sul viale del tramonto se non sono già tramontate: il detonatore è stato probabilmente il crollo del muro di Berlino. Si diffonde – nella popolazione – un atteggiamento più pragmatico, all'insegna del "*case by case approach*": si è sempre più consapevoli che non esistono più grandi valori in cui credere (fig. 1).

Fig. 1 - La "crisi" dei valori. "Ho dei valori in cui credo profondamente"

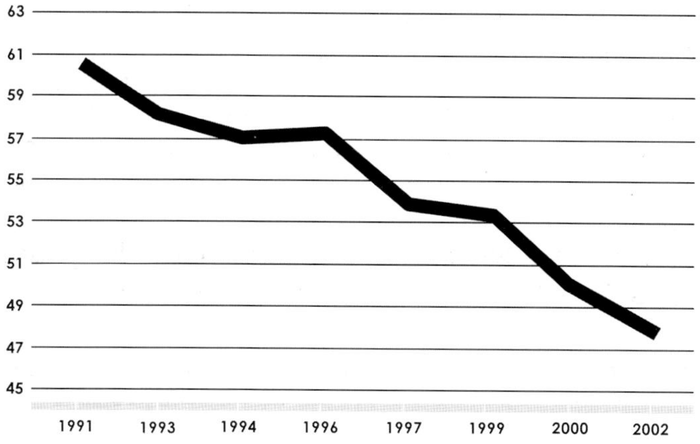

Paradossalmente è proprio in uno scenario siffatto che la marca invece sfugge a questo processo di dissacrazione. Ed è in un periodo di crisi generalizzata delle ideologie e delle istituzioni (partiti, sindacati, Parlamento, istituzioni rappresentative) che l'Istituzione Marca pare offrire un rassicurante quadro di certezze. I casi Cirio e Parmalat non sono ancora esplosi e la marca appare come depositaria di un solido sistema di rassicurazione e di valori. Non è coinvolta da scandali, ha mantenuto fede ai suoi impegni, non è stata coinvolta dalle grandi paure (da "mucca pazza" agli OGM) che hanno scosso in profondità la fiducia dei consumatori. Anche se la accresciuta sensibilità al prezzo – dopo l'avvento dell'euro, in un periodo se non di recessione comunque di forte stagnazione dei consumi, l'inflazione registra una improvvisa e forte impennata (che solo l'Istat non percepisce) a fronte di redditi invece stabili e a una crisi dei mercati finanziari che pregiudica il patrimonio e i risparmi di vasti strati della popolazione – e la competitività crescente delle private label creano crescenti difficoltà. A cui la marca, per il vero, non è parsa rispondere in termini strategici: ha disinvestito in pubblicità (che è lo strumento più importante per potenziare la sua equity) e ha fatto un continuo ricorso alle promozioni. Che, come è noto, quando non vi si fa ricorso come strumento tattico, nel breve termine, drogano il mercato, non fidelizzano e rappresentano una pericolosa ipoteca sulla equity della marca.

Il processo di deideologizzazione comporta anche il tramonto di una serie di tabù che avevano – in un recente passato – perturbato (è un eufemismo) l'immagine delle grandi marche multinazionali presso i segmenti più radical e politicizzati della società italiana. Il risorgere, con i movimenti no global, di una nuova aggressività e contrapposizione nei confronti delle marche protagoniste del grande villaggio globale sembra aver trovato scarsi proseliti.

Ma sono gli anni questi in cui i prodromi di una nuova era, di una nuova epoca storica cominciano a saldarsi per generare ciò che appare una realtà ben più consistente di una semplice ipotesi di lavoro o di una suggestione motivata da ambiti (l'architettura, la letteratura, la filosofia, il cinema ecc.) in cui si era prioritariamente manifestata. La società postmoderna comincia a essere una realtà diffusa – si calcola che questa sia divenuta una cultura condivisa da circa 1/6 della popolazione – e tendenzialmente egemone presso i segmenti socioculturalmente avanzati. Sono gli anni questi in cui si realizzano i presupposti comunemente accettati per designare la fine di un'epoca e l'avvio di una nuova: *l'irrompere di nuove tecnologie* (come è successo per l'era della modernità con la rivoluzione industriale) e *un mutamento nei modi di produzione*. Mutamento di modi di produzione ormai avviato da tempo con la drastica riduzione di quelli *labour intensive* e l'introduzione di tecnologie che consentono una grande flessibilità e personalizzazione rispetto alla serialità del prodotto industriale ma soprattutto la tendenziale scomparsa – mediante la delocalizzazione produttiva – della fabbrica. Alcune delle grandi protagoniste dei mercati globali – da Nike a Levi's – conservano nel loro

Paese di origine la progettazione e la ricerca: il resto è affidato ad outsourcing in Paesi dove il costo del lavoro è ridotto e consente di realizzare le reali, grandi economie di scala. La cultura della fabbrica tendenzialmente scompare ed anche l'impresa s'avvia a divenire virtuale. Le nuove tecnologie digitali, d'altro canto, hanno un impatto analogo a quello che è stato indicato a proposito dell'invenzione di Gutenberg per la macchina da stampa. Solo – a differenza di questa che avuto bisogno di secoli per diffondersi nell'esercitare il suo impatto – Internet (l'ambito maggiormente significativo della rivoluzione tecnologica) in poco più di un decennio è divenuto l'innovazione più pervasiva dell'ultimo secolo. Tale da porre in subordine altre (la luce elettrica, il motore a scoppio) che pure hanno rivoluzionato la nostra esistenza. Internet sconvolge categorie – come lo spazio e il tempo – che eravamo abituati a considerare come certe ed immutabili. Pervasiva perché si diffonde con straordinaria rapidità cambiando il nostro modo di comunicare, di lavorare, di passare il tempo libero, di informarci, di fare acquisti persino di fare all'amore[25].

Con Internet nascono, in questi anni, *e-brand* che raggiungono rapidamente una diffusione planetaria e generano una bolla speculativa sui mercati finanziari con effetti devastanti sull'intero sistema economico. Ma è poco più che una malattia infantile, una disfunzione adolescenziale, una momentanea battuta d'arresto in uno sviluppo che assume ben presto ritmi esponenziali. Con cui anche le marche che sono nate *off-line* devono ben presto confrontarsi: l'obiettivo adesso – presto l'imperativo – è il passaggio dalla comunicazione *broad casting* (rivolta a tutti, tipica dell'epoca dei mass media) ad una *narrow casting* (rivolta ai singoli) con la possibilità di una comunicazione two-way. Una comunicazione – l'interattività è lo specifico davvero rivoluzionario della Grande Rete – che prevede risposte, feed back, relazione. L'enfasi sulla marca relazionale – capace cioè di instaurare un dialogo reale con il consumatore in luogo di un monologo che rischiava di tramutarsi in soliloquio – in questi anni si realizza anche perché questo è uno scenario finalmente praticabile. Che trova come polo dialettico un consumatore che rivendica un ruolo più attivo nei confronti della marca, che ambisce a prodotti e comunicazioni personalizzate, che chiede un sapere maggiore sulla marca. Il boom in questi anni di tutto il settore hi-tech e l'affermarsi delle grandi marche del settore è solo l'epifenomeno di questo grande processo. Una sorta di rivoluzione copernicana che mette l'individuo consumatore al centro del sistema: la centralità del consumo subentra alla centralità della produzione. La marca – all'inizio del nuovo Millennio – deve confrontarsi con scenari inediti a cui non era preparata. Se si ridimensionano le pregiudiziali politiche e ideologiche nei suoi confronti prendono però consistenza nuove imperative richieste da parte di un consumatore che rivendica più autonomia, discrezionalità e

25. Vedi G. Fabris, *L'amore al tempo di Internet*, FrancoAngeli, Milano, 2001.

non è più disposto a riconoscere subalternità o rendite di posizione (ad esempio sul fronte di prezzi che ritiene iniqui) nemmeno alle marche più affermate. Una declinazione della qualità a tutto tondo che includa anche una continua tensione all'innovazione e al servizio, trasparenza ed eticità.

Gli anni Novanta rappresentano – al di là del fenomeno del discount – un decennio in cui le private label accrescono notevolmente la propria capacità di attrazione, forza e competitività verso le marche industriali. Per molte aziende, diventa particolarmente oneroso acquistare spazi nei supermercati e nei grandi magazzini. Le marche industriali non devono più limitarsi ad offrire degli sconti per poter essere presenti nel punto vendita. Adesso devono anche pagare un somma extra per garantirsi una posizione preferenziale sullo scaffale. *Il ruolo della marca commerciale inizia a mutare.* Da strumento essenzialmente tattico essa diventa strumento strategico di differenziazione. Il distributore si fa interprete dei desideri del pubblico e tenta di soddisfarli direttamente, attraverso un portafoglio di marche sempre più orizzontale, attraverso dei contenuti sociosemiotici straordinariamente attuali.

4. L'architettura della marca

4.1. Quale marca?

La marca contemporanea è un dispositivo multiforme e complesso. Esprime, nelle sue manifestazioni più evolute, la logica della postmodernità: una qualità che è armonia fra contrari, una straordinaria *coincidentia oppositorum*, che nel suo continuo metissaggio d'identità appare coerente, fluida, sensata. La marca è nello stesso tempo la parte ed il tutto, è il segno sul prodotto o sul servizio, ma è anche il valore globale evocato da quel segno attraverso delle promesse implicite od esplicite di soddisfazione materiale ed immateriale.

Non è facile definire la marca, darne una spiegazione chiara, esaustiva, da dizionario. Certamente siamo anni luce lontani dalla definizione originaria dell'American Marketing Association che recitava "un nome, parola, segno, simbolo o logo o una loro combinazione che mira ad identificare beni o servizi di un venditore o di gruppi di venditori e a differenziarli dai concorrenti". Definizioni analoghe – su cui si soffermano autorevoli manuali di management risentono una simile – riduttiva e anacronistica – miope concezione della marca. Opera aperta, soggetto in continua metamorfosi, specie vivente in evoluzione, essa appare imprendibile, iscritta com'è in una sorta di doppio registro: reale e simbolico, ideale e pragmatico, tangibile eppure astratto. Incarna una complessità tale di significati che riesce difficile parlarne in toni perentori oppure semplicisti, né tantomeno dogmatici o definitivi.

Per comprendere, gestire ed esaltare il valore della marca. oggi occorre fotografarne con chiarezza tutte le dimensioni, mettendone a fuoco lo sguardo come pure il contesto. Si delinea così l'urgenza di un *nuovo statuto epistemologico.*

La marca – si sa – è il vero capitale, l'asso nella manica delle imprese contemporanee. Tuttavia per giocare al meglio questa pedina, occorre comprendere il funzionamento della partita: le sue regole e le sue dinamiche. È necessario conoscere i segni e le figure delle carte, la posta in gioco e le potenziali mosse degli altri *players* in una sorta di *business e social game* in continuo divenire. Insomma, la stessa sopravvivenza, come pure le possibilità di successo della marca, dipendono oggi dalla sua capacità d'adattamento e d'ascolto, dall'interazione con gli altri soggetti presenti nel mercato e nell'ambiente competitivo. E, in definitiva, dalla sua destrezza a costruire attorno a sé architetture e territori, dalla sua abilità a darsi una forma e un contenuto, a disegnare panorami e tracciare percorsi.

S'è detto, più volte, di una marca relazionale, interlocutoria, discorsiva. Che scambia informazioni con più soggetti e con l'ambiente circostante. Quelli strettamente legati al contesto produttivo, alle dinamiche commerciali, come pure quelli individuali, più sociali: i clienti, la comunità, la società. Oggi assume uno spessore significativo la relazione tra marca e azienda, tra marca e catena distributiva, tra marca e consumatore. Lo stesso concetto di brand equity sembra idissolubile rispetto al valore e all'identità della Corporate. Questa può divenire *eponymous brand*[1], capace di apporre il proprio nome su una significativa "stirpe" di prodotti e comparti merceologici; può scindersi per massimizzare i benefici di un portafoglio multiplo; può generare differenti proposizioni di marca, con nomi nuovi e obiettivi traslati; può attraversare longitudinalmente più segmenti del mercato, combinando un'ampia escursione di marchi ciascuno funzionale al proprio territorio.

La marca può operare in un solo Paese anche su posizioni di leadership mettendo in mora le grandi marche globali o essere cittadina del grande villaggio globale. Una stessa impresa può presidiare con marche dufferenti vari segmenti (ad esempio sulla base del potere di acquisto) di uno stesso mercato, possedere invece una marca ecumenica che tendenzialmente si rivolge a tutti, avere marchi diversi per mercati diversi o diverse situazioni di consumo (si pensi ad esempio a Procter&Gamble che spazia da prodotti per la pulizia domestica all'igiene personale con marchi storici come Dash, Ace, Mastro Lindo, Viakal, Pantene, Tampax, Infasil, ecc., ma che è presente anche nel food con marchi internazionalmente noti (uno su tutti: Pringles). Altre aziende operano con grande successo usando la stessa marca in comparti completamente diversi (Yamaha nelle moto e nel settore degli strumenti musicali).

Insomma, oggi, la marca s'inscrive su più ordini, più livelli. Il suo non è uno statuto univoco, cristallizzato, monolitico. E crediamo sia necessario cominciare distinguerne le differenti tipologie, giusto per afferrarne con maggior efficacia la struttura, la forma, il genere.

Esistono *marche che coincidono col prodotto* e marche che, al contrario, *rappresentano un'intera cultura*; marche *ombrello* che abbracciano una ricca estensione di settori del consumo e marche inevitabilmente *destinate a generare altre marche*; *marche madri* e *marche figlie*; *marche orizzontali* e *mar-*

1. Per un approfondimento sul concetto di *eponymous brand* si veda: I. Ellwood, *cit.*, p. 19 ss.

che verticali, *branded houses* e *supra-marques*; *marche generaliste* e *marche specialiste*; *marche del distributore* e *marche d'insegna*, *marche garanti* e *sottomarche*. La letteratura del settore offre una sterminata e fantasiosa nomenclatura in tal tenso, che va dalla *stand-alone-brand* alla *marque-caution*, dalla *marque-source* alla *pillar-brand*. Una medesima impresa può agire in contesti differenti, designando molteplici segmenti di mercato attraverso complesse architetture di marca e *multibrand strategy*. Nondimeno, una stessa marca può essere particolarmente estesa o estendibile, offrire un ricco ventaglio di sottomarche ed una pluralità di prodotti attraverso una varietà di canali. Ne risulta un panorama caleidoscopico, a fronte del quale è necessario fare chiarezza: edificando *architetture di marca* capaci di strutturare il portafoglio dell'impresa e definendo il contesto di mercato o di prodotto. "Non vi è dubbio che creare marche forti, mettendo a punto identità nitide e ricche di significati nonché programmi di potenziamento di marca di grande impatto sia molto importante. Ma quasi tutte le imprese hanno una pluralità di marche che debbono essere gestite congiuntamente in modo che si aiutino a vicenda e non si ostacolino l'un l'altra.

Il considerare le marche come contenitori chiusi ed isolati è fonte di confusione ed inefficienza: una visone strategica della leadership di marca postula che gli obiettivi di squadra siano raggiunti al meglio assieme agli obiettivi delle singole marche che compongono la squadra. L'*architettura di marca* è lo strumento attraverso il quale la squadra composta dalle marche può funzionare come se si trattasse di una sola entità in modo tale da creare sinergie, chiarezza ed efficacia ottimale"[2]. Tuttavia, per costruire architetture – o, se si vuole, portafoglio o "alberi" – di marca, per studiarne funzioni e natura, relazioni e intrecci col mercato e con le altre etichette, è necessario distinguere le tipologie ed i livelli del branding. Non è facile impostare una griglia capace di contenere, inquadrare e codificare ogni possibile marca. Quasi impossibile fotografarne il catalogo, individuarne generi e gerarchie. E non è casuale avvertire un certo disagio, un'evidente confusione o semplicemente una certa inerzia lessicale laddove è avvenuto il tentativo teorico verso l'epistemologia.

È dunque possibile stilare una tipologia delle marche possibili, un indice delle apparizioni, una mappa delle configurazioni? Secondo Geoffrey Randall "il branding può essere applicato a diversi livelli dell'impresa. Sfortunatamente esiste poca concordanza circa gli esatti termini da usare per i livelli, e può esservi un po' di confusione, in particolare attorno a certe parole come *marche ombrello* o *marche pilastro*[3]. Si potrebbero verificare anche sovrapposizioni tra categorie oppure cambiamenti nel corso del tempo rispetto al modo in cui il nome di una marca viene utilizzato. Ciò che importa è che

2. D.A. Aaker, E. Joachimsthaler, *Brand Leadership*, FrancoAngeli, Milano, 2001, pp. 160-161.
3. "*Umbrella or pillar brands*", si veda G. Randall, *cit.*, p. 17.

l'estensione di certe particolari analisi favorisce la comprensione. Tuttavia va ricordato che differenti persone possono attribuire significati differenti ad uno stesso termine"[4]. La complessità della marca si riflette allora anche nelle sue forme e nei suoi appellativi: conformazioni e categorie appaiono insufficienti a restituirne varietà e senso. Il nostro tentativo, in questa sede, è quello di tratteggiarne e definirne le figure ricorrenti, di indicare le zone di un territorio multiforme e cangiante, certi come siamo dell'assoluta provvisorietà di ogni modello adottato e dell'inevitabile incompletezza di ogni griglia interpretativa da noi utilizzata.

Teniamo presente che non si tratta comunque di un problema nominalistico o tassonomico e che le conseguenze possono risultare per l'impresa assai diverse a seconda della strategia adottata. Il rischio di cannibalizzazione, di un gioco a somma zero o con un segno negativo è sempre lì, dietro l'angolo. Le scelte che una azienda deve affrontare non sono facili: quando Telecom – che ha un'immagine pregressa male e confusamente gestita, con una caratterizzazione pubblica e da exmonopolista (e non si avvertono ancora gli effetti della nuova gestione/proprietà di Tronchetti Provera) lancia un nuovo prodotto/servizio è opportuno che questo abbia un nome autonomo – come Alice, la scelta che è stata fatta – oppure che sia firmato con una netta prevalenza della Corporate Telecom?

Nel primo caso le nuove marche non hanno alcuna ipoteca pregressa che le può condizionare ma Telecom perde un'importante opportunità di attualizzare la sua immagine collegandosi a prodotti/servizi fortemente innovativi, con il rischio di restare confinata ad un settore quello della telefonia fissa – in fase di avanzata maturità. D'altro canto i nuovi prodotti non devono subire un possibile handicap. È solo un esempio a sottolineare la complessità e la problematicità di scelte con cui ci si deve confrontare nelle strategie di branding.

4.2. Marca e *Corporate*

In principio c'era – c'è – la Corporate, l'impresa che genera la marca. Quest'ultima non condensa, da sola, tutti i significati e le missioni di un'azienda. E la comunicazione di marca non può dire e sintetizzare quei termini e quelle dimensioni che appartengono alla sfera dell'impresa. A monte della marca esiste la Corporate: *il complesso organismo (finanziario, tecnologico, produttivo, gestionale) che rappresenta la figura istituzionale entro cui sono iscritti uomini e mezzi, cultura industriale e sapere produttivo, biografia commerciale e forza finanziaria.*

Nel termine Corporate è inscritto "corpo". Quasi ad indicare il nucleo più compatto e consistente della marca, il suo *coté* più tangibile. La Corporate è

4. *Ibidem.*

la porzione, spesso meno visibile ma, indubbiamente, più reale e materiale della marca: è il gruppo industriale che sta alle spalle del brand, insieme alle strutture produttive, ai centri di ricerca, alla tecnologia, al sapere scientifico, alle tradizioni imprenditoriali che spesso coincidono con quelle familiari. È la storia di una fabbrica, che diventa l'esperienza di una impresa e degli uomini che costruiscono il suo successo; è la vocazione alla qualità e al miglioramento delle performance del prodotto, è il contributo al progresso all'innovazione; è la specializzazione merceologica. Insomma la Corporate è un formidabile patrimonio culturale e di esperienze che costituisce una garanzia e una sorta di *plusvalore per la marca*. Può rappresentare il vero vantaggio competitivo di un'impresa, perché è in grado di mettere in mora, e relegare al ruolo di *parvenu*, i nuovi competitor. Si noti bene che ciò che si auspica, qui, non è l'arroganza o il privilegio della vecchia aristocrazia che, di fronte al nuovo che emerge, cerca di contrapporre il blasone di famiglia. Piuttosto è il riconoscere alla marca crediti e spessori che, sino ad adesso, il pubblico non era in grado di scorgere.

Nondimeno, negli ultimi tempi, marca e impresa si stanno avvicinando sempre più, fino a divenire un tutt'uno coerente e trasparente. Come osserva Bernard Emsellem, oggi "il consumatore può rifiutare di acquistare un prodotto non tanto per le ragioni legate alle sue caratteristiche ma per delle ragioni legate all'impresa. La marca integrerà dunque sempre più delle dimensioni Corporate. Ma il rischio è che la marca s'appropri di queste dimensioni e... che l'impresa si nasconda dietro la marca. Una strategia pericolosa che... indebolisce la marca stessa. La marca deve occupare tutto il suo campo di comunicazione; la comunicazione Corporate deve considerare gli obiettivi dell'impresa che oltrepassano il rapporto col cliente o col target per toccare altri pubblici, ivi compresa l'opinione pubblica. Il capitale Corporate s'installa accanto al capitale marca"[5].

La presa di coscienza, da parte degli imprenditori, di disporre di una Corporate forte, capace di trasmettere alla marca i suoi caratteri dominanti, i suoi tratti distintivi, il suo sigillo di credibilità ed autorevolezza, rappresenta un nuovo modo di fare branding adeguato ai tempi. L'identità della marca, allora, non è generata dalla differenza – talvolta pretestuosa, talvolta surrettizia – rispetto al competitor, ma scaturisce da un senso profondo della *missione* e degli *obiettivi*, da una coscienza reale dei *valori chiave* e della *visione* del mondo che animano l'azienda. Ciò che conta, in questo contesto, non dovrebbe essere l'ossessione dell'Altro, del panorama competitivo, dell'inseguitore o dell'inseguito. Piuttosto, il rispetto dei propri valori[6].

5. B. Emsellem, in: A. Bontour, J.-M. Lehu, *Lifting de Marque*, Éditions d'Organisation, Paris, 2002, p. 15.
6. Si veda: J.-N. Kapferer (2002b), *cit.*, p. 17.

È nella Corporate che sono depositati il patrimonio genetico, l'*heritage culturale* e la *raison d'être* dell'impresa. Come osserva Kapferer, oggi "le imprese sentono il bisogno di utilizzare quello che in psicologia si chiama l' 'effetto della fonte', il fattore chiave della credibilità delle comunicazioni persuasive"[7]. L'influenza della fonte sulla veridicità del messaggio è stata a lungo studiata dai massmediologi. La stessa notizia pubblicata su un quotidiano autorevole ha ben altra credibilità rispetto ad una pubblicazione su una rivista gossip.

Indubbiamente, la fonte che emette lo stimolo, il soggetto da cui proviene il messaggio – nel nostro caso la Corporate – è una dimensione importante nella comunicazione: più la fonte sarà percepita come autorevole e credibile, maggiori saranno le *chances* di successo del messaggio. Tuttavia siamo convinti che, nel panorama contemporaneo della postmodernità – a fronte di un consumatore straordinariamente maturo e sensibile rispetto all'iper-offerta dei mercati –, più che di persuasione si debba parlare di *relazione*. E, dunque, crediamo che l'idea di fonte accostata a quella di Corporate, assomigli più *all'idea aristotelica di ethos* che non a quella di una comunicazione persuasoria che pare connotata da tratti di passività e scarsa interazione. Infatti, più che convincere, *la Corporate rassicura*; più che indurre all'acquisto *stabilisce commitment*; più che persuadere *aggrega per sintonia*. È la Corporate che incarna la "buona reputazione" dell'impresa e della marca. Ma è anche quella da cui scaturisce un senso profondo che contamina tutta la produzione: produzione di oggetti, di idee, di segni, di significazione. Dunque, valori comuni, sensibilità condivise, mete collettive, si fondono insieme alla fondamentale *funzione di garanzia della Corporate*: che continua egregiamente e nobilmente a certificare, "credibilizzare", contrassegnare e rassicurare. Naturalmente tutto questo va inteso *cum grano salis*: risulta chiaro a tutti che associare Fiat a Ferrari non può che danneggiare quest'ultima marca, mentre sarebbe la Corporate, date le recenti vicissitudini, ad avvantaggiarsi della vicinanza di un marchio tanto prestigioso; che una Azienda alimentare che produce anche *pet food* deve tenere ben distinte Corporate e brand rivolta all'alimentazione degli animali; che evidenziare Philips Morris alle spalle di General Food o di Kraft sarebbe un colossale errore. Tra l'altro *la vera Corporate è quella che si è consolidata negli anni*, che ha prodotto quella cultura che ha generato la marca, che è attivamente coinvolta nella sua gestione. Non ha nulla a che vedere con puri assetti proprietari, con acquisizioni legate a mere operazioni finanziarie.

Anche se talvolta, come vedremo, marca e Corporate coincidono, talora, alla stessa Corporate fanno riferimento tante marche diverse. Dietro ogni marca – anche nell'epoca postmoderna della delocalizzazione produttiva, laddove fabbrica e impresa non coincidono più – vi è sempre una Corporate.

7. *Ibidem*, p. 25.

Oggi la Corporate pare destinata a generare come non mai: come una madre prolifica e generosa l'impresa produce marche in una linea di discendenza diretta che è stata da alcuni definita ad ombrello. E così Danone mette al mondo Dan'up, Danito, Danette – direttamente riconducibili, nel nome, a quello della Corporate – ma anche Vitasnella; Nestlé origina Nescafé, e anche Fitness, Lion, Kit-Kat, Perugina, Fruit Joy, Alemagna, Motta, e così via. Una grande madre, accogliente, fertile e protettiva: una *supra-marque* o *Marque Maison*, come la chiamano i francesi, o *Dach-Marke* alla tedesca, oppure *Branded House*. Tutte accezioni che sembrano prevedere una costruzione (e dunque anche una architettura) domestica: quasi una dimora, un riparo, un tetto. Capace di difendere e contenere, unire in nome della famiglia, connettere mediante obiettivi condivisi e un comune senso della vita.

4.2.1. *Una* Corporate *latitante?*

È motivo di stupore, ma anche di rammarico, constatare la scarsa attenzione che le imprese italiane rivolgono ad uno dei capitali più preziosi di cui dispongono. Un patrimonio, allo stato attuale, pressoché virtuale. Che potrebbe trasformarsi invece, sui mercati, in un fattore competitivo di straordinaria importanza. Alludiamo all'identità dell'impresa, alla sua storia, alle sue competenze e alle sue performance. A quel complesso appunto di dimensioni fattuali e valoriali che solitamente si compendiano nella locuzione di Corporate.

Se da un lato i prodotti e le marche sono al centro dell'attenzione attraverso una efficace ed ecumenica comunicazione al consumatore, dall'altro, le informazioni sull'impresa, su chi produce sono giocate sottotono, quasi in sordina. Per lo più circoscritte alla funzione primigenia, ma sempre più anacronistica, del marchio quale segno di appartenenza. Quasi soltanto per ottemperare alle prescrizioni di legge. Sono quindi soltanto le marche e i prodotti (la marca e il prodotto) a connotare l'impresa, ad incarnare l'ordine del discorso aziendale, ad appartenere allo statuto di segni distintivi. Nondimeno, l'azienda, l'istituzione produttiva, risulta – per il consumatore – completamente afona, lontana ed anonima nel riverberare sulla produzione il suo patrimonio di valori. Sembrerebbe quasi che la relazione che s'instaura attraverso l'agire di consumo tra individui e brand, tra clienti e prodotti (o servizi) offra ben pochi margini di espansione: un *hortus conclusus* entro il perimetro della consumazione estemporanea, oppure entro l'effimero, per quanto amichevole e fedele, rapporto con le marche preferite.

È una situazione questa che trova ben poche giustificazioni a fronte di un diffuso sentimento del pubblico d'incompetenza in merito all'universo delle imprese, al mondo della "fabbricazione" e alle dinamiche gestionali delle aziende. Come se esistesse una sorta di *back-office* inaccessibile, un dietro le quinte tanto potenzialmente interessante quanto oscuro. In particolare, negli ultimi tempi si fa sempre più pressante una generalizzata lamentela che pare originata dall'idea di conoscere poco o niente sulle realtà produttive che stanno alle spalle dei beni che si acquistano. Non solo, emerge con insistenza un'altrettanto radicata *aspettativa di sapere di più* sulle imprese che firmano i prodotti. Una recente indagine della GPF&Associati condotta su di un vasto campione rappresentativo della popolazione ha messo in evidenza che 80% degli italiani è persuaso di non avere sufficienti informazioni su chi produce. Una percentuale analoga si dichiara inoltre interessata ad acquisire maggiori conoscenze sulle imprese (figg. 1 e 2).

Fig. 1 - "Le informazioni che si hanno sulle aziende di cui si comperano i prodotti sono..."

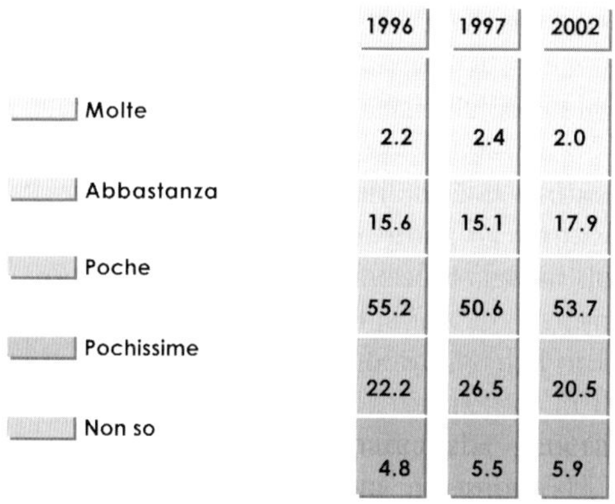

Fig. 2 - "Le informazioni che le aziende danno su se stesse dovrebbero essere..."

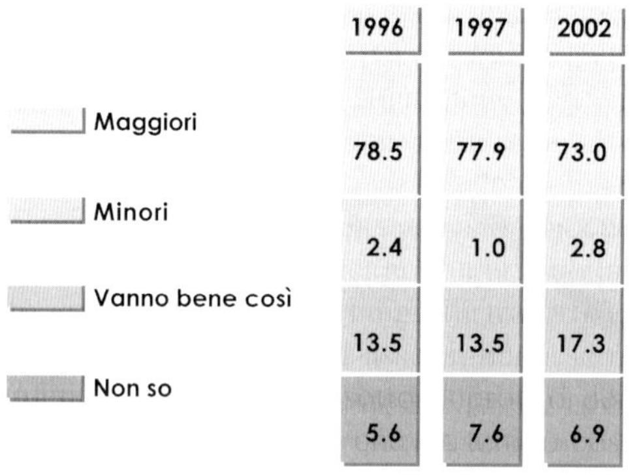

Più in generale si osserva che l'emergere di nuove consapevolezze ambientali e consumeriste chiama direttamente in causa l'impresa produttrice postulando l'assunzione di nuove e maggiori responsabilità. Fra queste anche quella di comunicare l'ecocompatibilità della sua produzione, gli standard di qualità, la vocazione al servizio.

L'impresa – quando si impegna ad evidenziare i suoi tratti distintivi, la sua attitudine produttiva, la sua esperienza imprenditoriale – riesce ad attribuire alle sue marche, ai suoi prodotti o ai suoi servizi una sorta di *plusvalore*. Può essere l'accredito di una tendenza alla ricerca, all'innovazione, all'impegno costante per meglio soddisfare i bisogni del consumatore; il riconoscimento di specifiche competenze settoriali, di tecnologie e *skills* affinate in anni di duro lavoro e di grandi investimenti; la capacità e la dedizione del personale; la tensione ad elevare la qualità della vita degli individui; la predisposizione ad operare da protagonista, e non da semplice comprimaria, nel villaggio globale.

Non solo: anche il versante dei valori sociali, tanto apprezzato e perseguito dai consumatori negli ultimi anni, può costituire uno di quegli *asset* competitivi e fondanti della *Corporate*. Stiamo parlando di dimensioni di rilevanza affettiva e universale, dallo spessore etico ed umano, che dovrebbero essere inscritte nel patrimonio culturale e genetico dell'impresa. Oppure semplicemente assunte come nuova missione (e non per questo meno coerenti rispetto al senso più profondo dell'operato aziendale). Non è casuale, infatti, il recente gradimento del pubblico per quelle imprese che si fanno *portatrici di grandi valori* di cui il prodotto non rappresenta che un importante corollario. Non è nemmeno casuale la diffusa e crescente ricerca di affinità elettive nei confronti istituzioni, brand e attori sociali (e l'impresa è un attore sociale): una *recherche* che punta in alto, oltre la mera funzionalità dei prodotti, al di là della semplice rappresentatività di un marchio. E volge lo sguardo verso quelle imprese che rivelano la consapevolezza del proprio ruolo culturale oltre che economico e che manifestano l'esigenza di caratterizzarsi anche su questo fronte. Purtroppo è ancora esiguo il numero di Aziende capaci di parlare in prima persona *l'importante linguaggio dei valori e delle responsabilità*, sempre più spesso delegato alle marche e al branding. *L'ambiente, la salute, la qualità della vita, l'impegno per le prossime generazioni, la libertà, la famiglia, la sicurezza, la tolleranza, l'attenzione all'ecosistema, la preoccupazione per le popolazioni indigenti e per le comunità* presso cui avviene la delocalizzazione produttiva. Tutte voci (o vocazioni) che dovrebbero entrare a far parte del codice genetico dell'impresa, prima ancora che della marca. Tanto più forti e credibili quanto più *coerenti con la cultura della Corporate*, in sintonia con i *core values*, aderenti al patrimonio culturale esistente all'interno della "fabbrica". Soltanto la trasposizione al *back-office*, al mondo della produzione e dell'imprenditoria di questo patrimonio di sensibilità e responsabilità, di filosofie e deontologie, può condurre ad una profonda coerenza tra brand e Corporate. Una coerenza capace di sottrarre ai "nuovi valori emergenti" quei caratteri di strumentalità, opportunismo culturale, demagogia o semplicemente di "pura facciata" che finirebbero, alla lunga, per compromettere la stessa *brand identity*.

Vi sono imprese, in Italia, che hanno una leadership riconosciuta a livello mondiale ma del tutto sconosciuta al mercato. Che hanno raggiunto performance straordinarie nel settore in cui operano. Che dedicano alla ricerca imponenti investimenti conseguendo reali livelli di eccellenza. Che dirottano una parte consistente dei profitti per garantire al consumatore maggiore sicurezza, affidabilità, servizio. Dimensioni che, se lasciate implicite, finiscono per essere ignorate o sottovalutate dal mercato. Così come il rigore produttivo, la piena assunzione di responsabilità davanti al consumatore, l'impegno ad accrescere la soddisfazione degli stakeholders. Ma anche la tradizione, la storia: sovente l'epopea delle origini e della famiglia imprenditoriale. Un patrimonio reale – talvolta inutilizzato, tesaurizzato – di cui sono a conoscenza però, per lo più, soltanto gli addetti ai lavori. Potrebbe divenire invece, se cognito, una importante leva di mercato.

La rinuncia dell'impresa a comunicare la propria identità e i propri valori trova sempre meno alibi anche alla luce del nuovo scenario con cui deve confrontarsi gran parte dell'industria di marca. Un panorama che vede una crescente competitività da parte di *outsiders* che si chiamano *discount*, *generics*, *primi prezzi*. Si tratta, certamente di una serie di alternative temibili a livello delle performance e dei valori d'uso, buoni cloni sul versante delle prestazioni, eccellenti fenomeni di *me too* sovente minacciosi per i prezzi che propongono. Tuttavia, non è azzardato considerarli (almeno molti di questi) "figli di genitori ignoti". Nel senso che alle loro spalle è latitante la storia, la stirpe imprenditoriale, la stratificazione delle esperienze, un know how in un ramo produttivo: non vi sono, cioè, a monte, produttori conosciuti che hanno acquisito – mediante un preciso divenire, un cammino di qualità, di ricerca e competenza – il diritto (o almeno la presunzione) alla fiducia da parte dei consumatori.

Insomma, quello inscritto nella Corporate è un concentrato di valore e di valori, in grado di riverberare ulteriore credibilità e valenze sui prodotti dell'impresa differenziandoli da servili imitazioni. Un patrimonio tanto prezioso non dovrebbe passare sotto silenzio. Sarebbe ormai un'omissione che le imprese – a fronte dell'ipercompetitività crescente e valutando gli andamenti dei mercati – non possono più permettersi. Non si tratta tanto di opporre il medagliere di famiglia all'aggressività dei nuovi invasori quanto decidere di confrontarsi, con questi, sul proprio terreno. Che è anche quello di tradizioni e competenze produttive che generazioni di consumatori hanno legittimato.

Comunque, indipendentemente dal nuovo scenario competitivo, esistono oggi fondati presupposti per attribuire maggiore visibilità alla Corporate. Riscattandola da quella sorta di colpevole embargo o timidezza in cui è stata per lo più confinata. La comunicazione Corporate può e deve accompagnare le campagne di marca e di prodotto per riflettere su queste valori che il consumatore reputa sempre più importanti. La comunicazione Corporate può svolgersi in parallelo alle comunicazioni di prodotto. Meglio ancora se riesce ad integrarsi ed a rendersi sinergica con queste.

4.3. Verso una architettura (di marca)

Le relazioni che intercorrono tra Corporate e Brand sono complesse ed eterogenee.

L'impresa e la marca possono infatti interagire visibilmente tra loro, originando sistemi lineari e diretti, in una sorta di "discendenza per consanguineità", oppure vivere in completa autonomia determinando strutture satellitari in cui il rapporto tra Casa Madre e marche del gruppo è caratterizzato da un solido matrimonio commerciale, finanziario, gestionale, ma da una assoluta autonomia in termini di identità tra la centralità dell'Impresa e le singole brand strategy. Acquisizioni in epoche successive, proficue economie di scala, riduzione dei costi di marketing, possono infatti determinare e disegnare architetture di marca dense ed estese, in continuo divenire e in perenne stato di ridefinizione.

Abbiamo voluto utilizzare qui una metafora architettonica che a nostro avviso risulta particolarmente efficace per cercare di spiegare (compito arduo) le reti più o meno fitte, più o meno lineari, più o meno evolute, che si vengono a creare quando la Corporate diventa referente principale e "contenitore" simbolico di più marche. Divene necessario, in questi casi, definire un registro di lettura che consenta di ordinare sensatamente, i vari livelli e le varie funzioni della marca.

Ad onor del vero, dobbiamo ammettere che i *case studies* da noi analizzati, le strutture gerarchiche prese in esame, le tipologie di gruppi industriali – o semplicemente commerciali/finanziari – che il panorama competitivo propone, offrono scenari talmente vasti ed eterogenei, da averci indotto – in una prima fase – ad abbandonare la metafora dell'architettura per abracciare quella – ben più complessa ed articolata – dell'ingegneria. Procter & Gamble, Unilever, LVMH, Nestlé, Henkel, Reckitt Benkiser, Coca-Cola Company, Kraft Foods, solo per fare alcuni esempi, non sono soltanto colossi finanziari o potenze imprenditoriali. Sono, a tutti gli effetti, organismi altamente complessi. Veri e propri sistemi ingegnerizzati – retti da una matematica e da una geometria – ci sono sembrati, infatti, taluni gruppi industriali, certe *multibrand strategy*, alcuni raffinatissimi adattamenti locali di marche globali, tra estensioni e gemmazioni, *licensing* e fusioni, cessioni e acquisizioni. Nel senso che spesso ci siamo trovati di fronte a Corporate di portata multinazionale, capaci di controllare portafogli di marca decisamente sterminati e variegati. Di fronte, cioè, a genealogie d'impresa costruite su più livelli, articolate su più fronti, entro impianti equilibrati e ordinatissimi: veri e propri "alberi", comprensivi di ramificazioni e radicazioni all'interno dei settori merceologici più disparati[8]. E ogni

8. Naomi Klein ha parlato, a questo proposito, di un "tendone". "Branson e altri stanno allargando i loro marchi in così tante direzioni da trasformare il tessuto aziendale in un tendone sotto il quale trovano spazio numerose attività principali, dagli acquisti al divertimento alle va-

volta i possibili giochi combinatori tra Corporate e brand apparivano diversi e multiformi, singolari ed efficienti. *Ogni architettura di marca è un caso a sé*, con le proprie regole e propri stili, la propria statica e le proprie dinamiche. Per questo, alla fine, la logica della complessità (ma non del caos) stava per avere il sopravvento sul nostro tentativo di creare un codice, di istituire una griglia tipologica soddisfacente. Tuttavia, abbandonata in ultima analisi ogni pretesa di esaustività, consapevoli come siamo che *qualsiasi tentativo epistemologico è da considerarsi, in questo senso, arbitrario e puramente semplificatorio*, abbiamo voluto tratteggiare una macrotipologia di architetture di marca. Per isolare e definire *le relazioni più ricorrenti che esistono tra Corporate e brand.*

Architettura, dunque, cioè un obbligo dell'ordine, perché – come insegna Le Corbusier, (dal cui celebre testo *Vers une Architecture*[9] abbiamo preso a prestito il titolo di questo paragrafo) – "il tracciato regolatore è un mezzo; non è una ricetta. La scelta e le modalità d'espressione del tracciato sono parte integrante della creazione architettonica"[10].

C'è sembrato utile utilizzare tre fondamentali dimensioni architettoniche capaci di esprimere lo sviluppo dell'*opera-marca* nel suo divenire, nei suoi continui aggiustamenti, nella sua imprescindibile necessità di una continua definizione e di una fondamentale coerenza interna. Si tratta di *pianta, volume e superficie*. Che esprimono, rispettivamente la struttura del portafoglio di marca, il ruolo della Corporate rispetto alla marca, ed infine le articolazioni di una stessa marca in termini di gamma e linea di prodotto. Lo ripetiamo, il nostro schema è puramente arbitrario, ma ci sembrava utile – per chi studia la marca e per coloro che intendono gestirla al meglio – offrire un paradigma, un modello: la marca, in fondo – come la casa – è uno strumento, una "macchina da abitare"[11].

4.3.1. *La Pianta: per una planimetria ragionata del portafoglio di marca*

Ci è sembrato di scorgere nelle dinamiche che regolano la gestione, da parte della Corporate, del portafoglio di marca, una curiosa analogia con la pianta di una casa, o se si vuole, di un tempio primitivo. Nel senso che quando esiste un tessuto organico e significativo, un principio gerarchico e funzio-

canze. Starbucks, nell'annunciare che avrebbe iniziato a vendere mobili in rete, ha definito il sistema come 'brand canopy' o copertura di marchio. È questo il vero significato dei marchi stile-di-vita: ci si può trascorrere l'intera esistenza". Cfr. N. Klein, *cit.*, p. 150.

9. Le Corbusier, *Verso una architettura*, Longanesi, Milano, 1984.

10. *Ibidem*, p. 51.

11. *Ibidem*, p. XXIV.

nale che stabilisce il nesso tra impresa, marca, estensioni e linee di prodotto, e la posizione di questi nello "spazio", il manager opera come un'architetto: definisce un perimetro, occupa dei territori, dispone le stanze, stabilisce la contiguità o la separazione, individua il tipo di fruitore e il genere di fruizione delle aree. Lo stesso spirito che si trova nella casa di Pompei o nel tempio di Luxor. Ad osservare certe planimetrie di marca ci rende conto che una matematica elementare le regge: per ben costruire, ben gestire, ben distribuire gli sforzi e le destinazioni d'uso, per la solidità e l'utilità dell'opera, per la sua coerenza interna è necessario dare un senso all'opera-marca[12].

La pianta è la proiezione orizzontale di una struttura tridimensionale in proporzioni ridotte. Ecco allora la necessità di disegnare un pianta, dalla quale tutto è determinato. Mettere a punto una planimetria di marca significa stabilire un principio di fondo che regola le relazioni tra Corporate e brand, tra brand e brand, in funzione delle singole marche o dei gruppi di queste e delle relative promesse. Senza pianta non c'è coerenza nella pianificazione strategica della marca. La pianta è la generatrice delle architetture di marca perché è grazie ad essa che la Corporate è in grado di organizzare il prorio portafoglio, strutturandolo per comparti o per aree omogenee, per destinazioni d'uso o per localizzazione territoriale.

L'impresa contemporanea configura il più delle volte un complesso sistema gerarchico – talvolta eterarchico – fatto di marche, linee di categoria, prodotti, servizi. La Corporate è la sorgente, la radice. È l'impresa che garantisce e che controlla: è un soggetto dinamico ed attivo, in grado di strutturare un "intorno" non solo semantico e simbolico, culturale e valoriale, ma anche concreto e definito, commerciale ed azionario, edificato e gerarchizzato. Un significativo *brand space*, in cui la grande madre, la Corporate generatrice, origina vere e proprie architetture di marca.

In molti casi, le architetture di marca, con le loro solide radici e le ramificazioni più superficiali, si possono esprimere graficamente secondo la logica di un organigramma.

Talvolta vi è un preciso disegno strategico alla base dell'evolvere del portafoglio di marche, talvolta invece si tratta della risultante di acquisizioni fat-

12. Vogliamo citare, ancora una volta, Le Corbusier, perché quanto egli scrive a proposito di architettura, ci sembra particolarmente funzionale al nostro discorso sulla marca e sulla necessità di istituire un ordine nella complessità: "Gli uomini della tribù hanno deciso di mettere al sicuro il loro dio. Lo mettono in uno spazio opportunamente disposto; lo mettono al riparo sotto una solida capanna e piantano i picchetti della capanna in quadrato, in esagono, in ottagono. Proteggono la capanna con una solida palizzata e piantano i picchetti cui verranno legate le corde dei pali del recinto. Definiscono lo spazio che sarà riservato ai sacerdoti, installano l'altare e i vasi del sacrificio. Aprono un portone nella palizzata e lo mettono in asse con la porta del santuario. Guardate nel libro dell'archeologo il grafico di questa capanna, il grafico di questo santuario: è la pianta di una casa, è la pianta di un tempio... Osservate queste piante: una matematica primitiva le regge...". *Ibidem*, pp. 53-54.

te in momenti successivi: per cui accanto a Fiat che firma una articolata gamma di vetture, troviamo Alfa Romeo e Lancia; accanto a Kraft originariamente Sottilette, poi Philadelfia, Jocca, quindi troviamo per acquisizione Fattorie Osella e Simmenthal; Heinz (rinomata per *baked beans* e ketchup) in Italia ha Plasmon, un sofisticato brand leader nell'alimentazione dell'infanzia, e Scaldasole, la prima e più accreditata marca nell'alimentazione biologica. Tali evoluzioni sono soggette alla dinamicità dei mercati, e dipendono da tanto inaspettate quanto profittevoli fusioni sinergiche: per questo riteniamo opportuno sottolineare l'assoluta provvisorietà delle configurazioni fin qui citate. È possibile, infatti che questa o quell'altra marca da noi presa in esame, passi – dall'oggi al domani – per una rapida acquisizione oppure una cessione in licenza del marchio, ad un altro gruppo.

Come osserva Ellwood, "l'identità di una Corporate è la rappresentazione visuale della struttura di una marca o di un'impresa"[13]. Una Corporate forte tende a segmentare le imprese, producendo differenti tipi di strutture specialiste, enfatizzando i differenti livelli d'interazione tra l'organizzazione dell'azienda e l'espressione della marca.

Gran parte della letteratura manageriale, come pure i modelli di gestione d'impresa più tradizionali hanno sempre fatto riferimento ad uno schema di sistematizzazione gerarchica definito da una dimensione orizzontale ed una verticale. In buona sostanza una sorta di albero genealogico (o dendrogramma) in cui appaiono le filiazioni derivate da una marca madre o marca-ombrello e le relazioni reciproche tra sotto-marche.

Una Corporate può controllare più di una brand, così da utilizzare più dendogrammi gerarchici separati per ciascuna di queste marche. Inoltre gli alberi genealogici possono addirittura essere tanti da formare una vera e propria foresta. Alcuni di questi possono risultare talmente estesi e complessi da non poter essere rappresentati facilmente in un unico grafico: sarà necessario, allora spezzarli a seconda dei principali rami in cui si articolano.

Unilever ha un portafoglio di marche vastissimo e traversale, che abbraccia diversi comparti del consumo. Oltre a brand come Cif, Lysoform, Mentadent, Bertolli, Lipton, Calvè e Algida, Unilever possiede una delle grandi marche nel comparto alimentare come Findus. La quale, a sua volta produce una sorta di ramificazione – o se si vuole gemmazione – in ulteriori marche come That's amore, QuattroSalti in Padella, Sofficini.

Esiste dunque una architettura di marca che va gestita ed interpretata come una vera e propria scienza del territorio, o, se si preferisce, una sorta di botanica: *l'albero della marca va coltivato, innestato e curato in tutte le sue gemmazioni e ramificazioni*. Costruire l'albero genealogico delle marche equivale

13. I. Ellwood, *cit.*, p. 27.

ad edificare solide e corrette architetture, a comprendere quando si rendono necessarie fusioni e quando invece le marche presenti sono insufficienti rispetto all'ambiente di mercato e alle istanze del consumatore. Questo tipo di pianificazione, se ben gestita, rende nitida la gamma delle offerte a tutti i livelli: imporre una logica di marche e sottomarche, con una trama ed un ordito, un pensiero strutturante ed efficiente, significa offrire al consumatore, ai clienti e al *Corporate team* nel suo insieme un quadro chiaro ed efficace.

Una Corporate forte è quella capace di strutturare, al proprio interno, un portafoglio di marche sensato e regolato da un principio essenziale. La struttura dell'albero genealogico, con le varie ramificazioni, è importante perché prevede una logica di fondo. Si presuppone che le sub-brand appartengano ad una stessa catena di significazioni, condividano lo stesso tipo di caratteristiche (target, attributi performativi, benefici intangibili, modalità produttive) e rispondano ad un idea unitaria, coerente e funzionale.

Una grande Corporate come Procter & Gamble, che posside nel proprio portafoglio qualcosa come un centinaio di brand che spaziano dai deodoranti al cibo per animali, deve necessariamente istituire un progetto che preveda una costruzione di senso attorno alla moltitudine di etichette. Che consenta, cioè, di realizzare efficaci sinergie per quelle marche che condividono le stesse missioni o le stesse caratteristiche. Missioni e caratteristiche che solo il management dell'impresa è in grado di definire. Per questo, ad esempio, P&G Usa decide di costruire la propria architettura a partire da ventuno "categorie" entro cui sistematizzare le proprie marche. Categorie merceologiche capaci di inglobare prodotti simili per caratteristiche o per destinazione d'uso e funzionali rispetto alle economie di scala e alle strategie di marketing dell'azienda (*Baby Care*, *Hair Care*, *Hair Color*, *Health Care*, *Paper Products*, *Household Cleaners*, *Laundry*, *Oral Care*, *Skin Care*, *Prescription Drugs*, *Personal Cleansing*, *Snack & Beverages*, *Feminine Protection*, *Dish Care*, *Special Fabric Care*, *Cosmetics*, *Pet Healt and Nutrition*, *Prestige Fragrances*, *Antiperspirants*, *Colognes*, *Commercial Products*). Questo criterio di segmentazione del portafoglio dipende da precise scelte strategiche dell'azienda. Scelte che spiegherebbero, ad esempio, la necessità di creare tre diverse tipologie per il settore delle fragranze e dei deodoranti (*Antiperspirants* non è *Colognes*, che a sua volta è diverso da *Prestige Fragrances*) e l'opportunità di unire in un'unica categoria (*Snack & Beverages*) i succhi di frutta vitaminizzati Sunny Delight, le patatine Pringles e il caffè macinato Folgers, prodotti apparentemente diversi, ma evidentemente contigui.

È necessario, allora, individuare il comun denominatore che aggreghi per sintonia intere famiglie di marche. È soltanto a monte, a partire dal management aziendale, che questa operazione deve prendere corpo. È una sorta di definizione di identità interna. Che consente, una volta messa a punto una *planimetria* ragionata, di passare all'*alzato* e poi ai *volumi*, fino alla solidità di un *complesso architettonico* in cui ogni spazio è coerente al proprio interno come pure rispetto a quelli contigui o superiori/inferiori. In cui, una volta stabilite le destinazioni d'uso (ad esempio, per rimanere nella metafora, zona notte/giorno), si possa procedere al sistema degli impianti, agli arredi, del comfort.

Esistono molteplici vie attraverso cui una Corporate può definire ed organizzare con chiarezza e logica interna le marche che compongono il proprio portafoglio. Proviamo ad elencarne alcune, tenendo presente che si tratta di un elenco incompleto e arbitrario, assolutamente non esaustivo, perché ogni azienda dispone di *criteri* e *fil rouges* assolutamente differenti dalle altre aziende, in genere pensati ad hoc, per i propri mercati e la propria struttura organizzativa/produttiva/distributiva.

a. per *destinazione d'uso*: L'Oréal ha Plenitude per la *cura della pelle* e Elseve i per *capelli*; Procter & Gamble Usa ha Pampers, Luvs, Dreft, Charmin per la *cura dell'infanzia*, Mr Clean, Bounty e Swiffer nei *detergenti domestici*, mentre nell'area *nutrizione degli animali domestici* troviamo Iams e Eukanuba. La Colgate Palmolive ha impostato il proprio portafoglio in quattro destinazioni d'uso: *detergenza tessuti* (Soflan, Fabuloso, Dinamo, Bravo, Olà, Curamorbido, Ajax), *detergenza casa* (Ajax, Fabuloso), *cura della persona* (Palmolive, Glicemille), *igiene orale* (Colgate);
b. per *modalità di utilizzo/occasione di consumo*: Buitoni ha suddiviso il propro portafoglio in tre macrotipologie: *dispensa, frigo, freezer.* In questo modo è riuscita a creare una propria architettura interna capace di contenere e sistematizzare il ricco e variegato portafoglio di categoria che le compete. Le celebri fette biscottate, ad esempio, uno dei prodotti pionieri, risultano così nella stessa famiglia – *dispensa* – di Buitost, Pastine di Walt Disney, Le Rasagnole, Maggi, ecc. Il nuovo marchio Buitoni Fresco, che comprende le basi di pasta fresca, come pure le paste fresche di semola, le pizze pronte (non surgelate) e le salse fresche per la pasta, fa riferimento all'area *frigo*. Il settore *freezer* include invece le pizze (Bella Napoli, Happy Pizza, Gran Trancio), i minestroni, le verdure e i vegetali naturali de La Valle degli Orti, i prodotti della linea Cucina Creativa. Ma anche i pesci ed prodotti a base di carne come Colorado, Farcitelle, Bastoncini di Pollo;
c. per *tipologie di prodotto*: le marche vengono fatte convergere in macro comparti a seconda delle caratteristiche oggettive del prodotto di riferimento. Si pensi a Kraft che ha organizzato il proprio portafoglio nell'alimentare in cinque gruppi: *Caffè* (Splendid, Hag); *Formaggi* (Philadelpia, Sottilette, Osella, Jocca; Susanna); *Piatti Pronti* (Simmenthal, Giravolte, Lunchables, Spuntì); *Salse* (Mayonnaise, Matomato); *Snack* (Milka, Toblerone, Cote d'Or, Susanna Snack, Philadelphia Snack). La Colgate, ad esempio, ha tre marche per il dentifricio ma possiede anche decine e decine di altre marche principali dedicate ai vari prodotti per l'igiene orale. Allora Colgate suddivide il proprio portafoglio in cinque segmenti che prevedono: *Dentifricio, Spazzolino, Filo Interdentale, Collutorio, Pillole al fluoro* ognuno dei quali include le relative sotto-marche (vedi fig. 3);

Fig. 3 - L'architettura della marca Colgate

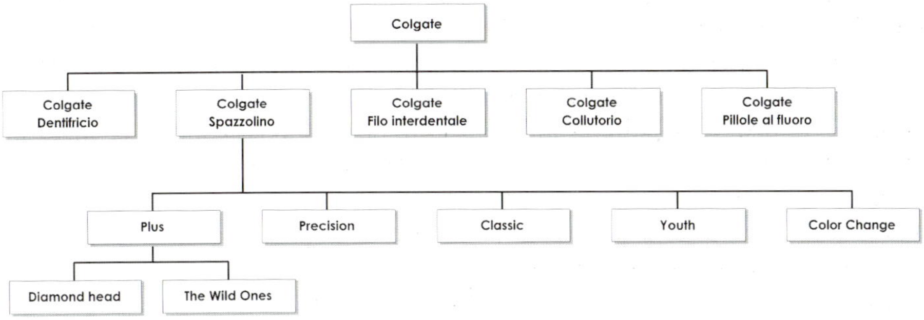

d. per *tecnologia utilizzata*: la Hewlett Packard ha le stampanti LaserJet, InkJet e Scanjet a seconda che si tratti di tecnologia laser, inchiostro o a scansione. Reebok ha segmentato il settore footwear sulla base della tecnologia ammortizzante usata nei singoli modelli di scarpe da corsa: DMX, X Beam, Ultralite, Play Dry;
e. per *posizionamento sulla base della qualità, del valore del prestigio*: le carte di credito della Visa: Classic, Gold, Platinum e Signature; le autovetture della General Motors (Chevrolet, Pontiac, Oldsmobile, Cadillac, Buick, GMC, Saturn, Hummer, Saab, Opel);
f. per *beneficio* offerto: Kellogg's ha creato cinque grandi famiglie di prodotti, ognuna con un preciso benefit. *La buona vitalità* (la linea Corn Flakes); *Solo 1% di grassi* (la linea Special K); *Gusto Extraordinario* (la linea Kellogg's Extra); *Ricchissimi di fibre* (Kellogg's All- Bran); *Cresco Bene/bambini* (Kellogg's Frosties, Kellogg's Rice Krispies, Kellogg's Mile Pops, Kellogg's Choco Pops). Prince ha segmentato la propria offerta a seconda del vantaggio in termini di performance: racchette da tennis Prince Thunder (*potenza*) e Prince Precision (*precisione*). Galbusera ha diversificato il proprio portafoglio (biscotti e crackers) in tre macro tipologie: *Speciali Salute* (BuoniCosì, MeglioCosì, CerealiCosì, WaferCosì, Più Leggeri, ZeroGì, ZeroGrano, piùIntegrali, Mais, Oliva, Magretti, ZeroSale), *Linea Bio* (BioFrumens, Bio Petit, BioRustico, Biodolci, Biograno) *Classici* (Novellino, Turco, Zalet, The Froll, Tra, Turco, Ottocento, My Froll, Valtellina);
g. per *localizzazione territoriale e strategica dei mercati* (globali/locali): le architetture di marca possono edificarsi a partire dalla localizzazione territoriale e culturale delle varie etichette. Nestlé è uno straordinario esempio di come una Corporate di livello internazionale e multinazionale possa articolare un vastissimo portafoglio di marche su un doppio registro: globale e locale che, convenzionalmente, viene definito *worldwide* e *regional*. Ne-

stlé possiede 6 *worldwide Corporate brands*: Nescafé, Nestlé, Nestea, Maggi, Purina, Buitoni. Ed è in grado oggi di gestire globalmente marche locali (si pensi a Perugina, Ore Liete, Baci, La Cremeria, Antica Gelateria del Corso in Italia) e, localmente, marche globali (un esempio su tutti: il rilancio del momento del brunch associato a Nescafé in Italia) (vedi fig. 4). Heineken Italia gestisce il proprio portafoglio di categoria attraverso tre macro comparti così suddivisi: *brand nazionali* (Heineken Italia, Birra Mo-

*Fig. 4 - Nestlé Branding Tree (Parsons 1996)**

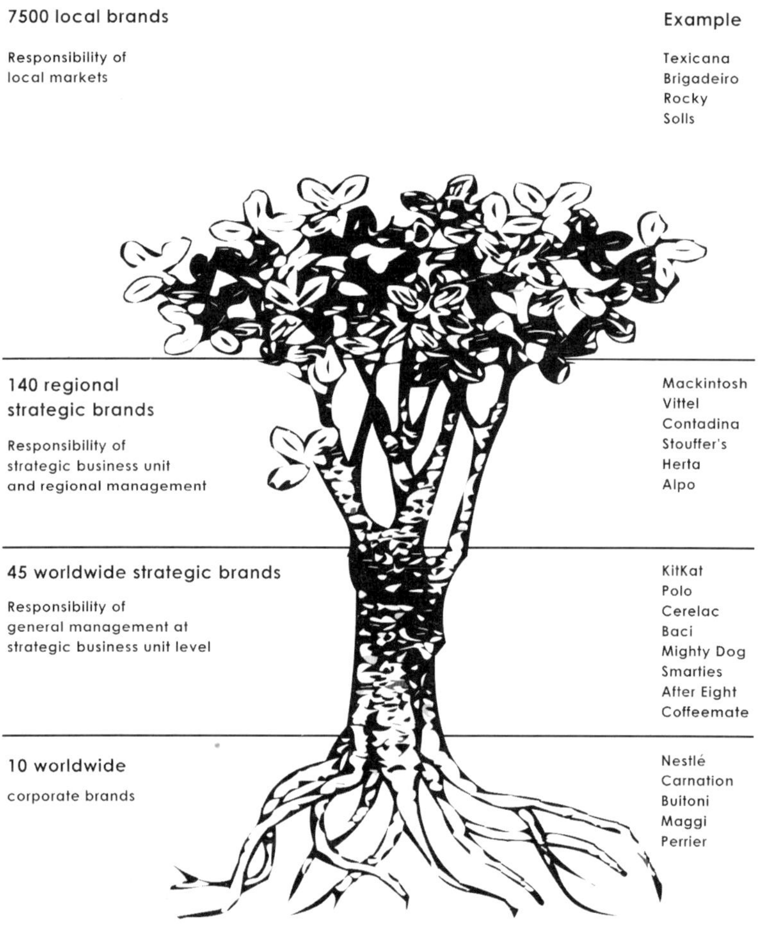

* L'albero della Nestlé, messo a punto da Parsons nel 1996, è già oggi sostanzialmente mutato nella sua configurazione. Basti pensare che le world wide Corporate brands oggi si sono ridotte a 6: Nestlé, Nescafé, Nestea, Buitoni, Maggi, Purina. Ed è inevitabile prevedere nuovi, ulteriori sviluppi.

retti, Dreher e Bud italiana[14]), *brand regionali* (Ichnusa per la Sardegna, Sans Souci per il Triveneto, Messina per la Sicilia, Pedavena per il Veneto) e *birre speciali* (birre di provenienza estera che coprono piccole nicchie del mercato italiano: ad esempio Dorelei e Fixeville);

h. per *segmento di mercato*: i jeans Lee Pipes (per adolescenti), Lee Dungarees (retrò e vintage per i ventenni), Lee con rivetti (classici, per tuti) e Lee Casuals (per donne adulte)[15].

Tutte le griffe dell'abbigliamento affiancano alla prima linea – che solitamente riverbera prestigio, fa notizia, visibilità sui media ma produce scarsi utili – una seconda linea che si richiama nel nome alla prima. È quella – in realtà – che produce volumi e fatturato: Dolce&Gabbana ha D&G, Versace Versus, Fendi Fendissime, Ferré GFF, Donna Karan DKNY, Calvin Klein CK e via dicendo. Armani ha un sofisticato sistema di marchi per livello di prezzo e tipologia di consumatori: Giorgio Armani (o etichetta nera o via S. Andrea) come prima linea; Le Collezioni di Giorgio Armani (o etichetta bianca) come seconda linea; Emporio Armani con una linea più giovane, trendy con un maggior contenuto di moda; Armani Jeans noto originariamente come marchio di jeanseria firma adesso una linea più informale e casual; AX (solo negli Usa) un marchio informale e per giovanissimi. Ogni brand ha una propria linea di accessori (camicie, cravatte, intimo, pelletteria, scarpe …) prodotta dalla stessa azienda. Accanto a questo variegato universo si affiancano le licenze che fanno capo ai due diversi mondi sotto l'ombrello Armani: Giorgio Armani ad Emporio. L'Oreal produce le fragranze (Giò, Acqua di Gio, Sensi, He e She dell'Emporio), Luxottica gli occhiali (Giorgio Armani, Emporio) Fossil gli orologi dell'Emporio e poi un susseguirsi di licenze minori per gioielli, arredo per la casa).

4.3.2. *Il volume: le relazioni tra Corporate e Marca*

Stabilire il volume in una architettura di marca significa comprendere la missione della Corporate ed il suo ruolo rispetto alle altre marche del gruppo. Il volume, infatti, misura la porzione di spazio occupata da un determinato corpo.

In linea generale, la Corporate può assumere due posizioni/ruoli fondamentali rispetto alle marche del proprio portafoglio. La Corporate, cioè, può, conservare una propria autonomia, anche in senso nominale, e controllare/gestire le marche del gruppo che risulteranno allora sostanzialmente distinte e differenti da essa. Oppure può divenire un tutt'uno con la marca o con le

14. In questo caso, Heineken Italia, funziona come "*operating company*", cioè come Corporate che distribuisce e commercializza sul mercato italiano, un brand straniero (per Bud si tratta di una marca americana).

15. Per un approfondimento si veda D.A. Aaker e E. Joachimsthaler, *cit.*, pp. 175-176.

marche che – in questo caso – porteranno e tramanderanno il suo nome, la sua cultura, la sua identità, i suoi valori.

In questa sostanziale distinzione ci è sembrato di scorgere – coerentemente alla metafora architettonica – una analogia con la differenza che esiste tra i termini *house* e *home*. *House*, nell'accezione anglosassone è una casa generica, un generico edificio, anche pubblico, un luogo che contiene, che tiene insieme e uno spazio che ingloba. *Home* è la propria casa, quella in cui gli abitanti, come pure gli spazi, gli oggetti e le cose, appartengono allo stesso sentire, ad una eredità culturale, familiare, affettiva comune. Per questo la Corporate è *house* per tutte quelle marche che attraverso successive acquisizioni entrano a far parte del suo portafoglio, ma è *home* per i brand storici, che ne hanno costruito l'*heritage* e l'identità.

Ad articolare ancor più le relazioni tra Corporate e marca sono le diverse applicazioni nei vari settori merceologici. Nel senso che la Corporate può abbracciare diversi comparti di consumo oppure concentrarsi sulla sua vocazione imprenditoriale e produttiva originaria.

Qui di seguito abbiamo tentato una sorta di tipologia per inquadrare alcuni dei casi più ricorrenti.

1) *Corporate e Brand coincidono e formano un unico prodotto o diverse versioni dello stesso, ma sempre nel medesimo comparto merceologico* (fig. 5).

Il nome dell'impresa identifica il nome della marca. Si tratta allora di una equazione di questo tipo:

Corporate = brand

Fig. 5 - Corporate e brand coincidono e formano un unico prodotto o diverse versioni dello stesso nel medesimo settore

È il caso di McDonald's, Nike, Illy, Lavazza, e tante altre. La Corporate conserva una propria unità, un nome distintivo e una coerenza interna originaria: tutte dimensioni che trasferisce direttamente alla marca e al prodotto. Insomma, ad un primo sguardo, sembra quasi non esserci soluzione di continuità tra quello che abbiamo chiamato il backoffice, l'azienda, l'istituzione, l'organizzazione e ciò che il consumatore acquista: la marca.

Illycaffè è un valido esempio in questo senso: produce esclusivamente un'unica miscela 100% Arabica. In grani o macinato, in barattoli pressurizzati o in serving, la qualità Illy non cambia.

Il caffè Illy è disponibile in diverse versioni: tostatura media o scura e nella variante decaffeinato. È presente sul mercato in differenti formati, a seconda se siamo a casa, se lo chiediamo al bar o se ci concediamo una pausa in ufficio, per soddisfare i desideri di milioni di persone. Ma non cambia gusto.

Non solo, in molti casi, il nome della marca è – per il pubblico – il prodotto stesso. Illy è il caffè. Ma Illy è Corporate ed è anche brand. Lo stesso vale per Lavazza. Questa tipologia di marche viene comunemente definita come *product-brand*, o *marca-prodotto*. Ne tratteremo dettagliatamente nel paragrafo 4.

Modelli di gestione dell'impresa di questo tipo, in cui la Corporate incarna un volume che si fonde con quello della marca e del prodotto, stanno acquistando una forza ed un valore crescenti nei mercati occidentali contemporanei.

Viene da chiedersi se la ricorrenza, e il dominio, di queste che sono state definite *company brands* o *marche-impresa* sia da considerarsi un fatto casuale oppure se si tratti di un trend per l'avvenire. Sono in molti a sottolineare che *the company brand is the future*[16]. Noi crediamo che certe marche siano autentici capitali in termini di relazione con gli individui consumatori: il nome che viene spontaneamente alla mente è quello di Harley Davidson. Si tratta di marche capaci di produrre *commitment*, di dare vita ad autentiche comunità del consumo, di generare universi simbolici e mondi possibili. Sono queste le *marche relazionali* che divengono cultura, fenomeni sociali, ideologia. Per questo, nei loro confronti, la gente avverte una sostanziale prossimità valoriale, ne condivide sensibilità e linguaggi.

2) *Corporate e Brand coincidono e si declinano in diversi settori merceologici* (fig. 6).

Anche in questo caso siamo di fronte a *marche-impresa*, *company brands*, ma qui viene a mancare l'equivalenza con la categoria, col singolo prodotto, con la singola specializzazione produttiva dell'azienda. La Corporate, cioè, è marca presente in comparti del consumo differenti, spesso anche profondamente distanti come vocazione imprenditoriale.

Fig. 6 - Corporate e brand coincidono e si declinano in diversi settori merceologici

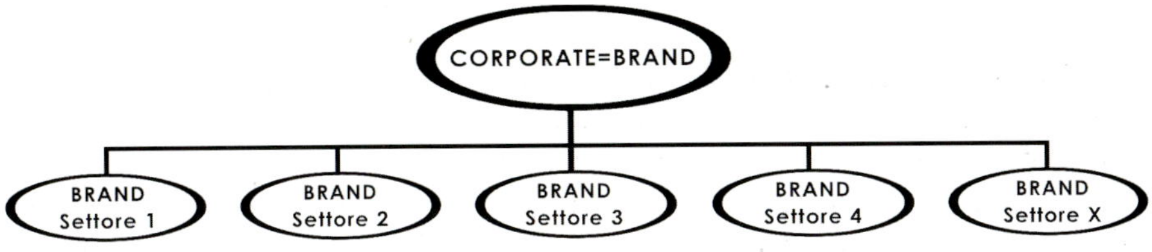

16. G. Randall, *cit.*, p. 112.

È il caso di Virgin. Ed è il modello più frequente nell'impresa giapponese. Un modello che può considerarsi, a tutti gli effetti, quello di una *marca-cultura*, capace, cioè di contaminare più aree del consumo con il proprio valore ed i propri valori.

Qui la Corporate costruisce la propria architettura identitaria per generazione di sottospecie: una serie di brand che portano lo stesso nome della marca madre e dell'impresa produttrice (la Corporate) ma che risultano altamente specializzate in più comparti merceologici distinti e differenti. L'esempio più significativo, a questo proposito, può considerarsi proprio Virgin. Una Corporate, che rappresenta la discografia internazionale (Virgin records, V2), le compagnie aeree (Virgin Atlantic Airways, Virgin Express), le linee ferroviarie (Virgin West Coast Trains), i soft drinks (Virgin Cola, Virgin Pulp, Virgin Surpriz), l'editoria (Virgin Books), i videogiochi (Virgin Play) l'abbigliamento (Virgin Clothing, Virgin Ware, Virgin Brides), i cosmetici (Virgin Vie, in Francia), il turismo (Virgin Resort and Hotels), le trasvolate in mongolfiera (Virgin Balloon Flights) e persino delle polizze vita. E che rappresenta, prima di tutto, uno stile di vita e una filosofia, un modo di essere e di pensare, che fa riferimento al suo geniale fondatore e proprietario Richard Branson. Come ha scritto naomi Klein "il caso Virgin dimostra chiaramente che sulla scia della rivoluzione sinergica, le estensioni di marchio non sono più delle semplici appendici del prodotto principale e neppure la maggiore attrazione. Queste estensioni formano piuttosto le fondamenta sulle quali si regge l'intera struttura aziendale"[17].

In queste architetture la marca viaggia in buona autonomia rispetto ai prodotti che firma. Nel senso che esprime una propria identità discorsiva, un'unità segnica individuale che la rende un dispositivo semiotico a tutti gli effetti: un condensato di segni e di significati, indipendentemente dai beni di consumo o dai servizi che la accolgono (o che essa accoglie). In questo caso, allora, la marca non è il prodotto. La marca è l'impresa. E l'impresa è qualcosa di più di una marca: è una vera e propria cultura, è una *Weltangshauung*.

Come osserva S. King "la *company brand* è destinata a diventare la principale discriminante. La scelta d'acquisto del consumatore dipenderà sempre meno da una valutazione dei benefit funzionali dei prodotti o servizi e sempre più da una valutazione sulle imprese che vi stanno dietro: abilità, attitudini, comportamenti, esperienza, design, stile, linguaggio, ambientalismo, altruismo, modo di comunicare, velocità di risposta, e così via. In buona sostanza l'intera cultura dell'impresa"[18].

La Corporate che costruisce l'intera struttura aziendale attorno a se stessa, è, indubbiamente anche una marca potente, talmente carismatica ed evocativa

17. N. Klein, *cit.*, p. 149.
18. S. King, "Brand building in the 1990's", *Journal of Marketing Management*, n. 7, 1990, p. 3.

da emanare un'aura capace di contaminare gli oggetti. È questa la marca alchemica, pietra filosofale, autentico moltiplicatore di valore: in grado di realizzare vere e proprie trasmutazioni di senso e di valore commerciale e simbolico. Pensiamo a Benetton. Esiste forse un prodotto caratterizzante per questo marchio nostrano? Parlare di maglieria crediamo che sia limitativo. Anche perché, si tratta, piuttosto, di ideologia, di iconografia multietnica, di discorso sociale. Benetton, ormai, ha smarrito ogni legame con la merceologia originaria e pare orientato ad evocare contenuti, più che valori di prodotto. Nondimeno, esistono marche come Yamaha che si imprimono ugualmente su motociclette, pianoforti e persino scuole di musica[19]. Marche come Madza che segnano contemporaneamente autovetture e batterie (per non dimenticare grandi strutture per concerti e congressi come il Mazda Palace a Milano). Marche come Sony che firmano apparecchi elettronici e radiotelevisivi, ma anche telefonia, software, multimedia, cinema (Sony acquista Columbia Pictures Enterteinement nel 1999) e compagnie assicurative (Sony Life Insurance). E così via. Insomma queste marche vengono prima del prodotto o, in altri termini, funzionano indipendentemente da esso. Viaggiano in solitario, pur producendo relazioni significative col consumatore. Il loro valore, i loro valori, non sono quelli dell'oggetto e del servizio cui si legano, ma appartengono alla missione della Corporate, ad una visione del mondo più ampia, ad un agglomerato di segni e significazione che trascende la merce tangibile.

In questo approccio al branding, il concetto di posizionamento appare datato ed arcaico perché non si tratta di rapportarsi alla concorrenza, di occupare un *personal brand-space* nella mente del consumatore, di indviduare una serie di attributi esclusivi del prodotto e di rivolgere richiami ad una porzione prescelta degli acquirenti potenziali.

Quello che conta, in questo contesto, è costruire una relazione tra il consumatore e la Corporate: la forza della marca non si rivela attraverso la differenza con l'altro (il competitor o i competitor), non dal confronto per esclusione. Nasce, piuttosto dall'*interno*, dall'*essenza* profonda, da un *nocciolo centrale identitario*. L'energia del brand sta allora nella sua missione ed è animata da uno spirito e da un senso allargato dell'impresa e della produzione/consumo. Qui – dove il nome della marca coincide con quello del gruppo, dell'azienda (non appartiene dunque ad un *parterre* di sottomarche, ad un ventaglio di filiazioni segmentate) – ciò che conta è l'identità e la personalità del brand. La marca adesso è un segno talmente potente e carismatico da produrre fiducia, *commitment*, fedeltà. Insomma l'attaccamento del consumatore – quel sentimento di *bonding* di cui tanto parlano gli anglosassoni – è nei confronti di un terreno che potremmo definire "ideologico", di un plesso di

19. La Yamaha Music School, fondata a Los Angeles nel 1965, ha più di 1300 scuole in oltre 40 paesi del mondo. È conosciuta ed apprezzata per la sua didattica basata su un approccio estremamente ludico all'educazione musicale dei bambini.

valori e di sensibilità, di una rappresentazione simbolica di attributi intangibili e benefici concreti. È una marca-cultura.

È una sorta di "matrice", che genera moduli simili, che origina segni o sistemi semiotici, che è capace di strutturare l'offerta di una determinata azienda. È la marca principale, che serve come punto di riferimento per definire le altre marche proprie e per segmentare la gamma. Conferisce all'offerta credibilità e concretezza, mentre le altre marche del portfolio illustrano un ventaglio di connotazioni specifiche. La vera forza di queste brand sta nel DNA, nella promessa e nella personalità del genitore, della marca istituzionale. Nonostante estensioni e peregrinazioni in altri comparti merceologici, al di là di cambiamenti di comparto, la *brand personality*, agli occhi dei consumatori rimane la stessa. E questo è uno straordinario privilegio: una connotazione di coerenza e solidità, di radicazione e distinzione. Il riconoscimento di una *global brand* centrale e fondativa, che sia a monte delle ramificazioni che produce e che in ogni caso rimanga inattaccabile sul versante del valore, dei valori e della coerenza interna, costituisce una lunghezza di vantaggio rispetto ai competitor. Non solo: riduce i rischi connessi all'ingresso in nuovi territori. Ma è anche un'arma a doppio taglio. Infatti se l'estensione s'inoltra verso campi particolarmente distanti da quello originario, il rischio è quello di veder offuscata la distintività e la credibilità della Corporate.

Questa dinamica – che pare allontanarsi dall'idea di prodotto e di produzione – proietta l'impresa nello statuto dell'immaginario e del simbolico, del valoriale e del culturale e le consente una trasversalità formidabile. Nondimeno questo scollamento dal singolo oggetto offre gradi di libertà minacciosi e killer, in quanto può proiettare la marca verso orizzonti profondamente distanti da quello della produzione originaria.

È vero, come osserva Kapferer, che "l'imprenditore che sceglie una marca puramente descrittiva per designare un prodotto nuovo commette un grave errore. Si troverà in effetti fortemente handicappato il giorno in cui vorrà fare decollare la sua marca dal reale verso il registro dell'immaginario. Dunque, meglio chiamare un soft-drink all'arancia Fanta o Tango, piuttosto che Orangina. In Gran Bretagna, tutti sanno che Tango è un soft-drink all'arancia, ma il suo nome esotico, danzante, del Sud, gli conferisce una personalità originale che Orangina non ha spontaneamente… non bisogna mai dimenticare che la funzione di una marca non è quella di descrivere un prodotto, ma di distinguerlo dagli altri prodotti"[20]. Addirittura Tango ha creato un neologismo entrato a far parte del linguaggio parlato in UK: *to be tangoed*, essere immerso in un profluvio di odori e sapori (si veda, a questo proposito, la campagna premiata all'*Advertising Film Festival* di Cannes nell'edizione 2003).

20. J.-N. Kapferer, *Ce qui va changer les marques*, Éditions d'Organisation, Paris, 2002, pp. 29-30.

Questo approccio al branding è potente e fragile nello stesso tempo. Quando la lista delle *business extensions* s'allunga, il goodwill nei confronti della marca potrebbe non estendersi con la stessa elasticità: non abbastanza. E dunque generare crolli di fiducia da parte del consumatore nei confronti della brand. "La questione cruciale è se il consumatore accetterà che un'impresa che produce eccellenti apparecchi televisivi farà altrettanto bene i forni a microonde o le biciclette o i tappeti, come nel caso di Panasonic. Se la qualità dei nuovi prodotti s'intona con la *corporate brand personality*, allora probabilmente questi verranno accettati. Per esempio, quando Virgin ha prodotto una linea d'abbigliamento, questa s'è ben sintonizzata con l'immagine dello stile di vita divertente e alternativo della compagnia area e dei negozi di dischi"[21].

La questione della *marca-impresa* rappresenta un nodo centrale del marketing contemporaneo. L'idea di una Corporate che firma indistintamente un soft-drink, il traffico aereo sull'Atlantico del Nord, dei servizi bancari, dei vestiti da sposa e dei compact disc, incarna la profonda rivoluzione che le marche stanno oggi vivendo. Una sorta di smaterializzazione totale, in cui si perde di vista l'appropriazione dell'oggetto, il legame col prodotto, la sostanza carnale e tangibile con le merci. Un panorama che pare esaltare il potenziale discorsivo e comunicativo della marca, la sua straordinaria capacità di veicolare messaggi e culture, di diffondere simboli e segni. Una potenziale che Kapferer definisce "di circolazione e di fluidità"[22]: una condizione assolutamente sconosciuta fino ad un recente passato.

3) *Corporate e brand non coincidono. Le marche del gruppo abbracciano diversi settori merceologici oppure un unico comparto del consumo con distinti posizionamenti* (fig. 7).

Fig. 7 - Corporate e brand non coincidono. Le marche del gruppo appartengono a diversi settori merceologici oppure allo stesso settore

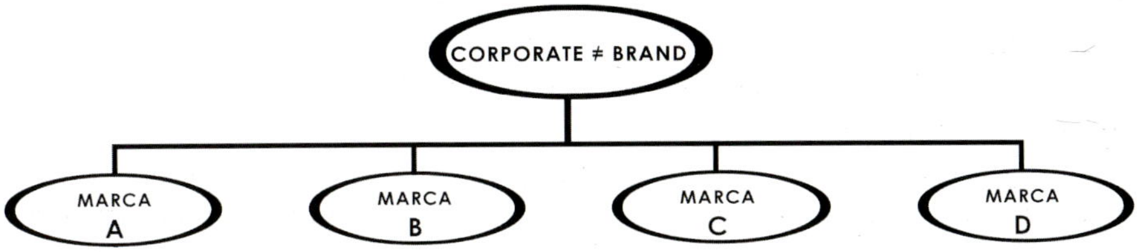

21. I. Ellwood, *cit.*, p. 28.
22. J.-N. Kapferer (2002a), *cit.*, p. 27.

La Corporate qui ha soltanto una funzione istituzionale, di Corporate appunto, ma non di brand. Ed è sostanzialmente staccata rispetto alle marche del suo portafoglio, sia in termini di visibilità (spesso il nome della Corporate non figura o compare marginalmente nelle confezioni dei prodotti) che di nomenclatura (ogni marca ha una sua etichetta, un suo nome, una sua personalità). Grandi multinazionali come Henkel e Unilever insistono con successo nelle loro marche individuali, *product-brands* che vivono in completa autonomia rispetto alla Corporate, ma in assoluta simbiosi col prodotto di cui rappresentano la performance tangibile. Nel caso di Procter & Gamble, Dash, Pampers, Ace, Ivory, costituiscono efficaci paradigmi di questo modello. Qui il legame tra marca e il bene di consumo o il servizio può essere particolarmente significativo, nel senso che efficaci *strategie multibrand* sono capaci di generare forti personalità di marca, spesso indissolubili dai singoli prodotti.

L'alta segmentazione dei mercati dei FMCG (Fast Moving Consumer Goods), corrisponde all'espressione del ventaglio di possibilità offerte al consumatore. Si tratta certamente del sintomo dell'iperscelta contemporanea, di quel frammentato scenario postmoderno che vede il moltiplicarsi delle identità: non soltanto le identità dei consumatori, ma anche quelle dei prodotti. Tante *brand identity* autonome e distintive, che persino la Corporate di riferimento gestisce in maniera separata. Generalmente si tratta di personalità dense di significazione, create attraverso l'ealtazione degli elementi visuali ed un sapiente uso del marketing mix: packaging, logo, simbolo grafico, icone forti e personaggi di marca, pubblicità, comunicazione. Il tutto concorre creare quell'*Unique Selling Proposition* così spesso messa in gioco in questo tipo di etichette.

In questo modo l'impresa può contare sui vantaggi derivanti dalla distribuzione bilanciata delle quote di mercato: massimizzare la *brand share totale*, rendere più efficiente la Corporate valorizzandone l'equity, assicurare un portafoglio di marche competitive e originali. Nello stesso tempo, la Corporate non risulta vincolata ad un singolo nome di marca, ad una singola brand identity o brand personality, che potrebbero limitare i margini di miglioramento ed adattamento del portafoglio. La Corporate, cioè, ha la possibilità di gestire, con un certo margine di elasticità, posizionamenti, traduzione culturale e persino cambio di identità delle marche. Un esempio su tutti: Philips, la marca tedesca di elettronica, che in Sud America si offre ai consumatori sotto il nome di Walita, raggiungendo posizione da leader nei vari mercati di riferimento.

Lo svantaggio di questo tipo di approccio sta nel fatto che ogni singola marca necessita di un lavoro *ad hoc* di costruzione della propria identità. Ogni singola marca, cioè, va gestita come un mondo a sé, con un branding individuale, una comunicazione su misura e con uno specifico budget. In buona sostanza vengono a mancare quelle economie di scala che una marca ombrello, o comunque più inglobante e trasversale riesce ad assicurare all'impresa. Inoltre è evidente che in questo caso non esistono quei *cross-be-*

nefits derivanti dal riverbero di una marca di successo sull'intera Corporate di riferimento o su tutto il portafoglio. La fortuna di una singola brand ha scarse probabilità di contaminare favorevolmente le altre. Dunque, l'equity, la qualità percepita, la fedeltà e la notorietà di una marca del gruppo non sono trasferibili sulle altre della stessa famiglia o sul genitore stesso. Nondimeno anche il rischio è diversificato: un insuccesso, un disastro commerciale, una cattiva pubblicità, un flop che si abbattono su un marchio non inquineranno tutta la corporazione. General Motors, negli Stati Uniti, col suo ampio portafoglio di marche, grazie la sua strategia che ha fatto scuola, attraverso le sue mitiche quattroruote dalla personalità nitida, ha costruito autentici territori di marca. GM ha storicamente improntato le proprie strategie sopra una attenta segmentazione dell'offerta. Chevrolet, Pontiac, Buick, Oldsmobile e Cadillac[23]: marche distintive e forti, ciascuna col suo posizionamento ed il suo livello di prezzo, con una forte individualità e una propria peculiarità. Una "*multibrand strategy*" che ha rischiato di appannare persino l'appeal e la visibilità della Corporate.

4) *Corporate e Brand coincidono soltanto in parte. La Corporate è Marca ma svolge pure un ruolo istituzionale di Corporate rispetto ad altre brands, dello stesso settore o di settori merceologici differenti* (fig. 8).

Fig. 8 - Corporate e brand coincidono soltanto in parte, e appartengono allo stesso settore oppure a settori differenti

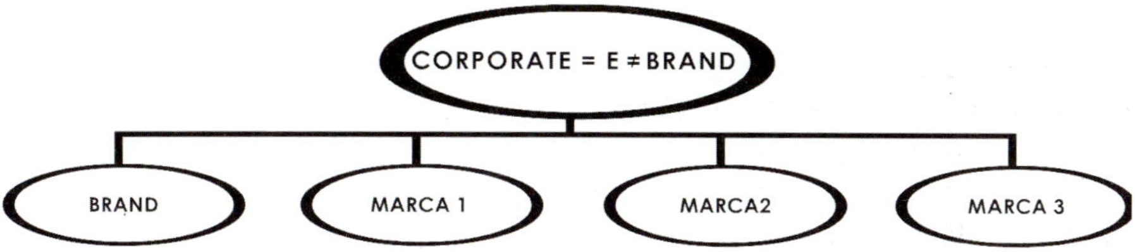

È il caso della Coca-Cola Company, che è marca in quanto firma Coca-Cola e tutte le declinazioni di questa (Caffein Free Coke, Diet/Light Coke, Cherry Coke, Vanilla Coke, ecc.) ma è anche Corporate per tutta una serie di brands globali e locali nel settore dei *soft drinks and beverages* (Fanta, Sprite, Minute Maid, Oasis, Dr. Pepper, Crystal, Bacardi mixers, Tab, Inca Kola, Scheweppes, e così via) . È anche il caso del gruppo Barilla: una Corporate

23. Si veda, a proposito della storica segmentazione del mercato introdotta dalla General Motors: S. Young, *Pushing GM's Humble-Pie Strategy*, "Business Week", 11 giugno 1990, pp. 52-53.

che trasferisce in linea diretta il proprio nome e la propria cultura imprenditoriale alla marca Barilla (la pasta, ma anche tutte le brand extension dai sughi pronti ai primi piatti surgelati) ma che posside nel proprio portafoglio marche differenti in comparti del consumo differenti (Mulino Bianco, Pavesi, Wasa).

Questa tipologia, in realtà, si presta a diverse declinazioni. Infatti alcune Corporate sono principalmente Corporate e marginalmente brand. Altre sono soprattutto brand e poi, in seconda istanza, anche Corporate. Barilla, ad esempio, ha una forte identità di marca, pur svolgendo funzioni e ruoli da Corporate. Dunque, agli occhi del pubblico, Barilla è essenzialmente un brand. Lo è dalle origini, lo è nel suo DNA.

La Corporate, la grande marca istituzionale, allora, rassicura rispetto a brand inedite che incarnano prodotti nuovi. Può accadere, tuttavia che, in una fase successiva, quando la "sub-brand" si sarà conquistata credibilità e fiducia agli occhi del consumatore, questa diventi più riconoscibile e desiderabile della Corporate stessa. Ma raramente la Corporate garante scomparirà soffocata od offuscata dall'aura delle singole brand. Difficilmente la si vedrà relegata o marginalizzata sul retro delle confezioni.

Barilla ha svolto questo importante ruolo nella fase di lancio di Mulino Bianco. S'è verificata infatti una importante sinergia tra la marca istituzionale – già conosciuta come sinonimo di pasta di semola, di esperienza imprenditoriale e produttiva, di azienda italiana forte, legata al simbolismo della casa, del calore domestico, del nutrimento materno – e la marca derivata, che s'andava ad appropriare del territorio della prima colazione, dei prodotti da forno, della naturalità, della tradizione arcaica e rurale. In breve tempo Mulino Bianco s'è guadagnata fedeltà, stima e fiducia da parte del consumatore, ha sedimentato attraverso la comunicazione un certo appeal e una certa seduttività. Nondimeno, l'identità istituzionale di Barilla non è risultata cannibalizzata né oscurata. Piuttosto, è apparsa ancor più compatta e credibile di un tempo. Adesso è Mulino Bianco che svolge questa funzione certificativa e rassicurante tra le tante sue sub-brand: alcune – lo vedremo più oltre – semplici nomi di prodotto altri vere e proprie brand.

Nestlé, che è insieme Corporate e marca, è presente soltanto marginalmente nel mercato – e nella mente dei consumatori – come marchio che gode di una propria autonomia identitaria. Nel suo vastissimo portafoglio, i prodotti a marchio Nestlé si contano sulle dita di una mano. Soltanto Nestlé Classic, la tavoletta di cioccolato tradizionale; Nestlé Grands Chocolats, cioccolato di alta qualità e Ciocoblocco Nestlé hanno una forte identità di marca. Negli altri prodotti per la nutrizione infantile della linea Nidina, come pure nei cereali per la prima colazione (Fitness, Gold Crisp, Fibre1, ecc.), nella linea LC1, in Fruttolo, Formaggino Mio e in tanti altri articoli, il marchio Nestlé ha una posizione secondaria rispetto al nome della marca. È una sorta di sigillo di garanzia, necessario ma non sufficiente. Tutt'al più Nestlé diviene patronimico di alcune brand, perché diviene radice comune a tutta serie nomi di marca, verso le quali è legata da una "consanguineità" o "ereditarietà", assumendosi così una sorta di paternità originale: Nestlé, Nestea, Nescafé, Nesquik.

Nestlé, dunque, è principalmente Corporate per Alemagna, Antica Gelateria del Corso, Buitoni, Perugina, Baci, Fruit Joy, Ore Liete, After Eight, Smarties, Polo, Motta, Quality Street, Purina, ecc. Dunque si tratta di imprese – per lo più multinazionali, veri e propri colossi finanziari – che inglobano a sé altre marche, le quali risultano spesso a fortissimo appeal. Queste ultime sovente appartengono a variegati comparti merceologici e, pur facendo riferimento alla Corporate centrale, conservano una propria sostantiva autonomia in termini di nome, logo, simbolo grafico, comunicazione, target, e personalità. Può accadere che la Corporate, acquisisca le sotto-marche nel corso della sua storia commerciale e finanziaria e che decida strategicamente di conservarne nome e autonomia, senza effettuare fusioni o stravolgimenti d'identità. Questo accade in genere nel caso di marchi già affermati e consolidati, che, nonostante la nuova proprietà, manifestano continuità e coerenza di segni e icone. Soffermiamoci ancora una volta sul caso Nestlé, che a dispetto della sua storica tradizione "cioccolatiera", legata alle origini svizzere, decide di conservare tutta l'identità e il *local taste* di Perugina (e dei suoi Baci), marchio italianissimo acquisito alla fine degli anni Ottanta. È interessante osservare come i due marchi Buitoni e Perugina (originariamente IBP: Industrie Buitoni Perugina) abbiano avuto, entrati a far parte del Gruppo Nestlé, diversi destini. Perugina, una marca con importanti quarti di nobiltà e leader di immagine nel suo settore, resta sostanzialmente confinata all'Italia mentre uno dei suoi marchi – Baci Perugina – diviene strategico anche a livello internazionale. Buitoni invece che al massimo, in Italia, poteva aspirare ad un ruolo di *second best*, ha ampliato notevolmente (rispetto all'assetto iniziale ridotto e poco prestigioso di pasta e fette biscottate) il suo porfolio di prodotti ed è destinata a divenire – come autentico depositario dell'italian food nel mondo – una *worldwide Corporate brand*[24].

Inoltre, in questo tipo di configurazioni può accadere che la Corporate si trovi ad auto-relegarsi ad un semplice logo di dimensioni pressoché infinitesi-

24. S'è parlato, a questo proposito, anche di *marca-ombrello*. Kapferer e poi Randall utilizzano infatti il termine di *marca-ombrello* per definire questo tipo di Corporate che controlla e gestisce un vastissimo portafoglio di brand. Tuttavia l'utilizzo del termine è piuttosto ambiguo. Diversi autori definiscono *marca-ombrello* quella in cui il nome dell'impresa coincide col nome delle tante brand da essa controllate. Cioè quella capace di estendersi e di allungarsi con ampi gradi di elasticità. Altri si riferiscono alle marche eponime, quelle che producono sottomarche caratterizzate da una derivazione del nome. Ad esempio Danone rispetto a Danette, Danito, Dan'up, eccetera. Come osserva Randall "il termine *umbrella branding* è usato da altri studiosi per descrivere ciò che noi abbiamo chiamato *line brands* o *range brands*, oppure è usato quando il nome di un'azienda identifica la marca". Si veda G. Randall, *cit.*, p. 17.

mali o ad un indirizzo stampigliato sul retro della confezione. Il ruolo di garante permane, ma sicuramente il prestigio e l'appeal della Corporate è cannibalizzato, o volutamente/strategicamente monopolizzato dalla marca-prodotto. In altri casi avviene che il nome della Corporate venga volutamente omesso per questioni di efficienza commerciale. Evidenziare il logo della Corporate sul *front panel* di certi articoli non è sempre una tattica utile. Buitoni, ad esempio, ha effettuato una precisa scelta d'immagine nell'omettere il marchio Nestlé dalle confezioni dei propri articoli. I manager italiani dell'azienda di Vevey sostengono infatti che la compresenza dei due nomi sarebbe controproducente[25].

4.3.3. *La superficie: sviluppi lineari e complanari della marca*

All'interno della metafora architettonica che abbiamo fin qui utilizzato, una volta stabilito un principio regolatore per la planimetria, dopo aver costruito i volumi, è possibile individuare le superfici create dalla marca.

Le *superfici di marca* (fig. 9) nascono quando si avverte il bisogno – e si individuano opportunità di mercato – di organizzare un ampio ventaglio di prodotti o servizi sotto un'unica marca, mediante una singola (oppure diverse ma distinte) *brand proposition*, che contengano un'idea di fondo, qualitativa, performativa, sociale.

Fig. 9 - Superfici di marca

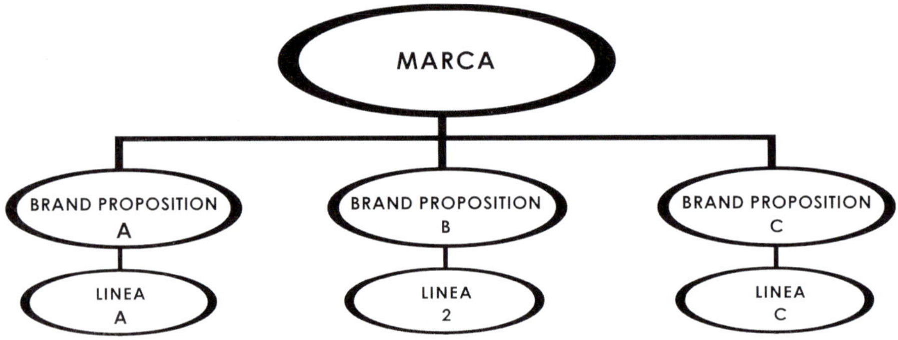

25. V. Miceli, *Gestire localmente una marca globale, globalizzare una marca locale*, Relazione per il Brand Lab Laboratorio sul Branding, IULM, 16 aprile 2003, inedito.

La superficie avvolge il volume e nasce dalla pianta. È quella dimensione che definisce lo sviluppo del brand attraverso successive gemmazioni, linee di prodotti, estensioni di gamma, coerenti rispetto alla marca madre e dunque complanari rispetto ad essa.

Abbiamo individuato due grandi tipologie di marche capaci di descrivere vere e proprie superfici: *range brands* e *line brands*. Le prime sono quelle che generano famiglie di prodotti, diversificati in termini di posizionamento, target, aspetti performativi o qualitativi. Le seconde replicano il prodotto originario o il progenitore, nel senso che sono fungibili rispetto ad esso, ma creano una vasta serie di varianti, per lo più di gusto, di aroma, di stile...

Come osserva Ellwood, "questo tipo di proposizione può essere spesso un opinione ideologica oppure un'idea guida che precede la singola tipologia di prodotto"[25]. Infatti, sulla base dell'estrema coerenza che caratterizza l'intera gamma, la *range brand* può manifestarsi attraverso articoli differenti, con destinazioni d'uso differenti, per un pubblico spesso eterogeneo e segmentato. Ciò che restituice l'unitarietà di fondo è l'*essence*, la *mission*, il *posizionamento* e la *filosofia della marca madre*. Per esempio Esselunga Bio è una *range brand* che chiama in causa tutti quei consumatori con una significativa sensibilità ecologica, orientati ad una alimentazione di tipo biologico ed attenti all'ambiente, all'ecosistema, alla qualità della vita e a quella dei prodotti che consuma. Weight Watchers abbraccia una serie di prodotti e di marchi caratterizzati da un medesimo posizionamento, uno stesso tipo di target, un unico pacchetto di attributi tangibili e intangibili. In definitiva, un'unica promessa.

Nel settore della vendita al dettaglio, nella grande distribuzione in generale, il principio fondativo delle *range brands* può aiutare il negozio o il supermercato a pianificare ed organizzare efficacemente l'allocazione e l'esposizione dei prodotti sugli scaffali. L'idea che certe linee commerciali rispondano ad un pensiero guida, un orientamento valoriale, uno stile di vita, una particolare istanza del consumatore, rappresenta uno strumento di differenziazione e di connotazione piuttosto significativo. Le *superfici di marca* creano autentici "blocchi di marca" estesi e visibili, vere e proprie squadre caratterizzate dalla medesima bandiera: gli stessi colori, le stesse icone, le stesse missioni. Mulino Bianco è uno straordinario esempio di questa forza della marca: tutta le linea dei biscotti, come pure quella delle merendine, creano comunità compatte sopra gli scaffali. Ampi e colorati "*trading blocks*"[27] di grande impatto visivo. Un singolo articolo della stessa marca, privato del gruppo, della forza del *range*, del potere della serie, rischierebbe di perdersi nell'affollamento competitivo. È su questa forza che le strategie di desensibilizzazione – messe in pratica delle private label sul finire degli anni Ottanta – hanno pun-

26. I. Ellwood, *cit.*, p. 32.
27. *Ibidem.*

tato. Confondendosi nel gruppo, appropriandosi dell'aura e dell'appeal della serie. Omologandosi alla differenziazione altrui.

Quando la marca disegna una superficie, essa si moltiplica, conservando la forza dell'uno, del progenitore, della sorgente prolifica. Questo tipo di brand, così trasversali, consente allora di sfruttare tutti i potenziali benefici connessi alla fedeltà del consumatore. L'uso delle *range brands* permette alle imprese di proporre ampi ventagli di prodotti o di servizi che rispondono ad unico enunciato, ad un'unica identità di marca, un unico soggetto di riferimento, nei confronti del quale il cliente ha già consolidato un rapporto di fiducia. La singola *brand proposition*, dunque, è già desiderabile e credibile agli occhi dell'audience. Indipendentemente dal prodotto. Ecco perché questo tipo di strategie massimizza gli effetti della fedeltà e facilita il lancio di nuovi articoli, riducendone i rischi d'insuccesso. La marca garantisce e rassicura.

La *range brand* è stata spesso associata a segmentazioni per stile di vita, laddove un'impresa cerca di soddisfare i bisogni di un gruppo di consumatori, abbracciandone magari ogni fase dell'esistenza, dai più giovani ai più maturi. Essa consente di stabilire una sintonia col cliente, attraverso una gemmazione di proposte. Ad esempio, la catena Holiday Inn, che appartiene alla *core-brand* Six Continent Hotels, utilizza il concetto di *range* per differenziare chiaramente tutti i suoi prodotti offerti al consumatore (fig. 10).

La marca-madre Six Continent ha, al suo attivo, quattro *sub-brands*: Crown Plaza, Intercontinental, StayBridge Suites (by Holiday Inn) e Holiday Inn. Quest'ultima, a sua volta, si offre al consumatore in cinque declinazioni differenti: la tradizionale Holiday Inn, e poi Holiday Inn Select, Holiday Inn Express, Holiday Inn Sun Spree Resort, Holiday Inn Family Suites. L'idea di fondo è che una volta che il cliente ha stabilito un sentimento di fiducia, d'apprezzamento e di stima nei confronti di una delle marche della famiglia, sarà orientato a provare, a comprare altri prodotti all'interno della gamma. Legittimato dalla qualità e dall'eccellenza del marchio eponimo, il consumatore soddisfatto rispetto al servizio offerto dall'Holiday Inn Express – sperimentato durante un soggiorno di lavoro – sceglierà – per un "consumo" di tipo familiare – l'Holiday Inn Family Suites. Insomma, la superficie di marca produce un effetto di garanzia a doppio senso. Garanzia per il consumatore che si fiderà del nuovo prodotto in quanto firmato dal marchio verso il quale s'è stabilito una sorta di patto di fedeltà e fiducia. Garanzia per l'impresa che, forte di questa prossimità col cliente, potrà contare in minori resistenze verso la novità, minori costi di investimento per le nuove brand.

Si capisce che questo tipo di marca costituisce una straordinaria risorsa per le imprese. Per costruire superfici di successo occorre saper stabilire una connessione ed una formidabile sintonia col consumatore. Occorre, cioè, comprendere i suoi desideri e i suoi bisogni, le sue aspettative e i suoi atteggiamenti d'acquisto.

Fig. 10 - Le superfici di marca di Holiday Inn

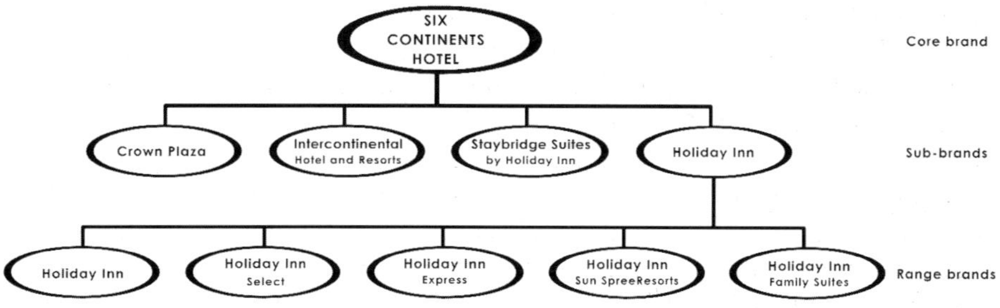

Creare superfici di marca significa, per un'impresa, orientarsi ad una massima soddisfazione del cliente, ad un ascolto costante delle sue molteplici istanze: soltanto in questo modo l'individuo verrà incoraggiato ed invogliato a lasciarsi contaminare dall'intera linea, ad assaggiare e sperimentare i vari prodotti (o servizi) della serie.

Il Mulino Bianco – uno dei marchi di maggior successo in Italia nel FMG, nasce nel 1975 con una linea contenuta di biscotti da prima colazione (fig. 11) unificati da un incipit che recitava: "quando i mulini erano bianchi e la natura amata e rispettata". Da allora la famiglia del Mulino si è enormemente dilatata (fig. 12) e copre una vasta gamma di prodotti. Mulino diviene Corporate – la Corporate originaria Barilla.

Fig. 11 - Le superfici di marca del Mulino Bianco

Il nucleo originario di biscotti da prima colazione ha, a sua volta, generato delle famiglie ognuna delle quali al suo interno ha delle *sub-brands* che hanno soprattutto una funzione identificativa dello specifico di prodotto: una serie di importanti variazioni sul tema dei biscotti per la prima colazione.

Segmentandola in quattro classi di prodotti all'insegna del "dolce risveglio". La prima è quella originaria caratterizzata da semplicità e genuinità

Fig. 12 - Dal nucleo originario dei biscotti da prima colazione nascono le sub brand del Mulino Bianco

con marchi evergreen; la seconda (ricette speciali) è una variazione su tema della prima; la terza (gusto) si caratterizza per un forte *appetite appeal* con biscotti più ricchi, al cacao o con vaniglia l'ultima famiglia ha una spiccata vocazione salutistica.

Il valore della superficie di marca si esprime ai massimi livelli in alcuni settori merceologici in cui i consumatori sono notoriamente riluttanti a sperimentare nuovi prodotti, perché percepiscono un rischio, sia esso finanziario, che temporale o fisico. Quello dell'industria cosmetica maschile, ad esempio, in cui il consumatore è restio a cambiare, a testare articoli inediti. In questo caso l'estensione della linea conforta e placa l'ansia da novità. Gillette propone schiuma da barba, rasoi, creme dopo-rasatura, deodoranti, aftershave. Il tutto è condensato sotto una singola *brand proposition*, attraverso lo stesso tipo di attività promozionale e mediante gli stessi codici linguistico/pubblicitari. Anche il settore dell'alimentare industriale, delle preparazioni culinarie, ad esempio, ha visto, in tempi recenti, il fiorire di numerose superfici di marca. La gente ha bisogno di fidarsi quando la posta in gioco è la salute. La qualità e la freschezza di ciò che si mangia divengono requisiti fondamentali per un consumatore esigente, attento alle materie prime utilizzate, preoccupato per l'integrità della catena del freddo e per lo stato di conservazione degli alimenti Quando v'è un'elevata percezione del rischio da parte del consumatore, la *range brand* si trasforma in una sorta di *certificato di garanzia*. "Quattro salti in Padella" Findus è un marchio di questo tipo: l'"allungamento" della linea, siglata dalla Corporate autorevole e stimata, è rassicurante. Chi apprezza gli spinaci con mozzarella filante proverà – forse senza resistenze – anche la "Paella ricca" e probabilmente in un secondo tempo assaggerà gli "Gnocchetti alla sorrentina" e le "Penne tricolore". O ancora, se si ha già sperimentato son successo e gradimento il "Riso alla Cantonese" della Cucina Creativa Buitoni, si sarà già stabilita una relazione di fiducia con la marca. Allora passare ai "Filetti di merluzzo" della stessa *range brand*, ai "Tortellini Panna prosciutto e funghi", al "Risotto ai funghi", sarà naturale, non problematico. Tra l'altro la competizione fra Findus/Unilever e Buitoni/Nestlé per assicurarsi spazi e visibilità nei banchi della surgelazione si va facendo sempre più aspra.

Uno dei comparti maggiormente interessati alo sviluppo di efficaci superfici di marca è quello dell'alimentazione naturale, dei cibi light, dietetici, biologici, a basso tenore di grassi e di zuccheri. Pensiamo alla gran quantità di prodotti che sono andati ad allargare la fila di *range brands* come Vitasnella (yogurt, biscotti, acqua minerale, crackers), Bjorg (prodotti da forno, pasta, dadi per brodo, cereali per la prima colazione), Valsoia (latte di soja, bistecche vegetali, gelato alla soja, budini).

Il consumatore apprezza l'implicita garanzia contenuta in una marca nota, una marca di fiducia e una marca particolarmente estesa in termini di gamma. Sa che la promessa di fondo sarà mantenuta in ogni declinazione della *core-brand*.

Il concetto delle *marche di linea* (*line brands*) è, per certi versi, simile a quello delle *range brands*.

In entrambi i casi esiste una marca-madre che genera una filiazione, che origina delle varianti. Tuttavia, mentre per le *range brands* avviene una sorta di segmentazione del mercato ed una diversificazione dei prodotti in termini qualitativi, di destinazione d'uso e di *audience* (si pensi al caso Six Continent Hotels), nelle *line-brands*, l'intera gamma può dirsi composta da articoli per lo più fungibili. Infatti appartengono a questa categoria quegli articoli, siglati da una stessa marca, che si assomigliano dal punto di vista delle performance funzionali e che possono considerarsi analoghi al progenitore in termini di prezzo, target, prestazioni. Ad esempio nuovi gusti o nuovi aromi in una marca alimentare. Nuovi ingredienti in una linea di caramelle. È il caso di Dietorelle: dure, morbide, gommose, alla fragola, alla liquirizia, ripiene, *toffee*. L'immagine di marca unitaria e progenitrice è stata semplicemente allungata con il minimo sforzo. Utilizzando cioè le risorse esistenti in termini di appeal, personalità, comunicazione, pubblicità. E massimizzando i benefici connessi ad una maggiore sintonia con i desideri del consumatore. In questo caso, come osserva Randall, "tutti i prodotti della linea occuperanno territori simili, e saranno posizionati allo stesso livello di qualità/valore"[28]. Kinder Ferrero rappresenta un buon esempio al proposito. Kinder nasce come product brand (anche se alle sue spalle c'è Ferrero e il prodotto primigenio e Kinder Cioccolato, un prodotto rassicurante per le mamme all'insegna del "più latte meno cioccolato". Il latte cioè bonifica il cioccolato Kinder così come, un tempo, una fetta di pane aveva bonificato Nutella. Dal prodotto archetipico Kinder ha generato una ricca e composita famiglia, suddivisa in tre grandi tipologie, dove tutti i prodotti portano lo stesso patronimico Kinder.

Da notare che in queste categorie Kinder compete anche con altri marchi non Kinder.

La linea brand è in sostanza, una marca che si allunga applicando piccole varianti ad un archetipo originario, ad un modello iniziale. L'industria automobilistica ha sfruttato efficacemente questo tipo di dinamiche produttive e commerciali, offrendo una ricca segmentazione di modelli attorno ad una stessa linea. La Ford Focus, ad esempio, è disponibile in innumerevoli versioni, ognu-

28. G. Randall, *cit.*, p. 17.

Fig. 13 - Superfici di marca Kinder

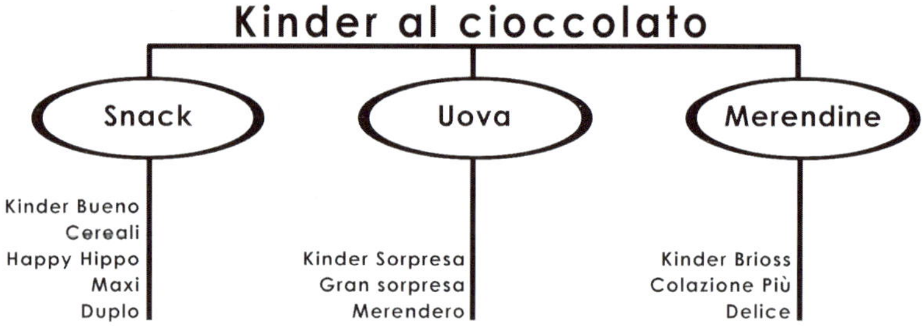

na delle quali è condensata in una sigla composta da numeri e lettere che stanno ad indicare modeste differenze di prezzo e di meccanica: 1.1L, 1.4L, 1.7L, 2.0L, GL, GX, Ghia. Dal fondo al top della gamma. Randall cita l'esempio di StudioLine de L'Oreal[29], un gruppo di prodotti entro una linea coerente e unitaria, tutte declinazioni di un medesimo spartito: dunque una *line brand*.

I confini tra *line brands*, *range brands* e *line extension* sono sottili. È evidente che si tratta – per lo più – di questioni semantiche. Difficile stabilire quando una marca sta compiendo una pratica estensiva o quando, invece si connoti come marca di linea *tout cour*. Per questo abbiamo voluto utilizzare la metafora della superficie, l'unica immagine che potesse restituire l'idea di una marca che si sviluppa coerentemente all'interno di un medesimo piano.

4.4. Un caso particolare: la *product brand*

Comunemente chiamata *product-brand* e da alcuni definita *stand-alone brand*[30], questo tipo di marca rappresenta la forma basica ed essenziale del branding. Essa ne incarna, la più elementare equazione:

La marca = il prodotto

È la marca che vive nei beni e nei servizi per cui nasce, che vi è incastonata, radicata, definitivamente inclusa. È la marca simbiotica agli oggetti che segna, quella che – fuori dai valori d'uso della merceologia o della categoria – sembra priva di vita propria.

La marca, in questo caso, rinvia ad una configurazione unica di attributi-prodotto. La marca è indissociabile dal prodotto. Kapferer e Laurent parlano – questo proposito – di "*branduit*", una sorta di fusione tra i termini *brand* e *produit*[31].

29. *Ibidem*.
30. *Ibidem*.
31. "*Il y a fonction de 'specificitè' lorsque la marque renvoie à une configuration unique d'attributs-produit. La marque est indissociable du produit (on pourrait parler de 'branduit')*". Si veda J.-N. Kapferer, G. Laurent, *cit*., p. 21.

Alcuni dei migliori esempi di brand management vengono proprio dal *product branding*, in cui ogni prodotto possiede la sua marca, il suo nome, il suo *packaging design*, il suo logo, il suo trademark e – in definitiva – la sua personalità. La barretta Mars, il dentifricio Colgate, i pannolini Pampers, la carta assorbente Scottex, i pattini in linea Rollerblade, il caffè Illy sono soltanto alcuni degli esempi più classici e universalmente conosciuti.

Ogni *product brand* è concepita per risultare unica e distintiva nel panorama del mercato. In questo caso, allora, "il portafoglio di marca... rispecchia il portafoglio di prodotto"[32]. Non solo: ognuno degli elementi del marketing mix può essere attentamente aggiustato e modulato in modo da massimizzare la penetrazione nel segmento di mercato in questione.

Quella della *marca-prodotto* è una strategia che produce i suoi massimi effetti quando è applicata su scala multipla. La *multiple product-brand strategy* – la costruzione, cioè, di un ventaglio di marche uniche e distintive all'interno di uno stesso comparto merceologico – può consentire di guadagnare quote di mercato difficilmente conquistabili con una singola *product-brand*. Pensiamo a Procter & Gamble. L'azienda multinazionale americana che solo nel 2000 ha fatturato oltre 39 miliardi di dollari è presente nelle case di centinaia di milioni di persone in più di 140 Paesi nel mondo[33]. P&G ha sviluppato una serie di brand concorrenti, allo scopo di raggiungere nuovi e differenti segmenti di mercato e di occupare posizioni dominanti: Ace, Ariel, Bolt, Crest, Dash, Febreze, Ivory, Lenor, Mastro Lindo, Swiffer, Tide e Viakal nel settore della detergenza e della pulizia della casa; Bounty, Pampers, Lines, Tampax[34] e Tempo nel settore dei derivati della carta; AZ, Camay, Head & Shoulders, Infasil, Kukident, Max Faxtor, Noxema, Oil of Olaz e Pantene nel settore della bellezza e della cura del corpo e moltre altre in diversi comparti del consumo. Ebbene, ognuno di questi nomi è, insieme, una marca e un prodotto. Sono beni di consumo così familiari, così confidenziali, attorno ai quali la pubblicità ha costruito una tale notorietà e personalità da divenire tutt'uno con la marca, da fondersi col brand. Si tratta di articoli unici, dalle caratteristiche peculiari e distintive: la marca qui ha una funzione chiara e specifica. La distinzione, la segmentazione del mercato. Può capitare che la Corporate apponga il proprio sigillo su due marche caratterizzate da una certa prossimità performativa e funzionale, addirittura in competizione all'interno della medesima categoria di beni. La differenza nella formulazione chimica del prodotto può essere minima, ma l'espressione della *brand personality* può variare sensibilmente.

32. I. Ellwood, *cit.*, p. 35.

33. Si veda A. Abruzzese, A. Bazzoffia, *La casa delle idee. Procter & Gamble e la cultura dell'innovazione*, Lupetti, Milano, 2001, p. 39.

34. Lines assorbenti per signora, Tampax assorbenti interni e pampers pannolini per l'infanzia sono commercializzati dalla Fater di Pescara, una joint venture tra Procter & Gamble e Angelini Farmaceutica.

Prendiamo Dove e Lux: due *marche-prodotto* dell'Unilever. Sebbene le due saponette possano – dal punto di vista dei benefici tangibili per il consumatore – considerarsi fungibili, esse risultano separate da una sostanziale differenza di personalità e di aura semiotica. Ciascuna incarna una propria idea di sapone, di femminilità, di bellezza, di cura di sé. Dove – che dal 1954 promette 1/4 di crema idratante – è femminile, onesto, semplice. Non annuncia miracoli, non suggerisce mutazioni di brutti anatroccoli in cigni. È schietto, giovane, fresco. Si prende cura della pelle con amorevole nutrimento e dolcezza. Lux è il vero mondo possibile della marca: è "il sapone delle stelle", è glamour, fascino e seduzione. Pare che l'origine del nome sia da ricercarsi nel termine "*Lux flakes*" o paillettes[35]. Qualcosa di simile ad una polvere di stelle, al luccichio che affascina, all'aura della bellezza femminile più austera e conturbante. E non è casuale che la saponetta Lux fondi il suo successo su una storica comunicazione pubblicitaria che ha utilizzato star del cinema hollywoodiano come catalizzatrici di notorietà e di valori associati: Judy Garland, Bette Davis, Louise Brooks, Lauren Bacall. Dunque un'idea di bellezza superiore, speciale, densa di appeal. Dove, dal canto suo, utilizza i codici della televisione-verità, della confessione, della spontaneità, mettendo in scena testimonianze di ragazze della porta accanto, sotto forma di *tranches de vie*.

Ecco dunque le due *product-brand*, commercializzate da un'unica Corporate, fondamentalmente simili dal punto di vista performativo, ma profondamente distanti sul versante della personalità, dell'identità e del tono di voce. I consumatori potrebbero anche non realizzare che le due saponette provengano dallo stesso "produttore". E nello stesso tempo la Corporate capitalizza sull'efficiente incastro e sulla combinazione delle due market share.

Il mercato degli snacks dolci confezionati è spesso abitato da *product brands* come Mars, Twix, Snikers, Bounty e M&M's. Tutti prodotti a base di cioccolata, caratterizzati da un consumo veloce, destrutturato, fuori pasto. Apparentemente simili, fungibili, dagli ingredienti analoghi, in grado di soddisfare le medesime esigenze del consumatore. Prendiamo Mars, Twix e Sneakers: la differenza performativa tra i tre prodotti è minima. Tutti di piccolo formato (la dimensione è quella del palmo di una mano), ricoperti di cioccolato al latte, farciti con caramello e altri ingredienti più o meno presenti (biscotto, noccioline, toffee). In teoria quasi lo stesso prodotto. Tuttavia si tratta di articoli unici e specifici, ognuno dei quali è un mondo a sé, un differente universo di segni, simboli e valori associati. Il valore aggiunto apportato dalla marca ad ogni singolo prodotto è talmente forte che il consumatore può rimanere fedele ad un'unica brand. Considerarla cioè insostituibile e speciale. Se un fedele consumatore di Mars non troverà la propria *product-brand* nel

35. Si veda J. Watin-Augouard, *Histoires de marques*, Éditions d'Organisation & TM ride, Paris, 2001, p. 413.

punto vendita, difficilmente la sostituirà con Twix oppure Kit-Kat. Oppure, se lo farà, si sentirà insoddisfatto. La marca e il prodotto, allora, diventano un unico soggetto, un unico segno.

La marca struttura l'offerta perché descrive territori omogenei ed unici, desiderabili e delimitati, caratteristici e particolarissimi. Idealmente, ogni nuova segmentazione del mercato genera una marca nuova. Target group, segmentazione e posizionamento, sono tradizionalmente le parole chiave della marca-prodotto. Linguaggi forse ancorati ad un marketing del recente passato, tuttavia particolarmente efficaci in questo caso laddove il presidio dello spazio mentale nella mente del consumatore avviene per mezzo di una valutazione comparativa dell'offerta concorrenziale. Procter & Gamble pare così voler restare nell'ombra, nel back-office e mandare in prima linea le proprie creature. La Corporate appone timidamente la propria firma nel raggio di un centimetro quadrato: il celebre logo stellato di P&G è dietro la confezione, in basso, quasi invisibile.

4.5. *Marca-prodotto e Marca-cultura*: occidente e oriente?

Tutta la problematica contemporanea della marca, la difficoltà ad afferrarne pienamente il vero significato, a comprenderne la reale funzione e il valore profondo, sono da attribuirsi ad una fondamentale tensione dialettica tra l'ordine del materiale e quello dell'immateriale, il significante e il significato, la cosa e il nome della cosa. Questione tutt'ora largamente inesplorata, la natura della marca, pare soffrire dell'indeteminatezza e dello statuto eminentemente dialogico, soggettivo, aperto che la caratterizza. In particolare, il grande freno rispetto ad una gestione laica ma non meramente economica, lungimirante ma non per questo strettamente finanziario/azionistica, eccellente ma non miopemente pragmatica del brand, è da ricercarsi nella *singolare dualità prodotto-marca*. Come osserva Semprini "il pensiero economico dà prova di una difficoltà di fondo a pensare correttamente la relazione che si stabilisce tra prodotto e marca. Esso considera queste due entità come fondamentalmente separate. La prima apparterrebbe all'universo della sostanza reale, della materia osservabile. Il prodotto sarebbe una cosa, un oggetto del quale si possono fissare le caratteristiche in maniera relativamente oggettiva. La marca, al contrario, apparterrebbe all'universo dell'esperienza soggettiva, sarebbe una costruzione immateriale. Sebbene essa possa iscriversi su supporti fisici concreti, come le immagini pubblicitarie o gli imballaggi, la sua essenza non vi è depositata"[36]. Dunque, il punto della questione è individuare l'essenza della marca. Dove risiede il senso e il valore del branding contemporaneo? In

36. A. Semprini (1996), *cit.*, pp. 40-41.

un prodotto? In una gamma di prodotti? In nessun prodotto? O, forse in un luogo astratto, un mondo immaginario, un perimetro discorsivo?

Il prodotto ha una forma, un peso, un volume, un packaging, una destinazione d'uso: si tocca, si utilizza, si vede. Persino il servizio – che appartiene allo statuto dell'invisibilità[37] – è riconducibile ad una (o più) performance: rimanda ad una serie di oggetti, di luoghi, di mezzi di trasporto (le banche, le assicurazioni, le compagnie aeree). La marca, invece, è difficilmente iscrivibile in un luogo fisico, materiale, esperibile: non è l'etichetta, neppure il logo o il simbolo dell'azienda; si tratta di un'idea, di un mondo possibile, di un territorio altamente simbolico.

Questa dicotomia – che stenta a ricomporre un'unità segnica funzionale, che pare sempre tesa a scindere il corpo dall'anima, il bene di consumo dai discorsi che esso condensa, gli oggetti dal sistema culturale cui appartengono – si riflette in un sostanziale duplice approccio alla marca: *marca-prodotto e marca-cultura (o marca-Impresa).* Mars e Virgin ben esemplificano il duplice approccio al branding di cui stiamo parlando. Da un lato una marca che è inscindibile dal prodotto. Dall'altro una marca che non è nessun prodotto in particolare. Si tratta di due modi di "fare marca", di concepire la marca, di pensare la marca.

Non crediamo che esista una giusta via e un approccio scorretto. Per certi beni di consumo, di largo consumo, l'approccio della *stand alone brand*, della marca che è inscritta nel prodotto, è efficace. E la scuola di Procter & Gamble lo insegna. Più spesso, la la *marca-cultura*, s'è dimostrata portatrice di valore e di valori. E, come molti sostengono, si tratterebbe di un approccio relazionale al branding destinato ad abbracciare il futuro. Tuttavia ci sembra che sia difficile individuare una gerarchia o proclamare una vittoria, in questo senso. Ed appare altrettanto arduo individuare una posizione precisa anche nella letteratura manageriale di riferimento. "Kellogg's marchia tutti i suoi prodotti col nome dell'azienda, Procter & Gamble usa *stand-alone brands*. Entrambe hanno un successo straordinario. Si potrebbe discutere sul fatto che la serie di prodotti di P&G sia più ampia, e perciò ha meno senso imporre un singolo marchio, mentre Kellogg's produce soltanto cereali per la prima colazione. E anche Nestlé con un enorme numero di prodotti, è sempre una *food company*"[38].

Se da un lato la *marca-prodotto* offre al consumatore un pacchetto di attributi e benefici, difficilmente (o pericolosamente) spalmabili su diversi comparti merceologici in quanto appartenenti al vissuto di un corpo frazionato, dall'altro la *marca-cultura* incarna, in qualche modo, un sistema, un sentimento di unificazione ideale, generato dalla percezione dell'identità di una grande madre Corporate: è capace di riprodursi, di moltiplicarsi sopra beni e

37. H. Beckwith, *Selling the Invisible: A Field Guide to Modern Marketing*, Warner Business Books, New York, 1997.

38. G. Randall, *cit.*, pp. 18-19.

servizi di varia natura, sempre riaffermando la propria identità ed i propri significati originari. I criteri di valutazione della *marca-prodotto* sono i confini del territorio, la distinzione e la pertinenza. L'identità nasce dalla differenza con l'altro. Per la *marca-cultura*, invece, ciò che conta è imbastire un legame di fiducia, simpatia (*sim-pathos*) e solidarietà con l'interlocutore. L'identità è auto-centrata, auto-generata, auto-riferita: certamente è un'identità che si relaziona al contesto sociale, che si sviluppa attorno all'attualità culturale, tuttavia non c'è l'ossessione del competitor.

Dunque: *marca-prodotto* e *marca-cultura*. Una dicotomia che pare incarnare anche un duplice Zeitgeist: quello occidentale e quello orientale. Sì, perché questi due modi di fare branding appartengono (con una qualche forzatura) a due sistemi di pensiero: l'est e l'ovest.

Come osserva Kapferer: "la marca per il defunto Forrest Mars, era il nome della sua famosa barretta di cioccolato. Per il presidente di Sony, è il simbolo della qualità e del progresso delle comunicazioni. Di fatto esistono due grandi culture di marca corrispondenti alla visione occidentale e giapponese della marca"[39]. Se l'Occidente, funziona secondo il modello dell'appropriazione dell'oggetto, l'Oriente funziona secondo il modello della fedeltà. In Occidente marca e impresa appaiono come due entità separate perché la marca nasce per il consumatore e l'impresa per Wall Street. E, tradizionalmente, ogni prodotto deve avere la sua marca. In Giappone esiste un sentimento globale che unisce marca e impresa: è una sorta di reputazione unica e indivisibile. Da qui la politica delle marche ombrello, materne, inglobanti ed accoglienti. Brand che traggono la loro forza dalla loro estensione, dalla loro capacità di generare, di abbracciare e nutrire. Si capisce perché nulla è più estraneo alla filosofia di marketing giapponese che non la frammentazione o segmentazione messa in opera da Procter & Gamble in tanti singoli prodotti. Ivory, Ariel, Ace, Mastro Lindo, appaiono così come tanti piccoli orfani, o "*produits orphelins*" come li definisce Kapferer, "che quasi hanno vergona di fare riferimento alla società madre"[40]. In pochi Paesi al mondo – come in Giappone – esiste, tra l'altro, nella popolazione una cultura ed una coscienza di marca tanto radicata.

Ma attenzione: il problema della *marca-prodotto* e della *marca-cultura*, del branding occidentale e di quello orientale non è meramente una questione di stretching o di estensione. Non si tratta semplicemente di superare i confini del proprio comparto merceologico originario come strategia sistematica incondizionata. Il punto della questione è, qui, quello del valore della Corporate. Un termine che – lo ribadiamo – porta iscritto nel proprio nome l'idea di "corpo": e dunque un sistema unitario formato da organi interni che funzionano per un fine ultimo, la vita; un nucleo centrale capace di produrre movi-

39. J.-N. Kapferer (2002b), *cit.*, p. 16.
40. *Ibidem*, p. 17.

mento, energia, valore. Un soggetto originario che agisce in relazione col mondo esterno, ma nel totale rispetto dei propri valori. *Valori chiave che animano e rafforzano l'impresa.* È in questa idea fondamentale che crediamo risieda la vera forza delle marche giapponesi: non tanto nell'estensione *tout cour*, quanto nella solidità e nell'essenza che la rendono possibile.

Tuttavia, anche l'Occidente pare aver finalmente compreso le virtù dell'ombrellizzazione o della filiazione, tanto che persino Mars, la mitica barretta, oggi è disponibile, a seconda dei Paesi, sotto forma di gelato, di bevanda istantanea, di tavolette di cioccolato, di barrette miniaturizzate (Mars-miniatures). Il modello orientale ha penetrato l'Occidente e viceversa. Tuttavia da noi si continua a parlare di estensione, di stretching, come se anziché un abbraccio naturale bisognasse stirare qualcosa, quasi opponendo resistenza ad una forza uguale e contraria. Come se il presidio di categorie merceologiche differenti fra loro fosse un'eccezione rispetto ad una vocazione originaria. In Giappone no.

Imprese come Unilever e Procter & Gamble, Henkel, L'Oreal stanno gradatamente lasciandosi contaminare dal modello giapponese – forse, ancora di più, per rispondere alla crescente competitività delle private label – e anziché occultare la propria esistenza generatrice paiono adesso scoprirsi maggiormente rispetto ad un recente passato: sul packaging dei prodotti, nei filmati e negli annunci pubblicitari appare la firma della "*branded house*", della madre Corporate, che garantisce e certifica.

In un periodo di diffusa insicurezza, la Corporate si fa avanti, si espone pubblicamente, in nome delle proprie marche. "Garantito da..." il motto che accompagna tanti spot pubblicitari contemporanei, pare allora rimettere in causa il valore dell'Impresa-madre. La Corporate trasferisce il proprio sapere, la propria esperienza e la propria solidità sulla discendenza diretta: le marche-figlie ereditano cultura, mezzi, *savoir-faire* da chi le ha generate.

Pensiamo al comparto dell'alimentare: mucca pazza, diossina, cibi transgenici, vino al metanolo, pesticidi killer, influenza dei polli, avanzano minacciosi per il consumatore contemporaneo, il quale non fa altro che cercare garanzie. Solo la Corporate, in questo senso, riesce ad apportare quel manto di credibilità istituzionale necessaria. Il paradosso è che – in questo contesto – sono le marche della distribuzione – con scelte categoriche e coerenti – ad aver fornito le risposte più convincenti.

Abbiamo detto che l'Occidente pare riscoprire il valore dell'Impresa e quasi sul modello giapponese, esce dai muri della fabbrica e dell'*headquarter* e passa in prima linea. Una Corporate che si rivela e si svela. Quasi a supportare e valorizzare i marchi che le appartengono, senza lasciarsi offuscare o cannibalizzare da questi. Nel 1998 L'Oréal, dopo decenni di marketing sulla marca focalizzato su Plénitude, Elnett, Elseve, ha cominciato a firmare tutte le comunicazioni ed i prodotti di ciascun brand. Con una sigla ed un motto ammiccante: "*L'Oreal Paris, perché io valgo*", successivamente diventato "*... perché voi valete*". Per la prima volta la Corporate ha fatto sentire la propria voce ed ha mostrato il proprio volto. Anche la Coca-Cola Company negli ultimi tempi pare dello stesso orientamento. Oggi, sulle lattine di Fanta, Sprite, Minute Maid è riportato in caratteri ben visibili: "è un prodotto della Coca-Cola Company". E anche Henkel, inizia a chiosare gli spot delle sue marche-prodotto – tra cui Dixan, Perlana, General – con una sorta di timbro di garanzia e una voce fuori campo che assicura "qualità Henkel".

Una serie di segnali che rivelano come la marca-prodotto senta la necessità di lasciarsi contaminare dal valore dell'Impresa. In buona sostanza la cultura e la storia dell'azienda, il senso della missione, l'esperienza e l'eredità tecnologica, il sapere produttivo e commerciale si trasferiscono attraverso una linea ereditario/genetica sulla marca e sulle sue differenti declinazioni merceologiche o estensioni. Insomma, la lezione del Sol Levante inizia ad essere prudentemente accolta anche in occidente.

Nondimeno, le imprese giapponesi si stanno occidentalizzando. Nel senso che hanno riconosciuto, in certi mercati, la necessità di sottolineare il binomio marca-prodotto. L'appropriazione dell'oggetto, dunque, che sembrava negata dal valore totalizzante ed ecumenizzante della Corporate, torna alla ribalta. Nel settore delle automobili, ad esempio, s'è compresa l'utilità di una segmentazione anche nominale dei vari modelli. I quali, pur appartenendo alla medesima famiglia, ad una stessa "stirpe", iniziano ora a volersi differenziare l'uno dall'altro, ciascuno con una propria identità ed un proprio appellativo. Nascono così Celica, Civic, Corolla (Honda). Non solo, persino le grandi imprese si scorporano e danno vita ad altre marche, ciascuna destinata ad un mercato ed un target specifico: Toyota lancia Lexus, per competere nella fascia alta del mercato, Honda lancia Nissan. E così via.

Ecco dunque la sfida il futuro: marche come imprese e imprese come marche. Ovvero gestire le une come le altre e viceversa. Termini come *mission*, *vision*, *core values*, *raison d'être*, tradizionalmente depositati nel vocabolario delle imprese dovrebbero trasferirsi pure nei "discorsi" delle marche. E queste andrebbero gestite come piccole imprese virtuali, col loro *know how* ed il loro patrimonio culturale ed umano. Allo stesso modo la Corporate ha il dovere imprescindibile di trasformarsi in marca *tout cour*. Ovvero *marca madre, non solo istituzione* atta a generare, a procreare, ma anche modello di riferimento capace di trasferire significato a tutta la sua produzione e a tutti i suoi servizi. L'impresa dunque non solo come management e fabbricazione, gestione e finanziamento, ma – e soprattutto – come *anima e cultura, spirito e senso*.

4.6. Marche verticali

Vogliamo chiudere questa rassegna sulle architetture di marca con un caso particolare, ma di grande attualità, che è quello delle marche verticali.

Esistono imprese che sono insieme marchi e catene distributive, esperienze e cattedrali del consumo, filosofie e punti vendita, prodotti e stili di vita. Sono marche verticali perché sembrano attraversare longitudinalmente produzione, distribuzione e consumo. Coop, Ikea, Gap, Zara, ma anche Decathlon: si tratta di straordinari esempi di brand che si sono costruite dei territori privati in cui regnare sovrane, dimore accoglienti e su misura in cui essere gli "ospiti d'onore di se stessi". Sembrano, in qualche modo, essere una sorta di famiglie accoglienti, amiche e confidenziali, a cui fare visita per passare un sabato pomeriggio. E non è casuale se si dice abitualmente "andiamo da Decathlon", "andiamo all'Ikea", come se ci si recasse presso il marchio: a casa di Decathlon, a casa di Ikea, a casa di amici o parenti. Il fenomeno è ancora più evidente nella lingua francese, dove "*on va chez Gap, chez Zara, chez Ikea*" assume toni umanissimi e familiari: si va da Ikea, da Gap... ecc. Come osserva Ritzer "nei negozi Gap, i ricercatissimi jeans sono collocati in fondo al locale, costringendo i clienti a passare davanti a tutta l'altra merce prima di raggiungerli"[41].

Queste marche uniscono l'irresistibile fascino del branding ad una forma di vendita al dettaglio che è abbinata all'intrattenimento: "*retailtainment*" o "*entertainment retailing*". E così quella del consumo si trasforma in una esperienza totale in cui ci si immerge in atmosfere, suoni, emozioni, sensazioni e mondi possibili: un pellegrinaggio alla cattedrale. La marca che produce spettacolo all'interno del proprio teatro dove tutto è coordinato, ogni segno, ogni articolo, ogni spazio ha un unico filo conduttore: la marca. Si tratta di marche caratterizzanti i paesaggi della postmodernità, straordinariamente cariche di appeal e dense di potenziale seduttivo. Come ricorda Kapferer "uno degli aspetti caratterizzanti questo inizio di millennio è la potenza delle marche verticali"[42].

41. G. Ritzer (2000), *cit.*, p. 59.
42. J.-N. Kapferer (2002b), *cit.*, p. 19.

5. L'identità della marca

5.1. Costruire l'identità di marca oggi

La gestione della marca, per oltre vent'anni, è stata affidata – riduttivamente – ad approcci fortemente legati all'immagine o, al massimo, s'è ispirata a modelli basati sullo sviluppo della notorietà, sulla creazione di visibilità e di una buona reputazione.

La fiducia, l'indistinta simpatia generata dal goodwill, gli attributi rilevanti, le performance del prodotto, hanno sempre fatto riferimento ad un vissuto globale e generico, sostanzialmente epidermico della marca da parte del consumatore. Lo stesso si può dire per il posizionamento, che chiama in causa un preciso spazio mentale nell'immaginario del target: lo fa presidiando un'area densa di impressioni e di caratterizzazioni distintive; qualificando il discorso della marca sulla base dell'atteggiamento di fondo dell'audience e, infine, innestandovi un contenuto. Contenuto che però risulta effimero, localizzato nel tempo e nello spazio e che sembra avere una unica finalità, quella di rendere la marca esplicita ed attraente ma, in definitiva, poco coerente rispetto ai propri segni e ai propri discorsi.

Negli ultimi tempi il contesto relativo a produzione, distribuzione e consumo è profondamente mutato: la moltiplicazione di prodotti disponibili, la progressiva saturazione dei mercati, la nuova maturità del consumatore, l'ipercomunicazione montante e progressiva, *pongono la marca dinnanzi a nuovi scenari e sanciscono l'emergenza di un nuovo statuto, nuove regole, nuovi traguardi.*

Paradossalmente siamo nell'era del marketing della differenza e – insieme – della somiglianza. Le strategie di imitazione sistematica delle performance oggettive non fanno altro che banalizzare i prodotti, opacizzandoli. Il *me too*, fenomeno che dilaga nei mercati contemporanei, obbliga ad uno sforzo costante da parte delle imprese per abbattere il muro dell'omogeneizzazione e dell'appiattimento. È soltanto grazie ad una propria identità che la marca può rendersi immediatamente riconoscibile, e differenziarsi, dagli altri soggetti del panorama commerciale.

Come gli antropologi insegnano, non può esserci identità se non c'è differenza[1]: un postulato che acquista un significato tanto maggiore in un ambiente fortemente competitivo e caratterizzato da un'alta complessità come quello dei mercati contemporanei. Lo sanno bene i brand manager e i responsabili della comunicazione delle imprese, impegnati a costruire l'unicità dei propri marchi, preoccupati di attribuire loro pregnanza e significatività. Oggi, quello dell'identità di marca *è un vero e proprio processo di costruzione e di messa a punto* che avviene (dovrebbe avvenire) ad opera del management. Una fase decisiva e fondativa dunque, nella quale si gettano le fondamenta per la definizione e il riconoscimento del brand, per l'elaborazione di un suo mondo da offrire al pubblico.

Tuttavia, per tutti gli anni Settanta e Ottanta, fino agli inizi del 1990, la marca – nella stragrande maggioranza dei casi – pare non abbia avvertito l'esigenza di proporre un proprio discorso, di annunciare la propria verità, la propria essenza, la propria distinzione. Priva di un quadro di coerenza e di continuità temporale, s'è annunciata senza presentarsi, s'è offerta senza mettere a fuoco i propri valori e le proprie radici. Alla rincorsa della seduzione e dell'ammiccamento, concentrata sul proprio sembiante, sul proprio look o sulla pratica del mimetismo, la marca è parsa misconoscere se stessa, la propria reale missione. E, in definitiva, il proprio senso. La sua unica preoccupazione sembrava essere il modo in cui veniva percepita. Il suo unico obiettivo differenziarsi rispetto ai competitor.

La nozione di *identità di marca* introduce finalmente la volontà di chi comunica di *andare oltre la superficie visibile e performante della griffe*, di evitare i rischi di una immagine idealizzata, lontana dalla realtà. S' intuisce finalmente che – se priva di una vera identità, senza una continuità di significato – la marca è esposta alle insidie dell'illusione e della sublimazione, alle trappole (ben note agli psicanalisti) di un "sé ideale" e di una scarsa concretezza. Persino il posizionamento – che pare glissare sulle radici profonde della marca – la sottopone a continui cambi di rotta, autentiche mutazioni genetiche a seconda del vento e delle mode: la marca, allora, diventa banderuola e camaleonte, o, per usare le parole di Kapferer "*girouette*" e "*opportuniste*"[2].

È soltanto grazie all'identità – al plesso di significati che il brand management le attribuisce – che la marca prende forma, s'investe di un contenuto, si rende concreta, vitale ed afferrabile. *Permanenza nel tempo, coerenza dei segni emessi e realismo*, diventano allora i presupposti di una nuova fase della

1. Per un approfondimento si veda: C. Lévi- Strauss, *Le regard éloigné*, Libraire Plon, Paris, 1983 (tr. it. di P. Levi, *Lo sguardo da lontano. Antropologia, cultura e scienza a raffronto*, Einaudi, Torino, 1984) e C. Lévi- Strauss, *L'identità*, Sellerio, Palermo, 1996.

2. Si veda: J.-N. Kapferer (2000), *cit.*, p. 107.

marca, quella dell'identità. Un momento moderno, un concetto recente ed essenziale.

La densità dell'offerta, l'inquinamento mediatico, la competizione che raggiunge dimensioni iperboliche, la maggiore discrezionalità di un consumatore che vede dilatare le proprie possibilità di scelta, impongono alla marca un incessante progresso. Obbligata ad un meccanismo di rilancio perpetuo, ad un avvicendarsi di mete e nuovi traguardi, la marca può far fronte alle continue provocazioni del mercato soltanto con un'identità forte. Come osservano Aaker e Joachimsthaler, "l'identità di marca dovrebbe contribuire a stabilire un rapporto durevole tra marca e cliente, generando un ammontare di valore che, almeno potenzialmente, implica benefici di tipo funzionale, emotivo o di auto-espressione o conferendo credibilità alle marche garantite..."[3].

Vi è un generale consenso a ritenere che la vera *challenge* per chi produce, oggi, sia coniugare la marca con un'identità unica, accattivante, culturalmente attuale, distinguibile da tutte le altre. Fabbricare buoni prodotti, garantire un buon livello di qualità, essere responsabili di fronte al consumatore appare ormai come condizione necessaria ma non più sufficiente. Sono troppi i buoni prodotti che competono sui mercati, troppe le marche che li firmano. Lo stesso vantaggio competitivo che assicura l'innovazione rischia di essere vanificato perché questa può essere replicata, e quindi scippata, quasi in tempo reale. È l'identità della marca – se forte ed unica, soggetta ad un costante processo di manutenzione ed implementazione – a rendere improponibile qualsiasi tentativo di clonazione.

L'identità della marca appare dunque generata – *in primis* – da chi ha il compito di costruire brand forti e dotarle di senso. Per questo sono in molti a ritenere che l'identità di marca è sotto lo stretto controllo delle imprese, "ammesso che queste ne comprendano l'essenza e l'espressione"[4]. Come osserva Randall "*brand identity is what we transmit to marketplace*"[5]. E ancora, Joachimsthaler e Aaker, spiegano l'identità di marca come "*the brand concept from the brand's owner's perspective*"[6]. In altri termini, *l'identità è il concetto di marca dal punto di vista del suo proprietario*, quindi dell'imprenditore o del management: la *quintessenza del suo pensiero strategico*.

Quello della brand identity è un luogo discorsivo e originario, pensato ed edificato per stabilire una strada di coerenza e continuità destinata alla marca. Un *fil rouge* che percorre l'evoluzione dei segni e dei significati, della qualità e degli obiettivi, della comunicazione e della relazione col consumatore. Ca-

3. D.A. Aaker, E. Joachimsthaler, *cit.*, p. 63.

4. G. Randall, *cit.*, p. 14.

5. *Ibidem.*

6. E. Joachimsthaler e D.A. Aaker, "Building Brands without Mass Media", in: Aa.Vv., *Harvard Business Review on Brand Management*, Harvard Business School Press, Harvard, 1999, p. 5.

pace di proporsi al pubblico con grande forza e distintività. E, soprattutto con una armonia e una coesione interna frutto di sforzi costanti e di una visione strategica a lungo termine.

"L'impresa dovrebbe avere una chiara brand identity con una profondità ed una struttura tali da designare ed implementare i programmi di comunicazione e da non mandare inavvertitamente messaggi conflittuali o confusi ai consumatori... Una brand identity chiara ed efficace, per la quale esistano comprensione ed investimenti all'interno dell'organizzazione, dovrebbe essere collegata alla visione, alla cultura organizzativa e ai valori dell'impresa"[7].

Tuttavia, da un certo punto di vista, appare riduttivo considerare l'identità della marca come una costruzione ideologica che avviene a partire dal mondo delle aziende, un sigillo da imprimere su etichette ed insegne al fine di segnare una differenza. L'identità non è *maquillage*, né uno stile codificato di sembianze e movenze che manager e pubblicitari decidono "per la marca" e che la marca subisce passivamente. Non è un pacchetto di attributi che i consumatori accettano consenzienti e ricevono "a scatola chiusa".

Si tratta, piuttosto, di un luogo generato da complesse dinamiche di interazione tra emittente, destinatario e contesto. Certamente, in una fase iniziale, da parte delle aziende può avvenire una sorta di *proposizione d'identità*, un'offerta di significati e di contenuti per la marca. Proposta che verrà, in un secondo tempo, contaminata dallo sguardo e dall'esperienza del pubblico. Oppure addirittura rifiutata. Ma questa non è una regola. Sovente capita che la costruzione dell'identità si risolva in maniera spontanea mediante stratificazione d'impressioni e di memorie da parte della sfera del consumo. E che sia l'impresa a cercare poi di riappropriarsi di un contenuto, modellandolo e riposizionandolo in base alle proprie esigenze. "Per lungo tempo è prevalsa la tendenza ad attribuire alla sola azienda il diritto e il potere di fondare l'identità delle sue marche. La realtà del mercato mostra che spesso una marca, al termine di un certo periodo, presenta un'identità differente da quella che i suoi responsabili avevano deciso di darle. Un'identità 'reale' rimpiazza l'identità pianificata a tavolino"[8].

È possibile che una marca non abbia una reale identità, e prima di prenderne coscienza insegua mondi immaginari, replichi territori della concorrenza, pratichi dinamiche di mimetismo, imitazione, clonazione. Oppure che sia ancorata ad un'identità arcaica, degli esordi: una memoria distante dal presente ed inconsapevolmente superata. Come osserva Semprini, l'identità della marca è la risultante di un complesso gioco di interazione e di trasformazione "e non semplicemente un luogo di partenza o un luogo d'arrivo, a seconda che si privilegi il punto di vista dell'azienda o il punto di vista del consumatore.

7. *Ibidem*.
8. A. Semprini (1996), *cit.*, p. 104.

La distinzione tra sistema della produzione e sistema della ricezione è utile ai fini analitici, ma non si dovrebbe mai dimenticare che solo la dialettica tra i due sistemi produce l'identità di una marca"[9].

Tuttavia, oggi, si tende a considerare l'identità della marca come *un'atto costitutivo e propositivo* che rientra nelle missioni e negli obblighi imprenscindibili dell'impresa, in antitesi all'immagine, che appartiene al registro della percezione e dell'elaborazione e dunque compete all'audience. Kapferer[10], ad esempio, oppone il concetto d'identità di marca a quello di immagine. Egli sottolinea come l'*immagine* sia un modello di ricezione (ha a che fare col "ricevimento" dei messaggi da parte dei consumatori; è il modo in cui certi pubblici decodificano i segni provenienti dai beni, dai servizi e dalle comunicazioni emesse dalle marche; è il risultato di una lettura, di una rappresentazione, di una libera interpretazione). L'identità, invece, appartiene *all'area dell'emissione* (nel senso che viene emessa dalla sfera della produzione e della comunicazione).

Nondimeno, questa dicotomia tra un'identità trasmessa e un'immagine ricevuta è abbastanza ricorrente in tutta la letteratura di marketing. Randall sottolinea come "l'immagine di una marca è ciò che esiste nella mente dei consumatori. È il totale delle informazioni che questi hanno ricevuto in merito alla marca, dall'esperienza, il passaparola, la pubblicità, il packaging, il servizio e così via... L'identità di marca è ciò che noi trasmettiamo al mercato; è ciò che è sotto il nostro controllo..."[11].

L'identità della marca non è una dimensione cristallizzata, inerte, chiusa. È soggetta ad una significazione dinamica. Si configura attraverso i continui discorsi della marca, assume spessori sempre nuovi. È in perenne evoluzione, pur rimanendo coerente a se stessa. Un cantiere aperto, un'*entità in progress*. La marca allora è – come l'*Opera Aperta* di cui parla Umberto Eco – "una pluralità di significati che convivono in un solo significante"[12]. Nondimeno essa è ambigua, perché – pur nella sua impostazione di fondo, nella sua inevitabile coerenza interna – si presta a svariate letture, ponendo il problema di una "forma" e di una "apertura": una dialettica tra l'intervento attivo del con-

9. A. Semprini, *Marche e mondi possibili. Un approccio semiotico al marketing della marca*, FrancoAngeli, Milano, 1993, p. 73.

10. "L'immagine è un concetto di ricezione. Gli studi d'immagine hanno a che fare col modo in cui certi pubblici si raffigurano un prodotto, una marca, un uomo politico, un'impresa, un paese. L'immagine riguarda dunque i termini in cui questi pubblici decodificano l'insieme dei segni provenienti dai prodotti, dai servizi e dalle comunicazioni emesse dalla marca. L'identità è un concetto d'emissione. Si tratta di specificare il senso, il progetto, la concezione di sé della marca. L'immagine è un risultato, una decodifica. sul piano manageriale,l'identità precede l'immagine. Prima di essere rappresentati nella mente del pubblico bisogna sapere cosa si vuole rappresentare. Prima di essere ricevuti bisogna saper emettere". Si veda: J.-N. Kapferer (2000), *cit.*, pp. 102-103.

11. G. Randall, *cit.*, p. 14.

12. U. Eco, *Opera Aperta*, Bompiani, Milano, 1962, p. 16.

sumatore e lo statuto originario di "opera", vale a dire *costruzione, rappresentazione, creazione*. "Intendendo per 'opera' un oggetto dotato di proprietà strutturali definite, che permettano ma coordino l'avvicendarsi delle interpretazioni, lo spostarsi delle prospettive"[13].

Il problema dell'identità della marca trascende i tradizionali concetti di immagine e posizionamento per assumere uno spessore sconosciuto in passato.

L'identità della marca è il frutto di una sapiente alchimia tra valori di prodotto, contenuti emotivi, valori sociali e cultura d'impresa. È la risultante di una *consapevole e coerente regia* di quell'articolato sistema di segni con cui essa si rapporta all'esterno[14]. Segni che, il più delle volte, parlano invece linguaggi incoerenti. Ecco perché il processo di costruzione dell'identità vede la marca impegnata su fronti diversi. Anzitutto nel *presidio di valori di prodotto* che rappresentano la legittimazione stessa dell'esistenza della marca. La sua capacità di saturare, nella maniera più compiuta, i bisogni che il consumatore si attende vengano soddisfatti con l'atto di consumo. Sono quei *valori d'uso* che erano stati messi in ombra nel recente primato attribuito all'immagine, privilegiando più la loro apparenza che le effettive performance. Fra queste – comuni a tutta la categoria di prodotti – è necessario che alcune abbiano caratteri di assoluta eccellenza e di esclusività entrando a far parte del patrimonio genetico della marca. Nell'ambito quindi delle tante componenti che concorrono alla qualità, alcune – meglio se coincidenti con quelle a cui il consumatore attribuisce il massimo delle priorità – dovranno assumere, nella promozione dell'identità, uno statuto del tutto speciale. Divenire patrimonio esclusivo della marca.

La *traduzione emotiva dei valori di prodotto* rappresenta il passo immediatamente successivo affinché questi non restino soltanto dei requisiti tecnici e per assicurare loro un surplus di desiderabilità e distintività. Occorre cioè attribuire colore e calore alla merce, conferirle un'anima che attribuisca emozione ai benefit tangibili degli oggetti e dei servizi[15]. Un po' come, per un individuo, aggiungere alla sua carta d'identità un dossier che parli del suo carattere, della sua personalità, che ne metta in luce i risvolti psicologici. Valori di prodotto e valenze emotive[16] devono rendere deduttivo ed accattivante il mix, rafforzando quei caratteri di esclusività indispensabili per emergere in un universo semiotico in cui non esiste più particella che non vibri di mes-

13. *Ibidem*.

14. Si veda, a questo proposito, l'interessante percorso "*Brand Creation: The Process*", ben descritto in H. Vaid, *Branding*, Cassel Illustrated, London, 2003, pp. 126-127.

15. Per un approfondimento si veda: M. Sherrington, *Added Value. The Alchemy of Brand-Led Growth*, Palgrave Macmillan, New York, 2003.

16. Numerosi studi di marketing hanno dimostrato come in certi mercati le emozioni costituiscano un fattore decisivo nella scelta finale della marca. Per un approfondimento si veda G. Franzen e M. Bouwman, *The Mental World of Brands. Mind, Memory and Brand Success*, "World Advertising Research Center", Henley on Thames, 2001, pp. 217-230.

saggi. Se, un tempo, era a questo livello che si fermava la problematica della marca, adesso domanda ed offerta si confrontano sempre più anche sul piano dei valori sociali.

5.2. Marca e nozioni d'identità

Basta passare in rassegna i vari modi in cui la parola identità è impiegata nel linguaggio corrente per comprendere il senso e il valore di questa nozione fondamentale per il management della marca[17]. In primis, "*carta d'identità*". Documento personale, non cedibile, non trasferibile, la carta d'identità contiene una serie di informazioni che assicurano il riconoscimento della persona, nel tempo, in ogni luogo: chi sono? Qual è il mio nome? Quali sono i miei connotati salienti? Domande essenziali, applicabili con facilità anche allo statuto di marca. I dati anagrafici e somatici che differenziano tra loro gli individui possono anche declinarsi in quei valori di prodotto e in quelle performance salienti che concorrono a determinare l'unicità del brand.

La carta d'identità va aggiornata, implementata. Possono cambiare lo stato civile, la professione, il colore dei capelli. Ma il nocciolo duro resta immutato. L'essenza originaria – come un'impronta digitale – ha una vocazione alla permanenza, alla continuità. Certi tratti distintivi, alcune dimensioni fondative non mutano. Così è per la marca. Persino certi risvolti psicologici, certe valenze emotive, certi tratti della personalità possono dipanarsi nel tempo con grande coerenza. Tuttavia, nemmeno la marca è immune da "*crisi d'identità*", che sopraggiungono dolorosamente specie in età adolescenziale, ma possono presentarsi in qualsiasi momento della vita, in occasione di cambiamenti esterni, di mutazioni di scenario, di eventi particolarmente drammatici. Risolvere queste crisi è fondamentale per la marca. Proprio per non spezzare quella linearità e quella costanza, auspicabili nella gestione di una solidità del brand. Per questo sono necessari continui ritocchi ed una costante manutenzione all'identità della marca. L'attualità culturale, l'aggiornamento dei segni e dei significati è oggi un obbligo per le imprese.

Oggi si dice anche "*identità d'opinione*", a proposito di coincidenza di pensiero, di identici punti di vista, di uno stesso sentire. Questo significa, in termini commerciali, che l'identità di una marca si trasferisce su prodotti e servizi di natura differente e, tuttavia, risulta coerente. Non c'è forse identità di vedute tra la biancheria per la casa Versace e lo stile dell'*haute couture* che porta la firma della stessa *maison*? Non c'è identità di vedute tra le linee

17. A proposito dell'analisi dei termini "*carta d'identità*", "*identità culturale*", "*identità d'opinione*", "*crisi d'identità*", in relazione all'identità di marca, si veda anche: J.-N. Kapferer (2000), *cit.*, pp. 98-99.

aeree Virgin e la Virgin Cola? O tra le coloratissime valigie Benetton e la maglieria casual ugualmente griffata? L'identità è quella di un unico grande segno, un unico discorso, capace di moltiplicarsi attraverso gli oggetti, ma, fondamentalmente conforme ad una *grande madre*: la marca. Il fenomeno della brand extension, se correttamente gestito, dimostra come possa esistere coerenza d'identità (dunque *identità di vedute*) tra prodotti e servizi, spesso profondamente distanti dal punto di vista della performance e del settore merceologico.

Accade sin troppo spesso che le marche abbraccino prodotti nuovi, penetrino nuovi mercati, parlino a nuovi segmenti della popolazione. E se non hanno ben chiari i propri principi, i propri valori, il proprio sentire, rischiano le derive di una comunicazione polverizzata, frammentata. Il pericolo dell'estensione è la non credibilità, la perdita del significato di partenza. L'identità originaria è minacciata. A volte intaccata, sgretolata e addirittura fatta a brandelli dall'estensione parassita. Ne deriva una *immagine patchwork*, priva di un senso globale dell'azienda e di coerenza del marchio. Ecco perché la marca – in sé – non garantisce unità. A nulla serve imprimere il proprio segno sopra i generi di consumo più disparati, se poi si diventa camaleontici ed instabili. Soltanto l'identità del brand può garantire una forma coerente ed integratrice, un discorso unico, estendibile, declinabile. "Desiderando adottare i codici propri ad ogni marca, la marca Cacharel è giovane e squillante in camiceria, seria nell'*eau de toilette* per uomo, romantica nei profumi e leggera nell'intimo... Malgrado la comune segnatura di marca, si tratta davvero della stessa emittente?"[18]. L'identità contribuisce a garantire unicità all'interno di scenari competitivi particolarmente concorrenziali, ma è pure fondamentale per istituire quella coesione di significati, quella riconoscibilità di segni che ogni diversificazione di linee commerciali e di prodotti dovrebbe assicurare.

Quello della marca è un vero e proprio *principio d'identità* capace di legare ed accomunare i beni di consumo che portano inscritta la medesima firma: un filo conduttore che opera – per sedimentazione e stratificazione – un *trait d'union*, un sigillo di famiglia, una missione che si estende e si tramanda. Si tratta – nel caso di una saggia gestione del branding – della formulazione positiva del *principio di non contraddizione*.

È interessante notare come nel campo dell'analisi matematica il concetto d'identità trovi delle curiose corrispondenze col management della marca. Infatti si parla di identità quando c'è uguaglianza tra due espressioni contenenti variabili. Uguaglianza che è vera per ogni valore delle variabili. Questa osservazione suggerisce una lettura della marca attraverso due ordini di significati: le costanti e le variabili. È al primo livello (le costanti) che troviamo i

18. *Ibidem*, p. 102.

valori profondi della marca – quelli cioè che ne compongono l'identità – siano essi attributi di prodotto, cultura d'impresa, vocazioni emozionali, missioni storiche. *È qui che s'addensa il nocciolo, la personalità autentica, la reale differenza del brand. Qui che risiede la sua coerenza, la sua permanenza.* Tuttavia l'identità della marca non muta al mutare di certe variabili. Per variabili intendiamo aspetti prettamente formali della comunicazione, dimensioni grafiche o visuali, performance segnaletiche o dettagli pubblicitari. Ed ecco la matematica: la conoscenza della vera identità della marca consente infinite "variazioni sul tema". Permette di definire e consolidare gli elementi di permanenza, le fondamenta immutabili dell'insegna o della griffe. E – al contempo – di evolversi, emanciparsi, rinnovarsi, sul versante degli aspetti superficiali, secondari, esteriori. Ma attenzione: anche un logo, o addirittura un colore, possono far parte del DNA della marca, del suo patrimonio genetico, delle sue fondamenta intoccabili, se soltanto assumono uno spessore di significato all'interno di una logica d'identità[19]. Tuttavia, accade sovente che certe regole esteriori diventino parte di una segnaletica dogmatica e inerte, a prescindere dalla presa di coscienza di un progetto di marca. E così, fissandosi su elementi necessari ma non sufficienti, si mette il carro davanti ai buoi. Si antepongono le variabili alle costanti. In questo caso – la matematica lo insegna – non può esistere identità.

Anche il termine "*identità culturale*", tradizionalmente riferito a popoli e comunità, può essere traslato con grande agilità al management della marca: si tratta di un nucleo centrale e costitutivo che accomuna persone caratterizzate dalla stessa storia, dagli stessi valori, dagli stessi ideali, dallo stesso progetto. Dunque l'identità culturale segna l'appartenenza o l'esclusione ad un territorio di segni e di significati. Per questo è possibile affermare che anche il brand incarni una propria identità culturale. Non solo. Da parte del consumatore può esistere un sentimento di autentica e sincera adesione al mondo della marca, un coinvolgimento di tipo ideologico, intellettuale, empatico: un vero e propro commitment. La prossimità della marca alla sensibilità del suo pubblico, al suo stile di vita, alle sue esperienze, genera sentimenti di partecipazione al medesimo disegno.

L'identità permette alla marca di tracciare una linea-guida, un contenuto, un progetto. Le consente di evolvere restando se stessa, di affondare le proprie radici in un terreno fertile e di proiettarsi verso il futuro con solidità, come un albero con il suo tronco. Soltanto in questo modo essa potrà persegui-

19. La forma unica della bottiglia di Coca-Cola, i caratteristici archi gialli di Mc Donald's, la mela multicolore parzialmente addentata di Apple, il lilla dei prodotti Milka, sono soltanto alcuni degli esempi di *brand identity* indissolubile dal logo, dal packaging o dal cromatismo della marca. Per un approfondimento si rimanda all'interssante paragrafo "*Brand as a logo*", in L. De Chernatony, *From Brand Vision to Brand Evaluation. Strategically Building and Sustaining Brands*, Butterworth Heinemann, Oxford, 2001, pp. 20-21.

re i propri obiettivi, chiarificare la propria visione, rispondere alle proprie necessità. Grazie alla costruzione di una forte identità la marca sarà in grado di affermare la propria differenza, indicando segni di riconoscimento e valori, colorandosi e emozionando. Senza dimenticare la propria cultura d'impresa, la storia che ha attraversato, la sua permanenza e la sua coerenza.

5.3. Identità di marca e comunicazione

Anche se le cose stanno lentamente cambiando, oggi sono davvero poche le marche coscienti della propria identità: *poche quelle in grado di isolare i propri tratti distintivi, di indicare la sede della propria unicità, di stabilire i motivi di una differenza di fondo rispetto agli altri attori del mercato*. Tuttavia, ultimamente, appare chiara la necessità di gestire una sorta di autonomia di marca rispetto agli oggetti, ai beni ed ai servizi che questa contrassegna. La marca sta acquisendo un'essenza individuale, uno spessore ed una personalità sconosciuti in passato. Non basta esistere nel mercato per essere marca: occorre possedere una identità chiara, riconoscibile, speciale. Ci si rende conto, ad esempio, che – per quanto necessario – è adesso insufficiente dare la parola ai soli prodotti. I quali non parlano un'unica lingua, non hanno un unico carattere, non raccontano di un unico progetto ed un'unica missione. E, in definitiva, non sono la marca.

L'identità della marca è data dalla globalità delle sue attività di comunicazione: dal punto vendita al packaging, passando per sponsorizzazioni ed impegno etico. Spesso una comunicazione incentrata sul prodotto, rischia di far perdere di vista il nucleo e l'essenza del brand, il discorso generale, il significato globale dell'impresa che appone la propria firma. E così può accadere che il management si trovi a descrivere la marca in termini di *immagine percepita* dal consumatore o, al limite, di *immagine desiderata* dal produttore: mai in termini d'*identità reale*.

Il mondo delle imprese, comprende allora l'importanza strategica di un lungo respiro per le proprie griffe, di un messaggio unitario, che offra al consumatore il senso e il valore della Corporate e della marca. Le campagne pubblicitarie sui singoli prodotti, vanno dunque accompagnate da una campagna di marca, in grado di generare un opinione condivisa su ciò che è l'azienda, in grado di promuovere e rafforzare quella che è l'identità del brand. Sovente, a fronte di una infinita gamma di articoli al proprio attivo, la marca rischia di perdere di vista il proprio filo conduttore, le proprie origini, il proprio significato di fondo. È quello che è accaduto agli inizi degli anni Novanta, in Francia, ad uno dei più noti marchi della surgelazione: dopo quindici anni di pubblicità di prodotto che vantavano un giorno i meriti di "piatti pronti", un altro quello di "cucina leggera", un altro ancora quello di "pesci impanati", la marca Findus ha finalmente sentito il bisogno di prendere direttamente la parola. "Si dovette allora constatare che il parto della campagna di marca risultava particolarmente difficile. Non esistevano dei reali consensi su ciò che fosse veramente Findus"[20].

Definire l'identità di una marca significa delineare uno "statuto della marca" che inquadri i tratti salienti del brand, che ne definisca le performance reali come pure quelle simboliche. *Una sorta di carta di riconoscimento, o di identità, appunto*, che non si limiti a tratteggiare gli attributi e le prestazioni della marca, ma che ne ribadisca le origini e il nucleo fondativo, sottolineando pure la missione e gli orizzonti a medio termine. Dunque uno strumento finalizzato a conferire coerenza, consistenza e nitidezza ad un segno (la marca) troppo spesso nebuloso ed ambiguo, instabile ed incoerente. Una vera e propria *brand chart*, che permetta di gestire ed articolare in maniera armonica e non contraddittoria i diversi discorsi emessi dalla marca[21].

Il ventaglio degli strumenti a disposizione delle imprese è oggi piuttosto vasto e variegato: non solo pubblicità in senso tradizionale, ma anche eventi – sportivi e non – distribuzione, promozione, design, layout e *internal setting* dei punti vendita, merchandising, pubbliche relazioni. La forza e il valore della marca si rivelano attraverso la sua capacità di utilizzare al meglio le specificità di ogni mezzo comunicativo. L'identità consente allora alle imprese di costruire dei solidi piani di comunicazione e di modellare con costanza e coerenza strategie, discorsi e campagne pubblicitarie. È grazie all'identità che la marca – pur variando nei modi, nelle forme, negli stilemi e nell'apparenza esteriore – rimane fedele a se stessa. Mantenendo intatti i suoi *core principles* e preservando l'unità nella differenza.

Il *principio di non contraddizione*, a cui abbiamo già fatto riferimento, è alla base della continuità temporale della marca, perché corrisponde ad una reale evoluzione senza distruzione, ad un aggiornamento dei segni e dei significati senza oblio del passato, ad una costante attualizzazione e manutenzione dei significati.

Definire il contenuto e l'identità della marca permette di rispondere con straordinaria chiarezza ad un gran numero di quesiti che il mondo delle imprese e del mondo della comunicazione si trovano oggi a dover affrontare quotidianamente.

In primo luogo, grazie all'identità è possibile stabilire se la campagna pubblicitaria che è stata pensata e pianificata sarà conforme alla marca, coerente alla sua personalità, ai suoi principi, alla sua memoria. Quando nel 1994 Barilla – che da sempre incarna i valori di tradizione, famiglia, domesticità, affetti familiari – decise di affrontare la sfida dell'hard discount e delle private label sul fronte di un discorso di qualità, la forte identità di marca dell'azien-

20. J.-N. Kapferer, *cit.*, p. 96.

21. Per un approfondimento si veda D.E. Knapp, *The Brand Mindset*™, McGraw-Hill, New York, 2000.

da parmense minacciava d'incrinarsi. La campagna "*Viva il blu*" pareva abbandonare gli stilemi collaudati del nido, del calore, del ritorno a casa, di un *cocooning* protettivo, affettivo e vagamente regressivo, per indirizzarsi verso un mondo luccicante fatto di testimonial nostrani come pure internazionali, da Zucchero a Paul Newman, da Alberto Tomba a Cindy Crawford. Lontani dagli scenari domestici ed ovattati della dimora accogliente e sicura, rifugio dall'ostilità e dalla freddezza di un mondo esterno frenetico ed inospitale, questi spot proponevano nuovi territori, scenari inattesi e vagamente esotici. Il ristorante cinese, il laboratorio di ricerca d'oltralpe, il palcoscenico di un concerto rock. Non solo: qui i testimonial, apparivano poco coerenti rispetto ai valori profondi della marca e sembravano essere stati scelti per la loro notorietà, piuttosto che per l'effettiva compatibilità con l'universo Barilla. Anche "*Viva il blu*" risultava come un'affermazione autoreferenziale, una sorta di contemplazione narcisistica del proprio ombelico, comunque un attributo come quello della confezione, esterna alla marca e ininfluente in termini di benefici per il consumatore. Che differenza rispetto al "*Dove c'è Barilla c'è casa*"! Tra l'altro, quasi in tempo reale, le non marche presenti nella grande distribuzione virarono rapidamente sul blu i loro packaging. Questo decisivo mutamento di fondo nelle strategie (o nelle tattiche?) della marca ha rischiato di minare la chiarezza comunicativa di Barilla, la sua costanza e la sua continuità temporale. E, in definitiva, di metterne in discussione la stessa identità. Ecco perché, per l'impresa, è importante non perdere di vista i contenuti del branding, i tratti caratterizzanti il capitale di marca. È necessario – tra i tanti discorsi emessi dal marchio – poter serbare un nodo centrale di valori, un fondamento unitario. Si tratta, in sintesi, di salvaguardare – e al tempo stesso coltivare – l'embrione, il pacchetto dei principi ispiratori e dei caratteri dominanti, al fine di mantenere una precisa coerenza dei segni e delle logiche comunicative, una sicura conformità alle linee-guida.

L'uso del testimonial e influenti in pubblicità è una operazione tanto efficace quanto rischiosa. L'autorità indiscussa di un esperto, un autorevole maestro competente della veridicità del messaggio (*testimonial*) oppure il carisma di un divo, di una personalità dello starsystem (*influente*) possono trasferirsi sulla marca, riverberarsi su di essa, "esercitare una sorta di effetto alone"[22]. Tuttavia, la stretta associazione della marca reclamizzata col personaggio celebre può minacciare l'identità della marca stessa. Può, cioè, vampirizzare l'autenticità ed il valore del brand. Per evitare che la comunicazione anziché benefattrice si riveli parassita, che il messaggio anziché rafforzato appaia cannibale, è necessario definire la strategia sulla base dell'identità della marca. Soltanto una volta isolato il nucleo originario e fondativo del brand sarà possibile scegliere la star più compatibile con quel plesso di significati, di se-

22. G. Fabris, *La pubblicità, teorie e prassi*, FrancoAngeli, Milano, 1992, p. 168.

gni e di valori di cui l'impresa è portatrice. Dunque, si tratta di definire la strategia per poi individuare il personaggio e non viceversa. Ancora una volta il concetto d'identità sembra imporre coerenza di discorsi e di modalità espressive. È infatti importante valutare come e secondo quali criteri l'identità della marca possa essere rappresentata dalla celebrità. In linea di massima è possibile affermare che personalità, gusti, carisma, di un divo, come pure autorevolezza, preparazione e competenza di un esperto, dovrebbero assicurare continuità ed omogeneità rispetto ai *core values* del marchio. Naturalmente si dovrebbero evitare quelle star che abbiano perso il loro glamour, quelle con una dubbia moralità, uno stile di vita, un carattere ed un sembiante incoerenti e poco allineati rispetto al brand. Quando un'attrice come Marisa Laurito, sul finire degli anni Ottanta, divenne volto e corpo della pasta Voiello, l'operazione risultò perfettamente credibile e assolutamente coerente in termini di logica d'identità. Il suo carisma di star, l'origine napoletana e l'inclinazione gastronomica – di cui ha anche il *phisique du rôle* – apparivano tutte caratteristiche perfettamente omogenee rispetto all'identità del marchio partenopeo.

E bene sottolineare, comunque, che il carisma del divo non promuove a priori la griffe, la sua notorietà non si trasferisce, sempre ed automaticamente, sull'etichetta: è necessario stabilire un nodo centrale di valori comuni – una identità unitaria e coesa – tra il maestro, l'esperto, la persona famosa ed il marchio. Ecco perché, il ruolo del portavoce diventa centrale nel processo di costruzione dell'identità di marca. La sua funzione è variabile a seconda dei significati che veicola, a seconda delle posizioni che ricopre. Nella *logica di intermediazione* e la *logica della complicità*[23] il testimonial si confronta con l'identità della marca attraverso due possibili registri. Nel primo approccio il testimonial – scelto unicamente in virtù della sua fama e della sua vasta riconoscibilità – non mette in gioco alcun investimento d'identità, non ha alcuna affinità o conoscenza particolare rispetto al prodotto. Il rapporto di coerenza tra il suo mondo e il mondo della marca sarebbe esiguo e, come se non bastasse, questi potrebbe addirittura incarnare tratti contradditori od incompatibili rispetto all'oggetto (o al servizo) reclamizzato. "Siamo, allora, di fronte a un personaggio che detiene una certa distanza – fisica e mentale – dalla marca. La scelta di testimonial di questo tipo risponde a strategie che cercano l'impatto e la costruzione accelerata della notorietà della marca. D'altro canto, ben poco viene sedimentato sul fondo dell'idenità di marca"[24]. È un po' la dinamica che si è verificata nella sopraccitata campagna "*Viva il blu*" tra il marchio Barilla ed alcune star come Zucchero e Cindy Crawford. Oppure tra il Kevin Costner di *Balla coi lupi*, personaggio fascinoso, virile, selvaggio e

23. A. Semprini, P. Musso, in M. Lombardi (a cura di) (2000), *cit.*, pp. 64-65.
24. *Ibidem*, p. 64.

vagamente rude che dichiara – non senza una certa *naivetèe* – : "è bello camminare in una Valleverde". La coerenza tra il divo e la scarpa comoda e confortevole per un target *agée* di pensionati e massaie affette da lombalgia, appare piuttosto discutibile.

Diversa è la *logica della complicità*, una modalità secondo cui il testimonial viene scelto sulla base della sua credibilità, della sua prossimità col marchio e i suoi stilemi, della sua expertise. Qui il portavoce eccellente è colui che ha provato il prodotto, oppure se ne intende, è competente in quel settore. O, semplicemente, risulta evidente una sorta di affinità elettiva tra la sua identità e quella del brand: il pigro, gaudente, casalingo e ghiotto Renato Pozzetto e Motta; gli atleti degli sport estremi e Sector; la bella ma anche "umana" modella Valeria Mazza e le creme di bellezza Clinians, efficaci ma economicamente accessibili. E così via. Tutte queste "personalità" condividono con la marca un certo modo di essere e sentire. Sono la sintesi del mondo possibile e dell'identità del brand. Se una marca ha ben chiara la propria identità e le proprie vocazioni, potrà facilmente mettere in scena personaggi credibili, in grado di garantire ed amplificare il proprio discorso. L'identità consente allora di individuare somiglianze ed affinità, di aggregare per simpatia e coerenza, di agevolare efficaci processi di identificazione da parte del consumatore.

Anche quando si tratta di sponsorizzare eventi, iniziative, o attività di vario genere, di essere presente a questa o quest'altra manifestazione, è necessario conoscere l'identità della marca, affinché questa possa essere in linea con i valori, i significati e l'universo culturale ai quali si andrà a legare. Si tratta di una sorta di *sodalizio ideologico*, della ricerca di un *territorio comune di affinità elettive, di una contiguità di narrazione*. Lo sport, il sociale, lo spettacolo, la moda: ecco tutte aree caratterizzate da una precisa coerenza interna, una propria logica discorsiva, un distinto plesso di contenuti ed argomentazioni. Isolare l'identità di una marca è il primo passo verso una collaborazione efficace, che rinforzi i valori dell'impresa attraverso la giustapposizione ad un'area semantica affine e vicina.

Esselunga – impegnata nel biologico, nel rispetto dell'ecosistema, nel senso di responsabilità verso il consumatore ed i popoli del Terzo Mondo, con una forte identità "etica" ed "ambientale" – sponsorizza, con estrema coerenza ai propri valori, la cura del verde pubblico in una città come Milano. Difficile vederla in un circuito di Formula Uno, col marchio stampigliato sulla carrozzeria aerodinamica di bolidi a quattro ruote. Ancora più arduo pensarla sponsor nel progetto della costruzione dello stretto di Messina. Tratteggiare una carta d'identità della marca, una sorta di *brand chart*, consente allora di confrontare due mondi, quello dell'impresa con i suoi valori, il proprio bagaglio di esperienze, la propria storia, la propria cultura e quello dell'evento o dell'occasione che si presentano di volta in volta come opportunità di "matrimonio". Valutare la reale compatibilità tra i due territori, i due sistemi di segni significa produrre una comunicazione efficace e coerente.

Anche quello dell'estensione o brand extension è un campo denso di opportunità, ma anche di minacce per la marca: conoscere l'identità consente di gestire con coerenza e lungimiranza la declinazione verso nuovi comparti merceologici. Affrancandosi così dal rischio di sgretolare il significato originario del marchio, di fallire nei nuovi settori, di perdere credibilità agli occhi del pubblico. Le estensioni di marca sono una strategia naturale, e spesso inevitabile, per l'impresa contemporanea impegnata in un processo di crescita sul mercato. Sono la conseguenza diretta della presa di coscienza che le marche sono il vero capitale e la risorsa più preziosa di cui il management possa disporre. L'attrattiva della notorietà del nome di marca conduce molte aziende a "colonizzare" segmenti della produzione e del consumo inizialmente quasi sconosciuti. Le prime a muoversi in questa direzione sono state le griffes dell'*haute couture*, che dalla moda e dai beni di consumo di lusso hanno democraticamente raggiunto il settore degli accessori, dell'orologeria, dei profumeria, della cosmetica, della cancelleria e della biancheria per la casa. Tuttavia, l'estensione può non avere successo, oppure danneggiare il marchio primordiale, offuscarne il valore e la credibilità. È necessario, dunque, che operazioni di questo tipo rinforzino l'immagine e l'identità della marca principale, assumendo un ruolo positivo e costruttivo. Perché questo accada sono auspicabili coerenza di significati e di discorsi, prossimità valoriale e semantica, vicinanza di attributi e di performance simboliche tra marca madre e successive filiazioni.

Il marchio Bic, capostipite dei rasoi usa e getta, si è esteso con successo al settore delle penne a sfera e degli accendini. Economicità, praticità, rapido turnover del ciclo di vita del prodotto (che si utilizza, si esaurisce e si elimina) riassumono i connotati salienti ed i valori distintivi del brand. Una sorta di amichevole *low profile*, in grado di offrire al consumatore un approccio familiare e pressoché confidenziale con quegli oggetti. Nondimeno, quando Bic ha tentato la strada dei profumi il fiasco è stato inevitabile: quella identità costituiva un handicap nel settore della profumeria, a tutti i livelli. Ma dell'estensione di marca e dei suoi rischi parleremo più approfonditamente nel capitolo 9.

L'identità diventa la colonna vertebrale del branding quando s'intende far evolvere lo stile dei messaggi rimanendo se stessi. Basti pensare a certe aziende come Burton Snowboard o Nike che hanno attuato politiche di *restyling* sistematico del marchio, presentando di anno in anno, a volte di stagione in stagione, un rinnovato sistema grafico/segnaletico. Pur restando fedeli alla propria vocazione, spesso conservando una impronta-madre originaria (vedi lo swoosh per Nike) queste imprese hanno mutato il lettering e la calligrafia, il logo e lo stile, con una disinvoltura quasi camaleontica. Tuttavia, questa muta dell'identità visiva non sembra aver scalfito la coerenza interna ed il *core value* dei marchi. Anzi ne ha ribadito la permanenza proprio attraverso le infinite variazioni ed i continui aggiustamenti.

La conoscenza dell'identità – sembra un paradosso – garantisce alle marche una certa libertà d'espressione, perché ribadisce la preminenza di un'anima immutabile, di un fondo genetico sugli aspetti puramente formali, cosmetici. Questa opportunità si rivela chiarificatrice ed illuminante quando si tratta di istituire un progetto di pubblicità a lungo termine. Quali sono i codici? Quali gli aspetti da conservare per il futuro? Quali i segni, i personaggi, i colori, le parole da salvaguardare per una lunga durata che sia indice di coerenza, costanza e memorabilità?

E infine il concetto di identità – proprio per la sua vocazione a preservare l'unità nella differenza – si rivela una risorsa preziosa nelle dinamiche legate all'attuale processo di globalizzazione. Esso s'incarica infatti della costruzione di un sistema di valori che funga da fondamento essenziale e coerente alle molteplici attività di marketing e comunicazione intraprese dalle aziende nei vari mercati nazionali. In buona sostanza, l'identità consente di decentralizzare le decisioni della comunicazione in regioni o in paesi differenti, per un sistema di segni (e significati) che sia globale ma locale al contempo. Per una marca che sia unica, ecumenica, universalmente riconoscibile ma anche specifica, territoriale, culturalmente tradotta. Consente cioè di pensare globale ed agire locale, *think globally and act locally*. McDonald's è, a questo proposito, un esempio particolarmente efficace. La forte identità del marchio – chiaramente definita e saldamente composta – ha assicurato l'aderenza ai medesimi *core principles* in tutto il mondo. Senza dimenticare declinazioni ed adattamenti alle diverse culture e alle differenti comunità. Le logiche comunicative McDonald's, attivate attraverso la ristorazione e la pubblicità, hanno rivelato una assoluta coerenza al senso della marca: qualità, servizio, pulizia, valore, efficacia, euforia, cortesia, pulizia, senso della trasgressione legittimata. Tutto ha concorso ad imbastire un ordine del discorso fondamentale, attivato attraverso i vari punti vendita, realizzato attraverso il menù, ritualizzato mediante l'esperienza del consumo. Un racconto esportabile, quasi in maniera modulare, grazie ad una struttura narrativa e discorsiva che è ormai parte del DNA della marca, della sua identità. Soltanto in questo modo sono state possibili alcune variazioni sul tema – *chicken tandoori* in India, pastasciutta e frittura di pesce in Italia, *corn soup* e *teriaki burgers* in Giappone – vere e proprie variabili periferiche, fenomeni di "customizzazione", assolutamente compatibili con la costante originaria[25].

5.4. Identità di marca e cultura d'impresa

Tra l'*identità della marca* così come viene elaborata e vissuta dall'impresa e l'*immagine della marca* che si crea presso il pubblico non vi è sempre coincidenza.

25. Per un approfondimento sul tema della traduzione culturale/localizzazione della marca McDonald's in Estremo Oriente si veda J.L. Watson, *Golden Arches East. McDonald's in East Asia*, Stanford University Press, Stanford, 1997.

I fattori che determinano questa frequente discrasia sono molteplici. Può accadere, *in primis*, che l'identità della marca non sia stata correttamente comunicata; oppure che il pubblico abbia larghi margini di autonomia, conseguenti alle esperienze del consumo e alla comunicazione interpersonale che ha come oggetto la marca; oppure che la marca abbia, alle sue spalle, una lunga storia pregressa. Un passato cioè, che può aver sedimentato nella mente dei consumatori persistenti tracce mnestiche capaci di interferire (non sempre in maniera benevola) con il progetto di marca che l'impresa intende portare avanti.

Talvolta – assai più spesso di quanto si ritenga – capita di constatare che il processo di attribuzione di una identità alla marca, che dovrebbe costituire come abbiamo già sottolineato la quintessenza delle riflessioni strategiche di un'impresa[26], sia più la risultante di un *pensiero debole* che l'effetto di scelte fortemente volute e condivise dal management. Capita così di imbattersi in brand la cui identità non è il frutto di una costruzione "scientifica" o degli obiettivi manageriali; non l'effetto della storia, della vocazione e dello scenario competitivo della marca; non il riflesso della tipologia dei consumatori che si intende raggiungere; non il condensato dei valori prevalenti nel sociale. Piuttosto l'identità di queste marche appare come *il precipitato, quasi casuale, di avvenimenti che si sono succeduti nella biografia del branding*: eventi accidentali e non consapevolmente gestiti. Come l'alternarsi di diverse generazioni di manager ognuna con un proprio vissuto della marca oppure il susseguirsi di molteplici campagne pubblicitarie che hanno veicolato identità non sempre coincidenti tra loro. Il tutto – se associato alla latitanza di una riflessione collettiva all'interno dell'impresa, alla mancanza di un disegno ad ampio respiro, finalizzato a creare un mondo alla marca e a definirne uno statuto – rischia di produrre identità inattese, sovente sconvenienti, poco efficaci, scarsamente profittevoli.

Sembra un paradosso che un capitale di così grande importanza per l'impresa, forse il suo *asset* più rilevante, abbia queste origini: invece, purtroppo, quella descritta è realtà diffusa. La definizione dell'identità della marca, anziché essere attentamente elaborata all'interno dell'impresa, nasce per lo più dall'accumularsi di interventi tattici, quasi si trattasse di una sorta di partenogenesi. Come se l'immagine di marca che il pubblico si costruisce fosse di fatto, in larga misura, una *variabile indipendente* e non il riflesso speculare dell'elaborazione strategica dell'impresa.

In ogni caso, l'identità della marca – anche nei casi in cui l'azienda si ponga correttamente il problema – non può essere solo un'operazione commerciale e di marketing. L'identità della marca deve trovare infatti *il suo fondamento nel patrimonio genetico dell'impresa*. Deve essere coerente, in sintonia

26. Si veda L.B. Upshaw, *Building Brand Identity. A Strategy for Success in a Hostile Marketplace*, John Wiley & Sons, New York, 1995.

con la *cultura d'impresa*. Altrimenti finirà per risultare una sorta di sovrastruttura, di creazione surrettizia estremamente difficile da gestire e da maneggiare da parte di un management che non è organico ai suoi valori di fondo. Le marche di successo sono quelle che fondano la loro identità sui principi che ispirano la cultura di impresa. A loro volta le imprese dovrebbero interiorizzare fortemente i valori della marca – in una sorta di continua dialettica – così da farli, tendenzialmente, coincidere con la cultura di impresa.

La cultura di impresa è troppo spesso rimasta il grande assente nella definizione dell'identità della marca. Eppure nei casi in cui si sviluppino, tra cultura dell'impresa e cultura del mercato, delle *affinità elettive* il dialogo, la relazione con il consumatore diviene più facile.

Troppo spesso s'è avuta la frustrante sensazione che tra la cultura dei target di riferimento (con cui chi produce o distribuisce dovrebbe costantemente dialogare[27]), la cultura della marca e quella dell'impresa vi fossero continui scollamenti. Talvolta uno iato incolmabile. E che, conseguentemente, le strategie di marketing e di comunicazione, approntate dall'impresa – anche se inizialmente corrette ed in sintonia con i valori dei loro destinatari – avrebbero trovato poi un'estrema difficoltà a restarvi. Non tanto per deficienze riconducibili alla professionalità dei manager incaricati di gestirle, quanto per *barriere di tipo culturale*. Se vi si riusciva era soltanto con la testa: non certo con i sentimenti e le emozioni.

La dimensione culturale – ormai acquisita quale variabile esterna con cui l'impresa deve costantemente confrontarsi nelle sue strategie di marketing (sub-specie dei siti valoriali, degli stili di vita dei target) – rappresenta invece ancora, un terreno largamente vergine se declinata al suo interno. Il riconoscimento che ogni impresa possieda una propria peculiare cultura – indipendentemente dal fatto che se ne sia o meno consapevole, che sia gestita o affidata al caso – e che questa possa condizionare, nel bene o nel male, la creazione e la gestione della marca, ha incontrato molte difficoltà ad imporsi. Solo negli ultimi anni si è sviluppata la consapevolezza che le organizzazioni presentano un sistema di valori elaborato da una molteplicità di soggetti, sedimentatosi ed evolutosi nel tempo e divenuto poi dominante, ma in grado di rinascere e vivificarsi ogni giorno.

Siamo comunque soltanto agli inizi di questa riflessione. Le implicazioni dei rapporti tra cultura d'impresa e strategie di marca sono ancora tutte da esplorare. Si dà in qualche modo per scontato che la cultura di impresa è basilare per la costituzione di un forte spirito di squadra, per alimentare costantemente l'*ésprit de corps*, per stimolare il senso di appartenenza e l'orgoglio aziendale, per dare un nuovo spessore alle motivazioni al lavoro. Si riconosce

27. Si tratta di un dialogo complesso, che investe diverse aree d'interesse della marca: dalla messa a punto dei prodotti alla comunicazione.

che una forte cultura contribuisce inoltre a potenziare la fiducia che i dipendenti nutrono nei confronti dell'organizzazione. Laddove l'esplorazione è ancora tutta da condurre è invece nell'area della *relazione che esiste tra identità di marca e cultura di impresa*. Fra quegli *invisibile assets* che si sono recentemente imposti all'attenzione delle discipline aziendalistiche – quali irrinunciabili risorse per competere efficacemente sul mercato – la cultura d'impresa dovrebbe ricevere una particolare attenzione. Una marca, se organica all'impresa nella sua identità, fruisce indirettamente di una sorta vantaggio competitivo particolarmente efficace.

Intendere che un'impresa non è soltanto organizzazione di fattori produttivi, di ruoli codificati, di tecniche per vendere e di conti economici ma anche un'istituzione di rapporti umani con un proprio, diffuso sistema di valori e di simboli – che taglia trasversalmente tutto il personale che vi lavora, che crea coesione ed è, al tempo stesso, il presupposto per il raggiungimento di obiettivi comuni – è la premessa che sta alla base di una corretta comprensione del fenomeno.

Ogni impresa ha infatti un proprio sistema di valori, di norme, di orientamenti all'azione, di regole di comportamento. Un sistema di sanzioni e di riconoscimenti, di usanze ed artefatti, di riti e miti. La cultura d'impresa è la risultante olistica di tutto questo. E rappresenta – per chi nell'impresa lavora – un collante sociale di grande rilievo. Che non sia sempre immediatamente evidente; che possano coesistere, all'interno della stessa impresa, più culture, magari contraddittorie o anche antagoniste, non mette certo in discussione questo assunto. Spiega semmai perché la cultura dell'impresa abbia così a lungo faticato ad ottenere evidenze e riconoscimenti. Talvolta i valori su cui si fonda si sono consolidati nel corso di tutta la storia dell'impresa e derivano direttamente dal mito del suo fondatore. La marca dovrebbe essere l'*espressione di questa cultura* e non un mero espediente di opportunità commerciali.

La letteratura in merito ci dice che, nelle imprese in cui esiste una forte cultura, il raggiungimento degli obiettivi strategici è più facile, la conflittualità interna è ridotta, la produttività è più elevata[28]. E, più in generale, che i benefici per l'impresa sono più consistenti. Se, come appare plausibile, tutto ciò è vero e se l'ipotesi che una maggiore sintonia tra cultura dell'impresa e quella del mercato agevola il successo commerciale, si può comprendere appieno l'utilità di una più attenta considerazione dei valori e della cultura dell'impresa non solo nell'ambito degli studiosi delle culture organizzative ma anche da parte degli operatori del marketing. Soprattutto nella delicatissima fase di costruzione di una identità alla marca. Considerazione che può essere di concreto aiuto ad avviare in maniera sistematica il lavoro di decrittare

28. Si veda N. Ind, *Living The Brand. How to Transform Every Member of Your Organisation into a Brand Champion*, Kogan Page, London, 2001.

la cultura delle nostre imprese, a sensibilizzare gli imprenditori ed i manager su una problematica la cui importanza è stata spesso intuita ma senza poi trarne le dovute conseguenze.

In realtà la cultura di un'impresa è la risultante di una molteplicità di dimensioni: come un grande *puzzle* composto da tanti diversi pezzi, ognuno dei quali ha un suo ruolo nel rilevare l'affresco sottostante. È composta da un mix di valori e di miti, di eroi e di simboli che possono assumere un grande significato per chi vi lavora: si tratta infatti di dimensioni capaci di incarnare un pacchetto di obiettivi condivisi, di rappresentare un fattore motivazionale di assoluta significazione e di forza straordinaria.

È probabile – ma è ancora da dimostrare – che una *forte* cultura sia un ingrediente necessario, anche se non sufficiente, per il successo di un'impresa. C'è da aggiungere poi che sul significato del termine *forte* c'è naturalmente molto da discutere. Sovente se ne dà un'interpretazione nel senso di *valori fortemente condivisi*. Ma la *natura dei valori* non è forse più, o altrettanto importante, della forza con cui sono condivisi? Che rapporto deve stabilirsi fra sistema di valori *egemone nel sociale* ed i valori dell'impresa? In che misura i valori condivisi dall'impresa mutano o devono mutare in sintonia col cambiamento sociale? Deve esserci una corrispondenza tra i valori condivisi dal pubblico cui l'impresa si rivolge ed i valori dell'impresa? Che coerenza deve esserci e quale eventuale tasso di divergenza può essere tollerato tra la cultura dell'impresa e la sua attività di comunicazione esterna, *in primis* la pubblicità? Quale il rapporto tra la filosofia e la *mission* della marca e la cultura diffusa nell'impresa? Cultura forte significa anche una cultura originale, i cui valori siano difficilmente reperibili in altri contesti aziendali? Come si riesce a fondere strategia e cultura? Quali sono i *link* tra cultura della marca e cultura dell'impresa, quali i *comun denominatori*?

Come si comprenderà sono interrogativi non da poco. Naturalmente l'ipotesi di lavoro è che la cultura di impresa possa essere – alla stessa stregua dell'identità della marca – potenziata, parzialmente modificata, comunque gestita. E che rappresenti, comunque, un capitale importantissimo che deve essere salvaguardato e curato come una delle risorse più preziose.

5.5. Modelli per l'identità di marca

Cosa vuol dire *definire l'identità di una marca*? Per molto tempo l'attenzione si è riduttivamente concentrata sul *posizionamento*. Si è trattato cioè, di attribuire alla marca una caratteristica il più possibile unica, caratterizzante e significativa per il consumatore. Un'operazione rivoluzionaria al suo profilarsi nei mercati ma – come abbiamo visto nel secondo capitolo – inadeguata per la complessità attuale degli scenari sino a divenire limitativa e per certi versi asfissiante. Perché *la marca è un kósmos*, un *Lebenswelt*, un mondo vitale. La sua straordinaria estensione di significati e di dimensioni simboliche è la prova tangibile di tanta vitalità. Per questo la marca può dirsi il *luogo delle metafore*. Tra queste, quella impiegata – purché si rispetti la complessità e la multidimensionalità del brand – è irrilevante: può essere *la persona* o *il territorio*, *il racconto* o *la specie vivente*. Quello della marca è un mondo che ha una storia ed una cultura, una tradizione, una lingua, un'estetica, degli stilemi e dei valori. Un mondo che va ben oltre le caratteristiche oggettive (quelle che venivano definite dal protomarketing come *consumer benefit*) per dispiegare la sua sintonia con le sensibilità del consumatore, per condividere una comune *Welthanshauung*. Un sistema ordinato e complesso, in cui s'inscrivono ethos e pathos. La cui identità deve essere la risultante di un processo consapevole, coerente con la cultura d'impresa. E non il frutto di un mero opportunismo commerciale.

Il teorema-marca non si risolve in una formulazione astratta, in un sistema impalpabile di segni, in un discorso imprendibile ed astratto, senza corpo né materia. Come osserva Semprini "se *la* marca è un luogo vuoto, una pura istanza di enunciazione, *una* marca è invece un luogo ben più concreto. Essa implica un contenuto descrivibile, osservabile e analizzabile"[29]. È per questo che soltanto l'identità restituisce il senso e la specificità alla marca: attraverso l'identità essa si materializza, si rende visibile, osservabile, riconoscibile.

L'*identità è dunque l'incarnazione della marca, è il suo volto e la sua presenza*. È, in definitiva, l'applicazione pratica di un postulato: mette in gioco imprese, consumatori e contesto socioculturale. È la risultante dell'interazione tra significazioni, messaggi, desideri, mondi possibili e performance tangibili. È un universo ordinato, strutturato, interpretabile, desiderabile. È l'alterità del prodotto rispetto ai competitor. È un oggetto discorsivo, un luogo complesso e parlante, convergenza interattiva tra individui, mondo della produzione e società. Come osservano Aaker e Joachimsthaler, "l'identità di marca è un insieme di connotazioni della marca che chi ha il compito di curare la strategia cerca di costruire o di conservare... Dal momento che l'identità di marca sarà poi utilizzata come guida per tutte le attività di potenziamento della marca, essa deve essere caratterizzata da profondità e ricchezza: non si tratta quindi semplicemente di uno slogan pubblicitario..., né di una affermazione di posizionamento... Quando sia messa in atto, l'identità di marca dovrebbe contribuire a stabilire un rapporto durevole tra marca e cliente, generando un ammontare di valore che, almeno potenzialmente, implica benefici di tipo funzionale, emotivo o di auto-espressione o conferendo credibilità alle marche garantite"[30].

Ma come comporre, come determinare con precisione, come descrivere l'identità della marca? Quali sono le sfere d'interesse presso cui attingere,

29. A. Semprini (1993), *cit.*, p. 56.
30. D.A. Aaker e E. Joachimsthaler, *cit.*, p. 63.

quali le dimensioni da individuare? Diversi modelli sono stati proposti, in questo senso. Si tratta di una serie di approcci multidimensionali, i quali non fanno altro che confermare l'idea di una identità generata da una stratificazione di segni, una creolizzazione di valori, di atteggiamenti e significati attorno alla marca.

Per descrivere in modo adeguato *ciò che la marca "vuole essere"* e *ciò che la marca è in definitiva*, in relazione al suo pubblico e ai suoi "artefici" (il mondo della comunicazione, della produzione, la società, la cultura, ecc.) tutta la storiografia del marketing ha proposto un ricco catalogo di strutture a dimensione variabile. Le modalità di rappresentazione dell'identità di marca, proposte in tutta la letteratura del settore, fanno sovente riferimento ad una serie di figure geometriche fondamentali. Tra queste, le più ricorrenti sono il *triangolo* e il *cerchio*. La *piramide del COBE* – un triangolo con al centro il cerchio della essenza di marca, il suo DNA – che abbiamo proposto nel primo capitolo, coniuga queste due figure. Identità concentriche e identità triangolari popolano le bibbie del marketing ed i testi sacri del branding. Un dato curioso ad una prima analisi. Tuttavia è un dato che non sorprende considerando "che il cerchio, come il punto... è un simbolo di totalità, di perfezione e di omogeneità... Sappiamo... che i cerchi concentrici rappresentano una gerarchia, e questo significa che l'identità di marca, quando è così raffigurata, è percepita come graduata, con un tasso di concentrazione massimo al centro del sistema e una diluizione proporzionale all'allontanamento. Essa conterrebbe, dunque, in seno, qualcosa di più importante del resto"[31].

Aaker individua due cerchi concentrici: *core identity* e *extended identity*[32], rispettivamente nocciolo essenziale ed identità periferica della marca (fig. 1). In un secondo tempo, insieme a Joachimsthaler, posiziona nell'area centrale l'essenza di marca (*brand essence*) seguita dagli anelli gerarchici dell'identità di fondo e di quella estesa[33] (fig. 2). Una successiva elaborazione (fig. 3) rivela la relazione (circolare ed inclusiva) tra identità di marca e prodotto. Secondo *Leo Burnett Brand Consultancy* l'identità di marca è ciò che l'impresa riesce a trasmettere al mercato: è rappresentata da un cerchio suddiviso in quattro quadranti e caratterizzato da una essenza centrale. Le quattro dimensioni utilizzate – *funzioni, differenze, fonte, personalità/immagine* – dovrebbero supportarsi l'un l'altra e contribuire a fondare e circoscrivere l'essenza (fig. 4). "Se uno dei quadranti è debole, o se sta inviando messaggi conflittuali, allora l'immagine risultante nella mente del consumatore sarà confusa"[34]. Come si vede, il concetto di nocciolo centrale e costitutivo dell'identità, che molti autori definiscono "essenza" di marca, ritorna di frequente nei modelli presi

31. M. Sicard, *cit.*, p. 86.
32. Si veda D.A. Aaker, *Building Strong Brands*, Free Press, New York, 1996.
33. D.A. Aaker e E. Joachimsthaler, *cit.*, p. 60.
34. G. Randall, *cit.*, p. 14.

Fig. 1 - Rappresentazione dell'identità di marca secondo Aaker

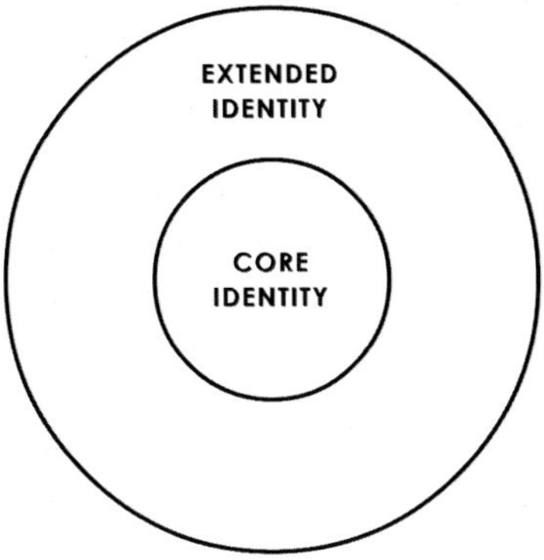

Fig. 2 - Rappresentazione dell'identità di marca secondo Aaker e Joachimsthaler

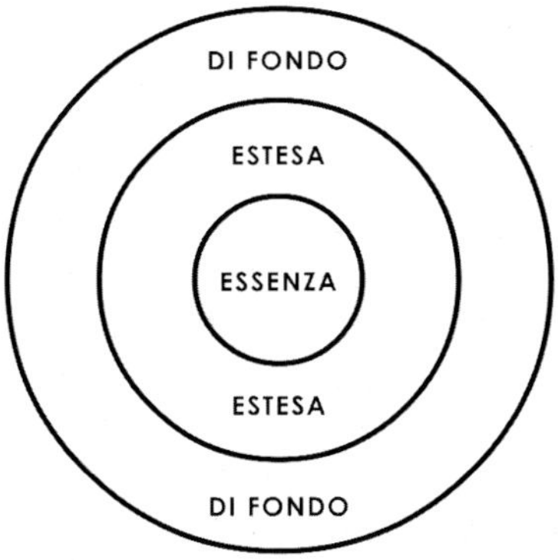

Fig. 3 - Relazione tra identità di marca e prodotto secondo Aaker e Joachimsthaler

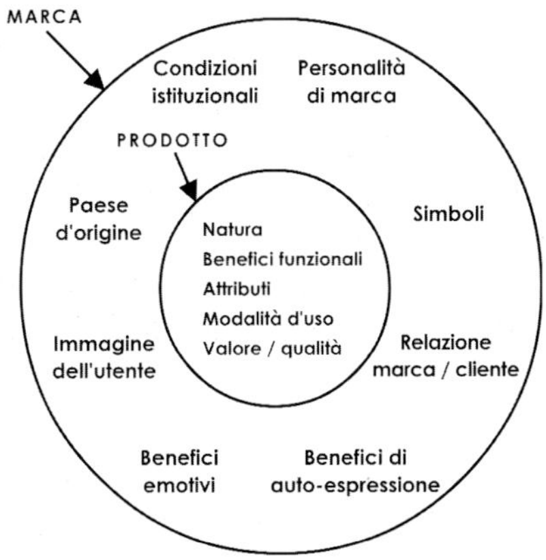

Fig. 4 - Rappresentazione dell'identità di marca secondo Leo Burnett Consultancy

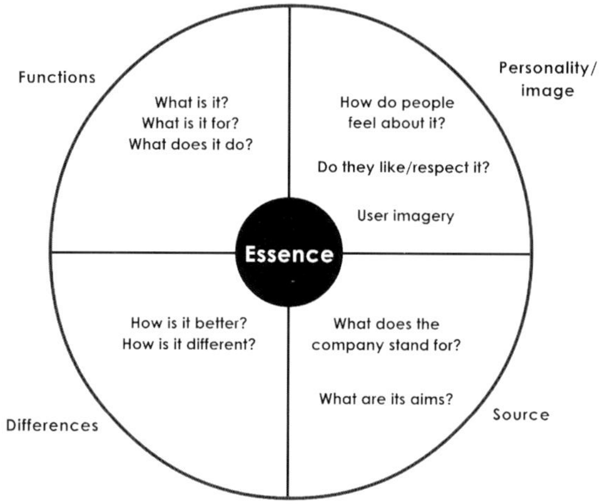

Fig. 5 - Rappresentazione dell'identità di marca secondo Upshaw

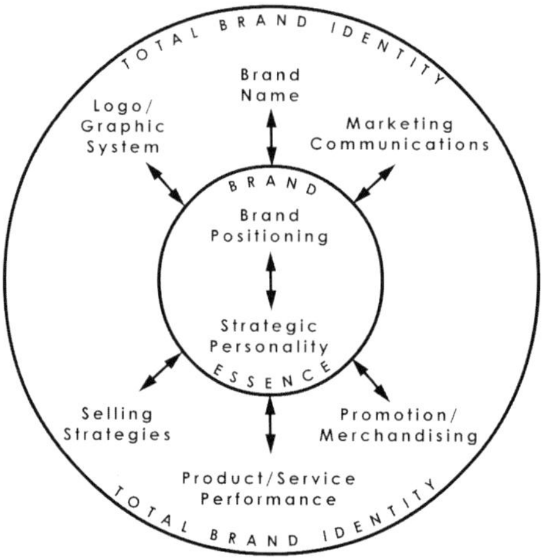

in esame. Upshaw distingue *brand essence* e *total brand identity*[35], che ricalcano lo stesso schema a macchia d'olio (fig. 5). Michel distingue un *noyau central* in cui si condenserebbero i valori assoluti ed un *système péripherique* per i valori relativi[36] (fig. 6). Altri ancora[37] descrivono anelli successivi e consecutivi, con una gerarchia di tipo inclusivo e circolare (figg. 7 e 8).

35. L.B. Upshaw, *cit.*
36. G. Michel, *La stratégie d'extension de marque*, Vuibert, Paris, 2000.
37. D. Arnold, *The Handbook of Brand Management*, Perseus Books, Boulder, 1992; L. De Chernatony, M. McDonalds, *Creating Powerfull Brands*, Butterworth Heinemann, Oxford, 1998.

Fig. 6 - Rappresentazione dell'identità di marca secondo Michel

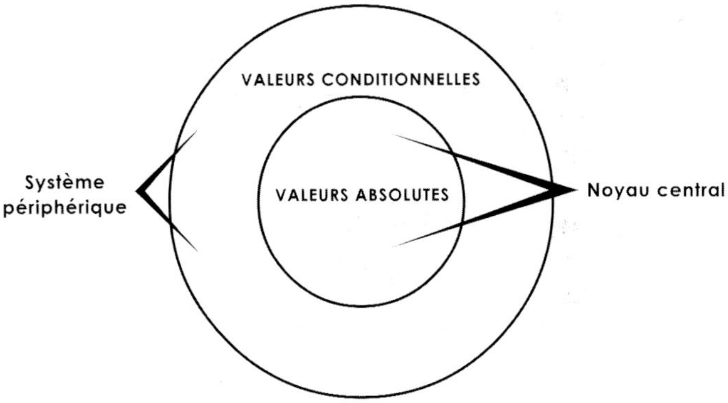

Fig. 7 - Rappresentsazione dell'identità di marca secondo Arnold

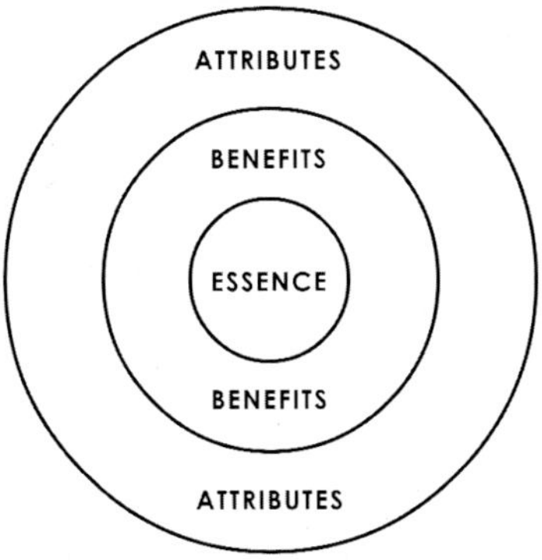

Fig. 8 - Rappresentazione dell'identità di marca secondo De Chernatony e McDonald

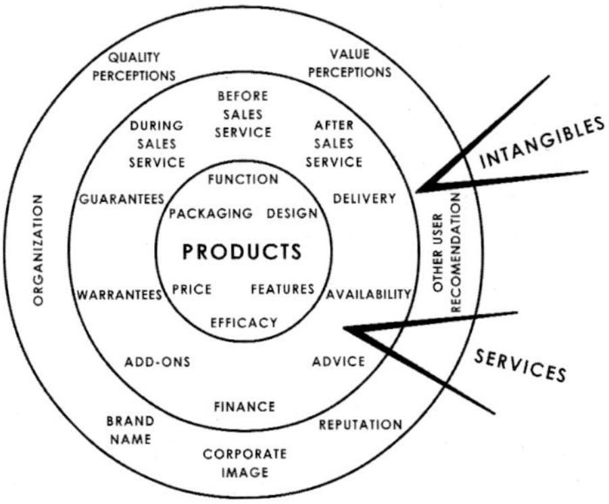

L'altra grande figura geometrica che domina le rappresentazioni dell'identità di marca è il triangolo. Tradizionalmente appannaggio del marketing classico, il triangolo equilatero ben si presta a visualizzare dimensioni e gerarchie della marca, a codificarne sinteticamente ed in maniera ordinata i tratti identitari. Non solo: a partire dal triangolo la marca edifica la propria architettura. Crea volumetrie e si trasforma in piramide. Come osseva Sicard "molte grandi marche francesi hanno... scelto di rappresentare la loro identità sotto forma di una piramide, a volte dotandola addirittura di uno 'zoccolo' per una maggiore sicurezza"[38]. Per Brun e Rasquinet esiste una "identità attribuita" della marca (in sostanza, l'immagine) che s'inscrive in un triangolo equilatero costruito attorno alla strategia, alla realtà dell'impresa e all'ambiente sociale[39] (fig. 9).

Fig. 9 - Rappresentazione dell'"identità attribuita" (o immagine) di marca secondo Brun e Rasquinet

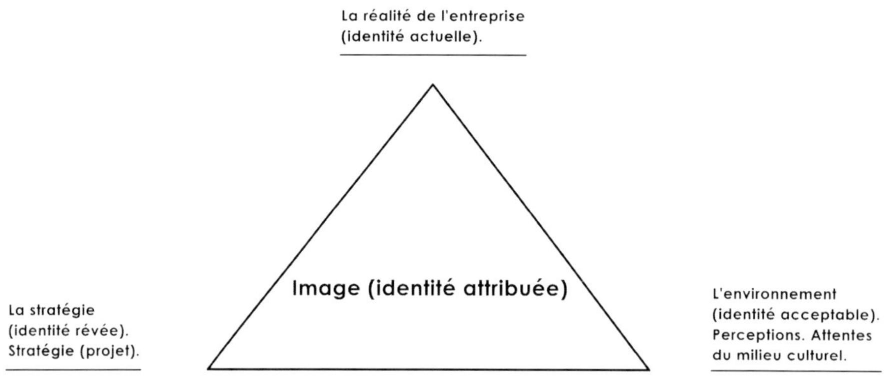

In linea generale, le rappresentazioni di marca che si collocano sotto il segno del cerchio tendono a suggerire che l'identità di marca appartiene all'ordine dell'assoluto e del concluso. Quelle che adottano il triangolo ne hanno una concezione dinamica, estroversa, più evolutiva.

A nostro modo di vedere, le migliori rappresentazioni dell'identità di marca giungono dall'elaborazione dei due modelli e da uno sviluppo multidimensionale delle geometrie-base. Il triangolo appare insufficiente a restituire la complessità della marca, a descriverne l'addensamento di significati e di funzioni: tuttavia esso risulta efficace quando diviene parte (spicchio) di successivi poligoni (dall'esagono di Kapferer, all'ottagono del modello BCS, alla descrizione del COBE proposta all'inizio del volume).

38. M. Sicard, *cit.*, p. 89.

39. M. Brun, P. Rasquinet, *L'identité visuelle de l'enterprise*, Éditions d'Organisation, Paris, 1996.

Kapferer propone un esagono, "*le prisme d'identité*"[40] (fig. 10), figura ideale finalizzata a rappresentare tutte le facce di una marca. Si tratta di un campo simbolico e reale, fisico ed immaginario, relazionale e culturale al contempo. Un territorio complesso, come complessa è la marca nella sua relazione col mondo del consumo, della produzione e con l'universo della comunicazione.

Fig. 10 - Prisma dell'identità di marca (Kapferer)

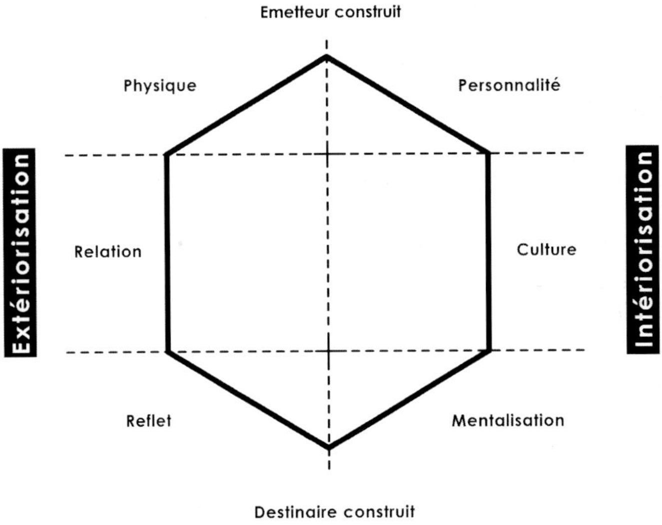

La marca è, in prima istanza, un luogo *fisico*, un pacchetto di attributi tangibili, un insieme di caratteristiche oggettive e salienti, oppure latenti, emergenti, ma ugualmente significative. Si tratta di quello che Lombardi definisce il "piumaggio", prendendo a prestito dal mondo animale una terminologia atta ad indicare gli elementi di prima riconoscibilità della specie: il cioccolato per Ferrero, la sicurezza per Volvo, il blu per Barilla, l'omino coi baffi per Bialetti, l'aerobica per Reebok, l'atletica per Adidas. Non si tratta dunque di un mero criterio estetico: il sembiante, la forma, una caratteristica esteriore. Piuttosto di un punto di forza: ciò che la marca evoca. La famosa bottiglia della Coca-Cola, appare ormai in tutti i formati della bevanda: dalle lattine ai grandi contenitori in *pet*. Il richiamo alla linea ondulata convesso-concavo-convesso, è sempre presente. Si tratta una fisicità emblematica, un *aide-memoire* delle radici. Allo stesso modo, ogni lancio di Orangina (la tipica bevanda francese alla polpa d'arancio) in un nuovo Paese, è supportato

40. Per un approfondimento si veda: J.-N. Kapferer (2000), *cit.*, pp. 108-115.

dall'evidenza della famosa bottiglia tondeggiante. Non a caso Kapferer utilizza la metafora del fiore: se la marca è il fiore, il "*phisyque*" è il gambo[41]. Senza stelo il fiore muore: è il suo supporto oggettivo tangibile. Il fisico corrisponde, in buona sostanza, al posizionamento classico, basato su attributi e valori di prodotto. È una dimensione necessaria a costruire la marca. Tuttavia non sufficiente.

L'altra dimensione del prisma dell'identità di Kapferer è quella della *personalità*: la marca acquisisce un carattere dal momento in cui inizia a comunicare. I suoi discorsi, la sua produzione di senso, le sue parole la rendono simile ad una persona: con uno spessore psicologico. Barilla è affettiva, Telecom utile, Omnitel dinamica, Dior borghese ed altera, Philadelphia simpatica e amichevole. La via più semplice – ma non sempre la più efficace – per conferire carattere e personalità alla marca è quella di abbinarla ad un portavoce, una effigie reale o simbolica, altamente rappresentativa: un divo dello *starsystem* televisivo (Gerry Scotti per l'omonimo riso, Gigi Proietti per il caffè Kimbo...); un campione dello sport (Carl Lewis per i pneumatici Pirelli, Bobo Vieri per Cepu...); un personaggio mitico ed ideale (il cowboy Marlboro, l'Uomo del Monte, l'uomo Moretti...); lo stesso imprenditore (Giovanni Rana, il signor Beghelli...); un cartoon, una figura di fantasia (l'orsacchiotto di Coccolino, Jolly il Gigante verde Niblets, Tony, il tigrotto dei Kellogg's Frosties).

La marca ha una terza dimensione: *la cultura*. La marca è, a tutti gli effetti, un universo culturale, un sistema di valori, una sommatoria di significati profondi. È l'incarnazione di una storia imprenditoriale e di un "senso" delle cose, di una sensibilità condivisa e di una ispirazione sociale. Il volto culturale della marca è quello dei suoi princìpi fondamentali, delle sue origini, delle sue espressioni, delle sue manifestazioni. Benetton, ad esempio, è portatrice di una cultura multietnica che si dichiara priva di pregiudizi; Mercedes ingloba i valori della Germania: ordine, precisone, rigore. "Anche a 260 km/h, una Mercedes non si muove. Il mondo può sfilare via a questa velocità, l'automobile resta stabile, impassibile. La simmetria domina questa marca: le vetture hanno una carrozzeria a tre corpi, caratteristica tipica della fisicità marca. L'ordine emana anche dal simbolo di marca situato avanti ad ogni Mercedes"[42]. Esselunga sta diventando sempre più portavoce di una cultura del rispetto e della sensibilità sociale: rispetto per l'ecosistema, dei Paesi del terzo mondo, del consumatore (basti pensare all'attenzione per il biologico, l'ambiente, il commercio equo e solidale, ecc.). Coca-Cola è la cultura americana della libertà, della grandezza e della spettacolarità; Evian e Perrier, da noi rappresentano la cultura francese; Armani è, all'estero, simbolo del *made in Italy*.

41. *Ibidem*, p. 108.
42. *Ibidem*, pp. 110-111.

La marca è anche una *relazione*: un legame simbolico, uno scambio di contenuti e di significati tra persone, un discorso col consumatore. L'invito di Nike al "*just do it!*" propone una relazione liberatoria e provocatoria. L'Oreal, "*perché voi valete*" suggerisce una prossimità fatta di grande rispetto e grande considerazione col consumatore.

L'esagono di Kapferer considera una ulteriore dimensione della marca, quella del *riflesso*. La marca è l'incarnazione del proprio consumatore tipo e produce – quasi di rimbalzo – una immagine della persona che la utilizzerà. In qualche modo – indirettamente, per sedimentazione della comunicazione, per effetto della pubblicità, tramite certi prodotti più rappresentativi – la marca costruisce la raffigurazione del destinatario ideale, dell'individuo al quale sembra indirizzarsi. Certe automobili sono percepite come vetture per padri di famiglia, altre per professionisti affermati, altre ancora per distinti pensionati, altre per giovani rampanti, ecc. Nondimeno, il riflesso non va confuso col target. Si tratta di due ordini di "pubblico" differenti: uno ideale, l'altro reale. Uno pensato, più sbilanciato verso l'immaginario; l'altro effettivo, concreto. Come osserva lo stesso Kapferer, "il target è la descrizione degli acquirenti e degli utilizzatori potenziali della marca. Il riflesso... è l'immagine esteriore che la marca fornisce di questo target. È un modello di identificazione"[43]. Lo strepitoso successo delle Nike Air Jordan, avvenuto sul finire degli anni Ottanta, dimostra questa profonda differenza. La scarpa da basket ispirata e legittimata dal campione-icona Michael Jordan, veniva pensata e percepita come scarpa tecnica per giocatori di pallacanestro. In effetti il suo target reale era composto da gente di tutti i tipi, ragazzi normali, giovani dei suburbi, studenti, quarantenni. Grazie ad una comunicazione efficace, la marca Nike Air Jordan, è riuscita a costruire un riflesso, a mettere in scena l'immagine dell'utilizzatore ideale: un atleta. Lo sottolinea Benjamin R. Barber: "se i veri atleti fossero i soli consumatori di scarpe da ginnastica, ce ne sarebbero troppo pochi per mantenere le vendite a livello di miliardi in tutto il mondo. Così l'obiettivo diventa quello di far credere agli spettatori che se indossano le Nike diventano atleti loro stessi, anche se non si alzano mai dalla poltrona da cui guardano il più famoso Michael del mondo svolazzare nei cieli con le sue Air Jordan"[44]. È un po' quello che accade con i famosi foulard di Hermès, venduti non soltanto a bellezze altere, diafane e borghesi a bordo di un veloce motoscafo Riva sulle acque di Montecarlo o di una Alfa Romeo duetto decappottabile, lungo le strade di Portofino. Questo è il riflesso: ed è quello che fa vendere, perché molte donne utilizzano la marca come accesso al mondo immaginario che questa propone. Ma il target reale è differente. I foulard di Hermès vengono acquistati da un pubblico piuttosto etero-

43. *Ibidem*, p. 113.
44. B.R. Barber, *Guerra santa contro McMondo. Neoliberismo e fondamentalismo si spartiscono il pianeta*, Pratiche, Milano, 1998, p. 42.

geneo. Indubbiamente non sono un prodotto del tutto ecumenico, ma certo molto più democratico di quello che rappresentano idealmente.

La marca dovrebbe riuscire a gestire il proprio riflesso, senza che questo cannibalizzi la propria immagine ed interferisca negativamente col target reale. L'idea che esista un utilizzatore tipo della marca, poco "simpatico", o piuttosto distante rispetto ai valori e alla sensibilità del pubblico reale, può interferire negativamente sul brand. La marca dovrebbe, sempre, rinviare ad un riflesso valorizzante e desiderabile dei propri clienti. "A forza di lasciar dire che Porsche è un auto per spacconi, la marca s'è indebolita"[45].

E infine, per Kapferer, la marca è una *mentalizzazione*, una rappresentazione mentale. Se il riflesso è lo specchio esteriore del target, la rappresentazione mentale è il suo specchio interno, è la relazione che il consumatore intrattiene con se stesso attraverso il consumo della marca. Alcune griffe rappresentano dei potenti simboli di status, che gli individui acquistano per provare – in primo luogo a se stessi – di aver raggiunto traguardi sociali, economici e professionali. Marche che funzionano come una obbligazione di "*auto-dèpassement*"[46], che incarnano dunque una sfida, quella con la propria persona. Porsche è una di queste marche. È l'incarnazione di un sogno, il sogno di tutta una vita del consumatore. Non a caso, il pay-off di una campagna stampa del 1992 ricordava che "*Se un auto potesse sognare sognerebbe di essere una Porsche*". Tuttavia, esiste una profonda differenza tra riflesso e mentalizzazione del marchio Porsche. La prima dimensione presenta delle connotazioni decisamente negative (lo sbruffone, l'esibizionista dello status, colui che ostenta ricchezza e glamour, il macho tutto donne e motori). La seconda accezione è invece più positiva (il traguardo conquistato, la corsa con sé stessi, il raggiungimento degli obiettivi). L'adesione alla marca, quella del target reale, segna un vero e proprio *commitment*, una condivisone di valori, uno stesso sentire. Sintomo di una vera e propria "svista" da parte dell'azienda, questa profonda spaccatura tra riflesso e mentalizzazione rischia di minacciare i connotati positivi associati alla marca. L'immagine del guidatore di Porsche, così come s'è costruita per sedimentazione di modelli e stratificazione di impressioni, appare piuttosto penalizzante per il brand. Un riflesso non positivo, una idea contro la quale non s'è combattuto abbastanza e che ha acquisito una propria autonomia.

In altri casi la marca come modello d'identificazione (riflesso) e la marca come adesione (mentalizzazione) risultano territori piuttosto contigui. E questa è una dinamica densa di valore e profittabilità per le imprese. Basti pensare al cliente Lacoste, l'acquirente effettivo, che si considera come un membro di un club sportivo chic e tuttavia aperto: senza distinzioni di razza, di sesso

45. J. Kapferer (2000), *cit.*, p. 114.
46. *Ibidem.*

e d'età. Parallelamente, esiste in Francia un'idea diffusa di destinatario ideale del marchio Lacoste: un individuo né ipermascolino, né iperfemminile, transgenerazionale, di classe media.

Il prisma dell'identità della marca proposto con grande efficacia da Jean-Noël Kapferer, non fa altro che ribadire l'assoluta complessità della marca, la sua natura polisemica, la sua essenza relazionale e discorsiva. Esso ricorda che ogni lato dell'esagono (*relation, physique, personnalité, culture, mentalisation, reflet*) concorre a formare un tutto unitario e strutturato. Ogni dimensione è indissolubile dall'altra, anzi le fa eco. Il brand è un organismo vivente e si nutre di comunicazione: è sociale, verbale, visibile e – al contempo – mentale, interiorizzato, individuale. Se muta, isolata, inutilizzata la marca è destinata a soccombere.

Infine, ma non da ultimo, vogliamo ricordare il modello di Andrea Semprini, interessante ma criptica configurazione che prevede una generazione semio-narrativa dell'identità della marca[47].

Semprini considera infatti l'identità della marca come frutto dell'"incastro" di tre grandi sottosistemi in costante trasformazione e relazione dialettica. Li chiama *Enciclopedie,* ispirandosi alla teoria dell'interpretazione testuale e alla pragmatica della comunicazione: poli complessi, densi di contenuti, in grado di produrre ed interpretare discorsi. "un'enciclopedia è ben più che una semplice emittente o ricevente di messaggi, è un insieme di competenze, di memorie, d'attori, di relazioni, d'idee e di intenzioni, strutturate da una dimensione enunciativa comune"[48]. Semprini designa dunque l'identità della marca X, come figlia di tre sottosistemi: A. Enciclopedia della produzione, B. Contesto, C. Enciclopedia della ricezione. A formare l'*Enciclopedia della produzione* (A) concorrono: cultura e valori dell'azienda (il senso della Corporate, la storia e le missioni dell'impresa); obiettivi a corto e lungo termine (i traguardi da raggiungere all'interno di un mercato specifico o sull'intero mercato); mix di comunicazione (nome, logo, packaging, pubblicità, eventi, ecc.); visione del contesto del mercato (una sorta di analisi degli scenari commerciali entro cui l'azienda intende posizionarsi e relative previsioni di sviluppo); visione del contesto socio-culturale (è l'insieme delle dinamiche di consumo e degli atteggiamenti dei consumatori); piano di lancio della marca (il progetto di marketing, col posizionamento, la segmentazione, la distribuzione, il prezzo, la comunicazione); prefigurazione del sottosistema C (una ipotesi di massima relativa al contesto della ricezione), prefigurazione del sottosistema B secondo C (il tentativo di prevedere in che modo l'enciclopedia della ricezione interagirà col contesto).

Il *Contesto* (B) sarebbe determinato dal contesto sociale, culturale, politico e economico; dal contesto di mercato; la legislazione; la concorrenza; le mo-

47. A. Semprini (1993), *cit.*, p. 75.
48. *Ibidem.*

difiche apportate da A e C (ovvero il frutto dell'interazione continua e dinamica tra produzione, ricezione e contesto).

L'*Enciclopedia della ricezione* (C) risulterebbe a sua volta composta da: atteggiamenti e motivazioni (l'insieme delle regole, dei gusti, delle predisposizioni che sottendono il comportamento dei consumatori); valori (la concezione che gli individui in una determinata società, hanno a proposito del bene e del male, del buono e del cattivo, ecc.); sensibilità socio-culturali (le tendenze del momento, legate all'evoluzione della società e al cambiamento); pratiche di consumo (valori ed atteggiamenti del consumatore in relazione ai loro comportamenti), contestualizzazione di X (la proposizione dell'identità della marca, avanzata dal mondo della produzione); interpretazione di A (il contesto che formula ipotesi su strategie e motivazioni del mondo della produzione); percezione di B (l'interpretazione del contesto da parte dell'enciclopedia della ricezione)[49].

Semprini descrive in modo dettagliato lo schema che sottende la formazione dell'identità della marca: si tratta di un modello che pare riaffermare l'assoluta complessità del brand e la molteplicità dei rapporti che si stabiliscono tra gli attori coinvolti nella sua generazione. Non solo: le relazioni di continuo *feed-back* e contaminazione che si stabiliscono tra i tre sottosistemi confermano l'idea secondo cui l'identità della marca non è un'entità perenne, cristallizzata, inerte, ma un'opera aperta, una proposizione discorsiva, soggetta a continue varianti, ad una costante implementazione, ed una incessante manutenzione.

Quella della marca è dunque un'identità complessa e multidimensionale. E crediamo che questo rapido excursus teorico, seppur denso di modelli interessanti e suggestivi, sia insufficiente ad incarnarne la densità e la ricchezza di significati. La sua pienezza si può cogliere soltanto attraverso l'esperienza del consumo, nel percorso del tempo, lungo il presente e la memoria; soltanto grazie all'idea di relazione che ogni brand intrattiene con i suoi interlocutori e con l'ambiente che la circonda. Un'identità intesa in senso dinamico-funzionale, dunque, che rivela il senso dell'essere "continuo e distinto" della marca stessa.

49. *Ibidem*, pp. 71-79.

6. L'identità visiva della marca

6.1. *Visual identity*: tra *Corporate identity* e *Brand identity*

La *Corporate identity* sta diventando, sempre più, un fattore di grande attenzione per l'impresa contemporanea. È l'ambito in cui la marca proietta e manifesta la propria identità organizzata. È il riferimento a tutto ciò che esprime sensibilmente ed oggettivamente, l'*essere* dell'impresa: è il suo volto e la sua voce. È la sua missione dichiarata verso il consumatore; la sua storia; la sua coerenza nel mercato e nel tempo; la qualità e la quantità del suo personale; il suo agire rispetto alla società. Ma la *Corporate identity* è fatta anche di tracce e stratificazioni di comunicazione; di segni oggettivi ed esclusivi; di legami col territorio e con la cultura di un Paese; di manufatti edilizi ed architettonici (gli stabilimenti, le sedi); di oggetti, tradizioni, immagini, persone. La *Corporate identity* è costituita da un sistema fondamentale di simboli e di codici, evolutisi nel tempo, attraverso un discorso progressivo, continuativo e memorabile. La *Corporate identity*, infine, è un autentico patrimonio di significati e di significanti, di valori essenziali ed estetici, di segni di riconoscimento capaci di restituire e veicolare il mondo della marca.

Eccellenza e coerenza nella comunicazione, salvaguardia dei principi su cui l'impresa ha fondato il proprio divenire, persistenza e costante aggiornamento dei criteri originari con cui la marca ha pianificato il raggiungimento del successo, possono dirsi gli ingredienti essenziali affinché sussista una *identità di Corporate* forte, distintiva, appealing. La parte visibile della *Corporate identity* è la *visual identity*. Per un'impresa, disporre di una identità visiva forte, vitale e densa di significazione, equivale a possedere una moneta preziosa da spendere.

Per *identità visiva della marca* (*visual identity*), intendiamo l'immagine che la marca propone di sé attraverso quel complesso sistema di segni connotativi e codici reiterati – *nome, logo, lettering, simbolo, cromatismo, personaggi, forme*, ecc. – che rimandano ad un sistema di significazione indispensabile per garantire riconoscibilità e affermazione. È una sorta di cassetta degli attrezzi degli strumenti visuali, ciascuno con una sua applicazione specifica, che conferisce all'azienda o al brand un profilo estetico definito, chiaro, individuabile, memorabile. Ogni elemento appartiene ad un codice complesso, ad un sistema di norme che condividono valori e significati.

In altre parole, una *grammatica estetica* della *marca*, che non si esaurisce in un puro formalismo ma che sottende un intero *luogo del discorso*. Attraverso la quale la marca comunicherà al proprio interno (i dipendenti, i fornitori, i distributori, ecc.) e all'esterno (i consumatori, il pubblico, i mass-media, la comunità at large). Dalla modulistica agli stampati, dall'impaginazione della carta da lettera alle buste; dai decori sui camion aziendali al sito Internet; dai gadgets ai depliants; dai supporti espositivi per la grande distribuzione agli arredi degli uffici e del punto vendita; dalle divise aziendali alle insegne e alla segnaletica, delle sedi principali ai timbri d'affrancatura: tutto questo è comunicazione, tutto questo è *visual identity*. Senza contare, naturalmente il prodotto, il pakaging, il design, la pubblicità. Ad esempio, la forma del prodotto e della sua confezione giocano un ruolo fondamentale nella percezione, nel riconoscimento e nella personalità della marca. Sono capaci di creare un'identità forte. Si pensi ai cioccolatini Baci Perugina: la loro forma tondeggiante richiama un seno femminile; alle praline Ferrero Rocher: piccole e preziose sfere nella loro carta dorata; alle bottiglie di acqua minerale Perrier con la classica forma a goccia allungata; ai biscotti Togo Pavesi simili al dito di una mano; al mitico Toblerone: un prisma a sezione triangolare. Nondimeno, i colori possono decretare un successo commerciale o un autentico fiasco. Il cromatismo del packaging (si pensi al boom delle bottiglie in vetro blu per l'acqua minerale) e quello del prodotto stesso (le righe bianche e azzurre del dentifricio Acquafresh; il rosso del bitter Campari; il giallo del liquore Strega) connotano la personalità e il carattere della marca, ne fondano l'identità visiva[1]. Una consistenza cromatica a lungo termine può aiutare la marca a differenziarsi, a fidelizzare il cliente, a determinare una riconoscibi-

1. L'identità di una marca non si limita, però, sul piano del marketing, alle sole componenti verbali (brand name) e figurative (logo, lettering, simbolo), ma può anche prevedere una componente sonora. In questo senso, i jingle pubblicitari, certe melodie e certi ritornelli e persino il rumore del prodotto nel momento del suo utilizzo giocano un ruolo fondamentale. Si pensi alla melodia Mulino Bianco, al jingle "*Always Coca-Cola*", al componimento per la Cremeria Motta. Ma anche all'effervescenza di certe bibite nella fase d'apertura della confezione (Pepsi Cola, negli anni Ottanta aveva impostato una intera campagna televisiva sul suono tipico delle bollicine nel momento di apertura della lattina). Oppure alla sonorità di certi prodotti alimentari nell'atto del consumo: Pringles ha utilizzato la croccantezza delle patatine ("*Once you pop you can't stop*") e la forma cilindrica della confezione come tamburo da suonare, in chiave assolutamente musicale, come filo conduttore di tutta la comunicazione radio-televisiva. Per un approfondimento sul caso Pringles si veda: A. Cusi, M. Boffa, *Pringles. Un brand globale nel mercato italiano*, Lupetti, Milano, 2000.

lità significativa e duratura. Si pensi all'importanza del rosso per Coca-Cola, del marrone per United Parcel Service (UPS), del lilla per Milka[2], del giallo per Caterpillar, del verde per Heineken[3]. E, soltanto da qualche anno a questa parte, del blu per Pepsi[4].

Secondo Al Ries e Laura Ries, una marca che voglia distinguersi negli scenari competitivi del proprio mercato di riferimento, dovrebbe usare un colore complementare ai suoi principali competitor[5]. Hart e Murphy, sottolineano addirittura come il colore possa diventare, per la marca, "*the strongest equity*"[6]. Dunque l'esperienza sensibile della vista gioca un ruolo determinante nella costruzione della brand identity. Anche il nome della marca, quando rinvia ad un'immagine, è capace di raccontare una identità, di suggerire un posizionamento, di alludere ad un benefit, ad un'attitudine specifica del bene o del servizio.

Il logo, il lettering, il simbolo, i colori aziendali e di prodotto rappresentano ulteriori segni – al di là dei contenuti semantici del nome – connotativi, capaci di generare senso ed edificare un mondo possibile. Troppo spesso la fase di progettazione dell'identità visiva della marca viene delegata ad un tecnico, le cui decisioni si articolano generalmente attorno a stilemi e convenzioni grafiche e non attorno all'essenza della marca, all'immagine che l'impresa intende proporre al pubblico. Invece, lo ricordiamo, è solo il complesso dei significati di comunicazione che il prodotto intende veicolare a costituire il legittimo parametro di riferimento.

La componente estetica rimanda dunque all'essenza della marca. Identità e immagine appartengono ad un pensiero strategico del management della marca che sembra non dimenticare la relazione sensibile che lega soggetto e oggetto[7] e che, oggi, coinvolge sempre più la cooperazione di tutti i sensi dell'uomo. Al di là della vista, la marca contemporanea sembra voler instau-

2. Il colore per Milka è addirittura parte integrante del pay off: "*Milka, il lilla che invoglia*".

3. In linea generale, il simbolismo di colori nel marketing, risponde ad alcuni codici fondamentali: il bianco è il colore della purezza; il nero è il colore dell'esclusività, del lusso, del *premium price*; blu è il colore della leadership e della stabilità; viola è il colore della regalità; verde è il colore dell'ambiente e della salute; rosso è il colore usato per attirare attenzione... Per un approfondimento si veda: A. Ries, L. Ries, *The 22 Immutable Laws of Branding. How to Build a Product or Service in to a World-Class Brand*, Harper Business, New York, 2002, p. 87.

4. Addirittura Pepsi ha giocato la centralità del cromatismo in un celebre spot pubblicitario in cui le proprietà energizzanti e tonificanti del soft-drink dal packaging blu erano allusivamente paragonate a quelle del Viagra. Il protagonista/testimonial del commercial, Bob Dole, faceva riferimento ad un misterioso "*little blue friend*" che lo aveva fatto sentire di nuovo come un ragazzino, lo aveva riportato alla voglia di vivere.

5. *Ibidem*, pp. 86-90.

6. "*Remember, the colours you choose could become your strongest equity because they tend to give your product more personality than any other design feature*". S. Hart e J. Murphy, *Brands. The New Wealth Creators*, Interbrand, Palgrave, New York, 1998, p. 53.

7. B.H. Schmitt e A. Simonson, *cit.*

rare un rapporto polisensoriale con i suoi consumatori. La richiesta di *prodotti poliglotti* – capaci cioè di dialogare con la globalità dei sensi: vista, odorato, udito, gusto tatto – diviene più insistente. Il consumatore, più o meno inconsapevolmente, dimostra di far sempre più ricorso a tutti i sensi per vivere e valutare le sue scelte di consumo. La marca costruisce e rivela la propria identità attraverso un'esperienza globale dei sensi. Il *marketing esperenziale*[8], del resto sta ormai acquistando una sua dignità terminologica nel linguaggio manageriale. *Trasformare prodotti ordinari in esperienze straordinarie*[9] diviene una delle nuove, appassionanti sfide del branding contemporaneo.

6.2. Il *brand name*

Il nome è l'indicatore primario della marca, il suo primo punto di contatto con l'esterno, la dimensione fondamentale della notorietà, la base di tutta la comunicazione.

Non si tratta soltanto di un elemento di differenziazione, di distinzione o di un puro espediente per la riconoscibilità di un bene, di un servizio oppure di un'impresa. Non serve unicamente a far riferimento all'oggetto in questione o all'azienda produttrice. Esso veicola un messaggio, è *portatore di significazione*. Costituisce un elemento allusivo e fondativo dell'immagine del prodotto (già il nome dell'azienda rinvia a un'immagine), delle sue caratteristiche più salienti, della sua personalità, dei suoi benefit. Il nome della marca è generatore di un senso che coinvolge e contamina più soggetti, rimandando ad un intero universo culturale. Infatti qualifica l'oggetto (il prodotto, il servizio) e – nel contempo – qualifica il soggetto che denomina (l'impresa, la Corporate) e il soggetto che fruisce del nome (il consumatore).

L'orientamento del nome commerciale non è dunque limitato ad un senso denotativo e referenziale: si presta infatti ad una serie di rinvii e simbolismi, multipli e intrecciati, verso dimensioni più propriamente connotative. Il nome del brand è – di fatto – la *metonimia* (una parte per il tutto) del *patrimonio di senso* che la marca ha accumulato e capitalizzato nel suo divenire[10].

Ecco perché dare un nome ad una marca è un'operazione complessa, delicata ed estremamente importante. Un processo creativo, ma anche strategico,

8. Si veda: B.H. Schmitt, *Experiential Marketing: How to Get Customers to Sense, Feel, Think, Act, and Relate to Your Company and Brand*, The Free Press, New York, 1999.

9. D.T. LaSalle e A. Britton, *Priceless. Turning Ordinary Products into Extraordinary Experiences*, Harvard Business School Press, Boston, 2003.

10. Per un approfondimento si rimanda a: G. Siri, *Il brand name*, in: Aa.Vv. (a cura di G. Fabris), *La comunicazione d'impresa. Dal mix di marketing al communication mix*, Sperling & Kupfer, Milano, 2003. pp. 197-225.

che va ben oltre la scelta di un puro appellativo commerciale. Pensiamo, invece, a quanti brand name nascono slegati da un'idea di posizionamento senza che sia preventivamente formulata un'ipotesi sull'identità psicologica e socioculturale del prodotto, rinunciando così a priori a svolgere efficacemente un'azione di comunicazione. Battezzare una marca equivale a conferirle un'identità, ad assegnarle un modo di essere e di apparire, a immaginarne un destino, un cammino. "Sui consulenti di naming incombe in parte la responsabilità della sorte di un prodotto: come, sul mercato, sarà identificato, avvistato, recepito, memorizzato, desiderato... Il nome smuove infatti continuamente la parte intima e segreta della sensibilità che, spesso senza un motivo ragionevole, ma obbedendo a mutevoli affinità, adotta o rifiuta"[11].

A differenza dei nomi propri, individuali, il nome dei prodotti industriali – e dunque della marca, del prodotto di marca – designa una specie di cui esistono molteplici esemplari ed una pluralità di singole occasioni di consumo e di "relazione". Il nome della marca individua il tipo, il modello: in questo modo esso consente al brand di uscire dall'indistinto affollamento delle merci, di presentarsi con una voce e con un contenuto, di rivelare e di evocare. "Dare ai prodotti che si propongono un nome che suoni bene, facile da ricordare, eventualmente divertente, è un gesto di cortesia. Permette di rivolgersi al consumatore in un modo più fine e discreto, poiché indiretto, che non ricorrendo a quell'enorme ingiunzione che è lo slogan. Il vantaggio del nome è di dire senza dire. O piuttosto di dire non già tacitamente, ma senza affermare"[12]. Un brand name emblematico dell'immagine che si intende attribuire al prodotto, della sua personalità, della sua identità, può costituire la via maestra per un incisivo posizionamento nell'universo semiotico.

Il nome è in grado di condurre il consumatore/lettore nel mondo possibile della marca, nel suo sistema di valori e di segni, nella sua atmosfera e nel suo sistema di significazione. Il mercato dei profumi, è, in questo senso emblematico. Nel campo della profumeria, infatti, il nome è fondamentale. Egoïste: è un termine che richiama, con la sua francesità, il referente della company Chanel e che, sostanzialmente, esplicita ciò che le donne – un soggetto rilevante in un mercato fortemente caratterizzato dal regalo – a larga maggioranza pensano degli uomini. E ciò che per gli uomini, come residuo di una certa cultura machista, è motivo di compiacimento e di lusinga. Cheap & Chic di Moschino è quasi un'onomatopea giocosa da cartoon, e dunque sinonimo di un atteggiamento ludico, di chi non vuole prendersi troppo sul serio. Un nome composto, che allude alla duplice natura del prodotto: l'accessibilità e il glamour. Eternity, di Calvin Klein è un nome che sembra condurre il suo target – reduce dagli inquieti e movimentati anni Ottanta – verso una stabilità

11. M. Botton, J.-J. Cegarra, B. Ferrari, *Il nome della marca. Creazione e strategia*, Guerini e Associati, Milano, 1992, p. 41.
12. *Ibidem*, p. 42.

fatta di valori universali, una solidità nuova, un'eternità terrena. E ancora: pensiamo a un olio dietetico che si chiama Cuore e alla ricchezza semantica di questo brand name. L'allusione è esplicita agli effetti del prodotto sul sistema cardiovascolare, ma anche a quella dimensione importante della salute che è la componente narcisistica e dunque il volersi bene (ecco allora il cuore, simbolo universale dell'amore). Non solo: Cuore è anche il cuore del mais, sede delle proprietà nutritive del cereale, luogo della preziosità organolettica del prodotto, della sua qualità. Tutte voci che rappresentano la *supporting evidence* del posizionamento. Un po' come per Chivas Regal che significa, almeno in italiano, regale e regalo, due dimensioni fondamentali nella strategia di comunicazione e di posizionamento del prodotto (il prodotto esclusivo/il dono).

Non tutti i nomi sono evocativi, suggestivi o fortunati come quelli che abbiamo sin'ora citato. Nomi difficili da pronunciare, da memorizzare o che generino infelici associazioni simboliche possono causare non pochi problemi all'impresa che li rappresenta[13]. Problemi di traduzione culturale della marca, relativi a indesiderati mutamenti di senso in nuovi contesti nazionali, sono frequenti e tristemente comici (ci sia concesso l'ossimoro). Basti pensare agli effetti sulla nostra lingua italiana di certe importazioni (effettive od eventuali) di nomi di marca: l'industria giapponese di giochi elettronici Sega, il tonno spagnolo Consorcio, la ceramica portoghese Lladro, la grappa Bocchino, l'insegna della grande distribuzione francese Casino. Il termine Nike, in arabo ha un significato osceno[14]. E il modello MR2 della Toyota, letto in francese, ha una inconfondibile assonanza con un altro termine, assai poco commercializzabile.

Nondimeno, nomi privi di aura e seduttività, sigle impronunciabili, parole dal doppio senso, termini ambigui sono in grado di decretare l'insuccesso della marca.

Non dobbiamo dimenticare, poi, che il nome commerciale fidelizza. Da un lato risponde ad un desiderio di permanenza, di stabilità, di resistenza all'erosione del tempo; dall'altro è in grado di imbastire una relazione duratura, confidenziale ed amicale col pubblico. Custode del ricordo, il nome facilita la memorizzazione del prodotto e veicola l'attaccamento come pure la sensibilità alla marca. I nomi permangono, creano una relazione, un desiderio di ri-

13. Una interessante indagine condotta nel 1994 negli Stati Uniti (*Name Change Index of Publicity Traded Companies*) ha rivelato che nell'arco di 12 mesi, 107 marche già affermate avevano modificato il proprio nome per meglio riflettere il proprio *core business*. Tra queste, quelle coinvolte in strategie di fusione (per esempio il matrimonio tra la Chemical Bank e Manufactures Hanover aveva dato origine alla Chemical Banking Corp.) e quelle che avevano deciso di eliminare certi termini che non giovavano alla loro identità (Horizon Gold Corporation era diventata Horizon Resources perché, a quanto pare, l'oro aveva perso di attrattività presso gli investitori). Si veda L.B. Upshaw, *cit.*, p. 20.

14. M. Botton, J.-J. Cegarra, B. Ferrari, *cit.*, p. 112.

trovare, un'attesa tutta particolare. Come per il logo, anche per il brand name è auspicabile una lunga durata. Confezione, packaging, prezzo, pubblicità si possono cambiare molto più facilmente del nome. Il quale, dovrebbe essere pressoché intoccabile.

Un aspetto importante del brand name è la sua *memorabilità*[15]: un buon appellativo commerciale si dovrebbe ricordare facilmente. In genere il ricordo è favorito quando il nome è abbastanza insolito da generare curiosità e attirare l'attenzione del pubblico: ad esempio Alice è un nome piuttosto singolare per un una linea ADSL, tuttavia amichevole come il servizio multimediale che offre. Un po' come era accaduto per Charlie, un profumo che nei primi anni Ottanta, ai suoi esordi, si fece apprezzare e notare per l'abbinamento inconsueto tra un eau de toilette ed un nome proprio di persona. Profumi come Opium, vale a dire oppio, di Y.S.L, oppure Poison, cioè veleno, creato da Dior, hanno rappresentato un vero avvenimento alla loro uscita, suscitando reazioni istantanee nei media e riscuotendo uno straordinario successo di pubblico.

Il brand name favorisce il ricordo anche quando contiene un elemento d'interesse: una rima, un'alliterazione, un'assonanza, un'onomatopea (Scheweppes, Coca-Cola, Flik-Flak, Cracottes, Nonno Nanni...). Oppure quando genera un'immagine mentale e/o è ricco di significato: Apple, Jaguar, Maggiolino, Amazon, Mulino Bianco, La Valle degli Orti, Vespa, Camel, Nevica sono tutti *visual names*[16] che raggiungono la nostra memoria a lungo termine e stimolano associazioni e rimandi simbolici. Sigle incomprensibili, parole vuote, nomi senza alcun senso sono difficili da memorizzare. Daryl Travis suggerisce ironicamente "*monogram your shirts, not your company*"[17]. In effetti, a parte IBM e CNN, siamo sicuri di riuscire a ricordare altre marche-sigla? Anche l'emotività[18] incide sulla memoria. Dunque, nomi di marca capaci di generare emozioni, "vibrazioni" affettive ed un *mood* positivo hanno più possibilità di connessione e di relazione col pubblico rispetto a nomi puramente intellettuali o razionali come Microsoft. Si pensi a fortunati nomi commerciali come Excite, Yahoo, densi di energia, entusiasmo, carica emotiva. Si pensi ancora a Joy, Obsession, Love, altrettanto intensi e passionali. Infine, ma non da ultimo, un brand name è di facile memorizzazione quando è semplice: Bic, Dash, Coke, Pupa, ecc.

Oltre a facilitare il ricordo, il nome dovrebbe *distinguersi*, perché la marca, col suo appellativo commerciale, dovrebbe aiutare il prodotto o il servizio

15. Si veda anche: D.A. Aaker (1997), *cit.*, pp. 245-246.

16. Per un approfondimento sul tema del *visual name*, si veda D. Travis, *Emotional Branding: How Successful Brands Gain the Irrational Edge*, Prima Venture Publishing, Roseville, CA, 2000, pp. 158-159.

17. *Ibidem*.

18. M. Gobé (2001), *cit.*

che designa a definire un proprio territorio[19]. In questo senso esso dovrebbe essere denso di significazione, veicolo di un ricco di simbolismo, fortemente riconoscibile. Dovrebbe, cioè, *evocare*: suggerire, alludere, rimandare. Senza essere eccessivamente didascalico o affermativo. Quando un nome infatti indica in modo perentorio la qualità o la natura del suo prodotto, quando lo rinchiude in epoca, in uno spazio geografico, in un posizionamento rigido, esso è destinato all'insuccesso, o ad incontrare serie difficoltà nella sua evoluzione commerciale. Un brand name, piuttosto, dovrebbe essere un'opera aperta, oggetto di cooperazione interpretativa da parte del pubblico, pronto ad accogliere varianti, capace di estendersi nel tempo a diversi comparti merceologici. Una marca come Calzedonia ha sofferto del proprio appellativo commerciale: troppo rigido, racchiuso in un posizionamento troppo definito. Come creare, ad esempio, brand extension verso l'underwear, o i costumi da bagno? Quelle patetiche insegne di negozi "non solo..." dimostrano, nella loro *naïveté*, quanto un preciso riferimento merceologico possa risultare limitativo.

Altro requisito fondamentale nella scelta di un nome è la sua *difendibilità legale*. Un nome legalmente tutelabile dev'essere distinto dai nomi usati dai concorrenti. "Poter disporre, al momento della creazione, di una marca o ragione sociale, di un nome totalmente disponibile sul piano legale, costituisce un fatto piuttosto eccezionale"[20]. Nel piano di lancio del prodotto si dovrà allora tenere in considerazione il tempo necessario per la messa a punto o la liberazione del nome.

Il nome appartiene all'identità visiva della marca, perché, lo abbiamo detto, è in grado di evocare e produrre immagini mentali. Per questo il simbolo, il lettering e l'eventuale pay-off dovrebbero essere saldamente legati ad esso. Il brand name, se efficace, stimola e sostiene tutte le dimensioni della *visual identity*. Questo non significa che esso debba essere necessariamente didascalico o descrittivo (Apple/la mela, Shell/la conchiglia, ecc.). Piuttosto deve fungere da "capoluogo" di un territorio omogeneo e coerente, incarnare la stessa personalità e gli stessi valori del simbolo, esaltare il valore della marca in ogni sua faccia stilistica e caratteriale. Nike ha ormai perso ogni referenza rispetto alla dea greca della vittoria. E lo *swoosh* non è più l'ala della stessa divinità: è oramai soltanto un "baffo" un *check-sign*. Tuttavia, la sinergia di nome e simbolo è fortissima. Entrambi concorrono a descrivere l'essenza della marca, la sua individualità, il suo slancio vitale.

19. Dobbiamo però precisare che questo principio ammette qualche eccezione. Infatti non sempre l'obiettivo della marca è quello di distinguersi. In alcuni casi – vedi strategie imitative di *me-too* – la marca persegue il fine inverso, cioè omologarsi, assomigliare il più possibile ad un'altra marca, in genere quella leader. E così, anche il nome, al pari del packaging, tenderà a confondersi con gli altri. Si pensi al caso del formaggio fuso a fette: Sottilette, Dilette, Fior di fette, Fogliette. In Francia Danone e Danette hanno visto nascere delle marche omologhe della grande distribuzione dal nome Patury e Paturette.

20. M. Botton, J.-J. Cegarra, B. Ferrari, *cit.*, p. 114.

È opportuno inoltre distinguere tra *company name* e *brand name*, ovvero tra il nome dell'azienda e quello della marca. Non sempre, infatti i due coincidono. È bene essere consapevoli delle differenze tra *brand* e *company*, per evitare confusioni. Ad esempio, in alcuni casi il nome dell'impresa domina su quello del prodotto: Microsoft domina su Microsoft Word. Altrove il brand name domina sul nome della Corporate: Pampers domina su Procter& Gamble. In un terzo caso, i due nomi hanno lo stesso peso: Gillette Sensor, Ferrero Rocher, Quattro salti in Padella Findus.

Secondo A. Ries e L. Ries[21] il nome della marca dovrebbe quasi sempre avere la precedenza sul nome dell'impresa. I consumatori, comprano le marche, non le aziende. In effetti, quando il nome di una Corporate viene utilizzato da solo, come brand name (GE, Coca-Cola, IBM, Xerox, Intel) la gente pensa alla marca, non alla fabbrica. La Coca-Cola Company produce la marca Coca-Cola. Difficilmente il consumatore associa Pampers, Ace, Dash e Pringles a P&G. Sono, questi, tutti aspetti importanti, da considerare nella fase scelta del nome di una marca. Perché è bene conoscere lo spazio occupato dalla marca nella mente del consumatore.

6.2.1. *Nomi propri*

Il panorama dei *brand name* e dei *Corporate name* che popolano la nostra vita quotidiana è ricco e variegato. Le denominazioni usate dalle aziende per distinguere i propri prodotti e per differenziarsi nei mercati di riferimento sono diverse e multiformi: dai nomi propri ai nomi comuni, dalle sigle alle onomatopee. Un intero vocabolario di marca che si caratterizza per ricchezza e suggestione.

Un gran numero di appellativi commerciali deriva dai nomi propri. Siano nomi patronimici, pseudonimi, nomi di personaggio, nomi mitologici, storici, oppure geografici, essi sono in grado di attribuire alla marca personalità ed identità, attraverso un trasferimento di significati dal particolare, dall'individuale (nome proprio di persona, di cosa...) al generale, al globale (nome di una serie, di una marca, di una famiglia di oggetti o di servizi della stessa specie).

La *marca patronimica*[22] è quella che porta il nome (il cognome) di una persona, generalmente il fondatore, il capostipite di una dinastia di imprenditori, e dunque di una famiglia (Alessi, Barilla, Benetton, Buitoni, Citroën, Coin, Ferrero, Ferrari, Ford, Illy, Lavazza, McDonald's, Michelin, Peugeot,

21. A. Ries, L. Ries (2002), *cit.*, p. 67.

22. Per un approfondimento sul tema dei nomi patronimici si veda: B. Logié, D. Logié-Naville, *Leur nom est une marque*, Éditions d'Organisation, Paris, 2002.

Pininfarina[23], Peroni, Von Wunster, ecc.). Oppure di più persone – generalmente due – che rappresentano i pionieri di un'avventura commerciale o industriale (Moët & Chandon, Villeroy e Boch, Martini & Rossi, Marks &Spencer, e così via). Oppure dello stilista, il *couturier*, il designer (Giorgio Armani, Laura Ashley, Chanel, Salvatore Ferragamo, Gucci, Yves Saint Laurent, Prada, Trussardi, ecc.).

La tradizione dei nomi patronimici risale alle origini della marca moderna. Nella seconda metà dell'Ottocento, piccoli imprenditori e piccole aziende a carattere artigianale iniziarono ad apporre la propria identità anagrafica sui prodotti e sulle marche che producevano e vendevano. La continuità e l'evoluzione dell'industria, assieme alla discendenza familiare, ha protratto, e conservato nel tempo, gli appellativi commerciali. E così, negli anni, questi nomi, sono diventati gradatamente brand, inglobando valore e valori, trasportando un *heritage* culturale e un'esperienza imprenditoriale davvero consistenti. La famiglia-impresa è il luogo della continuità, in cui ciascun dirigente/membro della famiglia vede i propri sforzi e i propri successi perdurare nel lavoro dei suoi successori. Oggi, "il 28% dei primi gruppi industriali e di servizio mondiale in termini di cifre d'affari ha per denominazione sociale un nome patronimico. Il 26% dei primi gruppi europei e il 30% dei primi gruppi francesi sono di origine patronimica"[24].

Alcune marche patronimiche sono entrate a tal punto nel nostro lessico quotidiano da far perdere ogni memoria, e ogni consapevolezza, delle proprie origini. Si pensi al thè Lipton. Sono pochi i consumatori che, sorseggiando una tazza di quell'infuso attribuiscono alla marca l'identità di Sir Thomas Lipton, l'imprenditore inglese che nel 1893, dopo aver acquistato intere piantagioni a Ceylon (oggi Sri Lanka), creò la propria *own brand*, democratizzato il thè, facendone la bevanda più bevuta nel Regno Unito. Allo stesso modo, quanti sanno che la famosa penna Bic deve il suo nome al barone Marcel Bich, il quale nel 1945 acquistò la società PPA (*Porte-plumes*, *Porte-mines* et *Accessoires*) e cinque anni dopo mise a punto la mitica penna con sfera[25] in carburo di tungsteno e cappuccio anti-macchia? E ancora: il nome Adidas, la marca sportiva dalle tre strisce, non è altro che la fusione di "Adi", soprannome di Adolf, e "Das", prime tre lettere di Dassler: Adolf Dassler, che nel 1920 creò insieme a suo fratello Rudolph le sue prime scarpe da ginnastica. E fu Henri Nestlé a fondare, nel 1867, quello che oggi è il gigante dell'agroalimentare nel mondo, a partire da un sogno "inventare un alimento completo,

23. In questo caso il nome patronimico deriva da uno pseudonimo. Sergio Pininfarina è il figlio del fondatore Battista Farina, detto "Pinin", carrozziere e creatore della Carrozzeria Farina nel 1930. Pinin Farina è divenuto Pininfarina nel 1961.

24. *Ibidem*, p. XXI.

25. La penna a sfera fu inventata dall'americano Reynolds nel 1880 e perfezionata negli anni Trenta dall'ungherese Biro.

un alimento perfetto"[26] per salvare la vita dei bambini sottoalimentati dell'Europa del XIX secolo.

Il brand name patronimico è ricorrente nell'alta moda: segno della griffe dello stilista, la cui figura carismatica è parte centrale dell'impresa e la cui identità è una dimensione fondante dell'essenza di marca. Chanel è l'esempio più significativo in questo senso. Ma ricordiamo anche Yves Saint Laurent, Gucci, Prada. Nel settore del lusso è pratica ormai generalizzata che i creatori e i fondatori delle imprese battezzino società e marche col proprio nome per distinguersi dai concorrenti, per sottolineare la propria originalità, per valorizzare il proprio talento e il proprio stile. LVMH Fashion Group – il settore "Mode e Maroquinerie" di LVMH, Moët Hennessy Louis Vuitton, leader mondiale dell'industria del lusso – riunisce un insieme di marche prestigiose che portano tutte, o quasi, il cognome (spesso anche il nome) dei loro fondatori. A cominciare dalle più antiche: Loewe, (fondata nel 1846 da Enrique Loewe); Louis Vuitton (150 anni nel 2004); Berluti (a Parigi dal 1895); Fendi (creata nel 1925); Céline fondata nel 1945, Emilio Pucci (nasce nel 1951); Givenchy (nasce nel 1952). Fino alle più giovani: Kenzo (creata nel 1970), Donna Karan, Christian Lacroix e Marc Jacobs (tutte create intorno alla metà degli anni Ottanta). Sovente, certe griffe passano da una gestione familiare ad una gestione imprenditoriale dell'azienda. E così il nome rimane: portatore di valori familiari, esso tramanda di generazione in generazione una cultura produttiva, un condensato di classe, eleganza, storia. Ma anche una personalità e un carisma individuali. Si pensi a Giovanni Rana che è riuscito a trasferire la propria identità e genuinità nella pasta fresca che porta il suo nome.

Dunque, il nome patronimico attribuisce al prodotto e alla marca un allure particolare, un'identità unica, un'umanità speciale. In alcuni casi sembra impreziosire le merci di un contrassegno di garanzia particolarissimo ed antico: il sigillo di un tempo tramandato, di un sapere ereditato, di una "patina" preziosa. Per questo alcune marche emergenti scelgono la via del "falso patronimico", ovvero, si attribuiscono un nome e un cognome di fantasia (ad esempio Tod's), a simulare ed evocare il prestigio del "fondatore", la magia della stirpe imprenditoriale.

Un caso particolare è quello del marchio Lacoste, che è patronimico nel nome, mentre utilizza lo pseudonimo per il logo. René Lacoste tennista francese degli anni Trenta, era stato soprannominato "Il Coccodrillo"[27], dalla

26. J. Watin-Augouard, *cit.*, p. 476.

27. La vera storia del "Coccodrillo" inizia nel 1927. René Lacoste amava raccontare come il suo soprannome fosse diventato un emblema di fama mondiale. Battendo per la prima volta gli americani nella Coppa Davis nel 1927 con la squadra dei "Moschettieri", e trionfando tre volte al Campionato Internazionale di Francia (1925 e 1928) e a Roland Garros (1929), due volte in Gran Bretagna a Wimbledon (1925 e 1928), due volte (1926 e 1927) al torneo Open Usa di Forest Hill, René Lacoste è entrato a far parte della leggenda del tennis. Con lui il tennis vive la sua prima rivoluzione: si gioca in tenuta sportiva e non più in tenuta da città. Il lo-

stampa statunitense, in seguito ad una scommessa che aveva fatto con il capitano della squadra francese (gli aveva promesso una valigia di coccodrillo nel caso avesse vinto una partita importante per la squadra) e – successivamente – per la tenacia che dimostrava sui campi da tennis (non mollava mai la preda).

Oltre i patronimici, tra i nomi propri che possono essere attribuiti ad una marca ricordiamo anche i *nomi mitologici* o *storici*. Aiax (da Aiace, nome di due[28] valorosi eroi greci della guerra di Troia, cantati nell'Iliade: per un detergente domestico), Ariel (nome simbolico di Gerusalemme, ma anche Spirito custode delle acque secondo la magia medievale[29], per lavare i capi delicati), Clio (la Musa della storia, per uno degli ultimi modelli Renault), Minotaure (il toro di Minosse, dall'aspetto metà umano e metà taurino per un'eau de toilette). E ancora César (cibo per gatti), Raffaello (praline di Ferrero al cocco); Venus (linea di creme idratanti e depilatorie per signora); Napoléon (Profumo); Giotto (pastelli e pennarelli); Rembrandt (colori per dipingere).

Non dimentichiamo poi i nomi di carattere *geografico* che alludono ad un duplice territorio – simbolico e reale – della marca: Paris, Roma, Evian, Mont Blanc, Philadelphia, New York, Tuscany, Americanino, Parmalat, Indian, Brooklyn, Tahiti, Hawaian Tropic, Acqua di Parma, Le Emiliane. Queste marche evocano le proprie radici e la propria storia topografica, o più semplicemente un patrimonio di valori, di significati e di atmosfere con un preciso riferimento ad un luogo, una terra, una nazione, una città.

Infine, ma non da ultimo, la marca può assumere un nome proprio di persona o di personaggio: Giorgio, Lulù, Pippo, Ringo, Gloria, Alice ed incarnarne il carattere antropomorfo, la personalità e l'"aura".

6.2.2. *Nomi descrittivi, associativi, espressivi*

Il brand name – metonimia del mondo della marca e dei suoi attributi tangibili e intangibili – può essere in grado di suggerire il posizionamento del prodotto. Nomi comuni, aggettivi, verbi, avverbi, funzionano, in questa direzione, come precisi indicatori. Capaci di illustrare, raccontare, spiegare. Ma

go del coccodrillo nasce quando l'amico Robert George gli disegna un alligatore verde con le fauci aperte rosso vivo, che viene in seguito ricamato sul blazer che René indossa in campo. Nel 1933 René Lacoste e André Gillier fondano una società di commercializzazione della camicia ricamata con il logo che il campione aveva creato ad uso personale per il tennis, ed alcuni altri modelli di camicie studiate appositamente per il tennis, il golf e gli sport marini. Per la prima volta, la marca appare all'esterno dell'indumento e non viene celata dietro il colletto come d'abitudine. Nel 1951 inizia l'importazione della Lacoste in Italia. Per un approfondimento si veda: P. Kapferer, T. Gaston-Breton, *La légende Lacoste*, Le cherche midi, Paris, 2002.

28. Aiace Telamonio e Aiace Oileo.

29. Ma anche "spirito dell'aria" nella *Tempesta* di Shakespeare.

anche di produrre utili associazioni simboliche, particolarmente attinenti alla funzionalità e all'utilizzo del prodotto o del servizo.

Appellativi come Svelto, Polish, Mentadent, Fila & Fondi, Weight Watchers, Sogni d'Oro, Nevica, Scaldasonno, Antica Gelateria del Corso sono un condensato di informazioni sulle performance e sulle promesse della marca. 10 e Trenta, snack del Mulino Bianco, suggerisce un chiaro e preciso spazio nella mente del consumatore: il fuori pasto di metà mattino, la merenda della pausa, il cosiddetto "rompidigiuno". È un orario, ma allude ad un tempo simbolico: quello del languorino, della crisi ipoglicemica, della "voglia di buono". Analogo discorso per Spuntì.

Dunque, il nome può – prima ancora che il prodotto venga conosciuto – indicare la categoria, la funzione, ed eventualmente il beneficio o un attributo distintivo. Alcuni nomi appartengono così al tipo descrittivo e possono risultare dalla composizione originale di due entità linguistiche del tutto correnti, con l'effetto di condensare in una singola denominazione un vero e proprio discorso sul benefit: Stira e Ammira, Pagine Utili, Comprabene, Vivident, Sanagola, Dietorelle, Pesoforma, ecc.

Nomi come Activia, Vitasnella, Espace, Opium, Champion, hanno un carattere associativo, ovvero utilizzano un'immagine o un'idea particolarmente impattante per "dire" della marca. Meno didascalici di certi nomi descrittivi, questi brand name riescono – a volte – a comunicare la vera essenza della marca, ad esplicitarla con una forza ed una potenza davvero straordinarie.

Anche le onomatopee forniscono degli ottimi spunti per i nomi di marca: sono veri e propri nomi espressivi, capaci di rinviare, grazie ad una precisa sonorità o musicalità, ad una peculiarità o ad un tratto caratteristico della marca. Parole che imitano il suono di ciò che significano, le onomatopee, favoriscono la memorizzazione del brand, inglobano attributi distintivi del prodotto, suscitano simpatia e strizzano l'occhio a determinati target (ad esempio i bambini): Clic-Clac (marca di lenzuola con esclusivi bottoni a pressione), Tic-Tac (piccole caramelle nella confezione apri e chiudi), Choco Pops (cereali scoppiettanti per la prima colazione), Flik-Flak (nome di un orologio, che ne riproduce il ticchettio). La combinazione delle lettere gioca un ruolo importante e produce effetti suggestivi e significativi. Ad esempio la R, insieme alle varie occlusive, alla C, alla K oppure alla F, riproduce il rumore della masticazione e dello sgranocchiare, tipico di certi alimenti croccanti e di molti prodotti da forno. Le possiamo infatti ritrovare nella denominazione di crackers, biscotti, fette biscottate: Cracottes, Frosties, Crostatine, Frollis, Croccodeè. Nel nome Strep (prodotto per la depilazione) si percepisce la sonorità dello strappo. Accanto alle onomatopee, ricordiamo le *sinestesie fonetiche* che rappresentano spesso il nucleo su cui si fonda l'efficacia di tanti nomi commerciali.

I suoni prodotti dalle I, S, X, dalla GL, con la loro associazione all'idea della luminosità, ad un simbolismo del levigato e dell'immacolato, sono sovente contenuti nelle denominazioni di prodotti legati alla pulizia e all'igiene delle superfici domestiche: Brill, Vetril, Spontex, Glassex, Vitrexa. La capacità di lettere come R e F di evocare vibrazioni e brividi, anche quelli del freddo, risalta nel nome Frio, così come in Frigoverre e Findus.

Esistono poi i monogrammi (come Omo, Ace, Vim), nomi essenziali che funzionano come firma, la cui brevità facilità il ricordo del nome del prodotto, o ancora nomi che derivano da giochi di deformazione, trascrizione fonetica o grafica di termini stranieri (ad esempio Kinder Brioss).

Altre volte, invece, il nome non è esplicito, non è didascalico e nemmeno associativo e non suggerisce precise caratteristiche del prodotto. Esso si rivela, nel tempo, un contenitore di significato come risultato degli sforzi della comunicazione e del marketing: un addensato di senso, una stratificazione di rimandi simbolici che appartengono più alla marca che non al significato lessicale del suo appellativo. Olio Sasso non riporta alla mente la nozione di pesantezza. Nike non ci fa pensare alla Nike di Samotracia. Panorama non è più la veduta di un paesaggio o un quadro d'insieme. Oggi, perde ogni riferimento al giorno presente. Puma non produce istantaneamente l'immagine dell'elegante leone d'America. Esselunga è distante dalla raffigurazione della lettera dell'alfabeto che contiene. Nivea non è più il candore della neve. Apple non è più una mela. Il "tempo della marca", a volte, svuota i nomi dalle loro evocazioni originarie ed attribuisce loro un nuovo plesso di significati e di immagini. È l'"autonomia della marca"[30] che, una volta decollata, è capace di risemantizzare e delessicalizzare le parole. La mente non avverte più la somiglianza fonetica, tra il *trademark* e la parola del vocabolario, ma percepisce un insieme autonomo, legato al prodotto, al suo "universo dei possibili". Il caso più eclatante, a questo proposito, è Mercedes: un nome tipicamente spagnolo. La marca ha attribuito un nuovo senso a quel nome, che ora è simbolo della Germania, di tecnologia e affidabilità tedesche. Le marche forti impongono allora un nuovo senso – il proprio – al lessico[31]. Il nome della marca diventa allora depositario delle intenzioni del management in merito alla sua identità, dell'essenza del branding.

È la stessa dinamica che avviene per le sigle, all'origine delle quali vi è spesso una contrazione di un nome o di una ragione sociale composta da più parole. Spesso sono motivazioni legate all'eccessiva lunghezza dell'intera dicitura (difficoltà di lettura, di pronuncia, di memorizzazione) a suggerire l'uso della sigla. È più semplice evocare BNL che non Banca Nazionale del Lavoro. Oppure RAS che non Riunione Adriatica di Sicurtà o FIAT anziché Fabbrica Italiana Automobili Torino. La sigla funziona spesso come un vaso

30. Per un approfondimento si veda: J.-N. Kapferer (2000), *cit.*, p. 129.

31. Nella lingua francese, la famosa marca Rossignol non evoca più il canto dell'usignolo, volatile al quale in origine il nome si riferisce, ma l'universo dello sci, e, più in generale, un mondo fatto di sport invernali.

L'identità visiva della marca. I simboli di Timberland, Lacoste, Play Boy, Apple, Rolex e Nike.

L'identità visiva della marca. I simboli di Mercedes, Wolkswagen, Agip, Renault, Jaguar, Ferrari, Mandarina Duck.

L'identità visiva della marca: il logo composto da lettering più simbolo.

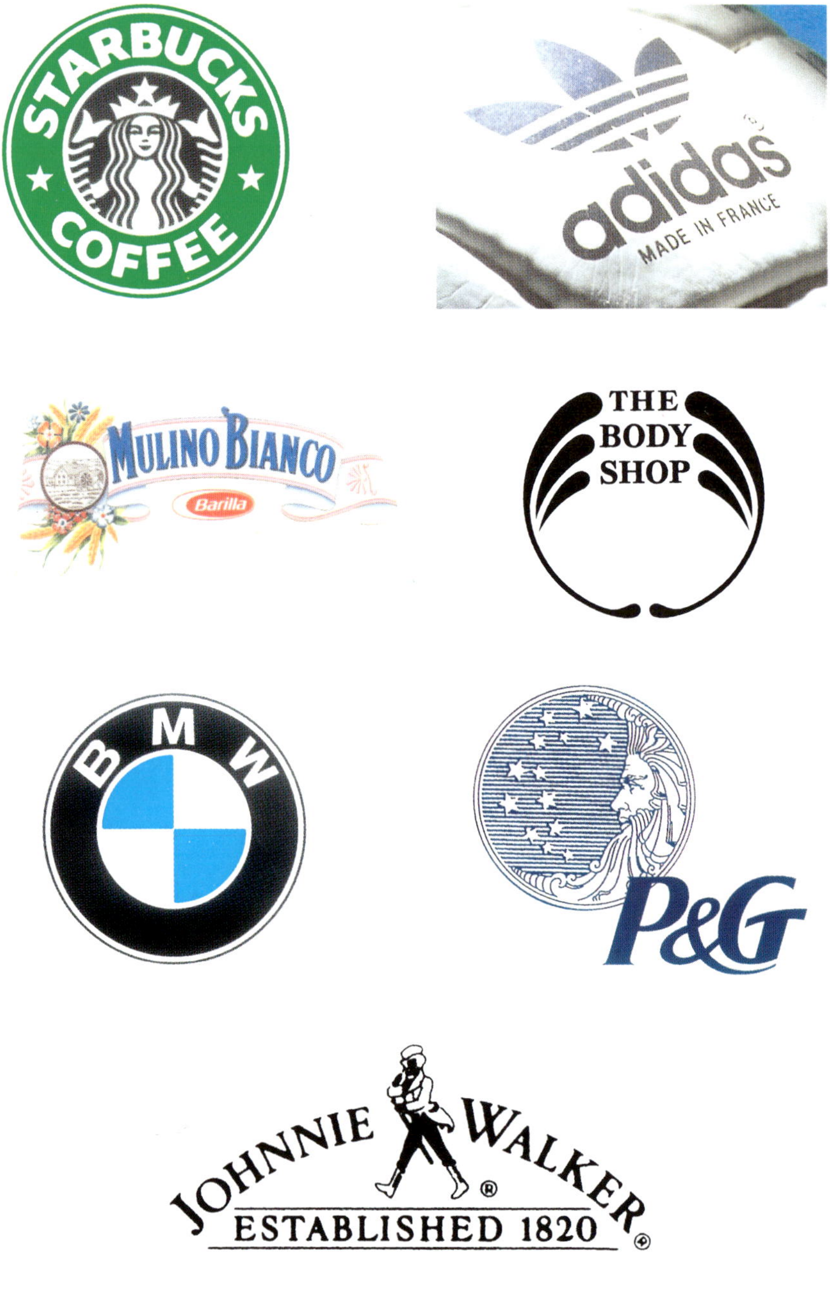

L'identità visiva della marca: il logo composto da lettering più simbolo.

L'identità visiva della marca: il lettering come elemento costitutivo del logo.

L'identità visiva della marca: il lettering.

Johnson & Johnson

LEGO®

Holiday Inn®
WORLDWIDE

Unilever

Ray-Ban®
SUNGLASSES BY
BAUSCH & LOMB

SONY

FIAT

AMERICAN
EXPRESS

L'identità visiva della marca: il lettering.

Google
Italia

Coca-Cola
MARCHIO REG.

VOLVO

FENDI
HERMÈS
Christian Dior
LANCÔME
RALPH LAUREN
ESCADA
GUERLAIN

NESCAFÉ®

L'identità visiva della marca: il lettering.

n°1

n°2

n°3

n°4

n°5

n°6

n°7

n°8

n°9

n°10

Il Global Brand Scoreboard 2003: la top ten.

GRUPPO AVERNA

Bauli

CAMPARI

FERRERO

GANCIA

LAVAZZA

MARTINI

Merloni Elettrodomestici

SANPELLEGRINO

illy

ZUCCHI

Alcuni marchi italiani del CentroMarca.

L'internazionalizzazione del logo: Coca-Cola.

L'internazionalizzazione del logo: Algida, Carlsberg.

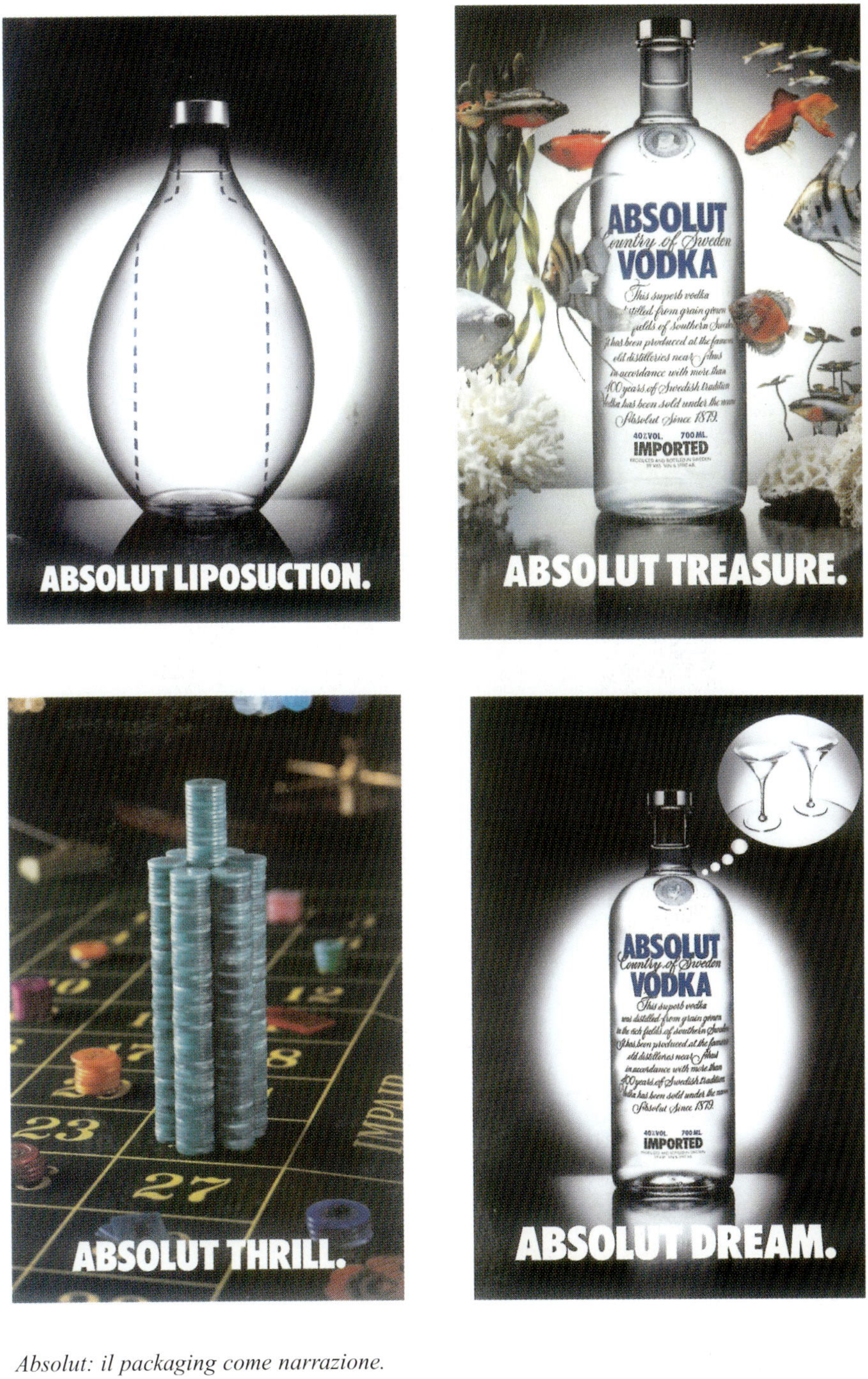

Absolut: il packaging come narrazione.

Il packaging: la sinuosità tutta femminile di Coca-Cola, il lilla di Milka, flaconi come sculture per i profumi, Bacio e Rocher.

Il packaging: il tubo di Pringles, Oscar italiano per l'imballaggio di Illy, il prisma di Toblerone, Cheer-pack per Yoga e Isostad, formati in Pet per Pepsi.

L'evoluzione del packaging: bottiglia e lattina di Coca-Cola.

vuoto o una tela bianca: è in grado si assorbire e restituire il plesso di significati che il management dell'impresa e gli esperti di naming intendono attribuire alla marca. È anche possibile inventare una sigla il cui significato sia di natura fonetica Q8 (Kuwait) oppure un acronimo lessicale che presenti un'omonimia con un termine del vocabolario in modo che sia garantita la generazione di senso attorno alla parola in questione (ARCI Associazione Ricreativa e Culturale Italiana, FILA Fabbrica Italiana Lapis e Affini, ecc.). In tutti i casi, sarà soltanto un'efficace strategia di comunicazione a connotare il nome – sigla, acronimo, onomatopea ecc. – e a renderlo significativo, denso di valore e di valori.

6.3. Il logo

Il logo è la prima forma di comunicazione della marca: è il referente principale che stabilisce un iniziale "patto silenzioso" col consumatore. Attraverso il logo la marca si svela, si rivela, inizia a dire di sé. Si tratta di un segno grafico, che consente una rapida identificazione del bene di consumo e del suo referente istituzionale. La sua natura è simbolica, convenzionale ed emblematica. In termini generali potremmo dire che un logo serve a contrassegnare – all'interno di un sistema di segni, di oggetti, di merci – lo statuto condiviso da una categoria[32]. È, in buona sostanza, uno strumento grazie al quale il pubblico è in grado di conoscere e riconoscere la proprietà/l'azienda, l'oggetto, oppure il servizio. È un tratto unico e distintivo, indispensabile per distinguere un prodotto dall'altro. "Campagna istituzionale e campagna di prodotto hanno il proprio comune denominatore nel logo... L'obiettivo di un segno grafico è valere di più delle parole di un pay off"[33].

La saturazione e la vastità dei mercati contemporanei rendono necessario un supplemento d'identità per rendere riconoscibili intere merceologie che altrimenti sarebbero anonime, indistinte, mute.

È bene fare subito chiarezza sulla nomenclatura e sui termini che andremo ad analizzare. Per logo[34] noi qui intendiamo *quel segno distintivo di natura*

32. Per un approfondimento si veda: F. Achilli, "Dal simbolo al sistema: l'identità visuale dell'impresa", in Aa.Vv. (a cura di G. Fabris), *cit.*

33. V. Pagano, "Il valore marchio", *Ottagono*, n. 157, febbraio 2003.

34. La nostra scelta di concentrarci sul termine logo, per designare il segno grafico che contrassegna l'identità visuale della marca è stata dettata da un preciso intento di semplificazione e di convenzione. In effetti molti (troppi) termini vengono spesso utilizzati per designare il medesimo concetto, alcuni dei quali finiscono per assumere duplice o triplice significazione e per perdere ogni esaustività, generando una certa confusione semantica. Prendiamo il termine "marchio", così ambiguo, spesso al limite tra l'idea (astratta) di marca, di brand, e quella (figurativa) di sigillo, icona, contrassegno. In altre sedi, infatti è stato utilizzato, genericamente, il termine "marchio", in luogo di quello che noi qui abbiamo definito logo. Monachesi, ad

grafica che identifica un'azienda o una marca: segno che può avere un'articolazione significante di tipo complesso (lettering più simbolo) oppure semplice (solo lettering, o solo simbolo).

Si dice infatti comunemente logo, sia quando il segno in questione è la rappresentazione di una parola, di un nome, di un'iniziale, di una sigla il cui referente è un'espressione di tipo fonologico/alfabetico (si pensi ai celebri lettering di Pirelli, Olivetti, Coca-Cola, RAS, FIAT, General Electric, ecc.); sia quando il referente iconico è un oggetto, un simbolo, una figura più o meno stilizzata, un personaggio (il galletto Kellogg's, l'anatra per Mandarina Duck, l'uomo col cappello Quaker, ecc.); sia quando si venga a generare una soluzione intermedia che contenga lettere e immagini, che comunichi cioè messaggi visuali composti (Goodyear col piede alato, Gitanes con la silhouette della gitana, ecc.). Dunque lettering e simbolo generano il logo.

Nella stragrande maggioranza dei casi ogni marca possiede un logo composto dall'articolazione alfabetica del nome più un simbolo stilizzato. Ad esempio NIKE più il celebre "baffo", McDonalds più i mitici "*golden arches*", BMW più il cerchio suddiviso in quattro quadranti neri e blu, MERCEDES più la stella a tre punte, SHELL più la conchiglia, MULINO BIANCO più il mulino, FERRARI più il cavallino rampante.

Tuttavia sempre più spesso, certi simboli si stanno conquistando una propria autonomia segnica e metonimica, tanto da designare – senza il supporto

esempio, con il termine "marchio", intende "uno specifico segno grafico che contribuisce alla formazione dell'immagine pubblica e/o privata di una azienda, di una persona, di un ente, di un prodotto, genericamente di qualche cosa... il marchio, per non limitarne il senso, verrà inteso sempre come segno verbale, "*Logogramma*", segno ideo/iconografico, "*Pittogramma*", oppure unione di questi due in un solo grafismo" (si veda: R. Monachesi, *Il Marchio. Storia, semiotica, produzione*, Lupetti & Co., Milano, 1993, pp. XI-XII). Achilli individua una classificazione tipologica dei marchi: *logotipo, pittogramma, diagramma*. Il *logotipo* è quello che abbiamo indicato come *lettering*, ovvero il segno grafico il cui referente è un'espressione di tipo fonologico, costituito da una parola compiuta o leggibile. Il *pittogramma* è un segno iconico che rimanda ad un oggetto o una classe d'oggetti, oppure ad un aspetto o un'azione che quegli oggetti possono esprimere. Si tratta, in sostanza, di una figura stilizzata ad alta similarità con gli oggetti reali. Il *diagramma* è un segno grafico non iconico o caratterizzato da un grado di iconicità minimo. Questo significa che la similarità con gli oggetti reali è bassa, a volte nulla. Qui la riconoscibilità del marchio deriva da una convenzione di tipo culturale. Una sorta di codice, un segno assunto come simbolo astratto, a volte senza un legame oggettivo e senza un'apparente relazione con il prodotto/servizio, col contesto oppure con l'attività da rappresentare. Si veda F. Achilli, in Aa.Vv. (a cura di G. Fabris), *cit.* David A. Aaker, si riferisce invece più genericamente al "simbolo", senza distinguerlo dal *lettering* e lo considera una delle dimensioni fondamentali della brand equity: "il valore della marca può poggiare sul simbolo, che diventa così la vera, primaria, caratteristica differenziale"(si veda D.A. Aaker (1997), *cit.*, p. 255). Kapferer parla di "emblema" (la figura visuale distinta dal nome di marca) e "logotipo" (si veda J.-N. Kapferer (2000), *cit.*, pp. 130-133). Abbiamo creduto dunque opportuno adottare il termine logo, per distinguerlo successivamente dalle sue dimensioni alfabetica (il lettering) e iconica (il simbolo) per tentare di fugare ogni ambiguità e possibile disorientamento.

della didascalia finalizzata a suggerire il nome – la marca *tout cour*. E così, ad un primo sguardo lo *swoosh* significa Nike, la M dorata è il fast food globale, il cerchio a quattro quadranti significa BMW, la conchiglia gialla e rossa è quella della stazione di servizio Shell, la stella a tre punte è solo Mercedes, l'edificio con la pala ad acqua per la macina del grano è Mulino Bianco, il cavallino rampante è, senza nemmeno pensarci, quello di Maranello.

Altre volte, invece, il logo è un semplice lettering: un carattere tipografico, un codice alfabetico, il cui referente è un'espressione di tipo fonologico, cioè una parola compiuta e leggibile. L'uso del lettering s'è affermato per caratterizzare un'informazione descrittiva, basata sulla necessità di rendere memorabile il nome dell'impresa o del prodotto.

La leggibilità è il principale requisito di un buon lettering. Nondimeno, il carattere tipografico utilizzato, è in grado esprimere il carattere della marca, alcune sue peculiarità. Un carattere maiuscolo, "a bastone", essenziale, può esprimere modernità. Un carattere corsivo, minuscolo, calligrafico, può rimandare ad un'idea di classicità, di recupero del passato, di vintage. Il grassetto è mascolino. Un carattere sottile e leggero è femminile. Si pensi al carattere gotico del New York Times, al suo fondamentale contributo all'identità visiva della marca: antica, autorevole, *established.*

Il lettering per eccellenza è quello di Coca-Cola, col suo sapiente corsivo calligrafico che da un lato sembra alludere alle origini ottocentesche della marca, dall'altro conserva un'attualità e una modernità straordinarie, frutto anche di continui ed impercettibili *restyling*. Altri classici esempi sono: Volvo, con le cinque lettere in caratteri maiuscoli, compatti, massicci, aderenti ad una ideale linea terrestre. Non esprimono forse la sicurezza e la solidità della vettura? Holiday Inn, in un corsivo quasi familiare, confidenziale, accogliente. Ray Ban, con la sua calligrafia informale e dinamica. Dash, con il suo alfabeto forte e deciso. Ricordiamo anche il nostro logo Alitalia, che è stato creato ad hoc (come spesso accade quando è necessario rimarcare l'unicità e la distintività del soggetto) dall'agenzia Landor Associated a San Francisco, tra il 1968 e il 1969, parallelamente ad una strategia di comunicazione, posizionamento, naming. La stilizzazione della lettera A – che singolarmente rappresenta il simbolo della compagnia – riprende i colori della bandiera italiana e, per l'inclinazione e la geometria, la forma della coda degli aerei, sulla quale si presta ad essere applicato organicamente[35].

35. L'effetto di dinamismo è accentuato dalla linea verde che segue tutta la carlinga, un motivo classico nel branding delle compagnie aeree degli anni '60 e '70. Inoltre, sempre attraverso la striscia, Alitalia s'è impossessata del codice cromatico verde, tutt'ora unico e differenziante nel panorama delle compagnie di bandiera dei principali Paesi. Il colore verde caratterizza inoltre tutti gli interni delle aeromobili, e, fino ad un recente passato, rigorosamente le divise del personale di bordo.

Il lettering può essere incluso in una forma oppure insistere su di uno sfondo. Si pensi al logo di Body Shop, con i suoi caratteri classici iscritti in una sorta di cerchio che termina con del fogliame stilizzato, quasi art decò. Oppure quello di American Express, inscritto in un quadrato azzurro; a quello di Visa, al centro di due binari blu e gialli; a quello di Lego, bombato e giocoso, su fondo rosso.

Tra le principali funzioni del logo ricordiamo:

1. *l'identificazione* (prima ancora di significare, il logo identifica: è infatti un fondamentale segno di riconoscimento dell'impresa e del prodotto);
2. *la differenziazione* (all'interno di scenari competitivi iperaffollati, il logo permette di personalizzare e conferisce un supplemento d'identità alle aziende, alle merci e ai servizi);
3. *la trasmissione di messaggi e di valori*. Esso facilita il riconoscimento del prodotto o del brand. Il logo evoca il territorio della marca, rimanda ad un sistema di segni, allude ad un senso e ad un mondo possibile. Condensa l'universo culturale e i significati – tangibili e non – della marca. Può creare consapevolezza, sensibilità, associazioni e sensazioni che possono – a loro volta – incidere sulla fedeltà alla marca. E persino sulla qualità percepita;
4. *la garanzia*: il logo è un sigillo che condensa e racchiude informazioni relative alla bontà del prodotto. È una promessa di qualità. Esso contiene idealmente un patto di fiducia tra impresa e consumatore (la M gialla di McDonald's, i cosiddetti *golden arches*, sono un vero e proprio marchio di garanzia). Il gigante di Plasmon che scolpisce sul marmo di una colonna, in greco, il nome della marca significa forza ed eternità.
5. *la memorizzazione*: un buon logo è destinato a favorire la notorietà di marca. Basti pensare a Michelin Man (Bibendum), al cavallino rampante di Ferrari, al nido di Nestlé.

Un buon logo dovrebbe nascere da un'accurata ed approfondita ricerca storica, segnica e linguistica sull'impresa, il prodotto, il target. Dovrebbe essere un riferimento socioculturale pregnante e significativo, capace di condensare passato e futuro, natura e cultura, senso e valori dell'oggetto in questione. Non si tratta, dunque, di un puro sigillo, esteticamente gradevole e facilmente memorizzabile: in esso sono condensate l'identità, la personalità e l'essenza della marca. In maniera più o meno astratta, più o meno esplicita e figurativa, il logo è il ritratto dell'azienda, il suo segno di riconoscimento primo ed immediato. Quello della progettazione di un logo è un momento fondamentale, in cui si decide dell'identità visiva di una marca, del suo modo di proporsi al pubblico, del suo volto (che, come insegna la fisiognomica, non è mai avulso dall'anima). Ed in cui dovrebbe essere data molta importanza al *brief*, nel quale sono contenuti tutti gli elementi e tutte le informazioni necessarie: dal nome dell'azienda alla sua data di nascita; dal suo posizionamento al target di riferimento; dalla sua storia alla sua missione; dai suoi obiettivi al suo vissuto produttivo e comunicativo; dai suoi prodotti/servizi alla sua cultura; dall'essenza della marca ai suoi plus rispetto ai competitor.

Purtroppo il logo nasce spesso come una operazione puramente grafica. Si seguono astratte coerenze di tipo visuale, ci si attiene a semplici valenze estetiche, ad un generale senso del bello, ad un asettico tecnicismo, a stilemi tipografici. Senza attribuirgli una sua coerenza comunicativa con la semantica del nome ed un fondamentale valore di raccordo col sistema globale di segni della marca. Si tratta invece, al pari del brand name, di un "indicatore di senso", di una tessera indispensabile nel vasto ed armonico mosaico dell'identità della marca. La stessa brand equity, come ricorda Aaker[36], non può prescindere dal logo. Ecco perché bisognerebbe partire dal presupposto che un logo non deve essere per forza di cose bello/brutto. Piuttosto, esso dovrebbe risultare efficace, funzionale alla marca e riconoscibile. E possedere una serie di requisiti fondamentali come: l'originalità, la visibilità; la semplicità; la leggibilità; la correttezza morale; la riproducibilità; la predisposizione all'attrazione; l'alta qualità grafica; la longevità; l'adattabilità all'animazione e al web; la protezione legale[37].

Il logo, in definitiva, dovrebbe essere in grado di partecipare (e reinterpretare) all'intero *mix di marketing* in termini di *communication mix*. Di farsi portatore di un messaggio, mediatore di senso.

È anche firma e contrassegno di garanzia: grazie alla sua rappresentazione e moltiplicazione il consumatore ha la certezza e la sicurezza di aver scelto "La Marca", di aver individuato – attraverso una sorta di codice condiviso – quel prodotto o quel servizio che risponde ad un determinato standard performativo o qualitativo. Non dobbiamo inoltre dimenticare che stiamo parlando di un segno "permanente" e trasversale che permette di capitalizzare sul valore del brand, attraverso le sue estensioni. Hermès declina il suo celebre cavallo nei foulard come nella pelletteria e nelle tre linee di profumi (Équipage, Amazone, Calèche)[38]. Lo swoosh di Nike valorizza ed impreziosisce scarpe e berretti, orologi e underwear, t-shirt e palloni da calcio.

Nondimeno, il valore del logo risiede nell'esclusività e nell'originalità. Questo non vuol dire che, per essere efficace, il logo debba essere bizzarro o particolarmente eccentrico. Piuttosto esso deve essere significativo: capace di evocare un discorso e un senso. Capace di essere visibile – cioè riconoscibile ed individuabile – anche nella compresenza di più messaggi, più confezioni, più prodotti. Nello stesso tempo è fondamentale che si tratti di un segno davvero unico: non si è mai al riparo dal pericolo di un progetto involontariamente somigliante ad un marchio già esistente.

È ormai opinione diffusa – tra i grafici e designer – che un logo avrà tante più possibilità di affermarsi, di avere successo e di essere memorizzato, quan-

36. D.A. Aaker (1997), *cit.*, p. 255.
37. F. Achilli, in Aa.Vv. (a cura di G. Fabris), *cit.*
38. Per un approfondimento si veda: J.-N. Kapferer (2000), *cit.*, pp. 130-132.

to più sarà semplice nella sua costruzione segnica. Forme grafiche semplici – pensiamo allo *swoosh* – possono evocare significati e valori anche piuttosto complessi – l'individualità, la competitività, il senso della sfida e della vittoria personale – e risultare ugualmente *appealing* agli occhi del pubblico. Tuttavia, è impensabile tentare di racchiudere nel logo un dossier informativo sull'azienda e sul prodotto: sarebbe sbagliato pensare che un marchio possa restituire contemporaneamente la descrizione dell'attività, la storia dell'impresa, la sua localizzazione geografica, la sua cultura, i suoi prodotti, i suoi valori, le sue missioni. Meglio concentrarsi su pochi messaggi: decifrabili e chiari. Certi segni, non del tutto espliciti, "non completamente risolti", in cui non tutto è svelato o dichiarato, possono addirittura risultare più attrattivi e seducenti, dotati di un intenso fascino visuale.

Tutti i loghi tendono ad invecchiare, a divenire datati, e dopo qualche anno, generalmente, è necessario un intervento di "manutenzione ordinaria". Un *restyling* è normale: qualsiasi logo accusa un certo depositarsi della patina del tempo. I segni si evolvono, le linee cambiano, la grafica è soggetta alle mode e allo Zeitgeist. Piccoli interventi correttivi sono dunque utili affinché anche il logo sia sempre aggiornato e rispecchi l'assoluta freschezza del presente. La conchiglia di Shell, ad esempio, ha subito, nell'arco di un secolo, piccole correzioni e modernizzazioni fino a diventare l'elemento grafico, altamente identificativo, che tutti noi oggi conosciamo.

Anche il logo Barilla è cambiato nel tempo. Dalle prime rappresentazioni di inizio secolo con caratteri solidi e squadrati, si è passati attraverso una serie di variazioni che hanno risentito del gusto delle varie epoche – dal Decò allo stile Novecento – per giungere alle soglie del secondo conflitto ai primi tentativi[39] di inscrivere il logo entro un ovale, ancora festonato. Il marchio del dopoguerra, nella solida cornice rossa, verrà notevolmente trasformato[40] fino alla realizzazione del tipico motivo ovale, in negativo, con la caratteristica "unghia" bianca[41], una sorta di estrema sintesi della forma dell'uovo.

Tuttavia è necessario sottolineare che un buon logo dovrebbe essere caratterizzato da longevità. Una lunga durata, insomma, che preveda periodi di piena operatività (senza necessità di aggiustamenti) di almeno cinque/sette anni. Il logo non è una campagna pubblicitaria che vive in un arco di tempo relativamente breve: è l'immagine destinata a rappresentare l'azienda, fatta per durare nel tempo. Ecco perché sono auspicabili *persistenza, continuità e stabilità*. Non è casuale, dunque, se i loghi di maggior successo siano quelli di estrazione "classicista".

Diverse aziende hanno aggiornato con successo, negli anni, i loro simboli grafici per mantenerli al passo con i tempi. Piccole varianti: un complessivo

39. Ad opera di Giuseppe Venturini.
40. Grazie all'intervento di Erberto Carboni.
41. Sottoposto ad un leggero restyling dalla Lippincott & Margulies nel 1969.

upgrading capace di conservare il patrimonio valoriale ed emozionale della marca e di mantenere inalterate le associazioni simboliche che quel segno ha sempre suscitato nel pubblico.

Il logo Valentino (la classica V), la griffe italiana dell'alta moda, è stato recentemente svecchiato e modernizzato: ora è molto più morbido e dinamico rispetto al precedente che iniziava a mostrare i suoi anni. S'è trattato di una piccola correzione, di un aggiustamento all'ovale entro cui è iscritta l'iniziale del celebre stilista, tuttavia un intervento necessario e sufficiente a ringiovanire quel segno. Anche quello di Telecom Italia è stato rivisto e corretto: con un nuovo carattere, una lieve accentuazione del colore grigio scuro, una maggiore leggerezza data dalla trasformazione delle quattro linee a forma di onda, che diventano tre e la terza si allunga fino alla scritta "Italia". Un ritocco lieve e discreto, tuttavia importante. Dall'agosto del 1994, infatti, s'è costituita Telecom Italia Spa attraverso l'incorporazione di cinque società (Sip, Iritel, Telespazio, Italcable e Sirm). Modificando il marchio, pur conservando il tetragramma[42], il lettering grigio perla e il font del marchio Sip, è stato siglato un ideale passaggio di consegne tra il gestore di telefonia tradizionale e il nuovo gruppo che s'avviava a diventare uno dei maggiori player mondiali della telecomunicazione. Nel 2000 è avvenuto un restyling del logo: seguendo l'evoluzione del mercato, le esigenze dettate da campagne istituzionali, e da una fondamentale operazione di revisione della bolletta secondo criteri di comprensibilità e trasparenza. Leggermente modificato, il logo Telecom viene ora presentato con una veste più fresca ed attuale, modernizzata e semplificata, ma sempre fedele alla sua storia[43]. Una semplificazione – piccoli aggiustamenti tecnici e grafici – che risponde essenzialmente a necessità di stampa, e al desiderio di "togliere un po' di polvere" da un segno che cominciava a dimostrare tutti i suoi anni. I valori di Telecom, che sono grandi e importanti (tecnologia, affidabilità, innovazione…) sono, naturalmente, rimasti immutati.

Cambiare *ex-novo* un logo è una operazione rischiosa ed onerosa. Equivale a distruggere un patrimonio di oggetti o a sostituirne in toto la veste grafica: dai packaging ai moduli contrattuali, dalle insegne dei negozi ai biglietti da visita, dalle uniformi al decoro della flotta aziendale. Senza contare poi che s'impone, per il consumatore, un nuovo processo d'identificazione.

Il logo può contenere un simbolo, un emblema. Oppure coincidere con esso. Col termine simbolo s'intende un'immagine, un segno grafico, distinto dal brand name (dal lettering), che funziona come icona di riconoscimento, come rappresentazione sintetica dell'identità e della personalità della marca.

Quanti simboli ci hanno fatto affezionare alle marche! E quanti simboli *sono* la marca: lo *swoosh* per Nike, l'albero per Timberland, Topolino per Walt

42. Le quattro linee ondulate.

43. La creazione del marchio è stata curata da Annamaria Testa e Paolo Rossetti, già autori di numerose campagne di successo.

Disney, la mela per Apple, il giocatore di Polo per Ralph Lauren, i quattro cerchi per Audi, la losanga per Renault, la corona per Rolex, l'omino Bibendum per Michelin, Johnny Walker per l'omonimo wisky, la stella a tre punte per Mercedes, il volto del colonnello Sanders per Kentucky Fried Chicken. Gli esempi potrebbero continuare all'infinito.

Se la marca è il capitale dell'impresa, il simbolo è il capitale della marca. Esso rappresenta – insieme al nome – la prima caratteristica differenziale della marca, la rappresentazione convenzionale della sua essenza. Quando è difficile rendere davvero unici (sul versante delle performance oggettive e della qualità reale) prodotti o servizi, come nei mercati contemporanei, il simbolo gioca un ruolo di sicura efficacia. Accompagnato dal nome della marca o meno, esso costituisce un *asset* importante per l'azienda.

Il simbolo può essere una rappresentazione di tipo figurativo: *figure stilizzate, sagome di oggetti, personaggi*[44], *animali, vegetali o minerali*: Mulino Bianco, con l'icona del Mulino; Mastro Lindo che diventa prodotto antropomorfo; i cagnolini di Black and White; il biscione di Mediaset; il coniglietto di Playboy, la testa di levriero di Trussardi. Oppure, può essere un segno puramente astratto, con basso tasso di iconicità: *un diagramma, una figura geometrica*. In questo caso il simbolo è frutto di pura operazione concettuale, appartiene cioè alla categoria dei segni arbitrari, scelti senza un'apparente relazione con il contesto o con l'attività da rappresentare. E – grazie ad una intensa attività di diffusione e comunicazione – può godere di un'alta notorietà e di una particolare familiarità col pubblico. Basti pensare alle tre foglie di Adidas, tagliate trasversalmente dalle tre linee. Linee che ormai sono diventate esse stesse un logo.

La potenza del simbolo, in termini di notorietà e appeal di marca è davvero straordinaria. Spesso un buon simbolo ha una potenza comunicativa ed un impatto diretto nei confronti del consumatore maggiore di tante campagne pubblicitarie. Si pensi all'uomo Michelin, il paradigma del personaggio-marca, del prodotto antropomorfo, del simbolo umanizzato. Bibendum – questo il nome confidenziale del celebre "*homme-pneu*" – incarna tutta la forza dell'iconografia nel branding. "Date al prodotto una faccia, delle braccia, delle gambe, e immediatamente questo diventerà più appealing ed emozionalmente accessibile – più umano"[45]. Al pari delle creature mitiche della Grecia antica – per metà umane e per metà divine – gli omologhi antropomorfi della cultura dei consumi diventano metà uomo e metà prodotto. Capaci di imprese prodigiose, come gli *aiutanti magici* di proppiana memoria[46], essi appaiono

44. Per un approfondimento sul tema dei personaggi-simbolo della marca e della pubblicità in generale, si veda il grazioso ed interessante volumetto: W. Dotz, M. Husain, *Meet mr. Product. The Art of the Advertising Character*, Chronicle Books, San Francisco, 2003.

45. *Ibidem*, p. 14.

46. Si veda: V. Ja. Propp, *Morfologia della fiaba*, Einaudi, Torino, 1966.

familiari ed insostituibili, avvicinano individui e imprese, consumatori e marche. Sono i veri mediatori, i veri portavoce della marca relazionale, dell'*emotional branding*, del linguaggio degli affetti e della simpatia in ambito commerciale. Non solo: il personaggio di marca è animato dalla performance del prodotto, ne incarna i benefici e gli attributi. The Michelin Tire Company ha utilizzato, in questo senso, Bibendum. Un robusto individuo, fatto di pneumatici, che, attraverso bellissime immagini litografiche, a partire dal 1899[47], pedalava in bicicletta[48], fumava il sigaro e faceva anelli di fumo, sedeva a tavola, era spesso accompagnato da una prosperosa ragazza, con una *joie de vivre* tutta francese. Sempre brindando con calici pieni di chiodi, schegge e pezzi di vetro, a simboleggiare come Michelin fosse resistente agli accidenti e agli imprevisti della strada. Ma Bibendum ha cambiato immagine nel corso degli anni. Rispetto alla sua prima versione scanzonata, imprudente e godereccia, che aveva caratterizzato il personaggio per tutti gli anni Trenta e Quaranta, il Bibendum contemporaneo ha guadagnato in simpatia e umanità. S'è adattato ai nuovi climi socioculturali ed è diventato meno macho ed aggressivo. Nel 1931 smette di fumare il sigaro (è l'anno della morte di André Michelin, grande fumatore di cubani). All'indomani della Seconda Guerra Mondiale conquista una silhouette più asciutta: gli infiniti strati di sottili pneumatici che corazzavano il suo corpo e lo rendevano eccessivamente panciuto, si riducono e lasciano il posto a pneumatici più larghi, più moderni che lo fanno apparire più snello, più dinamico. Ora risulta, complessivamente, meno virile e più infantile: un'icona più friendly ed innocente. Più vicina al consumatore. Sorte simile quella di Mastro Lindo, il marinaio muscoloso che incarna la forza pulente del prodotto: marca antropomorfa e globale (Monsieur Propre, Don Limpio, Mister Clean, Mister Proper), personaggio/prodotto, aiutante provvido, sintesi di tutti i consumer benefits. Mastro Lindo s'è evoluto e s'è trasformato: ora è più amichevole e sorridente, più giovane ed ammiccante. Per certi versi più sexy e dunque più *appealing* nei confronti del suo target privilegiato di riferimento: la donna.

Negli Stati Uniti, la General Mills Flour, ha operato un ormai leggendario restyling della propria icona, Betty Crocker[49]. Personaggio femminile pura-

47. Nel 1899 il disegnatore francese Marius Rossillon, meglio conosciuto con lo pseudonimo di O' Galop, propose ai fratelli Michelin una serie di progetti di *affiches* pubblicitarie aventi come protagonista il celebre Bibendum. Naque così il primo cartellone pubblicitario che raffigurava l'*homme-pneu* con un calice pieno di pezzi vetro in mano per un brindisi, intento a pronunciare la frase: "*Nunc est bibendum... C'est a dire: a votre santè le pneu Michelin boit l'obstacle*" ("Ora bisogna bere... Vale a dire: alla vostra salute il pneumatico Michelin si beve l'ostacolo").

48. La saga dei Michelin inizia con l'invenzione di uno speciale pneumatico da bicicletta che permetterà a Charles Terront di vincere, il 9 settembre 1891, la corsa Paris-Brest.

49. Betty Crocker è un nome di fantasia: "Betty" è stato pensato per il suo suono familiare e amichevole, "Crocker" era il cognome di un dirigente della General Mills Flour a metà degli anni Trenta.

mente virtuale ma straordinariamente reale, popolare emblema della marca, Betty, grande esperta di cucina è conosciuta come "*First Lady of Food*". Nel corso dei decenni, a partire dal 1936 sino ai giorni nostri, la regina della cucina è stata ridisegnata ben otto volte, in una straordinaria mutazione, un vero e proprio lifting che l'ha vista sempre in sintonia con i cambiamenti socioculturali della società: nata come una stoica e rigida matrona dall'aria severa e matura, è oggi una giovane donna in carriera, dal look dinamico e attuale, capace di gestire contemporaneamente *business* e *domestic life*.

L'iconografia di marca è talmente ricca ed animata di personaggi – antropomorfi, zoomorfi – da poter popolare un intero cartoon: da Coccolino al coniglietto Bunny[50] delle batterie Energizer a la Vache qui Rit[51] dei famosi formaggini francesi; dall'omino Bialetti a Calimero il pulcino nero di Ava; dal Gigante Buono Ferrero al gallo di Riso Gallo[52]; da Ronald McDonald a Tony The Tiger, il tigrotto dei Kellogg's Frosties. Anche Mulino Bianco, nei primi anni Ottanta adottò la strategia del personaggio animato per umanizzare il prodotto e farsi portavoce delle sue peculiarità: il Piccolo Mugnaio Bianco[53] era il protagonista di tante mini-storie tra forni e farina, biscotti e torte lievitate: un tocco di umanità per un prodotto da forno industriale ma con un posizionamento ed una identità di tipo arigianale.

L'allegoria del personaggio risponde ad una serie di funzioni:

1. *sintetizza i benefits/allude alla performance*: il personaggio svolge mansioni, mestieri ed attività che esemplificano le prestazioni e le attitudini della marca/del prodotto (l'instancabile coniglietto Energizer, quasi un'atleta da ultradistanza, è ormai l'emblema della lunga durata delle batterie. "*Keep going*", recita infatti la voce fuori campo degli annunci pubblicitari; Mr Muscolo personifica tutta la potenza del liquido nel disgorgare gli scarichi domestici; Calimero è l'incarnazione dello sporco, contro

50. A proposito della celebre campagna "*Still going*" delle pile Energizer che vede come protagonista l'infaticabile coniglietto rosa, si veda: B. Kanner, *The 100 Best TV (commercials and Why They Worked)*, Times Business, New York, 1999, pp. 165-167.

51. La leggenda racconta che Léon Bel, fondatore delle Fromageries Bel, ebbe l'idea del nome *La vache qui rit*, ascoltando sua moglie interpretare al piano la Walkiria di Wagner.

52. La F.&P. Riso Gallo è tra le più antiche industrie risiere italiane. Nacque a Genova nel 1876, con l'apertura di uno stabilimento che lavorava risone importato e lo esportava in Sud America. Il successo ottenuto e la crescente esperienza nel settore indussero presto i proprietari ad aprire pochi anni dopo uno stabilimento in Argentina, per far fronte alle necessità del mercato sudamericano e fu proprio in Argentina che ebbero origine la denominazione Riso Gallo (Arroz Gallo) ed il caratteristico simbolo che tutti oggi conosciamo. Infatti, poiché l'analfabetismo era ancora diffuso, l'azienda adottò simboli di animali per indicare le diverse varietà di riso: la giraffa, la tigre, l'aquila, l'elefante e il gallo campeggiavano sulle confezioni e, in breve tempo, il simbolo della qualità migliore divenne simbolo dell'azienda stessa.

53. Le vicende del Piccolo Mugnaio Bianco raccontavano sovente del corteggiamento di Clementina (ricordiamo che le Clementine sono un prodotto da forno della linea Mulino Bianco), ragazzina timida ed ingenua, campagnola e "pura" come gli ingredienti base della marca.

cui è efficace il detersivo Ava; Coccolino è la morbidezza; il giaguaro – animale famoso per la sua velocità e la sua eleganza – è il simbolo di Jaguar; Betty Crocker è la donna in cucina);
2. *identifica la psicologia del target* (Tony il tigrotto dei Frosties è il carattere ludico di un prodotto destinato ai bambini; la zingara di Gitanes è lo spirito libero e forte del fumatore);
3. *incarna i valori e la cultura della marca* (Ronald McDonald, con le sue iniziative ed House Charities a favore dei bambini, è il volto etico, umanitario e sociale della marca; il tacchino del wisky Wild Turkey è – negli Stati Uniti – simbolo di indipendenza; il nido di Nestlé è l'emblema del nutrimento);
4. *conferisce personalità, familiarità ed affettività al prodotto* e dunque lo differenzia all'interno del panorama competitivo (Bibendun di Michelin è riuscito ad umanizzare un prodotto come i pneumatici emotivamente poco coinvolgente; il cucciolo di Labrador di Scottex ha reso "emozionale" un prodotto estremamente banalizzato e screditato come la carta igienica).

Il simbolo di marca puo' anche alludere ad un territorio (geografico) ad un luogo di produzione, ad una "sede storica" della marca. Si pensi al logo dell'acqua Evian (le Alpi dell'alta Savoia); a quello del Mulino Bianco (l'edificio del mulino immerso in un campo di grano), a quello de L'Angelica (il palazzo che ospita l'istituto di ricerca, nella pianura Padana)s.

Allo stesso modo in cui una firma rivela il carattere del suo autore, così i simboli della marca permettono di accedere al suo essere, alla sua essenza, alla sua identità. I simboli della marca sono la sintesi della concezione che l'impresa ha di se stessa, dell'immagine che vuole trasmettere al suo pubblico, della personalità che ha costruito attorno ai suoi prodotti e ai suoi servizi.

6.4. Il packaging

Il packaging rappresenta uno degli elementi fondativi dell'identità della marca[54]. È un'eccellente opportunità per veicolare e comunicare i messaggi di fondo e l'essenza del brand. Non si tratta, dunque, di un mero involucro, di puro trattamento cosmetico o di rivestimento fine a se stesso. Il packaging è una delle tante modalità, forse la più tradizionale, con cui l'impresa si rapporta al mercato. E negli ultimi tempi – a fronte dell'estensione generalizzata del libero servizio, della crescente omologazione produttiva, dell'iperscelta – riveste un'importanza centrale e decisiva nell'orientare le scelte del consumatore.

In origine, il packaging nasce per contenere e proteggere i prodotti. Le prime confezioni, infatti, sono la naturale evoluzione degli involucri di carta

54. Per un approfondimento si veda: L.B. Upshaw, *cit.*

oleata usati dai negozianti per raccogliere la merce sfusa. Nel 1852, negli Stati Uniti, l'Union Paper Bag Machine Company brevetta un apparecchio per fabbricare sacchetti di carta[55]. Sulle buste vengono per la prima volta stampati nomi, simboli e logo delle principali aziende produttrici dei beni di largo consumo. Dai sacchetti alle scatole di latta e cartone il passo è breve. In poco tempo la marca appare sui pacchetti e suoi recipienti, sulle taniche e sulle lattine, sui barattoli e sulle bottiglie. Adesso il consumatore acquista non solo un prodotto, ma anche una marca. Non solo merci ed oggetti, ma anche segni e idee riferiti a quelle merci e a quegli oggetti. Quelle che fino a quel momento erano derrate generiche e *commodity* anonime vendute a peso, si trasformano, grazie ai primi "pacchettaggi"[56], in prodotti di marca: portatori di qualità e garanzia.

Oggi – soprattutto grazie allo sviluppo della grande distribuzione e della grande distribuzione organizzata – il packaging è divenuto una vera e propria risorsa di comunicazione per le imprese. Un mezzo per trasmettere discorsi e informazioni, per "dire" il mondo possibile della marca. Si tratta, in buona sostanza, di "un punto di contatto e di comunicazione tra il consumatore esterno e il prodotto interno"[57].

Il packaging protegge il prodotto, ne esalta le caratteristiche, lo conserva. Nello stesso tempo è il canale attraverso cui la marca dialoga col suo pubblico. Marche come Coca-Cola, Absolut Vodka, Illy Orangina, Pringles e Toblerone, solo per citarne alcune, hanno costruito la propria identità attraverso la peculiarità e la distintività del packaging.

Il packaging è capace di rendere competitiva una marca, persino di divenirne il tratto di riconoscibilità per eccellenza. Basti pensare alla sua importanza in un settore come quello dei profumi, settore in cui, per molto tempo, il flacone, ha contato assai poco relativamente all'acquisto del prodotto. Le fragranze devono essere in grado – attraverso il packaging – di condurre il consumatore verso una promessa altamente emozionale, di esprimere un'idea o di raccontare una storia nella maniera più "potente" ed "istantanea" possibile. La cosiddetta "*art du flaconnage*" inaugurata da François Coty negli anni Venti del Novecento, ed alimentata dalle straordinarie invenzioni di Lalique, è la dimostrazione di come l'"*habillage*" del profumo (il suo contenitore), possa – e debba – vivere in perfetta coerenza col plesso di attributi del prodotto (la preziosità, l'esclusività del contenuto, la magia, la sensualità...)[58]. Il flacone è in grado di restituire la personalità di un profumo e di edificare il

55. C. Mierau, *Accept No Substitutes! The History of American Advertising*, Lerner, Minneapolis, 2000, p. 43.

56. Termine arcaico con cui venivano indicati i confezionamenti dei prodotti.

57. M. Ferraresi (1999), *cit.*, p. 16.

58. Per un approfondimento si veda: Aa.Vv., *Millenium formes de luxe*, JBC & Associés, Boulogne, 2001.

mondo possibile della marca. Descrivere un bagaglio olfattivo e un sistema di valori intangibili attraverso il packaging, non è cosa da poco. Significa raccontare un prodotto attraverso delle forme e delle linee, dei materiali e delle icone. Rappresentando la *brand personality* mediante gli strumenti della scultura, della pittura, dell'architettura e della *mise en scène*. Insomma, significa fabbricare un abito "su misura" per un'eau de toilette. E tradurre la seduzione di un profumo in un mondo immaginifico di trasparenze e di volumi. È quello che hanno fatto con straordinario successo tutti grandi nomi della profumeria e della *couture* da Dior a Patou, da Lanvin a Rochas, da Chanel a Kenzo, da Gaultier ad Armani.

Non dobbiamo comunque dimenticare tutto il settore dei beni di largo di consumo, settore in cui il packaging offre all'impresa la possibilità di declinare alcune delle sue principali vocazioni e missioni: la tensione all'innovazione (si pensi all'ergonomia di certe forme, alla praticità e all'efficienza di certi sistemi di chiusura e conservazione), il rispetto per l'ambiente, la ricerca costante della qualità dei prodotti e della soddisfazione del consumatore.

Nel comparto delle acque minerali, poi, le evoluzioni del packaging sono a dir poco straordinarie e rapidissime. Capaci di trasformare una semplice bottiglia di plastica in autentiche opere di design firmato: Panna, Levissima, Vera, Boario, sono – da questo punto di vista – le più rappresentative. Si pensi alle nuove bottiglie "da borsetta" di Panna e Levissima, in cui convivono ergonomia e stile: il risultato di una ricerca verso l'eccellenza e la soddisfazione di un consumatore che ha mutato il suo approccio al prodotto e al consumo, orientato com'è ad una miniaturizzazione delle merci, ad una praticità e una nuova contestualizzazione della fruizione. Marche come Gatorade, Energade o Isostad sono riuscite a trasformare i packaging di prodotto in strumenti finalizzati alla performance sportiva: *cheerpack*, beccucci tipo borraccia, volumi compatti e maneggevoli. Ed hanno dimostrato che il packaging non è soltanto un contenitore, non una semplice bottiglia.

Il tetra-pack utilizzato nella conservazione di bevande pastorizzate – dal latte alle spremute d'arancio – ha attraversato negli ultimi tempi, un susseguirsi di innovazioni e di miglioramenti che lo hanno reso più igienico, più pratico e più versatile.

In tempi recenti Coca-Cola ha colmato il gap tra la sua leggendaria icona del passato (la celebre bottiglietta di vetro) e l'anonimato dei contenitori attuali (lattine, bottiglie da un litro e mezzo) attraverso la riproduzione sui vari packaging dell'immagine della bottiglia, o semplicemente della sua silhouette: la linea ondulata concavo-convesso-concavo che da sempre la caratterizza.

Nel settore della cosmesi, un marchio come Pupa è riuscito a costruire un proprio vantaggio competitivo, grazie a packaging ludici e spettacolari, vere e proprie esperienze del consumo, fortemente orientati al target di riferimento (ragazze adolescenti). Un packaging capace di raccontare delle storie, di far sognare la giovane consumatrice, di esaltare – e non solo racchiudere e conservare – il prodotto. Un vero e proprio *emotional packaging*[59].

Un buon packaging è in grado di fornire suggerimenti per il corretto uso del prodotto, di illustrare i benefici dello stesso, le sue modalità d'uso, le sue caratteristiche organolettiche e produttive. Può persino raccontare la storia dell'impresa[60], esaltare la fisicità del contenuto, flirtare con i sensi (tatto, vista, ecc.) del consumatore, emozionarlo. Utilizzando forme, colori, volumi, immagini, materiali, esso costruisce e genera un universo di significazione attorno alle merci. È anche mediante il packaging che si può realizzare quell'esperienza polisensoriale tanto importante per l'individuo contemporaneo perché capace di formare impressioni ed opinioni che si traducono in valore. E in valori. Di prodotto e di marca. Ecco allora, che attraverso la confezione, il contenuto e il rivestimento delle merci, l'individuo consumatore è in grado di "sentire" la marca[61]. E di amarla[62]. Non dimentichiamo che ogni colore è in grado di comunicare delle emozioni; che ogni materiale ha, al tatto, una temperatura (esistono materiali caldi o freddi, si pensi al cartone o al metallo); che ogni forma evoca altre forme archetipiche e originarie (la bottiglia di Perrier che rimanda ad una goccia, quella di Coca Cola che allude alle sinuosità del corpo femminile…)[63].

Nel contempo, un packaging innovativo e tecnologico è capace di offrire nuove modalità di conservazione e consumo dei cibi (si pensi a certe confezioni che permettono di scaldare i cibi al microonde, direttamente nella loro vaschetta; all'uso di materiali che garantiscono il mantenimento di alimenti freschi o pastorizzati; alle varie confezioni "salvafreschezza", "apri e chiudi", ecc.) Aspetti tecnologici e insieme formali/espressivi del packaging concorrono a veicolare l'immagine dell'azienda, a declinarne i valori e i segni rappresentativi.

Il packaging oggi può essere uno straordinario veicolo di quei valori e quelle responsabilità sociali della marca tanto importanti nell'epoca che stiamo vivendo: il problema dell'ecocompatibilità, ad esempio, dell'uso di imballaggi recuperabili o biodegradabili costituisce una dimensione traducibile

59. A proposito di *emotional packaging* si veda M. Gobè, *cit.*, pp. 197-218.

60. Alcuni autori propongono un test di verifica finalizzato a stabilire la coerenza del packaging con il profilo della *brand personality*: il test, denominato YTT (Yesterday, Today, Tomorrow) consentirebbe di individuare la continuità e la congruità del packaging rispetto al passato, al presente e agli obiettivi futuri della marca. Per un approfondimento si veda S. Hart e J. Murpy, *cit.*, pp. 51-52.

61. Per un approfondimento si rimanda a: D. La Salle, T.A. Britton, *cit.*, pp. 88-95.

62. "*A package has half a second to be acknowledged and another half a second to be loved*" (M. Gobé (2001), *cit.*, p. 197).

63. Si vedano le interessanti riflessioni a proposito di "*Brand Icons*" in M. Moser, *United We Brand. How to Create a Coesive Brand That's Seen, Heard, and Remembered*, Harvard Business School Press, Boston, 2003, pp. 91-92.

attraverso il confezionamento del prodotto. La coerenza della marca ad una dimensione etica del proprio operato non si estingue nel sistema della produzione, della distribuzione e del consumo, ma dovrebbe declinarsi, attraverso una sensibilità nuova, in un impegno verso la scelta di materiali rispettosi dell'ambiente.

Affinché un packaging di prodotto possa dirsi davvero efficace, dovrebbero sussistere almeno cinque condizioni:

- *chiarezza* (il packaging dovrebbe definire, sintetizzare e rendere comprensibili i valori e le caratteristiche del prodotto e della marca);
- *distintività* (il packaging dovrebbe possedere una *visual expression* unica e distintiva ed utilizzare in maniera riconoscibile i codici estetici e gli stilemi tipici della marca);
- *esperienza* (il packaging dovrebbe contribuire alla *brand experience*, creando una connessione emozionale tra il consumatore e la marca, grazie alla polisensorialità del messaggio, attraverso elementi di sorpresa e di gratificazione, mediante la *brand narrative e lo storytelling*);
- *innovazione* (il packaging dovrebbe contenere elementi innovativi, frutto della ricerca in termini di tecnologia, ecocompatibilità, conservazione del prodotto, ergonomia, design, attualità culturale dei codici espressivi utilizzati);
- *friendliness e funzionalità* (il packaging dovrebbe essere *user friendly*, cioè facile da usare, capace di garantire al consumatore un utilizzo semplificato ed agevole. Troppo spesso capita di avere a che fare con confezioni e dispositivi di apertura/chiusura che richiedono al fruitore risorse manuali o intellettuali di cui non tutti dispongono o che non si desidera sviluppare[64].

Oggi il packaging, per un'impresa orientata al marketing, dovrebbe costituire uno dei canali privilegiati con cui la marca costruisce la propria identità.

Purtroppo, la grande maggioranza delle marche sottovaluta questa risorsa, interpretandola nella maniera più riduttiva. E allora capita che anche per il packaging – così come per il logo o il nome – la fase ideativa si concentri verso astratte valutazioni grafico/estetiche, spesso completamente ininfluenti rispetto alla valorizzazione dei consumer benefit o all'enfasi sui valori del brand. Addirittura, in certi casi, si è attenti che il packaging assolva ad anacronistiche richieste di *size impression* (l'illusione ottica di una maggior quantità, una sorta di "effetto imbroglio" agli occhi del consumatore), che sia genericamente "gradevole" ed "attraente". Senza comprendere che un confezionamento pensato ad hoc, è in grado di assolvere ad obiettivi strategici come, ad esempio, farsi portavoce dei significati della marca.

64. Per un approfondimento si veda: D.A. Norman, *La caffettiera del masochista. Psicopatologia degli oggetti quotidiani*, Giunti, Firenze, 1990.

Un buon packaging non dovrebbe essere afono. Dovrebbe invece trasformarsi in un racconto: un plot narrativo, capace di mettere in scena il prodotto. In grado di comunicare sul punto vendita – nel luogo, cioè in cui si concretizzano le scelte del consumatore – le performance, i benefici tangibili e intangibili, attraverso cui il prodotto (e la marca) s'inscrive nella semiosfera. Un packaging in grado di far vivere da protagonista la merce all'interno del grande palcoscenico del consumo. Parlando contemporaneamente alla globalità dei sensi. Questo non vuol dire eccedere in cromatismi, bizzarie estetiche, forme ed ammiccamenti visuali.

Non crediamo che il packaging sia da considerarsi unicamente alla stregua di un "gancio" necessario per attirare l'attenzione del consumatore[65] e nemmeno che "il primo acquisto di un consumatore è dato dal packaging e solamente il secondo acquisto, nel caso questo avvenga, è suggerito dal prodotto e dalle sue qualità"[66]. Ci sembra, piuttosto, che il confezionamento di un bene di consumo intervenga in maniera decisiva ad interpretare con coerenza quel plesso valoriale che è inscritto nel DNA del brand, attraverso i codici del polisensualismo e del design, del racconto e delle metafore. Codici che l'individuo contemporaneo dimostra di apprezzare perché culturalmente gratificanti.

65. M. Ferraresi (1999), *cit.*
66. *Ibidem.*

7. La marca tra persistenza ed evoluzione

7.1. La coerenza e il mutamento

L'anglicismo *fine tuning* ha ormai acquisito stabile cittadinanza nel mondo della marca. Tanto da essere considerato, oggi, come una delle più importanti leve competitive sui mercati. Forse la più importante. Significa *sintonia con il consumatore*. Procedere a correzioni millimetriche, ma costanti, della manopola del sintonizzatore – come si fa con le radioline – per mantenere la giusta lunghezza d'onda. Perché il consumatore, talvolta impercettibilmente, talvolta con improvvise accelerazioni, è in costante evoluzione. Seguire con grande attenzione questa evoluzione, adattare in tempo reale – senza cioè ritardi o fughe in avanti – il modo di rapportarsi con il consumatore non rappresenta più un'opzione. Bensì – per la marca – una regola di sopravvivenza.

Un tempo si parlava di ciclo di vita della marca[1]. Nel senso che questa avrebbe iscritto nel proprio destino, proprio come succede a noi uomini, un inevitabile declino ed una certa scomparsa (fig. 1). E anche in tempi recenti c'è chi teorizza una "immutabile legge della mortalità" nel branding. Al Ries e Laura Ries, ad esempio, sostengono che: "*no brand will live foreverever. Eutanasia is often the best solution*"[2]. Non siamo d'accordo.

In realtà vi sono continue evidenze di marche che hanno saputo mantenere inalterata una indiscussa leadership – talvolta anche per più di un secolo – e continuano a manifestare, ancora oggi, capacità di dialogo anche con i segmenti più innovativi. Coca-Cola e Levi's, marche appunto più che centenarie, costituiscono un buon esempio al proposito. Se andiamo ad osservare le strategie adottate da queste *evergreen* emerge sempre, come costante, un medesi-

1. Per un approfondimento sul tema del ciclo di vita delle marche si veda G. Mazzalovo e M. Chevalier, *Pro Logo. Le marche come fattori di progresso*, FrancoAngeli, Milano, 2003, pp. 155-182.

2. A. Ries, L. Ries (2002), *cit.*, p. 105.

Fig. 1 - Ciclo di vita della marca: ovvero l'incapacità di fine tuning

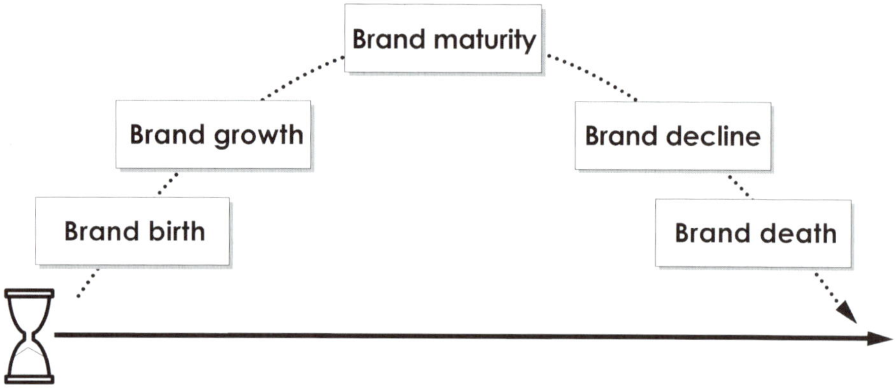

mo comun denominatore. La capacità di mantenere inalterato il dialogo, la sintonia appunto, con un consumatore che cambia. La capacità di leggere questi cambiamenti, sovente già dalla loro fase di stato nascente. La capacità, ma forse anche l'umiltà, di mettersi costantemente in discussione e di adattare al cambiamento le proprie proposte di mercato.

Ma come può una marca – per cui si teorizza la necessità di conservare una personalità forte ed inalterata nel tempo – mutare costantemente senza perdere la propria fisionomia? È un interrogativo oggettivamente rilevante. Tuttavia esistono concrete possibilità per risolverlo.

Anzitutto a livello tecnologico: tenendo alta la tensione all'innovazione. Incorporando, se necessario, nuove tecnologie. Gillette continua a produrre lamette ma queste sono del tutto diverse da quelle originali. La scomparsa di questa marca – preconizzata dopo l'avvento dei rasoi elettrici – è ben al di là da venire. Nel settore dei giocattoli le bambole che hanno adottato l'elettronica, Lego che ha introdotto chips nei suoi mattoncini, rappresentano ulteriori esempi al proposito. Talvolta gli adattamenti tecnologici non sono necessari: Levi's e Coca-Cola continuano a proporre, più o meno, gli stessi prodotti di un tempo. In un secolo Coca-Cola ha introdotto le lattine ed i grandi formati. Levi's ha tolto i rivetti metallici ed aggiunto i passanti. Tutto qua.

L'area prevalente di intervento è, comunque, sul fronte della comunicazione. Se infatti i significati della marca – i suoi *core values* – devono restare sostanzialmente invariati, pena la perdita della propria identità, debbono mutare però i suoi *significanti*. Può/deve mutare il sistema di codici e di linguaggi con cui la marca si esprime – coerentemente ai nuovi valori del consumo – ma anche i media ed i canali che veicolano la sua comunicazione. Sperimentando con intelligenza i new media, il mondo on line e le nuove opportunità di far evolvere, anche in chiave semiotica, la strumentazione del marketing (il packaging, le promozioni, il merchandising ecc.). Come osserva Semprini "la continuità rinforza l'*identità* di una marca, ma l'evoluzione ne assicura la *modernità*. Queste due dimensioni non sono così opposte come si potrebbe credere. Esse esprimono piuttosto la tensione che attraversa ogni individuo e la società nel suo insieme. Articolano una dialettica fondamentale tra stabilità e trasformazione, fra tradizione e modernità. Questa dialettica caratterizza tutte le società contemporanee ed in particolare i valori associati al consumo, di cui le marche rappresentano la principale espressione"[3].

La marca può iscrivere nel *fine tuning* anche i suoi valori di fondo. Mantenendo inalterati, quasi in una dimensione atemporale, quelli basici – che devono preservarne l'identità – ed intervenendo invece su quelli periferici. Questi possono mutare – si pensi ad uno stilista che resti fedele alla sua impostazione essenziale ma che, ad ogni stagione, la reinterpreta creativamente, aggiungendo o togliendo dei particolari – per realizzare una sintonia *in progress* col pubblico che cambia. La marca dunque si trova a compiere un processo di armonizzazione col proprio interlocutore e col contesto in cui opera: deve selezionare i propri destinatari; individuarne sensibilità, gusti e valori; seguirne l'evoluzione e la trasformazione; anticiparne il mutamento e coltivarne l'aggiornamento di significati. Nondimeno, questa operazione deve avvenire nella *salvaguardia della stabilità e della continuità*: la marca non può stravolgere radicalmente il senso del proprio discorso, vedrebbe minacciate credibilità e autorevolezza. Non può invertire la rotta troppo spesso, rischierebbe uno sfaldamento ed un annebbiamento della propria identità. Il cuore della marca deve essere riconoscibile e uguale a se stesso, al massimo evolvere in dolce progressione. D'altro canto la marca ha il dovere all'evoluzione: la fissità, la rigidità, la cristallizzazione la uccidono. Restare ferma è – per la marca contemporanea – il modo più rapido per andare indietro: soffocata da un mercato dinamico e frenetico, priva di contatto con i consumatori in continuo cambiamento, la marca statica, quella che non si rimette in discussione giorno dopo giorno, rischia di morire.

Stabilità e cambiamento, continuità ed evoluzione, coerenza e crescita: ecco la grande dialettica interna della marca contemporanea. Una sfida difficile: la sfida della perennità.

È singolare come questa sfida venga elusa dalla gran parte delle marche o giocata in termini più riduttivi: ad esempio concentrandosi su un *upgrading* del packaging o su un *updating* del logo. Operazioni relativamente facili da perseguire. Basta infatti disporre di un bravo grafico e i risultati possono essere eccellenti. I libri di grafica pubblicitaria sono colmi di ricche esemplificazioni relative a come loghi, brand name, lettering e marchi si sono evoluti

3. A. Semprini (1996), *cit.*, p. 98.

negli anni senza perdere le caratteristiche originarie. Laddove invece l'esemplificazione è carente è l'area dell'evoluzione globale dei significati della marca come conseguenza del divenire storico, dei nuovi trend sociali, degli stili di vita e di consumo emergenti. È quello che accade sovente anche per molti prodotti editoriali in affanno: la soluzione più praticata – anche dalle testate più autorevoli – è quella che di un rinnovamento grafico, lasciando inalterati o quasi i contenuti. La grafica, cioè, diviene una sorta di panacea universale. I risultati sono intuibili.

7.2. Ciclo di vita della marca?

Marca e *tempo* sono due dimensioni profondamente legate. La prima non esiste se non attraverso la legittimazione del secondo. E dunque attraverso una stratificazione di esperienze e di memorie, di storia e di storie. Ma anche mediante il proprio rinnovamento, il proprio divenire, la propria evoluzione.

La marca iscrive i propri significati in un discorso che si dipana in maniera cronologica, ferme restando l'attualità socioculturale e la sintonia col consumatore. La marca è memoria: non solo in quanto portavoce di un'esperienza imprenditoriale e produttiva, dei mutamenti del mercato, dei prodotti e dei servizi, ma anche perché è sintesi delle esperienze d'uso del consumatore e della loro reiterazione nel tempo. Per questo un tale serbatoio non può mai dirsi saturo, ma in *perenne stato di flusso*, di aggiornamento, di implementazione. Le promesse della marca – garanzia, impegno, qualità, soddisfazione – non possono essere mantenute una volta per tutte, risolte in un unico tempo attraverso una ripetizione scrupolosa delle modalità, mediante il rispetto di un codice autocratico, di un pacchetto di regole prefissate. I discorsi della marca non possono considerarsi risolti una volta "istallati". Come osserva Bernard Emsellem, presidente di TBWA/Corporate, "lo sguardo dell'utilizzatore cambia l'oggetto: 'la ricetta fatta come sempre, come il primo giorno' non significa la stessa cosa 2 anni, 10 anni, 50 anni, o 100 anni dopo! Tutto il gioco consiste dunque nello sviluppare, arricchire, fare vivere una marca"[4]. Si pensi all'operazione che ha fatto la nouvelle cuisine – e la grande generazione di cuochi e ristoratori che vi si ispirano – nei confronti della cucina tradizionale. Ha recuperato, rivendicandone l'attualità, molte delle ricette più tradizionali – che si innestavano profondamente nella cultura e nella storia – ma le ha profondamente rivisitate. Le ha rese più salubri, leggere, naturali, digeribili, esteticamente più attraenti, più coerenti con i più recenti trend alimentari e, in definitiva, più buone. Senza, è da sottolinearlo, perdere i caratteri originari e

4. B. Emsellem, in: A. Bontour e J.-M. Lehu, *cit.*, pp. 13-14.

mantenendo l'imprinting di un tempo. I gestori della marca dovrebbero – *si parva licet* – trasformarsi proprio in questa tipologia di cuochi. La marca deve sempre restare se stessa, deve mantenere intatto il suo patrimonio genetico ma deve adattarsi al cambiamento sociale, tecnologico, dello scenario competitivo. La marca è un soggetto storico e deve costantemente evolvere con la storia, in sintonia con il mutamento sociale pur restando sempre fedele interprete di se stessa.

La marca è viva e vitale: si nutre del mutamento, trae linfa ed orientamento dalle evoluzioni del mercato e del consumatore. Per appartenere al proprio tempo, la marca deve procedere col tempo, ma non scollarsi da esso. Deve lasciarsi contaminare dal presente e proiettarsi verso il futuro, "con il rischio di sfalsamento poiché ogni anticipazione è una predizione, una scommessa su un futuro che verrà"[5]. Ecco perché la marca è sintonia, concordanza tra due (o forse più) frequenze d'onda, armonia, corrispondenza. E al tempo stesso è gioco d'anticipo, *pre-visione*.

Questo rapporto col tempo si realizza pienamente soltanto in un rapporto con la modernità in fase di evoluzione verso il postmoderno. Non tanto col nuovo, l'attuale, il contemporaneo, neanche col moderno. Ma con la modernità. In questa attitudine a rinnovare il rapporto, il gesto, lo sguardo. In questa capacità non già di rottura ma di creazione, non già di negazione ma di fecondità. A partire da una critica e da una necessità di superamento del presente. La modernità è un combattimento incessante che si rinnova, una tensione continua in avanti. Ecco perché una marca deve arricchirsi ma anche ridefinirsi regolarmente.

In questo senso noi crediamo che *non dovrebbe esistere un ciclo di vita della marca* – comprensivo di infanzia, giovinezza, maturità, obsolescenza e declino, come ogni parabola dell'esistenza umana – perché sarebbe il sintomo del fallimento, la negazione dello statuto stesso di brand.

La marca di successo, quella esemplare, è perenne: impegnata com'è in una lotta quotidiana per l'esistenza e per l'eccellenza. Impegnata ad ascoltare il mercato e le sue trasformazioni, a cogliere le aspettative ed i desideri del pubblico, ad investire in qualità, innovazione, comunicazione.

L'assioma per cui ogni prodotto e ogni marca siano soggetti ad una sorta di apriori metafisico ci sembra una giustificazione agli insuccessi, un alibi deterministico per spiegare fenomeni di evitabile declino commerciale e di *marketing myopia*[6].

Il ciclo di vita teorizza che un prodotto (oppure una marca), se ottiene consensi, dopo un periodo di introduzione fa registrare quote di mercato espo-

5. *Ibidem*.
6. Si veda G. Fabris, "The product's Life Cycle: a Phenomenon of Marketing Myopia", in *Publishing a Better Product*, Esomar, Firenze, 1983.

nenzialmente crescenti in coincidenza con quella che viene chiamata la fase di giovinezza. Successivamente il mercato si stabilizza per periodi più o meno lunghi in coincidenza con la fase di maturità a cui subentra poi una fase di senescenza caratterizzata da un progressivo contrarsi delle vendite. In realtà il ciclo di vita della marca è uno dei casi più emblematici dell'incapacità di *fine tuning*, incapacità cioè di sintonizzare la marca rispetto alle frequenze d'onda del consumatore, incapacità di adeguarla al cambiamento che caratterizza il contesto in cui è inserita. Brand come Lacoste o Superga rappresentano la testimonianza più palese della fallacia della teoria del ciclo di vita. Coca-Cola, ad esempio, in un momento come quello contemporaneo in cui si diffondono prepotentemente tendenze salutistiche, in cui il trend è cioè verso soft-drink naturali e light, a basso tenore di zuccheri e di anidride carbonica, avrebbe tutte le caratteristiche organolettiche per uscire dal mercato. Eppure la sua identità è talmente forte, la sua attualità culturale è così prepotente che Coca-Cola, marchio secolare, controbatte efficacemente queste forze avverse, e continua a rappresentare uno dei tratti più significativi della modernità dei consumi. Coca-Cola è il paradigma dell'immortalità della marca. Tuttavia il cimitero delle marche mal gestite, mal trattate (e dunque maltrattate) è tristemente affollato. Quando la marca non si evolve, non s'aggiorna nei segni e nei significati, non partecipa all'habitat e non ascolta i suoi abitanti invecchia. Se il lancio di una nuova marca mobilita energie, risorse, entusiasmi ed impegno, troppo spesso la sua gestione è inerziale e passiva, demotivata e stanca.

Come osservano A. Bontour e J.-M. Lehu "... il nostro consumatore più istruito e più esigente ha – adesso più che mai – sete di vita, se non di eternità. La vecchiaia che si trova naturalmente all'opposto simbolico di questa vita è non soltanto rifiutata ma evitata in tutte le sue manifestazioni. Il suo simbolismo stereotipato legato all'improduttività, alla senilità, alla malattia, al rallentamento e alla lentezza delle funzioni vitali e persino, a volte, all'imbruttimento, le conferisce un'immagine globalmente negativa. A questo punto è chiaro che anche la marca dovrà restare giovane, al fine di attirarsi i favori del più grande numero di consumatori in cerca di un ambiente coerente con le loro aspirazioni"[7]. Ecco perché un marketing strategico dovrebbe saper aggirare il declino e l'obsolescenza semantica della marca. E, laddove la parabola discendente è ormai iniziata, riuscire ad intraprendere un processo di ringiovanimento, di attualizzazione o, in alcuni casi, un vero e proprio *lifting* di marca[8]. Tuttavia non bisogna credere che il processo di ringiovanimento della marca sia indissolubilmente legato alla nostalgia, ad un recupero di stilemi del passato, ad una regressione di segni e significati. Nel migliore dei

7. A. Bontour e J.-M. Lehu, *cit.*, p. 30.
8. *Ibidem.*

casi la marca può beneficiare di una immagine più contemporanea, più culturalmente attuale, più dinamica, senza fare un salto indietro negli anni. In un secondo tempo sarà possibile intervenire con una sorta di strategia *anti-âge*, capace di prevenire i segni dell'invecchiamento. L'analogia tra ciclo di vita dell'esistenza umana e ciclo di vita della marca si ferma prima del declino: se ben gestita, la marca può sfuggire alla morte.

D'altra parte, come osserva Edgar Morin, "il tipo d'uomo che si impone nelle società storiche è l'uomo adulto. Ma nel mondo contemporaneo, l'uomo adulto, nei momenti di crisi, subisce la concorrenza dell'uomo giovane e persino del giovanissimo... in una società in rapida evoluzione, e soprattutto in una società in divenire accelerato come la nostra, l'essenziale non è più l'esperienza accumulata, ma *l'adesione al movimento*"[9]. Questa riflessione è vera anche per la marca: sebbene in questo settore l'esperienza accumulata costituisca un vero capitale intangibile, è l'adesione al movimento la dimensione forte e decisiva che permette di affrontare il mercato contemporaneo, che consente di anticipare e assecondare i desideri del consumatore e di fronteggiare la concorrenza.

L'invecchiamento delle marche è dunque un fenomeno naturale che tuttavia può essere combattuto, rallentato, invertito, grazie ad una gestione lungimirante, ambiziosa, rigorosa e minuziosa degli elementi che ne strutturano il destino.

Fig. 2 - La perennità della marca (non esiste ciclo di vita)

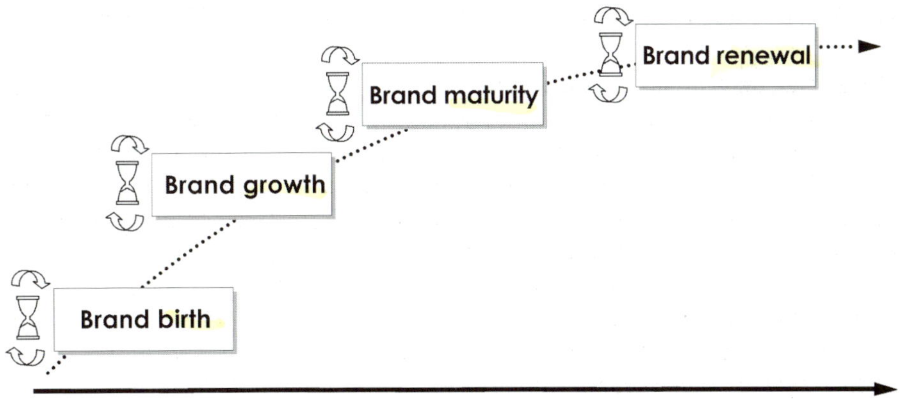

9. E. Morin, *Lo spirito del tempo*, Meltemi, Roma, 2002, pp. 181-182.

7.3. Evergreen, longseller, prodotti di culto

Se è vero che la marca eccellente è quella capace di rinnovarsi, di rivedere incessantemente i propri significati e di riscrivere giorno dopo giorno il proprio statuto al fine di vivificare il proprio destino, è anche vero che le insidie dei mercati contemporanei sono tante e tali da rendere l'esistenza di qualsiasi brand una sfida quotidiana.

Invertire quello che pareva ormai l'inarrestabile ciclo di vita della marca per marche ormai decadute non è operazione semplice ma assolutamente possibile se, alle spalle, vi è un management preparato e determinato. Si pensi – ma per fortuna l'esemplificazione sarebbe assai vasta – a Golia, Maserati, Burberry[10], Gucci[11]. Quest'ultima marca, che sembrava ormai destinata a rivolgersi ad un pubblico di turisti giapponesi in cerca di curiosità, in pochi anni – grazie all'intelligenza strategica di un team coordinato da Tom Ford e Domenico de Sole – è divenuta, su scala mondiale, una delle grandi protagoniste del sistema moda.

La maggior parte delle marche, alla fine, invecchia: "le marche invecchiano perché non rinnovano la loro apparenza o perché la loro offerta è scollegata dalle nuove realtà. Le marche invecchiano perché al contrario, coscienti di questa situazione, reagiscono contro corrente e si accontentano di lifting momentanei invece di ristrutturare in maniera più profonda. Le marche possono infine invecchiare perché i valori su cui si strutturano non sono più quelli che sono nell'*'air du temps'*"[12].

L'*Air du temps*, lo *Zeitgeist*, lo *Spirito del Tempo*: ecco forse le parole chiave che dovrebbero entrare nel registro della marca sempreverde. Una marca capace di cogliere l'attualità a tutto tondo: attualità di segni e di significati (modernità semantica); attualità di prodotto e di servizio (qualità, innovazione, ricerca); attualità socioculturale (sintonia con le culture egemoni, con le istanze della società contemporanea, con i valori del momento); attualità in rapporto alla concorrenza e al mercato (differenziazione, prezzo, distribuzione, benefit...).

La storia del consumo moderno è ricca di esempi straordinari di longevità: marche che sono riuscite – grazie a credibilità, modernità, attualità e costante aggiornamento di significati – a sfuggire all'oblio, a scampare al nebuloso ammassamento delle merci fino ad assurgere al ruolo di *superstar*.

Brand che – contravvenendo ad ogni più o meno inevitabile uscita di scena, liberandosi da un genetico orientamento all'obsolescenza e al declino, all'omologazione e alla sparizione – hanno saputo esaltare e comunicare la

10. Nel 1999 il secolare marchio inglese Burberry's perde la sua "s" diventando Burberry. Inizia così una fase di ringiovanimento e di vero e proprio *brand lifting*.

11. A proposito del rilancio di Gucci si veda veda G. Mazzalovo e M. Chevalier, *cit.*, p. 177.

12. M. Drillech in A. Bontour e J.-M. Lehu, *cit.*, p. 48.

propria unicità. Fino a rappresentare un genere culturale, una sorta di tradizione mercantile, una costante nel desiderio del consumatore. È una classe di prodotti/marche ancora più redditizia dei bestseller: continuano a vendersi negli anni, senza soluzione di continuità e per questo vengono comunemente definiti *longseller*. Fino a diventare *classic*. O persino *culto*[13].

Le marche di culto – grazie ad uno straordinario sedimentarsi di circostanze e di fattori distintivi – non hanno bisogno di *upgrading*: per loro fortuna, spesso per caso, sono nate giovani[14]. Nei mercati contemporanei così competitivi e dinamici, densi di messaggi e di segni, saturi di comunicazione e di informazione, riuscire a diventare *cult*, mito ed icona non è cosa da poco. Sì, perché in questi oggetti avviene il ribaltamento di quello che è sempre stato considerato un assioma nel mondo del marketing: il ciclo di vita del prodotto. La loro è una tendenza ad *esistere e resistere* indipendentemente dalle mode, dagli stili di vita, dagli andamenti del mercato, dalle epoche. Per rimanere eterni, inossidabili e sempreverdi.

Progettarli e possederli è la massima aspirazione per ogni produttore, vederli nel proprio portafoglio di marche è l'orgoglio di ogni impresa, includerne i profitti è un toccasana per ogni *balance-sheet*.

Coca-Cola, Lacoste, Burberry, Chanel n. 5, Swatch, Vespa, Mont-Blanc, Harley-Davidson, Cadillac, Zippo, Rolex, Levi's, Marlboro, Martini, Campari. Sono tutte marche, tutti prodotti, divenuti, alla fine, fatti sociali, fenomeni singolari ed irripetibili della cultura e del consumo. Oggetti sì, da collezione, ma una collezione viva e vitale, perché l'articolo non è uscito di scena, non è fuori produzione o dimenticato dal mercato. Si tratta di brand che sembrano eludere le dimensioni tradizionali del valore fino a diventare accessori rituali, strumenti altamente simbolici.

Le si potrebbero definire merci che vivono una magica condizione, che sono in grado di evocare miti, di esprimere valori, di comunicare un senso profondo, di generare comportamenti rituali e liturgie comunitarie. Come osservano Carmagnola e Ferraresi "il *cult* è un operatore di convergenze particolarmente denso, un'ipermerce per eccellenza, nel senso che sollecita comportamenti di affezione che vanno oltre le pura e semplice fruizione utilitaria"[15].

In una società come quella occidentale contemporanea, laica, pragmatica ed irriverente, che pare smitizzare ogni cosa, accadono forme anomale e paradossali di *consumo mitico*. Forse proprio per compensare una diffusa perdita di aura in epoca di riproducibilità tecnica, forse a complemento di un eccesso di funzionalismo e meccanicismo, oppure come contraltare ai tanti stereotipi industriali, accade che gli individui si esaltino in massa per forme di

13. A proposito di *cult branding* si veda M. Ragas e B.J. Bueno, *cit.*

14. Vedi G. Fabris (2002), *cit.*, p. 116.

15. F. Carmagnola, M. Ferraresi, *Merci di culto. Ipermerce e società mediale*, Castelvecchi, Roma, 1999, pp. 41-42.

acquisto e di fruizione che potremmo definire "sacre". Il coinvolgimento che s'instaura tra il pubblico e questi oggetti è viscerale, intenso, inspiegabile. Certe merci sembrano così colorirsi di tratti unici, eroici, magici. Certe marche divengono oggetto di venerazione. Come per qualsiasi forma di culto, anche per questi beni di consumo esistono fedeli, luoghi dedicati, riti, miti, pellegrinaggi.

Come osserva Calabrese, "non a caso i miti commerciali moderni sono quasi sempre altamente simbolici (come quelli classici) e poco funzionali (così come i miti classici sono poco referenziali, cioè irrilevanti per il loro contenuto immediato)"[16]. Questi sono diversi dai prodotti alla moda o dagli status symbol. Non sempre sono campioni di vendite, primatisti d'incasso. Questo tipo di dinamiche può investire prodotti o marche: il jeans è un prodotto di culto, "il Levi's" è una marca di culto, il Levi's 501 è un prodotto griffato di culto. Lacoste ha fatto sì che una polo di qualità, ma effettivamente piuttosto banale, si trasformasse – grazie al mitico coccodrillo, segno metonimico ed icona moderna – in un plesso di significati che trascende ampiamente il concetto di abbigliamento sportivo o di tennis o di tempo libero. Nutella, dal canto suo, è entrata a far parte dell'immaginario collettivo, con una propria caratterizzazione unica e di grande desiderabilità, con un'aura magica e particolarissima. Viene da chiedersi come mai questa crema da spalmare a base di nocciole e cacao sia diventata un caso mondiale, tanto quanto la Coca-Cola, fino ad essere una delle bandiere dell'Italia, al pari della pizza e dell'olio d'oliva? Così come per la Coca-Cola neppure le tendenze salutistiche degli ultimi anni l'hanno messa in discussione.

Si possono fare tante ipotesi sulle ragioni di questi fenomeni. L'unica cosa sicura è che, sovente, questi sono difficilmente prevedibili. Spesso giungono inattesi persino agli occhi delle stesse aziende produttrici. Il più delle volte i successi di tale portata sono del tutto casuali. Anche se sarà l'attenta gestione da parte dell'impresa a far sì che mantengano la loro magica condizione. Non a caso certi boom, certi culti, certi miti commerciali colgono impreparati persino coloro che li hanno prodotti, fino ad estinguersi in breve tempo per una assoluta incapacità a governare il fenomeno.

Non crediamo che sia stato il marketing a rendere Coca-Cola la leggenda vivente che è. E nemmeno per Swatch, Levis, Cadillac, Harley Davidson, Vespa e tante altre marche mitologiche si può parlare di successo pianificato e progettato. Non c'è capacità di previsione che abbia valore, non c'è campagna pubblicitaria e piano di comunicazione che sia efficace, di fronte all'imprevedibile ascesa di certi fenomeni complessi e irripetibili.

Tuttavia è possibile individuare una serie di dimensioni ricorrenti, di fortunate coincidenze, di felici congiunture che possono considerarsi determinanti

16. O. Calabrese, *Serio Ludere (sette serissimi scherzi semiotici)*, Flaccovio, Palermo, 1993, p. 54.

nel processo di creazione del mito, nella dinamica del longseller. Innanzitutto c'è da dire che queste marche e questi prodotti sono per lo più *interclassisti ed intergenerazionali*. Tagliano cioè trasversalmente tutte le generazioni, o, se si vuole, le prescindono. Inoltre il loro è un adattamento – più o meno consapevole, certamente impercettibile e costante – all'evoluzione dei trend sociali. E dunque si tratta di casi esemplari di *fine tuning*, di sintonia con le aspettative del consumatore: il rapporto col pubblico è costante, sempre rinnovato, sempre vivo.

I prodotti di culto *sono dei classici*, ma la loro non è un'estetica da collezionismo, una liturgia da ex-voto. Sono brand e oggetti vitali, al centro dell'esistenza degli individui, all'interno del mercato e della cultura del momento. Flirtano con la leggenda e con la storia, col design e con l'iconografia. Nondimeno, essi sono per molti aspetti *simili ad un'opera d'arte*: contengono un addensamento di significati che restano inalterati nel tempo e riescono a superare e a trascendere l'effimero. Hanno poi, senza eccezioni, una *buona qualità in termini di performance*. Sempre *caratteri di esclusività*, di unicità. Non è possibile individuare una relazione precisa tra diffusione e valore. A volte hanno una diffusione limitatissima ed un costo elevato. Altre volte la loro forza sta nella moltiplicazione e nel basso costo: come Nutella o Swatch si vendono a milioni di pezzi senza perdere la loro aura simbolica, anzi – in un certo senso – accrescendola per generazione. Il rapporto che hanno con i loro consumatori si caratterizza per una fortissima componente emotiva, affettiva. Possederli, acquistarli, consumarli suscita emozioni che trascendono largamente i loro significati funzionali e tangibili. Nei loro confronti c'è rispetto, devozione, persino gratitudine. Riescono a creare un senso di appartenenza ad una tribù, generare comunità del consumo, stabilire *lifelong relashionship*. Si trasformano in totem dei nostri paesaggi domestici e quotidiani. Sono sovente tesaurizzati, usati con particolare rispetto e deferenza.

7.4. I dieci peccati capitali della marca

A volte si ha l'impressione che la marca stia, colpevolmente, dilapidando il largo ed inedito, credito di cui dispone. Perché stenta a prendere consapevolezza del nuovo ruolo, e delle inedite responsabilità, che il mutato scenario sociale e di mercato genera. I dati che abbiamo a disposizione indicano – dopo anni di un relativo appannamento – un forte ricupero nel goodwill nei confronti della marca.

In momenti di grande incertezza come quello che stiamo vivendo, di apprensione generalizzata, di perdita di credibilità di molte istituzioni la marca appare come un referente che ispira fiducia: una garanzia, un'ancora di salvezza, una promessa finalmente mantenuta, quando non coinvolta da gravi scandali o da serie inadempienze nei confronti del pubblico. Certo nei suoi confronti il consumatore è diventato più esigente. La fedeltà alla marca si è ridimensionata, nel senso che si riduce fortemente il numero di coloro che acquistano una sola marca a favore di chi ne ha selezionato un ristretto parterre fra cui fare gli acquisti. La tradizionale deferenza/subalternità nei suoi confronti si è appannata per dar luogo ad un rapporto più dialettico. Ma il consenso verso la marca resta elevato e risulta in crescendo.

A fronte di questo contesto – di larga concessione di credito e quindi di grandi opportunità – la gestione della marca non sembra, il più delle volte, davvero coerente rispetto all'importanza che le viene attribuita. Osservando ad esempio le strategie delle marche italiane sembra emergere un gap sempre più vistoso rispetto alla politica di attenzione che il management delle grandi players del mercato globale dedica, invece, loro. La cura e l'attenzione rivolta alla marca, al suo posizionamento/gestione non appare certamente all'altezza del momento attuale e risulta veramente anacronistica nei termini in cui si esprime. La marca sembra assomigliare, in molti casi, più ad una sorta di *cash cow* da spremere il più possibile per ricavarne valore nell'immediato – il mercato offre continue esemplificazioni di dissennate operazioni di brand stretching – che di premurosa attenzione nei confronti di ciò che non è iperbole definire come il capitale più prezioso di cui l'impresa disponga. La stessa strumentazione di ricerca e di marketing relativa alla marca – si veda il ricorso a tecniche ed a dimensioni del paleomarketing come l'awareness, l'immagine, il posizionamento – sta a dimostrare un'arretratezza ed un'insensibilità alle rinnovate frontiere della marca, alle esigenze e richieste nuove del consumatore che non può non colpire per la marcata miopia. Che la marca sia ormai entrata in una nuova fase del suo ciclo di vita – dove sono protagonisti l'attualità culturale, il mondo dei valori, la dimensione etica, la capacità di instaurare un dialogo reale con i consumatori – non sembra far parte delle consapevolezze del suo management. Anche delle marche più grandi e titolate.

A fronte della crescente disponibilità da parte del consumatore, della ricorrente sottolineatura dell'importanza strategica dell'asset marca (non c'è manuale di marketing che non inizi con questo incipit), della ipercompetitività che caratterizza i mercati, le risposte dell'impresa per quanto concerne la marca, non risultano infatti davvero all'altezza del nuovo scenario. Come se la società complessa – e le nuove sfide che questa comporta – fosse soltanto una creazione dei sociologi, avulsa dalla realtà, un'iperbole del linguaggio, un semplice fattore di disturbo per chi ama invece la semplicità e la linearità. Se è certamente comprensibile il desiderio di semplicità, non è che questo riesca a cambiare il profilo di una realtà che ha ben altri contorni.

Abbiamo individuato dieci peccati capitali su cui l'impresa indulge nella gestione della marca.

1. *Una visione a breve termine*. È la negazione stessa del pensiero strategico per quanto concerne la marca. Un ossimoro, una contraddizione in termini. L'ossessione dei risultati a corto periodo – dettata anche dalla difficile

congiuntura economica che stiamo attraversando, dalla necessità di far quadrare i costi in un mercato tendenzialmente recessivo – certamente incide sulla miope gestione della marca. Da capitale più prezioso di cui l'impresa disponga la marca sembra degradare ad operazione di "*milking the brand*". Che può inaridirla e dilapidare nel breve tutto il credito accumulato. Affidare, come spesso accade, la responsabilità pressoché totale della sua gestione ad un brand manager senza prevedere importanti funzioni di supervisione e di potere di veto, ad un manager cioè solitamente junior e di passaggio nella sua avventura professionale e nella storia della marca – proteso, perché non può che essere così, a privilegiare risultati a brevissimo per di più con un'elevata rotazione di brand manager – può generare la nuova, imprevista funzione del *brand killer*. Un approccio *short-termism* della marca finisce per generare, a catena, gran parte dei "peccati" successivi.

2. *Privilegiare un orientamento al cost cutting*. È l'orientamento prevalentemente adottato – per recuperare efficienza e profittabilità – da parte di tante imprese nell'ultimo decennio. *Cost cutting*, *downsizing*, *re-engineering*, *just in time* – e molti altri termini del genere che sottendono una medesima attitudine e comportamento – sono divenuti prassi (filosofia?) corrente dell'impresa. Un orientamento forse condivisibile, forse necessario ma che ha distolto dalla valorizzazione del suo più importante strumento per la creazione di valore: la marca. Usare la leva del prezzo come ricorrente strumento promozionale più che uno strumento competitivo divene il più destabilizzante fattore per la equity della marca. Vi è una relazione inversa, come illustrato nella fig. 3[17] che dedichiamo a Ernesto Illy – un grande imprenditore e presidente del CentroMarca che più volte ci ha sollecitato a stigmatizzare questa potenziale patologia della marca – in relazione alla riduzione di prezzo (quando diviene strategia e non episodio tattico) tra la redditività della marca e la sua equity.
3. *Esasperare i contenuti tangibili*. L'identità della marca è ancora prevalentemente legata – nella concezione dei manager – all'unicità di alcuni aspetti performativi, ai suoi valori d'uso, ad una forte caratterizzazione in termini di *consumer benefit*. Una sorta di reverenza culturale per quell'orientamento al prodotto che ha segnato a lungo il divenire dell'impresa. Sovente a scapito, o nel disinteresse, dei contenuti intangibili della marca. A scapito, dunque, della sua capacità di evocare un mondo di calde emozioni, di suscitare forti sentimenti. Trascurando la sua capacità – forse più un imperativo – di evocare un reale coinvolgimento emotivo, di aggiungere pathos alla sua equity. Dimensioni che il consumatore dimostra di apprezzare in maniera crescente. La marca amica, complice, competente, generosa, affidabile: la marca a cui voler bene.

17. J. Axelrod, *The Definition Measurement of Brand Equity*, ARF, New York, 1993.

Fig. 3 - Relazione tra redditività della marca e equity. Quando vengono tagliati i prezzi l'equity precipita

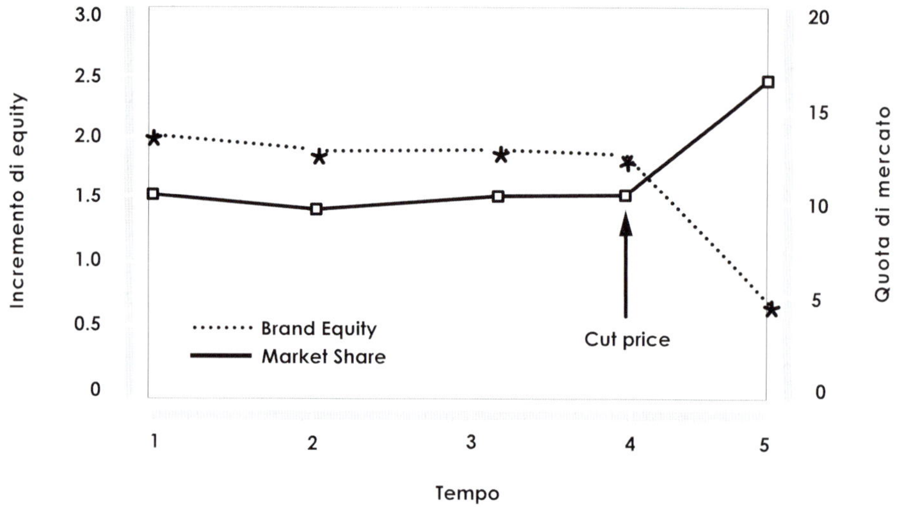

4. *L'ancoraggio a dimensioni generiche di reputazione e fiducia.* Forse un tempo poteva anche essere sufficiente ancorarsi a queste caratterizzazioni, forse rassicuranti ma generiche e certamente non qualificanti. Oggi esse rappresentano una sorta di pre-requisito, più che un reale fattore distintivo. La marca non può più permettersi una personalità indistinta anche se vagamente intrisa della equivoca categoria della fiducia o limitarsi a risultare in qualche modo intrigante. Deve connotarsi con una sua fisionomia ben precisa, avere caratteri di unicità e dindistinguibilità. Non può essere soltanto un volto nella folla in una confusa pletora di marche.
5. *Un dissennato brand stretching.* Se spalmare la marca su più prodotti, allargando progressivamente il range produttivo – è operazione utile ed opportuna, forse addirittura doverosa per capitalizzare il valore della marca – la sua estensione al di fuori dei suoi confini può divenire un'operazione rischiosissima. La marca non trasforma in oro tutto ciò che tocca: se un eccesso di prudenza, o di carente imprenditività, può tramutarsi in un ormai inaccettabile spreco o perdita di opportunità, il suo continuo dilatarsi – al di fuori del suo terreno naturale – può generare un pericoloso effetto boomerang. Non solo non promuovere i prodotti *new comers* ma destabilizzare anche i suoi prodotti primigenii, i suoi *core values*. Il settore delle griffe nell'abbigliamento fornisce – accanto all'apertura di grandi spazi di business: gli accessori, le fragranze, gli orologi, gli occhiali – un'eccellente esemplificazione di pericolose avventure della marca in campi eterogenei in cui non le viene riconosciuta alcuna credibilità.

6. *Una latitanza sul fronte dell'innovazione*. È quasi un corollario di quanto appena detto. La innovazione non è soltanto un'opportunità commerciale. È (dovrebbe essere) parte integrante del patrimonio genetico della marca. In realtà si assiste per lo più ad una serie di variazioni su tema, su modeste innovazioni di dettagli – sovente chiamate innovazioni di marketing – che a vere e propie innovazioni, coerenti con le attese del consumatore e che valorizzano l'*equity* della marca. Quattro Salti in Padella di Findus che ha rilanciato alla grande un settore come quello dei primi piatti ricettati surgelati e Actimel di Danone rappresentano buoni esempi, nell'alimentare, di marche che propongono innovazioni reali.
7. *Un indiscriminato ricorso alle promozioni*. Sappiamo tutti che le promozioni costituiscono un valido strumento per incentivare le vendite. Ma quando si trasformano, come va accadendo, in un ricorso generalizzato o continuo rischiano di generare un effetto di dipendenza in assenza delle quali il prodotto perde gran parte del suo appeal. La marca cioè diviene, letteralmente, drogata ed induce anche un pericolosissimo effetto droga: da un lato si debilita, sostituisce alla sua intrinseca attrazione quella della promozione, insieme all'euforia degli immediati risultati che si conseguono, dall'altro genera nel pubblico l'attesa di questo continuo supporto senza il quale la marca rischia di apparire afona. Le promozioni di prezzo, come abbiamo detto, sono particolarmente pericolose – in molti settori praticamente il prodotto è ormai sempre scontato – ma da valutare con cautela anche quelle che implicano altri tipi di incentivi. Alcuni settori – uno per tutti: le riviste femminili – sono stati letteralmente devastati in termini di perdita di un reale rapporto con l'utenza, basato sui contenuti editoriali e non sui gadget, da questo tipo di promozioni. Si calcola che le spese dedicate, in varie forme, alle promozioni, al *trade* ed al consumatore, superano ormai oltre due terzi del budget globale di comunicazione. La richiesta di promozioni sul fronte del retailing si fa sempre più insistente e la marca non dimostra una sufficiente lungimiranza per ostacolarla.
8. *Il disinvestimento in pubblicità*. In parte è conseguenza – è l'aspetto struttural – dei crescenti investimenti in promozioni che sottraggono risorse da investire in pubblicità. In parte – è questo invece l'aspetto congiunturale – appare funzione della stasi dei mercati e dei minori *revenues* aziendali a cui stiamo assistendo. L'abbattimento della spesa in pubblicità è più facile da realizzare rispetto ad altri costi aziendali che hanno un'inerzia ed una vischiosità ben maggiori. In genere il disinvestimento in pubblicità non ha conseguenze nel breve termine. Nel lungo, invece, i suoi effetti possono essere (e sono) devastanti. È come un aereo che si trovi all'improvviso a secco di carburante in volo. Continuerà la sua rotta per un certo periodo di tempo ma la forza di gravità lo costringerà a schiantarsi non appena l'abbrivio cesserà di esercitare i suoi effetti. L'importanza della pubblicità nella costruzione della equity di marca non deve mai essere

sottovalutata. Esiste ormai una consolidata letteratura che sta a dimostrare una relazione tra pubblicità, quote di mercato e profittabilità. La pubblicità rappresenta lo strumento più potente – uno strumento assolutamente insostituibile – per comunicare la marca, per attribuirle visibilità e ruolo nell'universo semiotico. L'advertising non è una spesa ma un investimento. L'importante è spenderli bene questi soldi, cosa che non sempre accade. Ma questo è un altro discorso che ci porterebbe lontano.

9. *Marketing relazionale: what?* Oggi le nuove tecnologie informatiche e di comunicazione consentono alla marca un rapporto con il consumatore impensabile soltanto fino ad un recente passato. L'interattività che rappresenta l'aspetto più rivoluzionario del mondo della Grande Rete può consentire un dialogo reale con il consumatore, la presa di distanza dal monologo che ha tradizionalmente caratterizzato il rapporto tra marca e consumatore – sovente una sorta di soliloquio – e di instaurare per la prima volta una relazione realmente dialettica con il mercato. Purtroppo è una possibilità del tutto virtuale. La grande maggioranza delle marche non è attrezzata per instaurare un dialogo o una relazione *one-to-one* con il suo pubblico. Al di là del ricorso alla FAQ e dell'effetto vetrina del sito della marca c'è davvero ben poco.
10. *La insufficiente attenzione al mondo dei valori e dell'etica.* Sono queste le nuove frontiere della marca: il consumatore mostra di apprezzare particolarmente quelle marche che incorporano nel proprio patrimonio simbolico "valori alti", coerenti ai grandi valori condivisi che possono coincidere – ma non necessariamente – con i valori del settore merceologico (la salute, la natura, il "*connecting people*", l'ecosistema, l'attenzione alle generazioni future, il miglioramento della qualità della vita, il cosmopolitismo, la tolleranza, ecc.). L'etica, quando diviene un attributo reale della marca – coerente ai suoi comportamenti, parte integrante della sua *vision* e non semplice motivo di decoro della magna charta che nobilita la vocazione aziendale – può divenire un importante fattore fondativo per l'identità della marca.

Evoluzione del lettering Barilla dai primi del Novecento ad oggi.

1936

1955

1965

1968

1972

1980

1986

1996

Evoluzione di un'icona di marca: Betty Crocker (General Mills Flour) dal 1936 ai giorni nostri.

1868

1938

1966

1988

1995

Evoluzione del logo: Piaggio, Vespa, Nestlé.

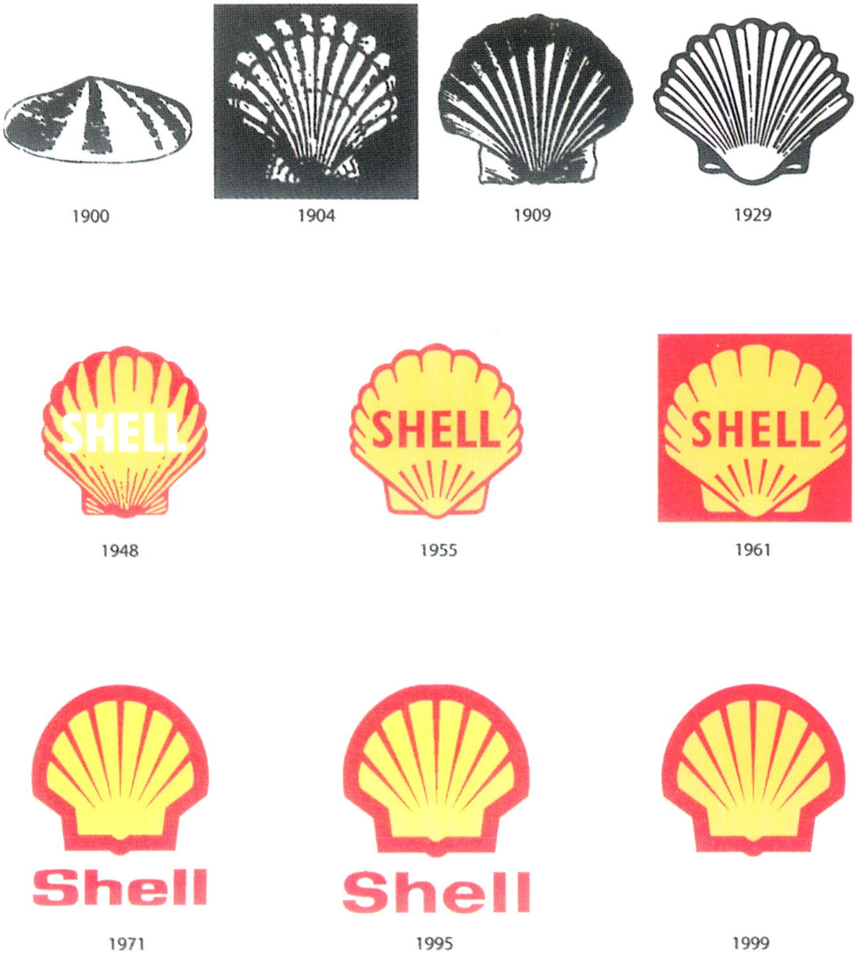

Evoluzione del logo: la conchiglia di Shell.

La marca di culto: Harley Davidson e Nutella.

La marca di culto: Ferrari e Rolex.

La marca di culto: Levi's e Rolls Royce.

(doc. Chanel Parfums)

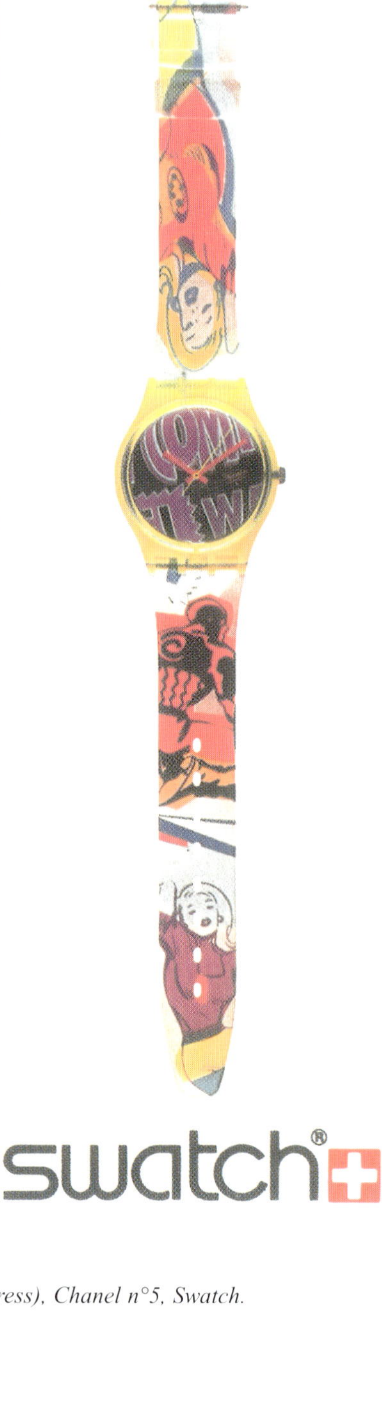

La marca di culto: Vespa (testimonial Ursula Andress), Chanel n°5, Swatch.

8. Gestire la complessità della marca

8.1. Gestire il valore della marca

Costruire e mantenere la forza di una marca non è cosa da poco. Gestirne il valore è una pratica complessa che richiede uno sguardo a lungo termine e una visione strategica a largo respiro. Non a caso, "il valore della marca è uno dei temi più scottanti del management di oggi"[1]. Nello stesso tempo, si sta ormai delineando chiaramente l'idea per cui la marca possa essere considerata a tutti gli effetti un capitale: *un bene capace di creare valore*. Da qui l'interesse crescente per il "buon governo" della marca, ma anche per il suo valore.

Come osserva Kapferer "in un ambiente pervaso da tanti mutamenti in cui i tradizionali modi di pensare sono via via messi da parte, la marca resta un solido ancoraggio ed un solido punto di riferimento: anzi forse è rimasto l'unico. Questo spiega l'importanza di quello che possiamo chiamare il 'marketing di marca'; in altre parole, un marketing in cui organizzazione ed azione derivino dalla marca e dai valori che essa rappresenta, invece che dalle singole tecniche come è avvenuto sinora"[2]. Le aziende stanno dimostrando, negli ultimi tempi, un'inedita disponibilità a investire energie e risorse nella difesa della marca. S'è compreso che sviluppare nuovi brand spesso non risulta fattibile: è rischioso, è oneroso, comunque non privo di pericoli. Gestire, consolidare, accrescere e proteggere il valore di una marca esistente è una via più agile, più sicura e più fruttuosa.

Se per l'essere umano esiste un ciclo di vita (al quale sino ad ora nessuno è riuscito a sottrarsi) il fine della marca dovrebbe essere invece – è un'iperbole ma concettualmente corretta – quello dell'*immortalità*. Brand secolari come Coca-Cola e Gillette, solo per citarne alcune, leader nei rispettivi mer-

1. D.A. Aaker (1997), *cit.*, p. 14.
2. J.-N. Kapferer, *Re-inventare la marca. Potranno le grandi marche sopravvivere al nuovo mercato?*, FrancoAngeli, Milano, 2002, p. 136.

cati di riferimento da oltre settant'anni[3], insegnano che la longevità, insieme ai profitti conseguiti, non possono considerarsi fattori accidentali.

Le marche sempreverdi hanno offerto al consumatore massicce dosi di qualità e d'eccellenza, superiori ad ogni competitor. Sono state supportate da consistenti investimenti in termini di performance di prodotto, *manifacturing*, marketing, comunicazione e distribuzione. Hanno saputo adattarsi e sintonizzarsi ai gusti del pubblico: non solo attraverso ricerca e sviluppo verso nuove formulazioni di prodotto, packaging e posizionamento, ma anche mediante *valore e valori, attualità culturale, credibilità e coerenza.*

"I risultati degli studi *Profict Impact of Market Strategy* (PIMS), il più vasto database dei business results del mondo, mostrano che la leadership del mercato è fortemente correlata alla qualità percepita, e la longevità di certe marche ne è la testimonianza"[4]. Certamente *forza di marca, valore di marca* e *leadership* nel mercato di riferimento sono termini correlati e complementari. Come non includere poi, nel concetto di valore di marca, quello (generico e riduttivo ma rivoluzionario rispetto a prassi consolidate) di goodwill? Se per goodwill intendiamo – come molti autori confermano[5] – la differenza tra il prezzo pagato per acquistare la marca e suo valore documentato dal bilancio, si capisce allora come, in questo differenziale s'inscriva una valutazione tanto significativa quanto controversa e ambigua.

Da un lato, esiste un conto profitti e perdite e, come osserva Randall, "*if brands are so valuable, they should be shown on the balance sheet*"[6]. Dall'altro, sappiamo che la marca contemporanea non può ridursi ad un mero fattore di bilancio. Ecco perché, quando l'obiettivo delle imprese diviene quello di gestire e consolidare il valore della marca, è necessario afferrare a pieno il significato del termine stesso *valore*. Tuttavia, come abbiamo sottolineato all'inizio di questo paragrafo, si tratta di un'operazione difficile, certamente non banale, spesso controversa. L'esempio che segue è la prova dell'assoluta indeterminatezza e della generale confusione attorno ad una dimensione così importante per la marca.

Nell'agosto 1994 il settimanale americano *Financial World* pubblicò i risultati di un'indagine sul valore della marca, condotta dal proprio staff. I risultati furono davvero sorprendenti. Il nome IBM risultava assolutamente privo di valore. "Il nome di marca IBM è ora senza valore. Questa è soltanto una delle cose che abbiamo scoperto valutando 290 brand tra le più popolari al mondo. Delle 290 marche che abbiamo monitorato, 14 hanno un valore negativo o nullo"[7]. Questa affermazione – per certi versi scioccante, per altri as-

3. Si veda: G. Randall, *cit.*, p. 22.
4. *Ibidem*, p. 23.
5. *Ibidem*, p. 25.
6. *Ibidem*.
7. C. Macrae, *The Brand Chartering Handbook*, EIU/Addison-Wesley, Harlow, 1996, p. 213.

solutamente priva di senso – dimostra come valutare una marca, restituirne in termini misurabili il valore, è una pratica tutt'altro che agevole. Il metodo usato dall'inchiesta del *Financial World* non è chiaro: oscuri i parametri utilizzati, ambigue le dimensioni considerate, opinabile l'interpretazione del concetto di valore. Sembrerebbe quasi che l'indagine abbia mosso le sue considerazioni finali unicamente sulla base di analisi finanziarie legate ad una situazione contingente. IBM avrà anche avuto i suoi problemi, ma da qui a dire che quel brand name appariva improvvisamente privo di valore, sembra decisamente fuori da ogni buon senso. Ma che cos'è allora il valore di una marca? Come misurarlo? Come analizzarlo? Come gestirlo? Si tenga presente che non stiamo disquisendo su una dimensione marginale per l'impresa: forse, invece, la più rilevante.

L'approccio tradizionale al valore della marca è sempre stato ancorato a metodi tradizionali centrati, più o meno direttamente, sulla *capacità della marca di produrre reddito in futuro.*

Tuttavia, per quanto sofisticati i modelli di questo tipo possano essere, producono sempre ampi margini d'incertezza ed indeterminatezza. Nella complessità postmoderna appare riduttivo interpretare il valore della marca semplicemente in termini di *potential future earnings.* Ecco perché indagini come quella del *Financial World* non restituiscono la forza e il reale significato della marca. E rischiano di rimandare il lettore ad un modello meramente finanziario che non soddisfa.

Nell'"*accounting/economic method*" mancano riflessioni più estese sul concetto di valore. La capacità della marca di dominare il proprio mercato di riferimento, quella di abbracciare target più o meno estesi, di creare commitment, di fidelizzare, di tagliare trasversalmente categorie di consumo e territori, di fare cultura, di comunicare la propria identità – solo per citare alcuni aspetti – sembrano voci omesse o trascurate dai bilanci e dalle stime di questo tipo. E poi, come separare ciò che appartiene alla marca e ciò che è riferito all'impresa, alla Corporate in senso più ampio? Come osserva Randall "se il nome della marca è venduto separatamente – per esempio sotto forma di trademark, licenze, ecc. – non vengono trasferite sul brand certe dimensioni fisiche come stabilimenti, *know-how* tecnologico ed imprenditoriale, forza di distribuzione. Quanto del successo di una marca e del suo potenziale futuro appartiene al marchio e quanto a questi altri fattori?"[8].

Determinare il valore di una marca chiama in causa molteplici termini la cui natura può essere varia e mutevole: occorre allora un *approccio multidimensionale* che superi ed inglobi le teorie tradizionali fino a proporre un nuovo statuto, una nuova identità del branding. Aaker sostiene che "sono state formulate almeno 5 teorie per valutare il valore di una marca. La prima sul

8. G. Randall, *cit.*, p. 27.

differenziale di prezzo che la marca può sostenere. La seconda si basa sull'impatto del nome nel determinare la preferenza del consumatore. La terza si basa sul valore sostitutivo della marca. La quarta sul valore delle azioni. La quinta è centrata sulle potenzialità della marca di creare profitti"[9]. Appare evidente che l'elenco degli approcci al valore della marca potrebbe andare oltre.

Ciò che è certo è che oggi la valutazione globale di una marca non può prescindere dai suoi *intangibles*, dai suoi benefit di scambio sociale, dai suoi valori immateriali, culturali, simbolici e persino metaforici. Indipendentemente, ed oltre alla capacità di produrre profitto negli anni a venire, alcune marche posseggono una tale connotazione ed un tale addensamento di segni e di significazione da rappresentare un vero e proprio capitale. Occorre saperlo leggere, per non perderne la ricchezza e l'autenticità, essere in grado di coglierne le dimensioni che lo compongono. Ecco perché il *balance sheet*, il *conto profitti e perdite*, la stima di tipo finanziario non bastano, come il *business plan* per i prossimi esercizi.

8.2. Il valore della marca

Negli ultimi anni il dibattito attorno al valore della marca s'è concentrato attorno al concetto di brand equity. Originariamente (e per molti lo è ancora) si intendeva l'*indice del valore finanziario della marca*. L'attitudine però della marca a generare valore non dipende unicamente da ciò che l'impresa sta producendo, dal suo bilancio, dai flussi di reddito o di cassa, dai beni materiali che si muovono attorno all'azienda. Il significato della brand equity è ben più complesso e più allargato rispetto al valore della marca convenzionalmente inteso. Esso dipende, in larga misura, da un pacchetto di *risorse intangibili* – fatte di conoscenza, comunicazione e fiducia – che l'impresa ha accumulato e dalla possibilità di creare e riprodurre tali risorse nel tempo. Più in generale, il valore della marca non risiede soltanto nelle relazioni di scambio esistenti tra i clienti e l'impresa, ma si estende a tutti i rapporti che l'organizzazione stabilisce con i soggetti esterni[10].

La brand equity assume significati e spessori differenti a seconda che si tratti di una via strumentale in previsione di un ritorno di investimenti o che rappresenti una voce del bilancio d'esercizio; a seconda che la marca stia per essere venduta oppure acquistata; a seconda che l'impresa se ne serva come punto di riferimento per migliorare le proprie performance o per implementare il proprio business. Aaker e Yoachimsthaler sottolineano come sia "impos-

9. D.A. Aaker (1997), *cit.*, pp. 44-45.

10. Feldwick, parla – a questo proposito – di un linguaggio simbolico, interno ed esterno ("*a symbolic language - internal and external*"). Si veda P. Feldwick, *What is Brand Equity, Anyway?*, World Adverstising Research Center, Henley on Thames, 2002, p. 27.

sibile misurare con precisione il valore di una marca, ma sono possibili solo stime relativamente grossolane... Posto il margine di errore che le caratterizza, queste stime possono essere utilizzate per valutare i piani di marketing, ma possono tuttavia servire per dimostrare che è stato creato valore per la marca e ci forniscono altresì uno schema di riferimento per mettere a punto programmi di potenziamento della marca e finanziarli"[11]. A che cosa serve, in definitiva, misurare il valore di una marca? Innumerevoli tecniche di *brand evaluation* sono oggi utilizzate per una pluralità di obiettivi: 1. nelle *acquisizioni e nelle fusioni*, soprattutto per identificare e valutare le opportunità legate ad ogni singola marca; 2. nel settore del *brand licensing*, quando cioè si tratta di dare in concessione il marchio; 3. nel *fund raising*; 4. per finalità di *brand management*, come veri e propri strumenti di gestione e sviluppo di strategie di marca, di rivitalizzazione e miglioramento delle sue performance e di distribuzione delle risorse; 5. nei bilanci come *intangibile asset*[12]. Nei casi di successo la brand equity costituisce un valore ben superiore a quello tangibile – deducibile, ad esempio, dagli impianti o dalle fabbriche – capace di divenire elemento determinante nei processi di fusione, così frequenti negli ultimi anni.

Siamo certamente in presenza di un concetto complesso, multidimensionale. Anzi, potremmo dire che non è possibile individuare una sola concezione di brand equity[13]. Questa infatti ha generato approcci, modelli, algoritmi e formulazioni teoriche di varia natura e tipologia. Non esistono procedure convenzionali e standardizzate di valutazione e misurazione dell'equity della marca. E, se provassimo a dare un'occhiata a ciò che accade nel mondo, ci accorgeremo che – a fronte di una marca sempre più globale – non esiste una pratica condivisa per misurarne il valore. In linea di massima ogni singolo Paese o ogni singola impresa sembra seguire un proprio modello, una propria procedura, una propria concezione di brand equity. Ogni approccio ha preso in considerazione – sulla base di scelte legittime ma discutibili – diverse dimensioni, giudicate capaci di creare valore e di generare un'equity misurabile.

L' equity della marca è certamente la risultante, il frutto di una complessa interazione fra queste variabili: awareness e familiarità, patrimonio associativo e commitment, quota di mercato, *brand switching* verso fedeltà, potenzialità di espansione della marca, profittabilità, conto economico, aspettative e soddisfazione del consumatore.

11. D.A. Aaker e E. Joachimsthaler, *cit.*, p. 34.

12. Per un approfondimento si veda: Aa.Vv., *The Future of Brands: Twenty- five Visions*, Interbrand Newell and Sorrel, New York University Press, New York, 2000, p. 20.

13. A proposito della multidimensionalità del concetto di brand equity si veda: Aa.Vv., *Exploring Brand Equity*, Advertising Research Foundation, New York, 1995.

La letteratura manageriale le ha assemblate in una ricca fioritura di formule[14]. Le principali agenzie pubblicitarie di tutto il mondo hanno messo a punto ciascuna un proprio sistema "brevettato" per misurare il valore del brand. Ma brevetto non è sinonimo di qualità. Le società di ricerca e consulenza strategica hanno – a loro volta – prodotto sistemi esclusivi per determinare, quantificare, calcolare il reale valore della marca.

Perché tanta indeterminatezza? Perché una tale frammentazione di modelli? Misurare il valore della marca non significa unicamente analizzarne il bilancio o la redditività degli ultimi x anni o le potenzialità per il futuro. Determinare la brand equity di una marca significa individuare una serie di attributi rilevanti per distinguere la marca dai competitor. Il che equivale a mettere a fuoco alcune dimensioni distintive e ricorrenti, presenti in ogni marca (e dunque comparabili), misurabili e osservabili. Ma non esiste una formulazione universale dei tratti salienti della marca. Ogni istituto, ogni agenzia misura soltanto certi aspetti – e non altri – del capitale di marca. A seconda del mercato di riferimento, del target, del posizionamento,

L'analisi solitamente chiama in causa più fattori: dalla stima della situazione attuale (indebitamento, costi, bilancio, rapporti con il sistema bancario) alle previsioni economiche; dal peso degli attributi salienti all'individuazione di asset propri della marca; dalle singole voci della *brand proposition* ai parametri di relazione col consumatore. Dunque aspetti tangibili ed intangibili; termini agilmente misurabili, oggettivi e altri più indeterminati, soggettivi. Ogni modello risolve la valutazione globale attraverso formule matematiche. Una delle ragioni della mancanza (o se si vuole della scarsità) di regole universali per stabilire il valore finanziario di una marca (brand equity) è che la valutazione degli *intangibile assets* è molto complessa. Come osserva Ellwood "tutte le marche possiedono una combinazione di attributi tangibili ed intangibili che concorrono a creare la *brand proposition*. Marche appartenenti a differenti categorie avranno una diversa proporzione tra i valori tangibili e quelli intangibili. Si presume che imprese come Panasonic, British Steel e Boeing abbiano una più larga proporzione di dimensioni tangibili quali stabilimenti, macchinari, stock di componenti e prodotti finiti, mentre marche di FMCG o di software come Disney, Intel, Gillette si presume abbiano una più alta proporzione di attributi intangibili come brevetti, conoscenza e lo stesso brand name"[15]. Ecco perché ogni impresa, ogni marca, esprime il proprio valore attraverso metodi differenti, che privilegiano questa o quell'altra dimensione. I *tangibile assets* sono chiaramente definiti, tradotti in stime, quotati, valutati. Gli *intangible assets*, invece, per la loro stessa natura – soggettiva,

14. Si vedano, ad esempio, le diverse interpretazioni di brand equity proposte in L. De Chernatony, *From Brand Vision to Brand Evaluation. Strategically Building and Sustaining Brands*, Butterworth Heinemann, Oxford, 2001.

15. I. Ellwood, *cit.*, p. 199.

astratta, imprendibile e mutevole – sono difficili, se non impossibili, da quantificare e da razionalizzare. Sono stati spesso codificati e sintetizzati attraverso un generico ricorso al termine goodwill.

Ma crediamo che – pur nella sua potenziale ricchezza – il concetto di goodwill non restituisca la varietà e lo spessore del pacchetto di attributi intangibili che ogni marca porta con sé e che costituisce un autentico capitale. "C'è un'esigenza crescente di accuratezza, specificità e lucidità circa la definizione del valore degli intangibili, specialmente per la marca e per il nome di marca"[16].

8.3. Quale brand equity?

Il dibattito attorno al valore della marca ha prodotto, negli ultimi dieci anni, una infinità di modelli e di studi e, s'è cristallizzato nell'espressione di brand equity, anche se 'cristallizzato' è probabilmente il termine sbagliato dal momento che il concetto in questione è tutto fuorché definito e chiaro. I diversi approcci al valore della marca si differenziano sostanzialmente, come abbiamo visto, per l'evidenza e il peso attribuiti agli asset tangibili e a quelli intangibili, nonché alle performance finanziarie. Molti punti di vista sembrano privilegiare la misurazione di attributi "*hard*", come *market share, balance sheet, valore azionario, prezzo di mercato.* Altri, invece, utilizzano parametri *più "soft"* come *stima, qualità percepita, familiarità, awareness.* È da questo secondo approccio che prende consistenza quello che abbiamo definito come *Consumer Oriented Brand Equity* (*COBE*). Dove la equity della marca – ci sia consentita la semplificazione – non risiede nei libri contabili, nei brevetti e negli stabilimenti e nemmeno in una visione dinamica delle *brand shares* ma *nella mente del consumatore.* Perché i comportamenti di acquisto del consumatore presenti e futuri dipendono in larga misura da quel set di conoscenze, suggestioni, ricordi, esperienze pregresse che ha immagazzinato nella mente. Se si vuole quindi studiare il valore di una marca bisogna partire da questi presupposti, dal percepito del consumatore: anche se enunciare il problema è relativamente semplice. Come risolverlo, poi, è assai più complesso. Perché farsi restituire dal consumatore ciò che la marca ha sedimentato nella sua testa e poi scomporlo, analizzarlo, pesarlo non è un compito facile. Il modello BCS, che esamineremo fra breve, è quello che a nostro modo di vedere – anche se la sua finalità è più nell'ordine di *come gestire la marca* che come valutarla – meglio risponde a questo tipo di obiettivi. Ma molti sono i metodi che si dipanano su un medesimo spartito. In tutti i casi ciò che viene elaborato è un modello, o se si vuole una formula, che intende misurare, anche in rapporto ai suoi diretti competitor, il valore della marca.

16. *Ibidem.*

Generalmente, secondo Kapferer, gli studi messi a punto dagli istituti di ricerca "propongono sempre più spesso delle hit-parade nazionali o internazionali formulate su un solo aspetto del capitale di marca: sia esso la notorietà (misurata in maniera assoluta, spontanea o assistita a seconda degli istituti), sia la preferenza, sia l'immagine di qualità, sia il prestigio, sia l'intenzione d'acquisto in prima e in seconda scelta nel caso in cui la marca preferita sia assente, sia la stima (in inglese 'liking')... Certi istituti combinano due aspetti... Landor ha pubblicato un indicatore di 'potenza della marca' generato dalla combinazione della notorietà assistita e della stima... In Francia la Sofres nel suo studio Megabrand System compara le marche su sei parametri: la notorietà, l'utilizzo dichiarato, la preferenza dichiarata, la qualità percepita, una nota d'opinione globale e un item misurante la 'forza d'evocazione di una marca'"[17].

Storicamente, il primo contributo allo studio della brand equity – almeno così come noi la intendiamo – è probabilmente da attribuirsi a David Aaker. Attorno al suo modello (fig. 1) ruotano tutti i successivi che possono considerarsi corollari, derivazioni, declinazioni di questo importante prototipo. Aaker sostiene che la marca è un'entità che crea valore e che esiste una sorta di valore aggiunto (o perduto) a seguito delle decisioni di marketing, o degli eventi che possono rafforzare (o danneggiare) la marca.

Fig. 1 - La brand equity secondo D.A. Aaker

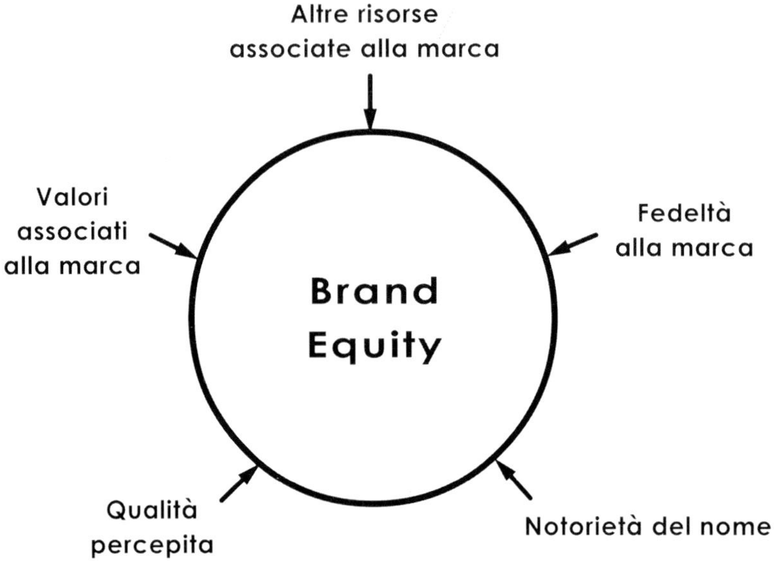

17. J.-N. Kapferer (2000), *cit.*, p. 31.

Questa formulazione di *brand equity* chiama in causa molteplici fattori. In particolare "il valore di una marca si basa su una serie di 'attività' e 'passività' ad essa associate, al suo nome o marchio, che aggiungono o sottraggono valore al prodotto o servizio venduto da un'azienda e acquistato dai consumatori... Attività e passività su cui è fondato il valore della marca possono mutare da un contesto all'altro; per comodità possono essere raggruppate in 5 categorie: 1. fedeltà alla marca, 2. notorietà del nome, 3. qualità percepita, 4. altri valori associati alla marca, 5. altre risorse esclusive della marca, quali brevetti, marchi registrati, canali distributivi in esclusione, ecc."[18]. Aaker sottolinea l'importanza della *fedeltà del consumatore* come base strategica e fondativa del valore di marca e ribadisce come "l'azienda dovrebbe occuparsi di più dei propri consumatori considerandoli la vera e propria risorsa della marca"[19]. Conseguentemente pone l'accento sulla qualità percepita e sul suo ruolo decisivo ai fini della valutazione della performance della marca. Anche la notorietà della marca, può essere considerata per Aaker un'asset competitivo da creare, gestire e implementare.

Tutte queste dimensioni che potremo definire "relazionali", fortemente dipendenti dal fattore cliente, unite ai valori associati alla marca e ad altre risorse della stessa, possono aiutare il consumatore ad interpretare, elaborare e memorizzare una grande quantità di informazioni sui prodotti e sulle marche. Possono anche influenzare la sicurezza del consumatore nella decisione d'acquisto, rafforzarne la soddisfazione. È evidente che, secondo questo approccio, la marca conferisce valore aggiunto al consumatore, e – di conseguenza – conferisce valore aggiunto anche all'azienda incrementandone il profitto. Il metodo di Aaker sembra decisamente *consumer oriented.* Le risorse del valore di marca prese in considerazione richiedono – da parte dell'azienda- investimenti per essere create e mantenute. Pena il declino del valore della marca, il suo indebolimento, la sua fragilità.

I metodi ed i parametri utilizzati per misurare la brand equity sono quindi molteplici e differenziati.

Interbrand Group, un importante istituto di ricerca britannico, calcola il valore delle marche (in particolare la forza: *strenght*) attraverso una serie di fattori chiave: 1. *leadership* (una marca che domina il proprio mercato di riferimento è più stabile e potente che non una marca inseguitrice); 2. *stability* (le marche con una stabilità di lunga data, con un parco clienti fedeli consolidato sono particolarmente forti ed il loro valore è maggiormente significativo); 3. *market* (certi comparti, come quello del *food* o delle bevande, sono potenzialmente più stabili rispetto ad altri: il settore dell'high-tech o quello dell'abbigliamento, ad esempio, sono più vulnerabili rispetto ai mutamenti tecnologici o della moda); 4. *internationality* (marche internazionali o globali hanno più va-

18. D.A. Aaker (1997), *cit.*, pp. 36-37.
19. *Ibidem*, p. 68.

lore rispetto a marche regionali o locali); 5. *trend* (è una importante misura della attitudine della marca a rimanere culturalmente attuale, in sintonia con i tempi e con le attese del consumatore e dunque un indicatore della sua forza e del suo valore); 6. *support* (il valore di una marca è maggiore se su di essa si sono concentrati investimenti e supporti finanziariamente rilevanti e qualitativamente importanti); 7. *protection* (un marchio registrato rappresenta per l'impresa un punto di forza, una sorta di monopolio rispetto ad un nome o una formula)[20]. Le sette dimensioni utilizzate nell'analisi condotta periodicamente da Interbrand Group, restituiscono un quadro significativo del panorama delle marche internazionali: "la nostra valutazione della forza di marca basata su questi fattori chiave va più in profondità rispetto ad una semplice misurazione dell'awareness, della stima o del ricordo spontaneo"[21]. Questo della *brand strenght* è un efficace modello, utile in sede di misurazione della *brand equity*: se al punteggio ottenuto si sommano i dati quantitativi ed economici, desumibili dai bilanci, si configurerà un quadro sufficientemente attendibile del valore della marca.

"Nello studio condotto nel giugno del 1999 relativo alle marche dotate di una significativa presenza sui mercati posti al di fuori della loro nazione d'origine, il valore calcolato per le maggiori marche di portata mondiale ha raggiunto cifre molto ragguardevoli... Per sessanta marche il valore è stato calcolato essere al di sopra della cifra di un miliardo di dollari, con punte che hanno raggiunto gli 83,8 miliardi di dollari per la Coca-Cola e 53,7 miliardi per la Microsoft. In molti casi il valore della marca costituisce una percentuale significativa della capitalizzazione complessiva dell'impresa, anche se la marca si riferiva solo ad una parte dei prodotti. Delle quindici marche in testa alla classifica solo la General Electric è risultata avere un valore di marca inferiore al 19 per cento della capitalizzazione complessiva, mentre 9 delle 60 marche di valore più elevato avevano un valore superiore al 60 per cento della capitalizzazione di mercato e per BMW, Nike, Apple e Ikea il valore della marca stimato superava il 75 per cento del valore complessivo dell'impresa"[22]. L'ultimo ranking condotto da *Business Week*/Interbrand Corp[23]. si basa su una dettagliata analisi relativa a quanto le vendite di ogni prodotto siano guidate dal brand name, considerando l'incidenza di alcuni importanti fattori come la leadership di mercato, la stabilità e la capacità della marca di attraversare i confini nazionali. Di seguito riportiamo le prime dieci marche, seguite dalle prime due italiane (Gucci e Prada) presenti nella classifica.

20. Per un approfondimento si vedano: Aa.Vv., "The 100 Top Brands. Here's how we calculate the power in a name", in *Business Week*, August 4-11, 2003; Interbrand Group PLC, The World's Greatest Brands, New York University Press, New York, 1997, pp. 20-21 e N. Kochan, The world's greatest brand, Interbrand, Macmillan Business, London, 1996.

21. Interbrand Group PLC, *cit.*, p. 21.

22. D.A. Aaker e E. Joachimsthaler, *cit.*, p. 36.

23. Aa.Vv., "The 100 Top Brands. Here's how we calculate the power in a name", in *Business Week*, *cit.*

Rank	*2003 Brand value $ billions*	*2002 Brand value $ billions*	*Percent change*
1. Coca-Cola	70, 45	69,64	+1
2. Microsoft	65,17	64, 09	+2
3. IBM	51,77	51,19	+1
4. GE	42,34	41,31	+2
5. Intel	31,11	30,86	+1
6. Nokia	29,44	29,97	–2
7. Disney	28,04	29,26	–4
8. McDonald's	24,70	26,38	–6
9. Marlboro	22,18	24,15	–6
10. Mercedes	21,37	21,01	+2
53. Gucci	5,10	5,30	–4
87. Prada	2,54	2,49	+2

Gli approcci alla brand equity sono davvero tanti. H. Sattler analizza un repertorio di ben 26 misurazioni differenti[24]. Ambler[25] ne passa in rassegna alcuni. *Image Power*, utilizzato da *Landor Associated* prende in esame familiarità e stima. *Equitrend*, messo a punto da Total Research Corporation analizza la qualità percepita per realizzare una scala del valore della marca che muove attorno ad un range di 11 punti[26]. *The Conversion Model* formulato da *Market Facts* considera invece la propensione al riacquisto. *Equity Monitor* di *Yankelovich* misura atteggiamento e comportamento del consumatore, insieme a dati più strettamente economici. Il *Brand Equity Index* di Longman Moran si ottiene moltiplicando *market share* x *relative price* x *durability*.

L'agenzia pubblicitaria DDB Needham misura la brand equity mediante una formula che prevede: brand awareness x stima x qualità percepita. La Leo Burnett col suo *Consumer Brand Equity*, considera importanti tre fattori: *Sales, price, distribution*[27].

Il *BrandAsset Valuator*® della Young & Rubicam sottolinea l'importanza di due dimensioni della marca (asset): la *Forza* e la *Statura*. La *Forza* è la risultante delle caratteristiche primarie della marca (*Diversità*) e di quanto queste siano rilevanti per il consumatore (*Rilevanza*). La *Statura* risulta dalla *Stima* e dalla *Familiarità* che ha ottenuto presso il consumatore. Oltre a misurare il valore delle marche, il sistema BAV® consente di analizzare crescita e declino delle marche.

24. H. Sattler, "Der Wert von Marken", Institut für Betriebswirtschaftslehre, *Report*, n. 341, januar 1994.

25. T. Ambler, "Measures of brand equity", *Journal of Brand Management*, 2, 6, 1995, p. 386.

26. Si veda G. Randall, *cit.*, p. 31.

27. I vari modelli di Brand equity sin qui citati sono stati tratti da: T. Ambler, *cit.*, p. 386.

Prossimo al modello Young e Rubicam è uno studio McKinsey[28] del 1997 che mette invece in evidenza l'importanza della *performance* e delle *dimensioni* come fattori competitivi sui mercati contemporanei: iperconcorrenziali e globali. Lo studio mette in relazione gli asset tangibili di un'impresa, in particolare il patrimonio lordo, con la performance della marca (il rapporto tra valore di mercato dell'azienda e asset tangibili). L'analisi incrociata delle due dimensioni produce "quattro aree, di cui la più sicura è quella caratterizzata da una dominanza contemporanea di dimensioni e performance. La brand equity risulta un fattore fondamentale nel moltiplicare il valore del patrimonio, così come nell'aumentare progressivamente le dimensioni (capacità di reinvestimento, non dispersione, più facilità di globalizzazione). Ce ne si può rendere conto pensando al caso di Mercedes che non supera (novembre 1997), con il suo piccolo modello, la prova di tenuta di strada 'dell'Alce', superata invece brillantemente a 75 km all'ora dalla vecchia sovietica Trabant. Rischiano di cadere stima e forse anche diversità e rilevanza, in una parola l'immagine e quindi l'equity e il valore di mercato"[29].

Questo excursus sommario – d'altro canto crediamo che non abbia senso soffermarci oltre – che s'è cercato di tracciare seguendo soltanto alcuni dei molteplici approcci alla brand equity dimostra come – in realtà – *nessuno dei modelli in questione è esaustivo e completo*. I fattori solitamente utilizzati per la misurazione del valore della marca non sono certo insignificanti ed inutili. Anzi, utilizzano dimensioni fondative ed essenziali. Tuttavia non crediamo siano esaurienti e generalizzabili Spesso accade che alcuni modelli siano eccessivamente soft, ovvero esclusivamente basati su attributi intangibili della marca, e non prendano in considerazione le realtà tangibili, economiche, finanziarie della stessa. Viceversa altri approcci risultano focalizzati sul versante finanziario e sembrano privi di una capacità di prevedere le potenzialità insite nel capitale marca, in quanto risorsa immateriale. Randall ammette una certa diffidenza nei confronti della brand equity di stampo aakeriano: "la difficoltà che molta gente – incluso chi scrive – incontra nel modello di Aaker è la stessa che s'incontra rispetto a molti modelli di marketing simili. Nessuno mette in discussione che i fattori elencati – fedeltà alla marca e così via – siano di per sé buone cose. Il problema è che non c'è assolutamente nessuna evidenza che essi siano correlati sistematicamente alla brand equity, qualunque cosa essa sia"[30]. In buona sostanza Randall sottolinea come il prodotto di certe analisi di mercato sia più una misurazione di come il consumatore vede la marca (*how consumers view a brand*[31]), che non una effettiva misurazione del valore della marca stessa.

28. Si veda *Il Sole 24 Ore*, 13 novembre 1997.
29. M. Lombardi (a cura di) (1998), *cit.*, pp. 81-82.
30. G. Randall, *cit.*, p. 29.
31. *Ibidem*.

Kapferer, dal canto suo, critica l'incompletezza di alcuni modelli, osservando come le forme più ricorrenti di misurazione del valore di una marca rispondano ad un approccio "non monetario, a corto termine, non inclusivo né della concorrenza, né del rischio, né del marketing mix, né delle interazioni e sinergie, né delle potenzialità future d'estensione. È questo ciò che propongono in generale gli istituti di sondaggi i quali non fanno altro che presentare ciò che un'inchiesta sui consumatori potrebbe fornire"[32].

8.4. Fare ricerca sulla equity di marca: il modello BCS (*Brand Care System*)

Ciò che abbiamo cercato di indagare con il modello BCS è ciò che in più parti del volume abbiamo definito come *Consumer Oriented Brand Equity*, con l'obiettivo non tanto di giungere ad una valutazione del valore della marca in termini finanziari – ma i dati BCS consentono di pervenire ad un buon sistema di ponderazione degli *hard data*, dei fondamenti economici della marca – quanto di mettere a disposizione del management dell'impresa una *cabina di regia* per gestire correttamente la marca – sulla base degli imput deducibili dal mercato. Una risposta quindi *in progress* di *How care the brand* più che *How valuate the brand* anche se, lo ripetiamo, è possibile ed agevole pervenire a valutazioni economiche prendendo le mosse da questo approccio.

Il BCS consente, a chi gestisce la marca, di avere una analitica *mappatura* dei territori che questa deve attraversare, in cui deve insediarsi, fornendo anche a chi la guida – ci sia concessa la metafora dell'automobilista – un sensibile *cruscotto* da cui trarre, in continuazione, utili indicazioni ed evitare, in tutte le *aree significative*, possibili *default*. Ma, soprattutto, la risposta a quale è la *core essence*, il vero DNA della marca quale è il posizionamento, quali i caratteri specifici che questa ha costruito nella mente del consumatore. Come e perché un marchio si differenzia dai competitor? La equity di marca muta costantemente nel tempo ed è opportuno/indispensabile monitorizzarla ad intervalli regolari.

Studiare quindi non soltanto – non prevalentemente – il valore economico della marca ma indagare in profondità in tutte le sue dimensioni: per consentire poi a chi la gestisce di disporre di una mappatura di grande trasparenza del suo territorio nello scenario competitivo; per individuare tutte le azioni da intraprendere per potenziare la sua equity. La risposta strategica che il BCS permette di conseguire è: *perché* esiste una brand equity della marca, che estensione ha, *come* posso incrementarla.

Quale è l'approccio più corretto per *studiare una marca*? Per indagarne il valore, le sue potenzialità, i confini, le possibilità di espansione? Per ricercar-

32. J.-N. Kapferer (2000), *cit.*, pp. 32-33.

ne i punti di forza e di debolezza, le azioni da intraprendere per valorizzare i suoi assets? *Per, per...* sono tanti gli interrogativi che è necessario porsi per gestire al meglio una marca, per esorcizzare i continui attacchi, per cogliere le opportunità, per tradurre operativamente quella sorta di mantra – comunemente recitato senza trarne le dovute conseguenze – che codifica la marca come il patrimonio più prezioso di cui una impresa dispone, il suo più importante asset competitivo.

La prassi invece riflette una realtà del tutto opposta, una realtà che fa continuo ricorso a metodi riduttivi e semplicistici, ancorati alle dimensioni canoniche – ma sempre più anacronistiche – dell'awareness, del posizionamento, dell'immagine. Peggio ancora è la riduzione della complessità del vissuto globale della marca a uno o pochi indicatori a cui si attribuisca un valore sacrale e che contraddicono vistosamente la multidimensionalità della marca.

Che senso ha, ad esempio, usare gli stessi indicatori per i FMG o per un'auto, per una marca di abbigliamento o per una di soft drink? Chiaramente nessuno. Eppure si assiste comunemente all'uso degli stessi parametri per studiare marche che presidiano settori estremamente diversi ed eterogenei, comparti merceologici dove la marca riveste un ruolo e un rilievo del tutto diverso. Che significato hanno – è una sperimentazione reale quella che segue – proprio per dar conto della insensatezza di approcci analoghi su un campione rappresentativo della popolazione italiana su due dimensioni (la visibilità e la fiducia) che con leggere varianti, rientrano in quasi tutti gli studi siffatti – mappe come quella che segue (fig. 2) in cui accanto a Barilla, che svetta come superstar, troviamo Kinder Ferrero, Sony e Volkswagen?

Fig. 2 - Mapping diversi settori merceologici (2001)

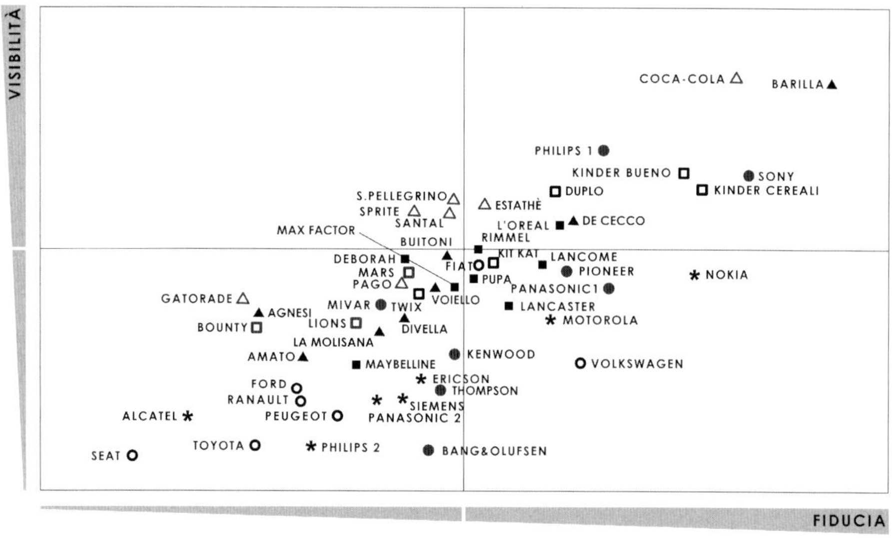

Che senso ha studiare una marca senza considerare il *target specifico a cui si rivolge* e che è diverso – ad eccezione delle poche marche realmente ecumeniche – da quello rilevato su campioni rappresentativi della popolazione e che varia da marca a marca. È incredibile quanto le istanze di comparazione, omologazione, standardizzazione abbiano prodotto vere mostruosità non solo sotto il profilo metodologico ma anche del comune buon senso.

C'è senso ha utilizzare le stesse dimension in un *survey* condotto negli Stati Uniti o in Israele o in Indonesia? Ancora una volta la stessa risposta: *nessun senso*. Eppure è ciò che gli studi condotti nel grande villaggio planetario ci propongono in continuazione gabellando l'apparente oggettività del dato per realtà veritiera. Ma sono più strumenti di PR di chi li impiega, pretesti discutibili per fare new business che attendibili fonti di conoscenza. Lo stesso indice – diciamo un ritmo cardiaco a 140 pulsazioni – può avere come dice argutamente l'amico Axelrod, un significato se preso su un diciottenne che ha appena corso i 400 metri o su un novantenne che giace in un letto. Senza conoscere la storia pregressa di una marca, i recenti investimenti in comunicazione, il suo target di riferimento e molti altri dati, questi indicatori sintetici hanno un significato poco più che folcloristico.

Il metodo che abbiamo messo a punto – certamente perfettibile e senza alcuna pretesa di costituire un paradigma di eccellenza – ha il merito di coerenza con la complessità dei mercati in cui la marca opera e con la sua multidimensionalità. A cui ha fatto seguito un attento riscontro – a livello della prassi, dei dati che il mercato restituiva – con il management di molte grandi marche in un periodo di incubazione e di sperimentazione metodologica condotto per molti anni. Ciò ha consentito di raccogliere una variegata tipologia di *success stories* conseguenti alla traduzione strategica delle emergenze e dei risultati dello studio.

Il BCS (*Brand Care System*) è il sistema che abbiamo elaborato e che ha come obiettivo di studiare la marca nella sua multidimensionalità a fronte della complessità dei mercati odierni. Un approccio che trae le premesse da una rigorosa base scientifica, concettuale e metodologica, pur essendo finalizzato ad una operatività pragmatica da parte di chi gestisce la marca. Non il sapere per un sapere fine a se stesso, quindi: ma un'effettiva conoscenza della equity di marca per implementarla e valorizzarla al meglio. Una sorta di *conditio sine qua non* per utilizzare i potenziali – virtuali se non sfruttati – vantaggi competitivi della marca.

Il BCS si propone di studiare la marca per elevare/potenziare la sua equity e per poter rispondere a questi quesiti a cui spesso il top management non trova risposta:

- lo stato di salute della marca;
- la sua forza, l'attuale temperatura;
- la posizione della marca in termini di ciclo di vita;
- i punti di forza e di debolezza rispetto ai competitor;

– le aree di forza/le minacce più insidiose dei competitors;
– i *key values* della marca;
– le priorità in termini di dimensioni da rafforzare;
– le leve e strumenti/canali più efficaci;
– possibili Δ tra brand identità e percepito del pubblico;
– è corretta la brand identity?;
– come deve evolvere per essere in sintonia con il mutamento nei valori sociali?;
– come è possibile elevare la messa d'urto – a parità di risorse – della comunicazione?;
– messa a punto del paradigma, dello statuto della marca;
– brand extension.

Il BCS opera in analogia alle analisi condotte (o che dovrebbe condurre) da un medico quando ciascuno di noi si sottopone ad un serio controllo delle condizioni di salute. Vale a dire sviluppando una serie di step successivi (fig. 3):

Fig. 3 - Come procede il BCS

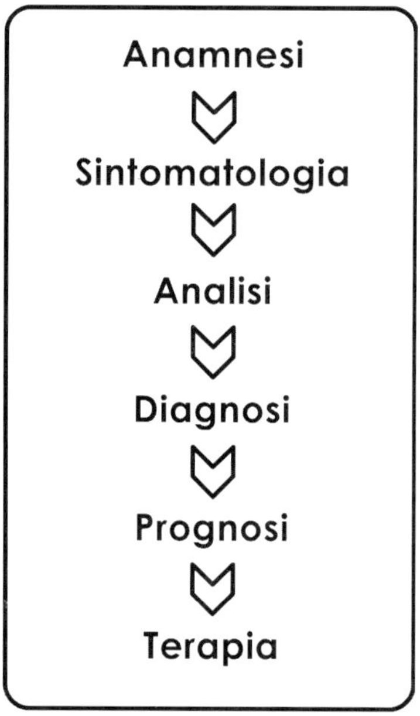

Si inizia cioè con una fase di *anamnesi*: la ricostruzione presso il soggetto (il management, la proprietà, gli azionisti) della sua storia sotto il profilo medico (della storia pregressa della marca) che corrisponde alla fase di *Brand Identity*.

Il passaggio successivo è quello rivolto a rilevare la *sintomatologia della marca*. Interroghiamo la marca sui suoi sintomi mediante un primo ricorso ad una serie di analisi di laboratorio su alcune dimensioni canoniche: è cioè uno *screening* ad ampio raggio – che corrisponde appunto alla fase di *Brand Screening* – per ottenere, rispetto ad alcuni parametri di riferimento (ed agli *scores* sugli stessi parametri dei principali competitor), una prima approssimativa valutazione dello stato di salute della marca.

Il BCS prosegue, approfondendo la fase di *analisi*, conducendo un accurato *auditing* – qua l'analogia più corretta è con le procedure di auditing che si conducono nel settore finanziario – di come una marca comunica la sua identità. È la fase questa del *communication auditing* in cui viene rilevata – mediante un'analisi di tipo sociosemiotico – tutta l'attività (intenzionale o meno) con cui una marca comunica (edifica la propria immagine) presso i suoi pubblici di riferimento.

La fase successiva è quella della *diagnosi*: una diagnosi accuratissima mediante una complessa metodologia statistico matematica – continuando la metafora della medicina sono le risonanze magnetiche, la TAC ecc. – caratterizza il momento di *Brand Check Up* in cui le prime evidenze, raccolte in fase di screening, sono interpretate ed esplose in un complesso modello di ordine causale che valuta lo stato della marca sulle dimensioni dell'ottagono che compongono la equity della marca.

Il BCS si conclude con un'operazione di *prognosi e terapia*: la prima condotta dai ricercatori, la seconda (di fatto la strategia della marca) in collaborazione con il management dell'impresa. Come si vede siamo su un altro pianeta rispetto ai tradizionali approcci alla equity.

Il BCS si basa quindi su cinque diversi strumenti di ricerca/riflessione critica (fig. 4):

Fig. 4 - I 5 strumenti di ricerca e riflessione critica del BCS

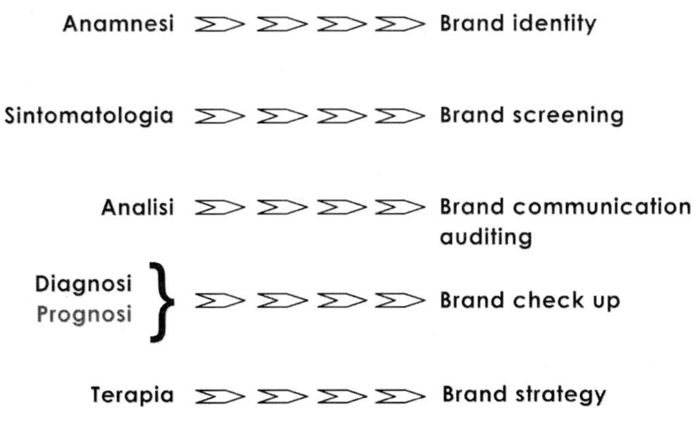

Descriviamo adesso in maniera analitica le diverse fasi appena richiamate.

Brand Identity. Si tratta, in pratica, di ricostruire l'identità della marca sulla base di *indicatori oggettivi* – share, target, distribuzione, situazione competitiva, penetrazione, dinamica e evidenze d'uso – rilevabili da ricerche condotte, dati statistici aziendali, statistiche ufficiali ecc. e – soprattutto – da indicatori soggettivi (storia della marca, percezione della marca, della sua vision, mission, essenza, che si intendono trasmettere, obiettivi che si vogliono conseguire). È un'analisi, quest'ultima, condotta presso la *proprietà/Consiglio di Amministrazione/management*: frequente è constatare vissuti assai diversi, sovente contrastanti in merito alla marca – la sua essenza, la sua filosofia – in chi poi deve (con gli intuibili risultati) comunicarla al mercato.

È certamente vero che la marca esiste soltanto in quanto vive (se e come) nella mente dei consumatori ma è altrettanto vero, comunque, che questa è la risultante di una rielaborazione che il consumatore compie di ciò che la marca (con la pubblicità, il packaging, i prodotti ecc.) comunica. È opportuno conoscere quindi – preliminarmente – *che cosa la marca vuole comunicare di sé stessa*.

In questa fase ci si astiene dal considerare se la visione che ne ha il management corrisponde con quella che ne ha il mercato (ancora da rilevare) e se è corretta considerando lo scenario competitivo (operazione che verrà condotta in fase conclusiva): ci si limita semplicemente a rilevare – presso il suo management – il vissuto della marca e gli obiettivi che le si intendono assegnare. Gli strumenti metodologici consistono in una fase di *desk analisi* di tutto il materiale significativo rilevabile sulla marca e in colloqui condotti con i vertici dell'impresa.

Brand Screening. In questa fase la prospettiva di analisi cambia drasticamente: non è più condotta all'interno della marca ma vira di 180 gradi rivolgendosi al pubblico con cui deve interagire e presso cui deve costruire una strategia di goodwill. In questa fase gli indicatori vengono raccolti per la marca e per i suoi principali competitor su un campione rappresentativo della popolazione composta da 1000 o 2000 casi a seconda dell'analiticità con cui si desidera disaggregare i dati raccolti. L'obiettivo principale è quello di costruire un indicatore sintetico sullo stato di salute della marca che verrà poi interpretato nella fase successiva di check-up.

L'indice *BraVa* (un acronimo da *Brand Valuation*) – misurabile su una scala da 0 a 100 – è questo indicatore ed è la risultante di tre dimensioni di studio della marca (fig. 5):

- *l'indicatore di Visibility*: a sua volta costruito ponderando le tre voci che compongono l'awareness del brand (TOM, cioè Top Of Mind, spontanea, aiutata);
- *l'indicatore di Potenzialità*: sintesi del portafoglio di clienti del brand e della sua capacità attuale e futura di generare fedeltà. A differenza degli altri indicatori si basa sui *comportamenti*;
- *l'indicatore dei Commitment*: sintesi del coinvolgimento emotivo nei confronti della marca.

Fig. 5 - Le dimensioni del BraVa

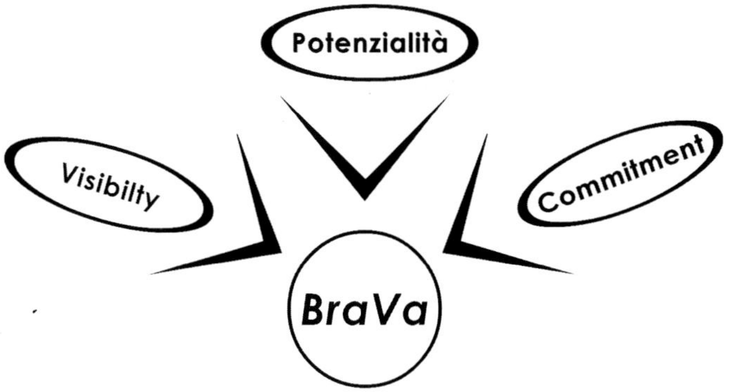

Non amiamo molto, anzi per niente, ridurre la complessità della marca ad una formula o ad un numero: il *BraVa* è solo un punto di ancoraggio – una sorta di misurazione della febbre che ha il paziente – per comparare lo stato di salute della marca nel suo scenario competitivo. Il punto di partenza per finalizzare gli stadi successivi della ricerca: da solo dice ben poco. È con le fasi successive che potremo conoscere le cause di eventuali malesseri, individuare le terapie più efficaci ed esplorare tutta la equity della marca.

L'indice *BraVa* costituisce quindi il *link* che collega il *Brand Screening* con la successiva più esauriente fase di *Brand Check Up* (fig. 6).

Fig. 6 - L'individuazione del BraVa

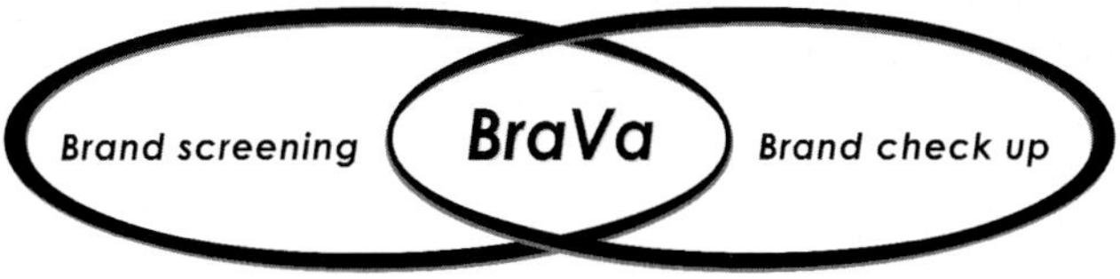

Lo screening inizia:

- valutando il rilievo che la marca ha – per i consumatori – nel comparto merceologico in studio e, successivamente;
- rilevando i consueti dati di awareness delle marche del settore. Quindi: la marca indicata spontaneamente per prima (TOM: Top Of Mind), le altre marche indicate spontaneamente, le marche non indicate spontaneamente ma che vengono alla memoria con opportuni stimoli. È così possibile – ponderando opportunamente ciascuna risposta – ottenere un indicatore di *visibility* della marca.

Ecco un esempio della *visibility* della marca nel settore del make up (2003) che utilizzeremo anche per esemplificare i prossimi due indicatori (fig. 7).

Fig. 7 - Visibility nel settore make-up (2001)

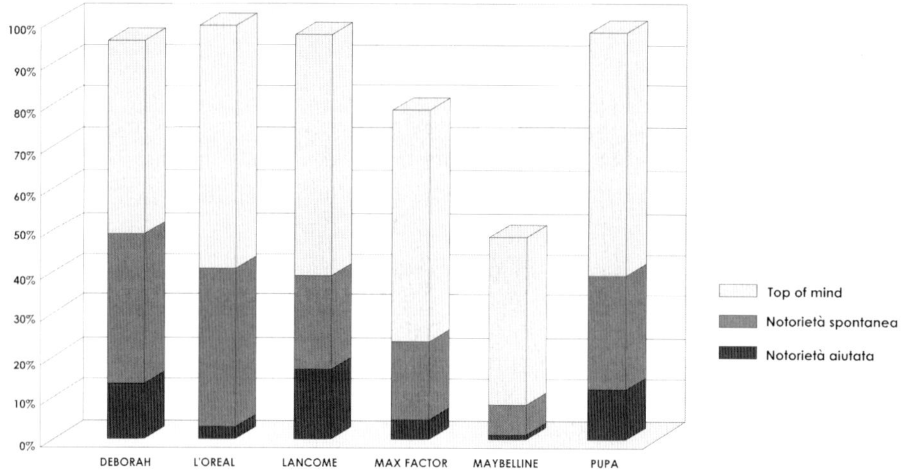

Nel *Brand Screening* si rilevano altri tre importanti indicatori:

1. *la potenzialità della marca* in termini di mercato. È un indicatore significativo perché rileva contemporaneamente frequenze di acquisto e legame – sulla base dei comportamenti di acquisto e di consumo – con la marca. È uno step importante in quanto permette di rilevare lo zoccolo duro dei consumatori di una marca – gli altoconsumanti che non sono necessariamente i più fedeli: la cosiddetta *legge di Pareto* ci dice che praticamente in tutti i settori 1/3 dei consumatori sono responsabili di 2/3 delle vendite – e ottenere una prima valutazione della fedeltà. La misura della potenzialità si basa su cinque diversi livelli di prossimità nei confronti del brand:
   - *Resisters*. Non hanno nessuna intenzione di stabilire un legame col brand.
   - *Potentials*. Prevedono di poterlo fare in futuro.
   - *Occasionals*. Hanno già avuto esperienza passata con il brand e sicuramente la ripeteranno.
   - *Non Esclusive Committed*. Sono decisi a mantenere un legame stabile con la marca, ma questa fa parte di un pattern di scelta che ne considera anche altre.
   - *Exclusive Committed*. Sono i fedelissimi della marca, unica e sola presa in considerazione.

Sempre nell'area del make up riportiamo un indicatore della potenzialità della marca (fig. 8). I comportamenti comunque fotografano il passato o, al massimo, il presente. Gli atteggiamenti sono predittori di comportamenti futuri.

Fig. 8 - Potenzialità della marca nel settore make-up (2001)

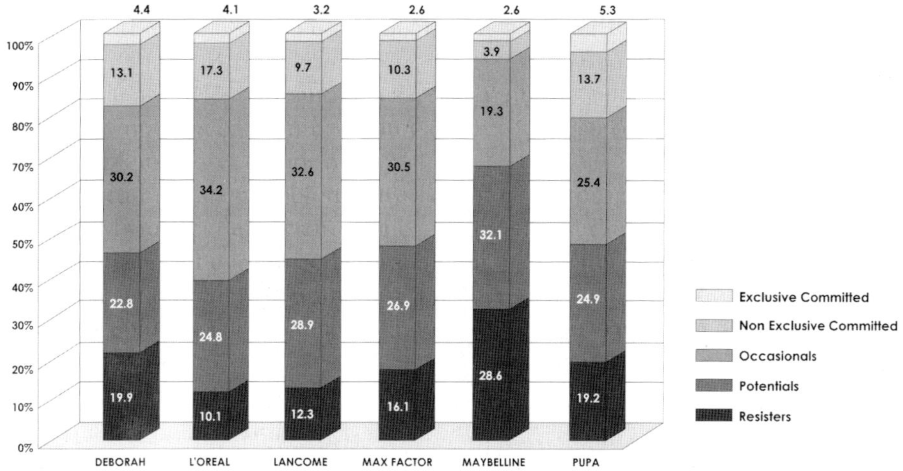

Se le dimensioni campionarie lo consentono, i consumatori della marca possono essere suddivisi in quattro categorie[33]:

Sicuri
- *Entrenched*. Fortemente coinvolti nella marca sono tetragoni a qualunque offerta della concorrenza.
- *Average*. Sono fedeli utilizzatori, non sono per adesso disponibili ad uno *shift* ma sono sensibili ai messaggi dei competitor.

Vulnerabili
- *Shallow*. Debolmente coinvolti non sono ancora sulla soglia del cambiamento ma già considerano delle alternative. Sono un segmento vulnerabile agli attacchi dei competitor.
- *Convertible*. Utenti in fase di abbandono della marca.

A loro volta i non consumatori possono essere suddivisi in 4 categorie: (*Available, Ambivalent, Weakly Unavailable, Strongly Unavailable*).

2. *un indicatore di commitment, di empatia, di vicinanza emotiva* nei confronti della marca. Il commitment è l'indicatore probabilmente più significativo per valutare il coinvolgimento e la vicinanza alla marca ben più che indici basati sui comportamenti (fig. 9).

33. R.W. Ceurvost, *A Brand Equity Measure Based on Consumer Commitment to Brands*, ARF, New York, 1984.

Fig. 9 - Commitment della marca nel settore make-up (2001)

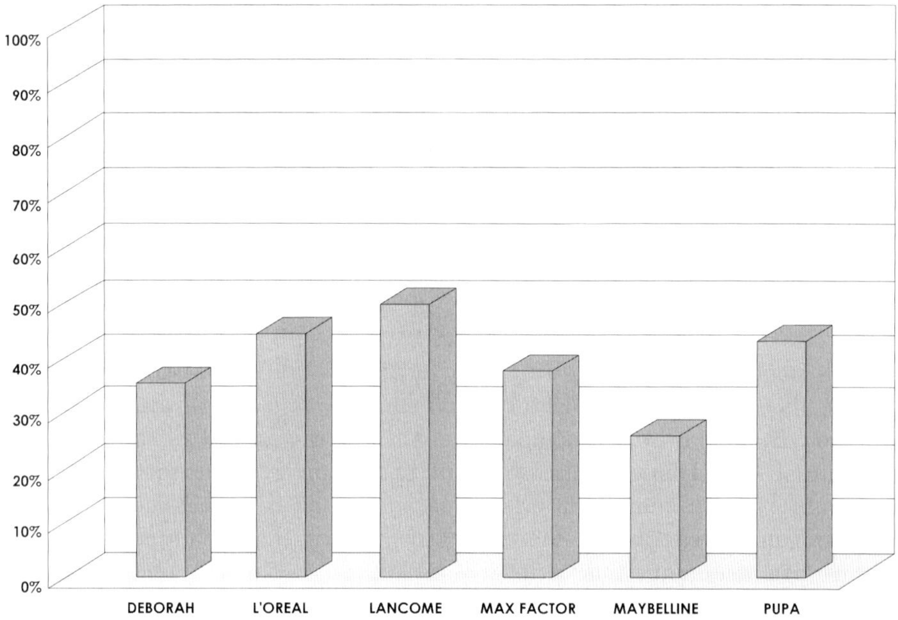

Riportiamo adesso su un medesimo spazio grafico, tre indicatori che abbiamo appena considerato (fig. 10).

Fig. 10 - Posizionamento/Visibility/Potenzialità: settore make-up (2001)

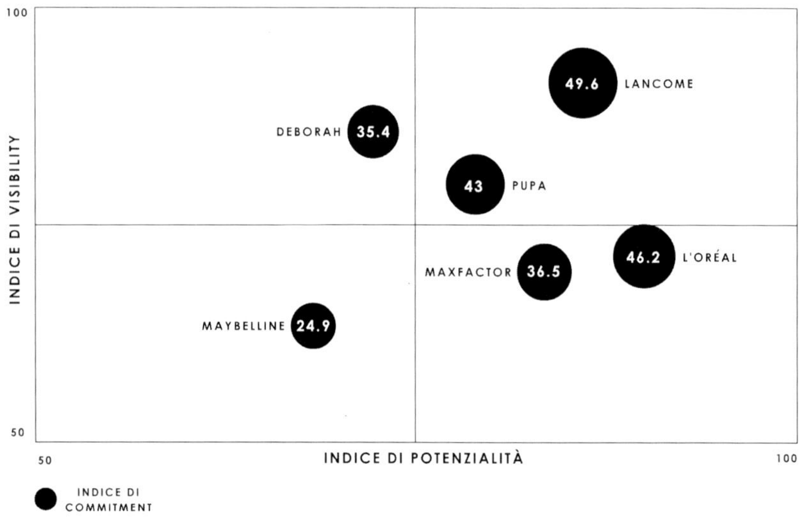

Lo screening a questo punto elabora l'indicatore sintetico *BraVa* (*Brand Valuation*) a cui abbiamo già fatto riferimento e che verrà poi interpretato, analizzato, restituito alla complessità della marca in fase di *Check Up*.

Un momento importante di questa fase è l'analisi del *BraVa* per i territori socioculturali, le diverse subculture presenti nel Paese e che meglio degli stili di vita consentono di rilevare le reali discontinuità socioantropologiche nel sociale e nei mercati in cui si scompone la società italiana.

Come si può osservare nelle mappe riportate (fig. 11)[34], oltre allo *score*

Fig. 11 - Il goodwill BraVa di alcune marche nei siti valoriali

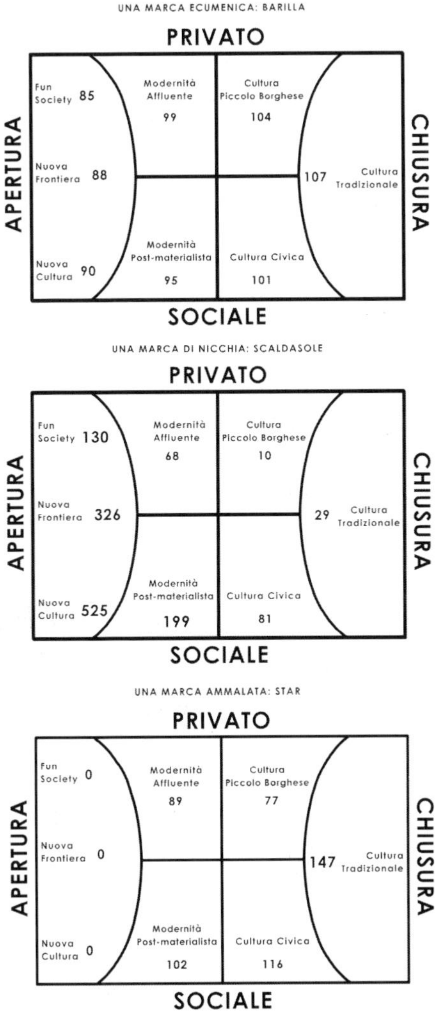

34. Per una descrizione degli assi della mappa, della metodologia e dei siti valoriali, si veda G. Fabris (2002), *cit.*

dell'indicatore sintetico *BraVa* è estremamente significativo analizzare come questo si spalma sui diversi territori socioculturali su cui è stato preliminarmente rilevato il target gourp primario (lo zoccolo duro) e il target più allargato[35].

3. *il vissuto della marca* (*versus competitor*) su alcune fondamentali dimensioni (prossimità ideale, vicinanza emotiva, successo futuro, unicità/distintività, fiducia, rapporto qualità/prezzo).

Le dimensioni sono gerarchizzate in termini di incidenza che manifestano con l'acquisto/fedeltà di marca. Il raffronto viene effettuato – nei grafici che seguono – tra righe continue (il dato medio di vissuto) delle diverse marche, tra le diverse dimensioni di un marca con il suo dato medio (per rilevare punto di forza e debolezza relativi), tra le diverse dimensioni della marca versus i suoi competitors. Ecco un esempio (2003) nel settore della pasta di semola con i valori dell'indiscusso leader Barilla (fig. 12) e di una marca premium (penalizzata perché non studiata sul suo target) De Cecco (fig. 13).

Sulla base di queste informazioni è poi naturalmente possibile traslare il profilo delle marche in un sistema di assi cartesiani su tutte le dimensioni considerate per ottenere, anche visivamente, un quadro di assieme.

Tutte le dimensioni rilevate nello screening sono raccolte anche per i competitors della marca.

Brand Communication Auditing. Rappresenta lo step successivo del BCS. *Communication Auditing* è la nuova parola d'ordine, ma anche la nuova frontiera, di chi ha compreso che la comunicazione rappresenta una delle risorse

Fig. 12 - Profilo marche di pasta secca di semola (Barilla) (2003)

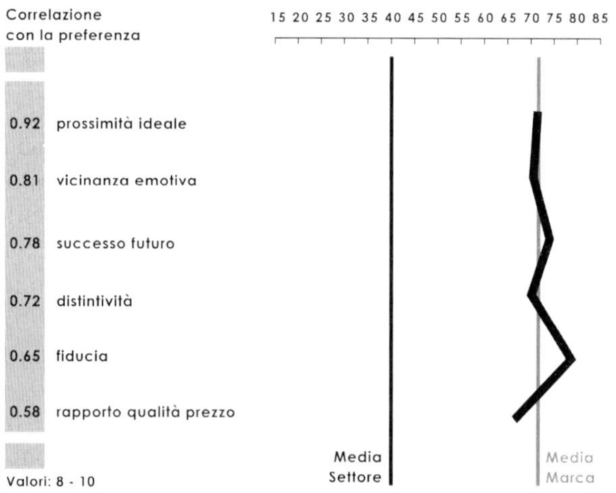

35. Fatto a 100 l'indicatore vediamo nel primo caso (dove l'indice è in quasi tutti i territori prossimo a 100) una *marca a forte vocazione ecumenica*; nel secondo (dove l'indice assume addirittura un valore di 525 in un settore della mappa) una *marca a forte vocazione di nicchia*; nel terzo (dove si registra una serie di valore zero nei settori più moderni) una *marca gravemente ammalata*.

Fig. 13 - Profilo marche di pasta secca di semola (De Cecco) (2003)

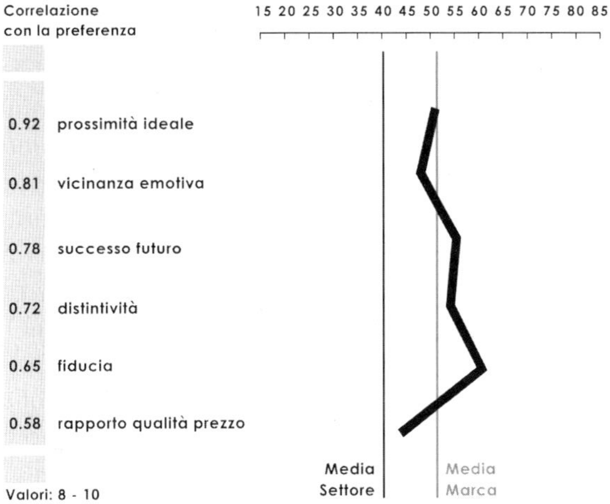

più importanti di cui la marca dispone. Che non tollera più sprechi ed inefficienze. Che sottende una nuova consapevolezza della possibilità di incrementare, di molto, l'efficacia della comunicazione pur senza incidere sui costi. L'inedita estensione in atto del termine *auditing* dal mondo della finanza a quello della comunicazione è indicativo appunto di questa nuova urgenza. Non si tratta solo di un ampliamento semantico del termine, di per sé di scarso rilievo, ma di una vera rivoluzione culturale da parte delle marche più orientate al mercato.

Cosa significa *communication auditing?* Anzitutto la definitiva acquisizione che la marca non comunica soltanto con i suoi strumenti elettivi e codificati: la pubblicità, le relazioni pubbliche, le sponsorizzazioni, la comunicazione interna e via dicendo. Esiste infatti una variegata serie di attività della marca con un importante potenziale comunicativo, generalmente non considerato sotto questa prospettiva. Qualora se ne possieda coscienza questo viene per lo più espresso solo a livello minimale. Senza alcuna seria connessione con la strategia globale di comunicazione.

Il primo passo del *communication auditing* è quindi quello – apparentemente banale e scontato in realtà, il più delle volte, foriero di molte sorprese – di un rigoroso inventario di tutte le espressioni della marca che hanno un potenziale comunicativo. È un'operazione che fornisce sovente risultati inattesi. Nel senso che la marca realizza – come quel personaggio di Molière che si accorge di aver parlato in prosa tutta la vita senza saperlo – che molte delle sue attività hanno anche un importante risvolto comunicativo. Sovente inespresso o che si esprime con un linguaggio non armonico e non sinergico con la comunicazione intenzionalmente emessa.

Si tratta di rivedere – subspecie comunicativa – anzitutto gli strumenti del mix di marketing per attribuire loro una funzione aggiuntiva. Quella appunto di tanti tasselli che concorrono – se coordinati – alla strategia globale di comunicazione elevandone l'efficacia. Quindi *il logo, il lettering, l'etichetta, il marchio, il packaging, le istruzioni d'uso, il prezzo, ma anche le promozioni, la shopping bag, il merchandising*. Sino ad estendere la ricognizione ai manufatti edilizi: il punto vendita nel caso di negozi monomarca, (layout, *internal setting*, criteri espositivi, vetrine ecc.), la displaystica, il corner espositivo, la sede dell'azienda, la ricezione e via dicendo.

Terminato questo censimento occorre, con gli strumenti dell'indagine sociosemiotica, comprendere il contenuto comunicativo che ciascuno degli elementi individuati dispiega. È in questo contesto che le sorprese sono continue e le aree di implementazione immediatamente evidenti. Perché gran parte di questi potenziali asset di comunicazione hanno fatto sovente capo a funzioni aziendali diverse, non coordinate tra loro e al di fuori di un disegno generale di comunicazione. Il risultato, sovente, è una babele di linguaggi che finiscono per elidersi vicendevolmente. Brani di comunicazione afoni o contraddittori. Un diffuso rumore di sottofondo che finisce per nuocere alla attività di comunicazione tradizionalmente ed intenzionalmente intesa.

Il passo immediatamente successivo sarà rivolto a rivisitare – per trovare nessi, collegamenti, sinergie ed un medesimo spartito – il nuovo scenario comunicativo emergente nella fase di brand strategy. Raggiungendo così, a parità di risorse impiegate, quella massa critica senza la quale non è possibile farsi intendere in scenari competitivi sempre più affollati.

Brand Check Up. In questa fase l'indice *BraVa* viene interpretato ed analizzato con il più rigoroso dei *check up*. Ci si concentra in termini campionari

Fig. 13 - L'ottagono della marca

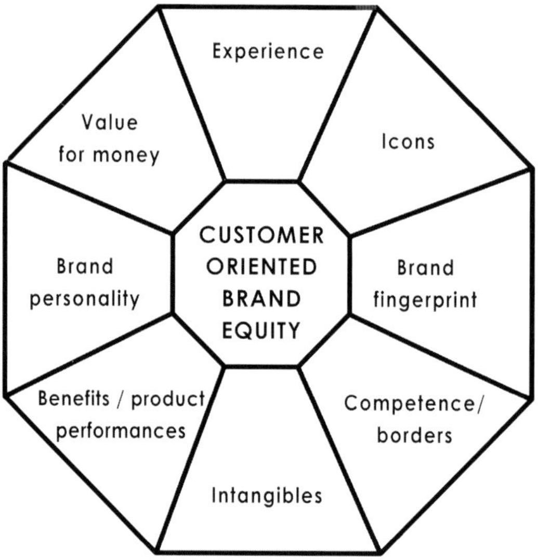

– a differenza dello screening condotto su un campione rappresentativo della popolazione italiana e che consente un raffronto con i competitor – sul *target della marca che viene analizzata standing alone*.

Il modello BCS – nella fase centrale e caratterizzante il sistema: quella appunto del *check up* – utilizza un ottagono (fig. 13) per descrivere e definire le principali componenti che vanno a formare l'equity della marca.

Sono le dimensioni relativamente invarianti che abbiamo individuato come più significative per discriminare/qualificare le marche in una variegata ed eterogenea serie di settori merceologici. Gli indicatori analitici per ciascuna dell macroaree dell'ottagono variano invece a seconda del settore che si considera e dello specifico di marca.

Una fase iniziale qualitativa – interviste non direttive e focus group – consente di tradurre ogni dimensione dell'ottagono nella specificità della marca e del settore merceologico e di valutare le inferenze profonde di tutta la problematica in studio. Si tratta, in pratica, di condurre una serie di studi qualitativi monografici su ogni dimensione dell'ottagono. Duplice quindi la finalità dell'approccio qualitativo: propedeutica rispetto alla fase estensiva e atta a raccogliere le dimensioni simboliche e meno quantificabili della equity della marca. In termini più analitici la ricerca intensiva è rivolta ad esplorare: il patrimonio iconico e associativo della marca; le associazioni emotive; le fantasie profonde; le rappresentazioni simboliche; le dimensioni rilevanti ai fini della percezione della qualità; l'archeologia della marca. Uno strumento particolarmente utile a cui facciamo ricorso in questa fase per rilevare le dimensioni

Fig. 14 - Le dimensioni dell'ottagono della marca

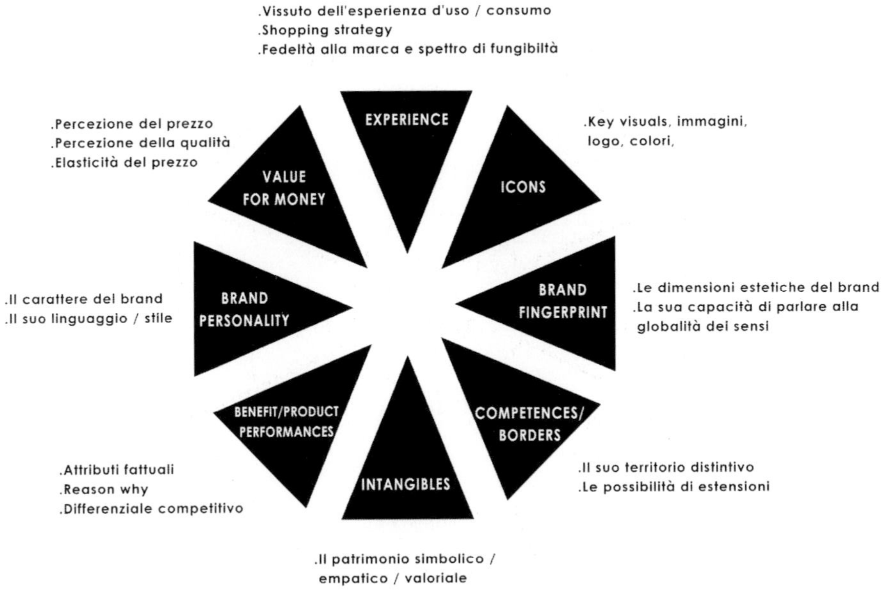

sottostanti la marca, i fattori che il consumatore ha in mente quando afferma di preferire scegliere una marca sono *le triadi di Kelly*.

Nelle figg. 14 e 15 vengono descritte – sia pure in forma sintetica – le dimensioni dell'ottagono[36].

L'esperienza. Nel senso dei comportamenti pregressi, della fruizione della marca. Ma anche delle esperienze – nel senso più lato del termine – prodotte/evocate dalla marca e che prescindono dai valori d'uso: nella prospettiva indicata da una delle più promettenti tendenze del marketing. Quella, appunto, del *marketing esperenziale*.

Nella prima accezione quindi la ricostruzione delle esperienze fattuali con la marca/prodotto/servizio: l'anzianità di fruizione; le tracce mnestiche sedimentate nel tempo dalle situazioni d'uso; la fedeltà/occasionalità nei rapporti della marca; la frequenza/intensità d'uso.

Nella seconda accezione, invece, si rileva l'esperienza globale generata/associata alla marca: un'esperienza che coinvolge non solo il consumo, ma la situazione di acquisto; i rapporti interpersonali e le relazioni sociali che suscita; la rappresentazione che riesce a mettere in atto nel grande palcoscenico del consumo. Dove il consumatore può essere, al tempo stesso, attore e spet-

Fig. 15 - L'ottagono della marca come fattore interpretativo del BraVa

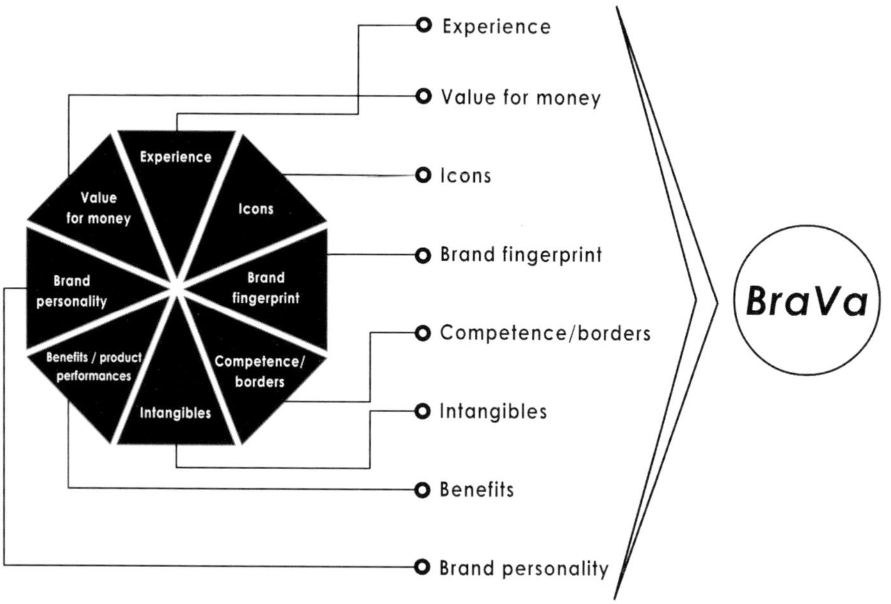

36. All'ottagono non va attribuito un significato mistico o prescrittivo: nel senso che potrebbe essere trasformato in esagono o decalogo comprimendo alcune dimensioni o suddividendole in maniera più analitica. Ma le rilevazioni empiriche ci hanno confermato costituire l'aggregazione metodologicamente più corretta per studiare prima per gestire poi la multidimensionalità della marca.

tatore. L'utente, più che la soddisfazione di bisogni/desideri specifici da parte della marca, sembra premiare adesso la sua capacità di suscitare esperienze significative, uniche, memorabili.

Le icone. È come vive la marca nella *percezione visiva* del suo pubblico. Include tutte le raffigurazioni visive che la marca ha sedimentato o è in grado di evocare nella mente del consumatore. Sovente è il logo, il marchio, il packaging, il display ma possono essere anche icone relative al punto vendita, a testimoni usate in campagne pubblicitarie anche remote nel tempo ma ancora presenti nella sedimentazione della percezione visiva del consumatore. Una sorta di immaginario iconico che la marca ha introdotto nella semiosfera.

Possiamo esaminare il patrimonio iconico delle due marche leader sul mercato delle praline al cioccolato in Italia così come risulta dalla fase qualitativa di questa dimensione dell'ottagono della marca: Baci Perugina (fig. 16) e Rocher (fig. 17).

Per il Bacio (fig. 16) la prima icona è una traslazione figurata del brand name nella duplice accezione di *bacio* come passione, erotismo e amore e il bacio come derotizzata manifestazione affettiva tra chi si vuol bene. Questa ambivalenza di significati consente, tra l'altro, al Bacio di registrare ottime performance per la festa degli innamorati ma anche per la festa della mamma.

Il lettering del logo è un'altra icona – che parla di tradizione e tempi passati – caratterizzante, così come la *forma del prodotto* che – nelle interviste in profondità – viene associata al seno-capezzolo ulteriormente avvalorando, mediante le due tipologie di consumo (il morso, la suzione), la dualità sopra ricordata. Domina su tutti il *colore argento* della ricopertura dei Baci che si trasforma in un cielo stellato dove brillano le stelle e che fa da sfondo ad

Fig. 16 - Il sistema Baci

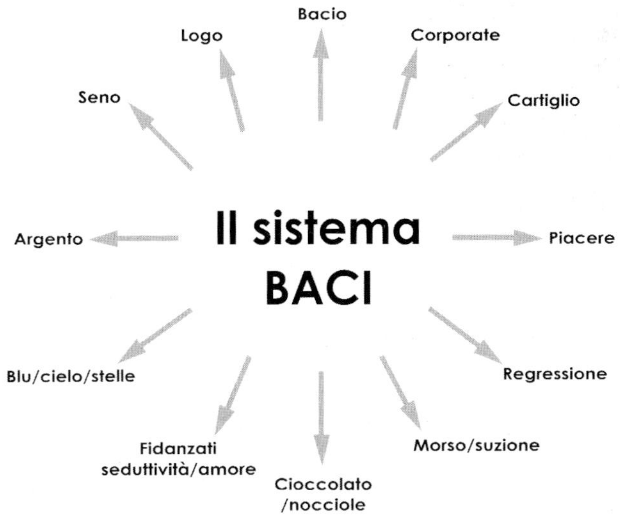

Fig. 17 - Il sistema Rocher

un'immagine crepuscolare da cui si staglia la silhouette di due innamorati. Una serie di icone legate alla situazione di consumo presidiano l'immaginario del prodotto: la combinazione cioccolato nocciola (tritata ed intera), le due modalità, già ricordate, di vedersi nel momento del consumo intenti a mordere o a farsi sciogliere in bocca il prodotto. Il *cartiglio* – il messaggio considerato un po' *naïve* ma molto apprezzato – all'interno della confezione rappresenta un altro key visual importante e rafforza la percezione del prodotto come messaggio d'amore. La visualizzazione della Corporate Perugina completa le principali dimensioni del landscape iconico della marca.

Il patrimonio di Rocher (fig. 17) è completamente diverso: se nei Baci il colore dominante è l'argento qua è l'*oro* con tutti i significati di preziosità a cui viene associato. Per di più lo si ricorda come una tonalità di oro *raffinata e moderna* in luogo di quella abituale più squillante ma meno di classe. La *pirottina* su cui è posto il prodotto contribuisce a questa operazione di rafforzamento creando delle analogie con i prodotti da pasticceria laddove si fa abituale ricorso a questa. La pirottina potenzia anche un'immagine poco industriale – al limite dell'artiginalità – di Rocher, che è rafforzata dal ricordo delle forme irregolari del prodotto: assai diverse, e più moderne, da quelle squadrate, industriali delle altre praline di Ferrero come Pocket Coffee o Mon Cherì. La confezione trasparente – che mette in rilievo la preziosità del prodotto – è un'altra icona ricorrente e fortemente distintiva. Si ricorda anche il logo anche se non ha la stessa pregnanza del lettering del Baci. La situazione del *languorino* – uno dei più interessanti elementi distintivi di questo prodotto a metà strada tra un cioccolatino e un mini snack – viene visualizzata ricordando la saga della pubblicità. *Ambrogio e la Contessa in giallo* sono due icone fortissime – ad onta del nutrito campionario di jokes su cosa combinano poi nel privato – nel percepito di Rocher, mentre Richard Gere, che è stato per una stagione testimone di Rocher, appare come presenza sfumata. Anche perché – indipendentemente dal carisma dell'attore – le situazioni che interpretava non erano riconducibili al posizionamento storico del prodotto o lo portavano piuttosto nell'area della seduzione presidiata dai Baci. Tracce lontane di campagne pubblicitarie – i mitici ricevimenti a casa dell'ambasciatore che caratterizzavano la fase iniziale della marca – sono *visuals* che hanno lasciato sedimentazioni consistenti e una notazione di status. Molto penetrate anche le icone legate alla consistenza del prodotto e alla presenza, all'interno, della mitica Nutella: un ricordo iconico che si associa strettamente all'edonismo e al polisensualismo del consumo. Il logo Ferrero fa parte di questo scenario.

La fase estensiva della ricerca consentirà di quantificare e stabilire la connessione con la equity della marca di tutte le dimensioni iconiche.

Brand fingerprint. È una nuova, importante dimensione del vissuto della marca. Se la ricostruzione delle icone restituisce l'insieme dei *segni visivi forti* del brand, pure la sua più autentica impronta digitale – *fingerprint* appunto che la rende unica e differente da tutte le altre – è data dalla sua *capacità di dialogo con la globalità dei sensi.*

Da un lato quindi troviamo la capacità della marca di soddisfare *bisogni estetici – l'estetizzazione della vita quotidiana* rappresenta uno dei trend in più rapido sviluppo – dall'altro quella di dialogare con una percezione sensoriale che va ben oltre quello che, sino ad ora, è stato l'indiscusso primato di un senso: quello della vista. Quindi i suoni/rumori, gli odori/profumi, i sapori/i gusti, la tattilità della marca. Dimensioni solitamente trascurate e sottovalutate ma rilevanti ai fini della ricostruzione della personalità globale della

Fig. 18 - Il polisensualismo: un trend in continua espansione

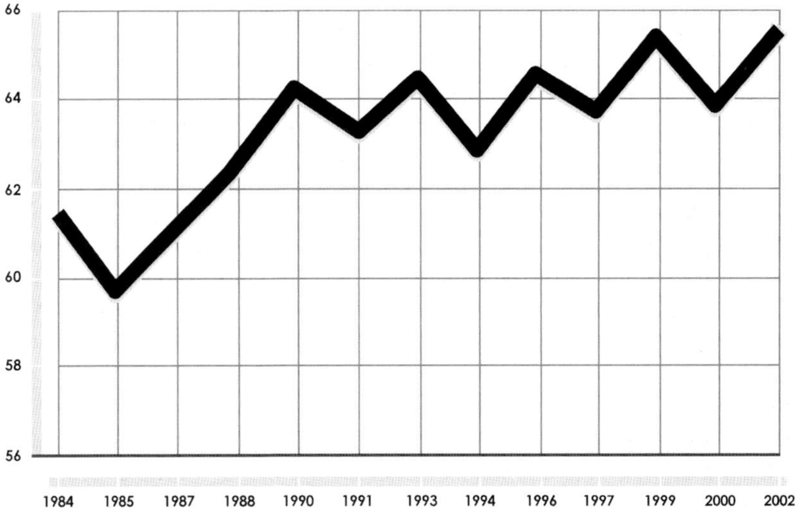

marca. Del resto la nuova scuola del marketing estetico[37] è rivolta proprio a valorizzare/rilevare l'impatto dei sensi sulla marca. E, come l'estetizzazione, anche il polisensualismo appare in continua espansione (fig. 18).

La competenza/i borders. Cosa può produrre o firmare una marca, quale è la sua competenza elettiva e cosa invece le è precluso. Quale è il suo *know how* produttivo e di servizio, quale è la sua vocazione in termini di presidio del territorio. Fa parte anche di questa esplorazione la ricognizione dei limiti del suo territorio e l'individuazione delle marche/prodotti/servizi che sono più direttamente confinanti (e competitivi). Come è noto all'interno del suo territorio – se bene e consapevolmente presidiato – la marca è assai forte, fuori diviene facilmente vulnerabile. Acquisizione di sapere questa fondamentale per qualsiasi operazione di *brand extension* o *brand stretching*.

Gli intangibles. È un'area a cui è da attribuire vieppiù e vieppiù attenzione. Trascurata in passato, poco coltivata anche nel presente, costituisce invece un asset di notevole importanza, che assume, nel divenire storico, sempre nuovi spessori. L'area degli *intangibles* si propone nell'ottagono della marca – divenendo anche fertile terreno di ricerca – con tre significative dimensioni:

- la *dimensione affettiva/emotiva*. L'irrompere delle emozioni nelle decisioni di consumo impone oggi alla marca di possedere una forte coloritura emotiva, di esprimere una serie di *nuances* in quest'area che riescano a "scaldarla";
- il *fine tuning* con il sistema di valori culturalmente egemone nel proprio target, la condivisione di valori elaborati da un sociale in continua evoluzione. Ma anche essere depositaria di un proprio, importante set di valori (la famiglia per Barilla, il cosmopolitismo per Benetton, il *"Just do it"* per Nike e via dicendo);
- l'*etica e la responsabilità sociale*. È una dimensione a cui il consumatore va dedicando una crescente attenzione. Sia sul versante della ecocompatibilità che degli effetti che la marca è in grado di esercitare su tutta la filiera: dalle materie prime alla fabbricazione, allo smaltimento dei rifiuti;
- *i benefit/le product performances*. Un tempo erano considerati come fattori costitutivi l'equity della marca: certamente i più importanti anche se non i soli. Le valenze della marca tendevano cioè a compendiarsi, e ad esaurirsi, nei valori d'uso. Valori prevalentemente razionali e performativi. È difficile dare delle indicazioni generalizzabili a livello dell'universo delle marche. Ma l'evidenza è che questa componente, pur restando rilevante, vada ridimensionandosi. Sovente declassata a pre-requisito, a *reason-why* per motivare scelte di consumo;
- la *personalità*. Include sia il patrimonio cognitivo che si possiede sulla marca – una dimensione di rilievo nei processi di valutazione – che il carattere della marca, il suo temperamento e il suo *tone of voice*.

Per l'antropomorfizzazione della marca – l'attribuzione cioè alla marca di caratteristiche umane che costituisce un efficace *shortcut* per definirne la per-

37. B.H. Schmitt e A. Simonson, *cit.*

sonalità – come per tutte le dimensioni dell'ottagono, vi è un largo ricorso di scale/test proiettivi ed associativi. La descrizione dell'idealtipo del consumatore della marca – il ritratto psicologico del consumatore – è una componente importante di quest'area.

- *Value for money*. *Last* ma assolutamente *not least*: del resto la successione che abbiamo seguito nel descrivere l'ottagono non sottende alcuna gerarchia. Con la dimensione prezzo – in un'ottica appunto di *value for money*, di rapporto prezzo qualità – debbono ormai confrontarsi anche le marche di eccellenza. Persino quelle che si rivolgono ai segmenti più abbienti della popolazione. A fronte di una forte e crescente sensibilizzazione del consumatore al prezzo, lo studio del prezzo psicologico della marca, della sua *elasticità al prezzo* diviene un must nello studio della marca.

Le informazioni raccolte – mediante uno studio quali-quantitativo (la fase estensiva si basa solitamente su un campione di 600/800 casi) – vengono successivamente elaborate mediante un complesso sistema di algoritmi e modelli. Che consentono di rilevare per ciascuna dimensione – scomposta a sua volta in una serie di categorie analitiche (fig. 19) – *la gerarchia e l'impatto* nel determinare la preferenza/scelta della marca, nell'indurre all'acquisto.

Nel sistema dinamico – quindi – ogni macro-variabile ottiene un giudizio complessivo. Questo è ottenuto dal voto che ognuna delle micro-variabili che la compongono, ponderato per il suo peso nei confronti della macro-variabile (fig. 20).

Un approccio – quello delle dimensioni dell'ottagono – che non ha alcuna pretesa metafisica ma che soprattutto la qualità di restituire alla marca – dopo

Fig. 19 - Da macro a microindicatori[38]

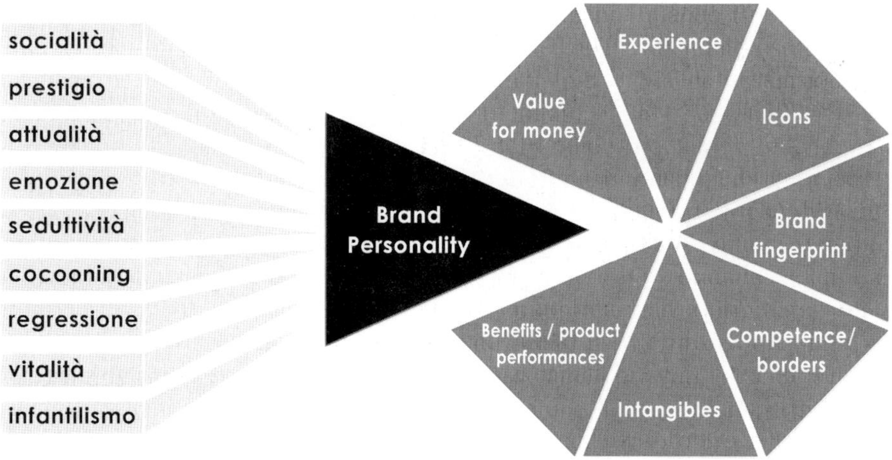

38. Lo schema si riferisce ad un prodotto dolciario: per un'altra marca o settore merceologico i microindicatori sarebbero diversi.

Fig. 20 - Giudizi e pesi relativi alle singole microvariabili intangibili per un prodotto dolciario

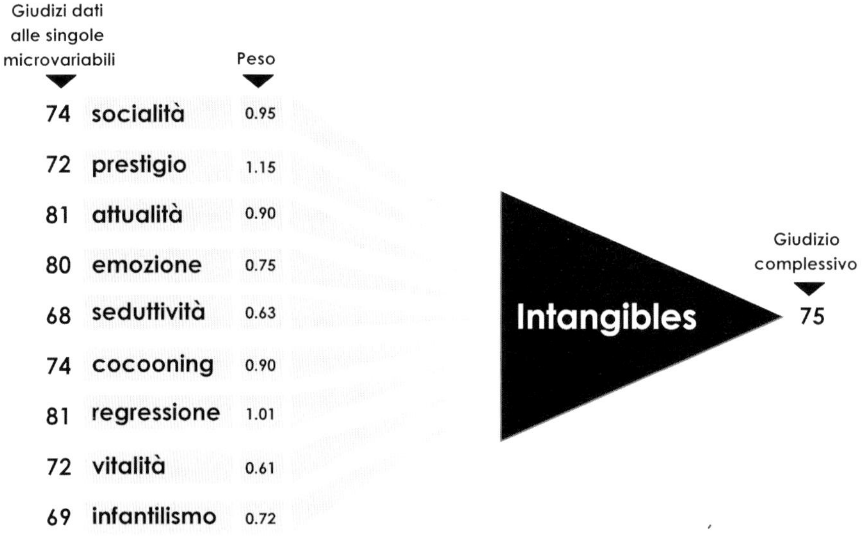

un lungo periodo di gestione minimalista e riduttiva – la sua capacità di confrontarsi con successo con le complessità che vanno assumendo i mercati.

Brand Strategy. È la fase conclusiva dello studio e vede l'attiva partecipazione del management ai suoi livelli più elevati.

Nel senso che si deve mettere a punto – sulla base del complesso studio condotto e degli obiettivi che l'impresa si propone – un piano strategico sulla marca, atto a valorizzarne al massimo grado l'equity e la competitività sui mercati ed il cruscotto per gestire con la massima efficacia la strada.

Una fase in cui il ricercatore ha più una funzione consulenziale di trasferimento dei dati del BCS, di animatore del team, di maieuta, di verbalista, che non di assunzione di un ruolo autonomo. Le sue sono raccomandazioni ed indicazioni di massima che devono essere reinterpretate e finalizzate alla luce del sapere e della volontà di chi deve gestire la marca.

L'output di questa fase prevede due diverse modalità: la prima con la messa a punto del documento strategico e le indicazioni operative che consentono di realizzare le strategie, la seconda – non meno importante – con la redazione di un paradigma di immagine e di identità della marca variamente definito nel mondo delle imprese ("Bible", "Blu Book", "Vision&Mission" ecc.). È un documento agile che dovrà costituire il costante punto di riferimento, il vero polo dialettico per qualsiasi intervento che concerna la marca. Un documento che dovrà essere diffuso all'interno dell'impresa perché la marca deve divenire partecipata, condivisa ed interiorizzata a tutti i livelli, anche da chi svolge lavori marginali e subalterni. E a cui dare – se risulta utile – anche una diffusione esterna ai tanti *stakeholder* con cui la marca deve interagire.

9. Estensioni di marca

9.1. La marca si estende

La pratica delle estensioni esplode negli anni Ottanta. E non è casuale. Gli anni Ottanta sono quelli in cui prende corpo, nel mondo delle imprese e del management, la consapevolezza del potere della marca e delle sue enormi potenzialità in termini di valore commerciale, finanziario, simbolico, semiotico. "Negli Stati Uniti, dal 1977 al 1984, secondo la Nielsen Company, il 40% dei lanci di nuovi prodotti nel circuito delle grandi e medie superfici è stato una estensione di marca"[1].

S'intuisce concretamente, cioè, che la marca è un autentico capitale, una risorsa formidabile. Per questo va gestita e sfruttata nel migliore dei modi. L'obiettivo, dunque, non deve essere quello della tesaurizzazione (l'accumulo conservativo, la cristallizzazione del profitto) ma quello della massimizzazione della rendita. In altri termini comincia a delinearsi l'idea che sulla marca è necessario investire, perché la marca è un'entità produttiva, capace di germogliare e dare buoni frutti se sapientemente coltivata e se sfruttata in tutte le sue potenzialità.

Sviluppare e lanciare una nuova marca appare sempre più rischioso e difficile. Far fruttare il proprio capitale risulta invece vantaggioso, più agevole e meno dispendioso. Appare chiara, allora, la possibilità di far riverberare l'equity, la notorietà e l'appeal della marca su altri prodotti. Semplicemente espandendone il raggio d'azione.

L'estensione di marca è una pratica crescente nel brand management contemporaneo. Non che si tratti di una "invenzione" dei nostri giorni, tuttavia, come osserva Kapferer "è divenuta moneta corrente"[2]. Si stima che oggi, negli Stati Uniti il 90% delle nuove marche introdotte nei settori *grocery* e *drug*

1. J.-N. Kapferer (2000), *cit.*, p. 279.
2. *Ibidem.*

trade sia da attribuirsi a line extension[3]. Insomma, quello che un tempo era un curioso capriccio delle griffe dell'alta moda, oggi è diventato una modalità generalizzata, normalizzata. A volte sin troppo banalizzata. Non a caso, quella della brand extension è una delle operazioni più discusse e controverse[4]. Essa consente di capitalizzare sul valore della marca distribuendone i benefici oltre la produzione originaria. In buona sostanza, è un modo per sfruttare al massimo la notorietà, la forza e l'appeal di una marca, attraverso l'introduzione di nuovi beni o servizi sotto lo stesso nome commerciale. Al prodotto originario, al prototipo, se ne aggiungono altri: a volte naturali declinazioni di una vocazione produttiva archetipica, di fatto semplici varianti. Altre volte si assiste ad un vero e proprio cambiamento di categoria merceologica. E così, accade che l'impresa si introduca in un nuovo mercato che fino a poco tempo prima le era praticamente sconosciuto, o in cui era del tutto assente, sotto il nome di una delle sue marche già esistenti, piuttosto che con un nuovo nome di marca.

La marca – che in origine è pensata per rispondere ad una sorta di "destinazione d'uso", una vocazione originaria, una specializzazione produttiva – inizia ad occupare territori nuovi, a "sconfinare". Ad entrare, cioè, in settori che un tempo non le appartenevano. È accaduto a molte imprese, che, ad un certo punto della loro esistenza produttiva, hanno sentito l'esigenza di coprire ed abbracciare nuovi mercati. Anziché farlo con un inedito ed ulteriore nome commerciale, hanno utilizzato reputazione e immagine della marca che possedevano, che avevano negli anni coltivato e nutrito, quella già consolidata. Una economia di scala a tutti gli effetti. Si ammortizzano i costi e si possono massimizzare i benefici.

L'idea di inglobare nuove referenze o anche servizi sotto la stessa etichetta, di far rendere il successo e la visibilità di una marca già affermata per ampliarne l'offerta è densa di opportunità e, al tempo stesso, di minacce. Per questo è stata perseguita o allontanata, acclamata o demonizzata, a seconda dei punti di vista. Noi crediamo che occorra far chiarezza perché l'estensione non è un toccasana in assoluto, e nemmeno una minaccia *tout cour*. È una pratica che può valorizzare il capitale marca, se ben gestita, perché capace di produrre benefici riverberi a doppio senso, ottimizzando il successo di ogni singolo prodotto. Oppure può indebolirlo, sgretolarlo, offuscarlo se condotta con troppa spregiudicatezza e poca lungimiranza. Può addirittura distruggerlo se avviene in maniera esasperata, se, cioè, diventa stretching: un pericoloso allungamento verso territori troppo distanti dalla prima vocazione produttiva. Un vero e proprio sconfinamento che – tranne alcune eccezioni magistrali ed eccellenti – s'è sovente rivelato fatale.

Esistono dunque regole di condotta da seguire e valutazioni da compiere: bisogna, innanzitutto conoscere la propria marca, il suo DNA e la sua essen-

3. A. Ries, L. Ries (2002), *cit.*, p. 49.
4. Per un approfondimento si veda G. Michel, *cit.*

za, la sua missione ed i suoi valori. E, soprattutto crediamo occorra fare una precisa distinzione in termini di permanenza o allontanamento dal proprio territorio.

Quando la marca riesce ad interpretare più declinazioni di sé stessa entro lo stesso comparto del consumo, o all'interno di una vocazione produttiva primigenia, ha buone probabilità di rafforzarsi, di consolidare la propria equity, la propria visibilità, la propria notorietà. Di capitalizzare sui costi di gestione e promozione, sulla fedeltà dei consumatore e sulla propria rendita di posizione. È il caso della line extension: un ampliamento di gamma che il più delle volte risulta indolore, auspicabile, energetico. Nondimeno, man mano che la marca sconfina rispetto alla propria vocazione originaria, diventa fragile e si abbassano le sue "difese immunitarie". Nulla toglie che – se capace di gestire con lungimiranza ed attenzione il proprio valore – essa possa realizzare brand extension efficienti e di grande successo anche fuori dai propri confini. Tuttavia, quando l'allontanamento dal "capoluogo", dalla terra d'origine, è spregiudicato, privo di coerenza e di senso, l'operazione diventa pericolosa: un pericolo per sé stessa, per la propria immagine, per il proprio valore. Si tratta di quell'operazione solitamente definita brand stretching, in cui la valutazione rischi/ benefici è spesso sbilanciata a favore dei primi.

Line extension, brand extension, brand stretching sono le tre modalità che qui di seguito analizzeremo.

9.2. All'inizio fu *line extension*

Rispetto al prodotto originario con cui nasce, la marca è stata, negli anni, progressivamente estesa ad altri prodotti. Inizialmente in settori limitrofi. Verso altri articoli, appartenenti ad aree contigue rispetto al prodotto primo ed originale, verso, cioè, zone naturalmente prossime alla vocazione fondativa del brand. È la fase della line extension. Una vera e propria dilatazione della marca, un suo prolungamento. Tuttavia – se si considera la metafora del territorio – la marca non sembra oltrepassare, qui, i propri confini. Essa insiste infatti entro la propria "geografia", la propria merceologia, la propria specializzazione. Parla agli abitanti di sempre. Con la stessa lingua e gli stessi stilemi. Non si allontana di molto dal capoluogo, tutt'al più crea nuove province. Rafforza la propria viabilità e la propria visibilità, rendendosi più accessibile, più desiderabile, più popolosa e variamente abitata.

La marca di dadi per brodo, ha iniziato così a rivedere il proprio pezzo unico. Il prototipo standard s'è moltiplicato in diversi sapori, aromi diversi. L'insaporitore classico a base di carne è stato affiancato dal suo omologo alle erbe, poi da quello più speziato, successivamente dalla versione vegetale, da quella light, da quella senza glutammato monosodico. La marca specializzata in mascara s'è prolungata verso l'area delle matite per occhi, degli *eye liner*, dei fondotinta. La marca di yogurt ha iniziato – dopo decenni di monosapore – a proporre nuovi gusti oltre al duetto bianco magro e bianco intero: alla frutta, al caffè, con cereali, liquido da bere, ecc. Al limite ha intrapreso la strada del formaggio cremoso con fermenti lattici.

Questo approccio al branding s'è rivelato doppiamente efficace: per l'impresa ha consentito e consente di realizzare il massimo del risultato col minimo dello sforzo, capitalizzando sull'equity di una marca madre e sui benefici effetti – in termini di *market share* – di una attenta segmentazione del mercato. Espandendo l'impiego di una stessa marca l'azienda riesce infatti ad ammortizzare i costi iniziali di lancio e promozione. Si stima che, rispetto ai costi di lancio per una nuova marca, quelli di una estensione di linea corrispondano a circa 1/5[5]. Inoltre i tempi di sviluppo, di acquisizione di notorietà e familiarità col cliente sono certamente più rapidi che non quelli richiesti dall'introduzione di una nuova marca.

Per l'individuo consumatore è una modalità che placa quell'ansia da novità tipica di tutte le fasi di assaggio: offre la garanzia di una marca già nota e sicuramente affidabile, sopra nuovi prodotti, che altrimenti si sarebbe restii a sperimentare. Il cliente, già fedele, trova rassicurante estendere alle nuove versioni il credito che attribuiva alla marca. Attraverso questa sostanziale dinamica di creazione di autentiche "famiglie" di prodotti – comunità riferite ad un unico genitore e un'unica caratterizzazione funzionale/merceologica – la marca ha sovente realizzato interessanti sinergie. Moltiplicando la sua visibilità, la sua identità, la sua immagine e i suoi benefici distintivi. Anche i feedback sul prodotto (o sui prodotti) *original-one* sono stati in genere vantaggiosi e positivi. Nonostante qualcuno dei *followers* sia divenuto poi più famoso e più venduto rispetto al capostipite.

Tuttavia, per quanto questa escursione della marca possa rivelarsi dinamica ed elastica, essa non supera mai i confini del territorio d'origine. La line extension rientra nella logica del *core business* dell'impresa. John Quelch e David Kenny[6] ritengono che negli ultimi dieci anni, le imprese abbiano perseguito la pratica delle line extension come parte determinante delle loro *marketing strategies* per tre ragioni fondamentali: innanzitutto le estensioni sono considerate come un metodo *low-cost* e *low-risk* per rispondere ai bisogni di vari segmenti di consumatori; in secondo luogo le line extension possono soddisfare le differenti richieste del consumatore attraverso un'ampia varietà di beni sotto una singola marca; infine i manager utilizzano spesso le line extension come espediente competitivo a breve termine per incrementare il controllo della marca sugli spazi limitati degli scaffali.

5. J.-N. Kapferer (2000), *cit.*, p. 222.

6. J.A. Quelch, D. Kenny, "Extend Profits, not product lines", in Aa.Vv., *Harvard Business Review on Brand Management*, Harvard Business School Press, Harvard, 1999, pp. 105-126.

La line extension, o estensione di gamma, s'inscrive dunque in maniera decisamente naturale nella logica del marketing contemporaneo e nell'ordine delle molteplici istanze del consumatore post-moderno. Bisogni e desideri degli individui non cessano di evolvere, di moltiplicarsi, di diversificarsi, d'infittirsi: l'offerta commerciale si adatta alla frammentazione, si sintonizza sul mutamento, sulla varietà. La segmentazione dei mercati si fa pratica crescente, sempre più sottile, sempre più ricca.

La marca integralista del modello T Ford – un modello un colore, un prezzo – lascia definitivamente il posto alla marca capace di ascoltare il pubblico: quella che riconosce ampliamente l'esistenza di target differenti, di aspettative multiformi, di domande cangianti e che cerca di rispondervi al meglio. Quella che opera un *fine tuning* per una maggiore prossimità con i gusti della gente, che persegue la customer satisfaction attraverso un'offerta variegata. Oggi Burger King, negli Stati Uniti, suggerisce al proprio pubblico un consumo personalizzato: "*have your way*". Con o senza salsa, con o senza cipolle, al dente, ben cotto, e così via. La customizzazione diventa di massa, istituzionalizzata, generalizzata, proposta dalle imprese e commercializzata dalle marche.

"L'estensione di gamma è una tappa necessaria dell'evoluzione della marca nel tempo. Al pari delle specie viventi che non sopravvivono se non adattandosi alle evoluzioni dell'ambiente e che cercano di estendere il proprio campo ecologico, la marca, storicamente designatrice di un prodotto unico (Coca-Cola, la Vache-qui-Rit) si ramifica in sottospecie"[7]. Prendiamo Coca-Cola, che – conservando la propria identità, i propri valori, gli attributi fisici e quelli simbolici – ha saputo estendere il raggio d'azione della marca, avvicinandosi a tanti pubblici differenti. Permettendo in tal modo, ad individui diffidenti, reticenti, o poco orientati al prototipo della Coca-Cola Classic, di lasciarsi andare al piacere di una Coke. La moltiplicazione delle versioni – con o senza zucchero, con o senza caffeina, aromatizzata alla ciliegia, alla vaniglia, al limone, ecc. – ha, in qualche modo, abbattuto ogni barriera e ogni pregiudizio al consumo. La marca s'è sintonizzata con un ampio ventaglio di target: gli attenti alla linea, i preoccupati per la salute, i tradizionalisti, gli sperimentatori, gli amanti dei gusti caramellosi e ogni volta differenti.

È evidente che l'estensione di linea rinforza la marca allargandone la clientela ed espandendone il mercato. Le varianti – in termini di formato – producono lo stesso effetto. Non è casuale, infatti, che nel settore dei soft drink (ma il fenomeno vale anche per altri comparti) si ritiene che il lancio di un nuovo formato – lattina, bottiglia formato familiare in pet, cartone in tetra-brik, bottiglia in vetro, cheer-pack, borraccia, ecc. – possa essere considerato, in qualche modo, alla stregua del lancio di un nuovo prodotto, di un nuovo articolo *tout cour*. Effettivamente, ogni nuovo formato consente alla

7. J.-N. Kapferer (2000), *cit.*, p. 218.

marca di accedere ad una nuova modalità d'utilizzo, e dunque si offre ad un nuovo individuo consumatore: in questo modo esso inizia a vivere una vita propria, nonostante la naturale derivazione dal progenitore. La pasta alimentare – ogni azienda del settore ha un range di molte decine di formati e tipi di prodotti – è probabilmente l'archetipo – che scaturisce da diverse tipologie di pasta presenti nelle tante regioni italiane – della range extension nel nostro Paese.

L'originaria bottiglietta in vetro della Coca-Cola corrisponde all'utilizzo in luoghi pubblici e "sociali" del consumo: bar, ristoranti, discoteche, hotel; la bottiglia da un litro in vetro, e successivamente, quella da un litro e mezzo in PET hanno inaugurato un consumo di tipo domestico e familiare; la più piccola bottiglia in plastica, che ricalca il modello di quella storica, è adatta al viaggio, allo sport, alla vita all'aria aperta; la lattina in alluminio funziona trasversalmente, potremmo dire ubiquamente, adattandosi a molteplici situazioni di consumo, e permettendo un nuovo tipo di distribuzione, quella automatica degli apparecchi distributori.

L'estensione rende dunque elastici i confini del mercato, ampliando le zone "di competenza" e le destinazioni d'uso della marca. Questa compie così un esercizio di vitalità e sensibilità, mostrandosi dinamica e capace di riconoscere le attese del pubblico. L'impresa può anche trovare nell'estensione un formidabile "effetto rivitalizzante", allorché la propria marca sia in declino o attraversi una fase di "caduta libera". Borotalco Roberts ha vissuto una straordinaria seconda giovinezza attraverso la nuova linea di prodotti per la cura della persona, dai deodoranti al bagnoschiuma. Un prodotto in via d'estinzione come il chinotto è letteralmente resuscitato grazie ai nuovi formati come la lattina e il PET familiare da un litro e mezzo.

La logica della range brand, delle marca trasversale, appartiene a questa dinamica, perché realizza una significativa gemmazione di modelli e di varianti rispetto ad un prototipo, pur insistendo nell'ambito di una vocazione produttiva originaria o, se non altro, in comparti del consumo contigui e affini. Tuttavia la range brand incarna un'idea di segmentazione del mercato più sistematica e strategica che non un inerziale allungamento che risulta, più che altro, un principio di tipo tattico, una modalità occasionale. La range brand infatti può prevedere, collezionare e combinare differenti prodotti capaci di restituire al consumatore un'idea globale di marca. La range brand è l'evoluzione postmoderna dell'estensione. Se da un lato quella dell'estensione è una modalità rivolta ad ottenere il massimo del risultato col minimo dello sforzo, per far fruttare al massimo la marca, per spalmarne benefici ed equity sopra intere famiglie di prodotti, dall'altro, la range brand è la risposta più appropriata alle mutevoli istanze di un consumatore multiforme, mobile, infedele e dai mille volti.

Le versioni light di gran parte dei prodotti alimentari che sono fiorite negli ultimi anni – una malintesa lettura delle crescenti preoccupazioni dietetiche dei consumatori – sono state per lo più un clamoroso fallimento. Spesso la line extension è debordante rispetto alle richieste del mercato: se pensi, ma l'esemplificazione potrebbe essere assai ricca, alla moltiplicazione insensata dei sapori che ha impedito la visibilità di tipologie di yogurt veramente innovative.

Gli stessi Quelch e Kenny – che alla fine degli anni Novanta avevano messo a fuoco il fenomeno delle strategie di espansione ed estensione di marca e di linea – sono convinti che, se mal gestite, le line extension, possono danneggiare la marca: "il ruolo strategico di ciascun articolo diventa confuso quando una linea è oversegmentata. Inoltre un'impresa che estenda la propria linea rischia di minare la fedeltà alla marca. Le line extension raramente espandono la domanda di categoria, e i negozianti non possono dare maggior spazio-scaffale ad una categoria solo perché ci sono più prodotti. Infine, i costi reali della proliferazione delle line extension possono rimanere ignoti"[8].

Potremmo concludere, allora, che non esistono strategie perfette, strategie immuni da rischi. La line extension dovrebbe essere contenuta, limitata, focalizzata e ben gestita. Soltanto così la segmentazione dei target e la frammentazione della domanda possono diventare autentiche opportunità.

9.3. *Brand extension*

Quella dell'estensione è apparsa, ai suoi esordi, come una operazione positiva e corretta. Sicuramente meno rischiosa ed onerosa che non lanciare, sviluppare ed investire su una nuova marca. E così – rispetto al prodotto originario cui si è legata *in primis* – la marca ha intrapreso, nel tempo, escursioni verso altri comparti merceologici.

Inizialmente, l'abbiamo visto, s'è trattato di escursioni a campo limitato, cioè in settori limitrofi (la line extension, l'estensione di linea, di gamma). In buona sostanza la marca ha offerto al consumatore una serie di declinazioni minimali rispetto ad un archetipo iniziale: più che altro varianti contenute a fronte di una vocazione basica, che non autentici sconfinamenti verso aree lontane dalla merceologia di provenienza. In un secondo tempo l'allontanamento rispetto al luogo d'origine s'è fatto più significativo. La marca, cioè, s'è letteralmente distaccata – certamente senza rinnegarla – dalla sua specializzazione produttiva iniziale. Ha occupato nuovi territori.

Le marche più emblematiche nell'allargare le proprie competenze merceologiche sono state quelle dell'alta moda. L'estensione si sviluppa infatti come una sorta di democratizzazione del lusso. È dall'olimpo delle collezioni più prestigiose, più costose, più inavvicinabili e più splendenti di aura che parte il processo di contaminazione verso il basso. Sono proprio le griffe, che na-

8. J.A. Quelch, D. Kenny, "Extend Profits, not product lines", in Aa.Vv., *Harvard Business Review on Brand Management*, *cit.*, pp. 105-106.

scono nell'*haute couture*, nel comparto dell'abbigliamento, ad estendere per prime il loro territorio verso aree più o meno contigue: dapprima agli accessori, alla pelletteria, poi alla bigiotteria, all'orologeria, all'arte della tavola, all'arredamento per la casa, ai sanitari per il bagno, alla cosmetica. Chi non ricorda Pierre Cardin, che tra gli anni Settanta e gli anni Ottanta iniziò a griffare qualsiasi oggetto: dalle penne agli ombrelli, dagli accendini alle piastrelle, dagli asciugamani alle stoviglie? A un certo punto ingordigia, miopia, delirio di onnipotenza hanno fatto sì che le griffe firmassero tutto e il contrario di tutto con clamorosi insuccessi – ma sin'ora i guadagni dell'industria della moda lo hanno consentito – che sono stati rapidamente metabolizzati. Anche le prime marche del distributore possono considerarsi antesignane dell'estensione: infatti certe private label come Coop, Esselunga, Despar, hanno osato prima di altre, abbracciare un ampio ventaglio di categorie merceologiche. Suntory, una marca giapponese di prima grandezza, firma una vastissima gamma di alimenti, un wisky premium e la più prestigiosa catena al mondo di ristoranti del Sol Levante. Non solo. Grossi colossi industriali come Philips e Siemens hanno trasferito il proprio sapere e la propria cultura a settori differenziati del consumo. Mitsubishi – che, in fatto di estensioni, ha una tradizione di lunga data – oggi marchia allo stesso modo e con grande disinvoltura, il settore dell'alta fedeltà come i cantieri navali e le centrali nucleari, gli istituti bancari e persino prodotti alimentari. Insomma una sorta di ribaltamento della filosofia di marketing della Procter & Gamble secondo cui tra marca e prodotto doveva avvenire una sorta di fusione simbiotica, unitaria. Come osserva Kapferer: "per tutti coloro che sono stati allevati nel sacro-santo dogma procteriano secondo cui una marca deve corrispondere a un prodotto e uno soltanto, e reciprocamente, la situazione attuale conduce a una profonda rimessa in causa: persino Mars, l'esempio tipico fino ad oggi della marca-prodotto, diventa una marca-ombrello che ricopre segmenti e prodotti profondamente diversi. Questa evoluzione è normale: è la conseguenza diretta della presa di coscienza che le marche sono il vero capitale dell'impresa"[9].

Tuttavia, e il caso di Pierre Cardin è un esempio particolarmente significativo, quando l'estensione supera certi limiti – varcando una sorta di "soglia del dolore", oltrepassando il limiti di certe specializzazioni/vocazioni produttive – essa si trasforma in stretching forzato: dannoso e pericolosissimo. Pierre Cardin ha così perso la sua aura, il suo prestigio, la sua autorevolezza: s'è allungata a dismisura. Il suo disinvolto stretching ha danneggiato il valore della griffe, che pure in origine era forte e distintitivo. In altre parole, come osserva Ellwood, la cupidigia della marca ha strangolato il mercato: "*the greed of the brand strangles the market*"[10].

9. J.-N. Kapferer (2000), *cit.*, p. 280.
10. I. Ellwood, *cit.*, p. 37.

9.4. La deriva dell'estensione: lo *stretching*

Se si considera che i prodotti rappresentano di per sé, un significativo medium di comunicazione, l'allungamento verso articoli coerenti con la marca, può essere – e in molti caso lo è stato – un fattore di rafforzamento degli stessi *core values* del brand. Soprattutto nei mercati contemporanei, iperestesi, sovraffollati e particolarmente competitivi, è importante possedere autentiche squadre di prodotti garantite da un unico vessillo: *una vera e propria massa d'urto, solida, compatta e consistente*, capace di garantire notorietà, visibilità, riconoscimento nei confronti del pubblico e contemporaneamente accoglienza/presenza rispetto al punto vendita. La strategia della brand extension permette inoltre di poter ammortizzare i costi e di ottimizzare su più prodotti l'investimento pubblicitario. Ciò che importa è che si realizzi comunque un effetto alone: una sorta di grande, e positivo, riverbero della marca che produce effetti qualificanti ed energizzanti anche su quei prodotti (o servizi) per i quali non si effettua pubblicità.

Fin qui – a patto che la marca si allunghi rispondendo ad un originario criterio qualitativo, in piena coerenza con la mission, la filosofia e l'identità originaria – tutto bene: l'estensione entro la medesima categoria merceologica o in aree particolarmente vicine è una operazione efficace e senza grossi rischi. *Allungare senza strappare*, guadagnare gradi d'elasticità all'interno di un range compatto e coerente, è una operazione auspicabile e certamente benefica per la marca.

I rischi arrivano man mano che l'estensione supera una sorta di soglia fisiologica oltre la quale il movimento dolce e naturale diventa – sovente in maniera un poco forzata – un vero e proprio stiramento, un autentico stretching. Lo stretching compare quando la marca prende il volo e si allontana rispetto ad una vocazione produttiva originaria. Ovvero quando la marca di attacchi da sci inizia a commercializzare biciclette da corsa; quando quella che ha sempre prodotto dadi per brodo passa al tè e ai pomodori pelati; quando la griffe dell'alta moda s'avventura nel settore dell'arredamento; quando lo stilista affermato trasferisce il proprio marchio dal *prèt à porter* alle piastrelle, dalle camicie ai cioccolatini, dalle borsette agli occhiali da sole. Tutte operazioni delicate, certo dense di possibilità e spesso fortunatissime, ma altrettanto potenzialmente fatali, irte di pericoli e di minacce. Infatti, se da una parte la marca può diventare un reale moltiplicatore di valore, un trasmutatore alchemico – perché effettivamente, quando è ben gestita, funziona come la pietra filosofale – dall'altra essa non trasforma automaticamente in business ogni cosa: in buona sostanza, non le basta giustapporsi a qualunque prodotto, a qualsiasi servizio, per riverberare i suoi benefici effetti[11]. Come nell'attività

11. "*The more you extend, the more you risk moving into areas in wich you have no competence*". Per un approfondimento si vedano le interessanti riflessioni sui rischi della brand extension e sul suo "circolo virtuoso" in M. Sherrington, *cit.*, pp. 74-79.

fisica e nello sport, lo stretching dev'essere eseguito con cautela, quando il corpo è riscaldato, con dolcezza, progressione e senza forzare, senza strappare. Altrimenti si rischiano gravi lesioni, e il muscolo, anziché trarne beneficio, ne rimarrà irrimediabilmente segnato.

La letteratura manageriale che affronta il tema della marca pare non fare sufficiente distinzione tra stretching ed extension. In altre parole, si fa riferimento ad un'unica dinamica, quella dell'estensione, sia che si tratti di una marca che dalle barrette di cioccolato inizia a commercializzare bevande al gusto di cioccolato, sia che questa passi dal cioccolato al settore dei cosmetici. A nostro modo di vedere esiste una soglia – forse sottile, tuttavia non marginale – che separa le due dinamiche, perché si tratta da un lato (extension) di un'escursione entro lo stesso territorio merceologico, in alcuni casi verso i suoi confini o, tutt'al più, verso aree contigue del consumo; dall'altro (stretching), la marca s'allontana spesso pericolosamente dal suo territorio d'origine, fino a sconfinare verso settori profondamente distanti dalla sua primigenia vocazione produttiva.

Entrambe le dinamiche, se ben gestite, possono offrire enormi vantaggi all'impresa, perché questa, utilizzando delle economie di scala – non solo in termini di investimenti pubblicitari, ma anche in termini di notorietà, stima, familiarità col consumatore ed il distributore, fedeltà – riesce a trasferire sul nuovo prodotto una serie di valori positivi che generalmente si stratificano e si consolidano soltanto grazie al tempo, all'esperienza del consumo, al battage pubblicitario. Nondimeno, laddove l'extension risulta il più delle volte indolore, benefica, positiva, lo stretching può comportare una serie di problemi spesso disastrosi per l'impresa stessa. Lo stretching, infatti, può diventare vampiro e cannibalizzare la significatività del prodotto originario, la sua forza, la sua credibilità. Certe "diluizioni" di marca, a volte azzardate, eccessive, poco coerenti col nome, con l'immagine, l'identità e il carattere archetipici, possono danneggiare seriamente la marca stessa.

"Estendere una marca molto conosciuta ad una serie di prodotti o servizi addizionali è una operazione semplicissima. È anche una delle cose più pericolose. La tentazione di creare una *branded line extension* è in genere fortissima, perché quando funziona, essa consente di trasferire i significati valoriali della marca alla nuova offerta"[12].

Il passaggio dall'estensione allo stretching impone delle regole ben precise. Inoltrarsi oltre i propri margini territoriali, occupare inedite aree di competenza, avventurarsi entro comparti merceologici spesso profondamente distanti dalla tradizione dell'impresa, significa compiere operazioni ad altissimo rischio. E non è casuale: infatti, fuori dei propri confini naturali la marca è fragilissima. Attaccabile, debole, persino a rischio di autodistruzione. Estensione, e ancor più stretching, non significa sopravvivenza parassita sotto

12. J. Mariotti, *cit.*, p. 148.

il grande ombrello della marca, non rendita di posizione, e nemmeno vita da cortigiano in un altro comparto merceologico. Insomma se il prodotto esteso si limita a "scroccare" la ricchezza e il valore del brand e della vocazione produttiva originaria, senza proporre alcuna credibilità, coerenza, competenza produttiva, allora l'operazione sarà inevitabilmente destinata a fallire.

"Estendere la portata delle marche contribuisce a realizzare due degli obiettivi della architettura di marca: sfruttare a fondo la risorsa costituita dalla marca e dare origine a sinergie attraverso un'accresciuta visibilità della marca stessa e la creazione di nuove connotazioni in altri contesti. Ma, al tempo stesso, se si procede ad estendere la marca senza prendere in considerazione tutte le possibili conseguenze di questa mossa, ne potrà conseguire una diluizione delle connotazioni già esistenti e ciò, a sua volta, potrà indebolire la marca e rendere meno chiara la gamma dei prodotti offerti"[13]. D'altro canto sono in molti a ritenere che stiamo entrando in un'era in cui le opportunità di brand extension appaiono potenzialmente infinite. Virgin è certamente il caso più emblematico, perché marchia di tutto: dai dischi ai viaggi aerei, dai soft drink ai *wedding parties*[14], dai cosmetici alle linee ferroviarie. E lo fa con enorme successo. Pur trattandosi di uno stretching eclatante, di un allungamento oltre confine e oltre misura, quello di Virgin è un esempio fortunato: l'eccezione che conferma la regola. L'abilità di questa marca sta nell'essere riuscita a stabilire una connessione diretta col consumatore: un legame forte basato su un plesso di valori e su una precisa visione del mondo. Sir Richard Branson ha sempre dichiarato che Virgin e i suoi prodotti devono condividere questi cinque fondamentali valori: qualità, innovazione, prezzo contenuto e competitivo, divertimento e una vocazione alla sfida[15]. È la griglia questa per decidere se Virgin è adatta ad entrare in un nuovo settore: se la risposta non è positiva ad almeno 4 di questi 5 valori l'estensione (o stretching) di marca non avviene. Virgin inoltre non è un prodotto: è uno stile di vita, è una filosofia, è un'aspirazione. Ecco la sua forza. Non la specializzazione produttiva, ma la sintonia con la gente. Virgin crea commitment, adesione, partecipazione e simpatia. Il prodotto non conta. Ma questo è un caso limite di eccellenza manageriale e imprenditoriale. Quante altre marche potrebbero permettersi uno stretching così spregiudicato senza rischiare di autodistruggersi?

Noi crediamo che una marca possa considerarsi tanto più forte e "profittevole" quanto più esperta nel proprio territorio e leader nella propria categoria merceologica. Più territori cercherà di occupare, meno probabilità avrà di dominarli tutti, con continuità.

13. D.A. Aaker e E. Joachimsthaler, *cit.*, p. 183.

14. I. Ellwood, *cit.*, p. 37.

15. Per un approfondimento si veda: R. Branson, *Loosing my Virginity* (*the Autobiography*), Virgin Books, London, 2001.

9.5. Lo stesso prodotto, un nuovo formato

Non tutte le estensioni possono dirsi uguali. A seconda della direzione seguita dalla marca nel suo processo di "allargamento delle competenze" si possono ottenere risultati differenti.

L'estensione più fisiologica e "indolore" è quella che prevede una variante di tipo strutturale del prodotto. Sono le dimensioni, la forma, il formato a cambiare. Dunque la sostanza non muta: l'oggetto di consumo, l'archetipo, il capostipite si offre in nuovi sembianti, che tuttavia non ne stravolgono la composizione fondamentale. Siamo nell'ordine delle estensioni di linea o di gamma.

In questo senso, probabilmente, una delle prime e più celebri estensioni è stata quella della Coca-Cola, che intorno alla seconda metà degli anni Cinquanta abbandona la regola ferrea di Asa Candler "un solo prodotto, una sola confezione, un solo prezzo" per adottare un nuovo formato. La nuova bottiglia formato famiglia (King Size da 26 once) inaugura così un filone di fortunate estensioni che il marchio di Atlanta proporrà ai suoi consumatori[16]. La più pubblicizzata è certamente la versione light di quella che, per definizione, è l'*original one*.

Dunque *king size*, ma anche versione famiglia, confezione risparmio, formato salvaspazio, compatto, gigante, maxi, mini. Come non ricordare il celebre maxi-swatch, l'orologio che da polso diventa da parete? Oppure le bottiglie magnum di Veuve Cliquot o di altri champagne e spumanti?

Tuttavia, l'estensione avviene anche in direzione opposta, verso il piccolo. La tendenza del mercato contemporaneo è alla miniaturizzazione. I prodotti perdono peso, si riducono di volume, s'alleggeriscono. Vengono adattati ad un consumo sempre più individuale, ad un audience fatta di singoli. Vengono rivisti e corretti, sintonizzati ad uno stile di vita dinamico, mobile e flessibile. Divengono meno ingombranti: si trasformano in oggetti portatili e trasportabili. Da borsetta, da viaggio, da tasca. Invisibili, discreti, snelli. In versione monodose e monouso.

Nel settore degli snack dolci è il caso della barretta al cioccolato Mars: oggi disponibile in piccoli bocconi di cioccolata (Mars Miniatures), come pure Twix, Kit Kat, Bounty, M&M's: tutti proposti in forma ridotta o mini. O ancora: Nescafé propone il caffè solubile in stick, "ideali per una tazzina di caffè". Anche nell'area dei gelati confezionati la miniaturizzazione è di moda: il mini cornetto Algida. La Nutella in vaschette monodose è un altro esempio di estensione di questo tipo. Il mercato dei single crea nuove opportunità, a tutta l'industria alimentare, di creare monoporzioni.

16. M. Pendergrast, *Per Dio la Patria e la Coca-Cola. La vera storia (non autorizzata) della bibita più famosa del mondo*, Piemme, Alessandria, 1993.

9.6. Un nuovo prodotto, lo stesso beneficio distintivo

Questo tipo di estensione consente di trasferire una serie di benefit tangibili del prodotto originario ad un altro che – pur rimanendo nello stesso comparto merceologico, o tutt'al più insistendo in un territorio di confine o limitrofo – risulta come completamente nuovo. L'estensione mantiene, rispetto al progenitore, lo stesso attributo distintivo: il gusto, l'aroma, il sapore, i componenti principali, la forza pulente.

Mars in versione gelato o in forma liquida (Mars da bere). Dash liquido invece che Dash in polvere. Dixan tablets, in pratiche tavolette. Il formaggio Leerdammer in versione "sottiletta".

Si tratta di un tipo di estensione particolarmente efficace perché non fa altro che riverberare, in maniera coerente e contigua, l'equity della marca, i suoi attributi ed i suoi valori, su prodotti inediti e tuttavia conformi e fedeli al capostipite. Infatti permangono, rispetto all'archetipo, il sapore "unico", gli ingredienti esclusivi, il profumo o l'aroma caratteristici. Un esempio particolarmente fortunato è, in questo caso, quello della linea Borotalco Roberts, che è riuscita a riportare la notorietà, la fedeltà e la familiarità del consumatore rispetto al mitico Borotalco in polvere su una linea di prodotti per l'igiene personale: bagnoschiuma, deodorante stick, deodorante spray, sapone liquido, saponetta, ecc. Capitalizzando sul forte valore simbolico ed affettivo del prodotto originario – divenuto ormai di culto, legato com'è al ricordo dell'infanzia, ai profumi della toletta di una volta, ad una liturgia privata del bagno e della cura della persona – la Manetti & Roberts ha esteso il proprio territorio di competenza verso aree nuove e tuttavia concordi rispetto alla missione originaria della marca. I nuovi prodotti incarnano l'essenza del capostipite: conservano il tipico profumo di Borotalco, dichiarano di contenere "microtalco", mantengono i colori caratteristici della confezione (in particolare il verde scuro) e certe decorazioni dorate, vagamente *art nouveau*, tipiche del packaging pioniere. Nivea ha fatto un'operazione analoga partendo, anche in questo caso, da una crema polivalente che è stata riqualificata dall'extension di linea: un'operazione che ha portato benefici al prodotto originario e che, trasferendo i suoi crediti sulle *new entries*, ne ha propiziato il successo. Anche Dove, il leggendario detergente non abrasivo a ph neutro, con 1/4 di crema idratante, ha trasferito questo posizionamento originario, questa sua peculiarità che lo caratterizza da oltre quarant'anni, sulle estensioni che ne sono derivate: deodorante, sapone liquido, crema idratante, bagnoschiuma, shampo e balsamo. Prodotti nuovi, che tuttavia conservano l'anima della prima saponetta: quella mostrata in tutte le pubblicità, pronta ad accogliere il celebre quarto di crema idratante.

9.7. Un nuovo prodotto, complementare o accessorio

Esistono alcuni beni di consumo la cui fruizione avviene generalmente in associazione ad altri beni: pensiamo, ad esempio, nel comparto alimentare, alla pasta e al sugo; nel settore dell'igiene personale al rasoio e alla schiuma da barba, al dentrificio e allo spazzolino da denti, allo shampoo e balsamo. Tutti prodotti che potremmo definire complementari, perché i loro benefici sono massimizzati quando il consumatore se ne serve simultaneamente o comunque all'interno di uno stesso momento o di uno stesso progetto di fruizione. In questo caso l'estensione è naturale, auspicabile e coerente: avviene verso quei prodotti che possono essere utilizzati in combinazione rispetto a quello originario. Prodotti, cioè, che funzionano bene insieme, in sinergia, rispetto al progenitore della stessa marca. Gillette è un caso eclatante al proposito: dalle lamette da barba si è estesa alle schiume da barba, agli aftershave, agli shampoo e ai bagnoschiuma. Per non parlare poi dei rasoi elettrici. Colgate si è estesa dai dentifrici agli spazzolini. Mentadent ha seguito lo stesso iter, arrivando ad abbracciare anche filo interdentale, collutorio e persino gomme da masticare al fluoro, *sugar free*. È evidente che in questa modalità di estensione la marca invade territori nuovi, che non le sono propri, ma che, tuttavia risultano particolarmente coerenti con la sua missione, col suo orientamento al consumatore. Così, se Compex, il marchio svizzero leader nel settore degli elettrostimolatori, commercializza un gel specialmente formulato per elettroterapia, *tens* e *biofeedback*, utile per un più efficiente funzionamento degli elettrodi, l'estensione è efficace. Allo stesso modo Nike, che dalle scape da running passa all'abbigliamento tecnico da corsa. Adidas, il celebre marchio tedesco, firma ora una linea di prodotti per la cura del corpo e l'igiene personale, da usare dopo lo sport. Dal bagnoschiuma ai deodoranti, alla crema corpo alla saponetta, l'estensione è coerente, quando gli articoli sono funzionali al dopo-attività fisica e si chiamo "Woman sport", "Fitness", "Energy", ecc.

9.8. Un nuovo prodotto, stessa esperienza imprenditoriale o produttiva

L'estensione può avvenire anche verso certe aree verso le quali la marca originale ha acquisito una particolare esperienza o un particolare sapere. Può trattarsi di una conoscenza di tipo produttivo, oppure una specializzazione in termini di marketing, di cultura del mercato, di prossimità col consumatore. Il nuovo prodotto capitalizza così sulla memoria imprenditoriale, sulla scienza e sulle conquiste acquisite dall'azienda in termini di innovazione, realizzazione, gestione dei propri prodotti e dei propri servizi.

Look ha esteso il suo sapere produttivo dagli attacchi da sci agli attacchi per biciclette. Allo stesso modo tutta una serie di marchi storicamente legati al mondo dello sci – da Rossignol a Kastle, da Fischer Völkl – ha applicato quel tipo di esperienza tecnologica ed *héritage* imprenditoriale al settore degli snowboard. Parmalat, ha fatto fruttare la propria cultura in termini di packaging – il tetra brick – applicandola a nuovi prodotti: dal latte alle spremute di arancia, alla panna, da Pomì a Santal. La *Swatch car* ha sfruttato il successo degli orologi Swatch, in termini di *flexible customization*[17] e quindi ha fatto fruttare una forma di esperienza meno legata alla fabbricazione dei prodotti ma più vicina alla loro ideazione. Lo stesso dicasi per tutte quelle operazioni che applicano l'estensione al settore dei servizi: le assicurazioni che propongono servizi bancari (RAS assicurazioni/RAS Bank), le banche che offrono servizi internet e portali web(BNL/e-family). La marca, qui, si estende utilizzando un tipo di esperienza messa a frutto attraverso la logica del servizio e del contatto diretto col cliente.

9.9. Un nuovo prodotto, stesso designer o stilista

È l'estensione che è avvenuta nel settore dell'alta moda. La forte immagine, l'aura di prestigio o lo status associati ad un determinato stilista o designer hanno dato luogo ad una serie di estensioni più o meno fortunate. S'è pensato – inizialmente – che la firma del creatore avrebbe potuto riverberare la stessa luce di unicità e prestigio su ogni oggetto con cui questa veniva a contatto. E questa certezza ha originato una serie di estensioni indiscriminate che – soprattutto in una prima fase – non hanno fatto altro che diluire, appannare e sgretolare la distintività e l'appeal della firma originaria. L'estensione è divenuta stretching: incoerente, ingiustificato, spregiudicato.

Il caso di Pierre Cardin, a cui abbiamo fatto riferimento nei precedenti paragrafi, è un esempio eclatante. Tuttavia, oggi, è pratica abbastanza legittimata, per uno stilista, un designer, firmare un po' di tutto. Quello che fino a vent'anni fa era un allungamento forzato e forzoso oggi è una modalità largamente diffusa, indolore, e spesso piuttosto profittevole per le aziende. Se negli anni '70, per un couturier dell'alta moda, firmare una linea di occhiali o di profumi era una operazione audace e rischiosa, oggi è normale estensione. Versace firma capi d'abbigliamento e oggetti per la tavola, Armani appone il proprio marchio su prodotti d'arredamento domestico e persino su cioccolatini. Philippe Stark firma spazzolini da denti e spremiagrumi.

Altro tipo di estensione che sfrutta l'immagine legata al designer è quella degli occhiali da sole Porsche: dalla quattroruote simbolo di sportività, presti-

17. I. Ellwood, *cit.*, p. 38.

gio e status alla montatura che porta la griffe dello stesso stilista (Porsche design) e che dunque incarna lo stesso addensato simbolico e valoriale della mitica automobile[18].

9.10. Un nuovo prodotto, gli stessi valori, la stessa cultura, le stesse missioni della marca madre

Questo tipo di estensione si basa sull'idea che quando la marca ha, in origine, dei contenuti immateriali forti, quando possiede una *brand essence* solida e riconoscibile, quando s'inscrive su un registro di valori intangibili che ne costruiscono l'identità e la personalità, essa può trasferirsi su più prodotti differenti, a patto che questi siano capaci di incarnare e veicolare quest'ordine di significazioni. Se è vero che l'estensione dovrebbe avvenire sempre in maniera coerente rispetto ad una categoria merceologica, o ad una vocazione produttiva originaria, è vero anche che il branding contemporaneo offre degli straordinari esempi di marche che trascendono i prodotti: marche talmente simboliche, talmente discorsive ed evocative che sembrano staccarsi dalla materia tangibile delle merci per potersi spalmare quasi indistintamente sopra ogni cosa. La capacità di una marca di incarnare questo tipo di trasversalità è direttamente proporzionale al suo essere rappresentativa di una cultura, di uno stile di vita, di un sistema etico, di un pensiero. Insomma, tanto più la marca evoca un "modo di essere" e di "stare al mondo", quanto più questa potrà estendersi senza rischi. E questo non è cosa da poco.

Le marche che godono di questra straordinaria capacità sono davvero poche: casi eccellenti, esemplari, da manuale. Marche relazionali, il cui rapporto col cliente non è fondato tanto sui benefici funzionali offerti, ma su una vera e propria filosofia. Lavori di alta ingegneria semiotica, di formidabile eccellenza nella gestione e nella costruzione della propria identità, autentici motori capaci di produrre significazione. Un esempio che abbiamo appena richiamato: Virgin. "la Virgin è un notevole esempio di come una marca possa essere estesa ben oltre i limiti che normalmente sarebbero considerati ragionevoli"[19]. Il marchio fondato da Richard Branson ha esordito con i negozi di dischi, per essere in un secondo tempo applicato ad una compagnia aerea, ad una linea ferroviaria, ai soft-drink, a preservativi e ad una gran quantità di settori merceologici assolutamente diversi e distanti fra loro. "Il gruppo Virgin oggi comprende circa 100 imprese attive in 22 paesi: tra di esse vi sono una compagnia aerea specializzata in voli a prezzi scontati (Virgin Express), un venditore di servizi finanziari (Virgin Direct), una catena di negozi ed un

18. Lo stesso discorso vale per Giugiaro ("Giugiaro design").
19. D.A. Aaker e E. Joachimsthaler, *cit.*, p. 55.

servizio di vendita diretta di cosmetici (Virgin Vie), molte imprese attive nel settore dei media (Virgin Radio, Virgin TV), una compagnia ferroviaria (Virgin Rail), produttori di bevande analcoliche e non (Virgin Cola, Virgin Energy, Virgin Vodka), una linea di abbigliamento per il tempo libero (Virgin Clothing, Virgin Jeans), una nuova etichetta per registrazioni musicali (V2 Records) e persino un negozio di abiti da sposa (Virgin Bride)"[20]. Un'estensione a 360°, attraverso settori merceologici assai poco contigui e coerenti: nondimeno, la marca Virgin è stata capace di esercitare i suoi benefici effetti su tutti i prodotti ed i servizi a cui è stata applicata. Gli elementi della brand identity – qualità, innovazione, trasgressione, divertimento, ruolo di inseguitore debole ma agguerrito, forte personalità, dinamismo – hanno conferito una straordinaria elasticità alla marca. Una marca capace di evocare uno stile di vita caratterizzato da un preciso Zeitgeist, il cui rapporto col consumatore non poggia semplicemente su un tipo di performance funzionale.

Come osservano Aaker e Joachimsthaler, "la decisione di estendere la marca Virgin, connessa sino ad allora alla musica rock ed alla gioventù, ad una compagnia aerea avrebbe potuto divenire uno svarione addirittura storico se non avesse avuto il successo che in realtà ha avuto. Ma, dal momento che la compagnia aerea è riuscita a creare valore con qualità, slancio e spirito innovativo, la marca principale, Virgin, ha acquisito connotazioni non limitate ad un solo tipo di prodotti"[21].

Certe marche rappresentano, più che un prodotto, un vero e proprio stile di vita: prendiamo Diesel, Levi's. Altre si fanno portavoce di una sensibilità ecologica, sociale, etica che sembra permearle tutte, costituirne il DNA, la vocazione: Body Shop, Benetton, Bjorg. Per queste marche inglobare nuovi prodotti diviene relativamente facile, quando è garantita una coerenza col comparto merceologico di riferimento[22]. In alcuni casi esemplari, in cui la marca diviene una vera e propria cultura – come nel caso di alcune marche giapponesi da Mitsubishi a Sony, da Mazda a Yamaha – l'assoluta trasversalità del branding rende addirittura inopportuno lo stesso termine estensione. Siamo infatti nell'ordine dello stretching: tanto pericoloso quando avviene senza coerenza con la mission, la filosofia e l'identità della marca, quanto fortunato e profittevole se condotto rispettando l'essenza del brand. Nondimeno, molto probabilmente, anche il termine stretching risulta limitativo, in casi come quelli finora citati n cui la marca non si allunga, non si prolunga in maniera rettilinea, ma ingloba, abbraccia, accoglie: come un ombrello, una grande madre.

Al di là di ogni digressione semantica e nominalistica, va sottolineato che estendere una marca in modo elastico è una operazione difficilissima e peri-

20. *Ibidem*, p. 56.

21. *Ibidem*.

22. Alcuni autori ipotizzano, addirittura, una linea di bibite a marchio Body Shop ("*is easy to imagine a Body Shop range of drinks*"). M. Sherrington, *cit.*, p. 75.

colosa. È potenzialmente a rischio, ma può portare anche a notevoli vantaggi, come hanno dimostrato la Sony, la Honda, la General Electric e tutta una serie di altre marche che formano una vasta gamma di prodotti. Una molteplicità di offerte può senza dubbio riverberarsi positivamente sulla marca in termini di visibilità e notorietà. Non solo: le estensioni possono consolidare e contribuire a sedimentare le dimensioni fondamentali dell'identità di marca.

9.11. Condizioni necessarie all'estensione

Affinché una estensione di marca sia davvero efficace ed immune da degenerazioni o minacce, è necessario rispettare alcune regole. Si tratta, in buona sostanza, di salvaguardare la coerenza rispetto alla produzione primigenia, quella che ha caratterizzato gli esordi del brand. Una coerenza che dovrebbe essere garantita su tre fronti:

- *coerenza con gli standard qualitativi originari*;
- *coerenza con la vocazione produttiva e con il posizionamento originari*;
- *coerenza con i valori, la filosofia e la missione originaria.*

Come osserva Aaker "se la marca deve sopportare l'estensione, attraverso il trasferimento di una qualità percepita o di un'associazione, una base di coerenza renderà più fattibile il trasferimento. Se il consumatore avverte una mancanza di coerenza può risultare meno attento e, di conseguenza, non recepisce il transfer desiderato. Al limite, una percezione d'incoerenza può provocare una situazione critica, quasi umoristica per la marca"[23].

Tuttavia, non dobbiamo dimenticare che "una valutazione di scarsa coerenza non è necessariamente una condanna inappellabile"[24]. Alcuni prodotti che sembrerebbero incongrui, appartenenti a categorie merceologiche a prima vista poco affini e scarsamente compatibili, possono diventare straordinariamente coerenti rispetto all'estensione se la marca incarna un plesso valori e di significati talmente "alti" ed immateriali da staccarsi da qualsiasi comparto del consumo o da ogni performance di settore.

9.11.1. *Coerenza con gli standard qualitativi originari*

Il mantenimento degli stessi livelli qualitativi che caratterizzano la produzione originaria rappresenta la prima *conditio sine qua non* per una estensione di successo. Il prodotto derivato, quello cioè che gode del "buon nome" del progenitore, deve incarnare quegli stessi standard performativi che hanno

23. D.A. Aaker (1997), *cit.*, pp. 297-299.
24. *Ibidem*.

decretato la fortuna della marca agli esordi. *Defaillances*, anche solo momentanee, su questo fronte, sono destinate a costare molto care: non solo minacciano la possibilità di affermazione del nuovo venuto sotto l'ombrello della marca madre, ma mettono a rischio la credibilità della marca stessa. La qualità è ormai un *premium vivere* per la marca contemporanea e non può essere disattesa dalle imprese. Anzi, deve incarnare una dimensione *in progress*: essa costituisce la vera *raison d'être* come pure il reale valore aggiunto del branding.

Nondimeno, se da un lato i nuovi prodotti potrebbero rappresentare un'interessante sfida per portare oltre – ad esempio con innovazioni tecnologiche che sono precluse al prodotto di base – la frontiera della qualità, dall'altro alcuni autori sostengono che la soluzione più prudente consiste nel cercare di mantenere la marca – dal prodotto originale alle estensioni – sempre allo stesso livello in termini di qualità. "Sono molte le marche che non hanno credibilità e prestigio sufficienti a consentire loro di funzionare in un segmento di mercato più elevato. La Black & Decker, produttrice di ottimi attrezzi per il fai-da-te, non ha avuto successo quando ha cercato di lanciare la linea di prodotti Professional, destinata al mercato degli artigiani attivi nell'edilizia, che erano "migliori degli strumenti destinati al mercato domestico"; la linea ha dovuto essere lanciata una seconda volta col marchio DeWalt"[25]. Le estensioni verso l'alto sono dunque operazioni delicate e pericolose: il rischio è che ne risenta la qualità percepita del prodotto originario, che la marca non abbia la forza di competere da pari a pari con i protagonisti di fasce più sofisticate ed esigenti del mercato, essere costretti quindi alla marginalità sino a compromettere la fiducia del consumatore nei confronti della marca. "Quando le estensioni verso l'alto funzionano... si tratta in genere di operazioni di intenti molto modesti: il posizionamento delle marche è tale da presentarle come migliori delle marche consolidate, ma non come all'altezza delle marche migliori in assoluto ed alla base dell'operazione vi sono miglioramenti di natura funzionale e non il prestigio della marca"[26]. Quando Barilla lancia, sul mercato della pasta, Barilla Oro, un brand con un forte mark-up e destinato a competere nelle fasce più alte del mercato, ottiene un triplice risultato negativo: il lancio, nonostante la qualità del prodotto, non ha successo; si verifica un effetto boomerang ponendosi al consumatore dei dubbi sull'eccellenza qualitativa della pasta Barilla che ha sempre acquistato e sempre considerato tale; si distolgono preziose energie dal naturale candidato, all'interno dei marchi dell'azienda, Voiello a presidiare la fascia alta del mercato e a competere con De Cecco e con altre marche di nicchia. Allo stesso modo, estendere una marca verso il basso, verso, cioè un mercato di prodotti di convenienza,

25. D.A. Aaker e E. Joachimsthaler, *cit.*, p. 187.
26. *Ibidem.*

comporta in genere pericoli per la reputazione della marca. Può offuscarne credibilità e prestigio, può intaccarne il patrimonio di clienti preesistente, può sgretolarne la percezione di bontà e di buone prestazioni.

Talvolta l'operazione ha successo: l'attuale strategia delle vetture tedesche top di gamma (Mercedes e Audi) a produrre e firmare vetture di minore cilindrata – anche se premium nel nuovo settore e con caratteristiche di eccellenza – è stato premiato dal mercato e non ha avuto negativi riverberi sulla marca. Cartier da molti anni vende una seconda linea "le must di Cartier" consentendo così di affiancare a gioielli importanti da molte decine di migliaia di euro proposte molto più modeste come prezzo. Quando Pomellato lancia Dodo (una linea di gioielli per giovanissimi a prezzi contenuti) c'è chi teme che possa esercitare un effetto boomerang sulla marca madre che si squalificherebbe: in realtà Dodo aggiunge a Pomellato valori di freschezza e modernità e Pomellato rappresenta un importante viatico per il successo di Dodo attribuendole valore e garanzia. Oggi Dodo ha le spalle sufficientemente forti per poter procedere da sola.

Dunque, le associazioni di marca più fortunate sono quelle che garantiscono al nuovo prodotto uno standard di qualità non dissimile dall'originale. Spesso di tratta di qualità percepita, ovvero una reputazione di buona qualità. "Il nome HP[27] fornisce a migliaia di prodotti una reputazione-ombrello di qualità che, di solito, significa molto di più che non le specifiche tecniche dei singoli prodotti HP. In effetti alcune marche (come HP, Kraft, GE, Ford) contrassegnano talmente tanti prodotti da non avere, o non avere più, delle associazioni specifiche rilevanti. Dunque il loro valore consiste principalmente nella capacità di fornire una percezione di qualità, con la conseguente aspettativa che questa qualità si mantenga nel tempo"[28].

9.11.2. *Coerenza con la vocazione produttiva originaria*

L'estensione dovrebbe avvenire nell'assoluto rispetto della vocazione produttiva originaria. È necessario che esista una buona dose di coerenza tra la tipologia di prodotti (o servizi) e di posizionamento che caratterizza la produzione preesistente. Una delle prime operazioni che ogni marca, che intende impegnarsi in una'operazione di line extension, dovrebbe compiere, è la verifica del proprio confine. Siamo nel registro della metafora: quella del territorio è – quando si tratta di estensione – una delle più utili ed efficaci. Conoscere il proprio territorio, avere consapevolezza dei suoi margini, delle aree contigue, dei settori adiacenti, rappresenta un momento fondamentale per

27. Hewlett Packard.
28. D.A. Aaker (1997), *cit.*, p. 274.

ogni marca che desidera intraprendere la via dell'estensione. La marca dovrebbe migrare soltanto verso quei contesti rispetto ai quali esiste una certa affinità.

È possibile, in termini di ricerca, tracciare una serie di aree concentriche che, partendo dal prodotto capostipite, indichino la prossimità funzionale, performativa, ma anche psicologica e simbolica di eventuali ampliamenti della gamma produttiva. Fino ad individuare e descrivere con precisione i confini estremi, le aree oltre le quali aumentano le minacce ed i rischi di fallimento. Come osservano Aaker e Joachimsthaler, "qualunque sia il legame esistente tra il prodotto originario ed il nuovo prodotto, comunque, il cliente dovrebbe avere l'impressione che i due stiano bene insieme e non che esistano connotazioni discordanti (se la McDonald's, ad esempio, decidesse di utilizzare la sua marca per creare una catena di laboratori per lo sviluppo di fotografie, la marca McDonald's servirebbe ad evocare nei clienti l'immagine di patatine unte e straunte e non quella di un servizio rapido, affidabile e conveniente). Per quanto a volte questi problemi possano essere tenuti sotto controllo... la possibilità che queste connotazioni controproducenti esistano deve sempre essere tenuta presente quando si deve decidere se estendere una marca"[29].

Negli anni '60 la celebre marca Dove, legata alla produzione di saponette, conosciute per il contenuto di 1/4 di crema idratante, attuò un'estensione di prodotto piuttosto singolare: lanciò un detergente per lavastoviglie destinato a competere con Ivory. Si tratta di un caso piuttosto celebre nella letteratura di marca: è l'esempio eclatante di un'estensione poco coerente rispetto alla vocazione produttiva originaria. Dove aveva infatti "sconfinato" verso territori che non le erano propri: l'estensione non giovava al prodotto capostipite, e questo non riverberava i propri benefici sul settore dell'igiene domestica. Il prodotto per lavastoviglie è sopravvissuto, ma si è trattato di un clamoroso errore di marketing. L'associazione della marca Dove con l'idea di cremosità non serviva ad un prodotto che funzionava all'interno di una macchina, senza contatto con la pelle. Il quarto di crema idratante – *Unique Selling Proposition* di Dove, beneficio distintivo della saponetta, dimensione fondativa della brand identity – non aveva alcun senso e nemmeno alcun valore nel nuovo contesto. Non solo: è poco probabile che l'estensione abbia contribuito a rafforzare la marca, a creare nuove associazioni positive. Anzi, l'idea che avesse una efficace "azione contro l'unto" e i residui del pasto, risultava appartenere all'ordine dei tensioattivi, delle sostanze chimiche, tossiche. Sembrava, cioè contrastare con la morbidezza e la purezza del primo Dove, quello per le mani: un prodotto gentile, non aggressivo, che non secca ma idrata la pelle.

Quando una marca è fortemente associata ad un beneficio tangibile, ad una categoria merceologica, ad una serie attributi di prodotto, le estensioni vanno

29. D.A. Aaker e E. Joachimsthaler, *cit.*, p. 184.

attentamente valutate, perché possono essere rischiose o fallimentari. Può risultare difficile, poco credibile o semplicemente poco conveniente, trasferire certe caratteristiche oggettive da un articolo ad un altro, da un comparto produttivo ad un altro. Al contrario, le marche che fondano il loro valore e il loro successo su connotazioni meno concrete, su attributi intangibili – come la salute, la moda, il glamour, il dinamismo, la gioventù, l'ecopragmatismo, ecc. – possono essere estese con più facilità e meno minacce: i benefici immateriali che promettono possono agevolmente trasferirsi in molti altri contesti e funzionare anche su altri prodotti.

9.11.3. *Coerenza con i valori, la filosofia e la missione originaria*

L'estensione dovrebbe avvenire sempre nel pieno rispetto dell'essenza fondativa della marca, della sua missione originaria. Dovrebbe, cioè, procedere nell'assoluta salvaguardia della filosofia di fondo e dei *core values* che da sempre connotano la marca e la sua prima produzione. Questo tipo di coerenza, che potremmo definire, "ideologica", garantisce all'estensione di "funzionare" anche quando la migrazione avviene verso settori merceologici apparentemente distanti da quello del prodotto capostipite. Si tratta, in buona sostanza, di assicurare all'estensione una chiara compatibilità col senso ed i significati simbolici, intangibili e profondi della produzione originaria.

Quando Mulino Bianco prese in considerazione l'ipotesi di inserire nella sua linea di frollini per la prima colazione i Pan di Stelle, fu valutata con grande attenzione la coerenza rispetto alla filosofia e all'identità del marchio. Nonostante i test preliminari avessero pronosticato uno straordinario successo al nuovo prodotto, si temeva che la presenza del cioccolato – sia pure soft – potesse risultare incongrua rispetto ai valori della marca. Il Mulino si fondava infatti sull'idea di bianco, e dunque di semplicità, purezza, tradizione. Di fatto, alla fine, i Pan di Stelle furono inseriti e riscossero uno straordinario successo: non solo si dimostrarono coerenti ai valori della marca nonostante la presenza del cacao, ma portarono il loro contributo all'identità del brand, rafforzandone certi tratti distintivi come il gusto, il piacere, la bontà, l'eccellenza qualitativa.

Anche l'inserimento dei crackers nella linea dei panificati subì lo stesso scrupoloso iter valutativo. In questo caso si trattava di un prodotto che condivideva ampiamente col mondo del Mulino l'ingredientistica, ma che non apparteneva – a cominciare dal product name – alla tradizione cui la marca faceva riferimento. L'ampliamento successivo verso una gamma vasta e articolata di prodotti – di cui, per ciascuno, è stata preventivamente vagliata la conformità ai *core values* del Mulino Bianco – ha finito per spostare poi molto in avanti i confini di quella marca: ormai avviata a trasformarsi in Corporate. Una dinamica, per certi versi analoga, – ma l'operazione è certamente di stretching – è accaduta a Virgin. La Virgin – ci spiace ripeterci ma Virgin è davvero uno dei casi più eclatanti al mondo – in origine una casa discografica e megastore, ha utilizzato la sua marca per fondare una linea aerea: ovviamente un'estensione in un settore teoricamente molto poco adatto. "Ma quando la linea aerea si è rivelata un successo, tutto il problema relativo alla compatibilità tra prodotti ha assunto una nuova luce"[30]. L'identità della marca ha subito una formidabile evoluzione, arricchendosi di significati nuovi e incarnando valori inediti. Virgin è infatti diventata una marca caratterizzata da una precisa personalità di competitor dinamico, privo di timore reverenziale, che punta sul livello elevato di qualità dei suoi prodotti e dei suoi servizi. È evidente che questa immagine, questi valori e questa identità possono risultare efficaci in molti contesti e in diverse aree merceologiche.

Il problema della coerenza con i valori, la filosofia, la missione del prodotto originario s'è evidenziato con grande forza quando Levi's, all'inizio degli anni Ottanta, decise di lanciare una linea di abbigliamento classico. A quei tempi Levi's godeva di una considerevole quota di mercato nelle diverse categorie merceologiche in cui operava e sentiva l'esigenza di estendersi verso nuovi territori per mantenere il trend di crescita. La decisione in merito alla strategia di espansione fu confermata ed accelerata dai risultati di uno studio sulla segmentazione dell'abbigliamento maschile. Questa ricerca individuò l'esistenza di 5 segmenti distinti[31]. Tra questi, quello dell'individualista classico, sensibile alla qualità dei tessuti e al taglio sartoriale, sembrava escludere dalle sue scelte d'acquisto i tradizionali prodotti Levi's. Puntando a questa tipologia di consumatore (sino a quel momento praticamente inesplorata) l'azienda introdusse la *Levi Tailored Classic*, una linea di abbigliamento maschile caratterizzata da materiali di ottima qualità, eleganza ed eccellente fattura. La distribuzione fu rivolta ai grandi magazzini per sfruttare la rete commerciale dell'azienda. Un'estensione a tutti gli effetti, che sfruttava la competenza dell'impresa in termini di manifattura tessile e distribuzione del prodotto e che puntava sul riverbero del nome Levi's su un nuovo tipo di articolo, questa volta più classico e formale. Tuttavia, "nonostante l'oneroso studio di

30. *Ibidem*.

31. Il primo segmento, corrispondente a circa il 26% del mercato era costituito da consumatori che desideravano abiti *pratici*: fedelissimi alla Levi's, amanti degli indumenti comodi e robusti. Il secondo segmento, che rappresentava il 18% del mercato, era più anziano e preferiva abiti di poliestere acquistati ai grandi magazzini: in questa fascia Levi's possedeva una buona clientela grazie all'introduzione della linea Actionwear. Esistevano poi i segmenti *fascia bassa* e *trendy casual* nei quali la Levi's aveva compiuto alcune positive incursioni commerciali. Infine, col 21% del mercato, c'erano gli *individualisti classici*, intenditori di tessuti e di tagli sartoriali, che si servivano principalmente nei negozi specializzati. Fino a quel momento la Levi's era rimasta praticamente esclusa dagli acquisti d'abbigliamento di questo segmento. Per un approfondimento si veda D.A. Aaker (1997), *cit.*, pp. 266-268.

marketing e l'attenta strategia di lancio, questo prodotto non ebbe successo, e il supporto promozionale gli venne tolto nel giro di un anno. Un enorme investimento, sia in termini di risorse che in immagine, senza risultati"[32]. Pur insistendo nell'ambito della stessa vocazione produttiva, quel tipo di articolo risultava sostanzialmente antitetico rispetto all'individualismo ribelle del suo codice originario, tradizionalmente incarnato dal jeans, dal denim sportivo. L'ingresso nel settore della sartoria classica sembrava tradire il DNA della marca e minare coerenza, credibilità e adattamento di Levi's.

Levi's significava tela jeans, indumento robusto, divisa informale, indistruttibile e resistente per il lavoro e il tempo libero. Rappresentava – da sempre – uno spirito anticonformista, insofferente alle regole, amante della libertà e dell'avventura. L'estensione fu fallimentare perché il nuovo prodotto sartoriale era poco in sintonia con quel profilo. "*Gli individualisti classici* avevano la sensazione (e non avevano problemi a dirlo) che Levi's mancasse di credibilità come produttore di abiti di classe. Inoltre non pensavano che l'etichetta Levi's riflettesse l'immagine che avevano di sé anche se erano poco propensi a verbalizzare questo tipo di disagio"[33]. Levi's aveva dunque peccato di incoerenza rispetto ai suoi valori e alla sua filosofia originaria.

Quando Bic, il celebre marchio legato a penne, accendini e rasoi usa e getta, decise di estendersi al settore dei profumi, non valutò attentamente la coerenza tra la produzione originaria e quella nuova. Fu un vero fiasco: gli articoli in plastica, economici, che si eliminano una volta esauriti, erano portatori di un senso e di una significazione profondamente diversi rispetto a quella dell'eau de toilette o dell'eau de parfum. Se i primi erano associati ad un'idea di scarso valore commerciale, scarso investimento affettivo ed emotivo, basso costo, basso coinvolgimento, i secondi rappresentavano una produzione d'altro tipo, per certi versi antitetica. Il profumo è emozionante, coinvolgente, esclusivo, prezioso.

Ecco perché l'estensione va attentamente ponderata e valutata prima d'essere messa in pratica. In gioco c'è la credibilità del marchio.

9.12. Opportunità e vantaggi dell'estensione

Le estensioni di marca hanno rappresentato il fulcro delle dinamiche e delle strategie di crescita di un gran numero d'imprese, specie sul finire degli anni Ottanta. Negli Stati Uniti, un'indagine condotta sulle maggiori aziende produttrici di beni di largo consumo tra il 1987 e 1988, ha svelato che "l'89% dei nuovi lanci erano estensioni di gamma (nuova profumazione o nuovo for-

32. *Ibidem*, p. 267.
33. D.A. Aaker (1997), *cit.*, p. 268.

mato), il 6% erano estensioni di marca e solo il 5% erano prodotti realmente nuovi. In genere, i marchi su licenza rappresentano una leva determinante nelle vendite al dettaglio. In effetti, oltre un terzo della spesa destinata ad abbigliamento ed accessori riguarda marchi su licenza"[34].

Le estensioni di marca possono considerarsi una pratica piuttosto naturale per l'azienda che cerca di crescere sfruttando i sui asset competitivi. Ma le cose non vanno sempre per il meglio. Si tratta indubbiamente di una possibilità strategica capace di riverberare sui nuovi prodotti valore e notorietà della marca. Nondimeno i rischi sono insidiosi e spesso le conseguenze catastrofiche. David Aaker sottolinea come ogni estensione di marca possa dar luogo ad una gamma di risultati più o meno positivi, che egli codifica in cinque grandi categorie: *il buono, il meglio, il brutto, il cattivo, il pessimo*[35] (fig. 1).

Fig. 1 - I possibili effetti dell'estensione di marca secondo Aaker

Utilizzando il paradigma aakeriano potremmo dire che in questo paragrafo prenderemo in esame *il buono*, cioè osserveremo in che modo il nome (e il valore) della marca favorisce l'estensione. Non solo: cercheremo di analizzare quali sono i benefici e le utilità di questo tipo di pratica.

Per l'impresa i vantaggi immediati e più facilmente riconoscibili dell'estensione sono quelli legati alle *economie di scala*. I costi di lancio e di introduzione del nuovo prodotto saranno certamente minori. La creazione di awareness sarà facilitata, ottimizzata, economizzata. Va da sé che anche i rischi connessi all'investimento in nuovi prodotti saranno minori rispetto al lancio

34. *Ibidem*.
35. *Ibidem*, pp. 268-270.

di un articolo con una marca completamente nuova. La credibilità della marca madre, funge, in questo senso, da straordinario cuscinetto protettivo. Inoltre, una volta che una marca possieda una larga *market share* in un particolare mercato, sarà più facile che riesca a conquistare quote in un'area contigua, in un settore relativamente vicino a quello originario[36]. Insomma, la marca – una volta conquistatasi una buona reputazione – verrà ben accolta nel nuovo comparto e non dovrà partire da zero.

In senso più generale, vanno sottolineate le straordinarie opportunità che un estensione, se ben condotta e ben gestita, è in grado di offrire: il valore della marca può essere positivamente influenzato dalla sua presenza in un altro contesto o in un altro mercato. Abbiamo più volte sottolineato come un primo, grande effetto prodotto dall'estensione sia una maggiore visibilità della marca stessa (ad esempio maggior spazio negli scaffali della distribuzione). Questa è veicolata da più prodotti, riproposta in modalità inedite, commercializzata attraverso ulteriori canali distributivi, fruita in luoghi, spazi e contesti nuovi. Si fa più familiare, a volte confidenziale, persino ubiqua: appare con maggior insistenza, con maggior frequenza. Insomma, la marca si moltiplica e si riproduce: una gemmazione delle offerte capace di conferire notorietà e implementarne il valore d'immagine[37]. Sia nei confronti del pubblico che verso i competitor. Come osserva David Aaker "una... possibilità per acquisire il ricordo di marca, per rendere più saliente il nome delle marca, è quella di associarlo ad altri prodotti. Coca-Cola, Heinz, Weight Watchers e Sunkist ricavano esposizioni ogni volta che i loro nomi vengono associati a nuovi prodotti che sono pubblicizzati, esposti ed utilizzati. A un altro estremo molte importanti aziende giapponesi come Sony, Honda, Mazda, Mitsubishi e Yamaha utilizzano lo stesso nome su tutti i loro prodotti... L'ubiquo nome Mitsubishi ed il simbolo dei tre diamanti appare su più di 25.000 prodotti, incluse le automobili, prodotti finanziari e funghi"[38]. Tuttavia, sarebbe limitativo ricondurre il senso dell'estensione ad una pura visibilità, ad una sorta di riproducibilità, ad una moltiplicazione di tipo nominalistico.

Le estensioni possono contribuire a rafforzare l'identità di marca. Quando sono il frutto di una sapiente strategia di marketing esse hanno la straordinaria capacità di supportare la marca originaria, conferendole solidità e credibilità, rinforzandone i valori essenziali e la qualità percepita, evitando le associazioni negative. Se ben gestite, cioè, sono in grado di consolidare le dimensioni connotative e fondative della brand identity. Infatti, la presenza della marca in comparti nuovi, genera nuove associazioni, che possono replicarne i tratti salienti, le peculiarità, le caratteristiche distintive. Ad esempio "il tenta-

36. Per un approfondimento si veda: I. Ellwood, *cit.*, p. 39.

37. Per un approfondimento si rimanda al paragrafo "*Advantages of extension*", in K.L. Keller, *cit.*, pp. 581-590.

38. D.A. Aaker (1997), *cit.*, p. 107.

tivo, apparentemente presuntuoso, fatto dalla Virgin Cola di attaccare la Coca-Cola (con l'aiuto di una campagna pubblicitaria di grande creatività) ha rafforzato l'immagine di concorrente debole, ma aggressivo, che costituisce l'essenza di marca della Virgin"[39]. Dunque una buona estensione può significativamente portare il proprio contributo ai valori della marca, può ridefinirne ed arricchirne il plesso di significazioni che la caratterizzano.

9.13. Rischi e svantaggi dell'estensione

Non sempre l'estensione è un'operazione benefica per la marca. Se mal gestita, mal valutata, condotta senza criterio – nella convinzione che la marca sia una sorta di re Mida, onnipotente ed invincibile – può portare a risultati catastrofici, non solo per la nuova linea di prodotti, ma sull'intero fronte. È l'immagine e la credibilità della Corporate o dell'impresa che rischia di venire intaccata e minacciata da una euforizzante, indiscriminata e pericolosa operazione di "spalmatura" del brand in contesti disparati ed incongrui[40]. Peter Lynch, facendo riferimento alla diversificazione delle marche attuata attraverso le operazioni di estensione, ha parlato di "*di-worsification*"[41], enfatizzando così l'idea di un eventuale peggioramento del brand: non tutte le estensioni giocano dunque a favore della marca madre, non tutte sono auspicabili ed energizzanti. Alcune possono generare veri e propri disastri.

L'"effetto-marca" è stato equivocato, sovente, in una sorta di parabola della moltiplicazione del pane e dei pesci. La marca ha firmato di tutto e il contrario di tutto. L'estensione è divenuta una sorta di imperativo categorico, una opportunità assoluta. È accaduto, allora, che la marca s'estendesse oltre i suoi confini naturali ed invadesse territori nuovi come un kamikaze. Oppure che inglobasse sotto il proprio ombrello prodotti parassiti, rispetto ai quali non aveva particolari affinità, competenze o vantaggi. Non è inopportuno parlare, a questo proposito, di veri e propri "bagni di sangue" avvenuti in nome dell'estensione. Lo sottolinea Aaker, ricordando che "non sono tutte rose e fiori. Un nome di marca può non favorire un'estensione, o (peggio) può creare delle associazioni sottili – a volte nemmeno tanto – in grado di danneggiare l'estensione. Peggio ancora, l'estensione può avere successo, o almeno sopravvivere, e danneggiare il valore originale della marca, indebolendo le associazioni in essere, o aggiungendone nuove e indesiderate. Dato che l'estensione di marca può incidere sostanzialmente su una risorsa primaria (il nome

39. D.A. Aaker e E. Joachimsthaler, *cit.*, pp. 186-187.

40. K.L. Keller sottolinea come il principale rischio di una brand extension sia quello di creare confusione o frustrazione nel consumatore. Per un approfondimento si rimanda al paragrafo "*Disadvantages of brand extensions*", in K.L. Keller, *cit.*, pp. 590-599.

41. I. Ellwood, *cit.*, p. 39.

della marca), sia nel contesto originario che nel nuovo contesto, un'estensione sbagliata o impropria può risultare strategicamente dannosa"[42].

Ma vediamo cosa può accadere, quando l'estensione non rispetta quei fondamentali principi di coerenza di cui abbiamo parlato nei precedenti paragrafi. Il primo rischio è quello di una riduzione del *total brand value*[43]: di vedere, cioè minacciato il valore globale della marca. Così come una estensione fortunata può far riverberare l'equity della marca su tutte le linee di prodotti (e viceversa), una cattiva estensione può contaminare negativamente la marca madre, offuscarne la credibilità (fig. 2). Non a caso Jolley[44] sostiene che ogni brand extension contenga una dinamica bidirezionale: da un lato il flusso di connotazioni che va dal *core brand* all'estensione, dall'altro il flusso di connotazioni che a partire dall'estensione si riflette di ritorno sulla marca madre o sul prodotto progenitore. Queste connotazioni (o associazioni) possono essere positive, neutre o addirittura negative. Altri autori ritengono che il proliferare – soprattutto negli Usa – di brand extension e line extension sarebbe da attribuirsi ad una visione parziale ed incompleta dei risultati da parte del management: questo infatti, è solito misurare unicamente il successo delle estensioni, tralasciando di prendere in considerazione l'inevitabile *erosione della core brand*[45].

La seconda insidia è quella connessa allo stretching, ad un allungamento oltremisura della *brand personality* e della *brand proposition*. In questo caso la marca si "diluisce" eccessivamente attraverso un'offerta troppo estesa e troppo variegata. La marca diviene indistinta, appannata e nebulosa: perde di distintività, di significatività, di rilevanza. Il suo appeal e la sua attrattività diminuiscono in maniera direttamente proporzionale al raggio dell'estensione.

La terza insidia è da ricercarsi nella qualità dei prodotti. Se i nuovi prodotti esordiranno con performance scadenti, se la loro bontà lascerà a desiderare, se verranno percepiti come qualitativamente mediocri, verranno seriamente danneggiati i valori di fondo della marca, le sue dimensioni fondative. In buona sostanza verrà messa in dubbio la credibilità della marca, la sua capacità di mantenere le promesse, la sua sincerità. La fiducia e la fedeltà del consumatore, probabilmente nate insieme alla produzione originaria e consolidatesi nel tempo, si indeboliranno, fino – in alcuni casi – a scomparire definitivamente. Insomma, come osserva Iain Ellwood, *brand extension is not risk free*[46].

Esistono poi altre insidie legate all'estensione. Insidie che si presentano in alcuni casi particolari, in condizioni speciali di mercato. Quando una marca è legata fortemente ad una categoria merceologica, le estensioni diventano im-

42. D.A. Aaker (1997), *cit.*, p. 269.
43. I. Ellwood, *cit.*, p. 39.
44. Si veda, a questo proposito: B. Jolley, *Brand extensions*, in L. Leuthesser, *Defining, Measuring and Managing Brand Equity*, Marketing Science Institute, Cambridge, 1988.
45. A. Ries, L. Ries (2002), *cit.*, p. 51.
46. I. Ellwood, *cit.*, p. 39.

Fig. 2 - I rischi dell'estensione quando diventa stretching

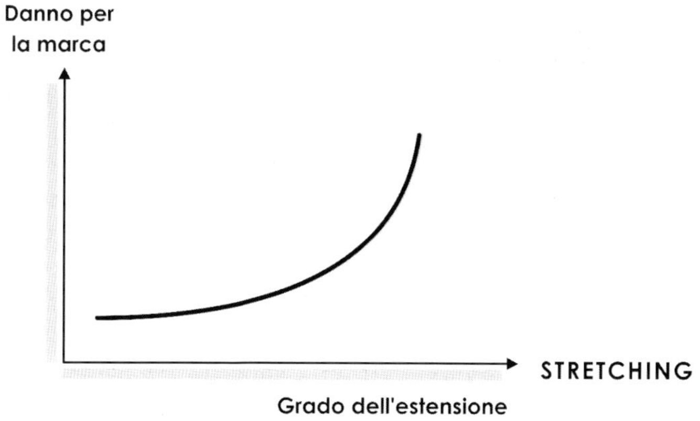

possibili, per non dire fatali. Esistono certe marche che sono divenute un tutt'uno col prodotto che rappresentano, fino a trasformarsi in sinonimo dell'intera categoria merceologica: Kleenex, Pampers, Rimmel, Tampax, Band-Aid, Post-it, ecc.[47]. In questi casi una migrazione del nome di marca verso altri comparti del consumo può essere una trappola. Perché rischia di appannare la distintività del marchio stesso.

L'estensione di Campbell's a contesti differenti da quello delle zuppe, si è rivelata un flop. Allo stesso modo, la migrazione di Cadbury (che in Gran Bretagna è sinonimo di tavoletta di cioccolato) verso i territori delle bevande e degli snacks, è stata un clamoroso insuccesso. Paradossalmente, tanto più una marca è forte, dominante e leader nel proprio comparto merceologico, specializzata nel proprio settore produttivo, tanto più risulta difficile estenderla. Come estendere, ad esempio, Coca-Cola, a settori differenti rispetto a quello dei soft-drink?[48] Sarebbe un errore fatale. A risentirne sarebbe proprio il prodotto originario: la mitica bevanda bruna, con le bollicine.

Al Ries e Jack Trout, parlano – in questo senso – di "*line extension trap*"[49]: sostenendo la tesi secondo cui le estensioni di marca, se applicate a marche già consolidate, con grossi volumi di vendita, con posizioni dominanti all'interno del mercato di riferimento, possono rivelarsi come autentici *brand killer*. I due autori, sottolineano che quando il nome di marca diventa un surrogato o un sostituto del generico nome di prodotto (ad esempio Bayer in luogo di aspirina, Scottex invece di carta assorbente, Kleenex e fazzoletto di carta, ecc.) l'estensione uccide il prodotto e danneggia il prestigio e la credibilità della

47. Per un approfondimento si veda "Dal nome proprio al nome comune" in L. Minestroni (2002), *cit.*, pp. 137-150.

48. "*... is hard to imagine a Coke fragrance...*". M. Sherrington, *cit.*, p. 75.

49. A. Ries, J. Trout, *Positioning: the Battle for Your Mind*, McGraw-Hill, New York, 2001, pp. 101-113.

marca originaria. Attraverso l'analisi di una decina di estensioni disastrose – Dial soap/Dial deodorants, Bayer Aspirin/Bayer Non Aspirin Pain Reliever, Protein 21shampoo/Protein 21conditioner, Life Saver gum/Life Saver candy, solo per citarne alcune) Ries e Trout giungono alla conclusione che l'estensione minaccia seriamente l'aura di unicità e d'eccellenza che contraddistingue il prodotto originario:"in un certo senso, la line extension educa il pubblico al fatto che Bayer non è altro che un nome di marca. Essa distrugge l'illusione che Bayer sia una forma superiore di aspirina"[50]. Gli autori propongono la via della "*reverse line extension*" che consiste in una sorta di allargamento alla base ("*broadening the base*") dell'audience[51]. Uno degli esempi più significativi in questo senso è quello di Johnson's baby shampoo. Pubblicizzando la delicatezza del prodotto anche per un pubblico adulto ("nato per i piccoli, ottimo per i grandi"), l'azienda rese originariamente *Johnson's baby* shampoo una delle marche leader nel settore degli shampoo per adulti. Lo stesso prodotto, lo stesso package, la stessa etichetta. Soltanto l'applicazione cambiava. Se Johnson & Johnson avesse creato un'estensione, introducendo Johnson's adult shampoo, probabilmente il prodotto non avrebbe avuto lo stesso successo che ha avuto agli esordi. E avrebbe potuto indebolire l'articolo principale, quello per bambini. Una poco accorta gestione della marca ha fatto sì che in seguito questa perdesse la leadership conquistata.

Esistono poi tutta una serie di rischi legati all'estensione che vorremmo qui prendere brevemente in rassegna. Se un'estensione guadagna quote di mercato a scapito del prodotto o della brand originaria avviene una dinamica di cannibalizzazione rispetto al valore della marca stessa. Si assisterà cioè ad una sorta di travaso di clienti che sgretolerà la fedeltà di marca. Se un prodotto dei tanti firmati dalla marca madre si trova – a causa di un qualunque incidente – a perdere di credibilità, tutti gli altri verranno inevitabilmente danneggiati. Insomma, una sorta di effetto domino o "diffusione epidemiologica dell'infezione". Come ricorda Aaker: "può capitare a qualunque marca un disastro incontrollabile, come la scoperta che la modella di Ivory era una porno star, che le scatole di Tylenol erano state manomesse, o che i prodotti Rely presentavano seri rischi per la salute. Il danno sarà tanto più esteso quanto più numerosi sono i prodotti coperti dalla marca"[52]. Quando Michael Jackson venne incriminato per pedofilia nel Sud-Est asiatico i managers della Pepsi che avevano investito su di lui delle somme enormi ebbero terribili incubi. Che forse non furono estranei alla successiva assoluzione. Anche se la storia (una storia ben squallida questa) si ripete... Il valore della marca è un patrimonio intangibile che avvolge e protegge tutti i prodotti per i quali essa "garantisce". Per questo, la grande famiglia della marca, è unita nel bene e nel male: nella coerenza e negli errori, nella credibilità e nelle minacce.

50. *Ibidem*, p. 103.
51. *Ibidem*, pp. 112-113.
52. D.A. Aaker, *cit.*, p. 291.

Parte seconda

Metafore della marca

10. La marca come territorio

10.1. Un territorio nella complessità

Gli affollati scenari commerciali del panorama contemporaneo, insieme all'ipercompetizione montante, ad un progressivo diffondersi del *know how* produttivo, ad una democratizzazione del sapere tecnologico, alla disponibilità sul mercato di tecnologie che un tempo costituivano – per chi le possedeva – rendita di posizione e barriera difensiva, hanno portato ad un *aggiornamento costante del concetto di qualità.*

Se fino ad un lontano passato, la condizione necessaria e sufficiente per accedere allo statuto di marca industriale risiedeva in un generico concetto "buona prestazione", di qualità oggettiva, di elevato standard performativo, oggi le cose sono cambiate. Che una marca faccia buoni prodotti ed abbia una onorabile reputazione appare sempre più come un dato tautologico. Certamente da verificare ma scontato.

Sono tante le Aziende che propongono al pubblico discreti, sovente ottimi prodotti senza ottenere significativi riconoscimenti dal mercato. Tra l'altro, non esiste praticamente prodotto che non possa essere clonato – a distanze sempre più ravvicinate – dai concorrenti. Siamo nell'era della riproducibilità tecnica, e persino i beni di consumo (e i servizi) – come le opere d'arte e le "pecore Dolly" – possono essere imitati alla perfezione, replicati da falsari o da semplici competitors sul versante delle qualità tangibili, delle proprietà organolettiche, del sembiante. Tuttavia, esiste un tratto che pare inattaccabile, capace di resistere, di trasformarsi in fortezza inespugnabile ed inaccessibile: la marca. È praticamente impossibile, infatti, riprodurre o impossessarsi di una marca quando questa è correttamente declinata nella varietà delle sue dimensioni. La marca allora è una sorta di *antidoto all'omologazione*, all'indistinto moltiplicarsi delle merci. Può dirsi un'area protetta, in grado di farsi scudo e barriera a fronte di pericolosi fenomeni imitativi, di facili strategie di *me too*, di occasioni di plagio. Davvero – non ci stancheremo mai di ripeterlo

– il patrimonio più prezioso e più caratterizzante per l'impresa. Il suo reale valore. Può, al limite, sganciarsi dai prodotti a cui era originariamente connessa. Può persino emanciparsi *tout court* da qualsiasi prodotto. Divenendo del tutto intangibile: esiste, ad esempio, un prodotto caratterizzante di quella straordinaria marca che è Disney? Lo stesso discorso può farsi per Virgin[1] e per tante altre brand protagoniste dei mercati contemporanei.

La marca eccellente, con il suo semplice giustapporsi a un prodotto, diviene un moltiplicatore di valore: valore commerciale, che significa profitto per l'impresa, ma anche valore simbolico, semiotico, sociale. Per questo agisce come l'antica pietra filosofale nei processi alchemici: trasforma in metallo prezioso, in segni potenti, in mondi possibili, prodotti e servizi che altrimenti sarebbero anonimi, indistinti, muti[2].

Eppure, a fronte di questi unanimi riconoscimenti relativi alla marca come patrimonio reale di cui l'impresa dispone, corrisponde, a livello della prassi, una concezione (un approccio) fortemente riduttivo. Un orientamento pratico, cioè, del tutto anacronistico rispetto alle nuove realtà con cui la marca deve confrontarsi. Accade così che, in una società complessa[3], in mercati sempre più variegati e differenziati, la marca venga, per lo più, gestita con uno sguardo miope, con ottiche troppo semplici. O meglio semplicistiche. Visioni che contraddicono appunto la dichiarata centralità e crucialità del branding nell'attuale contingenza socioculturale e dei mercati.

È certamente vero che la fase della marca come puro denotato – come canone distintivo, come semplice criterio nominalistico – è ormai tramontata nel mondo delle imprese. Ed è ormai ampiamente accettato che sia l'area della *connotazione* quella con cui la marca deve costantemente confrontarsi. La

1. Per un approfondimento sul caso Virgin si rimanda all'interessante autobiografia di Richard Branson: R. Branson, *cit.*

2. L. Minestroni (2002), *cit.*

3. Il mondo fisico è sempre stato complesso e complessa è sempre stata la società: in entrambi i casi abbiamo, infatti, sistemi composti da milioni di elementi che interagiscono tra di loro con risultati non sempre prevedibili perfettamente. Il mondo pre-moderno ha in gran parte ignorato tale complessità e/o la ha "risolta" con miti e leggende che davano una spiegazione sovrannaturale e semplice. Il mondo moderno ha cercato di "ridurre" la complessità sovrapponendo ad essa un complesso sistema di classificazioni (la scienza sistematica, la fisica Newtoniana) o di regole (la legislazione) che danno, se non altro, l'illusione che tutto sia comprensibile e tutto razionale. Ma il progresso scientifico e tecnologico da un lato ha messo in luce come la meravigliosa costruzione della scienza sistematica non possa spiegare che una piccola parte della realtà e dall'altro ha aumentato – sul piano dei rapporti sociali – la complessità (contrazione del tempo e dello spazio, iperframmentazione). L'uomo di oggi quindi non dovrebbe cercare di "risolvere" la complessità, né di "ridurla"; ma di imparare a convivere con la complessità, a "gestirla" e addirittura a trarre da essa soddisfazione. Il "navigare" su Internet, invece di andare in biblioteca a studiare manuali, rappresenta molto bene questa tendenza: in rete non ci sono certezze e verità assolute ma c'è un'infinita varietà di idee e di verità soggettive e da questo deriva il fascino che essa esercita sugli individui postmoderni.

connotazione è l'area che colora la marca emozionalmente e socialmente, che la eleva da mera denominazione al piano dei significati, che le attribuisce spazio e ruolo nell'immaginario simbolico dei consumatori. Che la emancipa dall'originario statuto di *trademark*, dalla memorabilità dell'etichetta. Per trasformarla in *generatore di senso*.

Eppure la cura e l'attenzione alla marca si limitano, per gran parte delle imprese, allo studio della sua immagine. E, dunque, ci si limita a prendere in esame il vissuto e la percezione che ne ha il pubblico: sovente la risultante più o meno consapevole di una storia non lineare della marca. Oppure, si restringe il campo ad un approccio relativo al posizionamento. Quasi ignorando, o non considerando, che la marca oggi è una realtà ben più complessa di una semplice percezione. Più sensata ed interlocutoria di un mero significante. La gestione della marca non può essere ridotta alla semplice conoscenza della sua consapevolezza da parte del pubblico. Sembrerebbe quasi che la preoccupazione diffusa del mondo delle imprese e della comunicazione sia rivolta a *come la marca appare*. Piuttosto che a *ciò che la marca è*. Non a caso, gli studi su queste dimensioni canoniche (*awareness/immagine/posizionamento*) abbiano costituito sino a ieri il fondamento delle ricerche di branding.

L'idea di marca come concetto capace di produrre significazione è piuttosto recente. Il riconoscimento della sua forza attraverso la nozione di capitale, di risorsa intangibile lo è ancora di più. Ad un certo punto le marche – che avevano sempre parlato di morbidezza imbattibile, di tenuta di cottura, di bianco abbagliante – si sono messe a dire "*Think different*"[4], "*Just do it*"[5], "*The power of dreams*"[6], oppure "*... vivi meglio*"[7].

Siamo entrati in una nuova era: l'era della marca che attinge ai valori, che descrive territori, che genera senso. Una marca che emoziona (*emotional branding*[8]) e che appassiona (*passion branding*[9]). Una marca che sembra uscire dal registro del tangibile, del performativo, del fisico. Capace di partecipare allo statuto della leggenda[10]. Un luogo astratto e insieme altamente performativo, da gestire e interpretare con gli strumenti più appropriati.

Oggi occorre, per comprendere e gestire la complessità della marca, disporre di *metafore*[11] o paradigmi che consentano di dare pienamente conto

4. Pay off di Apple.

5. Pay off di Nike.

6. Pay off di Honda.

7. "*Mangia sano e vivi meglio*": il pay off di Mulino Bianco.

8. Si vedano, a questo proposito: M. Gobé, *cit.* e D. Travis, *cit.*

9. Per un approfondimento si rimanda a: N. Duffy, J. Hooper, *Passion branding. Harnessing the Power of Emotion to Build Strong Brands*, John Wiley & Sons, Chichester, 2003.

10. Si veda L. Vincent, *Legendary brands. Unleashing the Power of Storytelling to Create a Winning Market Strategy*, Dearborn, Chicago, 2002.

11. La metafora, qui, è molto più di una semplice operazione di transfert di significato: è un modo d'approccio alla realtà della marca, uno strumento di conoscenza e comprensione

dello spessore, delle *n* dimensioni di questa nuova realtà. Quella che ci è sembrata particolarmente utile (non certo l'unica, piuttosto quella che ha una maggiore portata operativa) è quella del *territorio*.

La marca è un'area complessa ed omogenea; è un testo che produce narrazione; è una macchina semiotica caratterizzata da una forte coerenza interna; è un dispositivo capace di generare senso. E – generando senso – in grado di determinare identità. Lo stesso accade per il territorio: un campo definito e difendibile, caratterizzato da una trama ed un ordito fatte di segni e di significati. Un testo narrativo unico e particolarissimo, tanto più solido e forte quanto più vi sia sintonia tra i suoi elementi e i suoi valori.

Forse non sarà inopportuno ricordare che, nel Medioevo, il territorio del Signore era delimitato da confini ben precisi e si chiamava, appunto, marca. Non a caso, uno dei significati più interessanti del termine marca è quello che la vede come *segno di confine*. "*Markà*, verosimilmente dal latino *margô*, margine, confine, limite... La Marca identificava la regione di confine estrema dell'Impero carolingio con la funzione principale di difesa dai nemici esterni"[12]. Un'origine antichissima e lontana, a prima vista distante dalla chiave interpretativa che qui vogliamo attribuire all'idea di territorio. Tuttavia, è proprio negli originari contenuti di "luogo" e "limite" che risiedono la funzione principale e la fondamentale vocazione della marca contemporanea.

Dunque la marca è un'estensione territoriale, un luogo geometrico inteso come un insieme di punti che godono di una medesima proprietà. Un *Paese simbolico* che vede la presenza simultanea di rappresentazioni e significazioni differenti e tuttavia unificate da un *denominatore comune*. Un campo composto da più elementi che concentrandosi sullo stesso oggetto creano un tutto

della sua complessità. Si parla di metafore non soltanto quando un elemento, un oggetto, un segno, viene ricontestualizzato. Ma anche quando un'intera operazione viene applicata ad un'area che non le è propria. In questo senso la similarità tra marca e territorio (marca e persona, marca e specie vivente, e così via) concerne la struttura delle due aree in questione, non certamente il contenuto. Ciò che sta alla base dell'accostamento tra i due elementi è una sorta di intuizione della loro similarità. Si parla d'intuizione e non di semplice similarità: i due elementi, infatti, possono essere giustapposti anche se non hanno nulla di oggettivamente simile (una marca e il territorio di un Paese). Possiamo anzi affermare che essi diventano simili proprio in virtù dell'accostamento. Ecco perché crediamo che la similarità, anziché essere il punto di partenza delle infinite metafore a cui la marca a soggetta, ne è il punto d'arrivo, ovvero è creata dalla metafora stessa. Questo è tanto più vero quanto più la metafora è creativa, cioè quanto più sostanziale è il contrasto che essa genera tra significato letterale e significato figurato (la marca e la persona); quanto più forte è l'effetto di spiazzamento, di shock, che essa produce in chi l'ascolta (o si appresta ad interpretarla). Ecco perché l'uso che qui facciamo della metafora è ben diverso da quello che se ne fa il linguaggio poetico, o amoroso o religioso. La metafora è, in definitiva, *un modo per conoscere la marca*. Per un approfondimento si vedano: A. Fonzi, E. Negro Sancipriano, *La magia delle parole: alla riscoperta della metafora*, Einaudi, Torino, 1975 e F. Orletti, C. Castelfranchi, *La metafora come processo cognitivo*, Istituto di Psicologia, CNR, Roma, 1972.

12. R. Monachesi, *cit.*, p. 7.

omogeneo. Oppure *un intero luogo del discorso*, una regione che accoglie e racchiude tutti i possibili significati riferiti a quel prodotto o quel servizo. Un perimetro che abbraccia un mondo possibile: una possibile conformazione della realtà (o dell'immaginario).

La metafora della marca-territorio presenta un gran numero di affinità con quella della marca – Nazione[13]. Anche la Nazione, come la marca, può essere letta come un testo capace di produrre significazione, di sviluppare una singolare narrazione, di generare identità. Come osserva Ferraresi, "... sia le Nazioni che le marche funzionano semioticamente allo stesso modo"[14]. Tuttavia, "la marca Nazione è molto più complessa della marca. Solo vedendo la Nazione da una certa distanza, o da una certa profondità, è possibile cercare di coglierne le concordanze ed il profilo di una proposta identità"[15].

In questa sede analizzeremo, nello specifico, il concetto di marca-territorio, perché crediamo che offra una maggiore estensione simbolica, una più ampia possibilità di declinazione semantica rispetto all'idea di marca Nazione. Dalla quale, tuttavia, non intendiamo prendere le distanze, certi come siamo di una profonda prossimità tra le due metafore.

Maggiore è la coerenza con cui la marca incarna il suo *stare sul territorio* più elevati saranno il suo valore, la sua stabilità e le probabilità di avere successo.

Territorio, dunque: nient'altro che un *kósmos* ordinato per gestire il caos.

10.2. Il territorio della marca

In un'epoca di grande uguaglianza performativa tra prodotti, immersi come siamo dentro scenari commerciali a forte competizione ed altissima densità, il *forte presidio di un territorio* si sta rivelando come condizione fondamentale per il successo ma anche per la stessa sopravvivenza della marca.

Siamo convinti che un approccio *brand-centrico* alla comunicazione d'impresa possa trarre vantaggio da questo concetto moderno e antichissimo allo stesso tempo. Una nozione da sempre appartenente a codici geografici, urbanistici, antropologici ed ambientali. Un'idea che – nonostante la vasta estensione di significati che è in grado di accogliere – è apparsa, finora, piuttosto distante dai discorsi del marketing e dalle strategie aziendali. Territorio della marca, allora: come fattore di primaria importanza per la competitività sui mercati di beni e servizi, per la loro vitalità e capacità di produrre senso e significazione.

13. Per un approfondimento sul tema della "marca Nazione", si rimanda all'interessante studio di Mauro Ferraresi in: M. Lombardi (a cura di) (2000), *cit.*, pp. 241-274.

14. *Ibidem*, p. 266.

15. *Ibidem*.

Tuttavia, occorre fare chiarezza e fugare ogni dubbio ed ogni ambiguità sul concetto di territorio. Per evitare che resti soltanto l'ossequio ad una locuzione alla moda o perché la sua elusività semantica non finisca per oscurarne la ricchezza e le potenzialità.

Appare sostanzialmente impossibile replicare, riprodurre od impossessarsi di un territorio quando questo è interpretato come un vero patrimonio e declinato nella sua complessità. Quando è pensato come un insieme articolato e composito, assolutamente sensato, coerente e non casuale.

Parlare di territorio e insieme di branding non è solo artificio retorico. Costituisce certamente una metafora: ma questa è di straordinario realismo. L'analogia con il territorio di un Paese – quindi con la sua dimensione geografica, gli abitanti, la lingua, la cultura, l'eredità storica, i confini – ben si presta a testimoniare la complessità di quell'area che una marca, per affermarsi sui mercati, deve occupare. Si tratta di un campo di segni e di significati, chiaramente definito e difendibile, con caratteristiche di unicità e di attrazione, capace di suscitare interesse a visitarlo. Non un semplice luogo di passaggio (dove fermarsi casualmente e fugacemente per degli acquisti) o una mera espressione geografica. Non, dunque, pura estensione di dominio, sottoposta ad autorità o a giurisdizione: la marca-territorio non è griffe o *trademark*, non appartiene all'ordine della segnatura, dei marchi di fabbrica. La sua fondamentale missione trascende i significati funzionali delle merci, per incarnare contenuti, coerenza di segni, valori elettivi, tratti di desiderabilità.

Come ha osservato ironicamente Frédéric Beigbeder "ben presto i paesi saranno sostituiti da imprese. Non si sarà più cittadini di una nazione, ma si abiteranno delle marche: si vivrà in Microsoftia o a McDonaldland; si sarà Calvin Kleiniani o Pradesi"[16]. È certamente un paradosso, che non auspichiamo, ma c'è qualcosa di vero in questo.

Il territorio della marca è un *territorio di comunicazione* perché produce identità ed articola *valori coesi e fondanti*. Accedervi significa entrare in un processo di narrazione in cui personaggi, fatti, intrecci, simboli, e cultura incarnano una precisa concordanza, una unitarietà distintiva. In definitiva, una *profonda sintonia interna*.

Per le grandi marche di successo – soprattutto per quelle che svolgono un ruolo da protagoniste a livello planetario – l'identificazione dapprima, la costruzione poi e, successivamente, il presidio di un territorio costituiscono un'attività consapevole di grande spessore[17]. Se osserviamo brand e mega-

16. F. Beigbeder, *Lire 26.900*, Feltrinelli, Milano, 2001, p. 223.

17. La francese Catherine Becker individua nel processo di internazionalizzazione della marche, nella loro traduzione culturale, un modello territoriale e mitologico che che funziona mediante sistemi di invarianti e di varianti. "Si può vedere come le marche si trasformino attraverso il mondo, passando da un modello imperiale che s'è costruito nel Paese fondatore della marca – determinando gli elementi identitari di una sovranità in termini di missione, sistema

brand come Nike, McDonald's, Coca-Cola, non possiamo fare a meno di intravedere – attraverso il mix di comunicazione, l'identità, l'intero divenire della Corporate – degli straordinari capolavori di ingegneria semiotica. Opere uniche, complessi sistemi di segni, in cui appare improbabile rintracciare contraddizioni o incoerenze. Il loro territorio è popolato dal prodotto o dal sistema di prodotti della marca. Oggetti forti e credibili quando hanno i caratteri idealtipici dell'area di appartenenza. Tendono invece a divenire più deboli allorché si approssimano ai confini del territorio. Ai limiti cioè dell'ombrello protettivo della marca.

Presidiare un territorio significa tessere un *fil rouge* capace di percorrere l'intera strategia di comunicazione del brand, la globalità delle soluzioni creative adottate, i gusti e i desideri del *core target*, gli stili di vita del pubblico di riferimento, la storia dell'Azienda, le icone forti, le vocazioni, i valori e la cultura della marca. È solo l'insieme variegato e composito delle molteplici porzioni, sul piano dell'espressione e su quello del contenuto, a restituire il perimetro e la configurazione di un territorio. Sul piano del contenuto il territorio accoglie e coltiva valori elettivi, filosofie di fondo, approcci funzionali ma anche simbolici al prodotto, orizzonti esistenziali del consumatore. Dalla diversità dei contenuti proposti da ciascun territorio deriva anche la necessità di adottare idiomi e grammatiche differenti, impianti retorici, stilemi e modalità espressive davvero singolari. Un autentico linguaggio, dunque, portatore di un'ispirazione unitaria, che contamina il piano dell'espressione e lo forgia a misura di consumatore.

Sulla marca contemporanea sembra depositarsi sempre più una straordinaria ricchezza di significati intangibili: sensibilità e attitudini, visioni del mondo e filosofie di vita, pensieri e concezioni etiche. Un plesso di "discorsi" singolari e distintivi, raffigurabili e identificabili, che i marchi eccellenti sono capaci di trasmettere e veicolare. E che corrispondono alla *cultura* diffusa nel territorio di un Paese. Cultura – nell'accezione antropologica del termine – fatta di gusti, atteggiamenti, tradizioni, abitudini e, in definitiva, valori. Valori spesso non riconducibili alla specificità merceologica della marca ma ugualmente rilevanti per attribuirle unicità, visibilità ed attualità. E così come alcuni stili di vita – almeno a livello stereotipico – vengono associati ad un Paese, allo stesso modo uno o più stili di vita dovrebbero connotare, più o meno esplicitamente, il territorio della marca. La storia di un Paese trova il suo omologo nell'*heritage* culturale, dimensione particolarmente importante perché recupera le tradizioni e il know-how della marca. Allo stesso modo, il patrimonio artistico di un Paese si trasla, nel territorio della marca, nelle sue

di valori, relazione fondamentale col territorio-prodotto – al modello rizomatico che ricerca l'identità della marca attraverso la scoperta di un potenziale unico di trasformazione a monte di differenti attualizzazioni nei diversi territori culturali". Si veda C. Becker, *Du Ricard dans mon Coca. Nous et les marques*, Éditions d'Organisation, Paris, 2002, p. 136.

componenti estetiche, nel design, nel packaging: nell'identità visiva. Non solo: così come un Paese ha la sua bandiera e le sue icone forti, il territorio della marca dovrebbe possedere un logo, un marchio, segni grafici caratterizzanti. Nondimeno, il jingle o una frase musicale ricorrente può costituire l'equivalente dell'inno nazionale.

Presidiare un territorio di comunicazione significa "non solo pianificare una strategia pubblicitaria comune a tutte le campagne ma anche – e soprattutto – aver maturato nel tempo una propria specifica cultura aziendale, con un proprio linguaggio (da paragonare, sviluppando la metafora abitativa, all'idioma parlato nel territorio) e una propria concezione del mondo (la configurazione urografica del territorio, il suo patrimonio di fauna e flora e il suo assetto socioantropologico)"[18].

Al pari di un'impresa che si installa fisicamente in un Paese o una regione e qui impianta i suoi stabilimenti, edifica il suo quartier generale, la marca dovrebbe occupare *un territorio ad alta definizione nell'immaginario collettivo*. Un processo complesso ed indifferibile, delicato e tuttavia necessario. Che non può avvenire senza la consapevolezza che questa "filosofia territoriale" rappresenta la quintessenza del pensiero strategico. Una filosofia preziosa, da affidare, ad artefici e custodi dedicati e preparati, ai più alti livelli. Certamente non delegata a product a brand manager troppo spesso concentrati sui risultati a breve della marca. Non è nemmeno buona norma migrare costantemente da un territorio all'altro senza costruire delle radici – come un popolo di nomadi od un esercito di ventura – a seconda delle opportunità.

Il territorio dovrebbe essere facilmente occupabile, credibile e coerente con i tratti fondamentali dell'identità (così come viene emessa dal branding) e dell'immagine (come viene percepita ed elaborata dal pubblico) della marca. Non solo: quest'area strategica dovrebbe essere ben caratterizzata e delimitata, valorizzante, ricca di risorse e capace di conservare il suo valore anche nel tempo a venire. Perché psicologicamente seduttiva, culturalmente attuale e coerente con i trend emergenti. Dunque il territorio della marca va costruito scientificamente e monitorizzato nel tempo. Esistono metodologie di ricerca che consentono di farlo.

Qui di seguito passeremo in rassegna alcune delle dimensioni che compongono il territorio della marca. Non si tratta di un excursus con pretese di completezza od esaustività, né di un panorama compiuto e nemmeno di un esercizio dogmatico. Piuttosto, il nostro tentativo sarà quello di mettere a fuoco alcune delle possibili declinazioni territoriali del brand, di cogliere una porzione di questa complessa e significativa area "geografica" e semantica. L'obiettivo è quello di suggerire una riflessione, di dar conto della varietà e della complessità di queste infinite dimensioni. Che non possono certamente

18. M. Fabris in: M. Lombardi (a cura di) (2000), *cit.*, p. 192.

esaurirsi, come abbiamo appena indicato, nella problematica dell'immagine, un aspetto certamente significativo, ma limitante. Perché coinvolge soltanto i tratti più epidermici dell'identità, e della personalità del marchio. Il territorio non è il sembiante, non il volto più eclatante ed ammiccante della marca. Piuttosto, si tratta di una inedita "contrada": articolata e complessa, capace di produrre un discorso, di evocare mondi possibili, di generare senso. Non a caso ciascuna dimensione del territorio marca può essere analizzata scientificamente e quantificata, attraverso modelli e strumenti "di precisone" di cui il marketing contemporaneo dispone.

10.3. Estensione

L'*estensione* del territorio è in larga misura determinata dalla share che la marca ha saputo conquistarsi sul mercato. La superficie occupata dal territorio corrisponde dunque alla quota di mercato della marca.

Come in ambito geografico, non esiste un nesso di proporzione diretta tra estensione e ricchezza, tra estensione e vivacità culturale, tra estensione e attrattività, tra estensione e desiderabilità. Le caratteristiche, la configurazione del territorio sono ancora più importanti della sua estensione. Esistono piccole Nazioni, veri e propri fazzoletti di terra straordinariamente *appealing*; principati densi di tradizioni, di bellezze naturali ed artistiche. In questo senso è possibile affermare che pure le nicchie di mercato, nella loro ridotta proporzione estensiva, rappresentano dei luoghi estremamente vivi e vitali. Vi sono ampi territori – quasi deserti per il loro assetto, vere e proprie Death Valley – dove la marca (o il prodotto) che li popola è in fase recessiva ed il suo ciclo di vita si sta ormai esaurendo. Territori montagnosi ed aridi dove è difficile far attecchire nuove opportunità per la marca ed altri invece, assai fertili, che sembrano dilatarsi e che sono straordinariamente recettivi all'espansione del brand. La metafora del territorio, in realtà, ha proprio nell'estensione il suo punto di debolezza: se per un Paese il territorio è relativamente stabile nel tempo per una marca è soggetto a continue estensioni e compressioni anche in funzione delle strategie competitive delle altre marche. Vi sono territori inoltre che hanno delle ricchissime risorse naturali per cui la brand extension è facile e quasi fisiologica ed altri invece che paiono assai poco fertili. Territori che dispongono di preziosi giacimenti – ad esempio di tipo tecnologico, come la Silicon Valley – che possono essere efficacemente strutturati ed altri invece in cui sono istallati obsoleti impianti di produzione; territori che sono ampiamente autosufficienti per quanto riguarda la produzione e altri invece che dipendono dall'esterno. Talvolta l'abbinata "territorio + abitanti" genera una collocazione troppo asfittica per una marca, nel senso che il mercato interno risulta troppo ristretto per farla vivere.

Il mercato domestico rappresenta nel settore dei trasporti aerei una componente di rilievo: una dimensione importante del territorio. Swissair era un'eccellente compagnia aerea ma aveva un bacino primario d'utenza (la Svizzera) troppo limitato per alimentarlo ed è dovuta uscire dal mercato. Alitalia – una compagnia che è all'antitesi dell'eccellenza – riesce a sopravvivere perché può, per sua fortuna, contare su un mercato interno assai esteso, per di più popolato da abitanti linguisticamente quasi analfabeti e che sono portati, anche per questo, a privilegiare la compagnia di bandiera. Il mercato domestico rappresenta nel settore dei trasporti aerei una componente di rilievo: una dimensione importante del territorio.

Significativo è anche il caso di Apple Computer: una marca che oggi controlla soltanto il 5% del mercato mondiale dei PC, ma che possiede, a tutti gli effetti, il più fedele parco clienti di ogni *technology company* al mondo. Mentre nella seconda metà degli anni Novanta, la saturazione del mercato dei personal computer aveva costretto molte delle maggiori imprese del settore a chiudere i battenti o, nel migliore dei casi, a fusioni strategiche destinate ad aumentare la propria *market share*, l'incredibile fedeltà tra gli appassionati del Macintosh, teneva Apple al sicuro, decisamente "in una botte di ferro". Con un fatturato annuale di oltre i 5 miliardi di dollari[19]. Anche se come *player* in un territorio di nicchia, Apple ha saputo cogliere e mettere a punto alcuni dei principali trend nel computer business. Fino a diventare una marca di culto, i cui clienti sono animati da amore, commitment e condivisone di valori nei confronti della marca. Fino a diventarne i principali evangelizzatori[20].

10.4. Confini

I confini del territorio di una marca sono più mobili e permeabili di quelli di un Paese e sono delimitati dai territori dei principali competitor, da cui possono provenire le maggiori opportunità ma, al tempo stesso, le principali minacce. Alcuni dei Paesi di frontiera possono essere aggrediti, divenire oggetto di rapide incursioni di *commandos* per depredarne il bottino ed avventurarsi nella conquista. Da altri confini, invece, possono provenire attacchi o invasioni. Il *continuo presidio dei confini* dovrebbe costituire una costante, un obbligo imprescindibile e permanente per la marca: le sue frontiere sono zone sensibili, esposte a minacce esterne. E non è casuale che l'etimologia e la storiografia del termine marca riportino direttamente, come abbiamo visto, al concetto di margine, di perimetro, di Paese confinante. A quei distretti militari destinati a proteggere le province delle frontiere medievali. Ecco perché la marca eccellente contemporanea dovrebbe assomigliare sempre più ad una rocca inespugnabile, ad un territorio trincerato, solido e sorvegliato. Un po'

19. M. Wong, "Windows Won War, but Apple Led Way", *Associated Press*, 12 agosto 2001.
20. Per un approfondimento sul caso Apple si rimanda a: M. Ragas e B.J. Bueno, *cit.*

come la fortezza Bastiani, nel deserto dei Tartari di Buzzati. Chi si occupa di brand e branding, oggi, dovrebbe saper guardare alla vita spesa dal tenente Drogo per controllare i movimenti del nemico[21]. Un'intera esistenza finalizzata a proteggere e controllare in maniera incessante e difensiva – ai limiti dell'ossessivo – i confini del territorio.

Esiste un duplice ordine di confini, in termini di branding: con le marche che presidiano le stesse opzioni produttive (*marche del settore*), ma anche con prodotti analoghi, vicini, o considerati dal consumatore come potenzialmente sostituibili alla marca (*prodotti fungibili*) e che, a seconda della distanza/prossimità dalla marca, possono o meno competere con il suo territorio[22]. Facciamo alcuni esempi. Barilla, un marchio la cui vocazione principale è nel settore della pasta di semola, confina con le marche del settore De Cecco, Voiello[23], Buitoni, Agnesi, Del Verde, Antonio Amato, private label comprese (ad esempio Coop, Esselunga, Tesori dell'Arca). Ma confina anche con prodotti fungibili come pasta fresca artigianale o industriale (Giovanni Rana), pasta all'uovo fresca e non, gnocchi, pasta fresca ripiena, primi piatti surgelati, riso, risotti in busta, primi piatti gastronomici, paste regionali, pasta biologica o integrale. Ma forse – dato il rilievo e l'egemonia che questa marca possiede in un periodo di semplificazione dei pasti, di superamento della tradizionale scansione ternaria (primo, secondo con contorno, frutta o dolce) laddove ci si chiede sovente se consumare il primo piuttosto che il secondo piatto – Barilla ha ai suoi confini l'intero comparto alimentare.

Coca-Cola confina con le marche del settore cole – Pepsi Cola, Virgin Cola, Esselunga Cola –, ma anche con prodotti e soft drink fungibili come Sprite, Fanta, Scheweppes, Gatorade, chinotto, succhi di frutta, thè freddo aromatizzato, acqua minerale gassata, ecc.

Actimel di Danone, preparato da bere a base di fermenti lattici che superano la barriera dei succhi gastrici, si trova in un area contigua rispetto ad una serie di altri prodotti e altre marche. Confina cioè con: LC1 della Nestlé e ABC Yomo che sono gli omologhi competitor, in buona sostanza i diretti concorrenti, analoghi per natura, cultura produttiva, modalità d'uso, target di

21. Dino Buzzati, *Il deserto dei Tartari*, Mondadori, Milano, 1945. Naturalmente, a differenza del *deserto dei Tartari* di Buzzati, luogo in cui ristagna un torpore misterioso, dove nulla si muove, i confini della marca commerciale sono vivi e vitali, esposti a minacce reali e a continui, concreti attacchi dei competitor. Nondimeno, la marca oggi non è quella costruzione antica e disabitata, inospitale e sinistra della Fortezza Bastiani. Piuttosto, una regione di straordinaria ricchezza e singolare dinamismo. Tanto suggestiva e desiderabile da rendere fondamentale un assiduo ed incessante presidio delle frontiere, una salvaguardia permanente dei confini: giusto la missione del tenente Drogo.

22. La competizione oggi – è un'altra dimensione questa della complessità – si articola davvero a 360 gradi: un maglione di cachemire può essere alternativo/fungibile con un week end al mare, un nuovo cellulare, un ciclo di massaggi ecc.

23. Che appartiene al gruppo Barilla.

riferimento; con prodotti farmaceutici a base di fermenti lattici (Enterogermina, Fermenturto, Yovis) i quali, pur sostanzialmente differenti come approccio al consumo e come caratteristiche tangibili e intangibili, assolvono alla stessa funzione; con il classico yogurt bianco Yomo, Danone, Parmalat, ecc.

I confini del territorio di Nutella sono adiacenti all'area del cioccolato *tout cour*. Quindi tavolette di cioccolato, ma anche tutte le creme spalmabili a base di cioccolato e certamente merendine industriali e snack. Non escludiamo neppure che Nutella possa confinare con marmellata e confetture di frutta che, seppur diverse per natura e vocazione, possono presidiare certe dinamiche e certe occasioni di consumo (la prima colazione, la merenda dei ragazzi, lo spuntino energetico).

Dunque, individuare i confini del territorio-marca appare come una operazione altamente strategica, e in un certo senso anche profondamente simbolica, in quanto capace di descrivere frontiere e contenuti, di racchiudere porzioni di piano e mondi possibili, di stabilire il limite – e dunque la forma – della cosa rappresentata. Di determinare ciò che appartiene alla marca in questione e ciò che invece è esterno ad essa, ciò che è coerente coi suoi discorsi e ciò che appartiene ad un altro ordine di contenuti. Di suggerire i luoghi dell'eventuale estensione e bandire rischiose operazioni di sconfinamento. I margini della marca ne misurano e ne descrivono i lineamenti, le pertinenze, le attitudini. "Il limite è... un'unità espressione/contenuto al di fuori della quale sono presenti altre unità, altri marchi quindi determinati da altre unità di espressioni/contenuti"[24].

I confini della marca contemporanea rimandano idealmente a quel *cardo* e *decumanos* della civiltà romana, usati per misurare e dividere i terreni per mezzo di due linee incrociate capaci di determinarne l'orientamento (Nord/Sud). Le linee parallele a questi due assi principali contribuivano ad una ulteriore divisione del territorio, a determinare l'estensione delle varie superfici e dunque a generare un'area ordinata e sensata: allo stesso modo la marca contemporanea pare capace di strutturare l'offerta, di segmentare il mercato, di tratteggiare regioni di pertinenza e terre avversarie, di segnare campi confinanti e contee di competizione.

I confini della marca evolvono nel tempo, ampliandosi restringendosi, mutando la configurazione del territorio. Alcuni confini sono destinati a restare tendenzialmente non problematici nel loro divenire (ma attenzione alle sorprese: chi avrebbe mai pensato che l'Italia potesse invadere la Francia come è successo nella seconda guerra mondiale, non dando soverchie preoccupazioni?). Altri sono semplicemente luoghi di passo. Ormai le marche hanno preso consapevolezza che il passaggio nei due sensi è sempre più frequente (il *nomadismo* sta, di fatto, divenendo la modalità più praticata per rapportarsi ad

24. R. Monachesi, *cit.*, p. 9.

una marca) e che non sono soltanto i frontalieri ad alimentare un percorso che si fa sempre più intenso. Forse è opportuno rassegnarsi a queste forme di pendolarismo facendo però attenzione che i flussi di traffico mantengano però sempre un saldo attivo. E gestendo strategicamente i nuovi occasionali visitatori. Alcuni di questi infatti potrebbero acquisire una stabile cittadinanza nel territorio della marca se riuscissero a trovare condizioni ottimali per una stabile residenza.

Ma il presidio dei confini diviene ben più rilevante quando – nelle aree di frontiera – si assiste all'accentuarsi della competizione che può andare ben al di là di momentanee scaramucce. Quando cioè la concorrenza si fa particolarmente dura, condizione del resto ormai fisiologica dei mercati. Perché è possibile che dalle zone in cui maggiore è la frizione competitiva, da confini non sufficientemente presidiati, provengano insidiose minacce ed invasioni di campo. Perché è possibile, all'opposto, da alcuni dei confini – la marca ha nel suo DNA una vocazione aggressiva sui mercati, l'eufemismo abitualmente usato è concorrenza – effettuare rapide sortite, incursioni in forze, blitz improvvisi o occupazioni ed estensioni del territorio destinate a durare a lungo. Una *corretta comprensione dei confini* può consentire di erigere, in alcune parti del territorio più permeabili, delle barriere difensive o creare invece i presupposti per una mirata politica espansionista destinata ad ampliare, anche in modo molto sensibile, il tradizionale insediamento.

Il richiamo ai confini, soprattutto in mercati ormai prevalentemente di sostituzione, sembrerebbe quasi tautologico e scontato. Ma non è affatto così. In realtà questa sensibilità è assai poco diffusa e nell'individuazione dei confini si commettono, solitamente, clamorosi errori. Anche da parte delle marche più titolate: errori di miopia o di arroganza, il risultato non cambia di molto. Perché i confini oggi hanno andamenti molto diversi da quelli che erano stati originariamente tracciati o che sembravano iscritti nel bacino geografico/merceologico/culturale della marca. Sia a livello delle merceologie con cui i prodotti della marca possono avere un rapporto di fungibilità – i Paesi cioè, sempre per restare nella metafora del territorio, che sono più direttamente confinanti – che delle marche da cui possono provenire le più insidiose sfide o le maggiori opportunità. I Paesi confinanti più temibili possono risultare proprio quelli che non venivano considerati tali.

Certamente per Coop sono sovente i negozi al piccolo dettaglio i concorrenti più temibili e non le altre insegne della grande distribuzione. Il più temibile concorrente di una marca di vino è certamente l'acqua minerale e non le altre marche di vino. McDonald's è probabilmente il più preoccupante competitor della pasta e il cinema si trova a competere con i ristoranti in cui andare a cena, più che con la televisione. Sembrano dei paradossi ma non è affatto così. In un mercato moderno in cui *non sono più i bisogni ma i desideri a promuovere i consumi*, quando i bisogni hanno ormai perso parte della loro cogenza, imperiosità e, soprattutto, specificità, i desideri divengono i protagonisti delle scelte di consumo e si sostituiscono ai bisogni. I desideri sono più versatili, eclettici, possono ampliare a dismisura lo spettro di fungibilità dei beni che li soddisfano. Una scatola di cioccolatini può competere con una cravatta, un libro, un mazzo di fiori, un superalcolico e tante cose ancora.

In un mercato che va avviandosi alla postmodernità la mappatura degli scenari competitivi va radicalmente mutata. La marca si accorgerà così che i confini, nella nuova società complessa, sono assai più estesi e difficili da presidiare rispetto a quelli che un tempo erano considerati i *border* fisiologici della marca o del prodotto.

Ma anche restando nell'ambito dell'ortodossia – vale a dire nello stretto contesto merceologico in cui una marca opera – spesso le imprese hanno un'idea pericolosamente errata o illusoria dell'estensione e della natura dei propri confini. Esiste cioè una sorta di misconoscimento di chi siano i reali competitor, nella fattispecie della identità dei Paesi confinanti. Un equivoco purtroppo assai diffuso che potremmo definire "sindrome di superiorità" nel senso che si stenta a non riconoscere come Paesi contigui non solo quelli che inalberano la bandiera dei primi prezzi o delle private label ma sovente nemmeno marche che pure hanno una solida reputazione ed una ancora più solida quota di mercato. Che però un pregiudizio intellettuale confina ad una classe di prezzo o di status meno elevata. Una sindrome che può costare molto cara a chi la condivide.

Per molti anni, in passato, Baci Perugina non ha compreso di confinare con Rocher che le sottraeva quote di mercato e leadership. Armani, dal canto suo, non aveva mai considerato come confinanti – anzi affermarlo è considerato una sorta di lesa maestà – marche come Hugo Boss nell'abbigliamento maschile e Max Mara in quello femminile. Due marche che forse non erano assunte all'empireo delle grandi griffe ma che, in realtà, quantificando i flussi, si dimostravano come Paesi confinanti a pieno titolo e da cui provenivano costanti e continue aggressioni. Nel settore dei panificati ci si è improvvisamente accorti che una marca quasi sconosciuta – Fagolosi – era divenuto un temibilissimo confinante per le marche più titolate: troppo tardi ormai per contrastarla efficacemente. Müller, inizialmente guardato con sufficienza dai grandi produttori di yogurt – al limite un "non yogurt" per la sua consistenza cremosa, poco temibile per un brand name non particolarmente felice e per la zona di provenienza – tanto da non essere considerato un competitor è divenuta, in realtà, nel giro di pochissimi anni, la marca di maggior successo.

Si sta ormai delineando l'*urgenza che le marche pervengano ad una nuova mappatura dei propri confini*. Non è un gioco di società. Ma una condizione indispensabile per sopravvivere, e prosperare, nella nuova società complessa ed ipercompetitiva.

10.5. Abitanti

Lo spazio occupato dalla marca nella mente del consumatore può considerarsi l'equivalente – nella metafora del territorio – del numero degli abitanti del territorio della marca. Stiamo parlando di quella *share of mind* che va divenendo sempre più significativa rispetto alla *share of market* perché rappresenta il più sicuro indicatore del futuro della marca. Le marche dominanti – quelle che occupano una posizione privilegiata ed assoluta nell'immaginario semiotico degli individui, quelle che incarnano ruoli da *top of mind* – sono solitamente le più popolose[25].

Questa dimensione, così importante per la marca e per il suo sviluppo commerciale, deve tener conto sia di meccanismi espansivi/recessivi della marca ai suoi confini – conseguenti alle strategie competitive – sia dei fenomeni di immigrazione/emigrazione che avvengono spontaneamente sul territorio. Fenomeni in larga misura generati dalla soddisfazione/insoddisfazione di vivere in quel territorio. Le indagini di customer satisfaction costituiscono un importante sensore di questi movimenti e un efficace strumento previsivo di tali dinamiche.

Le caratteristiche degli abitanti – il *core target* della marca – più che dai consueti, e anacronistici, parametri demografici vengono descritte dai loro stili di vita. In altre parole dai gusti, dalle preferenze, dalle abitudini, dagli orientamenti socioculturali che – sia pure nella eterogeneità dei vissuti – li accomunano.

Tuttavia, oggi sempre più, *gli stili di vita sembrano perdere di significatività*. Troppo rigidi, troppo esigui a fronte di un consumatore postmoderno così instabile, imprendibile, caratterizzato da dinamiche acquisitive e di consumo sempre più simili al *patchwork* e al *pastiche*. L'accelerazione del mutamento, lo abbiamo visto, tende a trasformare profondamente gli assetti preesistenti e a scompaginare gli schemi che cercano di definire e inquadrare i processi di cambiamento sociale. Il fatto che il moltiplicarsi degli stili di vita e la loro crescente labilità renda inutile una precisa classificazione ed un vero e proprio "censimento" – non impedisce il cercare di mettere ordine, o il tentare un qualche tipo di sistemazione. Adesso, volendo cogliere la reale essenza delle "caratteristiche antropologiche" incarnate dal pubblico di riferimento, i *siti valoriali* si rivelano certamente più esaustivi e rappresentativi. I siti valoriali – o *territori socioculturali* – rappresentano subculture relativamente stabili: sono territori generatori di molteplici stili di vita Gli abitanti di una marca come Barilla sono rappresentati, ad esempio, da una popolazione piut-

25. Le marche sono capaci di costruire un vero e proprio mondo nella mente del consumatore. Giep Franzen e Margot Bowman hanno analizzato *the mental world of brands*, dimostrando come il successo di alcuni grandi player dei mercati contemporanei sia da ricercarsi nelle modalità attraverso cui il cervello umano genera ricordi ed associazioni. Ovvero nei processi cognitivi e simbolici legati al linguaggio e alle emozioni. Per un approfondimento di veda G. Franzen e M. Boumann, *cit.*

tosto eterogenea in termini di fascia d'età, reddito, parametri demografici. Ma, in realtà, abbastanza omogenea in termini di valori condivisi. Si tratta infatti della famiglia italiana più tradizionalmente sensibile ai valori della casa, degli affetti, dell'autenticità dei sentimenti, all'idea di nido domestico e di focolare.

10.6. Capitale/capoluogo/province

Nel territorio vi è quasi sempre una *capitale/capoluogo*: il prodotto storico o quello più visibile/più importante sul mercato che diviene più emblematico per la marca. Allo stesso tempo possono esistere una serie di altre città o province (gli altri prodotti, le altre tipologie di prodotto) che si dispongono sul territorio a diversa distanza. La marca all'interno del suo territorio, soprattutto nelle aree attorno alla sua capitale, è solitamente molto forte. Diviene più vulnerabile man mano che si allontana da questa.

Questa lettura geografica consente di stabilire se certe operazioni di brand extension possono risultare rischiose: perdere di vista il capoluogo o la capitale (il prodotto originario, e dunque la vocazione produttiva fondativa) può condurre ad una perdita di identità territoriale. Il capoluogo di Yomo, è lo yogurt bianco. Ma il territorio di Yomo è popolato da altre provincie: Yomo In Linea 0,1, con il minimo di materia grassa; Viva, la crema fresca a base di latte, *ABC* fermenti lattici; il nuovo *Esprit*, yogurt magro con pezzetti di frutta con solo 45 calorie; *Belgioiso*, formaggio spalmabile con fermenti lattici; il nuovo *Yomo mondo biologico*, ecc.

Il capoluogo di Mars è sicuramente la barretta al ciccolato. Ma esistono altre provincie in questo territorio? Alcune certamente: Mars gelato, Mars da bere, Mars Miniatures. Sono poche. Dunque quello di Mars è un territorio in cui il capoluogo diviene una sorta di presidio: un luogo dominante, una città dal fortissimo appeal.

Il capoluogo di Barilla è la pasta di semola di grano duro, in tutti i formati classici (spaghetti, rigatoni, penne, farfalle...), ma è possibile individuare anche delle province: si pensi ad esempio ai sughi pronti, ai nuovi primi piatti surgelati, alle Emiliane (la pasta all'uovo). Un grande e fertile territorio in cui Barilla avrebbe tutte le carte in regola per ospitare nuovi insediamenti di successo: come più credibile e autorevole marca dell'italian food potrebbe, ad esempio, accogliere alcuni grandi prodotti dell'alimentazione italiana (dal parmigiano all'olio d'oliva).

È possibile riscontrare affinità tra il concetto di capoluogo della marca e quello di "prototipo" della marca. In entrambi i casi si tratta dell'imprinting iniziale che funge da guida e da connotazione significativa a tutta la produzione e alla brand identity. Come osserva Kapferer "il primo prodotto di una marca gioca un ruolo essenziale. Come ricorda la psicologia della percezione, la prima materializzazione di un concetto ne fissa il senso – la saggezza popolare non dice 'bisogna fidarsi della prima impressione perché è quella buona'? Gli specialisti chiamano questo primo prodotto il "prototipo" della marca, il suo "prodotto faro", quello che ne fonderà la rappresentazione da parte del pubblico"[26].

È evidente che il capoluogo di Nike sarà presidiato dalle *running shoes*, il prodotto tecnico per atleti: quest'idea di marchio catalizzatore della performance, strumento per la vittoria, protesi dell'eroe, ha accompagnato tutta la successiva produzione e l'evoluzione del brand fino ai giorni nostri.

Coca-Cola Classic è certamente il capoluogo del mitico marchio di Atalanta. Attorno troviamo una serie di province, ciascuna con una propria identità e un proprio posizionamento, ma naturali derivazioni del progenitore: Coca-Cola light, Coca-Cola Caffeine-free, Cherry Coke, Diet Vanilla Coke, ecc.

Il capoluogo di Mulino Bianco sono i Tarallucci e la prima generazione di biscotti, gli originari prodotti da forno che hanno decretato lo straordinario successo commerciale del marchio. Tutti gli altri articoli, dalle merendine ai crackers possono considerarsi province: vive, attrattive e desiderabili tanto quanto la capitale.

10.7. Lingua

La marca – come ogni Paese – ha, o dovrebbe avere, una sua lingua: *il sistema di segni con cui si esprime*, un mondo di parole attraverso cui articola i propri discorsi, una stratificazione stilistica dei simboli, delle modalità espressive e comunicative. Un codice portatore di una ispirazione unitaria di fondo: un sistema di istituzioni convenzionalizzate, che stabilisce il rapporto tra un significante e il suo significato o – in altri termini – tra un simbolo e il suo referente.

Una lingua nell'accezione saussurriana, dunque: un prodotto sociale della facoltà del linguaggio e un insieme di convenzioni necessarie, adottate dal corpo sociale per consentire l'esercizio di questa facoltà tra gli individui[27]. Anche la marca possiede allora un sistema di lessico e grammatica (immagini, icone, parole, tono di voce, modalità, forme e spazi pubblicitari) attraverso il quale gli appartenenenti ad una determinata comunità (i consumatori, i media, i distributori, il *retail*) si esprimono e comunicano tra loro.

La lingua parlata in un Paese equivale, per la marca, alla *globalità delle sue attività di comunicazione*, che diviene così il vero tessuto connettivo del territorio. Dal logo alle campagne pubblicitarie, dalle sponsorizzazioni, al packaging, le modalità con cui il brand si relaziona al suo pubblico entrano a

26. J.-N. Kapferer (2002a), *cit.*, pp. 28-29.
27. F. de Saussurre, *Corso di linguistica generale*, Laterza, Bari, 1983.

far parte di una grammatica particolarissima e distintiva. Un idioma che dovrebbe, pur evolvendo nel tempo, presentare continuità e coerenza con le altre dimensioni del territorio. Un linguaggio dotato di senso e contaminato dallo spirito del brand. Da esprimere sia sul piano del contenuto – valori elettivi, concept di prodotto, benefit per il consumatore – che su quello dell'espressione: l'impianto retorico di fondo, i codici espressivi adottati. Ovvero le situazioni, i personaggi, il *mood* prevalente, le modalità narrative, le tecniche di ripresa. Un linguaggio verbale e visivo che trasmetta la missione e vocazione della marca/Paese, la sua identità, il suo stile e la sua filosofia. Si pensi alla lingua di Absolut Vodka[28]: le immagini della celebre bottiglia, le cartoline in distribuzione nei locali e nei punti vendita, le pubblicazioni istituzionali, le mostre che promuove, gli eventi che sponsorizza, il mecenatismo nell'arte. Oppure alla lingua di una marca come Diesel: unica, riconoscibile, articolata attorno a linguaggi come la trasgressione, l'ironia, lo straniamento. Fatta di una grammatica tutta sua che contiene i celebri spot pubblicitari, dal fortissimo impatto semiotico e comunicativo, come pure le affissioni che popolano le nostre città. Ma anche una lingua che si esprime anche attraverso i canali di comunicazione: Diesel sponsorizza gare di snowboard, non certo tornei di bridge, e questo è significativo. Ferrari ha una lingua tutta sua: parla attraverso la Formula Uno, ma anche attraverso i suoi personaggi da Montezemolo a Schumacher, da Enzo Ferrari a Barrichello, attraverso i suoi colori (rosso Ferrari), il merchandising (gadgets, oggetti, linee di abbigliamento…). La lingua di Coca-Cola è ricca ed eterogenea, tuttavia coerente e sensata: i vari packaging (dalla bottiglia di vetro originale alle lattine); i gadgets e tutto il merchandising tradizionale Coca-Cola[29]; il fondo rosso con la scritta bianca; le campagne pubblicitarie; gli orsi polari e il celebre babbo Natale disegnato da Sundblom; le affissioni; le sponsorizzazioni sportive; il jingle (e inisieme pay off) "*Always Coca-Cola*", e così via.

10.8. Cultura

La marca possiede una propria cultura nell'accezione antropologica del termine: un suo *sistema di valori, di stili di vita, di riti e di miti*, così come un suo *ethos* ed un suo *pathos*. Una serie di dimensioni in grado – se ben coese, solide e radicate – di incarnare la forza del territorio e, dunque, della marca. Un patrimonio di conoscenze, di tradizioni e di cognizioni che appar-

28. Per un approfondimento si vedano: C. Hamilton, *Absolut. Biography of a Bottle*, Texere, New York, 2000 e R.W. Lewis, *Absolut Book. The Absolut Vodka Advertising Story*, Journey Editions, Boston, 1996.

29. Si veda la ricca iconografia di Coca-Cola in R. Schaeffer e B. Bateman, *Coca-Cola*, Quintet Publishing Limited, London, 1995 e F. Steinbach Palazzini, *Coca-Cola Superstar*, Idealibri, Milano, 1986.

tengono all'esistenza imprenditoriale, all'evoluzione dei prodotti e delle aziende. Laddove i tratti culturali risultino carenti o contraddittori, un Paese/marca difficilmente sopravvivrà o potrà esercitare un progetto di egemonia o leadership: sarà rapidamente destinato a divenire terra di conquista.

Un marchio come Rolex incarna una cultura che coincide con la tradizione della qualità, dell'innovazione, della precisione. Pur essendo un marchio globale, infatti, Rolex, ha un'identità culturale tutta svizzera[30]. Burberry, la celebre marca dell'impermeabile più famoso al mondo, creato nel 1856 da Thomas Burberry[31], fonda la sua cultura su una tradizione familiare, imprenditoriale e produttiva, tutta *british*: l'invenzione del *gabardine*; il brevetto del tessuto anti-pioggia (*yarnproof process*); l'universo della caccia, della pesca; le prime boutique londinesi; la prima Guerra Mondiale con il soprabito da trincea (*trench coat*) indossato dagli ufficiali inglesi.

Altre marche – si pensi ad esempio a Lifegate – sono *soprattutto* cultura e ideologia[32]: di un mondo nuovo, fatto di rispetto per l'ambiente, espressione di sé, armonia, olismo, ecc. Coca-Cola è il marchio culturale per eccellenza: la cultura occidentale, l'*american way of life*.

Come osserva Geoffrey Randall "la cultura può appartenere alla stessa marca, oppure all'impresa che la produce. Le automobili Mercedes-Benz hanno una forte dimensione culturale: nel loro mondo, l'eccellenza ingegneristica e la solidità contano parecchio, mentre questioni legate allo stile e alla forma sono viste come fronzoli. Nike progetta una cultura fatta di sforzo individuale e di partecipazione al successo"[33].

10.9. Valori

La cultura – nell'accezione antropologica – diffusa nel territorio di un Paese si riflette nel plesso di valori che la marca dovrebbe trasmettere. Valori spesso non riconducibili alla specificità merceologica della marca ma ugualmente rilevanti per attribuirle unicità, visibilità e attualità culturale. E così come alcuni stili di vita – almeno a livello stereotipico – vengono associati ad un Paese così uno o più stili di vita dovrebbero connotare, più o meno esplicitamente, il territorio della marca. I valori di una marca come Virgin sono anticonformismo, modernità, dinamismo, attualità culturale. I valori di una marca come Star sono quelli della tradizione, della famiglia di un certo con-

30. Per un approfondimento si veda A. Ries e L. Ries (2002), *cit.*, p. 185.
31. J. Watin-Augouard, *cit.*, p. 130.
32. Come osserva Alberto De Martini "se nessuno si stupisce di lavorare su visione, valori e missione di un'impresa, non si vede perché ci si dovrebbe stupire nel definire la marca, elemento chiave del rapporto fra impresa e mercato, come ideologia". Si veda A. De Martini, *cit.*, p. 17.
33. G. Randall, *cit.*, p. 15.

servatorismo. I valori per Sony sono il senso del progresso, l'innovazione continua, la Corporate come missione e come spirito di gruppo. I valori per Pepsi sono quelli di una gioventù ideale, non anagrafica, dunque di uno spirito moderno e dinamico, che guarda al futuro. Per Coke la libertà, l'americanità (per gli americani: la patria), l'amicizia, i buoni sentimenti. Per Benetton la tolleranza, il cosmopolitismo, la fratellanza universale. Per Volvo il grande valore fondativo è la sicurezza. Per Armani la perfezione stilistica, l'invenzione di una regola aurea nell'abbigliamento, l'essere alla moda e al di là delle mode.

Dunque i valori della marca possono pure staccarsi dai valori tangibili di prodotto per abbracciare un registro più ampio e più astratto. Al pari dei confini e della lingua, i valori della marca sono suscettibili di mutamento. Generalmente, negli ultimi cinquant'anni s'è assistito ad uno spostamento dai valori tangibili a quelli intangibili. Se il benefit " tenuta di cottura" poteva essere un valore per Barilla soltanto 25 anni fa, oggi è diventato un prerequisito. Piuttosto, oggi i valori di Barilla sono la qualità, la coerenza, l'esperienza, la famiglia, l'italianità.

10.10. Bandiera

La marca, come ogni Paese, ha una sua bandiera – il logo, il suo *flagship*: il punto vendita più prestigioso. Ma anche una confezione particolare o un prodotto pioniere possono fungere da vessillo. Gli elementi caratterizzanti la *visual identity* della Corporate o del prodotto, tradotti mediante la metafora del territorio, diventano allora lo stendardo del brand. La bandiera di un Paese è un drappo con i colori e lo stemma di uno Stato, di una città, di una Nazione: è issata come simbolo dell'onore e dell'orgoglio nazionale, è esposta come segno dell'appartenenza ad una Patria, ad un sistema di valori, ad una radice culturale. Anche quella della marca ha le stesse finalità: *rimanda al senso e all'identità del brand, ai suoi significati, alla sua storia.*

Packaging, lettering, colori, forma del prodotto, marchio, icone, pittogrammi, personaggi e stilemi, immagini ricorrenti e insegne, confezionamento dell'oggetto/brand assumono la funzione di riconoscimento e rappresentatività della marca-territorio.

Apprezzato per le sue valenze cromatiche, estetiche e formali, il packaging può rivelarsi semioticamente coerente con gli attributi del prodotto e può contribuire a connotare la marca e il suo territorio in maniera significativa e sensata. Anche il codice cromatico, le icone rappresentative, persino un testimonial forte e radicato nell'identità della marca possono assolvere alla stessa funzione. Oggi – se ben costruito – persino il *brand-site*, il sito di marca può appartenere allo statuto del suo territorio, divenirne bandiera[34].

34. Si è parlato, a questo proposito, di "*packaging on line*". Si veda J.-J. Rechenmann., *Internet et marketing*, Éditions d'Organisation, Paris, 1999, p. 156.

Si pensi al caso Pringles[35]: la stessa forma dello snack (a doppia curvatura o a "sella") rappresenta di per sé una bandiera, rafforzata – sul versante dell'identità visiva – da un packaging distintivo, cilindrico, una sorta di tamburo da suonare, dai colori sgargianti. Anche l'icona dell'uomo con i baffi è facilmente memorizzabile e in grado di conferire al prodotto una valenza affettiva. È un'icona polisemica, che rinvia a una famiglia di caricature stereotipiche (la scriminatura centrale dei capelli rimanda a figure di antenati, ai soldatini dei giochi infantili, ai clown) dal carattere ludico e gioioso. L'omino campeggia sul pack, si anima facendo da chiusa a tutti gli spot, si replica nei dispenser della distribuzione. Insomma, una bandiera a tutti gli effetti. E come non considerare bandiera, poi, Little Miss Coppertone, la mitica bambina della lozione solare alla quale un vivace cagnolino nero addentava gli slip mostrandone il sederino candido? Così come può dirsi bandiera la M gialla di McDonald's: quei *Golden Arches*[36] che campeggiano ad ogni ristorante, quasi una segnaletica stradale, un'arredo urbano, ormai globale e universale.

Il vessillo di Camel[37] è l'icona del mitico dromedario (poi ribattezzato Joe Camel) che si staglia fiero in un'oasi desertica con palme e piramidi. La bandiera di Nivea è la celebre scatoletta rotonda di ferro, con il lettering in bianco. La bandiera di Absolut è la famosa bottiglia[38]. La bandiera per Ferrari è il cavallino rampante, per Lacoste il celeberrimo coccodrillo. La bandiera di Mastro Lindo è il marinaio muscoloso che incarna la forza pulente del prodotto. La bandiera di Ikea sono gli stessi punti vendita. La bandiera di Feltrinelli coincide con i nuovi negozi libri e musica. Per una sofisticatissima marca come Swan semplicemente una linea e un punto sugli scafi delle imbarcazioni, per Apple una mela multicolore morsicata. Per Club Med – di fatto una vera bandiera – il tridente bianco sul fondo azzurro. Per Jaguar il giaguaro, per Mercedes la stella a tre punte, per Audi i quattro cerchi, per Volkswagen la doppia V e via dicendo.

Per Coca-Cola è la bottiglietta – fortemente connotata sul piano della riconoscibilità – a costituire una vera e propria bandiera della marca. Come osserva Keller "se si paragona... il caso della Coca-Cola a quello dei vini, si vede che la relazione contenuto/contenitore è al tempo stesso meno stretta (la Coca-Cola è venduta in lattina ed in bottiglie di plastica senza pregiudizio per la sua identità), ma anche più rigida: non si potrebbe mettere della Coca-Cola in una bottiglia di Pepsi-Cola o di Scheweppes (per il vino, basta invece

35. Per un approfondimento si veda: A. Cusi, M. Boffa, *cit.*

36. Si vedano: J.F. Love, *McDonald's: Behind The Arches*, Bantam Books, New York, 1986 e J.L. Watson, *cit.*

37. Per una approfondimento sulla storia e sull'evoluzione del marchio Camel si rimanda a Aa.Vv./Musée de la Publicité Paris, *Le avventure pubblicitarie di un dromedario*, Lupetti, Milano, 1995.

38. Si veda: C. Hamilton, *cit.*

cambiare l'etichetta)"[39]. La prima bottiglia di Coca-Cola (*Regular Size*, secondo la terminologia della società) è l'icona che contiene tutti i significati del marchio, è il referente, l'immagine e l'identità della bevanda di Atlanta.

Per le marche che hanno propri punti vendita il *flagship* è quello più prestigioso, con una vocazione *outstanding*, dove meglio si manifestano la filosofia, i valori e l'essenza della marca.

10.11. Inno

La marca, così come una Nazione, può avere un inno. Un canto dedicato. Un piccolo componimento musicale più o meno celebrativo. Il jingle pubblicitario – se consolidato, conosciuto e riconosciuto dal grande pubblico – ben rappresenta l'inno della marca. Il nome di marca può comparire e ritornare più volte nel testo, se il brano è cantato. Oppure, se il componimento è puramente musicale, l'associazione tra brand e pentagramma è di tipo emozionale, mnemonico, affettivo. Certe volte è un pezzo rock o pop o classico ad assurgere ad inno di marca. Quante volte il successo di un brano è stato decretato proprio da una campagna pubblicitaria di marca? Le innumerevoli compilation del genere *Top of the Spot*, attualmente in commercio, ne sono la dimostrazione.

Il jingle "*Always Coca-Cola*" può considerarsi un vero e proprio inno. Plasmon ha il proprio nome musicato come una sorta di gong. Barilla ha utilizzato il celebre brano di Vangelis nell'intera produzione pubblicitaria televisiva dal 1985 al 1992. Memorabile, a questo proposito, lo spot – sapientemente diretto da Nikita Michalkov in una Mosca ancora sovietica – che racconta di una coppia di turisti all'interno di un ristorante, alle prese (e in grande imbarazzo) con un incomprensibile menù in cirillico. Vorrebbero ordinare pasta ma non conoscono il russo. Le parola "spaghetti" può essere solo mimata. Ma quando l'orchestrina del locale, per intuizione dello chef, inizia a suonare il famoso jingle di Vangelis ci si intende subito. È più che la richiesta di un piatto di pasta: è la richiesta di pasta Barilla[40].

Non tutte le marche posseggono questa dimensione musicale e sonora della propria identità. Che tuttavia può rivelarsi un segno di straordinaria efficacia. Talmente significativo, memorabile ed affettivo da costituire un elemento fondamentale nella costruzione della brand identity. Come osserva Julien, la canzone pubblicitaria originale, creata in modo specifico per una marca, è una "sorta di blasone sonoro sviluppato nelle dimensioni di una canzone in cui testo e musica sono intimamente associati per collocare il prodotto

39. J. Keller, *Il mito Coca-Cola*, Elèuthera, Milano, 1986.
40. Lo spot "Mosca" è del 1989, il direttore creativo Gavino Sanna per Young & Rubicam.

nell'affettività quotidiana o integrarlo in una avventura, senza peraltro adottare necessariamente una struttura a strofe"[41].

10.12. Storia

La marca, come un Paese, possiede una storia, una tradizione, un proprio retroterra culturale, dei siti archeologici. *Un cammino passato sul quale si fonda l'esperienza di oggi*, un viaggio alle proprie spalle che conduce al presente. La storicità della marca è una sorta di patente di autenticità e di qualità, derivante da una selezione avvenuta attraverso il tempo.

In uno scenario come quello contemporaneo, caratterizzato da una montante ipercompetizione e da una progressiva saturazione dei mercati, possedere delle solide radici equivale a poggiare su un'ossatura forte. Significa, cioè, poter contare, su una esperienza di lungo respiro, portatrice di orientamento, di competenze, e di una precisa identità. Oggi che sugli scaffali dei punti vendita compaiono quotidianamente nuove brand, oggi che gran parte dei prodotti possono dirsi fungibili sul versante delle performance, oggi che la qualità oggettiva è divenuta clonabile e moltiplicabile, il valore della marca si arricchisce e si nutre di una delle sue dimensioni più preziose: la storia. Un autentico capitale da vivificare e da gestire con sapienza.Una storia che può anche avere momenti oscuri e lasciare tracce indelebili nel suo patrimonio mnestico: per tutti le (ripetute) disavventure di Perrier nel mercato americano.

La tendenza di alcune marche a ripercorrere la propria storia – con mostre, archivi, monografie – va in questa direzione. Ormai anche le imprese stanno entrando nell'ottica di concorrere a "legittimare un nuovo segmento del mercato turistico, identificato come 'turismo aziendale'... Decidere per un'azienda di valorizzare la propria attività dando vita a collezioni e musei in grado di testimoniare la memoria storica dell'impresa significa condividere, rendendo partecipe la società, anche valori di natura culturale, storica ed artistica"[42]. Il museo della Volkswagen a Dresda, quello di Svarowski a Wattens, in Austria[43], delle perle Mikimoto e il Mitsubishi Minatomirai Industrial Museum in Giappone, il World of Coca-Cola ad Atlanta sono forse alcuni tra gli

41. J.R. Julien, *Musica e pubblicità. Dai gridi medievali ai jingle radiotelevisivi*, Ricordi Unicopli, Milano, 1992, p. 313.

42. M. Amari, *I musei delle aziende. La cultura della tecnica tra arte e storia*, FrancoAngeli, Milano, Nuova edizione ampliata, 2001, p. 10.

43. Nel 1998 è stata inaugurato, a Wattens, nei pressi di Innsbruck, vicino alla fabbrica vera e propria, il Kristallwelten, "mondo di cristallo", una costruzione avveniristica dove sono stati riuniti il museo del cristallo ed il negozio per la vendita al pubblico dei prodotti Svarowski, a dimostrare che il marchio non è solo sinonimo di oggetti preziosi e sofisticati gioielli, ma anche di storia, narrazione ed *entertainment*.

esempi più significativi (altri celebri musei di marca verrano trattati più dettagliatamente nel capitolo 13)[44].

E non è casuale se oggi le principali brand che decidono di comunicare la propria identità anche attraverso un sito web, propongano al visitatore una virtuale *timeline*: una linea del tempo fatta per tappe, per annate. Tanti step successivi, ognuno dei quali denso di avvenimenti importanti e significativi per l'azienda, siglati da immagini e filmati, icone forti e personaggi. Una storia forte, importante, che appartiene all'identità della marca rappresenta un fondamentale vantaggio competitivo per l'impresa.

In Coca-Cola è iscritta la celebre leggenda della farmacia di Atlanta e del dott. Pemberton, la storia dell'America in quanto bevanda ufficiale delle truppe americane durante la seconda guerra mondiale. Segni del tempo, tracce della memoria, assolutamente significative. La storia della marca interviene in maniera fondamentale pure nell'*affermazione di un prodotto come prodotto di culto*[45]. Certi fenomeni mitologici del branding, infatti, non possono risolversi in termini di pura tendenza, di moda, di effimera congiuntura. Un prodotto di culto deve anche possedere nel proprio codice genetico dimensioni in grado di sopravvivere alla storia, o meglio ancora, di generare una nuova ed inedita storicità per divenire in essa leggenda[46].

10.13. Paesaggi

Ogni marca – se forte, con una precisa identità, con un sistema iconografico riconoscibile – possiede un proprio paesaggio. I paesaggi sono i sistemi iconografici della marca che più si sono impressi nella memoria del pubblico.

La marca è un luogo – culturale, sociale, simbolico, semiotico – e come tale è osservabile, con una propria estetica, un proprio sembiante. L'aspetto, la conformazione di questo luogo è un panorama caratterizzante e significativo, fatto di immagini, di stilemi, di forme particolarissime ed uniche: dai packaging alla pubblicità, dalle sponsorizzazioni al merchandising – che la identificano e diventano parte integrante di autentici landscape suggestivi e

44. Non mancano esempi in tal senso anche in Italia. Tra questi ne ricordiamo alcuni: la Galleria Ferrari a Maranello, il Museo Storico Alfa Romeo ad Arese, il Museo Kartell a Noviglio, il Museo Piaggio a Pontedera, il Museo Ducati a Bologna, il Museo Alessi a Crusinallo di Omegna, il Museo Gancia a Canelli, il Museo Carlsberg a Induno Olona, il Museo dell'Olivo Fratelli Carli a Imperia. Ma anche l'Archivio Storico Barilla a Parma, la Collezione Lavazza a Torino, la Collezione Candy a Brugherio, la Collezione Pininfarina a Cambiano, l'Archivio Storico Birra Peroni a Roma, la Collezione Lazzaroni a Saronno, l'Archivio Storico Olivetti a Ivrea, l'Archivio Fendi a Roma, l'Archivio Storico Gucci a Casellina Scandicci, la Collezione Krizia a Milano.

45. Per un approfondimento si rimanda a: F. Carmagnola, M. Ferraresi, *cit.*

46. Si vedano: L. Vincent, *cit.* e M. Ragas e B.J. Bueno, *cit.*

distintivi. La marca è capace di colorire e connotare spazi come aeroporti, stadi, vie metropolitane, centri urbani. Basti pensare a Nike. Lo *swoosh* si moltiplica e descrive territori. "Lo svolazzo è diventato uno dei marchi più potenti della nostra epoca. Decora – e qui c'è bisogno di un catalogo epico – non solo le scarpe, ma anche berretti, tute da jogging, calzettoni, sciarpe, fasce per capelli e bottiglie d'acqua. È al centro degli ovali e all'estremità degli scaffali in metallo e stampato in rilievo su giubbotti di pelle, in motivi ricamati in trasparenza sulle etichette da appendere, imbottito in pelle verniciata di bianco lucido, evidenziato in lavoro a maglia sulle tute da riscaldamento, tagliato da neoprene e rialzato in pelle scamosciata. Parte dell'effetto sta nella creazione di greggi, branchi, sciami di svolazzi che volteggiano tra berretti, calzettoni e magliette in esposizione. Nelle Nike Towns... lo svolazzo diventa tridimensionale, in acciaio cromato come elemento della ringhiera della scala e della balconata..."[47].

Pensiamo – ancora una volta la metafora del territorio appare pertinente – ad una Nazione o ad una sua grande città: i paesaggi di Roma – le icone che si associano fortemente a questa città – sono il Colosseo, Fontana di Trevi, il Pantheon, Piazza di Spagna, l'albergo dove alloggiamo abitualmente, l'aeroporto; per Londra il Tamigi, London Bridge, Piccadilly Circus, la Tate Gallery, il Tamigi, Fortnum & Mason, Harrod's, la regina, Buckingam Palace, il Covent Garden e via dicendo. Per la marca il plesso associativo è simile: *brani di memoria visiva connessi alle sue icone forti.* Il paesaggio di Nutella vede un predominio dei codici cromatici, iconografici e formali delle confezioni che hanno un particolare risalto come *key visual* elettivi; i colori marrone, rosso e bianco; le immagini delle nocciole e della fetta di pane; i contenitori di vetro decorato che si ritrovano vuoti anche in altri momenti della giornata perché riutilizzati come bicchieri; la baguette con le candeline dello spot; sé stessi nell'atto di afferrare il barattolo dalla dispensa; la fluidità e l'omogeneità della crema e l'inconfondibile tonalità cromatica del prodotto (a cui si associa inevitabilmente l'esperienza sensorialmente coinvolgente ed intensa del gusto).

Persino certi mezzi di trasporto – basti pensare ai camion della Coca-Cola o ai furgoncini gialli "Clicca il pomodoro" del servizio spesa on-line di Esselunga – creano paesaggi: *landscape* in movimento, sistemi iconografici dinamici nel paesaggio urbano.

E ancora: possono considerarsi paesaggi di marca anche gli stabilimenti industriali o le sedi storiche delle aziende lungo le autostrade o nel territorio urbano (Star ad Agrate Brianza, Barilla a Parma o il *call center* Beghelli a Bologna); affissioni e cartelloni in luoghi caratteristici di grande afflusso di

47. P. Patton, "The Tyranny of the Swoosh", in *AIGA Journal of Graphic Design*, 1996, cit. in T. Vanderbilt, *L'anima di gomma. Industria e culture della scarpa sportiva*, Feltrinelli, Milano, 2000, pp. 75-76.

pubblico o in piazze storiche (la pubblicità Emporio Armani nella pista d'atterraggio dell'aereoporto di Milano Linate, la donnina Kores con la macchina da scrivere, in piazza del Duomo a Milano, ecc.).

10.14. Territorio e *made in image*

Il territorio della marca è, a sua volta, parte di un territorio più vasto costituito dal Paese che lo ospita: una sorta di entità supernazionale, se vogliamo riprendere l'analogia della Nazione, che può condizionare in maniera significativa l'attrazione e la competitività del territorio della marca. È il riflesso del *made in image* che ha delle profonde e continue inferenze con la credibilità e l'autorevolezza di una marca.

Il *made in Italy* – come si vede nella fig. 2 dove l'immagine dell'Italia e dei suoi prodotti veniva studiata in alcuni Paesi europei – appare sorprendentemente omogeneo nei diversi Paesi con un significativo punto di forza nell'area dello stile, estetica, creatività, raffinatezza. Tutti quei territori di marca che si inscrivono in questo contesto godranno certamente di un surplus di valore. Per gli altri c'è da superare un pesante handicap: ottenere punteggi così bassi nell'area della qualità/affidabilità, solidità, durata e contenuto tecnologico non è certo un'ipoteca da poco. Naturalmente le connotazioni del *made in* non segnano un immodificabile destino per la marca. La marca potrà avere anche una caratterizzazione così forte da contrastare gli stereotipi nazionali – Hugo Boss, ad esempio, vende benissimo nel nostro Paese nonostante una caratterizzazione di *made in Germany* che certamente non gli facilita la vita – ma deve essere comunque consapevole di queste dimensioni esogene e dell'handicap o dell'acceleratore che il *made in* può rappresentare.

Un'indagine condotta nei cinque principali Paesi dell'Unione Europea – oltre all'Italia, Germania, Francia, Regno Unito e Spagna – fornisce elementi che permettono di ricostruire il profilo d'immagine dei *made in* europei (fig. 1).

Nel complesso, Italia e Germania sono le nazioni che mostrano il *capitale d'immagine più sviluppato e polarizzato*. Nel caso dell'Italia, dal confronto con i quattro principali Paesi dell'Unione Europea (escludendo le autoattribuzioni nazionali) vediamo convergere consensi soprattutto su tre tratti, fortemente correlati tra loro: contenuto estetico, stile, creatività.

Da parte sua la Germania gode di un credito, di dimensioni comparabili, sul versante delle caratteristiche hard di prodotto – *affidabilità, solidità, tecnologia* – gli stessi tratti su cui l'immagine italiana è fortemente deficitaria. Si pensi al potente traslato di credibilità sulle marche del settore automobilistico.

Per quanto riguarda gli altri Paesi, mentre il capitale simbolico francese e spagnolo si concentra sul lusso e la raffinatezza nel primo caso, sulla competitività dei prezzi nel secondo, il Regno Unito non sembra godere di un analogo credito d'immagine concentrata su qualche particolare elemento.

Fig. 1 - Tratti d'immagine del made in Europe *(2000)*

	Germania	Francia	U.K.	Spagna	Italia
Qualità	**49.1**	7.2	5.9	1.5	6.6
Stile	8.8	21.5	9.0	4.2	**45.3**
Estetica	10.0	20.0	6.8	2.2	**48.9**
Creatività	8.5	12.3	7.1	3.5	**40.9**
Lusso e raffinatezza	8.6	**38.2**	10.7	1.0	24.9
Affidabilità	**62.3**	4.7	6.7	1.5	2.6
Solidità/durata	**62.7**	6.0	5.4	3.2	6[illegible]
Contenuto/tecnologico	**56.5**	9.7	10.8	0.6	3.1
Assistenza tecnica	**38.4**	8.2	10.8	0.6	3.1
Rapporto qualità/prezzo	**21.9**	9.0	7.1	11.6	14.4
Convenienza prezzi	7.8	7.0	4.4	**46.6**	15.8
Genuinità/naturalità	13.7	14.4	5.0	14.3	**19.0**

L'intangibilità degli attributi "soft" dell'Italia (fig. 2) li rende più facilmente declinabili in comunicazione e ne favorisce il costante ispessimento e rafforzamento attraverso un ricco immaginario e campionario simbolico e sociale. Tuttavia, questa peculiarità dell'immagine italiana rappresenta un limite evidente nel momento in cui la competizione europea – soprattutto in particolari settori – si organizza sempre più attorno a standard qualitativi di tipo funzionale e strutturale certificati ufficialmente e in un momento in cui, in misura crescente, la percezione di qualità e del rapporto qualità/prezzo dei prodotti e servizi viene sempre più influenzata da elementi concreti e materiali.

Per l'Italia, oltre all'indiscusso patrimonio "espressivo" riconosciuto alla sua produzione, un altro tratto su cui si registra, anche se non in maniera altrettanto vistosa, la migliore vocazione comparata, è quello della genuinità e naturalità, evidente riflesso del credito di cui gode oggi l'italian food.

Se è vero, come crediamo, che l'attrattività e la competitività del territorio di marca, sono condizionate in larga misura dal suo Paese di origine, dall'immagine del suo *made in*, viene da chiedersi che ruolo svolgerebbe, in questo senso, l'eventuale istituzione di un contrassegno che indichi la provenienza europea. *Made in Europe*? Se la nuova etichetta di cui tanto si parla significa garanzia del rispetto di norme e regole rilevanti anche per il consumatore – dai diritti e le condizioni di chi vi lavora all'ecocompatibilità delle materie prime e dei metodi di lavorazione – per ciò che viene prodotto in Europa può avere un significato. Ma solo a condizione che vengano poi effettuati rigorosi controlli e che la UE spenda ingenti risorse in comunicazione per far conoscere le caratteristiche e le rassicurazione del *made in Europe* e il rilievo che

Fig. 2 - Immagine del made in Italy *nei diversi Paesi (2000)*

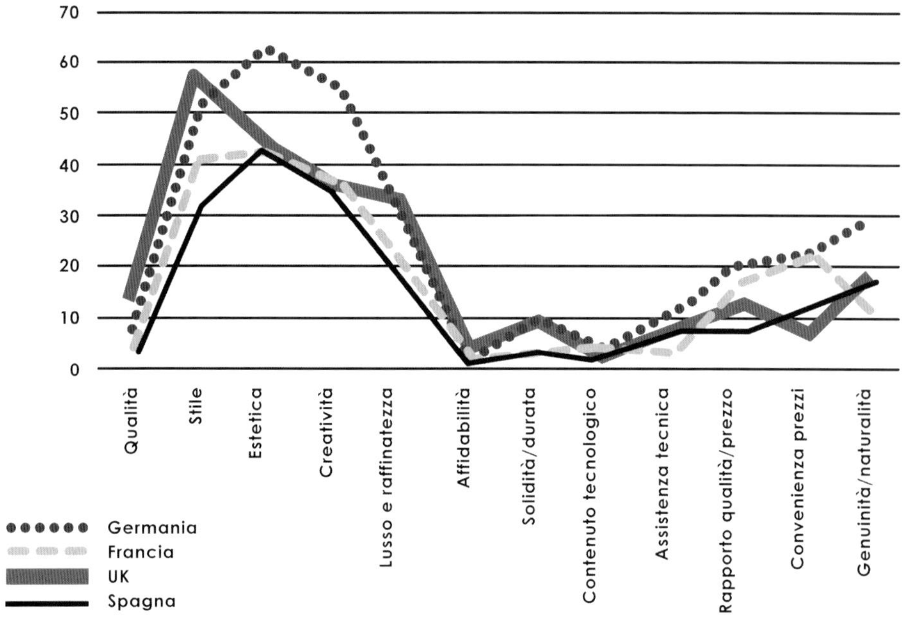

queste devono assumere nei processi di scelta. Una sorta di campagna pubblicitaria *in progress* nel sottolineare le garanzie dei prodotti con questo marchio. Se si pensa invece che *made in Europe* possa, peggio debba, sostituire *il made in...* dei diversi Paesi sarebbe una grossa ingenuità e sciocchezza. Perché *made in Europe*, al momento, non significa praticamente niente: nel migliore dei casi è solo la sommatoria di immagini estremamente eterogenee, sovente contraddittorie, di Paesi che agli occhi dell'opinione pubblica mondiale e degli stessi cittadini dell'Unione hanno poco o niente in comune. Se il *made in Germany* è stereotipicamente sinonimo di qualità, affidabilità, durata, contenuti tecnologici il *made in Italy* è una importante garanzia per lo stile, il design, la creatività e la fantasia dei suoi prodotti. Il *made in France* non ha niente a che vedere con il *made in Spain* e questi stereotipi nazionali sono anche diversi da quelli dei Paesi Scandinavi e questi poi, al loro interno, hanno vissuti ed immagini ben diversi. Per non parlare delle *new entries* nell'Unione. Quindi, da questo punto di vista, il *made in Europe* è un non senso, un falso, un surrettizio ideologico. Finirebbe per omologare, far perdere di distintività, e semmai promuovere, Paesi che sono completamente afoni in termini di caratteristiche nazionali o marginali negli scambi con l'estero.

Non c'è, invece, alcuna evidenza che *i made in...* dei singoli Paesi stiano perdendo di importanza. Ed, in particolare, per quanto riguarda il nostro, che la sua immagine si stia appannando e che non rappresenti più un importante vantaggio competitivo per il sistema Paese. Certo che in alcuni ambiti siamo ingiustamente penalizzati – non è affatto vero che i prodotti italiani siano inaffidabili o abbiano scarsi contenuti tecnologici o poco credibili per la qualità e la durata come recita appunto il cono d'ombra dello stereotipo nazionale – ma in molti altri il *made in Italy* rappresenta un avallo importante. Una sorta di moltiplicatore di quelle che rappresentano le valenze più significative delle nostre marche e dei nostri prodotti. Nel settore tessile, nell'alimentare, nell'arredamento, al *made in Italy* viene riconosciuta una indiscussa leadership nel mondo. Rinunciare a questo avallo sarebbe un imperdonabile errore. In alcuni casi – quando esiste un brand name già consolidato e prestigioso – *il made in Italy* può considerarsi pleonastico, in quanto già incorporato, o marginale rispetto alla polvere di stelle che la marca riesce a trasmettere. Ma in altri casi – per la stragrande maggioranza dei produttori – rappresenta invece un importante viatico. Proprio per questo è opportuno che il *made in Italy* sia opportunamente tutelato e difeso e non rappresenti una copertura di comodo di merci e marche prodotte altrove anche se progettate o confezionate nel nostro Paese. Dovremmo prendere a modello, al proposito, la legislazione Usa che è estremamente rigorosa nel verificare che la merce sia effettivamente prodotta in quel Paese. Appare davvero indispensabile che esistano effettivi controlli di filiera che assicurino, ad esempio, la tracciabilità delle ultime due fasi della lavorazione, che il ciclo produttivo sia interamente realizzato in Italia. Il *made in Italy* quindi – con i controlli e le garanzie indicate perseguendo con determinazione plagi e falsi appropriazioni– deve continuare a marchiare i prodotti italiani. Non si tratta del resto di un millantato credito. Solo la certificazione di tratti che fanno parte del patrimonio genetico della produzione nazionale.

11. La marca come persona

11.1. La marca antropomorfa

Che la marca possa essere interpretata in chiave umana, vista cioè come se fosse una persona, non è cosa nuova. Tra le tante metafore applicate (ed applicabili) alla marca, quella che la vede come antropomorfa e pensante, pare rivelarsi la più naturale, la più evidente, la più intelligibile. E non è casuale. La marca è un organismo vivente, è un territorio, è un racconto, è un generatore semiotico: ma, più, di ogni altra cosa, è un soggetto animato da una vitalità emozionale, razionale, relazionale. Non si tratta soltanto, dunque, di una istanza biologica che nasce, cresce, si riproduce, lotta per sopravvivere e per difendersi dalle minacce dell'ambiente esterno. Non solo dimensione geografica, definita ed abitata, circoscritta ed omogenea, con una bandiera, un inno e una cultura. Soprattutto, la marca è una personalità ben precisa, che al di là del sembiante – con i suoi tratti fisiognomici, il suo portamento, l'aspetto complessivo – ha uno sguardo sul mondo, interagisce con l'Altro, ha il dono della parola sensata, ha un'anima e persino un cuore. È, dunque, una persona a tutti gli effetti. Capace di provare ed evocare emozioni, di incarnare stati d'animo ed assumere atteggiamenti differenti a seconda del contesto o del suo stesso carattere. Se c'è un'area di debolezza nella metafora della marca-persona è che la marca, la ben gestita, a differenza degli uomini può essere immortale.

Fanno ormai parte della più sedimentata letteratura manageriale e pubblicitaria i celebri psicodrammi utilizzati da Ernest Dichter, uno dei padri fondatori della ricerca qualitativa e motivazionale, che nei suoi test chiedeva alle persone di identificarsi in un prodotto: "immaginate di essere Ivory soap. Che età avete? Siete uomo o donna? Che tipo di personalità avete? Quali sono i vostri hobby?"[1]. Nondimeno, oggi, non c'è istituto di ricerca che non utilizzi la metafora della persona per studiare ed interpretare la marca.

1. Per un approfondimento si veda R. Bartos, "Ernest Dichter: Motive Interpreter", *Journal of Advertising Research*, febbraio-marzo 1986, pp. 15-20.

Descrivendo una marca come fosse una persona riesce più facile a chi risponde condensare i tratti più salienti della personalità di una marca che non riferendosi in astratto. Grazie al processo di antropomorfizzazione[2] si calano nella concretezza e nella fisicità della persona descritta le dimensioni peculiari della marca. È un semplice test proiettivo di facile decodifica che può anche essere somministrato sotto forma di scale.

Nella marca la gente ricerca quelle affinità, quelle concordanze, quella simpatia, tipiche delle relazioni amicali, affettive, familiari. Il punto centrale che muove l'operazione di trasferimento delle caratteristiche di una persona in quelle di un marchio di largo consumo è da ricercarsi nel fondamentale concetto di *associazioni di marca*: è associabile alla marca tutto ciò che nella mente del consumatore risulta collegato ad essa. Le associazioni di marca offrono un ricco ventaglio di metafore e possibilità, di allegorie e simbolismi, di tratti peculiari ed elementi di differenziazione. Il tutto si presta ad una formidabile declinazione in chiave umana.

Non va assolutamente dimenticato, inoltre, che la forte spinta all'individualità, il rifiuto crescente del conformismo, la ricerca dell'autenticità e della propria verità che caratterizzano le istanze dell'individuo e del consumatore postmoderno, offrono ampie possibilità di traslazione anche nell'ordine del branding. In altre parole, persino nelle marche, così come nelle persone, oggi si è a caccia dell'unicità, della distintività, della personalità forte, accattivante, che non sia omologata o "normalizzata", alla massa indistinta.

Siamo nell'"era dell'uno", della "singolarità" e dell'"alta definizione". La gente cerca relazioni dirette, *one-to-one*, dense di contatto e vibranti di senso. In ogni settore del consumo le marche riconoscibili per tratti distintivi e forte singolarità hanno sempre avuto successo rispetto a quelle con caratteristiche vaghe, indefinite e multiformi. La tendenza del mercato andrà in questa direzione. Il branding sarà sempre più orientato all'affermazione, alla difesa, e al potenziamento della diversità della marca. Soltanto attraverso la costruzione di questa peculiarità – che è anche ricchezza e spessore di significati, profondità, poesia, complessità, autenticità – la marca potrà dirsi davvero "amica". Una marca dotata di una forte personalità, ma anche di una psicologia tutta sua e persino di un proprio senso della vita: una marca pensante ed affettiva, dunque una marca-persona, che avrà la probabilità di incontrare un'altra persona, l'individuo consumatore.

Alla base della metafora della marca-persona sta dunque *la relazione*: uno scambio interlocutorio e umano, tra il soggetto e l'oggetto del consumo, tra il pubblico e la marca, tra produttore e consumatore. Si tratta di un orientamento piuttosto recente del branding e della gestione dei marchi, che abbraccia una vastissima estensione di significati: dalla ricerca affannosa di una *lifelong*

2. "*Personifyng the brand*", in L.B. Upshaw, *cit.*, pp. 161-190.

relationship tra marca e cliente, alla nuova poligamia del consumo, fino ad arrivare a sentimenti come la stima, la familiarità, l'amicizia che un tempo appartenevano alla sfera dell'umano e ora contaminano massicciamente i discorsi delle aziende e le strategie commerciali. Basti pensare alla fedeltà, tema caldo del marketing contemporaneo, accezione che – fino ad un recente passato – era saldamente inscritta negli umanissimi discorsi. Nondimeno si parla oggi di stato di salute della marca, di anamnesi e terapie, di cure ricostituenti e guarigioni prodigiose. Stiamo passando dalla *brand personality* alla *brand psichology*.

Fig. 1 - La marca come personalità

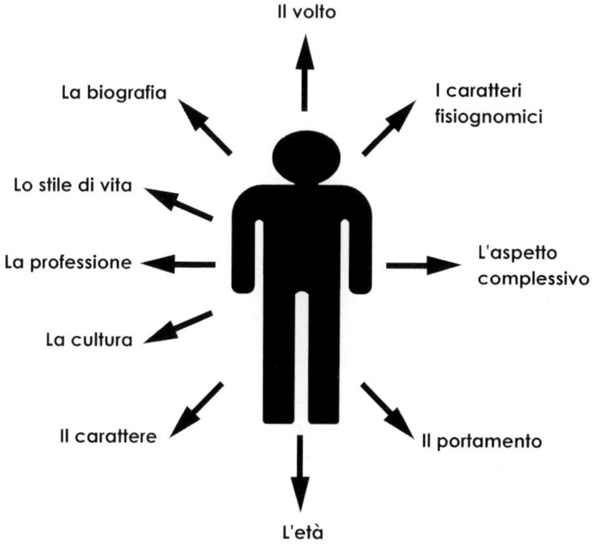

11.2. Il volto

Come ogni persona anche la marca ha un volto. Per la marca è tutto ciò che si vede. Si tratta del luogo in cui s'addensano quei fremiti vitali e discorsivi che mettono in relazione il soggetto col mondo esterno. Lo sguardo è l'occhio sugli altri e sulle cose, l'espressione più vera e più umana dell'individuo, l'indicatore di gioia o di tristezza, di cinismo o di bontà, di allegria o di preoccupazione. La bocca, sede della parola e del sorriso, del desiderio e dell'oralità, accesso al nutrimento, portatrice di emozioni e stati d'animo. E poi il naso, segno di personalità e carattere; la fronte, del pensiero e dell'intelletto, della storia e dei segni del tempo; l'incarnato pallido e delicato, coriaceo o bruciato dal sole. Ogni frammento del volto partecipa all'espressione, alla comunicazione di sé, allo scambio di informazioni e passioni con altre persone, col contesto, con la realtà, i sentimenti: con la vita.

È, probabilmente, l'ambito in cui avviene il riconoscimento della persona. Non a caso ogni documento d'identità riporta l'effigie del volto. Esso contiene i connotati e le caratteristiche salienti di ciascuno di noi, garantisce l'unicità e la distintività del singolo. La dimensione della marca che più si approssima al volto è il suo patrimonio iconico: quelle immagini che affiorano nella mente del consumatore quando evoca una marca: i colori pastello e il coccodrillo per Lacoste; il fiore e il pay off "*ti colora la vita*" di Deborah; l'apparecchio e le cabine telefoniche per Telecom con i suoi negozi, i servizi brandizzati, le immagini delle sue più fortunate campagne pubblicitarie. L'icona del volto è quella che noi usiamo per riconoscere una persona, per evocarne il ricordo o la presenza se non è con noi: alla stessa stregua delle icone della marca. Non quelle che esistono astrattamente ma quelle che si sono impresse nella mente del consumatore.

Il volto della marca è l'immagine istantanea ove avviene il riconoscimento. È il primo ordine del discorso: visivo, ma anche simbolico. La faccia: è il manifesto dell'identità e condensa il carattere della marca. Qui ritroviamo quegli stilemi, quei codici e quei tratti unici e particolarissimi che alludono all'anima (la marca persona ne ha una) e che evocano la sostanza, la vera natura del brand (mostrare il *vero volto*). Il volto è, in buona sostanza, l'immagine mentale che arriva al consumatore ogni volta che questi pensa alla marca. Non accade forse lo stesso quando pensiamo ad una persona? La prima cosa che affiora è il suo viso, il suo sorriso, il suo sguardo. Può trattarsi del nome, del simbolo o dello slogan, quando uno di questi sia particolarmente forte e memorabile, capace di produrre una immagine mentale. Oppure il prodotto- simbolo, il prototipo, il progenitore. Il volto di Look sono gli attacchi da sci, anche se oggi il celebre marchio francese s'è avventurato nel mercato delle bici da corsa. Il volto di Ferrero è Nutella. Il volto di Mulino Bianco è con tutta probabilità il luogo bucolico e rurale: il casale tinteggiato di bianco con le pale per la macina del frumento, da sempre accompagnato dalle spighe di grano con i papaveri. Nondimeno, è un volto che assume le sembianze del prodotto da forno, sia esso frollino, merendina o cracker.

Per McDonald's è dato da un insieme di colori e di atmosfere e, più di tutti, da una componente del menù che pare incarnare il marchio per esteso: Big Mac con patatine. In ogni angolo del globo, tutta la comunicazione pubblicitaria McDonald's insiste su queste pietanze: non si tratta soltanto di pane, carne trita e frittura di solanacee, piuttosto di un menù altamente semiotico, capace di racchiudere il valore e i valori del marchio. Ma nel volto di McDonald's troviamo anche il pagliaccio Ronald, gli archi dorati, le scritte luminose, la policromia del neon: insomma le icone che la marca ha impresso nei suoi consumatori.

11.3. I caratteri fisiognomici

La straordinaria estensione di significati cui si presta la marca consente di introdurre – all'interno delle metafora della persona – un nuovo tentativo epistemologico: la fisiognomica applicata al branding. Sappiamo che i *physiognomici* cercavano di intuire il carattere di un uomo confrontandone le caratteristiche fisiche con certi tipi di animali di cui si supponeva nota la natura morale (il più antico trattato di fisognomica risale ad Aristotele). Tra l'altro l'associazione di una marca ad un animale, che ha condensato nell'immaginario collettivo una serie di stereotipi (il cane la fedeltà, il leone la forza, la volpe l'astuzia, la gazzella la flessibilità e via dicendo), è una tipologia di test a cui si fa abitualmente ricorso nelgi studi sulla marca. Sappiamo anche che, già con Lavater, s' iniziò a sistematizzare scientificamente il pensiero fisiognomico. In particolare si cominciò a pensare che fosse possibile individuare i caratteri psicologici e morali di una persona a partire da certe peculiarità somatiche ed osservabili. Noi crediamo che, anche per la marca, non sia azzardato mettere in rapporto le espressioni estetiche, stilistiche, iconiche e sensibili con la personalità, il carattere, l'animo. Naturalmente questa trasposizione della fisognomica al branding prevede una marca antropomorfa, sensibile, relazionale. Ma questo è il presupposto del presente capitolo.

Cercare di svelare i tratti della personalità attraverso i lineamenti del viso, della struttura del corpo e più in generale dell'aspetto fisico, è una operazione singolare e per certi versi contraddittoria. È mossa da una duplice tensione interna: da un lato si tratta di un ragionamento altamente intuitivo, nel senso che potrebbe sembrare infondato, arbitrario, creativo; dall'altro appare come una analisi profondamente rigorosa, perché senza una sistematizzazione scientifica ed una osservazione analitica delle ricorrenze e degli indici statistici, nessuna teoria è verificabile. Questa apparente contraddizione non fa altro che legittimare la nostra bizzarra metafora, perché incarna la stessa dualità che caratterizza la marca: da un lato essere discorsivo, imprevedibile, cangiante ed elastico, opera aperta, pronta ad accogliere varianti, libere interpretazioni, mutamenti di senso, contaminazioni socioculturali; dall'altro soggetto razionale, modello analitico, prevedibile, complesso ma non caotico, sottoposto alle leggi del mercato, e a quelle di una equity valutabile. Anche se studi recenti hanno confermato che c'è scarsa relazione tra misurazioni somatiche, proporzioni corporee e caratteristiche psicologiche, dimostrando una sostanziale infondatezza del sistema, noi crediamo che quello della fisiognomica possa essere considerato un utile modello di riferimento per intraprendere una lettura della marca a partire dalle sue manifestazioni esteriori.

Non c'è dubbio: la marca è un costrutto culturale, un essere discorsivo, un generatore di senso. Tuttavia, essa si offre al mondo del consumo con un sembiante che non è mai casuale, non è mai un rivestimento cosmetico o un *empaquetage* alla Christo. Riprendendo la linguistica di de Saussurre, potremmo dire che – in quanto segno – la marca non può prescindere dal significante. E dunque, l'ordine del suo discorso s'innesta sulla sua visibilità: la sua "faccia", il suo sguardo. "I fisiognomici sostenevano che si potesse ricostruire il carattere di un individuo da tratti specifici del suo aspetto, specialmente da quei tratti che non erano soggetti a mutamenti nel tempo [come] il mento e la fronte"[3]. Sull'esempio di un curioso manualetto anglosassone dal titolo "*Character Reading from the Face...*"[4], anche noi, siamo tentati qui di leggere il carattere della marca dalla sua faccia, dal suo volto. Non è certo un caso che Lombroso sia nato in Italia. E anche noi crediamo che le dimensioni che consentono questo tipo di interpretazione siano quelle immutabili, quelle che non variano al variare delle mode e dei mercati, dei climi socioculturali e delle tendenze del momento. Ma a cosa corrispondono, per la marca, il mento, la fronte, il naso, la bocca? Sono i tratti originari, quelli che accompagnano la marca nel suo continuo divenire, senza partecipare allo stesso inevitabile ed incessante mutamento, conservando stabilità e coerenza. Il nome, il logo, il simbolo grafico, il pay off, non sono altro che le manifestazioni esteriori di un'anima, di una brand essence o una brand personality che è inscritta nel profondo. Ecco allora la fisiognomica che si incontra col marketing. Prendiamo Nike e consideriamo – come se fossero la struttura ossea del cranio, l'apertura dell'angolo facciale, il naso, la bocca... – lo *swoosh* (il logo), il "*Just do it* " (il pay off) e il nome.

Disegnato per soli 35 dollari nel 1971 da Carolyn Davidson, studentessa di Belle Arti di Eugene, nell'Oregon, lo *swoosh* convive con le 4 lettere del marchio Nike fino al 1992. L'emancipazione avviene quando, dopo una serie di performance travolgenti, Andrè Agassi vince il torneo di Wimbledon. È il 1992 ed Andrè indossa un berretto nero, con ricamato lo *swoosh*, senza alcuna scritta aggiuntiva. La sua foto appare su tutte le copertine e le prime pagine del mondo: nel giro di poche settimane cappellini come quello diventano popolarissimi e richiestissimi.

Se fosse una parte del volto umano, lo swoosh forse sarebbe un naso: un naso aquilino, sintomo di un carattere forte, di dinamismo e volontà. Ma anche di dedizione, lealtà, senso della missione.

Lo *swoosh* è uno di quei segni che *produce un discorso in assenza della parola*, una sorta di immagine sacra dotata di aura, uno dei marchi più potenti della nostra epoca. Dunque un logo che consente uno straordinario ragionamento fisiognomico.

In possesso di una singolare capacità metonimica, lo svolazzo Nike evoca il tutto attraverso una parte. La sua forma assomiglia a quella di un boome-

3. J. Finkelstein, *The Fashioned Self*, Polity Press with Basil Blackwell, Oxford 1991, pp. 20-21.

4. G.A. Rees, *Character Reading From The Face. The Science of Phisiognomy*, Andrew George Elliot, Kingswood Surrey, 1950.

rang. Somiglia anche al segno di *well done* che si usa – nel rapporto tra maestro e allievo – nella scuola anglosassone. È una specie di linea curva, una sorta di scarabocchio applicato con *nonchalance*, come quando si controlla un elenco segnando ciascuno dei dati che sono stati vistati, spuntati. Come quei *check-sign*, segni di conferma o di "visto" che si fanno accanto ad un testo approvato, un compito corretto, una lista verificata.

Ma è uno scarabocchio che produce senso. È l'emblema dello sport e dell'atleta che c'è in ognuno di noi, è l'immagine di campioni eroici e di gesta mitiche, è il simbolo di uno stile di vita e di un'azienda che porta il nome della dea greca della vittoria: Nike. E proprio dall'olimpo dei marchi e dei logo sembra venire questo swoosh. Forse, in origine contrazione grafica dell'ala piumata della divinità vincente[5]. Naomi Klein racconta che la sua amica Monica "dice che suo figlio di sette anni non segna i compiti con asterischi o altro ma con piccoli logo rossi della Nike"[6].

Lo *swoosh* sembra suggerire l'idea di movimento e dinamicità, sembra dire "muoviti, alzati e cammina!" Una voce intensa, piena di significato e di corpo, "una costante globale che parte dai manifesti del centro città ai berretti degli operai immigrati del Terzo mondo"[7]. Lo *swoosh* è stato definito un "folletto egoista"[8] per la sua vocazione a comparire da solo, a bastarsi da sé, in completa autosufficienza, senza bisogno di parole o di nomi. Una figura fondata sulla sostituzione tra un segno grafico e un'azienda globale. Se un marchio, come motore semiotico, è tanto più potente quanto meno è obbligato di parlare di sé stesso, allora lo *swoosh* è dotato di una forza propulsiva e di un potere discorsivo senza precedenti nella storia della comunicazione. Segno muto eppure straordinariamente eloquente, lo *swoosh* possiede autonomia e notorietà non comuni. "Il culto della marca si è trasformato in culto del segno, *representamen* indipendente, dotato di vita propria, e non più indice servile. *Index sui*, indice narrativo di infiniti brandelli di storie e nodo di una macchina narrativa che una volta innescata procede senza più autori, di cui la brand diventa il suggeritore"[9]. Carmagnola e Ferraresi hanno individuato nello *swoosh* il catalizzatore, il nodo del *cult* Nike. Lo *swoosh*, il segno grafico, "alle spalle delle varie rappresentazioni, tiene insieme le scarpe del ragazzo che corre, la maglietta dell'atleta, il berretto del pensionato in coda alla cassa del supermercato, Denzel Washington e Michael Jordan..."[10].

5. Per un approfondimento si veda J.B. Strasser e L. Becklund, *Swoosh: the Unauthorized Story of Nike and the Man Who Played There*, HarperBusiness, New York, 1993.
6. N. Klein, *cit.*, p. 50.
7. T. Vanderbilt, *cit.*, p. 74.
8. *Ibidem.*
9. F. Carmagnola, M. Ferraresi, *cit.*, p. 63.
10. *Ibidem.*

E ancora, proviamo ad applicare il nostro ragionamento fisigonomico al "*Just do it*": il "*you can do it*" è un modo di dire colloquiale, molto usato in inglese, una sorta di "forza, puoi farcela". Un pay off divenuto ormai un motto feriale, amalgamato al nostro dire quotidiano: tre parole che sembrano un concentrato di Nike, che ne racchiudono tutta la vocazione al movimento, all'intrapendenza, alla semplicità dello sport come gesto individuale e volontario.

La leggenda vuole che nel 1988 un pubblicitario, parlando dell'azienda ai dipendenti Nike, urlò: "*you Nike guys, you just do it*"[11]. Era un'appello all'azione, allo spirito d'iniziativa, al dinamismo. Era un grido che parlava di sport ma anche di vita. Invitava a muoversi, in ogni senso. Muoversi col corpo e con la mente. Darsi da fare. Incitava a sognare e a credere nei propri sogni, perché non ci sono scuse quando vuoi qualcosa veramente. Devi farlo e basta. Senza ascoltare la tua pigrizia, le tue giustificazioni, le voci degli altri. Una sorta di licenza ad essere creativi, coraggiosi, un poco irriflessivi. Un invito a fare tutto ciò che ti passa per la testa e per il cuore, perché lo puoi fare se ne sei davvero convinto. Niente è impossibile. Devi soltanto farlo. Ecco allora un segno esteriore, componente silenziosa del sembiante di Nike, che evoca un intera ideologia dello sport, che condensa tutto spirito dell'azienda dell'Oregon. Un inno all'ottimismo e alla fiducia in se stessi. Potremmo accostarlo ad una fronte spaziosa ed ampia: indice di un carattere volitivo, energico, ma anche costante e sognatore, amante della libertà e del successo individuale. Moltiplicato e riprodotto su cartelloni pubblicitari e filmati televisivi, sopra felpe e t-shirt, questo motto incarna il volto di Nike e dunque rimanda alle facoltà dell'animo, alla vita intellettuale, al carattere e alla missione originaria del marchio.

E poi, *last but not least*, c'è il nome. Nike: come una bocca dalle labbra carnose, che si accompagna ad una volontà imperiosa e a un ideale di vittoria e libertà, di riuscita individuale e capacità imprenditoriale. Queste quattro lettere che evocano le dea greca della vittoria sembrano contenere i tratti fondamentali dell'essenza del marchio. Una dea alata, ispirata da grandi missioni ed alti ideali, come quelli dello sport, appunto. Una nomenclatura non casuale, dunque, perché condensazione di segni e significati, meccanismo semiotico, chiave d'accesso ad un mondo possibile.

Dietro questi tre segni: nome, pay off e simbolo, è possibile intravedere il valore ed i valori del marchio. Tre dimensioni capaci di indicare un verso, un orientamento, uno sguardo sul mondo.

Come i lineamenti del volto umano, questi tratti fondamentali della marca, suggeriscono un legame indissolubile tra significante e significato, tra corpo e anima, tra parola e contenuto. Forse, ha ragione Corrigan quando scrive che "è la cultura dei consumi che ha reso universale il ragionamento fisiognomico"[12].

11. D. Katz, *Just Do It: the Nike Spirit in the Corporate World*, Adams Media Corporation, Holbrook, 1994.

12. P. Corrigan, *La sociologia dei consumi*, FrancoAngeli, Milano, 1999, p. 241.

11.4. L'età/il sesso

Esistono marche giovani e marche meno giovani, marche sorprendentemente agili e dinamiche nonostante l'età avanzata e marche anagraficamente in fase puberale e tuttavia già miopi, già provate da fastidiosi acciacchi, da malanni stagionali o da serie compromissioni dello stato di salute. Marche inesperte, adolescenti, banderuole ed instabili e marche mature, solide, con una propria missione, un percorso già avviato, delle esperienze sedimentate.

La storia del marketing e quella del consumo insegnano che per la marca l'età anagrafica non conta. La biografia commerciale di marchi e imprese di successo dimostra ampiamente che lo spauracchio del ciclo di vita – famigerata parabola alla quale nessun umano può sottrarsi – può essere cancellato.

Certi prodotti di culto, alcune longseller brand, una serie di marche sempreverdi, sono l'esempio che *per la marca esiste l'elisir di lunga vita*, e dunque, si può sconfiggere la morte. L'invecchiamento a cui sono soggetti i marchi commerciali contemporanei appartiene all'ordine dell'usura semantica. Una marca che voglia attraversare indenne il proprio percorso esistenziale dovrebbe aggiornare costantemente ed incessantemente i propri significati. Adattarsi all'ambiente. Rivedere i propri discorsi. Nutrirsi dell'attualità culturale. Ascoltare le molteplici istanze di una società cangiante e frammentata. Sintonizzarsi col consumatore. Non è facile, ne siamo consapevoli. Ma è l'unico modo con cui le imprese possono oggi sopravvivere agli scenari densi di insidie, ai mercati ad altissima complessità ed altissima competizione che si trovano ad affrontare. Questo non significa che la marca sia destinata ad un frenetico mutamento di senso, ad un nevrotico susseguirsi di personalità e caratteri, pena l'estinzione. Il rinnovamento semantico prevede che la marca osservi una certa coerenza interna nei propri discorsi e che – a lungo terminenon perda di vista la propria essenza, il proprio nocciolo centrale, il senso profondo della sua identità.

È soltanto attraverso questo ordine di significati permanente, stabile, sedimentato che è possibile innovare senza distruggere, cambiare d'abito senza travestirsi.

In alcuni casi eccezionali – nel settore della moda giovanile, della telefonia mobile, dell'abbigliamento sportivo, delle sneakers – il turnover semantico è così frenetico ed inarrestabile che certe marche si trovano a pianificare l'obsolescenza dei propri prodotti. Un paio di calzature Nike air Jordan acquistate due anni fa, pur nella loro integrità funzionale, oggi sono assolutamente demodé. Le stesse air Jordan oggi si offrono al consumatore nella versione stilisticamente più attuale, più *up-to-date*. Lo stesso vale per i prodotti ad alto contenuto tecnologico, dalla telefonia ai computer, in cui ogni minima variante stilistica, ogni infinitesimale aggiustamento qualitativo, determina il sorpasso rispetto al modello precedente. Non parliamo poi del *prêt à porter*, della jeanseria, degli articoli sportivi.

In altri casi la marca sembra guardarsi allo specchio ed assistere ad un lento ma progressivo invecchiamento. Invecchiamento di chi? Invecchiamento di cosa? Può accadere, per certe marche tradizionali, storiche, *agée*, diciamo pure delle "mature signore" del branding, che ad invecchiare siano i clienti. È quello che è capitato a Mercedes quando agli inizi degli anni Novanta dovette constatare che la sua clientela stava invecchiando. Persino i possessori del modello più "utilitario", quello di dimensioni ridotte, la Classe C, avevano un'età avanzata. Mercedes allora si convinse che occorreva sradicare rapidamente questa tendenza pericolosa che l'avrebbe condotta ad una eccessiva connotazione del proprio mercato, l'avrebbe portata a crearsi una nicchia di ultracinquantenni: un'oasi sicura e stabile, ma pur sempre una nicchia. Mercedes si rese conto che era necessario abbandonare certi tratti d'immagine da sempre inscritti nella stella a tre punte: lusso, vettura di grandi dimensioni, auto-blu diplomatica. Occorreva adesso proporre segni e discorsi nuovi: parlare di edonismo, empatia e dinamismo. Mercedes crea così la nuova Classe A, una piccola 4x4, monovolume, densa di freschezza, glamour, innovazione e brio. Come osserva Kapferer: "l'esempio Mercedes insegna che, per ringiovanire, la marca deve creare dei nuovi prototipi"[13]. Quello della Classe A costituisce a tutti gli effetti un prototipo, in quanto è il prodotto più rappresentativo in una determinata fase del mercato. Esso incarna un condensato di segni e significazioni talmente potenti da riscrivere l'identità di marca, da proporsi come nuovo stemma familiare, nuovo blasone. Mercedes Classe A, ha esordito accompagnata da uno strordinario successo, inscrivendosi nello spazio mentale di nuovi segmenti di consumatori, presidiandone l'immaginario e l'immagine di marca. "Per cambiare l'immagine di una marca bisogna creare un nuovo prototipo. Tenuto conto delle difficoltà di rimpiazzare una rappresentazione con un'altra presso uno stesso cliente, questo nuovo prototipo si fisserà più facilmente nella memoria dei nuovi target"[14].

L'innovazione di prodotto si rivela come una delle condizioni necessarie al ringiovanimento della marca. Accanto ad essa, un rinnovamento del bacino semantico della marca, ovvero un turnover di segni e significazioni, in linea con l'attualità socioculturale. Infine, un continuo *fine tuning* col consumatore. Brand come Dior, Gucci, Ferragamo, Chanel, insegnano che l'età anagrafica può divenire un dettaglio insignificante quando l'impresa riesce a cavalcare l'attualità culturale, rivedere l'immagine e i significati della marca, "pensare" e comunicare attraverso i segni e gli stilemi dello Spirito del Tempo.

La marca ha un'età ed un sesso. Esistono marche femminili – e quindi stereotipicamente più dolci, gentili, seduttive, accuditive, ma anche più fragili – e marche maschili – che lo stereotipo vuole, appunto, più forti, energetiche,

13. J.-N. Kapferer (2002b), *cit.*, p. 194.
14. *Ibidem*, p. 195.

prepotenti ma anche rigorose e affidabili. A monte sono spesso rintracciabili i due idealtipi di figure genitoriali che ci ha descritto la psicoanalisi: la madre generosa e oblativa che nutre e cura, disinteressata e affettuosa che niente (o poco) chiede in cambio e il padre severo e castratore. Una sorta di inflessibile super-ego che impone, vieta, a cui si deve ubbidire, che si rispetta ma non si ama. Una figura inquietante per la marca, sovente impersonata dalle marche pubbliche e monopoliste. Ma anche per il percepito della marca come donna può suscitare paure o ambivalenze: in qualche caso – sempre in termini di psicologia del profondo – l'archetipo della vagina dentata è sempre lì, dietro la porta.

11.5. Il carattere

Anche una marca, così come una persona possiede un carattere. Possiede, cioè, una serie di tratti unici e particolari che ne configurano il modo di esprimersi, di rapportarsi agli altri, di manifestare i propri stati d'animo. Nondimeno, anche una marca, così come una persona, possiede un'indole: allegra o melanconica, estroversa o chiusa, socievole o solitaria, effervescente o pacata, ipercinetica o tranquilla, amichevole o scostante. Un carattere forte, singolare, riconoscibile, conferirà alla marca quei connotati di distintività e peculiarità così necessari per emergere e competere negli affollati scenari contemporanei.

Pensiamo ad una marca come Virgin: anticonformista, trasgressiva e allo stesso tempo straordinariamente aperta all'attualità culturale, *open minded*, mobile e dinamica. Il suo carattere è chiaro: estroverso, socievole, sperimentatore, amante del rischio. Virgin è capace di passare con grande disinvoltura dalla discografia ai soft drink, senza dimenticare le compagnie aeree. Certo non è da tutti. Il suo è un carattere chiaro e deciso, che le permette di estendersi nei comparti merceologici più disparati senza perdere di credibilità. Forse fra tutte le marche – data la fortissima presenza e caratterizzazione del suo padre-padrone Richard Branson – quella in cui è in realtà la figura dell'imprenditore a venir tratteggiata nella descrizione della marca-persona.

Diversamente, una marca che manifesti un carattere incerto, nebuloso, non ancora definito, o peggio ancora contraddittorio ed ambiguo, rischia di appannare e sgretolare la propria identità. Marche camaleontiche ed opportuniste, che paiono mutare radicalmente i propri tratti caratteriali al cambiare delle stagioni o delle mode, sono destinate alla perdita di fiducia da parte del pubblico. La relazione col cliente, necessaria ad una salda fedeltà, ad una amicizia durevole, necessita di solidità caratteriale. Come fidarsi di un soggetto (marca o persona) imprevedibile, scostante, incoerente?

Il carattere della marca è simbiotico alla sua identità. Esso partecipa alla generazione di senso e alla creazione di una essenza di marca.

11.6. La cultura

Ogni marca possiede una propria cultura: che non corrisponde necessariamente ad una erudizione dotta, ad una istruzione accademica o tradizionale. Per cultura di marca noi intendiamo un condensato di esperienze e di saperi, di vicissitudini imprenditoriali ed umane, di contaminazioni sociali e di valori aziendali, di sensibilità e di influenze ambientali. Si tratta di un *humus culturale* più che di una cultura nell'accezione più condivisa del termine. Nient'altro che una stratificazione di conoscenze e di storie, comprensiva di radici, senso delle origini e della missione. Ma cultura è, per la marca, anche innovazione e tecnologia, sapere produttivo ed eccellenza performativa. Cultura è anche attualità socioculturale, sintonia col *core target*, immersione totale nello Zeitgeist.

Nescafé, ad esempio, è un marchio che detiene il primato di una straordinaria cultura produttiva. Non a caso nel 1966 la Nestlé è una delle prime imprese a controllare industrialmente la liofilizzazione: un procedimento di essiccazione a freddo che permette di ottenere una polvere solubile senza perdere le caratteristiche di aroma e sapore del prodotto originario. Nasce il Nescafé liofilizzato, che grazie al modernissimo (e allora costosissimo) sistema di fabbricazione, conserva al meglio i gusti Arabica e Colombia, qualità di caffè dall'aroma particolarmente intenso ma allo stesso tempo sensibile e fugace. Si tratta di una formidabile innovazione di prodotto figlia della cultura imprenditoriale e del sapere produttivo del marchio. L'esclusivo *know-how* tecnologico dell'azienda, ha contaminato l'intero comparto merceologico. In breve tempo, Nescafé s'è trasformata, grazie al pionierismo industriale di Nestlé[15] e alla sua incessante ricerca sul miglioramento della qualità del prodotto, in *marca dominante*, l'unica marca ricordata da una percentuale elevata di intervistati all'interno di una determinata categoria merceologica[16].

Nescafé è un ottimo esempio di marca colta: marca, cioè che ha messo a frutto le proprie conoscenze e la propria esperienza in materia di innovazione di prodotto e di sistema. Che è stata in grado di unire capacità industriale, ricerca e comunicazione. Oggi la produzione di caffè solubile è accessibile a molte industrie. Ma Nescafé ha saputo accumulare *know-how* negli anni. E, contemporaneamente è stata in grado di rinnovare i significati del *suo* caffè, adeguandolo costantemente alla propria epoca e alle aspettative dei propri consumatori. Infatti, dal primissimo Nescafé, nato nel 1938, sino a quello di

15. Per un approfondimento di veda A. Pfiffner, *Henri Nestlé. De l'aide-pharmacien allemand au pionnier suisse de l'industrie*, Nestlé S.A.,Vevey, 1995.

16. A proposito del concetto di *marca dominante* si veda: P.H. Farquahar, "Managing Brand Equity", in *Marketing Research*, settembre 1989, pp. 24-33.

oggi, la marca è rimasta la stessa, ma il prodotto è cambiato, in quanto costantemente rinnovato. La ricerca di base applicata, la conoscenza tecnologica sui metodi di fabbricazione e trasformazione delle molecole del caffè costituiscono l'importante valore aggiunto del marchio Nescafé. Nato, all'origine, grazie al procedimento di disidratazione che utilizza gli zuccheri per fissare la polvere di caffè, il prodotto è stato migliorato a partire dal 1954, data in cui i progressi tecnologici hanno permesso di eliminare il gusto caramellato dello zucchero dal sapore originale e di ottenere la polvere solubile con la sola polverizzazione grazie ad aria calda. Nel 1962 prosegue la ricerca verso la riconquista e la conservazione degli aromi. Nel 1966 il prodotto viene rivoluzionato a seguito del nuovo processo di liofilizzazione. Nel 1976 vengono isolate le fragranze più rappresentative del caffè fatto in casa e del caffè appena torrefatto. Nel 1981 Nescafé riesce a diversificare i profili di gusto e a proporre una segmentazione aromatica. Nel 1985 il processo di liofilizzazione viene perfezionato e viene lanciata una nuova miscela di caffè d'Africa e del Brasile. L'esempio di Nescafé è particolarmente significativo: questo lungo ed incessante percorso verso l'eccellenza qualitativa ed il miglioramento delle prestazioni organolettiche è segnato da tappe "industriali" che si sono tradotte in altrettanti fasi del marketing. Peccato che queste (così come le sue campagne pubblicitarie) non siano state all'altezza delle straordinarie innovazioni di prodotto e Nescafé, in Italia, ha sempre avuto quote di mercato marginali, da comprimario, che non danno ragione della elevata qualità del prodotto.

Anche Nike possiede una cultura, ma è una cultura differente. Più che di un sapere industriale si tratta di una conoscenza diretta, umanissima e popolare, dello sport e degli sportivi. Bill Bowerman, ex allenatore di mezzofondisti e maratoneti e Phil Knight ex *runner*, sono i soci fondatori di Nike. Jeff Johnson ex podista, è il primo dipendente. Come loro Nelson Farris, Geoff Hollister e tanti altri dirigenti ed impiegati, autentici pionieri dell'impresa Nike sono stati atleti. E non è casuale. *Lo spirito dello sport per lo sport* è quello che ha da sempre guidato quest'impresa dell'Oregon. E che, in particolare, ha rappresentato la missione aziendale nel primo decennio di marketing e comunicazione. Per questo Nike si definisce, da sempre, un'impresa "ispirata da atleti"[17] che "ascolta gli atleti e risponde direttamente dall'anima dello sport"[18]. Questa è dunque la cultura di Nike, una cultura profondamente radicata nel senso più profondo dello sport, potremmo dire una cultura fatta di allenamenti, sudore e di fatica da mezzofondista. Una cultura "da spogliatoio". Ma se questa è la cultura delle origini di Nike, non va dimenticato che in un secondo tempo, quasi dieci anni dopo, l'azienda di Bowerman e Knight

17. Aa.Vv., *Noi siamo Nike*, Nike, 2001.
18. *Ibidem*.

s'investe di un altro sapere, un'altra conoscenza. Pur rimanendo nell'ordine "*della gente per la gente*", della straordinaria sintonia col consumatore, Nike questa volta si sposta dalle piste d'atletica ai suburbi delle metropoli statunitensi. Negli anni Ottanta, la vera fonte di idee, di stili, di tendenze è, per l'industria delle sneaker, il ghetto. Per sondare gli atteggiamenti dei giovani consumatori, per analizzare il gradimento rispetto a nuovi prodotti e modelli o per tracciare l'andamento della moda, le grandi aziende Nike in primis, sguinzagliano dei veri e propri "cacciatori di tendenze" (*coolhunters*) nei suburbi delle grandi metropoli americane. Per esempio, la regola empirica della Reebok è che se ai ragazzini di Harlem o del Bronx, o a quelli delle periferie di Chicago o Detroit, piace una determinata scarpa, questa sarà sicuramente un successo. I designer e gli uomini del marketing Nike realizzano autentiche incursioni nelle strade di new York, Chicago e Filadelfia. I primi per sondare le reazioni dei ragazzini del ghetto a cui fanno provare campioni e nuovi modelli. I secondi, per capire come e dove va a finire il loro prodotto.

Una cultura di strada dunque, quella di Nike nella seconda metà degli anni Ottanta, perché il Bronx ispira, gli afroamericani offrono suggestioni stilistiche, la cultura hip-hop contamina l'intera produzione[19].

11.7. La professione

Che ruolo ha una determinata marca nell'agire di consumo dell'individuo? A cosa serve? Quale delle sue funzioni è maggiormente presente? Orientamento? Identificazione? Ludica? Etica? Garanzia? Esistono *marche problem solving* e *marche affettive*, *marche-stile di vita* e *marche rassicuranti*. Ogni marca ha una professione, una missione, un incarico da svolgere. Si tratta di un impegno preciso nei confronti del consumatore, ma anche l'espressione di un talento, di una naturale vocazione. La professione è oggi assai meno discriminante ai fini della definizione dell'identità sociale di un individuo di quanto accadesse un tempo. Quando la generazione di uno degli autori di questo libro incontrava uno sconosciuto, entrava in fibrillazione sino a che non riusciva ad intuire o sapere la sua professione. La professione era l'indicatore più espressivo del ruolo sociale dell'individuo e consentiva una precisa collocazione di *rank sociale*: non è certo un caso che la sociologia abbia elaborato una mole imponente di studi e teorie sul rapporto tra identità, classe e professione. Adesso quando accade qualcosa di simile alla generazione dei nostri studenti è assai più importante – per inquadrare l'Altro – conoscere i suoi gusti musicali, la frequentazione di certi locali, attività di tempo libero.

19. Per un approfondimento si veda: M.E. Dyson, *Reflecting Black. African-American Cultural Criticism*, University of Minnesota Press, Minneapolis, 1993.

Anche per la marca l'importanza della professione ai fini di una sua definizione va scemando: sono più importanti semmai gli stili di vita. Marche, ad esempio, come Sperry Top Sider, Polo Ralph Lauren, BMW sono state a lungo associate con la tipologia sociale degli yuppies.

11.8. La biografia

Ogni marca, lo abbiamo visto, possiede una storia. Così come per una persona anche per il brand è possibile tracciare una biografia individuale che è frutto di una stratificazione di vicende e di eventi, di segni e di esperienze.

Si tratta dell'epopea dei pionieri che hanno costruito il successo e la leggenda di tanti fenomeni commerciali moderni, come pure dei fatti e delle fortune economiche di tante imprese, della saga di certe famiglie che hanno incarnato la discendenza di un sapere manageriale e produttivo.

Chi non conosce, almeno per grosse linee, la biografia di Coca-Cola, nata sul finire del 1800 nel retrobottega del dott. Pemberton, farmacista di Atlanta, in Georgia? E chi non associa automaticamente la storia del marchio Fiat, con le vicende umane ed imprenditoriali della famiglia Agnelli? Addirittura, per il caso della marca Absolut, la celeberrima vodka svedese, è stata scritta una vera e propria biografia: *Absolut. Biography of a Bottle*[20]. La storia di Absolut Vodka, infatti, è la perfetta dimostrazione di un successo straordinario ed impensabile costruito attraverso le modalità espressive dell'advertisng e della comunicazione creativa.

Tuttavia, esiste una fondamentale differenza tra la biografia di un essere umano e quella di una marca. Se la narrazione delle vicende umane può prevedere un ciclo di vita, una parabola comprensiva di nascita, giovinezza, maturità, senescenza, morte, quella della marca – lo abbiamo sottolineato più volte – dovrebbe esserne immune. In altre parole, se ben gestita, una marca dovrebbe trasformarsi in evergreen, e permanere in un perenne stato di giovinezza. Dunque una biografia assolutamente anomala, o se vogliamo particolarissima, quella del brand, in cui il tempo dovrebbe sfuggire alle leggi dell'umana senescenza e – forse – abbracciare quelle del mito. Non è azzardata, allora, la teoria di George Lewi, il quale individua tre grandi periodi nel ciclo di vita della marca: "eroismo, saggezza e mito"[21].

20. C. Hamilton, *cit.*

21. Secondo questo autore il tempo dell'*eroismo* si caratterizza per la" trasgressione" o la dominazione di un mercato da parte della marca; quello della *saggezza* è il tempo della fiducia in cui la marca intrattiene ed affina la relazione col consumatore; infine, quello del *mito* è il tempo della coscienza in cui la marca è "installata" e riflette quei valori che ormai le appartengono. Si veda G. Lewi, *L'Odyssée des Marques*, Albin Michel, Paris, 1998, p. 16.

12. La marca come specie vivente

12.1. Darwin e la marca: la lotta per la sopravvivenza

La marca è un soggetto in perenne mutazione. È un'opera aperta, pronta ad accogliere varianti e trasformazioni, in costante divenire ed in progressivo spostamento. E non è casuale: in quanto generatrice di senso, complesso dispositivo di significazione, macchina semiotica capace di produrre discorsi sempre nuovi – secondo gli obiettivi dell'azienda, le necessità del mercato, lo Spirito del Tempo – essa *muove* e *si muove*. Una marca obbedisce ad un doppio principio: da un lato *la coerenza*, ovvero la perseveranza nel proprio essere e dall'altro l'*evoluzione*, ovvero l'adesione alla propria epoca e alla propria cultura.

Instabile, ma non per questo priva di orientamento, suscettibile di mutamento, e dunque sempre *in progress*, la marca è un discorso di natura sostanzialmente metaforica e cangiante. In un incessante stadio evolutivo. Per questo è stata spesso accostata agli esseri viventi: siano essi umani (la "marca-persona", la "marca-personalità") oppure animali. Ad esempio, s'è visto che tra biologia e management esiste una similitudine che trascende la metafora: un'efficace analogia in grado di offrire una chiave di lettura e uno strumento di razionalizzazione della vita e dell'evoluzione dell'impresa. Nondimeno, sono in molti a condividere l'ipotesi secondo cui alcuni marchi secolari ed inossidabili inscrivano il "segreto" della loro longevità in una sorta di *capacità di adattamento* – tutta darwiniana – alle condizioni ambientali.

Il mercato, dunque, interverrebbe secondo una selezione naturale sulla sopravvivenza della specie (marca). Specie tanto più forte quanto più pronta e reattiva a rispondere alle differenti sollecitazioni del mondo esterno. Imprese come Mitsubishi (ha tre secoli) e Shell, Hudson Bay Company, Dupont de Nemours (hanno tutte due secoli di vita) ne sono la prova. Ma anche Procter&Gamble, Coca-Cola, Kodak, Kellogg's, Del Monte, Gillette, Singer, Campbell, Lipton, Goodyear, solo per citare alcuni nomi che cavalcano il mercato da oltre cento anni, possono essere considerati efficaci paradigmi di un pensiero evoluzionistico. Sistemi organizzativi fatti di uomini che scambiano le proprie esperienze, imparano dalle sconfitte come dai successi, mantengono una costante recettività verso il mondo esterno. Vere e proprie *learning organization* tutte tese ad un unico obiettivo: la *continuazione della specie-marca*.

A differenza dell'uomo – che nasce, cresce, invecchia e muore – la marca, non dovrebbe essere soggetta ad alcun ciclo di vita, non ci stancheremo mai di ripeterlo. Se ben gestita, essa ha la possibilità (e il dovere) di rendersi immortale: certamente mutando i propri significati, muovendosi in linea con l'attualità socioculturale, rivedendo incessantemente i propri attributi e le proprie missioni. Se consideriamo la marca come un soggetto in movimento – "animato" da missioni e valori, ideali e discorsi – allora, non è da escludere una lettura platonica, perché l'argomentazione platonica sull'immortalità muove dal presupposto secondo cui l'anima individuale (e la marca possiede un'anima individuale), essendo per sua natura dotata di movimento e di vita (e la marca è dotata di movimento e di vita), non può morire col corpo (e la marca può emanciparsi dal corpo-prodotto)[1].

In ogni caso, al di là di ogni digressione filosofica, il mondo delle imprese ha il dovere imprescindibile di nutrire, rafforzare ed aggiornare i propri marchi. Non per tenerli in vita a tutti i costi, ma per *preservarne l'esistenza nel migliore dei modi*. È dunque importante che la marca goda di un ottimo stato salute, con un patrimonio efficiente di difese immunitarie, con le giuste riserve di glicogeno per affrontare gli sforzi estremi e le competizioni più estenuanti, con gli organi vitali in buono stato e decisamente funzionanti. Affinché ciò accada sono necessari dei *check up* periodici, attenzione, cure, premure e lungimiranza.

I concetti di "lotta per l'esistenza" (*struggle for life*) e "sopravivenza del più adatto" (*survival of the fittest*)[2] di cui parla Darwin[3] non sono poi così distanti dall'idea della continua battaglia che la marca, per competere con successo sui mercati postmoderni, deve affrontare[4].

1. "Ogni anima è immortale, perché ciò che necessariamente si muove è immortale... ciò che si muove da sé, dacché non viene mai meno a se stesso, non cessa mai di muoversi" (Fedro, 245-246).

2. Il concetto di *sopravvivenza del più adatto*, già formulato da Herbert Spencer – viene successivamente ripreso da Darwin.

3. C. Darwin, *L'origine delle specie. Selezione naturale e lotta per l'esistenza*, Bollati Boringhieri, Torino, 1967.

4. La teoria darwiniana dell'evoluzione della specie ha esercitato un'influenza immensa in numerose aree del sapere e della cultura. Dunque, un riverbero che si è realizzato non soltanto in sede scientifica, ma anche in sede filosofica, religiosa, psicologica, sociologica, antropologica e politica. Un'influenza straordinaria, paragonabile a quella generata dalla rivoluzione newtoniana. L'applicazione del canone evolutivo alla società, ad esempio, ha dato origine, nella

Il concetto di lotta per l'esistenza è utilizzato dallo stesso Darwin in senso lato e metaforico e, forse anche per questa ragione, ben si presta ad una efficace trasposizione in termini di brand. Questa espressione, infatti, implica la reciproca dipendenza degli esseri viventi, o, in altre parole, la reciproca dipendenza delle varie marche all'interno degli scenari competitivi contemporanei. Tuttavia, nello stesso tempo, sta ad indicare la vita dell'individuo ed il fatto che questo riesca a lasciare discendenza (la vita dell'impresa, la continuazione della specie/marca). La lettura dell'opera darwiniana, se avviene attraverso uno sguardo parallelo e metaforico, mediato dalla nozione di marca, è un'esperienza particolarmente suggestiva. Lotta tra competitor, conquista di share di mercato, congiunture economiche, scenari di consumo, diventano allora dei singolari parametri di riferimento non dissimili dalle dinamiche che caratterizzano la vita di piante e mammiferi, con la lotta per carpirsi reciprocamente il nutrimento, i periodi di carestia, gli attacchi dei parassiti, le avverse condizioni climatiche[5].

L'evoluzionismo – già nella sua prima impostazione teorica formulata dal Lamarck – assume il carattere di una teoria interpretativa e non di una teoria meramente descrittiva in senso storico. Il darwinismo diviene allora una straordinaria chiave di lettura rispetto a certe dinamiche di marca e d'impresa. La teoria della discendenza con modificazioni, la selezione come strumento di evoluzione (cioè di cambiamento rispetto alla condizione origina-

seconda metà del XIX secolo, al *darwinismo sociale*. Crediamo che sia qui opportuno ricordare che Carlo Marx intendeva dedicare a Darwin il primo volume del *Capitale*, da lui considerato l'analogo in campo economico dell'opera del naturalista inglese in campo biologico. Non solo: diversi pensatori, ponendo l'accento sul tema della selezione naturale, hanno trovato nelle teorie di Darwin la legittimazione del mito dell'uomo che si afferma in campo economico in virtù della sua competitività, o la giustificazione delle teorie del liberismo economico.

5. A proposito del concetto di *lotta per l'esistenza* si vedano le interessanti analogie tra gli scritti di Darwin e il mondo della marca e dell'impresa: "... io uso questa espressione in un senso lato e metaforico, che implica la reciproca dipendenza degli esseri viventi, ed implica inoltre... non solo la vita dell'individuo, ma il fatto che esso riesca a lasciare discendenza. Si può affermare con certezza che due canidi, in un periodo di carestia, lottano l'uno contro l'altro per carpirsi l'elemento necessario alla vita. Ma diremo anche che una pianta al limite del deserto lotta per la vita contro la siccità, benché sarebbe più esatto dire che la sua vita dipende dall'umidità. L'espressione sarà più veritiera quando diremo che una pianta che produce annualmente un migliaio di semi, di cui uno solo, in media, raggiunge lo sviluppo completo e la maturità, lotta contro piante della stessa specie o di specie diverse che già ricoprono il suolo. La vita del vischio è legata al melo e a qualche altro albero, ma soltanto in senso figurato si può dire che il vischio lotta contro questi alberi, perché, se troppi parassiti si sviluppano sulla stessa pianta, questa languisce e muore. Si può però affermare che quando parecchi virgulti di vischio crescono insieme sullo stesso ramo, essi lottano certamente l'uno contro l'altro. Poiché la disseminazione del vischio è operata dagli uccelli, la sua esistenza dipende da questi bipedi, e si potrà dire metaforicamente che il vischio lotta con altre piante da frutto in quanto induce gli uccelli a divorarlo e diffondedre così i propri semi. In questi diversi significati, che si fondono l'uno nell'altro, userò per maggior comodità l'espressione generale 'lotta per l'esistenza'". C. Darwin, *cit.*, p. 132.

ria), la conservazione delle profittevoli deviazioni della struttura e dell'istinto, le leggi della variazione, l'acclimatazione, lo sviluppo progressivo, la comparsa di nuove specie, sono tutte argomentazioni che trovano una straordinaria affinità col branding e con le problematiche del management contemporanei.

Non è casuale, allora, trovare nella più recente letteratura manageriale sulla marca, una convergenza di ipotesi e di paradigmi: Scott Bedbury, parla di *Brand Darwinism*[6]; la francese Marie-Claude Sicard sottolinea come il marketing adori Charles Darwin e descrive una "*pulsion évolutionniste*"[7] tipica del branding più attuale; Marco Lombardi annuncia "... benvenuti alla lettura di Darwin, dopo tanto von Clausewiz e la sua *Arte della guerra*, saggio di strategia militare che ha ispirato intere generazioni di *marketing managers*"[8].

Gli scenari commerciali contemporanei altamente affollati, caratterizzati da alti tassi di ipercompetizione, da una densità di competitor davvero inedita, richiedono alle imprese affinati strumenti di sopravvivenza. La metafora darwiniana lo conferma: "la lotta per l'esistenza risulta inevitabilmente dalla rapida progressione con cui tutti gli esseri viventi tendono a moltiplicarsi"[9]. Chi non riesce ad ascoltare le esigenze di un consumatore sempre più esigente ed attento, chi arranca a fronte della velocità del cambiamento, chi non è pronto a recepire le molteplici istanze di una società imprevedibile e frammentata, è destinato a soccombere. Minacciata da inseguitori, plagiatori, grande distribuzione, clienti infedeli e poligami, recessioni economiche ed autentici *brand killers* di ogni forma e natura, la marca oggi deve rinforzare i propri caratteri dominanti, gestire la propria distintività, perseguire l'eccellenza performativa e comunicativa. Pena l'estinzione della specie.

È una selezione crudele e, per certi versi, naturale. La lotta per l'esistenza non comporta soltanto l'estinzione di numerose specie (o marche) ma anche la nascita di specie (marche) nuove, in quanto le imprese che si trovano a possedere i tratti più adatti alla sopravvivenza vengono favorite dal mercato, preferite dal consumatore.

Complessità e turbolenza sono le dimensioni di fondo della nuova società postmoderna, e dunque insistono allo stesso modo sugli scenari di produzione e consumo della postmodernità. Sarebbe limitativo considerarle alla stregua di fattori di disturbo, come accadeva nella fase della modernità. Limitativo e meccanicistico, non risolutivo. Oggi complessità e turbolenza divengono fattori costitutivi, condizioni normali dell'esistenza. La sfida – e dunque il pedaggio per la sopravvivenza – è accettarli, conviverci, comprenderli e gestirli. In altre parole adattarsi ad essi. La marca contemporanea si trova a do-

6. S. Bedbury (with S. Fenichell), *A New Brand World: 8 Principles for Achieving Brand Leadership in the 21st Century*, Viking Penguin, New York, 2002, p. 26.
7. M. Sicard, *cit.*, pp. 30-34.
8. M. Lombardi (a cura di) (1998), *cit.*, pp. 152-153.
9. C. Darwin, *cit.*, p. 132.

ver affrontare nuove *challenges*, nuove minaccie e nuove opportunità. Come nella "teoria delle variazioni fortuite" espressa da Darwin, in cui le circostanze e il tempo (cronologico) giocano un'azione significativa sui fenomeni biologici e sottomettono le specie viventi a continue prove e continue possibilità di evoluzione, allo stesso modo, la marca oggi si trova a dover *gestire il caos*: che non è disordine, ma è *imprevedibilità*. La società di massa, i consumi di massa – lungi dal generare la società omologa ed eterodiretta che era stata preconizzata – hanno generato continue stratificazioni/differenziazioni al loro interno: un mosaico di tessere sociali e segmenti/nicchie di consumatori diversissime tra loro. Le differenze, anziché attenuarsi, moltiplicano e si riproducono all'infinito. Gli stessi stili di vita – che erano recentemente subentrati alla classe sociale e al reddito come efficaci criteri tassonomici del consumatore – sembrano destinati a frammentarsi in una miriade di declinazioni soggettive, in continue variazioni sul tema, interpretazioni singolari e personalissime. Il consumatore ha oggi tanti volti e tante, diverse, identità. È eclettico. a volte contraddittorio nelle sue scelte: imprendibile[10].

Il branding adesso deve fare i conti con una complessità che significa anche eccedenza delle possibilità che si prospettano ad ognuno di noi: una estensione delle *chances*, una *iperofferta* davvero ardua da gestire. Un ambiente esterno altamente selettivo, dunque, in cui è necessaria una vera e propria lotta per non soccombere. Alcuni hanno definito questa capacità di adattamento "grado di plasticità delle imprese": una sorta di talento particolare e prezioso, una attitudine alla malleabilità, al cambiare forma, gestione e vocazione a seconda dei momenti e delle opportunità. "Le imprese produttive presentano numerose analogie con gli organismi biologici: nascono, sopravvivono per decenni, o si estinguono nell'arco di qualche anno. Le specie più longeve sono di norma le specie generaliste, in quanto sono in grado di adattarsi ai cambiamenti dell'ambiente e di utilizzare le più disparate risorse grazie alla loro plasticità. Altre specie, quelle specializzate, sopravvivono solo se si trovano in una particolare nicchia ecologica, dove sono in grado di massimizzare i vantaggi che traggono dalle loro singolari caratteristiche... Ma le nicchie ecologiche, come i mercati, possono rapidamente cambiare o scomparire, e con loro quelle imprese che non hanno saputo adattarsi ai mutamenti dei tempi per mancanza di plasticità o per eccesso di specializzazione"[11].

Una recente ricerca commissionata dalla Shell[12] rivela che le imprese più longeve, quelle secolari (il record è della svedese Stora che ha ben 700 anni), per sopravvivere così a lungo, hanno saputo (e dovuto) modificare, adattare e cambiare più volte i loro interessi, orientandosi verso attività differenti e bu-

10. Vedi G. Fabris (2002), *cit.*

11. A. Abruzzese e A. Bazzoffia, *La casa delle idee. Procter & Gamble e la cultura dell'innovazione*, Lupetti, Milano, 2001, p. 118.

12. *Ibidem.*

siness più disparati. Passando dalla finanza alla produzione, dal *banking* allo sfruttamento di miniere, dalla chimica all'elettricità, dall'alimentazione ai servizi. Sono riuscite, cioè, a massimizzare i vantaggi che il mercato offriva di volta in volta, sfruttando al massimo i diversi ambienti commerciali, cogliendo con grande prontezza ed intuizione (a volte con autentici balzi felini) tutti i benefici possibili. E, nello stesso tempo, hanno saputo allontanarsi da situazioni rischiose o non opportune. Ma non basta: non va infatti dimenticato che queste imprese hanno dimostrato una straordinaria duttilità ai cambiamenti storici e una sensibilità davvero significativa ai mutamenti socioculturali.

La lettura darwiniana della marca ribadisce con grande efficacia il suo statuto eminentemente discorsivo, metaforico e cangiante. E non è casuale: *la* marca è *un insieme di organi vitali*, necessari ed attivi, che operano per un fine alto e comune: la sopravvivenza. È un'opera aperta, un soggetto che – sebbene privo di corpo, di materia tangibile e concreta – pare destinato a "respirare", a relazionarsi al mondo esterno per non soccombere, ad appropriarsi di un territorio per difendere la propria identità e la propria specie. In una perenne ed incessante ricerca di nutrimento, di comunicazione, di adattamento. Quella della marca è una vita senza materia: un'evoluzione simbolica, se si vuole, perché incarna un aggiornamento costante di significati, perché mobilita una continua produzione di senso. Anche se capace di ricalcare certe dinamiche tipiche della biologia e della zoologia, la marca non è un oggetto del mondo naturale, al contrario essa è un prodotto culturale estremamente complesso e raffinato. Tuttavia, essa si riproduce e si estingue, si difende ed aggredisce, si manifesta nei suoi caratteri dominanti e conserva quelli recessivi. E dunque, appare plausibile, e per certi versi opportuno, accostarla ad un organismo vivente. L'utilizzo di metafore – e quella darwiniana è di straordinaria efficacia – è, a nostro modo di vedere, una metodologia illuminante e generosa. Offre valide possibilità di lettura e di comprensione della particolare complessità della marca. È una strumentazione indispensabile per interpretarne la vasta estensione di significati e declinazioni semantiche.

La marca, allora al pari di un organismo vivente. O meglio, di una specie vivente, sottoposta alle leggi genetiche ed evolutive della natura. Non a caso Lombardi e Williams (Young& Rubicam) avanzano l'ipotesi di un *Brand Genetic Profile*[13]: "applicando quest'ottica alla marca potremo apprezzarne tutte le reali potenzialità, saremo stimolati a ricercarne i punti di forza per definire, differenziare ed infine legare la marca stessa all'individuo. Punti di forza che non devono essere solo di tipo *hard* (attributi funzionali, tangibili), ma soprattutto di tipo *soft* (attributi emozionali)..."[14].

13. Si veda M. Lombardi (a cura di) (1998), *cit.*, p. 155.
14. *Ibidem*, pp. 152-153.

Attenta al mondo circostante, al territorio che presidia, ai suoi confini e ai suoi abitanti, pronta a cogliere ogni situazione favorevole al proprio nutrimento, in attesa del momento giusto per sferrare l'attacco, o di quello più opportuno per fuggire e defilarsi dal pericolo, dell'occasione per riprodursi, per estendersi e continuare la specie, la marca deve costantemente adattarsi, difendersi, evolversi. Ecco Darwin, allora, perché, come osserva Edgar Morin: "ci si rende conto che né la comunicazione, né il simbolo, né il rito sono esclusività umane, ma che hanno radici lontane nell'evoluzione della specie"[15]. E la marca leader incarna a pieno i caratteri della specie forte.

Tuttavia, viene da chiedersi, se sia la sola sopravvivenza la meta della marca contemporanea. Se, cioè rimanere in vita concentrandosi sul profitto, possa davvero considerarsi l'obiettivo fondamentale ed esclusivo delle imprese postmoderne. Negli scenari contemporanei caratterizzati da incertezza e discontinuità, la sopravvivenza appare uno stadio intermedio e dunque insufficiente a fronte di un progetto di evoluzione e di cambiamento che sia orientato all'eccellenza, nel rispetto di tutti i soggetti con cui l'impresa si trova a dialogare. Insomma, oggi, probabilmente, come suggerisce provocatoriamente Seth Godin *survival is not enough* [16].

12.2. Dall'evoluzione alla coevoluzione

Così come la fisica classica è stata applicata al taylorismo[17], il darwinismo è stato per lungo tempo applicato alla competizione economica. La concezione dell'evoluzione in campo biologico si presta bene ad una lettura in chiave di marketing. La teoria di Darwin – fondata com'è sulla sopravvivenza del più adatto alla conservazione della specie, in buona sostanza del più forte – illustra e al tempo stesso legittima pienamente il gioco della concorrenza. Ma soprattutto aderisce senza riserve all'idea di una lunga evoluzione: uno svi-

15. E. Morin, *Il paradigma perduto. Che cos'è la natura umana?*, Feltrinelli, Milano, 1994, p. 32.

16. S. Godin, *Survival is Not Enough. Why Smart Company Abandon Worry and Embrace Change*, The Free Press, New York, 2002.

17. Tutta l'organizzazione del lavoro che abbiamo conosciuto nel corso del XX secolo sarebbe impensabile senza la fisica classica di Copernico, Galileo, Newton, Keplero. Senza, cioè, la visione secondo cui la terra gira attorno al Sole. La fisica classica sostiene infatti che tutto si riduce a piccole particelle di materia e a complesse forze di interazione, gravitazione, elettromagnetismo, che permettono a queste particelle di muoversi insieme. L'uomo è l'equivalente di una particella elementare, concepito come un piccolo frammento, una macchina cronoprogrammata: con il conteggio dei tempi alla fine della linea di produzione secondo un procedimento tayloriano per monitorare e misurare i singoli movimenti. I procedimenti tayloristici sono l'equivalente delle particelle elementari. Il modello della fisica viene così immediatamente applicato all'impresa.

luppo altamente selettivo, nel corso del quale il più abile (*the fittest*) trasmette e rinforza i propri caratteri dominanti presso i discendenti. Sono le differenze negli individui – che insorgono casualmente determinando i tratti distintivi di una specie – a subire il verdetto dell'ambiente. E *il verdetto dell'ambiente non è altro che il verdetto del mercato*. In questa lettura del cambiamento è contenuta una fondamentale idea di *progresso*[18]. Ogni nuova era, ogni nuova specie, rappresenterebbe dunque un miglioramento rispetto a quelle che l'hanno preceduta: l'età del bronzo rispetto all'età della pietra, l'agricoltura rispetto alla caccia, i mammiferi rispetto ai rettili, l'uomo rispet-

18. La critica al concetto di evoluzione come miglioramento della specie è applicabile anche ad una idea generale di marca e ai suoi successivi paradigmi interpretativi. Secondo Marie Claude Sicard "l'uomo può essere certamente l'ultimo nato, ma non è il risultato finale e supremo dell'evoluzione... Non c'è del progresso tra l'inizio, il seguito e la fine della vita sulla Terra, non c'è nessuna gradazione che dispone progressivamente gli invertebrati, i vertebrati marini, i vertebrati terrestri, e via discorrendo fino all'apparizione dell'uomo". In buona sostanza, l'obiezione mossa alla teoria dell'evoluzione parte dalla discutibilità dell'idea del progresso lineare: il nuovo che annienta il vecchio, l'ultima specie che rende rozza ed arretrata la precedente, il presente che fa apparire un poco sottosviluppato il passato, non sarebbero altro che letture miopi e dense di pregiudizio. Una superstizione che apparterrebbe anche al mondo del branding, dell'imprenditoria e del marketing tutto. È soprattutto l'evoluzione della specie-marca, con gli inevitabili passaggi che hanno caratterizzato di volta in volta il suo divenire, a subire l'effetto di questo errore interpretativo. Le varie fasi della marca – quella della memorabilità (awareness), quella del goodwill, quella dell'immagine, del posizionamento e dell'identità – apparterebbero dunque ad una sorta di evoluzione pregiudiziale secondo cui l'ultimo paradigma è assunto come il migliore. Continua la Sicard: "le conseguenze di questo pregiudizio universale sono evidenti in tutta la storia del marketing: esse conducono ad esempio a credere ed affermare che ciò che viene dopo è sempre migliore di ciò che l'ha preceduto (da cui la fortuna dell'aggettivo 'nuovo'). Così, ogni volta che un autore o un manuale di marketing presenta un concetto come un progresso rispetto a questo o quell'altro che l'ha preceduto e di cui enumera le debolezze, egli cede alla pulsione evoluzionista. Il fenomeno è particolarmente visibile per quanto riguarda l'identità di Marca, allorché la sua apparizione è stata presentata come la risposta alle insufficienze dell'immagine di marca". Cronologicamente, di fatto, l'una precede l'altra. Il concetto dell'immagine appare verosimilmente attorno alla prima metà degli anni '50, con David Ogilvy, o probabilmente vent'anni prima (Hopkins). Per quanto riguarda l'identità, la letteratura in proposito è piuttosto sfocata, ma certamente è possibilie stabilire un'origine attorno alla seconda metà degli anni Novanta del ventesimo secolo. Ora, sembrerebbe che l'immagine di marca "divinità suprema del marketing per oltre trent'anni, non sia nientemeno che una trappola". E al suo posto, subentra l'identità, che – direbbe Aaker – è attiva e volta al futuro. Nondimeno il concetto di identità pare marginalizzare definitivamente l'idea di posizionamento, che – suggerisce Kapferer – "asfissia la ricchezza e il senso della marca". Ecco allora la critica mossa dalla Sicard: "è perfettamente lodabile e al tempo stesso necessario cercare di perfezionare gli strumenti d'analisi del marketing. Quello che è più discutibile e la tendenza a bruciare sistematicamente quello che s'è adorato". Dunque questa tendenza ad esaltare il nuovo modello, a considerarlo come naturalmente superiore e quindi capace di annullare il vecchio è quello che la Sicard chiama la "*pulsione evoluzionista*". Si badi bene "*pulsione evoluzionista*" e "*non pulsione darwinista*", perché Darwin non parla mai di progresso, né di evoluzione della specie, ma di "*discendenza con modificazione*" (si vedano M. Sicard, *cit.*, pp. 31-33 e J.-N. Kapferer (2000), *cit.*, pp. 104-107).

to alla scimmia, il nuovo Dash Ultra rispetto al Dash tradizionale, l'ultimo rasoio Gilette Mach3 (con testina intercambiabile, per una rasatura perfetta) rispetto ai suoi predecessori. Il progresso è visto unicamente, in questa logica, come l'acquisizione di un *vantaggio competitivo*. Il leone sopravvive meglio nel proprio ambiente perché è capace di correre più in fretta degli altri animali, di mangiare più gazzelle rispetto ai suoi concorrenti, di difendersi con maggior forza rispetto agli attacchi degli avversari. Lo scopo dell'impresa è – nella visione darwiniana della competizione economica – quello di "divorare" i propri concorrenti in un processo di lotta per la sopravvivenza[19].

Tuttavia, la logica del più forte, la logica del progresso lineare, la logica di un rigido determinismo, appaiono oggi orientamenti sempre più discutibili e rivedibili. In una fase, come quella che stiamo vivendo, caratterizzata da forti dosi di accelerazione e discontinuità, dalla rottura di tutti gli schemi tradizionali, dalla crisi delle regole, appare più plausibile basarsi su un nuovo paradigma, quello della *complessità*, fondato su *leggi probabilistiche*, segnato da strutture caotiche, perché nel mercato, come in natura, *l'evoluzione è caratterizzata da alti tassi di imprevedibilità e incertezza*[20].

Il darwinismo economico-sociale sta entrando, sempre più, in una fase nuova, in cui l'orientamento si sposta verso l'opzione della *coevoluzione*. Se nel vecchio modo di pensare, il vecchio darwinismo, l'eliminazione dei più deboli da parte dei più forti prelude all'affermazione di strutture oligopolistiche sempre più chiuse, potenti, autoreferenziali e bloccate, nel nuovo concetto di *coevoluzione* dimensioni e quantità, forze e grandezze, si intrecciano a valori e qualità in un contesto in cui la concorrenza non viene bloccata, ma dove al contrario si produce una crescita esponenziale dei possibili giochi *win-win*[21] nel mercato.

Concetto mutuato dalla zoologia e dalla biologia, la *coevoluzione* può essere considerata una sorta di "gara" in cui ogni specie coinvolta lotta per stare al passo, o per superare l'altra, mai per distruggerla completamente[22]. Non a caso, si parla, a tal proposito di *Mutual Adaptation of Living Things*, che –

19. Per un approfondimento si veda: J. Staune, "Selezione darwiniana e coevoluzione in natura e nel mercato", in CentroMarca, *Coevoluzione: chiave di sviluppo tra concorrenza e collaborazione*, Assemblea Pubblica 2000, Inedito.

20. *Ibidem*.

21. Dove, cioè, non esiste un unico vincitore.

22. Molte di tali gare evolutive si sono protratte per tempi molto lunghi prima di raggiungere l'equilibrio finale. Ricordiamo il caso di alcuni granchi predatori che riescono a rompere il guscio di certe chiocciole terrestri grazie alle loro robuste chele. Prima dell'evoluzione di questi granchi la maggiorparte delle chiocciole presentava gusci molto sottili. Successivamente, con la comparsa dei granchi predatori, il guscio delle chiocciole cominciò ad ispessirsi e – parallelamente – si irrobustirono le chele dei granchi. Oggi, dopo cento milioni di anni, è aumentato sia lo spessore medio del guscio delle chiocciole che la potenza e lo spessore delle chele dei loro predatori.

in termini di Industria di Marca – può essere letto come *un'evoluzione equilibrata e rispettosa di tutti gli attori del mercato.* Le opzioni strategiche in cui l'Industria di Marca è coinvolta si stanno ormai ispirando – sempre più – a visioni e scelte di tipo coevolutivo, nei rapporti coi consumatori, i clienti, i competitor, i fornitori, i dipendenti, le comunità di riferimento, la comunità *at large*. Basti pensare alla nuova relazione tra marca (produttore) e consumatore e alle sinergie tra concorrenti (*coopetition*[23]) nell'ambito delle ricerca, nei *market-place* virtuali, nelle tecnologie on-line[24], e – in definitiva – in ambiti considerati fino a poco tempo fa a forte vantaggio competitivo.

C'è stata indubbiamente una profonda influenza della visione scientifica classica – attraverso la fisica o la biologia – sull'organizzazione economica della nostra società. Tuttavia, la rivoluzione intellettuale portata dal XXI secolo ha trasformato radicalmente sia l'idea di evoluzione scientifica che quella di evoluzione nel campo del management. Il nuovo sguardo, nell'ottica postmoderna, pone limiti precisi alla prevedibilità: all'evoluzione graduale si affianca uno sviluppo evolutivo a salti o biforcazioni. (Prigogine). E in natura, così come in economia, la lotta per la sopravvivenza è basata anche sulla collaborazione tra organismi che interagiscono costruttivamente e rispettosamente tra loro, anziché annientarsi a vicenda o annullarsi l'un l'altro. Si pensi alla collaborazione tra piante ed insetti, tra specie marine, tra funghi e alghe, tra parassiti e relativi ospiti. In tutti questi casi, infatti, la natura tende al conseguimento di interazioni di tipo mutualistico, simbiotico, cooperativo ed associativo, vantaggiose per entrambe le specie che vi partecipano[25]. La selezione naturale favorisce predatori e parassiti "prudenti", che lasciano almeno in parte sopravvivere e riprodurre le loro prede e i loro ospiti: solo così si possono garantire la fonte di nutrimento e la sopravvivenza. Allo stesso modo, oggi si parla di *co-branding* e *co-advertising*, di mutuo sviluppo, di partnership tra piccoli produttori e piccoli commercianti, di fusioni e di sfide condivise, di nicchie di mercato (che, come le nicchie ecologiche consentono una suddivisione profittevole dell'ambiente tra i vari attori che lo popolano), di commercio equo e solidale, di fondi d'investimento etici, di responsabilità sociali verso *stakeholders* e *shareholders*. Tutte dinamiche di tipo coevolutivo che sembrano superare il rigido schematismo della sopravvivenza del più forte, a favore di una visione nuova, in cui

23. Contrazione di cooperazione e competizione.

24. Oggi le tecnologie on-line, Internet in primis, favoriscono un processo generale di condivisione.

25. In linea generale esistono molti modi con cui le diverse specie e popolazioni biologiche interagiscono tra loro e, di conseguenza, diversi modelli coevolutivi. Molte piante necessitano di insetti impollinatori, gli animali erbivori di opportuni substrati vegetali, i carnivori degli erbivori, i parassiti dei loro ospiti, certi batteri delle leguminose, le termiti dei protozoi, i licheni di funghi con alghe e numerose altre specie hanno sviluppato una dipendenza reciproca e una mutua collaborazione che si riflette nella loro morfologia, fisiologia, etologia.

l'evoluzione dell'impresa coinvolge i diversi soggetti che le stanno attorno: i clienti, i fornitori, i finanziatori.

Il termine *coopetition* rivela chiaramente che *la coevoluzione non presuppone l'assenza di competizione, piuttosto è il frutto della competizione*. Ma è anche una raffinata forma di cooperazione: rispettosa, etica e lungimirante. Perché l'impresa, favorendo l'evoluzione degli altri soggetti coglie vantaggi trainanti e riverberi benèfici per il suo stesso sviluppo, per la sua stessa evoluzione. L'impresa contemporanea dovrebbe cioè essere capace di inserirsi in un ecosistema in cui ogni attore spinge l'evoluzione degli altri, perché essere inseriti in questo sistema vuol dire partecipare ad un trend di sviluppo che si autoalimenta. Coevolvere significa dunque pensare in termini di sistema, concentrarsi sul "valore" dell'impresa oltre che sul profitto. Tenendo sempre presente che la lotta per il miglioramento del profitto resta una priorità, perché questo è comunque l'obiettivo di ogni impresa. Il profitto non serve solo a far felici gli azionisti: è condizione indispensabile per ogni soggetto economico per svilupparsi, fare ricerca, produrre innovazioni, creare occupazione. La concorrenza – in questo contesto – continua ad esistere, ma ha un nuovo modo di esprimersi.

I centri commerciali offrono un efficace paradigma di questo nuovo modello evolutivo. Le gallerie dei centri commerciali – si pensi al gruppo Auchan – si sono arricchite, negli ultimi tempi, di nuovi servizi e nuove insegne: brasserie, negozi monomarca, punti vendita specializzati, sportelli postali, caffetterie, ecc. Attività di servizio complementari non controllate dall'ipermercato e in alcuni casi addirittura concorrenziali rispetto ad esso (concorrenti che vendono gli stessi prodotti). In questo modo, però, i consumatori hanno aumentato notevolmente la loro frequentazione degli shopping center, alimentando, con i loro acquisti, il giro d'affari dell'intera struttura.

Nestlé e Unilever, agguerriti competitor in termini di quote di mercato, collaborano rispetto ad una sezione della filiera produttiva relativa ai costi, trovando cioè un accordo in termini di economie di scala. Nondimeno, le due aziende continuano a battersi a livello di comunicazione, di valore e valori per il consumatore, di *Corporate identity* e di immagine.

Intel e Microsoft hanno lavorato insieme ad un microprocessore capace di restituire migliori prestazioni con un medesimo, particolare sistema operativo. Così facendo hanno costituito un'unità sinergica, un'alleanza che ha prodotto un successo formidabile.

In Francia, nel 1997, Michelin ha brevettato un sistema, denominato Pax System, che consente al pneumatico di non uscire dal cerchione anche in caso di foratura o di scoppio. Non solo: un rinforzo interno fa sì che il pneumatico possa continuare a svolgere la sua funzione anche sgonfio, per circa duecento chilometri, ad una velocità di novanta chilometri all'ora. Questo significa, naturalmente, la fine della ruota di scorta, un guadagno in termini di peso e di tempo, e grandi vantaggi in materia di sicurezza. Il sistema però implica il cambiamento di tutte le ruote, dato che può essere istallato soltanto su cerchioni particolari, come pure il cambiamento di tutti i sistemi di montaggio dei pneumatici presenti nelle autofficine. Un sistema cartatterizzato da grandi vantaggi ma anche costi notevoli. È evidente come Michelin, proprietaria del brevetto, non abbia potuto imporlo ai costruttori: le case automobilistiche non vogliono dipendere da un unico fabbricante di pneumatici. Era quindi escluso che accettassero di cambiare le proprie ruote o che fabbricassero un modello dotato di cerchioni che potessero montare solo pneumatici Michelin. A questo punto Michelin ha firmato un accordo con il quale dava a Pirelli e Goodyear la possibilità di usufruire del brevetto. In questo modo Michelin ha reso redditizio il suo investimento. I competitor – pur insistendo nella battaglia per le quote di mercato – svilupperanno il prodotto[26].

Gli esempi di questa nuova coevoluzione nei mercati contemporanei non mancano di certo: i grandi costruttori automobilistici degli Stati Uniti si sono consorziati, pur essendo concorrenti fra loro. Le tra maggiori case hanno scelto di condividere le stesse catene informatiche.

Nel 1994, in Francia, Banque Cortal ha lanciato il primo supermercato dei fondi che permette ai clienti di trovare, proprio presso la banca Cortal, l'insieme dei fondi d'investimento. Questo significa vendere anche prodotti gestiti da marche concorrenti e, in buona sostanza, aiutare i competitor. Tuttavia, così facendo, Cortal è riuscita a fornire ai propri clienti un servizio che ha consentito loro di crescere. E dunque Cortal s'è evoluta insieme ai propri clienti.

Anche la questione del commercio equo e solidale offre spunti interessanti per comprendere la fase di cambiamento che l'impresa contemporanea e i mercati postmoderni si trovano ad affrontare. Si tratta infatti di sostenere la crescita economica del Sud del Mondo, di sostenere popolazioni disagiate, attraverso l'acquisto di beni portatori di un valore intangibile e di un significato sociale. Anche questa è coevoluzione: imbastire tra i Paesi ricchi e i Paesi poveri una nuova forma di scambio economico, basta su una remunerazione più giusta ed equa delle materie prime. Insomma, una sorta di modello di "globalizzazzione dal basso", una nuova idea di consumo permeata da un nuovo contenuto di "senso"[27].

12.3. Codice genetico ed essenza della marca

Quando si parla di codice genetico, nel mondo del marketing si fa generalmente riferimento all'essenza della marca: *brand essence*. Una sorta di DNA (fig. 1): una molecola responsabile della *trasmissione e dell'espressione dei*

26. Si veda: CentroMarca, *cit.*, pp. 31-32.
27. Per un approfondimento si rimanda a: N. Roozen, F. van der Hoff, *Max Havelaar. L'avventura del commercio equo e solidale*, Feltrinelli, Milano, 2003.

caratteri ereditari. Talmente preziosa da incarnare appieno l'idea di patrimonio: una ricchezza suscettibile di moltiplicazione e di estinzione, un valore unico ed ereditabile. Il DNA di Body Shop è la sensibilità ambientale ed etica, o come suggeriscono Joachimsthaler e Aaker, la filosofia del "*profits-with-a-principle*"[28]. Il DNA di Harley Davidson è il mito dell'America, insieme all'idea di una vita libera e selvaggia. IL DNA di Dior è un'idea di classe, borghesia e raffinatezza insieme. Il DNA di Mecca Cola è la cultura antiamericana e antioccedentale.

L'ingegneria genetica ci insegna che è possibile intervenire sulla sequenza del DNA. Tuttavia, si tratta di un'eventualità particolarmente audace. Ammissibile e insieme imprudente. Nondimeno, il codice genetico della marca, è sempre modificabile: ma è un'operazione ad altissimo rischio, che minaccia di intaccare l'identità, la riconoscibilità e la personalità della marca stessa. In alcune situazioni particolari, diciamo pure, in casi estremi, intervenire sulla marca per mutarne la configurazione genetica, può essere un modo per uscire da una fase di *impasse* o da una crisi profonda, per riconquistare un mercato che tende a sfuggire, per sconfiggere un nemico particolarmente temibile od agguerrito. Ma gli esperimenti di questo tipo sono pericolosi, rischiano di trasformarsi in un salto nel buio, di sfuggire di mano, o – peggio ancora- di rivelarsi clamorosi fallimenti.

Tuttavia può presentarsi, nel divenire di una impresa, una congiuntura particolarmente sfavorevole. Si tratta di una fase critica nella gestione aziendale, una sorta di vicolo cieco nell'evoluzione di un marchio, una drammatica perturbazione con nuvole nere all'orizzonte. È quello che Andrew Grove ha definito "*strategic inflection point*"[29], un *punto di non ritorno* in cui si rende necessario un cambiamento radicale: l'azienda dovrà adattarsi al nuovo contesto ambientale oppure sarà destinata a soccombere. A questo punto il marchio dovrà ri-definire i propri obiettivi, le proprie missioni e, in alcuni casi estremi il proprio patrimonio genetico. È quello che è accaduto a Nike quando, nella seconda metà degli anni Ottanta, si è trovata a fare i conti con Reebok. L'azienda di Bowerman e Knight aveva infatti sottovalutato, e persino negato, la forza nascente dell'inseguitore Reebok. Nike, il marchio dei *runners* radicali, dei maratoneti avvezzi allo sforzo prolungato e alla fatica estenuante delle ultradistanze, aveva saldamente ignorato un nuovo prodotto chiamato Freestyle. È il 1982, infatti, quando, Reebok, marchio britannico a quei tempi semisconosciuto negli States, lancia sul mercato la prima scarpa da ginnastica da donna, una calzatura da aerobica di pelle bianca, leggerissima, morbida, sobria, a prima vista quasi una scarpa da passeggio: la Freesty-

28. E. Joachimsthaler e D. Aaker, "Building Brands without Mass Media", in: Aa.Vv., *Harvard Business Review on Brand Management*, cit., p. 6.

29. A. Grove, *Only the Paranoid Survive: How to Exploit the Crisis Points That Challenge Every Company*, Bantam Books, New York, 1999, pp. 32-37.

le. Adatta per essere indossata da ragazze e signore in body pastello nelle palestre più "in", dove stava nascendo la nuova moda del fitness. L'errore clamoroso di Nike fu quello di non avere dato alcun peso ad un fenomeno allo stato nascente: l'aerobica. Roba da femminuccie, una strana forma di ginnastica fatta a tempo di musica ("*hot new fitness exercise called aerobic dance*"[30]): niente a che vedere con le piste da atletica, con la biomeccanica del mezzofondista, con le scarpe da corsa super-tecniche su cui Nike era miopemente concentrata. Tuttavia la Freestyle diventa in brevissimo tempo un oggetto di culto e cavalca trionfalmente l'ascesa irresistibile dell'aerobica. Nike si stava lasciando sfuggire un piccolo dettaglio: era nato un segmento nuovo nel mercato sportivo, quello femminile. Un dato sicuramente non trascurabile. Nel giro di tre anni, dall'82 all'85 Reebok vede crecere esponenzialmente il suo fatturato (da tre milioni e mezzo di dollari a quasi duecento milioni di dollari)[31] e riesce ad accaparrarsi fette e vette del mercato spodestando il colosso Nike. È il 1987: l'azienda di Bowermann e Knight è in crisi. Reebok è leader nel mercato americano della calzatura sportiva. La Freestyle viene ribattezzata ben presto Reebok Classic. Entra cioè a pieno diritto nell'albo d'oro dell'azienda inglese: viene prodotta nelle varianti cromatiche dell'arcobaleno e "si evolve in rapporto ad occasioni d'uso e a stili d'abbigliamento extrasportivi"[32]. Classic, già Freestyle, diviene la scarpa sportiva più venduta di tutti i tempi. E Reebok è presto riconosciuta come l'azienda a più rapida espansione nella storia americana.

Ecco, allora, lo "*strategic inflection point*" di cui parla Grove: Nike vive il peggior incubo della sua storia commerciale ed imprenditoriale. Che fare? La genetica – e Darwin in prima fila – insegnano che occorre adattarsi all'ambiente. Pena l'estinzione della specie. Ma la specie Nike aveva un patrimonio di caratteri dominanti di tipo maschile: lo sport duro, la maratona, la competizione degli atleti, la performance sulla distanza e la tecnologia della calzatura. Come adattarsi ad un mercato nuovo, imprevedibile ed imprevisto, che le era stato soffiato da una scarpa frivola e multicolore, di pelle morbida, indossata indistintamente per lo shopping e per la ginnastica, per il passeggio e per la tonificazione dei glutei? Bisognava riscrivere il proprio DNA.

Come sottolinea Scott Bedbury "*brands can get bigger without destroyng what they once were*"[33]. In altri termini: non è necessario distruggere il passato per crescere. Nike non avrebbe dovuto annullare la propria tradizione inscritta nel motto "*from runners by runners*". Si trattava semplicemente di aggiornare il proprio patrimonio genetico, rivedere i caratteri fondativi, renderli

30. *Reebok Company History* in www.reebok.com 2001.
31. T. Vanderbilt, *cit.*, p. 40.
32. Aa.Vv., *I nuovi boom. Tendenze e prodotti di successo negli anni della transizione*, Sperling & Kupfer, Milano, 1993, p. 156.
33. S. Bedbury (with S. Fenichell), *cit.*, p. 27.

un po' meno dominanti, ed accoglierne altri (quelli femminili, che dominavano, invece in Reebok).

E così fu: la specie Nike, comprese la dura lezione di un ambiente ostile, complesso e turbolento.

La severa minaccia introdotta dalla Freestyle sortì una serie di effetti immediati sul cifrario genetico dell'azienda dell'Oregon: innanzitutto catapultò Nike sul fronte dello "stile", nel senso che orientò le scelte produttive verso un ordine di significati estetici e non solo tecnici; in secondo luogo introdusse negli scenari commerciali di Nike un nuovo mercato, quello femminile, dell'aerobica e del fitness in generale; infine, ma non da ultimo, rese il management dell'impresa meno arrogante, meno insulare e meno compiacente dei propri risultati: instillò il germe del dubbio, dell'osservazione sistematica dei competitor, della revisione critica del proprio operato e, in buona sostanza sensibilizzò l'azienda verso le istanze del consumatore, insegnando ad ascoltare il mercato, e a sintonizzarsi nelle medesime lunghezze d'onda del pubblico. Insomma Nike era uscita dalla nicchia dei fanatici ed era diventata più democratica, più ecumenica. Una rivoluzione? Una semplice revisione del DNA.

Fig. 1 - Il DNA della marca secondo Ellwood

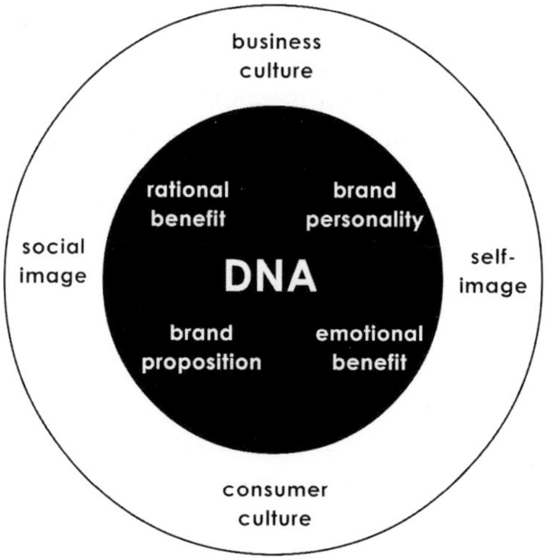

Nike è riuscita ad abbracciare un nuovo DNA attraverso una sorta di selezione sessuale[34]. Come insegna Scott Bedbury "la più importante lezione apportata da certi fiaschi è la seguente: ogni marca ha nel suo nucleo una so-

34. "*Sexual selection is a major driver of corporate evolution...*". Si veda: S. Godin (2002), *cit.*, p. 120.

stanza che le dà forza. Bisogna comprenderla prima di poter crescere. Alcuni chiamano questa sostanza the brand's '*essence*'; altri preferiscono il termine '*core brand values*... io preferisco pensare a questa sostanza eterea come una *brand genetic structure*"[35]. In effetti, l'idea della struttura genetica di marca è convincente. Che cos'è che rende realmente differenti due persone non consanguinee? Il DNA: l'acido desossiribonucleico, ovvero la molecola responsabile della trasmissione e dell'espressione dei caratteri ereditari. Non esistono persone identiche, così come non esistono due marche identiche. E questo è da attribuirsi al patrimonio genetico dei due soggetti. Esistono, tuttavia, i parenti, coloro che conservano e trasmettono in linea di discendenza diretta certi geni, certi tratti essenziali. La marca forte dovrebbe avere un suo patrimonio genetico chiaro, definito, trasmissibile. Le estensioni di marca, i fenomeni di brand stretching, se ben gestiti, rappresentano un eccellente paradigma della trasmissione dei caratteri ereditari, della declinazione del patrimonio genetico (si pensi a marche come Virgin o Disney. O a Marks&Spencer, mitica insegna britannica della grande distribuzione, con un codice genetico di fiducia, qualità, servizio, talmente solido e potente da permetterle di lanciarsi con successo anche nel settore dei servizi finanziari). Nondimeno, i fondatori, i manager, e gli imprenditori, dovrebbero contribuire ad apportare alla struttura genetica della marca, valenze, valori e visioni, da tramandare con coerenza nel divenire dell'azienda. Dovrebbero, cioè, nutrire e rafforzare i caratteri dominanti della marca in modo da creare una combinazione densa e distintiva di dimensioni originali e basiche. Dimensioni capaci di evolversi nel tempo, senza stravolgere la configurazione essenziale, il nocciolo duro della marca.

Purtroppo, troppo spesso accade che ad ogni cambiamento nella leadership della Corporate, si assista a parallele mutazioni genetiche delle marche. Autentiche operazioni di ingeneria genetica che paiono perdere di vista il discorso originario, la radice dei significati inscritti nel cuore e nell'anima del brand. In questo modo l'identità, la forza e la *brand genetic structure* vengono intaccate e sgretolate: deformate ed indebolite.

Nike, dopo l'insidioso attacco di Reebook, non ha cambiato il proprio DNA: lo ha messo a fuoco, lo ha allargato, lo ha aggiornato. Lo ha esteso da un segmento a un universo. È passata dal mercato dei *serious runners*, all'intero mondo degli sportivi, senza dimenticare l'obiettivo del miglioramento delle prestazioni, gli ideali dello sport, il comfort dell'atleta. E non è casuale se ancora oggi, alla Nike amino definirsi così: "*siamo innovatori; siamo atleti; siamo amanti del rischio; siamo comunicatori; noi siamo leaders*"[36]. Una sorta di proclama del proprio DNA, che, a ben vedere, incarna coerenza e tradizione, ereditarietà dei caratteri e linearità rispetto ad un disegno originario.

35. S. Bedbury (with S. Fenichell), *cit.*, p. 28.
36. Aa.Vv., *Noi siamo Nike*, *cit.*

I personaggi della marca: l'omino Bialetti, Johnnie Walker, l'ippopotamo Pippo della Lines.

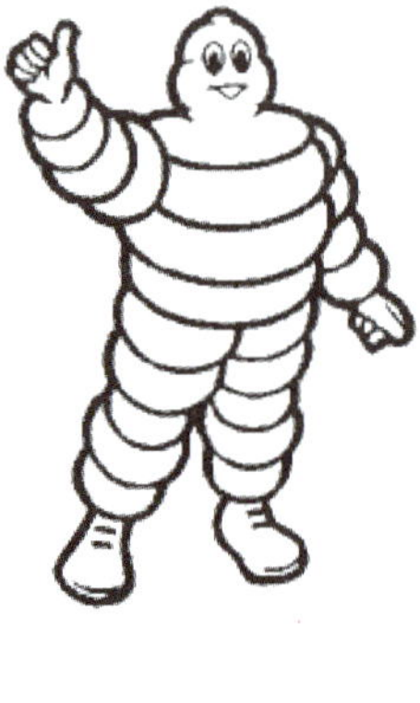

I personaggi della marca: His Master's Voice per RCA Victor, Marlboro Man, Bibendum di Michelin.

I personaggi della marca: The Bic Boy, Jolly The Green Giant Niblets, Tony il tigrotto dei Kellogg's Frosties.

I personaggi della marca: Joe Camel, The Quaker Man.

I personaggi della marca: l'omino Pringles, Mr. Peanuts Planters.

I personaggi della marca: il coniglietto Bunny delle pile Energizer.

I personaggi della marca: Mastro Lindo, Ronald McDonald's, il Colonnello Sanders di Kentucky Fried Chicken.

I personaggi della marca: Little Mrs. Coppertone.

Le "marche transgeniche" smarriscono il proprio sapore, il proprio odore e la propria identità. Dimenticano la loro essenza, perdendo di vista la molecola autentica e distintiva che le ha generate.

Conoscere l'acido desossiribonucleico della marca, equivale a prendere coscienza delle opportunità e delle minacce del suo codice genetico. Un codice che è soprattutto un *patrimonio*: da gestire e vivificare, da nutrire e valorizzare. Un codice capace di accogliere nuovi significati, di sposare valori nuovi e inedite prospettive, di evolversi insieme allo Zeitgeist e ai valori emergenti nel mercato e nella società. E, nello stesso tempo, il DNA della marca, è una configurazione delicata e preziosa: non va stravolta, né modificata *tout cour*. Pena la perdita d'identità e di forza vitale, pena l'estinzione della specie.

12.4. Caratteri dominanti e recessivi

Ogni marca possiede, come qualsiasi specie vivente, una serie di dimensioni forti, fondative, essenziali, iscritte nella propria tradizione e nel proprio nucleo identitario e altri tratti più marginali, deboli, mutevoli. Si tratta, in buona sostanza, di *caratteri dominanti* e *recessivi*. I primi immutabili, trasmissibili, ereditari. I secondi momentanei, deboli, effimeri.

L'adattamento all'ambiente prevede il manifestarsi dei segni più aggressivi e più solidi, capaci di resistere alle minacce e alle insidie dell'ambiente, in grado di rispondere con efficacia agli attacchi esterni. Attacchi che provengono da altre specie, altre razze con gli stessi intenti predatori (i competitor), oppure che giungono da fattori climatici o territoriali (congiunture economiche, crisi finanziarie, cambiamenti dei mercati, varianti sostanziali nella configurazione delle normative legate alla produzione o alla distribuzione, ecc.).

I caratteri dominanti dovrebbero essere costanti, inalterabili ed ereditari. Sono quelli da ricercare, da individuare, da comprendere. E poi da coltivare, da nutrire, da perseguire. Anche una marca ha i suoi genotipi, il complesso dei geni caratteristici individuali: quei tratti distintivi ed unici iscritti nella sua essenza. La natura per Mulino Bianco, il calore domestico per Barilla, l'energia per Gatorade, la libertà per Levi's, l'ironia per Moschino, il romanticismo per Cacharel, il cosmopolitismo di Kraft, l'eleganza per Zegna, l'american way of life per Coca-Cola. Sono i principali vettori dell'informazione ereditaria. Se ben gestiti possono permettere brand stretching di sorprendente successo. Se incompresi, confusi, traditi o manipolati rischiano di condurre a flop clamorosi e fallimenti memorabili.

Non tutti gli imprenditori hanno coscienza e consapevolezza dei propri caratteri dominanti: conoscere la propria peculiarità, distinguere il nucleo autentico immutabile della propria sostanza garantisce coerenza di scelte e di comunicazione. Soltanto una precisa fotografia della "struttura molecolare" della marca, con il suo centro e la sua periferia, con l'essenziale e col marginale assicura una evoluzione lineare e proficua, un aggiornamento dei significati coerente e sensato.

Confondere gli ordini del discorso, e dunque amalgamare caratteri dominanti e recessivi, o, peggio ancora, concentrarsi su dimensioni parassite, esterne al codice genetico della marca, può essere pericoloso. I caratteri recessivi (fenotipi) sono periferici, momentanei, cangianti. Possono essere di tipo morfologico e non strutturale, ambientale e non individuale. Legati all'attualità socioculturale ma non saldati alla tradizione della Corporate. Lasceranno la marca prima o poi. Oppure si evolveranno, saranno sostituiti da altre componenti. In tutti i casi apparterranno ad uno statuto minore, ad un linguaggio secondo, rispetto ai caratteri dominanti.

12.5. Progenitore

Così come in ogni albero genealogico della famiglia, anche per la marca esiste un progenitore: quello che ha dato origine alla specie, l'antenato originario. Si tratta del primo soggetto che ha generato, per un semplice fenomeno di riproduzione e moltiplicazione, la "razza".

È, in buona sostanza, *il prodotto (o la marca) che ha configurato e condizionato l'intera specie*, che ha fornito quell'imprinting iniziale e necessario alla continuazione e all'identità dell'impresa. Nutella è il progenitore di Ferrero. Il frollino, quello di Mulino Bianco. Il borotalco quello di Roberts. Lo yogurt bianco, quello di Yomo. Per Nivea è la scatoletta blu di crema polivalente, per la Piaggio la Vespa. La "*running shoe*"[37] è il progenitore di Nike. Così come la Freestyle, poi ribattezzata Classic, mitica scarpa da aerobica femminile, è il progenitore di Reebok. Non a caso, nel mondo del fitness e delle palestre, è oggi considerata come "*the pioneering aerobic conditioning shoe*", scarpa pioniera dell'allenamento aerobico. La Freestyle segna ufficialmente l'inizio di un'era: quella dell'aerobica.

Gli attacchi da sci rappresentano il progenitore di Look, marchio francese che oggi produce anche biciclette da corsa e abbigliamento sportivo. Il profumo francese "N° 5" è il progenitore di Chanel. Il formaggio Bel Paese, è progenitore di Galbani. E così via.

Il progenitore, nella lettura darwiniana della marca, corrisponde a quello che per la marca territorio è il capolouogo. Si tratta del *prodotto più rappre-*

37. Il vero, storico progenitore di Nike è la mitica Tiger Cortez del 1968. Con un'intersuola leggera e ammortizzata, questa scarpa da corsa diventa la più ventuta del modello Tiger ed inaugura un lungo cammino di ricerca tecnologica per il miglioramento delle performance del podista e dell'atleta in generale. Siamo in una fase embrionale per Nike, "prima dell'inizio", quando l'azienda di Bowerman e Knight, non ancora diventata Nike, si chiamava Blue Ribbon Sport, e subappaltava la produzione alla giapponese Onitsuka Tiger.

sentativo. Quello che, con la sua aura, il suo successo, la sua memorabilità e i suoi caratteri per certi versi mitologici, ha segnato profondamente l'immaginario collettivo e la storia commerciale della marca. Tuttavia, a differenza del capoluogo, che ha una "giurisdizione" ed un riverbero di tipo spaziali (l'area semantica, l'estensione geografica) il progenitore esercita il suo potere comunicativo in termini temporali. È *l'iniziatore della stirpe*. Dunque il suo valore gode di una profondità ed una prospettiva che soltanto la storia può dare.

In che modo il progenitore contamina – e dunque trasmette i propri caratteri dominanti – la razza? Fornendo alcune dimensioni essenziali, potremmo definirli elementi del patrimonio genetico o, se si vuole, tratti della personalità e connotati fisiognomici, alla specie. Facciamo alcuni esempi. Nutella è godimento: piacere e insieme un po' peccato. È rassicurazione e calore. È trasgressiva, barocca e industriale, ma al tempo stesso regressiva, materna, amorevole, familiare e confidenziale. Non solo, una delle sue caratteristiche peculiari è quella dell'unicità, della non clonabilità, dell'inimitabilità. Tutti connotati salienti ed ereditari della marca Ferrero, presenti – con maggiore o minore insistenza – in tutti gli altri elementi (articoli) della specie: Rocher (che contiene al proprio interno un cuore di Nutella e dunque garantisce una continuazione in linea diretta della "razza"), Mon Cherì (il godimento adulto), l'intera linea Kinder (più latte e meno cacao), e così via. Non solo: Nutella ha riqualificato e legittimato tutta la produzione Ferrero. Agli inizi degli anni Sessanta, quando la Nutella viene lanciata sul mercato italiano, l'immagine Ferrero risente di molte debolezze: la si associa al periodo bellico, agli anni della scarsità, al surrogato di cioccolato che si era venduto nel passato in luogo del mitico cioccolato vero. L'Azienda ritiene che possa essere il suo prodotto allora più prestigioso (Mon Cherì) il Cavallo di Troia nella cittadella degli ampi strati della popolazione che avevano un atteggiamento quasi ostile nei confronti di Ferrero. Ma non è così: i consumatori conserveranno a lungo un atteggiamento snobistico e di diffidenza nei confronti di Mon Cherì, peraltro un eccellente boero. Sarà invece Nutella – un prodotto non costoso e di non particolare prestigio – a compiere il miracolo di bonificare l'immagine della Corporate – Nutella entra di prepotenza nella casa degli italiani sull'onda di uno straordinario gradimento da parte dei bambini/ragazzi che la pretendono. Entra dalla cucina, non dal salotto buono dove si tengono i cioccolatini, ma l'apporto di un prodotto tanto straordinario – da divenire un vero e proprio prodotto di culto[38] – a qualificare l'immagine Ferrero è stato davvero determinante.

Anche il Mulino Bianco ha nel frollino un prodotto archetipico: semplice, naturale, di macina, da forno, campagnolo. Ricorda il grano e le spighe, il

38. Vedi anche introduzione di G. Fabris a G. Padovani, *Gnam! Storia sociale della Nutella*, Cooper & Castelvecchi, Roma, 1999.

latte fresco e la la tradizione. Ingredienti simbolici – e dunque genetici – onnipresenti e costanti nella specie Mulino Bianco.

Il vero progenitore, per la marca, è quello che non è uscito di scena, che è ancora in piena produzione, che – in definitiva – *non s'è estinto*. È una sorta di prodotto di culto: un culto vivo e vitale, non l'adorazione per una reliquia o un oggetto da collezionismo. Una leggenda vivente, dunque, che mantiene quei caratteri di riproducibilità tecnica, di adesione individuale e insieme di entusiasmo collettivo che caratterizzano i veri prodotti mitologici.

La fedeltà del consumatore corrisponde ad una continua e storica riaccettazione del mito: è la ripetizione di un comportamento (il consumo) e di un sentimento (la stima, l'affetto, il desiderio...).

Dunque il progenitore è, per la marca, un archetipo riconosciuto collettivamente come originario, capace di trasferire i propri "poteri", il proporio "appeal", il proprio valore memoriale, su tutti gli altri oggetti della stessa specie. Cioè su gli altri beni di consumo che appartengono alla stessa linea di discendenza. Il Maggiolino è il progenitore per eccellenza della razza Volkswagen. È l'archetipo, un concentrato di storia e mitologia, simpatia e costume: talmente potente da essere riproposto, resuscitato e rivisitato con il *New Beetle*. È il prodotto che si trova al vertice dell'albero genealogico della casa automobilistica tedesca. I suo caratteri dominanti originari (robustezza, praticità, bassi consumi) si sono trasferiti all'intera discendenza (Golf, Polo, Passat, Lupo, ecc.) per semplice generazione, una sorta di consanguineità. Una tendenza piuttosto recente del branding è quella di rimettere in produzione e rilanciare – sovente in chiave "vintage" o "cult", spesso in versione rivista e corretta, rieditata o aggiornata – i prodotti-progenitore della marca: lo sta facendo Nike, rilanciando la linea Tiger. Lo ha fatto Fiat, con la Seicento.

Un progenitore forte è in grado di assicurare una razza forte. Sta al mondo del marketing e dell'imprenditoria riuscire a limitare, se non scongiurare, il rischio di estinzione: non obliando le peculiarità e gli insegnamenti dei padri.

Un progenitore commercialmente forte ma usurato sotto il profilo dell'attualità può costituire invece un vero handicap per la marca. Star, fra tutte le grandi aziende italiane, è quella che presenta valori di Corporate più deboli e compromessi: lo dimostrano con grande evidenza le ricerche. Soprattutto fra i segmenti più giovani e socioculturalmente più evoluti. Questo, in larga misura, è dovuto all'"alone" del dado da brodo – un prodotto con un'elevata redditività e simbolo della modernità alimentare negli anni '50, adesso degradato a banale commodity –, una sorta di ipoteca di vecchio più che di tradizione su tutta la produzione dell'Azienda. È singolare come un'Azienda che produce un'ampia gamma di ottimi prodotti – non abbia mai gestito in questa ottica, senza per questo danneggiarlo, un progenitore tanto ingombrante (anche se produce lingotti d'oro).

12.6. Habitat

L'habitat è l'insieme della condizioni ambientali che permettono e favoriscono la vita di determinate specie animali o vegetali. Anche la marca, al pari degli organismi viventi, nasce, opera, cresce e si evolve in un ambiente: non sempre si tratta di un habitat ideale, anzi il più delle volte gli scenari competitivi contemporanei sono caratterizzati da alti tassi di imprevedibilità. Possono rivelarsi luoghi ostili e minacciosi. Densi di trappole, nemici e selve oscure. Tuttavia, la razza forte (la marca eccellente) sarà in grado di conformarsi, dominare ed infine gestire le avversità dello spazio e del luogo in cui vive. Come pure riuscirà a cogliere ogni opportunità di nutrimento, di messa in dimora e di dominio territoriale. La metafora del territorio ritorna con insistenza nel mondo della marca. In questo caso si tratta dell'ambiente nel quale l'organismo vivente (marca) vive e si evolve.

È un territorio di caccia in quanto è delimitato dalle competenze dei soggetti individuali, spesso interessate ad accedere alla stessa preda (lo stesso mercato). Ma soltanto la specie che incarna i caratteri della leadership potrà imporre la sua presenza e il suo dominio sul campo. La selezione sarà naturale: il verdetto spetta al mercato.

La lotta per la sopravvivenza avviene in un'area altamente simbolica, ma anche commerciale, competitiva, economica, i cui confini sono mobili, instabili, suscettibili di modifiche ed aggiustamenti. È il mercato che impone alti tassi di cambiamento e complessità. Inoltre il territorio è caratterizzato da dimensioni strutturali, climatiche, vegetative che rendono necessaria una straordinaria capacità di acclimatazione, assuefazione, condizionamento. Come ogni specie vivente la marca dovrà adattarsi e sopravvivere al proprio habitat: demarcando i propri confini, manifestando i propri caratteri dominanti, difendendo i propri spazi vitali con l'aggressività dei mammiferi.

12.7. Piumaggio o muta

Nella nostra cultura sempre più legata all'immagine, al linguaggio della visione, alla rapidità dei segni visivi e visibili, forme e colori sembrano spesso avere il sopravvento sulle idee, sui concetti e sui contenuti. Accade anche per la marca. Grazie alle loro performance estetiche, agli stilemi ricorrenti, ai colori, all'universo iconico del *packaging*, al simbolo grafico e al logo, brand e prodotti hanno la possibilità di rendersi visibili, di spiccare negli affollati panorami competitivi, di farsi riconoscere. Il piumaggio – e allo stesso modo, la pelle, il mantello, la pelliccia, le squame e tutte le formazioni cutanee che appartengono alla configurazione esteriore dell'organismo vivente – indicano l'appartenenza alla razza, e dunque contraddistinguono gli elementi della stessa specie. I cromatismi e la morfologia, tipici di certi mammiferi, dei rettili, degli uccelli e anche di alcuni crostacei, presentano delle straordinarie analogie con l'intero patrimonio iconico della marca. Il blu di Barilla è l'insieme delle penne e delle piume che caratterizza tutti i formati della pasta. Il blu del packaging diventa una immediata e confidenziale metonimia in "*Viva il Blu*". La birra Heineken è ben rappresentata dal verde delle lattine e dell'etichetta: "*Have a green*", recitava un pay off. E come non pensare al rosso Ferrari, manto ed emblema inconfondibile della razza di Maranello.

Ma non sono soltanto i colori più seducenti e più memorabili a entrare a far parte del piumaggio della marca. Anche certe forme particolari, che richiamano l'immagine del progenitore, il logo o la grafia del marchio possono entrare a far parte del piumaggio di una specie. Basti pensare alla silhouette (forse ispirata a quella di Mae West) della originaria bottiglia di Coca-Cola, mai abbandonata dall'azienda di Atlanta e addirittura riproposta come onda bianca sulle lattine. La sua sinuosità concavo-convessa che richiama la figura femminile tanto da guadagnarsi l'appellativo di *hobble skirt* (tubino) appartiene al codice genetico di Coke. Siamo, anche in questo caso nell'ordine della metonimia, perché questa semplice linea è in grado di evocare il tutto, l'intero universo simbolico di Coca-Cola. Persino il sapiente corsivo calligrafico che evoca le tardo-ottocentesche origini della bevanda del dott. Pemberton è parte del piumaggio del marchio. Un prodotto come Toblerone possiede un'inconfondibile forma, assecondata dal packaging, che lo rende riconoscibile e distintivo: un vero e proprio piumaggio, una sorta di morfologia genetica.

E poi c'è tutto il mondo dei personaggi di marca, ometti, nonnine, animali e figure più o meno antropomorfe, che diventano segni di riconoscimento della specie-marca, come le macchioline nere del cane dalmata, l'addome giallo-nero dell'ape: il gallo Kellogg's, il dromedario di Camel.

Il giallo paglierino delle confezioni dei biscotti del Mulino Bianco, accompagnato dagli elementi decorativi tipicamente naturalistici e bucolici (le spighe, i fiori) e la mitica icona del Mulino con la sua pala per la macina del grano, appartengono allo statuto del piumaggio. Alcuni plagiatori se ne sono appropriati al fine di mimetizzarsi all'interno del panorama competitivo e confondersi col leader del mercato. Stiamo parlando, naturalmente di certi fenomeni di *me too*, autentiche strategie di desensibilizzazione, intrapresi a partire dalla seconda metà degli anni Ottanta da certe private label, al fine di provocare una somiglianza esterna e dunque omogeinizzazione rispetto alle grandi marche nazionali.

13. La marca come narrazione

13.1. La marca: un talento di narratrice

La marca – se vuol distinguersi, divenire memorabile e cognita, occupare un preciso spazio nell'affollato universo semiotico del consumo – deve essere *in grado di raccontare una storia*. La marca è un addensato di segni e significati. Possiede una straordinaria attitudine a creare dei mondi. Mondi immaginari, allegorici, astratti e tuttavia eventuali: universi fortemente simbolici e, al tempo stesso, verosimili, reali, probabili.

Luogo delle metafore e *sostanza capace di veicolare valori*, la marca suggerisce possibili conformazioni della realtà. Si tratta di una struttura così connotata e così dinamica, da generare discorsi, e dunque retorica, linguaggio.

Siamo di fronte, evidentemente, ad un congegno davvero potente, *capace di muovere e di commuovere*: e non è casuale se Semprini parli di "macchina per produrre significazioni"[1]. La marca contemporanea dispone di una formidabile capacità di istituzione di "mondi possibili". Di territori, cioè, che nonostante possano apparire irreali, virtuali, e dunque offrirsi al lettore come il risultato di una fiction, rimangono ugualmente ragionevoli e desiderabili. E dunque incarnano delle alternative, delle possibili conformazioni della realtà. La marca, in altre parole, annuncia delle ipotesi suggestive, dei rimandi allusivi che il consumatore può prendere in considerazione. Favole avverabili: universi attraenti e vicini, ma al tempo stesso irraggiungibili e lontani. In grado di rendere quel fremito del senso, tanto vibrante e vitale da suscitare i nostri meccanismi di proiezione o d'identificazione.

La cosiddetta "teoria dei mondi possibili", applicata da Umberto Eco[2] al problema della cooperazione tra Autore e Lettore nei testi narrativi, ci dice

1. Si veda: A. Semprini (1993), *cit.*
2. U. Eco, *Lector in Fabula. La cooperazione interpretativa nei testi narrativi*, Bompiani, Milano, 1979.

che la scena di qualsiasi racconto costituisce un mondo. La marca – col suo *kósmos* ordinato e desiderabile, denso di personaggi e di forme, con i suoi luoghi del discorso, i suoi significati, il suo *continuum* di immagini, concetti, sogni ed emozioni – appartiene allo statuto del racconto. La sua è una *vocazione a narrare*, a dire, ad articolare significazione. La sua identità e i suoi valori non sono mai enunciati (ed annunciati) in maniera diretta, esplicita, frontale dall'impresa: nessuna marca si presenta al consumatore attraverso un documento di riconoscimento che ne condensi missioni ed essenza, carattere e dimensioni fondative. Piuttosto essa propone un racconto che racchiude ed iscrive certi contenuti. La marca, allora, inserisce i propri valori (ed il proprio valore) all'interno di plot narrativi più o meno strutturati, più o meno complessi. Il branding narra delle storie all'interno delle quali la propria sostanza e la propria verità possono attivarsi, sviluppare tutti i loro sensi e rendersi disponibili al pubblico. È soltanto un processo di interpretazione, di cooperazione e di osservazione partecipativa da parte del lettore/consumatore a fornire l'ordine del discorso, l'orientamento grammaticale della marca.

Una marca, se è di successo, *racconta quasi sempre una storia avvincente. O, se si preferisce, una lunga metafora, un articolato racconto con un forte contenuto metaforico.* Che le storie abbiano costituito un importante ingrediente nella comunicazione d'impresa non è certo cosa nuova. Sia nell'ambito della comunicazione interna (il racconto delle vicissitudini dell'impresa che cementano un sistema di valori comuni, la saga imprenditoriale, il cammino per il superamento delle circostanze avverse, il raggiungimento di traguardi che parevano impossibili) sia quando l'obiettivo è di rivolgersi all'esterno, al più vasto pubblico dei consumatori.

La storia è parte costitutiva e dimensione portante, tessuto connettivo della strategia. Sotto molti aspetti i due concetti sono analoghi. *Una strategia è una sequenza di eventi attentamente costruita (pianificata). Allo stesso modo, una storia è una sequenza di eventi attentamente costruita.*

Le strategie sono il prodotto di una logica e di un pensiero rigorosi. Tuttavia è anche vero che le migliori strategie sono ispirate dall'immaginazione e dalla creatività. Così come le migliori storie.

Tutte le marche leggendarie hanno costruito le proprie strategie attorno a delle storie, delle narrazioni.

La marca va considerata alla stregua di un *ipertesto* che ingloba ed esprime una quantità di messaggi e di linguaggi: le icone (ad esempio il packaging, l'etichetta, la shopping bag, le immagini visive sedimentate nella mente dei consumatori), i suoni (il jingle, il rumore/musica del motore per Ferrari, la lattina che si apre per Pepsi, il barattolo delle Pringles suonato come un tamburo...), le modalità d'uso del prodotto, i contenuti sensoriali, esperenziali, emozionali, il patrimonio simbolico e valoriale. Ma il vero, definitivo collante dell'ipertesto è la storia, il plot narrativo, l'ordine del discorso: è l'io narrante del branding. Si tratta di molteplici avvenimenti linguistici che s'innestano sopra un medesimo spartito o in una stessa vicenda, per semplice gemmazione, con leggere variazioni su tema. Come se avvenisse una riproduzione – contaminata soltanto da effimere, minime varianti – rispetto all'archetipo originario della marca. La stabilità strutturale della *forma marca* è inscritta dunque nella *coerenza interna del racconto a lungo termine*, nella sua essenza discorsiva e fondativa, che è lineare, sensata e comprensibile.

Appartengono al repertorio narrativo del branding le vicende leggendarie, commerciali e significative dell'azienda: talvolta alcuni momenti salienti della vita della marca. Le vicende possono appartenere al registro delle *mini-storie* che confluiscono in una medesima struttura narrativa: non tante tessere di un mosaico di per sé prive di senso, ma tanti microcosmi compiuti che vanno ad innestarsi – e a dar corpo – ad una struttura simile, tuttavia più allargata. Come singoli strumenti di un'orchestra che interpretano un analogo brano musicale.

Una storia ha sempre un significato palese ed uno, meno immediato, che lo trascende e che deve rappresentare l'*essenza della marca*, un suo indistinguibile *ubi consistam*.

Il racconto della marca riesce a suscitare emozioni e riflessioni in chi l'ascolta (o lo osserva), gettando un ponte tra l'immaginario ed il reale. La storia consente alla marca di raggiungere una molteplicità di obiettivi. Proviamo a passarli in rassegna.

La *condensazione*. La storia seleziona e sintetizza quelli che sono i significati, i valori di fondo di una marca per comunicarli con una rappresentazione concisa che è densa di significato. Agli elementi manifesti corrispondono dimensioni latenti non esplicitate ma chiaramente decrittabili. La storia è anche sintesi: una sinopsi coinvolgente e suggestiva dell'*essence* della marca.

La *semplificazione*. La storia è quasi sempre, di immediato significato, accessibile a tutti. Le favole di Esopo, le ballate, le parabole di Gesù si rivolgevano elettivamente ad un pubblico non scolarizzato che pure non aveva difficoltà a comprenderle. Nella storia – scrive Casula – "anche i concetti più complessi o elaborati vanno tradotti in termini semplici e trasformati in qualcosa di facilmente accessibile, di familiare, di già parzialmente noto". E nella costruzione della storia bisogna avvalersi – per facilitarne l'assimilazione – "di termini anch'essi semplici, di concetti prototipici, di luoghi comuni universali, di figure familiari"[3], di riferimenti archetipici.

La *memorizzazione*. La storia, avendo una struttura compiuta, è di facile memorizzazione. Dal punto di vista della psicologia della gestalt, è una sorta di una *forma buona* che lascia impressive tracce di ricordo nella nostra mente. La storia – pensiamo ad una sua tipologia: la fiaba – la si può udire tante

3. C. Casula, *Giardinieri Principesse Porcospini. Metafore per l'evoluzione personale e professionale*, FrancoAngeli, Milano, 2002, p. 30.

volte senza annoiarsi, anzi ogni volta memorizzando nuove *nuances*. È facile da ricordare: così che si riesce a raccontare con parole proprie senza alterarne i significati.

Le *associazioni*. La storia attinge alle parole poetiche, al verbo sensato, cerca il bello ed il buono, persegue l'armonia delle sue parti. La storia consente di traslare sulla marca *ethos* e *pathos*. Non solo: è uno strumento efficace per parlare di virtù, di grandi valori e di grandi ideali. E la marca contemporanea pare incarnare sempre più queste dimensioni fondative ed etiche dell'esistenza universale. La storia ha la straordinaria attitudine ad emozionare, evocare sentimenti e passioni. Nella storia è possibile attribuire una dimensione epica anche agli oggetti più semplici. La storia può essere divertente (Lavazza), ironica (Hamlet), trasgressiva (Diesel) emozionalmente coinvolgente (Barilla) avere la struttura della fiaba (Mulino Bianco) somigliare a una lunga poesia (Replay) assumere connotati trash (MTV, Diesel) e via dicendo.

È in questo talento di narratrice, in questa vocazione a creare situazioni, avventure, epopee, saghe e personaggi, che risiede una delle maggiori ricchezze della marca contemporanea.

Sono diversi i registri mediante i quali la marca manifesta, e sviluppa, questo sua *vis creativa*, questo gene dell'eloquenza, questo suo *io narrante*. La marca dimostra una instancabile abilità ad edificare delle vicende simboliche: architetture immaginarie fatte di sitli e di stilemi, saghe pubblicitarie e atmosfere da punto vendita capaci di immergere il consumatore in esperienze uniche e ludiche. Essa è capace di condensare e restituire formidabili costruzioni allegoriche e allusive, verosimili e iperreali. Di aggiornarle, di rinnovarle, di implementarle senza sosta, aggiungendo minime oppure grandiose variazioni sul tema: e tanto più il suo continuo divenire narrativo correrà parallelamente ad un ordine del discorso più profondo e più lineare, quanto più la marca potrà dirsi coerente, comprensibile e solida.

13.2. L'obbligo di coerenza interna del racconto

Una delle caratteristiche del racconto della marca è il suo *obbligo di coerenza interna*. In altre parole, la narrazione della marca – per quanto fantastica, surreale, immaginifica, simbolica – deve offrirsi al lettore come un *discorso sensato*. La leggibilità e la comprensione del plot dipendono dalla sua struttura di fondo, che non potrà essere discontinua, incoerente, incongruente: pena una cattiva recezione da parte del destinatario, una mancata relazione – e dunque sintonia – col consumatore. Come suggerisce Umberto Eco, non tutto è possibile in un mondo possibile[4]. La marca, in quanto costruttrice di

4. U. Eco (1979), *cit.*

immaginari simbolici, di territori eventuali, di universi allusivi, ha un potere creativo straordinario. E, tuttavia, è soggetta a regole e doveri se vuole che il suo mondo possibile abbia un senso e un valore.

L'obbligo di coerenza interna della marca è, allora, *l'obbligo a produrre del senso*. E non è casuale. La natura discorsiva e relazionale della marca la assoggetta ad un registro interlocutorio denso di significazione. Il racconto della marca non è mai il risultato di una emissione unidirezionale, ma il frutto di una mediazione col destinatario. Si tratta di quella *cooperazione interpretativa del testo narrativo* tra autore e lettore di cui parla Eco e che costituisce la natura stessa della comunicazione di marca. La storia proposta dalla marca, i suoi personaggi, le vicende e le scene che si susseguono non potranno mai essere arbitrari, fantasmatici, isolati. Nella costruzione del suo mondo possibile la marca dovrà necessariamente tenere conto dell'ascoltatore, di chi leggerà la storia, in definitiva del consumatore. Il racconto della marca sarà tanto più potente quanto più i valori e i significati che propone saranno in risonanza con la sensibilità, i desideri e le attese del proprio pubblico.

La marca non scrive il proprio racconto da sola. Non si tratta di un'operazione da back-office che coinvolge imprenditori e manager, creativi e pubblicitari e, una volta edificata, si propone "a scatola chiusa" al cliente. È la gente che accoglie, rielabora e partecipa attivamente alla storia: immergendosi in essa, partecipandovi, proiettandovi i propri sogni e le proprie passioni, ritrovandovi la propria etica ed i propri ideali. Nondimeno, coerenza interna non significa rigidità, cristallizzazione dei segni, ibernazione dei significati. Anzi, è proprio la coerenza interna che garantisce una evoluzione lineare del senso, che consente le varianti rispetto all'archetipo originario, che valorizza le declinazioni di un medesimo spartito. In quanto opera aperta, la marca accoglie aggiustamenti e modifiche, revisoni, lifting[5], restyling e terapie riabilitative. È naturalmente soggetta a mutamenti e mutazioni: proprio perché è viva, perché *esiste attraverso la relazione col mondo esterno*, perché respira.

Ma è soltanto una volta che la marca ha stabilito i propri contenuti, il proprio territorio, i propri confini e la propria trama, che il racconto può arricchirsi di dettagli cangianti e di fioriture dinamiche. È necessaria, allora una griglia capace di gettare le fondamenta del racconto, una base di referenza, una struttura portante. Ogni evento oppure ogni azione percepita dal target come incongrua rispetto al modello essenziale ed originario richiede una nuova negoziazione con i destinatari.

La marca stabilisce patti di fiducia col pubblico, non può tradirli. Le storie che racconta sono dei contratti con l'immaginario e col simbolico, contratti siglati insieme all'audience di riferimento. Venire meno a queste promesse, creare effetti di straniamento affettivo ed ideologico con la gente, equivale a

5. A. Bontour, J.-M. Lehu, *cit.*

narrare storie incomprensibili, vicende disorientanti, sgradite e destinate all'oblio.

Possedere uno straordinario talento creativo, una singolare attitudine a dipingere luoghi immaginari, ad evocare racconti e storie non significa non porre limiti alla fantasia. Per la marca è necessario fissare dei confini, scrivere un ordine del discorso che sia profondo e vitale: soltanto mediante questa anteprima si potrà variare il racconto senza intaccarne il senso. Come osserva Semprini, "l'obbligo di coerenza fissa i limiti di ciò che può essere cambiato in un mondo possibile senza cambiare di mondo possibile"[6].

13.3. Il racconto della pubblicità

Attraverso la pubblicità la marca mette in scena i propri discorsi[7]. All'epoca di Carosello, sia pure in una modalità perversa – le storie narrate erano puro entertainment, scisse dalla costruzione di senso della marca, una sorta di indennizzo che quest'ultima doveva pagare per legittimare la sua presenza in casa dello spettatore/consumatore – questa funzione di narratrice di storie della pubblicità era ancor più esplicita.

L'advertising è un formidabile strumento per edificare racconti: offre la grammatica essenziale della narrativa, assicura leggibilità, visibilità, moltiplicazione delle storie[8]. Offre la possibilità di dare un respiro prospettico e un divenire cronologico ai propri contenuti attraverso vicende a lungo termine che si sviluppano nel tempo. Pensiamo alle lunghe saghe di Lavazza, a quelle Telecom, a quelle britanniche di Oxo Pg Tea. Tanti successivi mondi possibili, che il pubblico decifra passaggio dopo passaggio, lettura dopo lettura, storia dopo storia. Via via che il racconto si svolge, le scene acquisite dal lettore vanno a comporre il "mondo reale" della marca, che acquista i caratteri di verosimiglianza, familiarità, prossimità affettiva col consumatore solo quando la storia prende consistenza e la stratificazione degli eventi va a costruire un senso più profondo e a depositare una *brand identity* più coerente.

Le vicende narrate, insieme al mondo della marca che si delinea lungo il cammino, forniscono la traccia per avanzare ipotesi sul proseguimento delle vicende. Abbiamo detto ipotesi e dunque mondi possibili, eventuali. Come si vede, il mondo reale (o il vero, grande mondo possibile) della marca non è altro che la sommatoria dei suoi successivi mondi possibili. Il primo coincide con quanto è stato già raccontato, con l'universo di simboli e significazioni

6. A. Semprini (1996), *cit.*, p. 141.

7. Per un approfondimento si veda "Il discorso pubblicitario" in U. Volli, *Semiotica della pubblicità*, Laterza, Bari, 2003, pp. 17-34.

8. A proposito del potere della narrazione, del racconto della marca, del mito e della leggenda nel creare strategie di marketing vincenti si rimanda a: L. Vincent, *cit.*

che il branding ha depositato attorno alla marca. I secondi con le scommesse da parte del lettore su quanto può ancora avvenire. Questo fa sì che la storia della marca non sia mai definita una volta per tutte, ma possa dirsi un'opera aperta, un cantiere aperto, una mappa aperta, una costruzione continuamente *in progress*, pronta ad accogliere varianti, letture ed aggiustamenti successivi. Certe porzioni del racconto saranno già delineate, altre opache, altre ancora perfettamente bianche. Altre, poi, dovranno fare il loro ingresso nella carta generale della narrazione di marca.

Il mondo possibile (e reale) della marca, che articola dei valori di fondo, è costruito con referenze finzionali come pure con ingredienti più realisti. La pubblicità ci ha abituati a palcoscenici di marca che si rivelano, di volta in volta, come *tranche de vie* oppure come fantascienza, come luoghi del surreale, *soap-operas* e come reportages-verità. Per esistere, il racconto della marca, non deve necessariamente creare dei mondi particolarmente lontani dalla realtà. Il mondo della marca può essere possibile, e dunque accessibile, perché mediato da personaggi autentici o credibili. O, al contrario perché i personaggi che popolano la comunicazione appartengono decisamente allo statuto del paradossale, del cartoon, della fantasia, e dunque incarnano con maggior forza simbolica e allegorica l'essenza e i contenuti del discorso. Allo stesso modo il racconto della marca può contare su una regia particolare, su un trattamento specifico delle riprese, della luce, delle immagini, su una particolare saturazione dei colori, su una musica seducente: tutti ingredienti capaci di rafforzare la narrazione perché portatori di emozioni e sensazioni. Come osserva Semprini: "il fatto che la marca, per edificare il suo mondo possibile si avvalga di tecniche esplicitamente finzionali, o di referenze più 'realistiche', come la '*tranche de vie*', importa poco da un punto di vista generale. In compenso, ciò che conta è che in tale operazione di costruzione il ruolo della marca appaia con chiarezza. È la presenza della marca che permette di distinguere la fotografia di una salciccia del mondo reale da una salciccia del mondo possibile"[9].

L'interesse narrativo del discorso pubblicitario della marca non risiede tanto nella conclusione che deve – necessariamente – essere positiva, ma nelle peripezie, negli ostacoli, negli intrecci dinamici, nel plot, nella trama e nell'ordito del racconto. È davvero vasto il catalogo delle forme, dei personaggi e dei linguaggi che l'advertising propone nelle sue tante declinazioni contemporanee. Come in certe fiabe, la marca (o il prodotto) diventa l'eroe, oppure incarna i caratteri di un oggetto magico, capace di sciogliere nodi e provocare incantesimi. La logica del mondo corrente è sospesa, o è trasposta in un altro territorio: il mondo possibile della marca. Il protagonista incontra qualcuno che gli donerà, a certe condizioni, l'oggetto magico che gli consen-

9. A. Semprini (1996), *cit.*, p. 140.

tirà di superare le prove impostegli. Come la fiaba, il racconto della marca, quello pubblicitario, ha la sua fisica e la sua metafisica. Vi si incontrano gli oggetti (beni di consumo, abitazioni, tazze, bicchieri, automobili, paesaggi…) e i personaggi (mamme e papà, nonni e fratelli, commercianti, artigiani, bambini, animali domestici) della vita quotidiana. Come pure figure surreali e fantastiche: soggetti antropomorfi, provvidi aiutanti, che popolano le nostre dispense e dimorano silenziosi nei packaging e nei simboli di marca fino al momento del consumo. Allora, quando la bottiglia viene stappata, quando la confezione è aperta, quando il liquido sbiancante versato, si animano come il genio della lampada, incarnando l'eccellenza performativa del brand, inscenando tutti benefit del prodotto, enunciando i magici poteri della marca. *La vache qui rit*, Omino Bianco, Mister Muscolo, Mastro Lindo, Coccolino, Calimero, Gigante Buono Ferrero, Gigante Verde Niblets, il galletto Kellogg's, Tony il tigrotto dei Frosties, Ronald McDonald.

Il racconto della pubblicità crea dunque un mondo immaginario e simbolico, allusivo e surreale: e, tuttavia, sempre possibile, sempre reale, sempre accessibile. Avviene in effetti come nel sogno, spesso capace di stupirci per la vastità del repertorio e della materia simbolica messa in scena o per i ribaltamenti e le alterazioni della realtà ordinaria. Luci fantastiche, animali parlanti, oggetti animati, apparizioni, trasformazioni, voli, viaggi sensazionali, annullamenti della gravità e della materia, del tempo e dello spazio, si rendono dunque indispensabili al racconto della pubblicità: funzionali alle imprese dell'eroe/marca. Un mondo incantato ma forse un mondo disincantato, dove lo spettatore trova le proprie soluzioni oppure rifiuta quelle proposte dall'advertising; s'incammina in percorsi di fedeltà oppure cede alla poligamia del consumo; si mette in viaggio verso mondi possibili o rimane impassibile, ipercritico e vigile; stabilisce patti silenziosi con i segni e gli oggetti del consumo o sorride distante e realista; si arma di sospetto o si veste di consapevole ingenuità, pronto alle sorprese, ma anche alle conferme.

Il racconto della pubblicità si offre allora come una narrazione più o meno fantastica, si rivela come un sogno collettivo, un universo mitologico ed ottimistico, una storia arcaica e moderna. E – così al pari delle fiabe di magia e d'incantesimo – appare come il luogo di una estrema versatilità, ma nello stesso tempo la sede di ripetizioni e regolarità morfologiche e strutturali che consentono di pervenire a indici e cataloghi.

Vorremmo qui, tentare sommessamente di ripetere l'illustre esercizio interpretativo di due maestri come Propp[10] e Calvino[11], che si sono interrogati sulla regolarità di forma e struttura e sulla varietà caleidoscopica degli arredi simbolici delle fiabe, se non fosse che i boschi della pubblicità e le strutture

10. V. Ja. Propp, *Morfologia della fiaba*, Einaudi, Torino, 1966.
11. I. Calvino, *Sulla Fiaba*, Einaudi, Torino, 1988.

narrative della marca sono così fitti di intrecci e di possibilità, di varianti e suggestioni, da rendere qualsiasi griglia epistemologica insufficiente e riduttiva. Tuttavia, ci pare plausibile individuare certe figure ricorrenti, intese nell'accezione greimasiana[12] di oggetti del mondo naturale (reale, possibile) che, una volta assunta una veste linguistico-discorsiva, vengano investite di un particolare programma narrativo. In buona sostanza, crediamo che sia possibile ritenere che alcuni oggetti (temi, paesaggi, personaggi, figure) presenti nel racconto pubblicitario della marca – spot televisivi, campagne stampa, affissioni, radio, ecc. – riescano ad incardinarsi gli uni con gli altri così da generare tipologie e modalità di racconto che si ripetono e che generano un senso. Insomma, il racconto della marca è un linguaggio, abitato dalle parole di un dizionario dell'immaginario, vincolato dall'esistenza di un linguaggio soggiacente che è quello della marca stessa (e dell'impresa) ma anche dalla necessità di essere compreso, comprensibile ed efficace.

Attraverso la forma pubblicitaria del racconto, dunque, il branding imbastisce *due livelli narrativi*. Uno è quello che potremmo definire *essenziale*, identitario, profondo: è l'insieme dei valori funzionali, degli ètimi culturali, della grammatica fondativa della marca, è il senso del discorso, il fine ultimo; è, in definitiva, quel significato che tende alla solidità, alla coerenza, alla stabilità. L'altro è un livello più *superficiale*, capace di accogliere varianti, soggetto alla creatività dei narratori (e dei creativi), aperto all'evolversi dei contesti sociali e culturali, all'affacciarsi di nuove tecniche espressive, figurative, registiche, all'ampliarsi dei repertori: esso genera lontananza dai significati pregressi, ma non discordanza, genera nuovi effetti di senso senza però annullare l'ordine del discorso di marca.

Sono molte le analogie tra fiaba e racconto pubblicitario della marca, soprattutto se per fiaba (o favola) s'intende una struttura narrativa, un racconto in prosa che sia *popolare, riproducibile, memorizzabile*: ad esempio la pubblicità, così come la favola, "usa attribuire con estrema facilità le medesime azioni a persone, oggetti, animali"[13]. Nondimeno, appare ammissibile applicare anche all'advertising quella tripartizione di Propp che propone una scansione dei repertori basata sulla natura degli elementi che generano il discorso: *favole di contenuto prodigioso, favole di vita, favole di animali*. Non esistono forse *spot dal contenuto prodigioso* (pensiamo alla saga Lavazza/Paradiso, alla solitudine della particella di sodio di Acqua Lete, ai commercial paradossali di Vigorsol Air Action…), *spot di vita* (le *tranche de vie* della serie Ferrero "Ciccia e brufoli", quelle di Nescafé…), *spot di animali* (Ettore, il cane boxer protagonista della campagna Tim; il cucciolo di Labrador per Scottex; il piccolo camaleonte dei Sofficini Findus…). Nell'advertising non mancano

12. A.J. Greimas, *Del senso 2. Narrativa, Modalità, Passioni*, Bompiani, Milano, 1995.
13. V. Ja. Propp, *cit.*, p. 10.

poi i buoni sentimenti (lo spot Barilla della bambina con l'impermeabile giallo) e i cattivi sentimenti (la premiata saga di Stella Artois).

E ancora, come non riscontrare una singolare affinità tra certe sottoclassi di personaggi – sempre prese a prestito dalla *Morfologia della fiaba* – e i protagonisti della pubblicità, quelli che veicolano il messaggio della marca, che a volte ne incarnano i benefit (tangibili e non), che assurgono ad eroi di un branding immaginifico e simbolico? Quando Propp ci parla dell'*antagonista prodigioso*, dello *sposo (o la sposa) prodigioso*, del *compito prodigioso*, dell'*aiutante prodigioso*, dell'*oggetto prodigioso*, della *forza prodigiosa*, del *potere prodigioso*, non ci vengono forse in mente certe figure come Mastro Lindo, aiutante magico, personificazione della forza pulente del prodotto; certe campagne di Pepsi cola in cui avvengono esperimenti di telecinesi, viaggi nel tempo, annullamenti della materia; certi annunci Nike, capaci di trasformare l'uomo della strada in eroe?

Non vogliamo certo sostenere qui la tesi per cui la marca agisce per magia, e la pubblicità ne racconterebbe i magici effetti. Piuttosto crediamo che sia possibile abbozzare una struttura interna del racconto di marca, assai simile alla narrazione di prosa. In cui compaiano motivi ed intrecci ricorrenti, repertori tematici e stilistici, entità formali, elementi stabili: personaggi e funzioni, generi e linguaggi, dinamiche e morali. In cui l'eroe è la marca. In cui la marca è rappresentata dall'eroe. Oppure la marca è narratrice, è storia, è racconto.

Ogni storia che la marca racconta attraverso la singolare lente dell'advertising ha un suo *incipit* e una sua *conclusione*, sovente una *morale*, un addensato di *valori* e di *significati* da trasmettere al pubblico. Valori e significati che possono essere di tipo tangibile, connessi alle performance materiali del prodotto o del servizio. Oppure di tipo intangibile, emozionale, affettivo, etico, sociale.

Ogni storia di marca incarna un genere narrativo: fantastico, fiction, soap-opera, epico/eroico, problem-solving, cartoon, poliziesco, iperreale, surreale, commedia, thriller, ecc. Ogni storia di marca si esprime con un suo linguaggio e comprende certe figure retoriche: comicità, ironia, humor, trasgressione, straniamento, metafora, inversione dei ruoli... Ogni messa in scena pubblicitaria della marca ha i suoi personaggi, alcuni dei quali fanno parte di una "compagnia stabile", altri soggetti a *turnover*: tra i primi ricordiamo la nonna saggia di Ace, Coccolino, Mastro Lindo, tutte figure ormai familiari al grande pubblico, confidenziali ed affettive. Tra i secondi i vari testimonial che si susseguono nel divenire comunicazionale di certi prodotti (Barilla e i suo tanti "ingaggi": da Depardieu a Cindy Crawford, da Paul Newman a Steffi Graff, da Zucchero a Tomba) o a Lavazza (da Manfredi a Laurenti); o alcune figure stagionali e passeggere (Flat Eric, il pupazzo giallo di Levi's Sta-Prest; Ambrogio il maggiordomo dei Ferrero Rocher; Michele, l'intenditore di wisky); oppure attori funzionali alla campagna del momento ma destinati al sorpasso (l'idraulico di Calfort, la famiglia felice del Mulino Bianco...). Pensiamo alle grandi saghe di Lavazza che si dipanano nel corso di decenni: dopo le storie di Carmencita e Caballero, la lunga epopea di Manfredi con la sua amorosa domestica, la campagna ancora in corso del Paradiso.

Tuttavia, crediamo che sia utile sottolineare come la storia narrata dalla pubblicità non sia stata sempre e comunque funzionale alla marca che promuoveva. È vero – la pubblicità, in molte delle sue migliori espressioni – ha narrato delle storie. Talvolta storie a tinte forti, talvolta con la dolcezza della fiaba, sovente adottando una struttura seriale. Ma era, questa, una modalità di comunicazione che si alternava ad altri episodi espressivi, narrazioni incongrue rispetto alle precedenti, con diversi contenuti e strutture differenti. Il più delle volte s'è trattato della messa in scena di uno dei tanti linguaggi dell'advertising, più una espressione del suo ricco repertorio retorico che un progetto intenzionale di ricorso alla narrazione come strategia comunicativa. Infatti accadeva che il soggetto del discorso insistesse sulla pubblicità stessa e solo rare volte – ed indirettamente – chiamasse in causa la marca. Sovente lo sviluppo delle vicende si articolava attraverso singoli episodi, magari di grande qualità ma che non si innestavano in una struttura narrativa unitaria. Episodi piacevoli che si alternavano ad altri ed in cui il ricorso alla storia – una composizione cioè caratterizzata da un inizio ed una fine – appariva più strumentale, incidentale che frutto di una consapevole e duratura intenzionalità.

Adesso è la marca che – per presidiare autorevolmente un universo semiotico sempre più affollato, per imprimere consistenti tracce mnestiche nella mente dei consumatori dove si addensa una miriade di messaggi, per sopravvivere in un sociale ed in mercati di crescente complessità – *si fa storia*. Ormai la marca può – e deve – svincolarsi dai suoi più tradizionali connotati che ne fornivano un'immagine riduttiva – adeguata forse ad una società con tassi inferiori di complessità – per procedere oltre. Per inglobarli in una struttura narrativa complessa che trascende largamente le tradizionali rassicurazioni, le promesse di garanzia e fiducia o le profferte di performance. Non è che queste non appaiano più necessarie ma sono ormai considerate alla stregua di presupposti. La marca deve, naturalmente, continuare a testimoniare la qualità, garantirne la persistenza e la costanza nel tempo, ad ispirare fiducia, a suscitare simpatia. Ma questi attributi devono essere sempre più considerati come condizioni necessarie ma assolutamente non sufficienti. Lo stesso dicasi per quei *consumer benefit* che hanno costituito spesso una sorta di teologia nelle strategie di posizionamento di una marca. Questa oggi deve affrontare la *challenge* di incorporare i suoi tradizionali significati in una nuova struttura narrativa che li trascende.

13.4. Il racconto dell'impresa

La marca – col suo talento di narratrice, la sua vocazione a *dire di sé* – può raccontare la propria storia, anche attraverso le vicende e la biografia dell'impresa. Possono essere due percorsi paralleli oppure fondersi in un medesimo ordito narrativo pur mantenendo delle specificità discorsive (straordinario a questo proposito il lavoro di Levi's che realizza spot memorabili ripercorrendo alcune tappe fondamentali della propria esistenza imprenditoriale: la famiglia dei Mormoni, la figlia del farmacista, il bivacco accanto al fuoco per i rivetti, la partita di calcio per l'introduzione dei passanti ai pantaloni, tutti immersi in atmosfere suggestive e scenari retrò).

Se da un lato la marca è creativa perché è capace di inventare dei racconti e di immaginare dei mondi possibili, dall'altro essa ha una straordinaria possibilità che, se ben gestita, può aggiungere valore e valori alla propria identità: quella di *scrivere la propria epopea.* Non si tratta soltanto di una narrazione sistematica delle vicende memorabili che ogni azienda, nel suo divenire, ha attraversato. Non unicamente dunque, la leggenda delle origini, la saga dei padri fondatori, l'anedottica del pioniere, gli esperimenti nel retrobottega o nel garage di periferia che popolano la storiografia imprenditoriale moderna.

Piuttosto il racconto dell'impresa può ripercorrere consapevolmente il cammino attraverso l'evoluzione della specie, i traguardi commerciali e le sfide produttive, l'aggiornamento dell'idea di qualità, il costante aggiustamento delle missioni e degli obiettivi, la costruzione di una propria identità. Questo sguardo prospettico – che assume maggior spessore quando lo svolgersi della marca abbraccia lunghi periodi – conferisce alla Corporate una profondità ed una significazione nuova: è la consapevolezza che la marca non è soltanto frutto di un branding estemporaneo ed effimero, ma è la risultante di una *stratificazione di segni e di significati.* La memoria, dunque, incarna il sapere, le esperienze e le conoscenze. E, allo stesso tempo è una dimensione che racchiude le svolte, i fallimenti, i tentativi e le crisi. È la condensazione di una esistenza capace di solidificare la marca. Perché – Darwin insegna – le specie forti sopravvivono alle sfide dell'ambiente, non conoscono "cicli di vita della marca" e sono concentrate verso l'eccellenza.

Uno sguardo da lontano, dunque, o *regard éloigné*[14], come direbbe Lèvi Strauss, che ha il compito di dare forza e risonanza alla stirpe imprenditoriale e di attribuire significazione alle radici del marchio.

Nella assoluta densità dei mercati contemporanei, caratterizzati da fenomeni di *me too*, private label, clonazioni e inseguimenti commerciali, è importante, per una impresa, insistere sulla propria storia. Un divenire che non è

14. C. Lévi-Strauss, *Le regard éloigné*, Libraire Plon, Paris, 1983 (tr. it. di P. Levi, *Lo sguardo da lontano. Antropologia, cultura e scienza a raffronto*, Einaudi, Torino, 1984).

solo biografia o cronologia, ma che può rivestire i caratteri di distintività, di plus competitivo, di parametro d'eccellenza.

Vi sono molti indizi che la marca – soggetta in questi anni ad insidiosi attacchi: dalle marche d'insegna al discount, ai primi prezzi – stia riacquisendo competitività. È con il ricupero di un pensiero strategico – valorizzando il patrimonio di valori, tangibili ed intangibili, sedimentato nel tempo principalmente mediante il ricorso alla pubblicità – che la marca è riuscita, dapprima a fronteggiare e successivamente ad avere il sopravvento sui nuovi competitor. Anche se, nel frattempo, alcune private label si vanno qualificando, agli occhi del consumatore, come marche a pieno titolo.

C'è da chiedersi adesso se la marca industriale non debba fare dei passi ulteriori, al di là della sua missione – quasi il suo patrimonio genetico – orientata al costante miglioramento della qualità, alla tensione verso l'innovazione e il servizio. Se non debba cioè, in mercati vieppiù complessi ed ipercompetitivi, distinguersi e qualificarsi anche col *raccontare la propria esistenza*. Farsi cioè storia cominciando dal narrare la propria.

La marca, non è soltanto protagonista del mondo dell'economia ma è anche una significativa artefice della cultura e della storia sociale dei nostri tempi. È capace di incidere significativamente sulle dinamiche interpersonali, sulla gestione del tempo e dello spazio degli individui, sulla struttura e i ruoli della famiglia, sul vissuto quotidiano e sull'organizzazione del lavoro. Per non parlare poi della sua straordinaria capacità di contaminare lo *Spirito del Tempo*, il senso delle cose, lo sguardo sul mondo. Pensiamo alla democratizzazione del consumo inaugurata del modello T della Ford; alla portata simbolica, per la nostra italianità, del Cavallino rampante di Ferrari; alla vera e propria rivoluzione generata da certe lavatrici Candy; all'effetto sulla destrutturazione dei pasti prodotto dal modello fast food esportato da McDonald's; alla nuova idea di libertà giovanile associata alla Lambretta e alla Vespa; al mito dei jeans arrivato insieme a Levi's; alla nuova ideologia dello sport e del tempo libero proposta da Nike; alla nuova concezione del tempo creata da Swatch (dove il tempo è approssimativo nei confronti della millimetrica scansione del digitale che la rivoluzione di Swatch ha messo in crisi); alla ventata di novità e modernità introdotta da quei marchi che hanno lasciato un segno sul nostro linguaggio, divenendo sinonimo di intere categorie merceologiche: da Frigidaire a Rimmel, da Claxon a Jeep, da Bikini a Walkman.

La marca, allora, è un formidabile capitale culturale: è un prodotto industriale e come tale documento di storia significativa, che va conservato e custodito perché suscettibile di dispersione, di sparizione, di oblio. Come suggeriva Gregotti quasi vent'anni fa, gli storici dovrebbero leggere il nostro ambiente quotidiano (e gli oggetti che lo popolano), come uno degli aspetti strutturali della delle cultura contemporanea, al pari dell'arte[15].

15. Si veda: V. Gregotti, *Il disegno del prodotto industriale*, Electa, Milano, 1978.

Bisognerebbe offrire alla marca e ai suoi prodotti, una dignità storico-museale ed applicare quel criterio dell'eccellenza di cui parlava Gombrich che riconosce agli oggetti, ai beni di consumo, un ruolo importante e una funzione fondativa nella struttura della civilità[16].

Tuttavia, riesce difficile comprendere la prudenza della marca (soprattutto quella italiana) nel divulgare e valorizzare la propria cultura, limitandosi, nel migliore dei casi, a promuovere azioni di mecenatismo e di sponsorizzazione di una cultura prodotta da altri.

Come osserva Monica Amari, autrice di un prezioso volume che raccoglie e cataloga le esperienze italiane in fatto di musei aziendali, "all'estero questa strada è già stata compiuta e non vi è museo con una minima attenzione verso il design o azienda di una certa importanza che non presenti, in modo sistematico, testimonianza del proprio passato industriale, offrendo al pubblico un percorso espositivo dove sono presenti espressioni della produzione industriale"[17].

In Europa, tra gli eventi significativi e celebrativi rispetto alla storia della marca, ricordiamo: la grande mostra sul brand all'Albert & Victoria Museum a Londra, nel 2001; le importanti riflessioni che il Centre Pompidou ha da sempre dedicato alla pubblicità o alla cultura industriale; come pure il bel libro – *Histoires de marques* – di Jean Watin-Augouard[18].

Negli Stati Uniti "quelli che una volta erano chiamati centri aziendali (cioè quelli per le visite alle aziende) si stanno trasformando in musei e incorporano un numero crescente di attrazioni turistiche: tra gli esempi, il museo *Goodyear World of Rubber*, l'*Hormel Foods'Spamtown* USA, il *World of Coca-Cola* e l'*Hershey Chocolate World*. Il *Kellogg's Cereal City Usa*, oltre ad avere le caratteristiche di un museo, assomiglia anche a un parco di divertimenti..."[19]. Il museo di Heineken ad Amsterdam – pur ospitato in una severa struttura architettonica di archeologia industriale – si iscrive nella stessa logica, così M&M's a Las Vegas e tanti altri. *Disneyland* non è forse un grande museo, *open air* e *sui generis*, della storia Disney, dei suoi mitici personaggi, dei cartoons, della sua filosofia e della sua epopea?

L'idea è quella di trasformare la marca in una storia spettacolare, in un luogo fisico in cui ripercorrere i segni e la memoria dell'impresa: in questo modo le marche si raccontano e la gente "visita" i propri marchi preferiti che assumono così un carattere di tangibilità, un senso spaziale e temporale. I parchi a tema delle marche sono frequenti negli States: una sorta di *Disneyland* del logo, una Las Vegas del brand, in cui la narrazione della genesi del prodotto e dell'azienda diventa esperienza emozionale, ludica e didattica. Diventa, cioè, partecipazione, relazione, entertainment.

16. Si veda: E.H. Gombrich, *Ideali e Idoli*, Einaudi, Torino, 1986, p. 132.
17. M. Amari, *cit.*, p. 12.
18. J.W. Augouard, *Histoires de marques*, Éditions d'Organisation & TM ride, Paris, 2001.
19. G. Ritzer (1997), *cit.*, p. 159.

Coca-Cola è stata la prima a creare un proprio museo vicino ad Atlanta. Il principio ispiratore che è alla base del progetto è quello di trasformare la storia della marca in una esperienza dei sensi: "*see, hear and taste the magical story of Coca-Cola*"[20]. Situato in un padiglione a forma di albero, il *World of Coca-Cola* attraversa la ricca storia e le evoluzioni della leggendaria bevanda bruna, creata più di cento dieci anni or sono nella farmacia del dott. Pemberton. Dalle *soda-fountains* alle enormi bottiglie di Coke, dalle retrospettive video al panorama dei prodotti internazionali distribuiti da The Coca-Cola Company, questo luogo è una celebrazione della Corporate, del suo tragitto, dei suoi eroi, dei suoi successi. Insomma, una rivistazione del mito: una cronologia che diventa esibizione e spettacolo, intrattenimento ed architettura, percorso e gioco.

Hershey's, un'altra classica marca americana, ripercorre la propria storia a cominciare dalle origini: *Hershey's Chocolate World* ad Hershey, Pennsylvania. Il "*visitor's center*" è un vero e proprio *enterteinment center*, completamente gratuito, comprensivo di "*factory tour ride*" e "*3-D theatre*". Luoghi ludici e spettacolari in cui il visitatore/consumatore può esplorare l'arte del fare cioccolato, ripercorrendo le tappe della memoria industriale, in un viaggio dentro la fabbrica e attraverso la storia che si conclude con un assaggio del prodotto. Il centro include un negozio in cui ogni articolo è ispirato e marchiato Ershey's (*Everything Hershey's*) e un bar (*Ershey's Chocolate Town Café*), dove i visitatori possono rilassarsi dopo il loro tour[21]. Dello stesso taglio è il *Kellogg's Cereal City* a Battle Creek, nel Michigan. Profondamente ancorato alla comunità locale, della quale costituisce un supporto importante, questo *branded theme park* sembra incarnare a pieno il senso del racconto di marca. Attraverso un museo storico, quattro teatri, un *video-tour*, una catena di montaggio simulata dei corn flakes, un'area interattiva e uno spazio giochi per i più piccini, *Kellogg's Cereal City* costruisce un plot narrativo dai toni euforici e didattici al contempo. *Cereal City* celebra l'industria dei cereali in una maniera educativa, storica ed altamente spettacolare, con tanto divertimento ed apprendimento interattivo. Qui lo spettatore è condotto in un viaggio nel tempo in cui la storia dell'industria dei corn flakes s'interseca con quella americana. Kellogg's pare così comprendere l'importanza del ruolo che certe marche hanno svolto nella cultura del Paese: esse ne costituiscono un importante corollario, divenendo icone della memoria e segni affettivi del presente, personaggi e paesaggi di una civiltà. *Cereal City* capitalizza l'opportunità di comunicare il valore della marca attraverso la condivisione dell'amore per la storia e la narrazione della Corporate. Insomma, si va con-

20. M. Gobé, *Citizen brand: 10 Commandments for Transforming Brands in a Consumer Democracy*, Allworth Press, New York, 2002, p. 80.

21. Per una descrizione più dettagliata dell'*Hershey's Chocolate World* si veda: M. Gobé (2002), *cit.*, p. 80.

figurando a tutti gli effetti un nuovo segmento del mercato turistico, identificato come "turismo industriale". Un inedita forma di cultura del territorio, che andrebbe valorizzata anche in Italia[22].

Dunque, l'equity di una impresa, si condensa anche nella capacità che questa possiede di veicolare la propria epopea, di raccontare la propria biografia, in toni più o meno epici, più o meno eroici o spettacolari, ma sempre significativi sul piano dell'*heritage* culturale. Insomma, come suggerisce Marc Gobè, siamo entrati in una nuova fase del commercio e della distribuzione, una fase in cui vendere diventa narrare delle storie :"*when selling becomes storytelling*"[23].

Tuttavia, dobbiamo rilevare che – soprattutto nel nostro Paese – a parte qualche raro esempio (uno su tutti Barilla, con la sua bella monografia e il suo archivio storico[24]) – mancano episodi di questo genere. Come osserva Rossana Bossaglia "si sono continuate a conservare testimonianze di un'operosità di cui le industrie avevano ragione di andar fiere, specie quando esse perpetuavano la conduzione familiare sotto la quale erano sorte; si sono difesi i simboli della tradizione (le belle manifatture ceramiche o vetrarie o tessili) e insieme quelli del progresso (il trionfo dell'automobile e dell'aeroplano); ma tutto questo senza l'appoggio di una metodologia generale"[25]. Certamente certe aziende hanno tentato di intercettare e raccogliere i prodotti che ne hanno costituito la fisionomia, ma si è sempre trattato di iniziative scarsamente sistematizzate e decisamente episodiche: sulla falsariga di una sorta di celebrazione genealogica, di una occasionale ambizione documentaria. Nel nostro Paese il problema di *se e che cosa si debba conservare*, s'è rivelato paradossalmente un limite e in certi casi un dilemma soffocante, rispetto al processo di organizzazione delle testimonanianze culturali, imprenditoriali e di marca. L'archeologia industriale si è trovata così di fronte a non pochi problemi, "problemi soprattutto gravi se riferiti alle strutture architettoniche"[26].

E così, la storia della marca è scivolata in sordina, a volte persino ignorata non solo dagli storici, ma dagli stessi imprenditori. Un vero peccato, perché questi – in quanto "gestori" e custodi del brand – potrebbero invece godere del riverbero dell'*effetto storia* sulla Corporate, sulla notorietà, la stima e la qualità percepita del marchio.

È interessante ricordare come Anne Bontour e Jean-Marc Lehu – che si sono presi la briga di stilare un ricco e puntualissimo "registro delle nascite" delle marche, in appendice al loro bel volume *Lifting de marque*[27] – esprima-

22. Per un approfondimento si veda: M. Amari, *Guida al turismo industriale: la Lombardia*, Electa, Milano, 1999.
23. M. Gobé (2002), *cit.*, p. 84.
24. Aa.Vv., (a cura di A. Ivardi Canapini e G. Gonizzi), *cit.*
25. R. Bossaglia, prefazione a: M. Amari (2001), *cit.*, p. 7.
26. *Ibidem.*
27. A. Bontour, J.-M. Lehu, *cit.*

no un certo malessere nel riscontrare che sovente la marca (e dunque l'impresa) non ha consapevolezza della propria storia e del proprio passato: "certe marche, sebbene molto conosciute, risultano assenti da questo piccolo registro perché non è stato possibile stabilirne, con sufficiente sicurezza, la data di nascita. È impressionante, sconcertante e triste constatare che moltissime marche non hanno che una idea molto vaga della propria storia"[28].

La biografia della marca – quando raccontata, resa testimonianza culturale, trasformata in museo – può considerarsi parte fondamentale della politica di comunicazione dell'impresa: essa *identifica* (come si presenta/come s'è presentata l'azienda) e *qualifica* (come opera/come ha operato l'azienda). Inoltre la storia può consolidare l'immagine dell'impresa, può aumentarne il riconoscimento sociale, può esaltarne elementi determinanti: dalla tradizione alla competenza, dalla cultura all'esperienza, dalla serietà all'affidabilità, dalla qualità all'innovazione. Viene allora da chiedersi come mai la marca, proprio in momenti in cui deve difendersi dall'attacco di improvvisati *newcomers*, mostri timidezza o disinteresse nel narrare la propria *heritage* culturale.

Quante imprese oggi accettano di aprire i propri archivi – ammesso che non li abbiano distrutti – agli storici, agli studiosi, al pubblico[29]?

Tuttavia, non dobbiamo dimenticare alcune lodevoli iniziative a livello di singole aziende. Alcune delle quali, in occasione d'importanti anniversari, hanno prodotto monografie sulla storia delle loro marche e della propria pubblicità. Oppure hanno proposto versioni storiche e commemorative dei propri prodotti di culto: Dash ha recentemente messo in commercio una edizione limitata dei fustini di una volta, quelli dal tipico packaging degli anni '70. Plasmon ha compiuto la stessa operazione con una serie di scatole di biscotti in ferro, proprio come quelle di cinquant'anni fa. Dixan, agli inizi degli anni '90 ha commercializzato fustini metallici con stampate le pubblicità del dopoguerra. "Divulgare gli elementi identificativi dell'azienda significa, nel caso dei musei aziendali, mostrare la trasformazione del marchio del logotipo, ma anche i diversi incarti, le confezioni, gli oggetti promozionali, i materiali pubblicitari e il design dei prodotto, in quanto hanno come obiettivo quello di esaltare e qualificare l'azienda come entità definita nel contesto economico e sociale in cui opera"[30].

Negli Stati Uniti, Procter & Gamble, nel 1999, in occasione dell'anniversario del 120esimo anno di vita di Ivory Soap, ha sviluppato una nuova confe-

28. *Ibidem*, p. 383.

29. Va ricordato, tuttavia, come negli ultimi anni, le iniziative atte a valorizzare la storia della marca e dell'impresa sembrano essere cresciute sensibilmente. Monica Amari riscontra un cambiamento significativo, nell'arco di tempo che va dal 1995/96 al 2001: "... i musei, le collezioni e gli archivi d'impresa, in cui sono presenti oggetti della produzione industriale, sono aumentati di circa il 30%, passando da 129 a 167 unità". Si veda M. Amari (2001), *cit.*, p. 9.

30. *Ibidem*, pp. 83-84.

zione in stile retrò, ispirata al design del diciannovesimo secolo, presentata in occasione di una mostra storica e celebrativa di P&G allo Smithsonian's Museum of History. In quell'occasione P&G ha donato al museo una ricca collezione di materiale pubblicitario, tra cui alcuni annunci datati 1882. Non solo, ha creato un piccolo evento nell'evento: facendo realizzare una scultura-ritratto dello zio Sam a partire da un blocco di Ivory Soap di otto piedi quadrati. E invitando tutti bambini ad imparare l'arte dell'intagliare il sapone e ricavare sculture a partire da grossi pezzi di Ivory. L'evento ha riscosso un'ampia risonanza mediatica ed ha sensibilizzato il pubblico nei confronti del ruolo significativo che Ivory ha svolto nella cultura e nella storia americana. "Secondo Alexandra Lipinsky, direttore marketing dell'area igiene personale alla P&G, la campagna aiuterà a portare la storia nella coscienza dei consumatori"[31].

È soprattutto il settore agroalimentare quello che pare cogliere con maggior efficacia l'importanza della valorizzazione della biografia e dell'*heritage* culturale della marca: molte brand hanno infatti musealizzato con eccellenti risultati i propri manufatti di archeologia industriale aprendoli al pubblico. Ma si tratta di iniziative singole, asistematiche, a diffusione ridotta, prevalentemente rivolte ad un pubblico di addetti ai lavori. Vissute in realtà più come fiore all'occhiello, come doverosa riflessione sul proprio passato, che come momento qualificante delle strategie. Lungi cioè dall'impegno che una marca dovrebbe dispiegare consapevolmente nel raccontarsi: con le proprie vicende, l'influenza che i suoi prodotti hanno esercitato sull'antropologia quotidiana e sulla storia del costume ma anche sul progresso sociale. Realizzando al tempo stesso una sinergia con i valori più recenti e la sua visione per il futuro. Che dovrebbero essere veicolati dai canali tradizionali di comunicazione: la pubblicità, i suoi punti vendita, lo styling degli uffici direzionali e dai suoi stabilimenti. Esistono in Italia storici economici molto bravi che potrebbero essere coinvolti in progetti di questa portata: salvando, tra l'altro, archivi e brani della cultura industriale da un colpevole degrado.

Probabilmente la principale resistenza risiede nella fondamentale idea di storia come "passato ormai alle spalle", come esperienza superata, come repertorio polveroso ed obsoleto. È nel timore del "vecchio" che crediamo vada ricercata questa sorta di tabù delle imprese. Come osserva Augouard "le imprese hanno altre priorità che non interrogarsi sul ruolo delle marche nel patrimonio culturale di una società"[32]. Tuttavia, recuperare la storia non significa riaprire soffitte e cantine per ripescarne cianfrusaglie o nostalgiche memorie. La cultura (e la storia) di marca fonda e legittima la notorietà e può costituire un vantaggio concorrenziale, un *competitive edge* per le aziende.

La letteratura manageriale di scuola statunitense, parla, a questo proposito, di *forza delle vecchie marche*[33]: marche esperte e mature, dense di storia e di

31. M. Gobé (2002), *cit.*, p. 83.
32. J.W. Augouard, *cit.*, p. 7.
33. D.A. Aaker (1997), *cit.*, pp. 100-103.

storie, capaci di produrre una altissima notorietà, che risulta profondamente ancorata ad alti tassi di riconoscimento. Non si tratta soltanto di una sorta di "privilegio d'anzianità", quanto piuttosto di una stratificazione di segni, di esposizioni pubblicitarie, di esperienze d'uso, di qualità percepita e di solidità culturale acquisita. In buona sostanza, la lunghezza di vantaggio di chi possiede una storia ed è capace di renderla manifesta, s'innesta nella memoria del consumatore. Le marche leader nei propri comparti merceologici da oltre 100 anni (Coca-Cola, Campbell, Colgate, Lipton, Goodyear, Nabisco, Kellogg's, Kodak, Del Monte, Wrigley, Gillette, Ivory) sono quelle che hanno anche saputo comunicare e valorizzare le proprie biografie commerciali ed imprenditoriali, che hanno sensibilizzato il pubblico nei confronti di un passato portatore di innovazione, qualità, ricerca ed esperienza.

La storia dunque ha un effetto immediato sulla famigliarità delle marche: un effetto talmente potente che a volte gode di una forza inerziale, autonoma rispetto a qualsiasi attività di comunicazione. Lo sottolinea Aaker: "esiste certamente un fattore di decadenza nel tempo, soprattutto quando ne risente il livello delle prime citazioni (*top of mind*). Tuttavia resta il fatto che una marca, quando sia ben consolidata a un elevato livello di riconoscimento come risultato di molte esposizioni alla pubblicità e di molte esperienze d'uso, tenda a mantenersi su livelli elevati di riconoscimento per un lungo periodo di tempo, anche quando cessa la pubblicità. Verso la metà degli anni '80, per esempio, fu condotto uno studio di notorietà sui frullatori. Quando fu richiesto agli intervistati di menzionare tutte le marche di frullatori che conoscevano, GE risultò la numero 2, anche se non producevano più quei frullatori da venti anni. Analogamente la saponetta di bellezza Lux Unilever, marca che non viene più reclamizzata da oltre quindi anni, gode ancora di un livello di vendite pari a 25 milioni di dollari, di cui il 50% sono profitto lordo"[34]. Che cosa significa tutto cio? Evidentemente che lo sguardo a distanza, la consapevolezza del tempo che solidifica e rinsalda le esperienze, producono un certo effetto nella mente del consumatore. E che – come direbbe Erwin Panofsky – la prospettiva è una forma simbolica, "un trionfo del senso della realtà distanziante e obiettivante"[35]. Che, dunque, anche per la marca la storia è identità, è documento, è garanzia, è luogo del senso e del sapere.

Scrivere la propria storia: non è per la Corporate, o per l'azienda, un mero esercizio dell'imperfetto o del passato remoto, non l'incipit fiabesco del "c'era una volta". Non la sterile archivistica oppure l'albero genealogico dell'impresa, dei suoi uomini e dei suoi prodotti. Nemmeno il medagliere di famiglia, vecchi blasoni da carezzare con narcisistica nostalgia. O meglio, non solo. È – più di ogni altra cosa – la consapevolezza di un patrimonio che

34. *Ibidem*, p. 100.

35. E. Panofsky, *La prospettiva come forma simbolica e altri scritti*, Feltrinelli, Milano, 1984, p. 72.

viene da lontano e che il tempo ha contaminato di significazione. Un universo che spesso ha radici nell'uomo, nella perseveranza di un innovatore o di un sognatore, e si dipana nel tempo attraverso le disfatte e le vittorie di una famiglia, gli obiettivi di una squadra, le missioni di un'impresa. Attraverso tentativi e fortune, innovazione e sfide commerciali, progresso e scienza.

La leggenda delle grandi marche è densa di trame intricate e coerenti, banali ed imprevedibili, fitta di esordi umanissimi, costellata di risvolti epici e di aneddoti curiosi. Porta l'impronta di altre storie, è contaminata dal potere creatore e distruttore della contingenza, di eventi singolari, irripetibili, irriproducibili. E, allo stesso tempo, narra di piccoli/grandi personaggi che con il loro intuito e il loro spirito imprenditoriale, il loro coraggio e il loro spirito profetico hanno inaugurato ed edificato straordinari successi commerciali. "Colt, il marinaio con la passione delle armi, diventato magnate. Ford, il contadino trasformatosi in re dell'automobile. Kraft, il garzone di bottega, stratega della distribuzione, che iniziò la sua fortuna con un cavallo e un calesse affittati per 65 dollari. Levi Strauss, mercante bavarese alla ventura durante la corsa all'oro in California, creatore dei Levi's, i pantaloni più venduti al mondo... Ray Kroc, cinquantenne venditore di macchinette per frullati e frappè, Napoleone del franchising, che con i due fratelli McDonald creò il mito McDonald's trasformandosi in imperatore degli hamburger"[36]. Ecco i pionieri, che hanno inaugurato lunghe narrazioni di marca, coloro che hanno fabbricato intere culture, fatte di prodotti, servizi, ma anche di idee. Ma la storia della Corporate non è fatta soltanto di personaggi: s'articola e si sviluppa intorno ad una incessante ricerca dell'eccellenza e della qualità, perseguite attraverso il miglioramento costante delle performance produttive, l'adattamento all'ambiente commerciale, l'ascolto di un mercato in continuo divenire e delle istanze di un consumatore sempre più esigente e maturo.

Musei aziendali, monografie storiche, ma anche sapienti campagne istituzionali che ripercorrano il cammino e ribadiscano la conoscenza e l'esperienza, si offrono allora al consumatore come chiavi interpretative del valore e dell'eccellenza del marchio. Nient'altro che *Item Perspectiva*, cioè *vedere attraverso*: comprendere ed apprezzare il presente con lo sguardo ampio che abbraccia l'orizzonte. Levi's, come abbiamo ricordato, sul finire degli anni Ottanta sentì l'esigenza di raccontare le sue origini, di dare uno sfondo epico ad alcune innovazioni di prodotto. Realizzò così una celebre campagna pubblicitaria televisiva, in cui ogni soggetto includeva e raccontava un brano della propria biografia produttiva. Radio Deejay, la celebre radio tutta italiana, in occasione dei suoi 50 anni di età, ha celebrato il mezzo secolo con una straordinaria comunicazione stampa e non solo, in cui tracciava anno dopo anno, personaggio dopo personaggio, le tappe della propria storia. Operazio-

36. F. de' Marinis, *La leggenda delle grandi marche. Uomini, miti e fortune d'America*, Lupetti & Co., Milano, 1989, premessa.

ne singolare per una emittente radiofonica, tuttavia di grande efficacia, soprattutto in un mercato cartatterizzato da fenomeni di *me too* e di giovanilismo commerciale inesperto.

Tuttavia, le marche coscienti del ruolo della propria storia nello stabilire sintonia, relazione e confidenza col proprio consumatore, si contano ancora sulla punta delle dita.

Occorre che la marca prenda consapevolezza del suo spessore, al di là della dimensione economica: la marca è cultura, produce cultura, presidia uno spazio significativo nell'immaginario collettivo.

Studiate la storia di una marca ed avrete, in filigrana, l'evoluzione della società. Specchio dei suoi tempi, testimone delle mutazioni sociali e delle evoluzioni culturali, la marca è anche un attore insuperabile della propria epoca. Che cosa sarebbe la donna senza Chanel, la Formula Uno senza Ferrari, l'igiene senza King Gillette o Samuel Colgate, l'aerobica senza Reebok? O, giusto per citare un annuncio pubblicitario di successo, *Che mondo sarebbe senza Nutella?* È necessario comprendere che la cultura materiale e la cultura industriale non hanno minor rilievo e diritto di cittadinanza della cultura nelle sue espressioni tradizionalmente più prestigiose.

Le marche giocano un ruolo determinante nella storia degli individui e dell'umanità contemporanea. Nondimeno, occorrerà convincere il mondo delle imprese che la storia e la cultura prodotte dalla loro marca si possono "vendere" al pari dei prodotti e dei servizi che questa rappresenta. In altre parole che l'*heritage* culturale del brand, la sua epopea, la sua leggenda, costituiscono dei fantastici strumenti di marketing e di fidelizzazione, di comunicazione e di promozione.

A condizione, di evitare almeno cinque insidie, che qui elenchiamo sinteticamente, prendendo a prestito e rielaborando le osservazioni di Jean Watin Augouard[37]:

1. la *marca parvenue*: che, al pari dei "nuovi ricchi" si crea una falsa cultura, una falsa "patina" culturale;
2. la *marca menzogna*: che inventa una biografia inesistente, traveste ed abbellisce la propria storia;
3. la *marca che vive di rendita*: che – fiera del suo passato – dimentica di innovare, di essere culturalmente attuale e di guardare al futuro;
4. la *marca-setta*: che – gonfia della propria storia, della propria filosofia e della propria esperienza – pretende di indottrinare i propri adepti e di normare l'universo mentale del proprio pubblico;
5. la *marca freddolosa*: che si ranicchia su se stessa, chiudendosi nel proprio passato e nella propria memoria.

37. Originariamente *marque parvenue, marque mensonge, marque rentière, marque secte, marque frileuse*. Per un approfondimento si veda: J.W. Augouard, *cit.*, p. 7.

In definitiva, è nella propria storia e nell'orientamento al futuro che la marca trova la fonte della propria longevità, il senso del proprio cammino e le chiavi della propria modernità. La leggenda dell'impresa, la cronologia delle innovazioni e degli avvenimenti produttivi, la biografia evolutiva degli oggetti e dei segni, dimostrano che la relazione col consumatore è legittimata da un contratto motivato ed antico. Dimostrano, cioè, che la fiducia del pubblico, il legame che questo stabilisce e consolida con certi prodotti e certe marche, non è casuale: ha radici tangibili e lontane.

Parte terza

Sfide e frontiere della marca oggi

14. La distribuzione

14.1. Il potere della grande distribuzione e la forza delle private label

Nell'ultimo decennio si è assistito ad una decisiva impennata nella modernizzazione di un impianto distributivo e commerciale – quello italiano – ipertrofico ed ormai anacronistico. La nostra tradizionale struttura distributiva – parcellizzata, inefficiente e costosissima – aveva rappresentato per lungo tempo un forte ostacolo ai nuovi comportamenti ed atteggiamenti di consumo che andavano delineandosi nel nostro Paese già a partire dai primi anni Ottanta. Un sistema commerciale rigido, polverizzato ed assolutamente obsoleto aveva avuto per ragioni sociopolitiche[1] una persistenza ed una inerzia tetragone a qualsiasi istanza di cambiamento. Ed è stato, da sempre, indicato come una delle più vistose anomalie del sistema Italia. Mentre negli altri Paesi industriali avanzati – ad esempio, negli Stati Uniti, in Gran Bretagna e in Francia – si assisteva ad uno straordinario sviluppo delle marche commerciali, ad un ennesimo spostamento di potere che pareva rimettere nelle mani del venditore (la grande distribuzione) la capacità di orientare le scelte del consumatore, da noi l'apparato distributivo era rimasto per lungo tempo arcaico ed accumulava un vistoso e clamoroso ritardo[2]. Un processo che, negli ultimi anni, è diventato travolgente: ai supermercati, superette, ipermercati si affiancano centri commerciali che ottengono, da subito, una forte legittimazione per il consumatore. Il franchising pervade i comparti più diversi. Il discount, i factory outlet, i bottegoni o spazi aziendali, i *category killer* sono ormai abituali centri di acquisto e di frequentazione da parte del consumatore.

1. Si veda G. Fabris (1995), *cit.*, pp. 127-132.
2. Per un approfondimento si rimanda a L. Pellegrini, *Il commercio in Italia. Dalla bottega all'ipermercato*, Il Mulino, Bologna, 2001.

La grande distribuzione diventa organizzata e si moltiplica. E mette in pratica – in maniera efficace e significativa – un massiccio potenziamento dei prodotti con i propri marchi. La presenza risulta più forte nei settori meno coinvolgenti del consumo e per i prodotti più banalizzati (da quelli per l'igiene domestica al vasto comparto dell'alimentare), ma arriva anche a sofisticate linee d'abbigliamento nei grandi magazzini. Sino a contaminare – ci sia concesso questo termine – quelli che fino a qualche tempo prima apparivano come i templi inviolabili della tecnologia più evoluta e delle grandi marche industriali: i computer, l'alta fedeltà, l'elettronica di consumo, i viaggi aerei. La marca commerciale nasce, in buona sostanza, da una scoperta molto semplice: il distributore si rende conto che può utilizzare il proprio marchio, e dunque il nome dell'insegna[3] che lo contraddistingue, trasferendo la fedeltà sviluppata dai consumatori nei confronti del solo servizio anche a tutta una serie di beni e di categorie merceologiche. In questo modo gli oneri risultano, per lo stesso distributore, assai inferiori rispetto a quelli che deve sostenere il produttore delle marche tradizionali, quelle cosiddette "industriali". Man mano che l'offerta di marche commerciali prende piede, spesso con sorprendente successo, il distributore passa ad estenderla gradatamente a beni via via più complessi. Non solo *shopping goods*, beni di prima necessità, ma anche abbigliamento, tecnologia, prodotti dietetici, biodegradabili, ecologici, per l'infanzia, ecc. A questo punto il ruolo della marca commerciale inizia a mutare: da strumento essenzialmente tattico essa diventa parte di una formidabile strategia di differenziazione. Infatti le private label rendono assolutamente esclusiva una parte dell'assortimento del punto vendita e, nello stesso tempo, si trasformano in potenti mezzi per comunicare al cliente un ruolo di proposta autonoma, per stabilire col consumatore un patto di fiducia e di relazione diretta.

Il fenomeno assume le dimensioni di una vera e propria rivoluzione commerciale, destinata ad incidere profondamente sui rapporti tra distribuzione e produzione e ad esercitare un'influenza piuttosto rilevante sulla struttura dei consumi e sulle strategie delle imprese. Alcune catene di negozi, da Esselunga a Coop, da Sainsbury's a Toy's "R" Us, da Carrefour a Decathlon, diventano veri e propri brand. Il fenomeno, si diffonde in maniera quasi epidemica e pare divenire pratica corrente nel panorama della grande distribuzione dei Paesi occidentali. Tuttavia sarebbe un errore considerare quella delle private label un'invenzione contemporanea. Le marche private della distribuzione non sono infatti una manifestazione recente: "in Gran Bretagna Sainsbury ha lanciato la sua fin dal 1869; in Francia, Coop l'ha depositata nel 1929, Casinò nel 1948; Migros fu fondata in Svizzera nel 1925"[4]. La Rinascente, in Italia, ad esempio, produceva direttamente ed internamente abiti pronti confe-

3. Da qui anche il nome "marche d'insegna".
4. J.-N. Kapferer e J. Thoenig, *La marca. Motore della competitività delle imprese e della crescita dell'economia*, Guerini e Associati, Milano, 1991, p. 50.

zionati già negli anni '50. Lo stesso fecero le principali insegne storiche della distribuzione alimentare statunitense che "nei primi anni '30 producevano circa il 12% del valore dei beni venduti"[5].

Le marche commerciali in passato sono nate dalla difficoltà di individuare fornitori in grado di garantire volumi di prodotto adeguati alle vendite delle prime grandi imprese di distribuzione. La necessità di conseguire margini superiori ha poi condotto i distributori, specie certe insegne di ipermercati, a rilanciare le proprie marche private a partire dalla seconda metà degli anni Settanta, con l'intento – come osserva Kapferer – di farne "vacche da mungere"[6]. Evidentemente, in questa nuova fase, i dettaglianti si rendono conto di aver sempre giocato un ruolo centrale e decisivo nel business dei produttori e delle marche industriali. E non è casuale: "la marca è una realtà per sua natura conflittuale, nella misura in cui, per definizione, su una superficie di vendita limitata (il lineare) ogni presenza di un nuovo concorrente riduce, di fatto, il posto riservato agli altri, aumentando la tensione concorrenziale"[7]. In effetti, le tradizionali grandi marche forniscono alla grande distribuzione l'occasione per dar vita ad autentiche guerre dei prezzi tra insegne. La marca commerciale segna così il momento della riconquista – da parte della distribuzione – di un ruolo attivo nell'offerta dei beni. Identificando un gran numero di prodotti col nome e con l'identità dell'insegna, essa è in grado di trasformarsi in un "marchio ombrello" estremamente ampio e che ha un accesso diretto e privilegiato ad una rete di vendita.

Produttori e marche industriali scoprono di poter essere minacciati da questa relazione indubbiamente "pericolosa" col dettagliante. Questi, ovvero la grande distribuzione, decide in merito agli acquisti, alle marche da proporre al pubblico, all'assortimento degli articoli, alla visibilità delle merci esposte sugli scaffali, ai prezzi e alle promozioni. Una straordinaria forza contrattuale. Le imprese sono costrette a stare alle regole. Pena l'esclusione dal punto vendita. In poco tempo, imparano progressivamente a cedere a gran parte delle pretese avanzate dal dettagliante.

Già a partire dalla seconda metà degli anni Ottanta la Lego fabbricava dei prodotti private label che si potevano acquistare solo in determinate catene come toys "R" Us. Anche la Coca-Cola ha realizzato confezioni promozionali da sei lattine per le marche private. La Kodak, poi, ha prodotto confezioni promozionali destinate alle singole catene. Insomma alle politiche di marca dell'industria iniziano ad affiancarsi vere e proprie *politiche di marca della distribuzione*[8].

Per certi versi l'esordio in chiave moderna delle private label, si può collocare in una sostanziale iniziativa di *me too*, messa in atto dal distributore, nei

5. L. Pellegrini, *cit.*, p. 80.
6. J. Kapferer e J. Thoenig, *cit.*, p. 51.
7. *Ibidem*, p. 50.
8. Per un approfondimento si veda: L. Pellegrini, *cit.*

confronti della grande marca industriale. Una *imitazione sistematica, in alcuni casi caratterizzata da dimensioni di autentico plagio*, che incarna l'ipotesi dell'alternativa conveniente rispetto al leader del mercato. La marca della distribuzione si caratterizza – almeno ai suoi esordi – per un *prezzo inferiore* a quello delle grandi marche. Alla base c'è una promessa significativa: *la stessa qualità ad un prezzo più basso*. Da Giesse a Promodès, da Esselunga a Sainsbury's, da Coop a Marks & Spencer, si assiste al progressivo apparire di etichette private, commercializzate sotto il marchio-ombrello dell'insegna: si tratta, in questa fase, di una sorta di "sottomarche" da vendere ad un prezzo inferiore rispetto ai competitor più noti e gettonati. In questo modo, i giganti della grande distribuzione, non fanno altro che rafforzare progressivamente ed ulteriormente la propria posizione di mercato. È, in definitiva, una straordinaria opportunità di *brand building* che alcune insegne dimostrano di saper cogliere con grande intuito e sapienza. E di saper gestire fino ai giorni nostri, sviluppandola in grande sintonia con le attese del consumatore, con l'attualità culturale e con i valori emergenti. Se, sul livello della qualità, è difficile ottenere delle certificazioni che trascendano i singoli prodotti (i produttori delle grandi marche tendono a sminuirla, invece i distributori ad esaltarla) sul riconoscimento del prezzo più contenuto non vi sono più incertezze. Il costo, contenuto, della private label da un lato si avvantaggia per quella straordinaria sensibilità del consumatore nei confronti del prezzo che si va configurando in questa fase. Dall'altro, accrescendo la consapevolezza di una gamma di prezzi orientata verso il basso, contribuisce fortemente a sovradeterminarla.

Vendere una propria marca è, per la distribuzione, più profittevole che vendere marche altrui. Non solo, la private label permette alla grande distribuzione di dialogare su posizioni di maggior forza con chi le affida prodotti da vendere e di incrementare la fedeltà dei consumatori ai propri punti vendita. Per questo si assiste spesso ad un gioco duro nei confronti dell'industria. Per esempio esigendo margini crescenti, concedendole spazi ridotti sugli scaffali, una minore visibilità espositiva, limitandone le strumentazione di marketing, creando delle artificiose rotture di stock a cui pone immediatamente rimedio coi propri prodotti. La private label, poi, gode di spazi privilegiati. La posizione sugli scaffali è in genere contigua alla marca leader; la *space allocation* non è in funzione della quota di mercato ma autonoma e sovradimensionata rispetto a questa.

Nel giro di pochi anni le marche private delle catene distributive manifestano una capacità straordinaria di conquistare il pubblico. Basti pensare che un marchio come Coca-Cola, nell'arco di tre anni ha perso circa il 60% presso la catena Sainsbury's, per l'agguerrita concorrenza della Cola private label commercializzata da Sainsbury's[9]. Classic Cola, la marca privata fabbricata

9. M. Lindstrom, *cit.*, p. 7.

da Cott Corporation per i supermarket J. Sainsbury in Gran Bretagna, fu lanciata nell'aprile del 1994 ad un prezzo inferiore del 28% rispetto alla Coca-Cola. Oggi, quella private label detiene il 65% del totale delle vendite di bibite alla cola in tutti i supermercati Sainsbury's e il 15% dell'intero UK cola market[10]. Anche marche nostrane come Barilla e Mulino Bianco sono state attaccate frontalmente dalle private label. In particolare Mulino subisce il colpo più duro. I suoi celebri frollini divengono l'archetipo da riprodurre, il prototipo da clonare, il leader da imitare. Dal packaging alla nomenclatura, dal logo agli ingredienti, si assiste ad un fiorire di plagi.

Come osservano Kapferer e Laurent "essendo un punto di forza, la marca è diventata fonte di potere. L'evoluzione del contesto economico del commercio moderno ha condotto, infatti, la distribuzione a passare da una battaglia sulle marche a una battaglia contro le marche"[11].

La seduttività e il richiamo degli articoli delle marche private è costruita su più fronti: vengono proposti prezzi inferiori e viene suggerita (in alcuni casi sottolineata) una certa equivalenza performativa in relazione ai leader di marca. Abbiamo detto che le private label occupano spazi più estesi sugli scaffali del punto vendita[12] e godono di maggiore visibilità perché esposti ad altezza occhi (mentre le marche tradizionali sono spesso relegate alle estremità inferiore e/o suoperiore degli espositori). Inoltre, i prodotti DOB (*Distributor Own Brand*) sono offerti attraverso formati ed assortimenti tendenzialmente più allettanti e motivanti per il consumatore rispetto al numero uno del mercato. Ma l'aspetto più significativo di queste dinamiche commerciali è quello delle *strategie di desensibilizzazione*. Laddove la la grande marca industriale designa, contrappone, distingue, propone unicità e differenza, la private label persegue un fine inverso: crea assimilazione, omologazione, famiglie. E lo fa attraverso l'imitazione sistematica del sembiante della *big brand*: confezione, nome, packaging, grafia, stilemi, colori vengono riproposti, replicati, plagiati.

"La regola d'oro della desensibilizzazione è la creazione di una somiglianza dove vi era differenza. La strategia principale consiste nel mirare a categorie di prodotti a basso coinvolgimento e a minimizzare la differenza percepita tra il prodotto di marca nazionale e quello con marca del distributore. Esisto-

10. J.A. Quelch, D. Harding, "Brands versus Private Labels. Fighting to Win", in Aa.Vv., *Harvard Business Review on Brand Management*, *cit.*, p. 25.

11. Kapferer e Laurent in J. Kapferer, J. Thoenig, *cit.*, p. 110.

12. Va sottolineato, tuttavia, come alcune ricerche abbiano rivelato un curioso paradosso: nonostante la maggiore visibilità e la maggiore estensione degli spazi espositivi, gli utili dei dettaglianti sulle marche private sarebbero piuttosto limitati e decisamente inferiori a quanto ci si aspetterebbe. Lo sostiene il risultato di una ricerca dal titolo "*How profitable are own brands products?*", pubblicata su uno dei numeri del 2001 di The *McKinsey Quarterly*, in cui si precisa che "i prodotti DOB (*Distributor Own Brand*) occupano spesso uno spazio eccessivo sullo scaffale rispetto ai leader di marca, per cui generano dei profitti per metro cubo inferiori ai prodotti corrispondenti dei leader di mercato". Si veda: M. Lindstrom, *cit.*, p. 7.

no due modi per farlo: con la comunicazione pubblicitaria e con la confezione"[13]. È particolarmente significativo, in questo contesto, che la celebre campagna di lancio – a cui abbiamo fatto riferimento – dei "prodotti bianchi" o "prodotti liberi" Carrefour (nei quali era stampigliato in grande evidenza il nome del prodotto e non quello del brand) dichiarasse apertamente una equivalenza performativa a fronte di un minor costo: "altrettanto buoni, meno cari" ("*aussi bons, moins chers*"), instillando così il germe del dubbio circa il reale valore delle grandi marche. Ma Carrefour è forse il caso più eclatante. Allo stesso modo si sono mosse tante altre marche private orientate al miglioramento della redditività del punto vendita.

Si tratta di un duro colpo per le marche tradizionali, attaccate frontalmente e in alcuni casi persino guardate con sospetto dal grande pubblico, il quale, – in questa fase dei consumi – è sensibilissimo al prezzo: un individuo che adesso pare abbandonare l'appoggio incondizionato e l'adesione fideistica al brand titolato. Questo stato di cose finisce per relegare in secondo piano la dimensione più significativa della brand equity: la fedeltà del cliente verso la marca. È un momento cruciale per le imprese industriali, colte in contropiede da un fenomeno inatteso e per certi versi drammatico: in alcuni casi si assiste ad una sorta di travaso del pubblico verso la private label, ad una sostanziale instabilità degli acquirenti, ad un crollo delle vendite che disorienta e smarrisce la grande marca. Alcune grandi imprese tentano di arginare l'affronto del competitor combattendo la battaglia sullo stesso fronte, quello dei prezzi. Politiche di sconti, ribassi, promozioni ed offerte, si rivelano però strategie parassite che, anziché consolidare la grande marca, finiscono per indebolirla e sgretolarne la qualità percepita. Nondimeno, i prodotti contrassegnati dalla private label fungono da strumenti di negoziazione per far abbassare i prezzi dei prodotti di marca. In definitiva, si realizza una dinamica a due tempi nella relazione tra brand e consumatore. Accade infatti che, da un lato, *la grande marca, quella leader, svolga una funzione di richiamo e garanzia*: continua ad attirare i clienti nel punto vendita, a qualificarne l'identità e a rendere competitiva la struttura distributiva. Dall'altro lato, *i prodotti private label trattengono e fidelizzano il cliente*, persuadendolo della convenienza di quella catena distributiva, del buon rapporto qualità/prezzo degli articoli proposti.

La gente lascia in questo modo che le proprie scelte siano condizionate e motivate dalle proposte e dai vantaggi del punto vendita. E si ritorna, paradossalmente, ad una sorta di fedeltà come nelle botteghe del dettaglio, verso la distribuzione. Tuttavia questa riconquista del potere sulla scelta consumatore non si limita alla proposizione di private label. La grande distribuzione organizzata inizia a proporre servizi, garanzie, prossimità spaziale ma anche valoriale col consumatore. Il numero dei punti vendita disseminati sul territo-

13. Kapferer e Laurent in J. Kapferer, J. Thoenig, *cit.*, p. 111.

rio si rivela uno straordinario parametro di comodità e di coerenza. Elevati standard di qualità consentono omogeneità di prestazioni e servizio da un negozio all'altro. I benefici derivanti dall'enorme potere contrattuale di cui gode la grande distribuzione iniziano a catturare l'attenzione del cliente, il quale appare adesso più fedele all'insegna del dettagliante che non alla grande marca industriale. La marca commerciale si trasforma in breve tempo in un veicolo ideale per rendere evidente l'attenzione del distributore verso il consumatore.

14.2. Grande distribuzione e programmi di fidelizzazione

Nell'ultimo decennio la grande distribuzione inizia a comprendere che, per orientare verso di sé la fedeltà del consumatore e per difendersi dal potere minaccioso della grande marca industriale, è necessario agire in maniera strategica. Occorre, cioè, costruire dei *patti di fiducia con la clientela*, invogliare la gente a ritornare, riqualificare l'insegna del distributore come importante fattore di scelta nelle decisioni d'acquisto.

In altri termini, la sintonia, la garanzia, la relazione e la confidenza col cliente – fino a quel momento appannaggio esclusivo della marca – devono adesso divenire patrimonio del punto vendita. Si tratta, in buona sostanza, di promuovere un legame consistente e duraturo con i consumatori, per incoraggiarne e premiarne la fedeltà. Tra il 1988 e il 1998 nascono, in tutto il mondo, oltre 100.000 programmi di fidelizzazione[14]. Le prime a proporre e a realizzare la nuova pratica sono le compagnie aree: i *frequent flyers* possono accumulare punti con le miglia di volo, e acquistare (vincere) una serie di prodotti o servizi con un certo punteggio complessivo. Le catene della grande distribuzione seguono a ruota l'esempio. Consentendo ai clienti di guadagnare punti ad ogni spesa effettuata presso la stessa insegna e proponendo un ricco catalogo di premi fedeltà. Oggi i programmi di fidelizzazione sono largamente diffusi in ogni comparto della distribuzione e dei servizi: dai distributori di carburante ai coiffeur per signora, dalle librerie virtuali ai gestori di telefonia mobile.

Un importante strumento di fidelizzazione è rappresentato dalla *fidelity card*: una carta personale che permette di registrare i punti ottenuti ad ogni acquisto. Finita l'era del bollino cartaceo da incollare sulla tessera, adesso avviene tutto in automatico: un acquisto minimo – che varia da insegna ad insegna – dà diritto ad un punto. La card registra i punti maturati, e, alla fine, dà accesso ai premi. Esselunga con la *Fidaty Card* (che è diffusa in oltre i 4/5 della sua clientela) memorizza i "punti-fragola", Tesco col programma *Clubcard* che fornisce un punto ad ogni sterlina spesa dal cliente, sono soltanto alcuni esempi di programmi fedeltà. In alcuni casi i punti maturati in

14. M. Lindstrom, *cit.*, p. 10.

si possono defalcare dalla spesa settimanale (Tesco); più spesso è possibile accumularli e utilizzarli in decine di promozioni, dal viaggio scontato al pieno di benzina; in genere sono "spendibili" in una serie di articoli omaggio o super convenienti. In questo modo la fedeltà del cliente è incoraggiata e riconosciuta. Un risultato di grande rilievo sempre più difficile da conseguire per la marca industriale.

In abbinamento allo scanner, la card rappresenta, almeno virtualmente, *un potentissimo strumento di conoscenza del consumatore*. Quella che costituiva fisiologicamente l'area di debolezza della insegne della grande distribuzione, non produrre ma distribuire soltanto, se gestita strategicamente – nel senso di scegliere il meglio che la produzione può offrire nell'ambito della propria mission – può tramutarsi in un punto di forza. Riuscendo così a compensare il deficit della despecializzazione generato dalla trasversalità delle private label che si spalmano indistintamente sopra diverse merceologie.

Alla fine degli anni Novanta la grande distribuzione inizia a rendersi conto che i dati sul comportamento del cliente, ottenuti grazie a scanner e carta fedeltà, costituiscono un'autentica miniera d'oro. Tuttavia, soltanto una esigua minoranza delle imprese della GDO, si rivelerà capace di leggere, gestire ed utilizzare a proprio favore, quella massa impressionante di dati d'acquisto. Non solo. Il processo di rilevazione e analisi delle informazioni in chiave statistica è piuttosto complesso e costoso. Molte catene distributive hanno esitato a capitalizzare sulle informazioni relative ai loro clienti abituali, ottenute dai programmi fedeltà. Un curioso paradosso vuole che queste informazioni – tanto importanti per il recupero del potere sulle scelte d'acquisto del consumatore – siano state vendute dai dettaglianti stessi alle società di ricerche di mercato. Le quali, a loro volta, hanno rivenduto questo straordinario patrimonio conoscitivo alle grandi marche industriali. I dati sui comportamenti d'acquisto del consumatore ottenuti dai programmi fedeltà, permettono di leggere, monitorare ed osservare le dinamiche acquisitive del pubblico. Di analizzarne i gusti e le preferenze, di capire le tendenze emergenti. E, infine, di prevederne il comportamento futuro. Una fondamentale capacità predittiva, dunque, che in alcuni casi è stata sapientemente sfruttata e gestita.

La carta fedeltà pare avviata ad una progressiva generalizzazione. Nel senso che da qui a qualche anno, tutti ne saremo provvisti (e, probabilmente, ognuno di noi finirà per possederne un ampio repertorio). Questo consentirà al distributore di differenziare le promozioni e le azioni su pochi grandi aggregati di clienti. Di migliorare il proprio sistema di offerta nei confronti dei segmenti che si ritengono particolarmente strategici per l'insegna. Infine, il distributore tornerà alle origini, riappropriandosi di un rapporto diretto, interlocutorio, interattivo col cliente: grazie alla tecnologia potrà comunicare col singolo individuo, proprio come ai tempi del bottegaio.

14.3. Private label: le ragioni del successo

Quella delle private labels può senz'altro definirsi un'ascesa irresistibile. I prodotti contrassegnati dal marchio grandi catene distributive hanno conquistato una quota di mercato intorno al 10% in gran parte del settore dei beni di largo consumo. E vi sono molti indizi che il trend proseguirà negli anni a venire. In parte per ragioni del tutto scontate. La modernizzazione della struttura distributiva, l'aumento con ritmi esponenziali della GDO comporta infatti automaticamente, una crescita parallela delle marche d'insegna. Ma è soprattutto il favore crescente che i consumatori le riconoscono a legittimare le previsioni di un ulteriore, rapido sviluppo. Ed a configurarla come il vero, temibilissimo concorrente dell'industria di marca.

Ma quali sono le motivazioni di questo favore? Molte e consistenti. La private label è vissuta dai consumatori come *un'alternativa più conveniente della marca tradizionale, con un livello qualitativo tendenzialmente non dissimile*. La percezione di questo va inoltre costantemente migliorando. Nel senso che in alcuni comparti, ad esempio nel fresco, o per talune insegne, la qualità percepita della marca commerciale può far aggio a quella delle marche industriali.

I consumatori ritengono che il distributore, nell'apporre il proprio nome ad un prodotto, assuma una *responsabilità analoga a quella della marca*. Sono convinti, poi, che questi corra un rischio reale nei confronti della clientela perché si espone in prima persona, impegnando quindi la propria reputazione. Inoltre le valenze positive attribuite all'insegna del distributore – in genere una grande catena presente da anni nel panorama distributivo, della quale il consumatore era già da tempo cliente, e quindi ritenuta seria e degna di fiducia – tendono ad essere traslate al prodotto a marchio di insegna.

Si ritiene cioè che le marche commerciali, oltre ad essere controllate come tutti gli altri prodotti offerti nel punto vendita, abbiano anche la funzione di rappresentare il distributore. Quindi se i prodotti con marchi di fantasia, spesso presenti negli assortimenti delle moderne superfici di vendita, devono essere selezionati in modo da non squalificarle, quelli a marchio di insegna hanno una responsabilità, e quindi una garanzia, ben maggiore. Inoltre, a differenza del prodotto del discount la private label beneficia del *positivo riverbero dell'immagine della catena, dell'attrattività dell'ambiente di vendita, della contiguità con le grandi marche*. Talvolta di consistenti investimenti pubblicitari.

Il delta prezzo favorevole, riconosciuto alla private label, sempre meno è percepito come una potenziale ipoteca sul fronte della qualità. Per diverse ragioni. Si suppone che il distributore con le sue marche possa praticare prezzi più convenienti perché riesce ad ottenere, comperando grandi quantità, condizioni d'acquisto più convenienti. Oppure perché in grado di selezionare fornitori con una più contenuta struttura dei costi. In altri casi, risultando anche produttore, si ritiene sia in grado di contenere sino ad annullare i costi di distribuzione.

La marca di insegna non esprime inoltre, sempre nella percezione del consumatore, una specifica vocazione merceologica. In quanto tale la sua estensione alle più diverse merceologie non ha praticamente confini. Fatti salvi, naturalmente, i settori in cui la componente di status del prodotto appare più rilevante e per cui la collocazione che la marca riveste nella semiosfera non appare fungibile. Questa, almeno sul piano teorico, *illimitata possibilità di estensione della marca commerciale* la privilegia fortemente nei confronti della marca industriale. Che ha invece pagato duramente il brand stretching in ambiti non considerati di sua stretta pertinenza.

Curiosamente, le caratteristiche vistosamente imitative della marca di insegna (strategie di somiglianza esterna) – in alcuni casi veri e propri cloni, al limite della legge, della marca industriale – vengono poco sottolineate. E, quando lo sono, talvolta riescono persino a promuovere il favore nei suoi confronti.

Tuttavia, a fronte di questo scenario che pare convalidare la forza e la credibilità della private label, in molti casi l'industria di marca pare aver risposto con "eccesso di zelo" a questa ascesa progressiva ed inarrestabile. Promozioni e politiche di prezzo hanno sovente rappresentato la prima, istantanea risposta ad un concorrente insidioso ed ambiguo. Secondo gli statunitensi Quelch e Harding "molti produttori hanno sovrareagito alla minaccia posta dalle private label senza riconoscere due punti salienti. Primo, la forza delle private label generalmente varia con le condizioni economiche. In particolare, la quota di mercato delle private label solitamente sale quando l'economia è sofferente e scende nei periodi economicamente più forti. Negli ultimi 20 anni, il market share delle private label ha ricoperto mediamente il 14% delle vendite dei supermercati... Nel profondo della recessione 1981-1982, è culminato al 17%; nel 1994, quando le private label hanno ricevuto una straordinaria attenzione da parte dei media, è sceso al 14,8%. Secondo, i produttori delle marche nazionali possono temperare la sfida avanzata dai beni delle private label. Infatti, in larga parte, possono controllarli: più del 50% dei produttori statunitensi di beni di largo consumo confezionati per le marche tradizionali, fabbricano anche le private label"[15]. È difficile per i manager dell'industria di marca guardare alle minacce competitive con obbiettività ed in un contesto a lungo termine quando giorno dopo giorno le proprie performance danno segni di sofferenza. A nostro modo di vedere, ciò che deve essere salvaguardato è il termine *qualità* con le declinazioni in termini di eccellenza, innovazione, capacità di comunicare che che vi s'inscrivono.

La tentazione di una parte dell'industria di marca a trasferire in tempo reale, nei prodotti che fabbrica per la distribuzione, le proprie innovazioni ri-

15. J.A. Quelch, D. Harding, "Brands Versus Private Labels. Fighting to Win", in Aa.Vv., *Harvard Business Review on Brand Management*, *cit.*, pp. 24-25.

schia, a fronte dello scenario descritto, di risultare un tragico errore. Capace di tramutarsi in un potente boomerang. Perché è proprio l'innovazione – insieme a differenziali tangibili di qualità, a quelli intangibili promossi dalla pubblicità a valori della marca – a costituire la sola efficace difesa contro un avversario ormai dilagante.

14.4. La micidiale trappola del prezzo

Vi sono molti indizi che la marca non stia rispondendo in maniera corretta al nuovo scenario competitivo che, da qualche tempo, le ha lanciato un guanto di sfida senza precedenti nei pur turbolenti anni della sua storia. Né per l'ampiezza dell'arena, che va interessando praticamente tutti i settori merceologici. Né per l'intensità e gli effetti che genera. La marca – accantonando quel pensiero strategico che rappresenta il suo specifico – appare reagire, sotto l'incalzare degli eventi, soltanto o prevalentemente a livello tattico. Un orientamento di questo tipo rischia di generare effetti perversi. Ad esempio: a fronte di una concorrenza – che vede il principale fattore competitivo quasi esclusivamente centrato sul prezzo – la marca, di fatto, sta rispondendo sul terreno dell'avversario. Un terreno che non può che vederla perdente.

Un riallineamento dei prezzi, considerando il maggior differenziale esistente nel nostro Paese tra la marca ed i nuovi competitor, era infatti probabilmente inevitabile e necessario. Proseguire però in questa direzione – considerando che i nuovi venuti hanno una struttura dei costi completamente diversa – può generare effetti diversi da quelli desiderati. Dissanguando il suo conto economico e distogliendo risorse al terreno elettivo di risposta. La marca ha correttamente limato i costi grazie ad una migliore e più efficiente gestione delle risorse interne. Ciò ha generato una maggiore produttività ed ha eliminato gli sprechi. Le perplessità sorgono invece quando la marca si avvita in operazioni di riduzione dei prezzi – dai semplici *cut price* alle infinite varianti dei 3 per 2 – che sembrano non dover avere mai fine. Ed in misura ancora maggiore quando adotta le promozioni come esclusivo o prevalente strumento per stimolare la propensione al consumo. Parti consistenti degli investimenti pubblicitari sono stati infatti dirottati, in questi anni, su questa leva di marketing. La pubblicità è stata, inoltre, sovente immiserita a fare da cassa di risonanza alle politiche promozionali. Mentre scriviamo (primavera 2004) oltre metà delle marche è venduta promozionata: un dato che non ha precedenti nel mercato italiano.

Equivocare l'attuale elevata sensibilità al prezzo da parte del consumatore con l'improbabile affermarsi di un agire di consumo tutto orientato alla razionalità – a cui non si può cioè che rispondere con benefici materiali e tangibili: il prezzo e le promozioni – rischia di attivare una trappola micidiale. Perché mai come in questo periodo, a fronte dell'incisivo processo di segmentazione della popolazione, vi è stata tanta richiesta di proposte differenziate, di alternative di mercato originali e diverse fra loro. Le ricerche evidenziano una *domanda insistente di marche che siano depositarie di propri caratteri distintivi e propri valori*. L'emergere di un consumatore più selettivo ed esigente rischia di venire mortificato da una risposta che sembra, invece, irridere alla sua maggiore competenza. È certamente vero che il consumatore dedica al prezzo un occhio di particolare riguardo. Ma è anche vero che manifesta un forte orientamento a premiare marche e prodotti che si caratterizzano per caratteri distintivi, tangibili ed intangibili, sostantivi e ben individuabili.

Le promozioni, quando divengono un elemento permanente dell'agire di mercato delle imprese, vanno in una direzione del tutto diversa. Il risultato che si consegue è infatti anche quello di omologare le marche. Vi sono ormai numerose evidenze che le promozioni, quando superano una certa soglia, livellano le marche. Finiscono per smussare, ed attribuire opacità, ai loro tratti distintivi. Se la promozione all'insegna dell'una tantum può anche risultare coerente con l'universo dei messaggi che la marca emette – il regalo del "coccio" nei primi anni della fortunata epopea del Mulino Bianco rappresenta il riferimento d'obbligo – difficilmente riuscirà ad esserlo se il ricorso diviene continuativo. Un'attività promozionale può essere coronata dal successo in termini di vendite e rivelarsi invece destrutturante nei confronti del patrimonio simbolico della marca.

Le promozioni inoltre spostano da caratteristiche endogene e peculiari alla marca ad altre esogene (l'attrattività dell'oggetto della promozione) i benefici per il consumatore. Destabilizzano la fedeltà alla marca. Enfatizzano il ruolo dei vantaggi economici e del prezzo. Rischiano di deludere il consumatore quando, al termine dell'offerta promozionale, si chiede di tornare alla marca priva di questi incentivi. Hanno inoltre l'effetto di viziare il consumatore e di drogare i mercati. Nessuno sarebbe tanto sciocco da mettere in discussione il ruolo tattico di incentivazione delle vendite nel breve termine che le promozioni possono svolgere. Ma quando divengono, come nel momento attuale per molte imprese, lo strumento esclusivo, o quasi, di marketing c'è il rischio che si trasformino in un pernicioso boomerang.

Una maggiore sensibilizzazione della marca a quello che, oltre ad essere il suo terreno fisiologico di competizione, è anche la sua stessa ragion d'essere – un mix di qualità, innovazione, servizio – si impone con drammatica urgenza. Insieme ad un nuovo ricorso alla comunicazione pubblicitaria, sia pure corretto rispetto al passato. Privilegiando adesso i valori peculiari della marca, i suoi caratteri di unicità ed i benefici distintivi per il consumatore.

14.5. Una marca in difficoltà davanti alla sfida della distribuzione?

Che l'industria di marca si trovi in difficoltà, forse per la prima volta da lungo tempo, lo attestano molte evidenze. Si è registrata una flessione della *brand share* in quasi tutti i mercati. La fedeltà alla marca va riducendosi a fronte di un crescente nomadismo del consumatore fra alternative diverse. I conti economici, infine, lasciano spesso a desiderare.

Vi è il fondato sospetto che la diagnosi più accreditata del male che ha colpito l'industria di marca non sia interamente corretta. E che la prognosi, e la terapia più spesso adottata, rischino di risultare inefficaci se non controproducenti.

La diagnosi più condivisa è nota. La modernizzazione in atto delle strutture distributive impone all'industria di marca un nuovo, temibile scenario competitivo. Il moltiplicarsi delle grandi superfici comporta un'accresciuta presenza delle private label: in genere cloni, senza troppa fantasia, della marca. La crescita esponenziale del discount immette sul mercato marchi sconosciuti a prezzi scontatissimi. Anche l'area dei primi prezzi, grazie alla accresciuta sensibilità del consumatore al prezzo, manifesta una inedita concorrenzialità.

Le strategie che l'industria di marca ha messo in atto per contrastare questo scenario sono al pari note. Consistono, essenzialmente, in una riduzione, sia pure sotto varie forme, del prezzo della marca ed in un massiccio ricorso ad investimenti promozionali. Spesso conseguenti ad un disinvestimento in pubblicità.

In realtà le cause del malessere della marca, anche se sono in larga misura riconducibili ai fattori sopraindicati, hanno origini più remote. In parte esogene. L'eclissi della società di massa e la crescente frammentazione della popolazione rende sempre più improbo l'obiettivo – sia a livello delle caratteristiche intrinseche del prodotto che della sua immagine – di proporre profili in grado di soddisfare tutti i potenziali acquirenti. Corollario di ciò è la crescente tendenza all'autonomia da parte del consumatore ("*do your own thing*") sia in termini di differenziazione dagli altri che di ricerca di originalità e di spontaneità nei percorsi di scelta. Altri fattori di crisi sono invece endogeni: vanno ricercati cioè all'interno delle politiche di marca. Negli ultimi anni, praticamente in tutti i settori merceologici, è accresciuto oltremisura il numero dei concorrenti all'ambita posizione di prodotto di marca. La progressiva internazionalizzazione dei mercati rischia di aggravare ulteriormente il fenomeno. Dove un tempo esisteva, accanto alla marca leader, una ristretta costellazione di altre marche adesso il parterre si è fortemente dilatato. E forse non tutti i nuovi adepti hanno le carte in regola per rispondere ai requisiti che la *communis opinio* accredita al prodotto di marca. Il recente, diffuso, fenomeno del brand stretching – il dilatare il range dei prodotti coperti dalla marca ben oltre i suoi confini naturali quasi che la marca fosse al tempo stesso re Mida e *cash cow* invece che uno degli asset più preziosi di cui dispone l'impresa, da salvaguardare ad ogni costo – ha aggravato il disagio della marca.

Abbiamo detto delle modalità prevalenti di intervento messe in atto dalla marca per far fronte a questo nuovo scenario. Il pensiero strategico sembra essersi isterilito nella formulazione di tattiche di corto respiro. Un qualche riallineamento dei prezzi era forse necessario: considerando che il differenziale di prezzo in Italia rispetto alla *non* marca era, mediamente, superiore a quello di altri Paesi. Ma adesso che il riallineamento è, quasi dovunque, avvenuto, insistere sulla leva del prezzo può risultare pericolosissimo. Non solo si sceglie di confrontarsi sul terreno dell'avversario ma soprattutto con strutture di costo impraticabili per l'industria di marca. Le garanzie, i controlli, la qualità, la ricerca, l'innovazione, l'ecocompatibilità – solo per citare alcuni dei capitoli di spesa dell'industria di marca – hanno un costo ben diverso per chi si limita ad un imitazione servile. Nel migliore dei casi ad operazioni di *me too*. L'uso indiscriminato delle promozioni, d'altro canto, trasla i benefit del prodotto dalla marca all'oggetto in regalo od enfatizza ulteriormente la dimensione del prezzo. Come è ormai dimostrato le promozioni – a meno che non siano all'insegna dell'*una tantum* o del tutto coerenti con la strategia di comunicazione – omologano le marche. Sottraggono loro, cioè, quei caratteri di distintività e di unicità su cui si fonda la personalità del brand.

Le strategie di risposta dovrebbero invece essere affrontate su altri piani. Partendo dal presupposto che non vi è niente di ideologico nel rapporto più dialettico che il consumatore instaura con la marca, né vi sono sintomi del riemergere di quella cultura antiindustriale che, in passato, ha penalizzato la marca. Gli stessi orientamenti emergenti al pauperismo o alla *voluntary simplicity* coinvolgono segmenti circoscritti della popolazione.

Sarà banale riaffermare che *la qualità non può che essere la vera discriminante tra marca e non marca*. È un'area questa a cui, in periodi di primato dell'immagine, non si è sempre attribuita la giusta attenzione. Una qualità che coincida con la *qualità attesa e percepita* dal consumatore e non con gli astratti parametri dei responsabili della produzione. Un maggior contenuto di servizio, tenendo presente che i nuovi competitor sono completamente afoni sotto questo aspetto. Una *continua tensione all'innovazione* rivolta ad implementare le performance della marca e non soltanto una indiscriminata richiesta di nuovo. Nei limiti del possibile privilegiando quelle innovazioni che non possono essere clonate. Saranno inoltre i valori della Corporate, che spesso la marca nasconde o lesina con il contagocce, a creare un efficace distinguo rispetto all'anonimato delle non marche. La Corporate ingloba valori di ricerca, tradizione, affidabilità, competenza, *know-how* che non possono essere inventati dall'ultimo venuto. Ed infine, ma certamente non ultimo, l'*advertising personality* della marca. Che non solo è il più potente artefice di quei significati intangibili che il consumatore continua, con insistenza, a ricercare nella marca, ma spesso, a fronte di una crescente omologazione produttiva dei prodotti, il più importante fattore di differenziazione tra le marche. E non va anche dimenticato che la qualità della pubblicità sta divenendo, per il moderno consumatore, una componente essenziale della stessa qualità della marca. Tuttavia crediamo sia necessario sottolineare come, se da un lato è inevitabile che la marca commerciale possa sottrarre quote di mercato a quella industriale, dall'altro non è affatto detto che questa sia destinata a rimpiazzarla. In altri termini, la marca commerciale toglie spazio alla grande marca tradizionale quando quest'ultima è più debole (sul versante della qualità, dell'innovazione, del servizio e della comunicazione). In linea di massima, invece, sono le seconde e terze marche industriali a partire più significativamente dell'impatto della private label.

14.6. La private label diventa brand

È ormai in atto da tempo un'incisiva evoluzione – che ha fatto registrare ultimamente un'ulteriore, forte accelerazione e trasformazione – nella distribuzione commerciale. Destinata ad avere importanti, e probabilmente imprevedibili, conseguenze nelle strategie di offerta al consumatore. E a mutare in maniera significativa lo scenario competitivo delle marche industriali.

Il marchio d'insegna, la marca della distribuzione, va trasformandosi in marca *tout cour.* Divenendo un temibilissimo concorrente delle marche tradizionali. Il fenomeno non è nuovo. Ma del tutto inedito è il rapporto che le private label riescono ad instaurare con il consumatore.

Vi sono numerose evidenze che l'industria di marca stia pericolosamente sottovalutando la sfida – non si potrebbe usare altro termine – che le marche di insegna le hanno lanciato.

Sino ad un recente passato lo statuto della private label era chiaro. Subalterno e vicario rispetto alle marche industriali: offrendo di queste una versione qualitativamente simile ma a prezzi ridotti. Una sorta di clone più economico. Un clone che non traeva origini dallo studio delle esigenze del consumatore ma da opportunità commerciali. Generato, piuttosto, da dinamiche di inseguimento imitativo, da strategie di somiglianza esterna, da fenomeni di *me too.* Il prodotto della marca d'insegna risultava un articolo con un valore d'uso non dissimile all'originale, tuttavia completamente carente in termini di significati semiotici e simbolici, di personalità e immagine, di valori associati e di mondi evocati. E dunque privo del patrimonio di valori intangibili caratteristico del branding più autorevole, afono da un punto di vista della comunicazione, senza l'avallo del carisma e della credibilità dell'impresa rinomata e titolata. È una realtà, questa, che va rapidamente estinguendosi. Uno scenario forse valido sino ad un recentissimo passato. Oggi del tutto inattuale. La tradizionale immagine della private label, sta infatti definitivamente tramontando.

La marca d'insegna riesce ormai, nelle sue espressioni migliori, a mettere in mora – anche sul versante della qualità – le marche della produzione. Non solo: sta mostrando una prontezza di riflessi, una capacità di risposta alle esigenze del consumatore, una intelligenza strategica che il branding industriale sembra aver smarrito per strada. L'operato delle marche delle due principali catene distributive – Esselunga e Coop – ce ne offre una tangibile testimonianza.

Si pensi – per la distribuzione alimentare – al primato di Esselunga nel biologico, alle garanzie di Coop nell'area del fresco, all'impegno di ambedue le catene sul fronte dell'etica e della responsabilità sociale attraverso una serie di referenze espresse dal commercio equo e solidale. E, a proposito di impegno etico, vale la pena ricordare la lodevole iniziativa di Esselunga che nell'estate del 2003 lancia una campagna a favore di anziani e disabili: la consegna gratuita della spesa a domicilio.

Vi sono marchi che si collocano – per le garanzie che forniscono – in un'area di assoluta eccellenza e di prezzo premium. Promodes, oggi Carrefour, con il marchio *Reflets De France* ha consorziato centinaia di piccoli produttori francesi di alimenti tipici. Immettendo, per la prima volta, nella grande distribuzione molti giacimenti gastronomici di quel Paese sino ad allora praticamente sconosciuti. Conseguendo un duplice importante risultato: svolgere una funzione sociale/culturale/economica di grande rilievo e ottenere un significativo successo commerciale. Anche l'innovazione – che fa parte del DNA della marca industriale ed era una sua caratteristica esclusiva e distintiva – sta entrando a far parte delle politiche della marca commerciale.

Laddove la private label ottiene i più importanti riconoscimenti è sul fronte del servizio e della vicinanza/orientamento al consumatore. Traslando, più o meno esplicitamente, sulla marca commerciale alcune delle iniziative che caratterizzano la propria struttura distributiva. (trasparenza, prezzo qualità ecc.). Avvantaggia la marca commerciale la *prossimità, anche fisica, con il consumatore; la possibilità di dialogo con questo e di feed back in tempo reale; l'interazione con il personale di vendita*. Ormai il servizio assistito sta gradatamente sostituendo il libero servizio anche nella grande distribuzione. A cui si affianca una serie importante di iniziative sul fronte del servizio più propriamente inteso (dalla consegna a domicilio alla prova dei prodotti).

Dunque, la marca del distributore pare emanciparsi dal mero orientamento al risparmio e contaminare aree un tempo presidiate unicamente dalla marca industriale, dal leader prestigioso e titolato. Un caso eccellente, a questo proposito, è la britannica Tesco che con oltre 600 punti vendita e un assortimento di 60.000 linee di prodotto, è una delle maggiori catene di supermercati d'Inghilterra. Tesco investe moltissimo in comunicazione per convincere i propri clienti dell'incessante impegno a fornire *value for money*: un eccellente rapporto qualità-prezzo. Tuttavia il valore di cui parla Tesco non risiede unicamente in una spasmodica attenzione al contenimento dei prezzi, peraltro la chiave del suo successo. Si tratta anche di un servizio migliore e soprattutto di una partecipazione concreta alla vita e ai bisogni della comunità locale. Ecco dunque la ricerca di valori: etica e responsabilità sociale, al pari della marca industriale. Questa del coinvolgimento e dell'impegno per il benessere della comunità locale è una vera e propria filosofia aziendale, uno dei pilastri della strategia Tesco: agire localmente, offrendo occupazione alla gente della zona in cui i supermercati sono inseriti e avviando dei rapporti costruttivi e solidi con i fornitori locali. Il tutto nel rispetto di una identità globale. Non a caso, negli anni Novanta, Tesco avvia un piano di acquisizioni piuttosto aggressivo: rileva una serie di catene della grande distribuzione nell'Europa centrale, in Irlanda e in Thailandia. E, ad ogni nuova espansione, pare voler reiterare la propria promessa attraverso massicce campagne pubblicitarie: *value for money* e impegno per il benessere della comunità locale.

Anche la comunicazione – che sino a ieri risultava appannaggio esclusivo della marca commerciale – è ormai parte integrante, sovente con campagne pubblicitarie di grande qualità, delle strategie della grande distribuzione. E mentre l'advertising delle industrie del settore ricalca abitualmente, con poche lodevolissime eccezioni, i soliti luoghi comuni – famigliole felici intorno ad un desco, deliziate dalla proposta alimentare – le insegne della grande distribuzione sviluppano temi attualissimi. Problematiche a cui il consumatore attribuisce crescente rilievo. Temi come la salute, la naturalità, l'ambiente, lo sviluppo sostenibile.

Esselunga – in parallelo ad un serial di affissioni all'insegna dell'ironia e dell'intelligente sorriso – sviluppa una campagna pubblicitaria di forte impatto intesa a valorizzare le centinaia di referenze di prodotti biologici nella sua offerta. La campagna immediatamente antecedente era sui prodotti del commercio equo e solidale presenti nel suo assortimento. Attestando così un impegno preciso a difesa della salute del consumatore, un'efficace capacità di dialogo anche con i segmenti socioculturalmente più avanzati del mercato.

Coop, d'altro canto, elabora una campagna molto creativa, su stampa e televisione, all'insegna di una crescente serie di garanzie sui suoi prodotti in merito ai rischi delle biotecnologie sulla variabilità genetica, alle cautele nei confronti degli OGM, all'assoluto controllo su tutta la filiera alimentare. Argomenti complessi, affrontati con chiarezza e semplicità – senza nessuna indulgenza a gratuiti allarmismi – con messaggi attenzionali ed emozionalmente caldi.

Le conseguenze? Non soltanto il continuo aumento nella market share di queste insegne, che pure corrisponde ad un vero e proprio Bollettino della Vittoria. Ma anche, ancora di maggior rilievo da un punto di vista strategico, la vera impennata nel goodwill verso la private label, nel credito che il consumatore le riconosce. Oggi *l'immagine di queste private label comincia a far aggio a quella dei più qualificati marchi industriali.*

Sorprende davvero l'atteggiamento miope, autoreferenziale ed un tantino anacronistico delle grandi marche protagoniste del settore. Un ritardo conseguito proprio sul fronte dell'innovazione e del rapporto con il consumatore, da sempre fra i più qualificanti asset dell'industria di marca. È come se la marca di insegna stesse operando una magia trasformando la fisicità/prossimità del rapporto con il consumatore in vicinanza emozionale, la prossemica in coinvolgimento affettivo. E, per converso, rendesse per la prima volta cognita la mancanza di contatto tra marca industriale ed il consumatore. La marca di insegna sembra cioè percepire con più immediatezza i bisogni del consumatore, sviluppando una inedita capacità di risposta, per di più *just in time*. Ma divenendo anche, sorprendentemente, competitiva a livello della equity di marca.

14.7. Marche che hanno successo in periodi di crisi

L'economia è ancora immersa (2004) nel lungo tunnel di cui, nonostante qualche sprazzo di luce, si stenta a scorgere la via d'uscita. Quasi tutti i comparti del consumo sono ormai stagnanti da troppo tempo o, addirittura, in marcata flessione. È in difficoltà il settore del lusso, dell'auto, dei prodotti hitech. Ma anche tutta l'area delle commodity. Persino un settore, per definizione anticiclico, come l'alimentare appare in affanno. Eppure, in tutti questi comparti, vi sono marche con andamenti del tutto antitetici rispetto a quelli del mercato. Marche che hanno saputo inventare una risposta adeguata in una situazione recessiva e sono riuscite ad avvantaggiarsi anche dell'impotente ed impaurito procedere inerziale dei competitor. Alcune di queste si rivolgono a nicchie, altre hanno una vocazione ecumenica o sono addirittura leader nei rispettivi mercati. Barilla nell'alimentare, Dolce e Gabbana nell'abbigliamento, Deborah nella cosmesi, Esselunga nella distribuzione, Honda nelle moto, BMW e Peugeot nell'auto, Samsung nell'elettronico – ma anche *newcomers* come Smart e Mini – registrano incrementi importanti. Talvolta addirittura a due cifre. Un elenco tutt'altro che esaustivo. Fenomeni analoghi nel settore della pubblicità, delle ricerche di mercato, della consulenza. Imprese e marche per cui non è stato di conforto – e nemmeno costituisce un alibi – sapere che il mercato in cui operano attraversa un momento di grande difficoltà. Persino in un settore – come la *e-economy* – in cui la crisi si è manifestata con particolare intensità troviamo non solo chi ha retto bene all'onda d'urto ma anche chi ha incrementato il giro d'affari.

I comportamenti più frequenti, in periodi di crisi, sono all'insegna del disinvestimento: tagli nel personale, nei costi, in pubblicità, in R&D, nel servizio al consumatore. Spesso anche nei prezzi. Ma è una prassi che, nella quasi generalità dei casi, non può che ulteriormente aggravare la situazione preesistente.

Le marche che conseguono importanti successi in questa difficile contingenza *quasi mai hanno usato la leva del prezzo*. Nella corretta comprensione che, a fronte di un ridotto potere di acquisto, di un'accentuata attenzione al prezzo, il consumatore è sensibile a spendere bene, più che a spendere poco. Spendere bene significa ricevere un surplus di benefici ed un'offerta diversa rispetto a ciò che si trova, anche se a prezzi più contenuti, sul mercato. Diffusa è la convinzione che, in periodi di crisi, il più importante *drive* per il consumatore sia il prezzo. Ma maggiore sensibilità allo spendere significa anche una inedita attenzione ad ogni dimensione di ciò che si compera ed una rivisitazione nella gerarchia delle motivazioni di acquisto. Un consumatore più attento è anche più critico e più esigente, più *demanding* e selettivo. Insomma più difficile da accontentare e sarebbe davvero riduttivo ricondurre tutto ad una questione di prezzo.

Conoscere a fondo il cliente, il costante adeguarsi alle sue mutate esigenze, un processo di *fine tuning* ancora più attento del solito – potenziando la relazione con il consumatore –, sono i comun denominatori delle marche che già da tempo sono uscite – forse non vi sono mai entrate – dal tunnel della congiuntura sfavorevole. Studiare le strategie che hanno messo in atto è altamente istruttivo. Gli investimenti in ricerca per produrre innovazioni reali o per implementare la qualità – non una qualità astratta ma quella che è attesa, compresa ed in grado di sorprendere piacevolmente il consumatore – risultano fattori costanti e determinanti. Investimenti, quindi, non soltanto rivolti a generare nuove efficienze nei processi produttivi ma ad incrementare la soddisfazione del consumatore. Ed anche a potenziare la equity della marca. Vale a dire la sua desiderabilità: che è la risultante di un mix complesso di caratteristiche tecnologiche e produttive, ampliamento della gamma di servizi, crescente valorizzazione delle dimensioni intangibili della marca.

15. On line e Off line: la e-quity

15.1. La rivoluzione di Internet

Internet ha trasformato l'intera economia mondiale. Il suo impatto sul business e sulla gestione quotidiana della realtà è paragonabile a quello di certe innovazioni epocali come la ferrovia, la corrente elettrica e il telefono.

È un nuovo oggetto della modernità, che sta incidendo in maniera sostanziale sul nostro modo di vivere, di relazionarci agli altri, di studiare, di apprendere, di lavorare, di giocare e, infine, di consumare. E non è casuale: in un'epoca come quella contemporanea, la tecnologia insiste prepotentemente e con grande forza su tutti gli aspetti della nostra esistenza e, come osserva Maldonado, "ci pone degli interrogativi che non sono più, come una volta, di natura prevalentemente filosofica, ma anche, e forse soprattutto, di gestione concreta dei problemi etici, sociali e culturali – senza escludere quelli politici – legati al disegno di digitalizzazione globale della nostra società"[1]. Un'autentica rivoluzione, dunque, che vede come protagonista la tecnologia, passata dal *back office*, alla prima linea.

È anche il mercato con i suoi protagonisti ad essere radicalmente pervaso e, dunque mutato, da questo fenomeno. La tecnologia, in particolare quella di tipo elettronico, sta condizionando sempre più la relazione tra azienda e cliente: in buona sostanza avviene un passaggio dall'interazione *face-to-face* all'interazione *screen-to-face*[2].

L'Economia Digitale è globale. Favorisce scambi e flussi di risorse intangibili: idee, informazioni e relazioni. La creazione di valore per i consumatori

1. T. Maldonado, "Ancora la tecnica. Un *'tour d'horizon'*", in M. Nacci (a cura di), *Oggetti d'uso quotidiano. Rivoluzioni tecnologiche nella vita di oggi*, Marsilio, Venezia, 1998, p. 203. E, per un approfondimento sul tema della digitalizzazione della società, T. Maldonado, *Critica della ragione informatica*, Feltrinelli, Milano, 1997.

2. Per un approfondimento si veda: J.F. Rayport e B.J. Jaworsky, *e-Commerce*, McGraw-Hill Italia, Milano, 2001.

è passata dalla disponibilità di beni fisici e di attributi materiali a un sistema economico che fornisce servizi e *intelligence*, segni impalpabili e "mondi possibili". Il dialogo tra impresa e consumatore avviene ora in uno scenario di *coopetition*, cioè di *reattività competitiva* e di straordinari *time to market* uniti ad un approccio che non esclude la collaborazione insieme alla competizione. La velocità del processo decisionale si è ridotta da mesi a giorni, in certi casi persino a minuti.

Nel mondo virtuale, sulla piattaforma pubblica del Web, le interfacce del *business-to-consumer* sono spesso impegnate in dialoghi dinamici e trasparenti, osservabili e interattivi.

In un certo senso, adesso diventa relativamente più facile per le aziende riprodurre il successo dei concorrenti. Mentre si fa più agevole, per il consumatore, scegliere il prodotto migliore, il più conveniente, il più efficiente. Tuttavia, questa nuova forma di concorrenza non sta a significare che il mercato del commercio elettronico e il nuovo *branding on-line* finiranno per generare un mercato di *commodity*, di prodotti fungibili in cui tutto si gioca sul prezzo, sulla prontezza del miglior offerente.

È esattamente il contrario: l'ipercompetitività, la *coopetition*, la relativa semplicità di clonazione dei prodotti, l'assortimento degli articoli proposti, il dovere imprescindibile della qualità e del servizio, la velocità dell'innovazione, l'efficacia operativa, la comunità d'uso, la nuova relazione col pubblico, gli accordi con gli affiliati, rappresentano – in questa fase – tutte leve a disposizione delle imprese contemporanee per mantenere o accrescere la propria differenziazione. In altre parole, si tratta di risorse e di parametri d'eccellenza che possono essere nutriti e valorizzati mediante quel prezioso strumento che è il branding[3].

Da questo punto di vista la rete ha conosciuto diversi periodi di sviluppo che corrispondono a diverse modalità di fruizione e diverse filosofie d'impiego. Ai suoi esordi essa è stata concepita come un grande ipertesto composto da pagine in cui l'idea di fondo era quella di un'anarchica libertà di associazione con la corrispondente scomparsa del centro e l'euforia di un universo in cui perdersi. Lo smarrimento nella Rete appariva, così, più la meta che non la digressione. È in una fase successiva che si delinea pienamente il concetto di sito: "spazio recintato, controllato e *firmato*"[4], il sito è apparso, inizialmente, come un'iniziativa doverosa ("l'importante è esserci") messa in opera dal management tradizionale. Iniziativa dettata più dalla necessità di apporre l'indirizzo sui media tradizionali (affissioni, stampa, televisione) che non dalla reale volontà di comunicare col nuovo mezzo e in forme nuove. Con il crescere del numero dei siti, il concetto di "esserci" perde ogni significazione: "esserci" diventa normale. L'impresa o la marca, che fin qui non sono andate

3. Per un approfondimento si veda: J.-J. Rechenmann (1999), *cit.*
4. G. Ferraro, *La pubblicità nell'era di Internet*, Meltemi, Roma, 1999, p. 137.

oltre la segnalazione della propria esistenza, iniziano a chiedersi a che cosa serva Internet e come "sfruttarlo" nei modi più convenienti e profittevoli[5].

15.2. Modalità di fruizione e tipologie d'utenza della rete

Le modalità di fruizione della rete da parte del consumatore/internauta risultano, fino ad oggi, un'area ancora largamente inesplorata. Un problema, cioè, più ipotizzato che realmente studiato[6]. Mentre si analizzano, attraverso degli specifici software[7], i comportamenti su Internet (quante volte l'utente clicca, dove clicca, quanto tempo resta su una pagina, ecc.), mancano dei dati precisi per quanto riguarda l'approccio e le attese individuali rispetto al mezzo[8]. Viene quasi dato per scontato che cosa i navigatori si aspettino da Internet nel momento in cui iniziano la navigazione, con che atteggiamento si colleghino e come, più o meno consciamente, qualifichino la propria esperienza di navigazione. Tuttavia, è proprio questa presunta ovvietà che produce sostanziali contraddizioni. I risultati di un recente studio condotto da GPF & Associati[9] in materia di *Brand-Net* rivelano infatti che esistono diversi atteggiamenti rispetto alle finalità d'uso di Internet. C'è chi ritiene che la fruizione di Internet sia debolmente finalizzata. C'è chi invece, al contrario, è convinto che nella fruizione giochi un ruolo fondamentale un obiettivo funzionale. Ancora, c'è chi – facendosi forte del fatto che Internet è prima di tutto una "esperienza" – riduce questa esperienza ad un fondamentale desiderio di "divertimento" o *entertainment*.

Ciò che contraddistingue la navigazione su Internet è la sua natura composita che sottende due diverse modalità di fruizione: da un lato, infatti, c'è una *componente razionale*, dall'altro un'atteggiamento più *emozionale*.

Nel primo caso, Internet, sembra richiedere, a priori, una fruizione sempre finalizzata al raggiungimento di un obiettivo preciso, a prescindere da qual-

5. *Ibidem*.

6. Per un approfondimento si rimanda a L. Montagna, *Lavapiubianco.com. Pubblicità e web*, Hops, Milano, 2002.

7. Esistono diversi istituti di ricerca che analizzano il web. Tra questi ricordiamo: Nielsen/Net rating, Jupiter Media Metrix, Onetone, Netvalue, Audinet-Eurisko, LemonAD.

8. Si rimanda all'interessante analisi dei target del sito web in: J. Rechenmann, *L'audit du site web*, Éditions d'Organisation, Paris, 2001.

9. *Brand-Net*, *La marca nel Web*, GPF & Associati, 2003. Lo studio è stato condotto tra febbraio e aprile 2001. Sono state effettuate: *desk analysis* di 40 siti di marca per otto settori merceologici, 8 *GEM session* e 8 *focus group* a Milano. Ogni gruppo dedicato ad uno dei settori merceologici selezionati (finanza, abbigliamento, food, arredamento, grande distribuzione, media, auto). In ogni gruppo: in analisi tre marche, con riferimento (in fase GEM) ad almeno cinque marche del settore (le marche in gioco erano quelle analizzate anche in fase *desk*). Tre *heavy user* delle marche per gruppo.

siasi atteggiamento soggettivo, qualsiasi riferimento a un tema o settore merceologico. In buona sostanza c'è una *meta* (informazione, servizio, gioco...) che il navigatore cerca di raggiungere, attraverso una serie di passaggi logici. Questo atteggiamento si connette ad un *bisogno di (auto) controllo* che percorre l'esperienza di navigazione e sembra provenire direttamente dalla natura stessa del mezzo. Il sito è spesso immaginato proiettivamente come particolarmente difficile da raggiungere. La rete si configura come un luogo labirintico[10], all'interno del quale occorre raggiungere quella specifica performance che di fatto interessa. Insomma, un conglomerato vastissimo ed eterogeneo, di babeliche dimensioni e dai contenuti sconfinati. Un vero e proprio mare aperto in cui è facilissimo perdere l'orientamento se non si sorveglia la propria bussola, ovvero se non si ragiona.

La seconda modalità di fruizione si presenta, per certi versi, antitetica rispetto a quella fin qui descritta. L'esperienza razionale e sistematica risulta infatti, dopo pochissimo tempo, noiosa piatta, anonima. Subentra invece l'esigenza, che può anche restare occulta e sconosciuta, di qualcosa di più coinvolgente, divertente, sorprendente. Lo "stare in rete" produce – di per sé – un piacere che deriva principalmente dall'effetto di fuga dal mondo reale, dalle incombenze lavorative, dal tran-tran quotidiano. E poi non va dimenticata la gradevolezza degli "aspetti estetici" (grafica, *concept design*, musica...) che contraddistingue i siti visitati; la loro capacità di intrattenimento (contenuti interessanti); l'"effetto sorpresa" che questi riescono a creare (performance o servizi inattesi e piacevoli).

Ne consegue che, nell'utilizzo della rete, alla funzione razionale (a priori), fortemente finalizzata e quindi logicamente organizzata, si affianca – di fatto – una modalità fruitiva più emozionale (a posteriori, durante tutta la navigazione), non immediatamente finalizzata ma più anarchica e imponderabile. Una modalità questa che si rivela nell'esperienza del perdersi nella rete: si inizia razionalmente nel tentativo di raggiungere una meta precisa, quando qualcosa distrae dalla "retta via", incanta, seduce, porta altrove, in un posto dove non si pensava in alcun modo di recarsi. Queste "deviazioni impreviste" (e non i tempi di *loading*, come si potrebbe pensare) sono le principali responsabili di quell'effetto di perdita di controllo sul tempo che accomuna moltissimi navigatori. Quali sono le conseguenze operative di queso duplice approccio al mezzo Internet, da tenere in considerazione per chi opera sul web, per chi comunica la propria marca sul web?

Innanzitutto crediamo che sia necessario *assecondare l'esigenza di razionalità* per gli utenti della navigazione. E cioè: adeguarsi alla forma "classificatoria della rete"; avere un indirizzo semplice e chiaro, facilmente immaginabile; figurare nei motori di ricerca sotto le voci tematiche più pertinenti;

10. Caratteristica, questa, della struttura ipertestuale.

comunicare in modo sensibile, off-line, il proprio indirizzo. Per quanto sia percepito da molti come un "ago nel pagliaio", il sito dovrebbe essere in grado di emettere dei segnali che ne permettano facilmente l'individuazione nell'apparente caos della rete. Dovrebbe cioè controbilanciare quell'ansia labirintica che la forma ipertestuale del sito inevitabilmente produce attraverso una struttura il più possibile chiara ed intelligibile e mediante strumenti interattivi e rassicuranti. Tra questi, ad esempio, un pulsante "*site map*" e/o "*home*" in tutte le pagine del sito, come pure un pulsante di "*search*". In secondo luogo, è necessario non trascurare in alcun modo quegli aspetti emozionali che – in forma più celata e simbolica – sono inconsapevolmente auspicati nella fruizione. Il sito non può ridursi a mero tassello della classificazione ma deve predisporre uno o più concetti capaci di trasformarlo in una vera e propria "esperienza" (e dunque concetti coerenti ai codici – largamente esperenziali – della stessa rete).

È possibile individuare una tipologia dell'utenza Internet partendo da quattro atteggiamenti chiave rappresentati attraverso una mappa che incrocia un *asse della fruizione*, in cui si contrappongono i due atteggiamenti fondamentali già analizzati (*razionale vs emozionale*) e un *asse delle modalità d'uso*, in cui si fronteggiano le due logiche (*passiva e attiva*) solitamente utilizzate per televisione e Internet ma che in realtà si ripropongono per l'utilizzo della sola rete. La logica passiva (*push*) è caratteristica del *broadcasting*: assistere ad una performance senza prendervi in alcun modo parte. La logica attiva (*pull*) è quella in cui si va alla ricerca di una determinata performance, ma soprattutto si interagisce con la performance. È dall'intersecarsi di questi quattro atteggiamenti fondamentali che si originano le aree di giudizio a proposito del sistema dei siti.

1. *Razionali-push*: per chi adotta un simile atteggiamento, la rete è come un enorme raccoglitore di informazioni e servizi da cui poter attingere liberamente. Il web sostituisce una disparata serie di supporti cartacei e non (giornali, riviste, libri, orari ferroviari ed aerei, estratti conto, ecc.) raccogliendoli in un'unica, ciclopica entità.
2. *Razionali-pull*: la rete è pensata e vissuta come un luogo performativo, ovvero uno spazio di decisione e d'azione. Ad esempio il *trading on line* o la ricerca di espansioni delle potenzialità del proprio personal computer attraverso lo scaricamento di software sono esempi di utilizzo attivo e raziocinante della rete.
3. *Emozionali-pull*: la rete come un mercato/bazar o una piazza, ovvero un luogo di scambio per eccellenza (scambio di merci, di informazioni, di affettività, di divertimento...). Qui la riflessività scivola in secondo piano mentre compare un atteggiamento più libero e irriflessivo, capace di lasciarsi andare all'improvvisazione e all'emozione del momento.
4. *Emozionali-push*: la rete come luogo di contemplazione e di piacevolezza estetica. Nel grande repertorio di stimoli che è la rete, ne esistono alcuni

che assecondano il desiderio di bello o le passioni personali. La modalità d'uso è eminentemente passiva (il massimo di proattività è lo "scaricamento" di immagini, musiche, suoni) e la finalità del percorso è quella di trovare quello che piace di più (l'atteggiamento è quello del collezionista/*flaneur*).

Ne deriva un utilizzo estremamente variegato del mezzo, caratterizzato da una duplice tensione. È in questa *vocazione ad emozionare e insieme a guidare* che – a nostro modo di vedere – vanno cercate le chiavi di lettura per costruire e sviluppare la marca nel web.

15.3. Brand equity & Brand e-quity

La struttura di riferimento per l'elaborazione del concetto di brand equity – il valore aggiunto dalla marca – s'è tradizionalmente appoggiata su una serie di elementi costitutivi e di risorse *customer-based* capaci di apportare benefici e vantaggi sia per il consumatore che per l'impresa.

Da Aaker in poi, il modello relativo al *valore della marca* non ha potuto fare a meno di tradurre – in termini di patrimonio competitivo – la somma dei processi interattivi che coinvolgono impresa e consumatore e di considerare quei parametri vivi e vitali come la fedeltà, la notorietà, la qualità percepita e le associazioni di marca[11]. Altrove sono stati valutati attributi tangibili ed intangibili del prodotto, *brand character*, posizionamento di prezzo percepito in relazione al contesto competitivo, segni ed icone del marchio[12]. Tuttavia – in quanto organismo vivente e soggetto culturale – la marca non può sfuggire ad una lettura contemporanea, all'interno di una dimensione evolutiva.

Siamo ormai entrati in un mondo in cui tutta una serie di temi e di aspetti che un tempo erano marginali – se non del tutto estranei – per il management e le imprese, sono diventati centrali e decisivi. Basti pensare alla tecnologia, all'informazione, alla progettazione delle interfacce, alla misurazione in tempo reale dell'andamento del mercato e degli atteggiamenti del consumatore. Sarebbe un errore interpretare questi sviluppi come un segnale che la tecnologia è ormai la nuova arma competitiva per le aziende. Semmai, "essa è il nuovo parametro per stabilire il prezzo minimo d'ingresso (quello che i giocatori d'azzardo chiamerebbero 'posta in tavola') per fare business"[13].

La tecnologia, risorsa ubiquitaria nella *net-economy*, ha accelerato il ritmo dell'innovazione e della competizione e sta diventando un generatore di valore. E dunque, la moderna epistemologia del branding – quella focalizzata allo

11. Si veda: D.A. Aaker, *cit.*
12. Si vedano i programmi di ricerca sul valore aggiunto dalla marca, elaborati da GPF & A.
13. J.F. Rayport e B.J. Jaworsky, *cit.*, p. XVIII.

sviluppo delle risorse, della fiducia, dell'identità, e del servizio – dovrà certamente prendere in conto nuove e più aggiornate fonti di valore, prima tra tutte Internet.

Elemento di legittimazione e strumento di relazione della marca, Internet offre all'impresa la possibilità di edificare territori, aree di pertinenza e identità aziendale; di illustrare missioni e vocazioni; di stabilire connessioni e relazioni[14].

Il *world wide web* è oggi uno strumento prezioso, e il sito Internet rappresenta, in questa fase, uno straordinario indicatore di valore per brand ed aziende. Il modo in cui un'impresa riesce a comunicare se stessa attraverso la rete, il dialogo frontale ed interattivo che è in grado di instaurare con i suoi interlocutori, l'efficienza del servizio in rete che propone al suo pubblico, possono considerarsi oggi tutti parametri di eccellenza della nuova marca.

Al di là delle vendite on-line e delle possibilità offerte dall'*e-commerce*, un sito web costituisce per la marca un formidabile *atout* in termini di interazione e prossimità col target, di visibilità e costruzione di significati e di sistemi di segni. Soprattutto se si pensa che in rete – a differenza del mondo fisico, reale, della distribuzione – "i criteri di adesione e di appartenenza non sono più oggettivati, sovraindividuali e semplicemente condivisi..., ma definiti e rinegoziati dalle scelte dei singoli attori sociali"[15].

La marca è forse uno dei primi soggetti ad essere coinvolti e contaminati dallo strumento Internet. Le imprese stanno prendendo coscienza del fenomeno, comprendendo il suo carattere strategico e – l'una dopo l'altra – si stanno mobilitando per sfruttarne al meglio tutte le risorse e le potenzialità.

In particolare si comincia a prendere coscienza che la *corrispondenza tra sito ed equity della marca* è fondamentale ai fini della valutazione del sito.

Le richieste da parte delle aziende nei confronti dei professionisti che dovranno progettare e creare il *brand site*, riguardano soprattutto ergonomia, appeal e completezza. L'attenzione è focalizzata, in prima battuta, sull'assetto semiotico del sito: in che modo, cioè, debbano comporsi forma e contenuto. E, in seconda battuta, sul posizionamento del sito, cioè sul suo rapporto con la marca. Rapporto che permette di rendere davvero unico e distintivo quel territorio virtuale.

Siamo in una fase delicata, un passaggio cruciale. Il web è una opportunità ma anche una sfida[16], una risorsa ma anche una minaccia. E se il branding non reagisce con velocità, dinamismo e pertinenza a tutte le chance che questo inedito canale di diffusione delle informazioni, di comunicazione e di

14. Per un approfondimento si veda anche: L. Montagna, *cit.*

15. A.G. Pizzaleo, in Aa.Vv., *Net sociology. Interazioni tra scienze sociali e Internet*, Guerini & Associati, Milano, 2002, p. 53.

16. A proposito della sfida di Internet per le marche, si veda: "Le challenge internet", in J.-N. Kapferer (2002b), *cit.*, pp. 93-103.

scambio è in grado di offrire, rischia di venirne inghiottito. È una iperscelta vorace e cannibale, quella del mercato contemporaneo, amplificata dalla rapidità degli scambi e dalla densità della concorrenza.

In particolare, ciò che le imprese dovrebbero riuscire a cogliere, è il fatto che la brand equity, sul web, assume i connotati di un concetto in continua tensione: tra *coerenza* e *innovazione*. È indispensabile *continuità*, perché il sito di marca non nasce ex-novo, ma prosegue un percorso (segnico, contenutistico, stilistico) già intrapreso dalla marca e per il quale la marca è nota. Tuttavia, per certi versi è auspicabile *discontinuità* perché è chiaro che gli utenti non si aspettano di trovare un mero rispecchiamento tra la marca e il suo sito, ma una relazione più complessa e per certi aspetti sfuggente. Infatti, se da una parte è evidente la volontà di riconferma di tutti gli aspetti della marca, dall'altra è altrettanto forte il desiderio di cambiamento/rinnovamento/ammodernamento dell'immagine della marca nel sito[17].

Ecco perché il concetto di brand equity è destinato, nel web, ad evolversi e ad arricchire il proprio singnificato, fino a diventare *e-quity*.

La *e-quity* è una sorta di banco di prova per la marca. La richiesta di "novità", se non evasa, rischia di tradursi in una cocente delusione. *Non è possibile traslare in modo rigido l'off-line sull'on-line*. Occorre invece adeguarsi ai nuovi codici e da lì procedere per rideclinare il patrimonio di marca. La capacità di reinventarsi sull'on-line è la miglior prova dell'*attualità socioculturale della marca*, ovvero del suo essere al passo con i tempi, adeguatamente *updated*. Dunque, oggi alla marca non basta più perpetuare sul web la propria equity: le occorre generare una propria *e-quity*.

Sede viva e vitale dello scambio, del servizio e dell'ascolto, il sito web, rappresenta per la marca un nucleo d'espressione e di comunicazione davvero potente. Qui la marca ha l'opportunità rinsaldare i propri legami affettivi e le proprie relazioni col consumatore, ribadendo i propri contenuti e insistendo sul sistema di segni che la caratterizza. E, nello stesso tempo, ha la straordinaria possibilità di adattarsi in tempo reale ai cambiamenti (sociali, culturali, del mercato, di gusto, di aspettative), mutando d'abito, riposizionandosi e sintonizzandosi coi propri interlocutori.

Internet consente margini di interattività praticamente inesistenti in ogni altro canale di distribuzione e comunicazione (ad esempio punti vendita e pubblicità) e fornisce gli strumenti per un incontro attivo e diretto col consumatore, sopprimendo ogni vincolo di spazio e di tempo[18].

17. Per un approfondimento circa le leggi dell'*internet branding* si veda A. Ries e L. Ries, *The 11 Immutable Laws of Internet Branding*, HarperCollins Business, London, 2000.

18. A. Ries e L. Ries parlano, a questo proposito, della "legge dell'interattività. Senza di essa il vostro sito Web e la vostra marca non andranno da nessuna parte". A. Ries, L. Ries (2000), *cit.*, pp. 126-133.

Come osserva Kapferer "la relazione con la marca non è platonica. Il consumatore intende passare all'atto"[19]. Se è vero che Internet consente di informare l'audience a proposito della marca, dei suoi valori, dei suoi attributi e dei suoi benefici, è anche vero che – se ben gestita – questa permette di trasformare il desiderio in acquisto.

15.4. *E-brand* e consumatore: una relazione difficile?

Se la marca nel mondo reale – grazie alla sua notorietà, alla sua visibilità e alla sua "riproducibilità tecnica" garantita da advertising e grande distribuzione – emerge pressoché in ogni momento all'attenzione del consumatore senza che questo debba compiere alcuno sforzo particolare o alcuna ricerca attiva, nel mondo virtuale le cose vanno diversamente. Il consumatore – l'internauta – è un soggetto attivo, fortemente motivato ad accedere ad un sito di marca e vistarlo. È nomade e libero, e si espone intenzionalmente e deliberatamente alla comunicazione: è curioso, sensibile al branding, cerca qualcosa, è gravido di interessi, in procinto di compiere un acquisto o a caccia di informazioni[20]. E, mentre fare dello shopping o curiosare in un negozio reale risulta una attività condizionata dalla fisicità della propria presenza e del rapporto con gli altri (i negozianti, il personale di vendita, ecc.), *nel web il consumatore – affrancato dalla possibilità di disconnettersi o di "uscire" dal sito – pare non avere nessun obbligo*. E allora dovrà avere delle buone ragioni per visitare un sito di marca, delle buone ragioni per rimanere collegato ed infine delle buone ragioni per ritornarvi.

Luogo della libertà e dello scambio, Internet dovrà riuscire a creare profitto e valore sia per la marca che per il consumatore. Tutti quei siti inutili, noiosi, poco efficienti o che fanno perdere tempo saranno definitivamente bocciati dal navigatore/consumatore, ancor più esigente e selettivo del consumatore tradizionale. Ecco perché *Internet obbliga tutte le marche a trasformarsi in efficienti marche di servizio.*

Se nel marketing di marca tradizionale la dinamica di interazione col consumatore percorre un tragitto che parte idealmente dall'impresa e si muove

19. J.-N. Kapferer (2002), *cit.*, p. 94.

20. La lezione di Internet ha ispirato il concetto di Permission Marketing. Per Seth Godin, il pioniere del marketing on-line che ha immaginato questo modo nuovo di fare pubblicità a beni e servizi, le imprese hanno cominciato a rendersi conto che il marketing dell'interruzione (spot televisivi che interrompono i nostri programmi preferiti, inchieste telefoniche all'ora dei pasti...) non funziona più. Invece di disturbare i clienti potenziali interferendo sul loro bene più prezioso – il tempo – il Permission Marketing li incita ad accettare volontariamente, con fiducia e grande interesse, la pubblicità a loro direttamente destinata. Per un approfondimento si veda: S. Godin (1999), *cit.*

verso il target di riferimento (basti pensare ai messaggi pubblicitari che irrompono nella vita del consumatore e ne interrompono una serie di attività come guardare la TV), su Internet è esattamente l'inverso. Il pubblico si connette volontariamente, resta in attesa di una informazione progressiva, aggiornata regolarmente e, in genere, personalizzata. È l'individuo che decide in merito alla quantità e al flusso delle informazioni che intende ricevere. È sempre l'individuo che stabilisce l'ordine e il grado della relazione: attraverso un semplice click può autorizzare o meno la marca a "dire", a proporre, ad informare, oppure a stabilire una sorta di patto, di contratto, di scambio. Qui il consumatore può rifiutare ciò che non tollera, negare l'accesso a comunicazioni indesiderate o parassite, evitare messaggi o contatti superflui. Dunque, è il cliente che controlla l'interazione, il dialogo, il processo di ricerca, la quantità di tempo dedicata alla vista del sito (o dei diversi siti), la comparazione prezzo-prodotto e, infine, l'eventuale decisione d'acquisto. Questo accade perché in quasi tutti i siti Internet viene impiegato largamente un modello "self-service" per la gestione delle interazioni commerciali o interne alla community.

Nel mondo reale, nell'interscambio *face-to-face*, il venditore tenta di influenzare il processo d'acquisto proponendo articoli e servizi diversi, contrastando le obiezioni sul prezzo, sollecitando i tempi decisionali con continue pressioni e suggestioni e rispondendo in tempo reale alle offerte della competizione. "Il negozio virtuale può tentare di condizionare l'esperienza del cliente con delle promozioni *ad personam*, con la riconfigurazione dei negozi al fine di riflettere il comportamento di ricerca pregresso, con delle raccomandazioni basate sul comportamento pregresso d'acquisto di altri clienti con un profilo analogo. E con l'accesso a informazioni esclusive"[21]. Tuttavia, nell'ambiente on-line, il venditore (o la marca stessa) ha un potere notevolmente inferiore rispetto al mercato tradizionale, perché Internet pone nelle mani del cliente la gestione dell'interazione e il controllo dei flussi informativi.

Ma quale sono, in definitiva, i comportamenti e gli atteggiamenti del consumatore verso il sito di marca? I siti di marca sono – i risultati dell'indagine condotta da GPF & A lo confermano[22] – spontaneamente poco visitati, oltre a suscitare scarso coinvolgimento. Inoltre sembrano ricoprire – nel migliore dei casi – un ruolo del tutto confrontabile con quello degli spot di marca nel broadcasting classico. Così come gli spot all'interno dei palinsesti televisivi sono in generale vissuti come delle fastidiose informazioni finalizzate alla vendita, allo stesso modo i siti di marca sono il più delle volte pensati come l'ennesimo tentativo della marca di farsi pubblicità attraverso un nuovo media. Insomma, esiste una sostanziale e sensibile *ostilità di fondo* nei confronti di questa tipologia di siti, i quali sono aprioristicamente vissuti come autoce-

21. J.F. Rayport, B.J. Jaworsky, *cit.*, p. 7.
22. *Brand-Net, La marca nel web*, GPF & Associati, 2003.

lebrativi della marca; autoreferenziali e quindi, tendenzialmente, di minor interesse se non inutili; vetrine che ripetono ciò che si può vedere in negozio aumentando però l'effetto di dispersione; poco consoni al mezzo perché poco interattivi (è unicamente l'azienda che parla), oltre che scarsamente ipertestuali.

La vista al sito di marca avviene in genere prima di un acquisto: funge da sguardo preliminare – solitamente all'interno di un settore merceologico – che permette di "farsi un'idea" su ciò che diverse marche offrono, così da attivare una selezione. Da notare la possibilità di dilatare a piacere i tempi di valutazione delle informazioni rispetto alla visita al punto vendita (non c'è alcun aspetto compulsivo, nessuna pressione/imbarazzo dovuta alla presenza di un altro (il commesso/la commessa) e anche la possibilità di confrontare marche e prodotti in tempo reale (basta cambiare home page), rendendo il confronto assai più analitico e implacabile (*l'utente Internet è un esigente e attento cliente comparativista*).

L'approccio razionale al sito di marca è finalizzato ad una serie di obiettivi informativi di diversa natura. Innanzitutto il recupero di informazioni "sul servizio" e "di servizio": ragguagli precisi sulla rete di distribuzione; possibilità di contattare direttamente l'azienda (per risolvere dubbi e chiedere ulteriori approfondimenti); consigli e suggerimenti da parte di esperti sull'utilizzo di determinati prodotti o sul settore di appartenenza alla marca. In secondo luogo, troviamo il recupero di informazioni complete e aggiornate sui prodotti (ipercatalogo come vero e proprio supporto consulenziale): descrizioni iperdettagliate dei prodotti; fotografie; prezzi. Questo tipo di richiesta riguarda: arredamento, prodotti di lusso, computer, cellulari, macchine fotografiche, elettrodomestici, automobili e comunque sempre prodotti di un certo peso/rilievo economico.

Accanto all'approccio razionale, va segnalata una possibile leva emozionale per la visita al sito di marca. Infatti esiste una forma di shopping assai simile a quello off-line del *window-shopping* (curiosare per vetrine): senza mete precise, senza una reale considerazione delle possibilità di acquisto. Curiosare per siti di marca nasce generalmente dal desiderio di confrontare l'immagine della marca off-line e quella on-line. Il sito diventa, cioè, *un banco di prova della coerenza della marca e della sua capacità di essere all'altezza del nuovo mezzo* (questo soprattutto per le marche di culto e per quelle ad alto contenuto di innovazione). Inoltre la curiosità è sintomo del desiderio di ritrovare – in forma espansa – tutto l'immaginario della marca di cui si è fan (atteggiamento attribuito in particolare agli adolescenti) e di accedere a nuove ed interessanti forme di intrattenimento.

Tuttavia, una simile struttura motivazionale non sembra sufficiente a stimolare visite frequenti. Inoltre le aspettative prodotte sono spesso frustrate. Rispetto agli altri siti, i *brand site* risultano (agli occhi del consumatore)[23]:

23. *Ibidem*.

più chiusi e autarchici, più incentrati sull'emittente, meno interattivi, più broadcasting, più poveri di contenuti ("vuoti"), meno fantasiosi e curiosi, più statici, meno aggiornati (cambiano meno rapidamente di quanto non possano/debbano fare altri tipi di siti); più *one shot*.

Il sito di marca può essere per certi versi paragonato ad una sorta di spot pubblicitario del tutto speciale. Tuttavia, ad una riflessione più approfondita, esso sembra differenziarsi fondamentalmente da un messaggio televisivo di trenta secondi. Innanzitutto perché le informazioni fornite dalla marca sul sito appaiono più veritiere, concrete ed articolate rispetto a quelle trasmesse nell'advertising tradizionale. Inoltre, mentre lo spot viene passivamente fruito da chi guarda la tv, il sito di marca può essere visto solo se lo si cerca, implicando così un atteggiamento proattivo. Nondimeno, se lo spot si limita a presentare la marca, il sito spesso può offrire benefit immediati e concreti (servizi, soluzioni personalizzate, possibilità di customizzazione del prodotto, ecc.).

Nel complesso sembra che il sito di marca possa (almeno virtualmente) inaugurare davvero una nuova forma di comunicazione con il consumatore in cui *l'esposizione alla pubblicità da parte del fruitore diventa volontaria*. Ed in cui, nel contempo, il fruitore riceve in cambio qualcosa che gli sta a cuore e che sa di volere: qualcosa che – in definitiva – egli *ha scelto*.

15.5. Il decalogo del buon sito di marca

La denominazione *e-brand* ha fatto, timidamente, la sua comparsa nello scenario mondiale agli inizi degli anni Novanta. Eppure, in poco tempo, si è prepotentemente imposta in molti mercati. Dapprima sono state protagoniste le marche che operavano soltanto on-line, ma la presenza della marca nei canali virtuali interessa oramai un numero crescente di imprese tradizionali, cresciute off -line, che hanno iniziato il loro cammino di riposizionamento nella Rete.

Tuttavia, se dovessimo indicare alcuni *e-brand* di eccellenza nel rapporto con il consumatore, ci troveremmo in serio imbarazzo. Perché assai più numerosi sono i fattori critici che gli esempi da seguire. Ciò vale anche per le marche che sono nate in Rete e che si muovono con più disinvoltura nel cyberspazio, utilizzandone meglio le specificità.

Sono davvero poche le marche che hanno compreso le peculiarità del muoversi in Rete. La stragrande maggioranza agisce traslando semplicemente online regole e procedure che caratterizzano il proprio operare sui mercati tradizionali. Non comprendendo che le regole del gioco sono in gran parte diverse. E che Internet offre specificità che, se ben sfruttate, potrebbero promuovere uno straordinario vantaggio competitivo. Indipendentemente dal fatto che si voglia o meno operare nell'*e-commerce*.

Mentre off-line la distribuzione – la reperibilità della marca – è solitamente oggetto di premurose attenzioni, in Rete questa sensibilità sembra dissolversi. Molte marche sono di fatto invisibili. E invece è chiaro che *non basta esserci: bisogna anche farsi trovare*. Se non si persegue una efficace strategia di comunicazione (accordi tra marche, motori di ricerca, *link site*, portali, *banner* in settori affini), la presenza in Internet risulta seriamente compromessa. Le probabilità che il consumatore si imbatta nel sito divengono remote.

Oggi anche un bambino sa che l'interattività rappresenta l'aspetto forse più qualificante della rivoluzione introdotta da Internet. Eppure, questo fattore è largamente disatteso. Per la grandissima parte delle marche che sono in Rete *l'interattività è nulla, o utilizzata con le modalità più riduttive*. Si parla sempre più spesso di marketing relazionale, di passaggio *dalla transazione alla relazione* nel rapporto con il consumatore. Non può non stupire che Internet – il mezzo che più di ogni altro consentirebbe questo vero *paradigm shift* nel rapporto con il mercato – non venga utilizzato con questa finalità. Anzi il timore, più o meno esplicitato dalla maggior parte degli operatori, è che i consumatori si avvalgano di questa caratteristica del mezzo, perché non si dispone di strutture, nemmeno minimali, in grado di dialogare davvero con l'internauta. Gli stessi automatismi che potrebbero consentire agli utenti di acquisire utili informazioni sembrano dosati con il contagocce e si limitano per lo più alle FAQ (*Frequent Asked Questions*). Una forte erogazione di servizio dovrebbe – il mezzo lo consente – caratterizzare la presenza della marca nel web. Servizio che risolva problemi, che offra soluzioni.

In Rete la vocazione dell'impresa all'innovazione – riverberata anche da un costante arricchimento/aggiornamento dei contenuti del sito – può essere testimoniata con più efficacia che altrove. La regola è invece di siti polverosi, non aggiornati, in cui è difficile comprendere perché mai l'utenza dovrebbe soffermarsi oppure tornare.

Troppo spesso le marche entrano in Rete senza porsi con chiarezza gli obiettivi da conseguire, senza conoscere il target che raggiungeranno e finendo, per lo più, con l'indulgere in modalità autocelebrative. In poche aree – come nella Grande Rete – è così stridente il *contrasto tra le straordinarie potenzialità del mezzo e il modo in cui viene (sotto)utilizzato, tra le attese dell'utenza e ciò che viene proposto*.

Ma forse ciò che più manca – anche in previsione di un accesso esponenziale dei consumatori in Internet e della globalizzazione dei mercati – è una vera operazione di reingegnerizzazione all'interno delle imprese, all'insegna della diffusione, in queste, di una vera *cultura dell'on-line*. A tutti i livelli.

La marca dovrebbe "andare nel sito" al di là della semplice autopromozione per offrire agli utenti qualcosa che essi non riescono ad avere con la stessa facilità (ad esempio più rapidamente che recandosi direttamente al punto vendita). E poi per offrire loro un vero e proprio "premio", una sorta di esperienza altamente gratificante. Se lo scambio non avviene, ovvero se la visita al sito di marca non risulta proficua, il sito diventa agli occhi del fruitore uno strumento meramente pubblicitario, si riduce cioè ad una semplice vetrina in cui la marca si esibisce non aprendosi verso i reali bisogni degli utenti.

Il primo servizio che un buon sito di marca dovrebbe fornire al visitatore è quello di *dare valore al tempo di ciascuno*. Se il pubblico decide di navigare in rete, piuttosto che deambulare per negozi o centri commerciali è – anche – perché il suo tempo è prezioso. La dislocazione della marca in rete dovrebbe garantire uno shopping o una "passeggiata per vetrine" senza code alle casse, senza ingorghi di traffico, senza ressa nei reparti o nei corridoi: dunque un'attività agevole e veloce, senza perdite di tempo, priva di attese o di lungaggini di ogni tipo. Altamente informativa, ludica, con possibilità di scelta e, in alcuni casi con consegna rapida. Naturalmente anche la fase dell'apprendimento e della conoscenza, quella legata alla ricerca di notizie ed informazioni sul marchio – che può essere indipendente rispetto all'acquisto – dovrebbe proporre un agile dialogo e finestre in grado di anticipare le attese e le esigenze del visitatore.

Il negozio virtuale è quello aperto sette giorni alla settimana, 24 ore al giorno e 365 giorni l'anno. Alcuni autori hanno espresso questa modalità di accesso permanente attraverso *la formula "24x7"*[24]. Si tratta di un modello rivoluzionario, che sta modificando radicalmente la percezione di comodità e quella di disponibilità da parte dei consumatori: il cliente è messo in condizioni di raccogliere informazioni, andare a caccia di prodotti, confrontare prezzi e servizi, apprezzare la propria marca preferita ed eventualmente acquistare on-line, in ogni momento della giornata, sempre e comunque. Di giorno e di notte, a Natale e a Ferragosto. Nondimeno, questa inedita forma di accoglienza continua, obbliga le imprese ad una reattività tattica e strategica alle mosse della concorrenza. Infatti, in un ambiente talmente dinamico e insieme trasparente, è impensabile chiudere bottega "per inventario "; non si può fermare la fabbrica per riattrezzare e riaggiornare macchinari e sistemi produttivi; non è possibile sospendere le attività di comunicazione ed advertising per impostare il rilancio strategico. E invece, troppo spesso ci si imbatte in siti totalmente inagibili che avvertono: "lavori in corso".

I marchi e le aziende devono agire in tempo reale e in maniera assolutamente visibile e comprensibile al mondo esterno. Non solo. Organizzare il sito come un negozio aperto giorno e notte significa assicurare al consumatore un efficiente servizio post-vendita. La gestione del rapporto col cliente una volta che questo ha effettuato l'acquisto ed ha scelto la marca, è alla base della soddisfazione e della fidelizzazione. È sempre dopo l'acquisto che cominciano i problemi per il cliente. "Linee telefoniche intasate, è normale prevedere tutte le configurazioni di fallimento nell'utilizzo del prodotto di marca ed immaginare – attraverso un sistema esperto – di renderle accessibili sul si-

24. J.F. Rayport e B.J. Jaworsky, *cit.*, p. 6.

to per aiutare il cliente ad uscirsene facilmente dal suo problema"[25]. Basti pensare ad una compagnia aerea e a tutte le problematiche legate agli orari, agli atterraggi, agli scioperi e alla condizione meteo: il sito dovrebbe fornire in ogni momento la situazione di ogni volo, informazioni su partenze ed arrivi, clima e temperature locali, ecc. Insomma la marca dovrebbe diventare, attraverso il suo territorio virtuale, un autentico strumento, un utensile di grande efficienza e praticità. Il sito *SDA express courier*, ad esempio, permette di controllare "passato, presente e futuro della vostra spedizione". È un servizio grazie al quale il cliente che ha inviato un pacco può conoscere il percorso e lo stato di ogni spedizione. È sufficiente inserire il codice indicato sulla lettera di vettura SDA. Inoltre una "filiale virtuale" aperta 24 ore su 24 offre la possibilità di accedere ai servizi interattivi che la marca propone: richiesta ritiri, ricerche, consegne, tariffe.

Negli scenari del mercato tradizionale la relazione tra marca e cliente, la transazione, la ricerca di informazione, avvengono in maniera diretta, secondo un sistema *face-to-face*. E c'è sempre spazio per l'intervento diretto di un essere umano (negozianti, commessi, account manager, dipendenti, ecc.). Nell'ambiente on-line le cose vanno diversamente: l'interfaccia col pubblico è rappresentata da una interazione di tipo *screen-to-face*, che avviene tra l'individuo e lo schermo del personal computer o altri dispositivi elettronici. Questa nuova "relazione tecnologica" implica, da parte delle imprese, una enorme responsabilità, perché presuppone una assoluta autonomia dell'internauta durante la visita del sito. Presuppone, cioè, che l'esperienza del cliente sia pensata e progettata a priori, definita in ogni sua possibilità, agevolata e resa il più possibile amichevole ed "ecumenica", secondo i principi di quella *userfriendlyness* che dovrebbe rendere elementare l'approccio al computer e alla tecnologia anche ai più refrattari. Un'interfaccia usabile ed amichevole permette all'utente un'esperienza on line ricca e soddisfacente. Questo non esclude la possibilità di *follow-up* attraverso altri canali di comunicazione (andiamo verso la multicanalità), ma certamente riduce la domanda di assistenza in linea. Il rapporto con l'informatica può risultare complesso e labirintico e non tutti sono a proprio agio con motori di ricerca, password e connessioni. Ma un buon sito di marca dovrebbe garantire un accesso comodo per ogni servizio previsto. Il rischio di un accesso scomodo e poco accogliente è quello di negare al consumatore le informazioni e le utilità essenziali.

La marca deve il suo successo e la sua esistenza ad una fondamentale funzione d'orientamento. Il branding nasce dalla necessità di guidare il consumatore all'interno di un mercato affollato. Orientare dunque, cioè mostrare la via, illustrare il percorso, facilitare il processo decisionale.

25. J.-N. Kapferer, *cit.*, p. 97.

Più volte s'è parlato della marca come bussola, soprattutto in una prima fase legata agli anni del boom economico e della grande produzione industriale. Dunque, l'eccesso di scelta ha reso necessari nuovi strumenti d'informazione e di consumo. Grazie alla marca è possibile scegliere senza costi di apprendimento, comparazione, valutazione e sperimentazione tra le varie chance che il mercato propone. Per questo Kapferer sostiene che "la marca è nata dall'economia dell'informazione imperfetta. Chi detiene il sapere, detiene il potere"[26].

Non a caso, fino all'avvento di Internet, il sapere era concentrato al di là del consumatore, dalla parte, cioè, del produttore, del distributore, del tecnico specialista. Potremmo parlare di opacità del mercato, di costi elevati d'accesso all'informazione. Ma l'arrivo di Internet ha generato una vera e propria rivoluzione. Rendendo l'informazione democratica, ecumenica, di facile accesso, questo nuovo media ha sovvertito l'ordine di quel potere che, fino ad allora, era in mano alla marca. La trasparenza dell'offerta ha generato la possibilità – da parte dell'audience – di osservare, valutare e confrontare prezzi, servizi, qualità e profili. Una nuova sfida per le marche, dunque, perché obbliga ad un supplemento di performance sul piano delle qualità funzionali e dei servizi oggettivi. Ora che – grazie ad Internet – la marca è comparata, analizzata, sezionata, studiata, ridotta alle sue funzioni tangibili, non potrà più riposare sulla sua mera notorietà, su una immagine valorizzante, su una indistinta simpatia. E, nel contempo, tanto più verrà comparata, analizzata, sezionata, studiata, ridotta alle sue funzioni tangibili, quanto più dovrà sviluppare doti di unicità, carattere e personalità, puntando su valori immateriali e benefici intangibili.

L'informazione è uno dei motori che muove il consumatore verso Internet e che lo guida in direzione delle marche sul web. Mentre generalmente un negozio tradizionale garantisce la presenza del personale addetto alle richieste d'informazione, un sito di marca è di per sé un luogo d'informazione. Tuttavia, la ricerca d'informazione non è essa stessa un fine o un obiettivo: è piuttosto in funzione dell'acquisto, dell'adesione simbolica ad un territorio di marca[27]. Ecco perché non ha alcun senso se non facilita il consumatore nelle sue scelte. Troppa informazione soffoca ed uccide il processo decisionale e la comprensione. Una informazione generica e indistinta può annoiare, disorientare, infastidire. "Una marca di shampoo dovrebbe indicare quali sono le ultime tendenze in fatto di acconciature alla moda... una marca alimentare dovrebbe fornire delle suggestioni per la cena ed una infinità di ricette tutte ben spiegate con molte immagini. È quello che ha fatto Unilever negli Usa su una delle sue marche: gli studi hanno dimostrato che l'11% delle persone che avevano consultato queste ricette sono poi andate ad acquistare il prodotto nel negozio per utilizzarlo nella ricetta in questione... il servizo può anche

26. *Ibidem*, p. 98.

implicare una informazione su attività eventualmente staccate dal prodotto ma con un senso rispetto all'immagine di marca. Così una marca di profumi per giovani potrà informare sulle date dei concerti rock o degli eventi sportivi, se questo fa parte del suo territorio d'immagine"[28].

Il sito di marca dovrebbe allora garantire una sorta di informazione "territoriale"[29], fortemente in sintonia con i valori, i segni, e lo spirito della brand in questione. Un sito di marca è dunque un'area d'interesse, omogenea al proprio interno, definita nel suo perimetro, desiderabile, unica ed attraente. Dunque non soltanto luogo di passaggio, d'accesso casuale e distratto, ma vero campo d'espressione di benefici e significati, utilità e risorse.

Se è vero che oggi, in quasi tutti i siti Internet, è il cliente ad avere il controllo dell'interazione attraverso un modello "self service", è anche vero che – per la prima volta nella storia dell'imprenditoria e del marketing – l'azienda ha la possibilità di osservare, monitorare e registrare il comportamento individuale. Può, cioè, studiare gusti, orientamenti, preferenze, interessi e acquisti del singolo consumatore. Esistono apposite società di rilevazione[30] che consentono di immagazzinare una enorme quantità di informazioni e di dati: i siti visitati, la durata della permanenza su un determinato sito, le pagine web analizzate, il contenuto dei "carrelli della spesa" elettronica, il valore degli acquisti effettuati, la reiterazione dell'acquisto. Si tratta di una rilevazione dei comportamenti di consumo (e non solo) estremamente raffinata ed attendibile, da considerarsi ad un livello elevato: un risultato fino ad oggi impensabile oppure costosissimo per le aziende tradizionali. Sono in molti a ritenere, oggi, che Internet sia uno strumento impersonale. Tuttavia aziende virtuali come Amazon.com o Virtual Vineyards "hanno creato legami molto stretti con i propri clienti senza averli mai incontrati, o, in molti casi, senza averci mai parlato"[31]. Non è casuale: avendo a disposizione una grande quantità di informazioni relative alla propria audience, le imprese sono in grado di individualizzare le offerte. Ad esempio possono riconoscere il visitatore e salutarlo per nome, adattare dinamicamente i loro negozi virtuali in modo da configurare gli articoli ed i servizi in base alle singole esigenze, creare promozioni personalizzate, proporre pacchetti su misura già apprezzati da clienti con lo stesso profilo, ecc.

La marca che opera in un ambiente elettronico, dovrebbe manifestare la propria eccellenza attraverso una interfaccia su misura in grado di fornire informazione *ad hoc*, sulla base delle aspettative, dei gusti e delle richieste di ogni singolo internauta. Il visitatore va orientato rapidamente verso il genere ed

27. Si veda: J. Rechenmann (1999), *cit.*, pp. 21-25.
28. J.-N. Kapferer, *cit.*, p. 96.
29. Si veda: J. Rechenmann, *Places de marché. Mode d'emploi*, Éditions d'Organisation, Paris, 2002.
30. Come, ad esempio, Vividence e Accrue.
31. P.B. Seybold, *Customers.com*, Times Business, 1998, p. XIV.

il livello d'informazione corrispondente alle sue attese e alle sue richieste specifiche. I consumatori non sono tutti uguali[32] e nemmeno i visitatori di un sito: per questo è importante riconoscere le differenze tra gli internauti. L'informazione fornita a ciascun visitatore dovrebbe essere aggiornata ad ogni nuova visita dello stesso. Una volta stabilito il primo contatto, la marca è in grado di riconoscere gusti, preferenze ed attitudini del proprio interlocutore. Amazon.com, ad esempio dopo un paio di viste da parte degli internauti, suggerisce una serie di proposte "in linea" con le scelte del cliente, indica un repertorio analogo agli acquisti precedenti, mostra possibili abbinamenti e affinità tematiche.

L'inedita capacità delle imprese che operano in ambiente elettronico di registrare il comportamento d'acquisto del cliente si traduce in valutazioni economico finanziarie eseguite in tempo reale: in altre parole se prima dell'avvento di Internet era la ricerca tradizionale che osservava il consumatore attraverso il suo comportamento atteso (stime, proiezioni, effetti a lungo termine, estensione, frequenza, impressione), ora si hanno "sottomano" delle transazioni effettive, monitorabili ad ogni click dell'internauta. Una vera rivoluzione.

Le une dopo le altre, le grandi marche, anche le più globali, stanno scoprendo le virtù di uno strumento antico ed efficacissimo: il passa-parola. Oggi sono davvero tanti i prodotti devono il loro successo ad un passaggio informale e colloquiale di informazione da un consumatore all'altro[33]. Si tratta di quell'*underground marketing* che, giocando su una sorta di affinità elettive tra individui, riesce ad imbastire relazioni e fedeltà proprio grazie al verbo di proseliti fortemente coinvolti e coesi: micro-gruppi iper-implicati, caratterizzati da interessi condivisi, da una sensibilità comune, da un terreno culturale omogeneo. Un forte *commitment* nei confronti del brand li unisce e li rende solidali. Kapferer parla, a questo proposito, di "*marketing du bouche à oreille*"[34], altri di WOM, "*word of mouth*"[35], di "*marketing tribale*"[36] o di "*marketing virale*"[37]: il senso comune a queste tre definizioni è quello del passaggio (passa-parola), della trasmissione o del contagio (l'informazione o il messaggio si diffonde con la stessa dinamica del virus), dell'ambiente comunitario fortemente interconnesso che amplifica e propaga la notizia come il gioco del domino oppure come una epidemia[38].

32. Si veda: G. Hallberg, *I consumatori non sono tutti uguali*, Lupetti, Milano, 1999.

33. Si veda J.-N. Kapferer, *Rumeurs. Le plus vieux média du monde*, Éditions du Seuil, Paris, 1987. (Edizione italiana: *Le voci che corrono. I più antichi media del mondo*. Longanesi, Milano, 1987).

34. J.-N. Kapferer (2002), *cit.*, p. 156.

35. J.F. Rayport, B.J. Jaworsky, *cit.*, p. 8.

36. B. Cova, *Il Marketing Tribale. Legame, comunità, autenticità come valori del marketing mediterraneo*, Il Sole 24 Ore, Milano, 2003.

37. J.F. Rayport, "The virus of marketing", in *Fast company*, n. 6, dicembre 1996, p. 68.

38. A proposito del concetto di diffusione epidemiologica nel mondo dei consumi si veda: M. Douglas, B. Isherwood, *Il mondo delle cose*, Il Mulino, Bologna, 1984, pp. 11-114.

Il sito di marca, può imbastire – attraverso veri e propri gruppi di dialogo – reti d'affinità e d'implicazione. Può cioè organizzare comunità virtuali di clienti (o di potenziali acquirenti) e creare dinamiche di scambio e di incontro capaci di sensibilizzare, federare e fidelizzare il pubblico attorno alla marca stessa, ai suoi valori, ai suoi significati.

Forum e *news-group* sono i veicoli attraverso cui avviene il contagio, la contaminazione dell'informazione. Sono i temi d'interesse comune ad aggregare, attorno ad un brand, ad un sito di marca.

Proviamo, allora a stilare un decalogo del buon sito di marca, una serie di regole base, necessarie affinché la marea sia una vera *e-brand*, affinché l'*equity* sia realmente *e-quity*. E affinché l'utente viva l'esperienza della marca in rete come una reale alternativa all'off-line.

1. *Chiarezza nella organizzazione e facilità nel recupero delle informazioni.* Questo significa velocità di *loading*, comprensibilità e schematicità della *site map* sin dalla sua home page, presenza di un comando *search* all'interno del sito. Insomma, valorizzazione del tempo di ciascuno e *user-friendlyness*[39].
2. *Appeal, ricercatezza grafico/estetica e capacità di intrattenimento.* Ad esempio originalità del concept, colori, animazioni, musica[40]. Il tutto nell'assoluta coerenza degli stilemi, del repertorio iconografico e dei codici utilizzati, con i valori di fondo e la brand image della marca.
3. *Esaustività e completezza delle informazioni. Ovvero la marca che diventa oggetto* funzionale e strumento "di servizo" per il consumatore. Ad esempio, attraverso dettagli su caratteristiche tecniche dei prodotti, catalogo completo, istruzioni/consigli per l'utilizzo degli articoli proposti, notizie sulla distribuzione, listino prezzi, velocità di aggiornamento[41].

39. Due casi paradigmatici: www.poltronafrau.it e www.ikea.it. Quello della Poltrona Frau è un buon esempio di sito in cui prevalgono organizzazione e chiarezza come metafora del "classico", dimensione centrale e fondativa dell'essenza di marca e della sua equity. L'impianto è fortemente razionale e denotativo. Si rende semplice la ricerca di un catalogo molto articolato. Il sito Ikea, invece, utilizza organizzazione e chiarezza come metafora del "moderno". La struttura è a catalogo, immediatamente chiara ed evidente. La ricerca è semplificata, ad esempio grazie al pulsante "*search*". L'impianto, più in generale, rimanda alla logica d'organizzazione del punto vendita e alla cifra stilistica delle collezioni Ikea (il razionalismo modernista nordico). In entrambi i casi viene preso in considerazione il valore del tempo individuale: i tempi di *loading* e apertura delle pagine non sono eccessivamente lunghi.

40. Il sito www.giorgioarmani.it è caratterizzato da estetica e spettacolarità. Grande dispiego di mezzi spettacolari (flash, filmati, musica) per comunicare l'atmosfera *glamorous* delle sfilate e per accogliere il consumatore nel mondo e nel territorio della marca (ad esempio l'uso pervasivo del grigio, delle nuances e dei colori di Armani). Ma bisogna fare attenzione: a volte la sola attenzione all'estetica può far trascurare le più elementari regole della *usability* di Internet, come i tempi di *loading* troppo lunghi.

41. Il sito www.sanpaolo.it, della banca San Paolo Imi offre un reale servizio al consumatore e molte declinazioni dell'*e-brand*, al di là della vetrina. Il sito risulta ad alto gradimento e coinvolgimento dei consumatori, con una buona usabilità ed un buon vissuto di sintonia con

4. *Corrispondenza con la equity della marca* (ma non la sua mera ripetizione). Ad esempio coerenza con l'*advertising personality* e traduzione del posizionamento *off-line* in posizionamento web[42].

l'immagine della banca off-line (tradizione congiunta a forte innovatività). La struttura a portale, con la sua ricchezza ed articolazione di contenuti, manifesta la modernità e la capacità di rinnovamento della marca. Da notare, inoltre, un interessante bilanciamento tra i contenuti strettamente finanziari (area della transazione economica); i contenuti informativi (area del broadcasting interattivo); i contenuti di servizio (area dello scambio virtuale). Più in generale il sito rivela un significativo movimento espansivo dall'area della vetrina pubblicitaria verso le altre tre aree.

42. Il sito www.fiat.it è un ottimo esempio dell'ecumenismo inteso come servizio. Il concept è chiaro e semplice, i percorsi completi e funzionali (elevata *usability*). La grafica piacevole, calda, moderna, attuale. Viene inoltre prestata una grande attenzione alla *customer care*, con una buona apertura verso l'utente (approccio diretto, utilizzo di io/tu) e verso l'esterno. Sono presenti rubriche con consigli, indicazioni utili e *link* verso altri siti; è presente un indirizzo e-mail per un dialogo diretto; non mancano finestre con offerte di lavoro e mercatino dell'usato. Da segnalare la possibilità di personalizzare il modello virtuale. Insomma, il sito FIAT è una efficace traduzione web del posizionamento ecumenico della marca: da "la marca dell'italiano medio" al "sito/portale dell'automobilista italiano". Un altro buon esempio di corrispondenza con la equity della marca è quello di www.coop.it, in cui avviene una eccellente declinazione dei *core values* dell'insegna. Il sito è una sorta di "portale dei consumatori", dedicato a notizie di interesse generale (news) e a notizie sul consumo. La "portalizzazione" del sito di marca è una efficace traduzione della equity della marca che favorisce, inoltre, il ritorno al sito dopo la prima visita. Nel panorama dei vari siti di marca e dei diversi portali presenti sul web, il sito Coop risulta unico e distintivo. Il posizionamento del sito rimanda al posizionamento della marca: attenzione al consumatore, approccio culturale al consumo. Dunque ci si sposta dalla classica vetrina pubblicitaria ad una dimensione più funzionale, della Transazione Economica. Si tratta infatti anche di un sito di *e-commerce* ma in modo *understated* (icona e claim impattanti conducono dal portale al sito commerciale) . Lo spostamento è anche verso il Broadcasting Interattivo, cioè ci si avvicina a modelli di riferimento come Tiscali o Virgilio. Un altro sito da segnalare per una certa corrispondeza tra equity ed *e-quity* è quello dello yogurt Müller: www.muller.it. Si tratta, in questo caso, di una difficile traduzione web di certi contenuti off-line, tipici del branding e dell'advertising. Il posizionamento della marca dipende dalla consistenza iperbolicamente cremosa del prodotto, dal paradossale posizionamento erotico attribuito alla brand in comunicazione. I *values* attribuiti sono quindi: peculiare bontà e carattere polisensuale (il claim "*fate l'amore con il sapore*"); valore trasgressivo dettato dai riferimenti erotici, sia dalla legittimazione ostentata dell'autogratificazione; innovazione e unicità (Müller ha rivoluzionato il mondo dello yogurt). Il sito, allora, riprende il tema erotico e lo sviluppa in prospettiva ludica, distintiva, coerente con la *brand identity*. I grafismi pop, il registro segnico e cromatico, contribuiscono positivamente a mantenere il sito particolarmente affine ai *core values* della marca. dunque, un sito fresco, giovane, frizzante, moderatamente trasgressivo, divertente e scherzoso. La *e-quity* Müller corrobora la equity Müller. Infine, ma non da ultimo, concludiamo questa carrellata di esempi relativi al valore della marca nel web, col sito www.pringles.it. Qui si assiste ad un quasi completo occultamento del prodotto nel sito. Il concept del sito si sviluppa attorno ad alcuni degli elementi strutturanti il posizionamento Pringles: la musica e il ritmo, il carattere "mitico" del prodotto (avvicinabile al mondo giovanile delle rock/popstar). Insomma, più che un sito vero e proprio, si tratta di un portale della musica giovanile che rivela una assoluta coerenza segnico-estetica rispetto al posizionamento della marca.

5. *Interazione diretta dell'utente con la marca.* Ad esempio assistenza di un commesso virtuale[43] e, più in generale, possibilità di un reale *feed-back* da parte del consumatore. È certamente l'aspettativa più disattesa dalla marca: dialogare con macchine o computer tramite le FAQ non è che un'efficace palliativo.
6. *Attendibilità dei dati contenuti nel sito.* Uno degli aspetti più controversi e dibattuti del web è quello relativo all'attendibilità e all'autorevolezza delle informazioni. La grande enciclopedia della rete, sconfinata e labirintica, è davvero una fonte sicura di notizie e contenuti? Ci si può davvero fidare? Il sito di marca dovrebbe essere in grado di fugare ogni tipo di dubbi in merito alle informazioni che propone e placare questo tipo di ansie, fungendo da garante proprio grazie al sigillo della Corporate.
7. *Aggiornamento costante.* Dei prezzi, degli articoli e dei servizi proposti, delle informazioni legate all'attualità, delle notizie e dei prodotti in base alla loro stagionalità, ecc.[44].
8. *Visione articolata dei prodotti* (vedute a 360°, immagini in movimento, esaltazione polisensoriale del prodotto) [45].
9. *Orientamento all'e-commerce.* Non dunque un semplice catalogo espositivo ma un luogo funzionale, in cui esista la possibilità concreta di ordinare ed acquistare i prodotti esposti[46].

43. Da questo punto di vista il sito www.barilla.it è piuttosto interessante. Qui avviene una vera e propria *customer interaction*, attraverso una sorta di consulenza gastronomica e un ricettario aggiornato quotidianamente.

44. Ad esempio, il sito del Comune di Milano www.comune.milano.it (anche il comune di una città è marca) soddisfa quasi completamente le richieste "razionali" che rendono un sito "istituzionale" degno di questo nome (pulizia grafica, leggibilità, informazione, trasparenza). Al centro della home page si trova un box con le ultime novità, sempre *updated* e costantemente aggiornato. Anche il sito www.nokia.it è costantemente aggiornato sulle attività e le iniziative dell'azienda. In particolare, una sorta di calendario con le news e i più recenti eventi aziendali (Nokia nel mercato, presentazioni di nuovi articoli, ecc.), conferiscono al sito un taglio da "ultim'ora" e da quotidiano piuttosto appealing per il target di riferimento. Inoltre la struttura del "club", che caratterizza il sito, obbliga ad offrire nuove continue stimolazioni agli utenti, che lo usano come punto di riferimento per attività ludiche e ricreative di vario tipo. Si viene così a creare quel *community feeling* tipico delle marche di culto, capaci di creare *commitment* ed un forte coinvolgimento di tipo tribale. Sentimenti ed atteggiamenti veicolati pure da un forum Nokia.

45. Il sito www.cappellini.it si fonda sulla possibilità di effettuare una visita virtuale al punto-vendita Cappellini a Milano, vero e proprio "pilastro" della *equity* e del mondo della marca, che è quello del design più raffinato e dell'arredamento contemporaneo. La vista virtuale rideclina l'esperienza della contemplazione estetica (passiva) in una attività pienamente in linea con il mezzo Internet (interazione). Inoltre restituisce, in modo estremamente concentrato, una immagine a tutto tondo della marca e dei suoi prodotti, configurandoli come un vero e proprio "mondo". Tuttavia, dobbiamo segnalare che siti di questo tipo, cioè con una forte presenza di immagini, sono a rischio di tempi di *loading* troppo lunghi.

46. Dal sito della catena della grande distribuzione Esselunga (www.esselunga.it) si accede ad un vero e proprio supermercato virtuale (www.shop.esselunga.it) che consente visite gratuite, descrizioni e immagini dettagliate dei prodotti e shopping on line con consegna a domicilio.

10. *Personalizzazione del sito relativamente all'utenza.* Ovvero, customizzazione della visita, attraverso una accoglienza *ad personam*, suggerimenti individualizzati, memoria delle ultime visite, storico degli ultimi acquisti, conoscenza delle preferenze dell'utente. Oppure attraverso una serie di percorsi per target, per possibili aree d'interesse, per tipo di pubblico[47].

Il sito può davvero incarnare l'essenza e le missioni della marca, il suo spirito ed i suoi valori: è una sorta di nuovo strumento del consumo, un luogo senza materia né volume che può farsi portavoce della cultura aziendale e delle sue vocazioni. Può produrre notorietà e stima, fedeltà e simpatia. Occore, però, che offra al consumatore un reale servizio e soluzioni nuove e, soprattutto, che sia gestito e con le regole della rete.

15.6. Shopping on-line?

Mentre all'inizio degli anni Novanta la marca e la grande distribuzione si sfidavano a colpi di programmi di fidelizzazione, promozioni, progetti di espansione e marketing relazionale, Internet lavorava silenziosamente ai fianchi dei concorrenti.

Soprattutto negli Stati Uniti, i produttori avevano intuito la possibilità di interagire, direttamente e significativamente, con i consumatori, bypassando i dettaglianti. Grandi magazzini e supermercati – i tradizionali intermediari col cliente – rischiavano di essere letteralmente marginalizzati a causa dello straordinario ponte costituito da Internet. I produttori avrebbero potuto dialogare col pubblico, promuovendo le loro marche attraverso campagne di direct-marketing. E, così facendo, sarebbero stati in grado di recuperare un certo controllo sulle scelte del pubblico.

Grazie alla rete, le Corporate potevano indirizzare i clienti verso le catene distributive preferenziali, quelle collegate linearmente col produttore. E, nello stesso tempo, instaurare basici ma efficaci programmi di *e-marketing* tra brand ed internauti. In effetti, in questo modo, la promozione radio-televisiva diventava quasi superflua, dato che era possibile attivare una comunicazione diretta con i consumatori. "Le campagne di direct-marketing a base cartacea

47. Da questo punto di vista www.amazon.com è forse uno dei siti più significativi, con il suo saluto d'accoglienza che riconosce l'utente per nome e cognome (una volta registrato), con i suoi *stores* personalizzati sulla base dei gusti del cliente e le sue "*recommendations*" individuali. Nondimeno, il sito www.mcdonalds.it, la marca globale ed ecumenica per eccellenza, crea differenti percorsi fruitivi per i propri variegati target. C'è un percorso "adulto", orientato sul servizio (resturant search, menu, ingredienti, tabelle caloriche, fornitori, eccetera) ma anche sul business (franchising, profili di carriera, formazione, Big Mac Index...), sui media (sala stampa) e sull'etica (responsabilità sociale). E c'è un percorso "bambino" (giochi ed animazioni, feste di compleanno, Ronald Mc Donald, Happy Meal da collezione...).

erano state incredibilmente costose, specie per le marche di beni di consumo fast-moving a basso prezzo, come Pepsi e M&M's"[48].

Internet pare aver ribaltato per l'ennesima volta il potere sulla scelta del consumatore: il produttore, infatti, grazie alla visibilità offerta dal web, e alla possibilità di veicolare le proprie proposte attraverso negozi virtuali, poteva agire come un dettagliante.

Lo shopping e il marketing su Internet promettevano ciò che la grande distribuzione tradizionale non aveva saputo offrire al consumatore: niente attese alle casse, niente code, nessuna distanza geografica, assortimento illimitato, consegne rapide. Tuttavia, tranne alcuni casi davvero eccellenti, il commercio on-line pare aver deluso i clienti fornendo un servizio inferiore alle attese.

Certamente, un buon numero di marche virtuali, Amazon.com in testa, è stato capace di riconfigurare il panorama dei consumi. Amazon in soli diciotto mesi, è riuscita a mettere in ginocchio la più grande catena di librerie tradizionali (di tipo calce e mattoni) d'America, la Barnes & Noble. Offrendo al consumatore un canale privilegiato: dialogo e ascolto, catalogo vastissimo, consegne veloci e puntuali, sito *friendly* ed efficace.

Il battage pubblicitario ed il tam-tam mediatico attorno al fenomeno dei dettaglianti virtuali aveva condotto ad un crescente e significativo livello di aspettative da parte del pubblico. Nel Natale del 1999 Internet aveva contaminato a tal punto il rapporto tra individui e brand che "gli URL delle aziende venivano citati come primo contatto nell'80% delle comunicazioni di marca"[49]. La gente si stava avvicinando all'uso della carta di credito on-line ed una diffusa curiosità temperata dall'informazione aveva generato una sorprendente crescita dei consumi in rete.

Tuttavia molte delle promesse degli *e-tailer* sono state rapidamente smentite. I tempi eccessivi di scaricamento (in alcuni casi oltre i 45 secondi per accedere alla homepage), le consegne non puntuali, i servizi di assistenza telefonica scadenti, hanno prodotto un sostanziale raffreddamento degli iniziali entusiasmi. "Un test effettuato dalla Usa Snaphot nel gennaio del 1999 dimostrò che nessuno dei dieci brand di distribuzione al dettaglio virtuale era in grado di mantenere le sue promesse. Secondo BizRate.com, solo il 74% delle consegne avveniva puntualmente. Sui 34 milioni di ordini effettuati on-line, 8,8 milioni erano stati evasi in ritardo, l'80% dei clienti che usavano le connessioni domestiche aspettava mediamente venti secondi per il caricamento dei siti, i quali erano accessibili solo il 90% delle volte"[50]. Se a questi dati si aggiungono la fondamentale carenza dell'acquisto on-line sul versante dell'esperienza sensoriale e della relazione personale, fisica col venditore, insieme ad un ancora diffuso rifiuto culturale dell'ambiente telematico, si com-

48. M. Lindstrom, *cit.*, p. 12.
49. *Ibidem*, p. 13.
50. *Ibidem*, p. 14.

prende agevolmente la mancanza o la perdita di fiducia del consumatore verso l'*e-tailing*.

I clienti della rete sono corteggiatissimi e non perdonano: la marca on-line deve garantire, lo abbiamo visto, innanzitutto un servizio: informazione, affidabilità, rapidità. Altrimenti subentra il disamore, il ritorno alla fisicità dei punti vendita, il riavvicinamento alle marche tradizionali della concorrenza. La necessità imprescindibile di proporre un servizio efficiente ed efficace ha portato ad una naturale selezione dell'ambiente commerciale virtuale. I professionisti hanno saputo distinguersi dai dilettanti, i quali, nella maggiorparte dei casi sono stati costretti a cessare la propria attività.

La sfida lanciata da Internet al commercio fisico ha tuttavia introdotto nuova competitività tra le aziende ed i distributori. Si è compresa la fondamentale necessità di efficienza, gamma e selezione.

Si è presa consapevolezza che Internet può essere una straordinaria opportunità se gestita con gli strumenti e le competenze più appropriate o una tragica minaccia se sottovalutato. Che le marche rappresentano una eccellente risorsa per le imprese e che in casi estremi possono rappresentare un autentico salvagente per le aziende che operano su Internet. Che le efficienze distributive, la capacità di anticipare bisogni e desideri del cliente, il servizio, costituiscono obiettivi primari per la marca contemporanea, sia essa *on-line* oppure off-line.

Flagship stores "smaterializzati" consentono visite (occasionali e non) al territorio della marca senza doversi spostare dal proprio soggiorno. Può "capitare" di desiderare beni e servizi, casualmente, durante una serata di navigazione in Internet. Sono loro – i beni e i servizi – a venirci a cercare; e non siamo noi a muoverci per raggiungere il punto vendita o il centro di distribuzione. Nondimeno, bisogna avere una buona ragione per vistare spontaneamente un sito di marca, per mettersi in viaggio verso questa o quell'altra brand: di qui il carattere di servizio ed il grande valore d'uso che ogni *store* o vetrina virtuale dovrebbe avere.

Ogni impresa vorrebbe controllare il circuito di distribuzione dei propri marchi: ma la crescente liberalizzazione dei mercati riduce i margini di possibilità, in questo senso. Grazie ad Internet il produttore può agire come un dettagliante. Il consumatore può visitare i negozi monomarca on-line, senza le solite uscite verso il supermercato o il centro commerciale. Niente attese, niente ingorghi di traffico o barriere geografiche, assortimento illimitato, prezzi trasparenti. Secondo un'indagine effettuata dalla AC Nielsen nel 2000, un buon 15-20% dei consumatori preferisce acquistare on-line, anziché nei negozi fisici[51].

Fondamentalmente un sito web è un mega-store. Marche verticali come Ikea o Gap, oppure Nike attraverso NikeTown, hanno un grande privilegio:

51. *Ibidem*, p. 12.

quello di poter gestire la propria immagine ed i propri discorsi nei propri negozi, di poter costruire mondi immaginari, edificare architetture semiotiche e proporre stili di vita mediante "luoghi dedicati". Luoghi, cioè, dove tutto parla della marca e con la marca, dove si respira l'essenza della brand, dove il consumatore s'immerge in un bagno di comunicazione, di gusti, di valori e di segni assolutamente non casuale.

Il web consente ad ogni marca di avere finalmente il proprio mega-store, aperto giorno e notte, 24 ore su 24, tutto l'anno, festività comprese[52], e di coprire ogni angolo del territorio locale e – naturalmente – mondiale. Tuttavia, non si tratta soltanto di una efficiente "bancarella virtuale", non unicamente possibilità di vendite on-line. Certamente l'aspetto più eclatante del fenomeno è la prospettiva di grandi volumi d'affari assicurata dall'*e-commerce*. Questo garantisce crescita e sviluppo per le imprese di nicchia e di modeste dimensioni (come – ad esempio – piccoli produttori di vini pregiati) o per quelle altamente specializzate, e ad alto tasso di customizzazione dei prodotti (scarpe, abbigliamento, attrezzature sportive su misura), in cui il rapporto *vis à vis* col consumatore si rende centrale e proficuo. Anche se è nella logistica che sono naufragate poi una serie di iniziative avviate da piccoli produttori.

Ma al di là della vendita diretta, della pura e semplice merceologia, Internet rappresenta molto più che un luogo di transazione economica. È, piuttosto, uno straordinario canale attraverso cui veicolare i valori e l'identità della marca. È il vero fulcro della relazione, del dialogo e della complicità col consumatore.

52. "La spettacolare eliminazione del senso del tempo e del suo scorrere raggiunge la sua forma estrema negli acquisti on-line. Il 24-Hour Mall, per esempio, offre un paio di dozzine di negozi online attivi 24 ore su 24, in cui il 'navigatore' può vedere e fare esattamente le stesse cose in qualunque momento del giorno e della notte. Non essendoci indicatori temporali nel cyberspazio, si va alla deriva; può darsi, e anzi è alquanto probabile, che si perda il senso del tempo (e anche il proprio denaro!)... L'implosione dei tempi disponibili per gli acquisti ha creato un mondo incantato nel quale si possono fare acquisti 24 ore al giorno, 365 giorni l'anno". G. Ritzer (2000), *cit.*, pp. 179 e 190.

16. Globale e locale

16.1. Marche globali e marche locali

In un periodo di impetuosa globalizzazione[1] dell'economia hanno ancora spazio e futuro le marche locali?

1. La nozione di globalizzazione è fonte di grandi controversie e molteplici argomentazioni. Non soltanto fra l'opinione pubblica, ma anche negli ambienti accademici e scientifici. La grande discussione sulla globalizzazione ha ormai avuto inizio e non è certo tra gli obiettivi di questo scritto prenderne parte. Tuttavia, ci preme ricordare come – in termini di globalizzazione – il confronto tra posizioni opposte rimane molto acceso. Nessuna teoria sulla globalizzazione ha acquisito una posizione di autorità indiscussa e ci troviamo dinanzi ad una grande eterogeneità di vedute. È però possibile identificare, all'interno di questo dibattito, una sorta di linea di demarcazione tra i *globalisti* che considerano la globalizzazione contemporanea uno sviluppo storico reale e significativo e gli *scettici* che invece ritengono si tratti fondamentalmente di una costruzione ideologica, di un concetto assolutamente insoddisfacente e piuttosto marginale dal punto di vista esplicativo. Per gli *scettici* il termine "globale" non può essere interpretato letteralmente e, nello stesso tempo, non denota un fenomeno universale. In buona sostanza non ci sarebbe nulla di globale nella globalizzazione. Allora, il concetto di "globalizzazione" sembrerebbe essere poco più che un sinonimo di "occidentalizzazione" o "americanizzazione". Il discorso sulla globalizzazione è dunque visto come una specie di mito, utile per giustificare un "progetto neoliberista globale", cioè la creazione di un libero mercato mondiale ed il consolidamento del capitalismo angloamericano all'interno delle principali regioni economiche del mondo. Per gli *scettici* non c'è da sorprendersi se le discussioni sulla globalizzazione si siano tanto diffuse proprio in coincidenza dell'affermarsi di concetti come *deregulation, privatizzazione, programmi di adeguamento strutturale, governo limitato.* Il punto di vista dei *globalisti*, invece, respinge l'affermazione che il concetto di globalizzazione possa essere semplicemente considerato come una pura costruzione ideologica o come sinonimo dell'imperialismo occidentale. Costoro ritengono che il discorso sulla globalizzazione rifletta cambiamenti strutturali reali nella scala dell'organizzazioine sociale moderna. Questo sarebbe evidente – tra l'altro – nella crescita delle multinazionali e dei mercati finanziari di tutto il mondo, nella diffusione internazionale della cultura popolare e nella significatività del degrado ambientale globale. Per un approfondimento si vedano: G. Sapelli, *Antropologia della globalizzazione*, Bruno Mondadori, Milano, 2002; D. Held, A. McGrew, *Globalismo e antiglobalismo*, Il Mulino, Bologna, 2003; A. Hoogvelt, *Globalization and the Postcolonial World: The New Political Economy of Developement*, Macmillan, London, 1997; M. Albrow, *The Global Age*, Polity Press, Cambridge, 1996.

Forse è opportuno premettere che le marche globali – da Coca-Cola a McDonald's per intendersi – rappresentano ancora una assoluta minoranza. Una presenza inversamente proporzionale al gran parlare che si fa di loro. Marche globali forse non presenti, come vorrebbe la definizione di marca globale, in oltre duecento Paesi al mondo ma almeno ben distribuite nelle tre grandi aeree: Stati Uniti, Sud Est asiatico ed Europa. La realtà è rappresentata ancora da marche che hanno una significativa presenza a livello internazionale ma che sono tutt'altro che globali. Ad esempio: gran parte delle grandi griffes che hanno dato un importante contributo alla diffusione di goodwill per il made in Italy nel mondo sono tutt'altro che marche globali. La loro presenza è limitata ai Paesi del Primo mondo, così come capita a molte altre marche che ci sono familiari perché ci imbattiamo in queste negli shops degli aeroporti ma la cui distribuzione, al di là di questi, è poco più che simbolica.

Comunque, anche se ancora minoritaria, è la tendenza alla creazione di marche globali verso cui vanno inoltrandosi le superbrands – le grandi protagoniste dei mercati – a divenire egemone. E, allora, viene da chiedersi se il destino delle marche locali sia ormai segnato. Strategie come quelle di due giganti del largo consumo come Procter & Gamble o Unilever (quest'ultima ha dichiarato di voler ridurre in maniera significativa il proprio portafoglio di marchi locali per concentrasi sugli altri) renderanno indifendibili posizioni locali di leadership? Una considerazione che assume un particolare rilievo anche a fronte della globalizzazione della grande distribuzione. Globalizzare una marca significa – oltre agli indispensabili processi di traduzione culturale della stessa – che la marca deve poter mantenere i suoi valori di base, la sua filosofia e la sua essenza *worldwide*; che il posizionamento deve essere sostanzialmente identico nei diversi Paesi e – terzo aspetto meno vincolante – è che il target deve essere ovunque molto simile. Naturalmente la tipologia di prodotto che caratterizza la marca rappresenta un polo dialettico molto importante a fronte di una prospettiva di globalizzazione. Vi sono infatti prodotti *culture-free* (pensiamo a tutto il settore dei prodotti hi-tech) per cui i processi di globalizzazione sono più agevoli e quelli *culture-bound* (ad esempio tutto il settore alimentare) dove invece le differenze antropologico-culturali e storiche nei diversi Paesi possono costituire un ostacolo insormontabile. Anche se il paradosso è che le due marche globalizzate per eccellenza, a cui facevamo riferimento all'inizio di questo scritto, appartengono proprio a questo settore. Un altro importante fattore è il target a cui ci si rivolge: se questo è rivolto ad un preciso segmento demografico, ad esempio i giovani (si pensi a Nike, Levi's, Diesel) o ai segmenti socioculturalmente avanzati (Sony, Toyota) il processo di globalizzazione è più agevole. Sono soggetti che condividono più o meno gli stessi valori e stili di vita e di consumo, che si espongono a media molto simili (si pensi a MTV).

I vantaggi di una globalizzazione della marca – in luogo di competere con marche diverse in ogni Paese – sono più che evidenti. Le economie di scala che si riescono a realizzare – dalla produzione alla omogeneizzazione di tutte le leve di marketing (packaging, promozioni, merchandising, pubblicità ecc.) alla individuazione di posizionamenti vincenti – sono fatti oggettivi. Anche se si deve effettuare qualche marginale adattamento alle singole realtà nazionali (la quantità di dolcificante per Coca-Cola, qualche variante di menù per McDonald's[2]). Il poter trattare su posizioni di maggiore forza con una distribuzione che va, al pari, globalizzandosi non è, inoltre, un vantaggio da poco.

Ma il grande asset competitivo della marca globalizzata e l'*essence* della marca, la sua filosofia ed il forte presidio di un territorio semiotico e valoriale che è sempre più difficile individuare e sostenere poi con grande forza e credibilità a livello locale. Da tener ancora presente che competere, per una marca locale, con le grandi marche globalizzate che dispongono di tante risorse ed economie di scala può costituire un grosso handicap. Sullo sfondo inoltre un consumatore sempre più mobile che ama trovare, fuori dal Paese in cui vive, le stesse marche a cui è aduso sul mercato interno. Può darsi che il processo di omogeneizzazione dei consumi sia ancora di là da venire ma certamente è possibile trovare in ogni realtà nazionale un segmento assai simile a cui la marca globale può rivolgersi. Alcune marche globali hanno un giro d'affari ampliamente superiore al prodotto interno lordo di molti dei Paesi in cui sono diffuse. Le marche globali ci stanno abituando a una sorta di lingua franca – la loro lingua, la loro cultura – una specie di gramelot di antica memoria che taglia trasversalmente il Villaggio Planetario. Anche se sono molte evidenze che il *local taste*, l'adattamento alle culture locali stia divenendo un'area di crescente attenzione delle marche globali: è *glocal (gobal + local)* il neologismo che appare sempre più usato.

Eppure, a fronte di tutti questi oggettivi vantaggi delle marche globali lo scenario per le marche locali capaci di raggiungere una posizione di rilievo o ambizioni di egemonia sui mercati è tutt'altro che segnato. Soprattutto per quei settori dove sia più difficile raggiungere delle economie di scala od esistano forti connessioni con la cultura e la storia di un Paese. È certamente vero che le rendite di posizione divengono sempre più inefficaci ma un forte radicamento sul territorio rappresenta un vantaggio di non poco conto. Se andiamo a vedere nei diversi mercati, anche nei grandi mercati di massa, è agevole imbattersi ovunque in marche locali con posizioni di leadership: marche locali radicate da moltissimo tempo, quasi degli archetipi nei loro settori. Capita di osservare che anche i grandi player dei mercati mondiali siano venuti a patti con queste realtà, nel senso che hanno preferito procedere per acquisizioni di realtà locali considerate difficilmente scalzabili e di investire su questi marchi autoctoni piuttosto che impegnarsi in problematici ingressi delle

2. Ad esempio, Mc Donald's vende *Aloo tikka* a Bombay, *Teriyaki McBurgers* a Tokyo, *Flatbread McArabia* ad Amman e *Kosher Mc-Nuggets* a Tel Aviv.

loro super brand. Tra l'altro va considerato che – almeno per quanto riguarda il Terzo Mondo – il prezzo del prodotto in considerazione delle realtà economiche locali può rappresentare un potente dissuasore.

Anche nel settore dei servizi per l'impresa – il settore forse globalizzato per eccellenza – vi sono numerose eccezioni alla diffusione delle grandi marche globali: nel nostro Paese ad esempio la più grande agenzia di pubblicità (Armando Testa) è italiana, così come succede nelle ricerche di mercato (Eurisko) e nelle relazioni pubbliche (Barabino & Partners).

Infine, vogliamo ricordare un caso emblematico e particolarmente significativo, apparentemente un paradosso: in piena globalizzazione e mondalizzazione L'Oreal decide di "ribattezzarsi" L'Oreal Paris. Che l'identità locale stia diventando un vantaggio competitivo per una comunicazione davvero globale?

16.2. La traduzione culturale della marca/prodotto[3]

Molti anni or sono osservavamo come, trasferendo un prodotto o una marca da un Paese all'altro, soprattutto quando sono fortemente caratterizzanti il Paese di origine, l'operazione preliminare da condurre sia sempre quella di una loro *traduzione culturale*. Sottolineavamo come questo approccio fosse scarsamente praticato, vuoi per ignoranza, vuoi per sciovinismo culturale. Le imprese, nella maggior parte dei casi, esportavano prodotti, vendevano merci in mercati diversi da quello domestico senza preoccuparsi – così come erano invece abituate a fare per le etichette o le istruzioni d'uso – di tradurre, questa volta non più in termini linguistici ma di antropologia culturale, i loro prodotti. Gli anni sono trascorsi, oltre un quarto di secolo, ma non sembra che questo modo di procedere sia divenuto una prassi generalizzata. Tradurre culturalmente significa rendere comprensibili e adattare i significati o la marca per le nuove culture in cui questi verranno diffusi.

Spesso l'immissione di un prodotto in altri Paesi implica una perdita di quei significati che lo caratterizzano nella cultura che l'ha originato. Questi non vengono riconosciuti perché estranei al nuovo contesto in cui si diffondono. E così il prodotto, privato di senso, ha scarse probabilità di affermarsi se non riesce a sintonizzarsi con il nuovo contesto.

Talvolta beni concepiti in culture diverse si diffondono fuori di queste acquisendo invece nuovi significati, innovando profondamente in quelli originali che li caratterizzano nelle aree di provenienza. L'acquisto non si giustifica più, allora, per le motivazioni che ne sottendono l'adozione nel sistema che lo ha generato in quanto portatore di diverse connotazioni, di nuove raffigurazioni simboliche che risulterebbero inintelligibili nella cultura origina-

3. Ci sia permesso di riprendere, con alcuni adattamenti, un brano di G. Fabris (1995), *cit.*

ria. Oppure che, pur venendo correttamente decodificate, non risulterebbero appetibili.

Il mito di una progressiva omogeneizzazione dei Paesi industriali avanzati e, tendenzialmente – poiché questi esercitano un'egemonia culturale per gli altri Paesi – di gran parte del mondo è durato a lungo. Le fortissime differenze che permangono nei Paesi europei – che pure si sono dati strutture sociopolitiche ed economiche comuni e in cui è in atto una tensione all'abbattimento delle frontiere non solo doganali – rappresentano un buon indicatore delle difficoltà strutturali che incontra e incontrerà questo processo. L'introduzione dell'Euro ha certamente conseguito un risultato importante ma non è certo sufficiente. Ogni entità nazionale fa tutt'ora in gran parte storia a sé: per lingua, costumi, abitudini, atteggiamenti e comportamenti. La complicata storia del nostro Vecchio Continente con il suo retaggio di inimicizie e di alleanze protrattosi per secoli; le differenze geografiche e climatiche esistenti tra il Sud del Mediterraneo e il Nord continentale, tra la costa atlantica e le rocciose isole dell'Egeo; la diversa influenza esercitata dalle differenti versioni della stessa religione cristiana che pure costituisce storicamente l'unico elemento unificante del Continente, sulla morale e sul costume; le differenze linguistiche; l'inuguale tasso di sviluppo economico e la diversa congiuntura che caratterizza i diversi Paesi fanno sì che la gamma di atteggiamenti e di comportamenti che si riscontrano all'interno della Comunità sia ancora estremamente vasta e differenziata. È certamente vero che sono in atto processi di omogeneizzazione per cui le stesse marche si trovano ormai praticamente dappertutto; che si assiste a un crescente sincretismo gastronomico; che le stesse differenze nell'abbigliamento, un tempo tanto vistose, tendono ad annullarsi. Spesso chi circola nella *main street* di una cittadina di provincia si trova davanti a negozi che sono praticamente uguali per i prodotti stessi e per le loro marche (oltre che, sempre più, per le insegne dei negozi) in tutta Europa. Tanto che, a volte, si è soggetti a una specie di "vertigine" da spaesamento: non si riesce a capire in quale Paese ci si trovi. Ma, ripetiamo, in gran parte dei settori merceologici e dei segmenti in cui si suddivide la popolazione le differenze tendono in genere a superare ampiamente le aree di convergenza. Alla stessa stregua molti eventi tagliano trasversalmente ormai non solo il Vecchio Continente ma tutto il pianeta: dai grandi concerti in mondovisione ai mondiali di calcio o ai giochi olimpici, dalle *news* della CNN ai grandi concerti itineranti delle rockstar, dalle hit musicali ai serial televisivi, dai format TV alle telenovelas, dai best-seller alle campagne pubblicitarie.

Si era parlato, in un recente passato, di fine della geografia: un processo che sembrava procedere di pari passo con la fine, anch'essa annunciata, delle ideologie. Il crollo dell'impero sovietico appariva come il detonatore di entrambi i fenomeni. Un mondo in cui i confini degli Stati divenivano sempre più labili per lasciare al posto a una crescente integrazione in aree socioeconomiche omogenee: appunto la UE, il NAFTA, l'APEC per i Paesi del Pacifico e via dicendo. Ma la dissoluzione dell'URSS sembra invece aver coinciso con il riemergere dei nazionalismi, del tribalismo, del fanatismo religioso, dell'integralismo, del terrorismo.

Molte grandi imprese multinazionali hanno ormai, da tempo, abbandonato la pretesa di una stessa campagna pubblicitaria a livello planetario. L'enfasi adesso è sul *local taste* o sul *local flavour* che deve coniugare la strategia globale di comunicazione alle singole realtà nazionali. Mentre il cambiamento sociale si manifesta in maniera assai simile a livello transnazionale nei soggetti più in sintonia con il nuovo – tanto che i trend setter hanno comportamenti, atteggiamenti, orientamenti all'azione omologhi quasi indipendentemente dal Paese in cui risiedono – nei segmenti più tradizionali, che sono espressione della storia pregressa e delle differenze del passato, la diversità è ancora largamente prevalente. Esiste in Italia, come in Svezia o in qualsiasi altro Paese del mondo, un segmento che potremmo definire come *arcaico*: ma gli arcaici italiani o svedesi o giapponesi hanno valori, quotidianità e stili di vita estremamente diversi. Gli *innovators* che troviamo ugualmente nei diversi Paesi (il segmento più in sintonia con il nuovo che avanza, con una maggiore propensione a considerare il nuovo come un'opportunità e non un rischio) continueranno a leggere per ragioni linguistiche quotidiani diversi – in Italia *Il Sole 24 Ore* e *La Repubblica*, in Spagna *El Pais*, in Francia *Libération* e *Le Monde*, in Gran Bretagna *Guardian* e *The Independent*, in Germania la *Frankfurt Allgemeine Zeitung* e via dicendo: la realtà dei satelliti, Internet e l'inglese come lingua universale cambieranno ben presto anche questa realtà – ma hanno abitazione, impiego del tempo libero, stili alimentari, sistemi di valori estremamente simili. Le affinità sono di gran lunga maggiori in questi segmenti transnazionali che fra segmenti contigui in uno stesso Paese.

Si supera l'apparente contraddizione tra l'approccio planetario unificante e l'enfatizzazione delle singole realtà nazionali proprio mediante la considerazione di *segmenti globali* che tagliano trasversalmente, condividendo gli stessi valori e gli stessi stili di vita, i diversi Paesi.

L'impresa, comunque, non può limitarsi semplicemente a esportare, ma dovrà impegnarsi nel complesso lavoro di *trasposizione di significati* da un contesto che ha cultura e vissuti del prodotto diversi, caricando la marca di nuove connotazioni simboliche in modo da renderlo intelligibile e coerente e stimolante rispetto ai valori e stili di vita dei nuovi target. Si tratta, del resto, di un'applicazione, in un contesto più ampio, di quella costante tensione al *fine tuning* di cui abbiamo detto nei precedenti capitoli.

Ostano, a questo modo di procedere, la scarsa consapevolezza dell'impresa di vendere non solo prodotti e servizi ma anche *significati, simboli, brani di storia e di cultura*. A questa ignoranza, soprattutto nei grandi gruppi multinazionali, si somma o si sostituisce un'arroganza di fondo da cui traspare una mai sopita vocazione all'imperialismo economico e culturale. Anche a chi dispone di grandi risorse ed è in grado di effettuare massicci investimenti può risultare difficile, se non impossibile, introdurre un prodotto senza i necessari adattamenti. Talvolta le differenze culturali sono così accentuate da rendere impossibile un'affermazione del prodotto indipendentemente dall'entità delle risorse profuse.

Ricordiamo al proposito un episodio – l'esemplificazione potrebbe essere infinita: facciamo menzione a questo perché allo stesso accadimento fa riferimento Levitt in Marketing Imagination[4], la differenza è che uno degli autori di questo libro ha vissuto da un'altra prospettiva questa esperienza – ormai lontano negli anni, espressivo però dell'etnocentrismo e dello stolido imperialismo culturale che, in un certo periodo storico, l'industria americana cercò di imporre al mondo. I manager di una grande multinazionale di quel Paese ci chiesero (erano gli anni Sessanta) un contributo nella messa a punto di una strategia per introdurre una lavatrice semiautomatica, a due vasche, sul mercato italiano. Preparammo un documento sottolineando come non vi fosse alcuna possibilità di successo per un prodotto del genere: il consumatore italiano si era ormai abituato alle lavatrici automatiche a una vasca, di ridotte dimensioni e di prezzo contenuto. La donna italiana era stata felice di delegare interamente alla macchina un compito faticoso, riconoscente verso l'industria ("*Grazie, Candy*") che le aveva restituito il tempo da dedicare ad altre incombenze per la famiglia – l'aver più tempo per se stessa subentrerà in un periodo successivo, quando il processo di emancipazione legittimerà la donna a pensare anche a se stessa sollevandola da residui sensi di colpa – e avrebbe percepito come un tornare indietro lo svolgimento di operazioni manuali[5]. Anche per le non utenti il modello a cui aspirare era sempre la lavatrice automatica. Candy e Castor (quest'ultima allora con delle innovazioni tecnologiche in fase di asciugatura – una centrifuga *spin drier* e *tumbler drier* – che la ponevano all'avanguardia nel mondo) erano inoltre due industrie del mercato domestico ormai largamente consolidate che avevano imposto al consumatore i loro standard della qualità. La risposta dei nostri interlocutori e committenti fu di tutt'altro tenore; poiché negli Usa era questo il modello più diffuso e anche la massaia italiana si sarebbe prontamente adeguata. Fu, naturalmente, nonostante la buona qualità della comunicazione, un tonfo di proporzioni colossali.

16.3. Delocalizzazione produttiva

Forse pochi fenomeni come la delocalizzazione produttiva – in Paesi del terzo Mondo, nell'area ex Socialista, nel Sud Est asiatico: laddove cioè i sa-

4. T. Levitt, *Marketing Imagination*, Sperling & Kupfer, Milano, 1990.

5. Per un approfondimento sul ruolo svolto della pubblicità e della marca nell'emancipazione femminile dalla figura tradizionale di "Angelo del focolare" si veda L. Minestroni, *Casa dolce casa. Storia dello spazio domestico tra pubblicità e società*, FrancoAngeli, Milano, 1996.

lari sono bassi e le leggi e l'imposizione fiscale favorevoli – esprimono con tanta trasparenza la *tendenza della marca a svincolarsi dal mondo materiale delle merci*. Sino al deciso prevalere, su queste, della propria componente intangibile, immateriale.

Una parte significativa delle grandi marche sta portando alle estreme conseguenze – inimmaginabili sino a un recente passato – la strategia di esternalizzare una parte importante della produzione. La cultura della fabbrica, degli stabilimenti, della manifattura – un tempo indissolubilmente connessa alla marca – tende adesso a sfilarsi dal suo patrimonio genetico. Se, in una prima fase, era comunque la marca a farsi diretto carico in prima persona della produzione – con propri stabilimenti sia pure in zone del mondo diverse rispetto ai luoghi in cui erano originariamente fabbricati i suoi prodotti – adesso l'orientamento, in molti settori produttivi, è a spingere la marca ben oltre la distanza rispetto ai luoghi della produzione. Nel senso che una parte consistente della fabbricazione – tendenzialmente tutta – viene affidata ad appaltatori e subappaltatori che devono attenersi a rigorosi standard ma responsabilizzarsi in toto dell'intero processo produttivo e dei rapporti con la mano d'opera locale. Se il più illustre paradigma storico era rappresentato dalla Coca-Cola adesso la lista dei marchi, per cui una parte consistente della produzione è affidata all'esterno, va allungandosi sempre di più: da Nike a Levi's, da IBM a General Motors sino alle griffes più prestigiose. La marca può adesso concentrarsi sul suo specifico – l'innovazione, la sperimentazione, la creatività, il controllo della qualità – e rafforzare in maniera decisiva il suo allontanamento dal mondo delle merci. La tendenza alla dematerializzazione della marca, che abbiamo più volte sottolineato, appare adesso rivelarsi in tutta la sua portata.

Il territorio della marca si trasferisce dalla fisicità delle merci alla semiosfera, al presidio nella mente del consumatore. La *share of mind* va sostituendo, nelle strategie della marca, quello che, un tempo, era l'imperativo categorico della *share of market*. La marca rafforza così il suo nuovo statuto epistemologico: l'essere oggi, soprattutto, un plesso di valori, di segni, di emozioni, di stili di vita. In grado di trasformare in materiale prezioso le merci a cui si giustappone.

Se la fabbrica, ed il mondo della produzione, si allontana dall'orizzonte della marca, il punto vendita – che, se inteso in termini di comunicazione, si trasforma in uno dei fattori privilegiati per la creazione di un sistema di segni – tende invece ad entrarvi. La creazione o il potenziamento di catene di negozi monomarca – dove la marca può esprimere al meglio il suo mondo, la sua filosofia, i suoi significati – diviene oggi uno degli obiettivi prioritari per molte marche. In questa ottica il negozio non è più solo il luogo fisico dove si vendono merci ma, soprattutto, un medium altamente semantizzato di comunicazione della marca. Il negozio, cioè, riesce a vendere perché, proprio in questo contesto, la marca si può esprimere al meglio: con quei significati e significanti che le sono propri e che non deve rendere opachi con altre presenze. Alleggerita dai compiti produttivi, e coinvolta nella gestione dei punti vendita, la distinzione tra marca industriale e commerciale (o d'insegna) sembrerebbe appannarsi. Ma è solo apparenza. Perché l'invenzione dei prodotti – soprattutto come attività creativa e di ricerca –, la responsabilizzazione sulla qualità, la messa a punto di strategie di marketing e di comunicazione restano ancora le dimensioni distintive della marca industriale del nuovo millennio.

16.4. La sorprendente fragilità dei mercati globalizzati

L'epidemia Sars – che ha avuto una grande visibilità dei media salvo poi, prontamente, dissolversi con altrettanta velocità – offre molti motivi di riflessione sul fronte dei consumi. Anzitutto la *fragilità dei mercati globalizzati*. Una delle metafore più usate, per descrivere la società complessa in cui viviamo, è il battito delle ali di una farfalla a Tokio che può provocare un terremoto a San Francisco. Creando effetti devastanti: la California è zona altamente sismica e a San Francisco si vive in costante attesa del *big one*. In una società complessa e globalizzata tutto è interconnesso con tutto, in un gigantesco sistema di vasi comunicanti. Un evento lontano e marginale può quindi moltiplicarsi con incrementi esponenziali e generare effetti catastrofici in altre parti del mondo. Ciò che è successo nella primavera del 2003 sui mercati ne è la più tangibile testimonianza. Sono entrati in crisi interi comparti: il lusso nel lontano Oriente ha fatto registrare flessioni a due cifre, i viaggi verso l'Oriente sono stati sconvolti creando crisi drammatiche per gli operatori specializzati in quelle tratte, i ristoranti cinesi – la forma di ristorazione più diffusa nel mondo – sono divenuti desolantemente deserti. Addirittura le associazioni dei consumatori hanno preteso il bando di prodotti fabbricati in Cina. Un fenomeno analogo come l'undici settembre – ancora più circoscritto geograficamente anche se con un una valenza politico sociale ben maggiore – provocò una crisi generalizzata e planetaria nei consumi. Che, in molti settori, perdura tutt'ora.

Una seconda considerazione da trarre è l'effetto potentissimo di diapason che i media svolgono in queste circostanze. L'enfasi e lo spazio che hanno dedicato all'epidemia è sconcertante: in realtà i decessi imputabili alla Sars – in due mesi, su scala mondiale – sono inferiori a quelli rilevati sulle strade italiane durante il ponte pasquale ed infinitamente più contenuti rispetto alle centinaia di migliaia di morti che si registrano ogni anno per polmoniti non virali. Molti media, inoltre, hanno insistito ad evocare gli scenari peggiori: una pandemia universale nel caso della Sars, le prime avvisaglie di un'era di terrorismo generalizzato e di un inevitabile scontro di religioni e di civiltà a seguito delle Twins. L'effetto deterrente sui consumi è immediato: a cominciare dai viaggi che rappresentano la più emblematica e qualificante tipologia di consumi dell'individuo moderno.

Una terza considerazione è il prepotente ritorno, il generale disvelarsi – sullo scenario delle grandi marche – dei luoghi di produzione, che sono stati quelli coinvolti più direttamente dalla Sars e che sono divenuti rapidamente off-limits. Una dimensione, quella della delocalizzazione produttiva, che la marca ha sempre cercato di non porre in troppa evidenza. Il consumatore apprende ora che le griffe più amate, le mitiche scarpe sportive, i videogame, i telefonini, i computer, gran parte dei prodotti hi-tech vengono da quelle parti del mondo che avevano inizialmente censurato anche l'esistenza del virus. Accanto al volto sfavillante, seduttivo ed oblativo che la marca ha creato si scorgono risvolti meno rassicuranti. Come sospetti e non prestigiosi luoghi di produzione, estranei ai valori della marca e per di più compromessi dall'inquietante sindrome della caccia all'untore.

Le grandi marche che negli ultimi anni si erano, agli occhi dei consumatori, svincolate dai condizionamenti produttivi, dalla cultura della fabbrica, rilevano invece, con trasparenza, la dipendenza dai luoghi di produzione. Per molte è andata improvvisamente in crisi la filiera degli approvvigionamenti. La marca era diventata, negli ultimi anni, del tutto soft. Gli impianti produttivi, i lavoratori, i conflitti di lavoro, le relazioni sindacali, gli scioperi, le rivendicazioni salariali – che erano stati come rimossi nel nuovo patrimonio genetico della marca – riemergono, in queste particolari circostanze, come inquietanti presenze. La marca si riconnette alla fabbrica. E la scappatoia messa in atto dalle grandi multinazionali – disporre di presidi produttivi in aree geografiche diverse dove la forza lavoro costa meno (il Sud est asiatico, i Paesi ex comunisti, il Medio Oriente, l'America Latina) da attivare e disattivare a seconda delle condizioni economico politiche e doganali – a fronte di accadimenti globali, come l'estendersi di un virus killer che non rispetta le frontiere, mostra, sino in fondo, la corda.

16.5. Due settori emblematici: l'alimentazione e la moda

Troppo spesso le marche italiane incontrano serie difficoltà nei processi di globalizzazione. Si tratta, purtroppo, di scenari ricorrenti. Che sembrano inevitabilmente legati alla prospettiva di veder decollare, verso altri lidi, i gioielli della nostra economia. Quelli, tra l'altro, che più contribuiscono a qualificare nel mondo l'immagine del nostro Paese. Ciò che è successo nell'alimentare – un altro dei settori trainanti del *made in Italy* dove molti dei marchi più prestigiosi sono ormai saldamente nelle mani di gruppi stranieri – legittima almeno l'ipotesi che qualcosa del genere possa succedere anche per la moda. E che, come nel *food*, le marche italiane vengano usate per sfruttare, con ben altri investimenti ed obiettivi strategici, la desiderabilità che il prodotto italiano, in questi settori, internazionalmente riscuote. Sembra verificarsi il paradosso che il *made in Italy* – anche nelle sue espressioni più significative –

finché gestito dalle imprese nazionali si limiti a raccogliere una ben piccola frazione del credito che gli viene concesso. Mentre, in mano d'altri, si mietano messi ben più consistenti. Varrà la pena ricordare che gli stessi grandi marchi alimentari del nostro Paese, prima delle acquisizioni, erano confinati sul mercato domestico oppure, nei casi di eccellenza, distribuiti prevalentemente nei canali etnici.

Un frequente motivo di disappunto è stato, in questi anni, constatare quanto poco e male l'industria alimentare nazionale riuscisse a sfruttare una virtuale rendita di posizione di straordinario interesse. Da qualche tempo indagini transnazionali sui consumatori indicano infatti il primato dell'*italian food* sulle altre cucine. Compresa la titolatissima cucina francese che, da sempre, era stata in vetta alle preferenze. Il goodwill per il modo italiano di mangiare si fonda sull'apprezzamento del sapore, la naturalità/freschezza degli ingredienti, l'eccellente qualità delle materie prime, la semplicità delle ricettazioni, la forte connotazione di salubrità. Quest'ultima, qualche anno fa, aveva internazionalmente promosso a livello di eccellenza la cucina del nostro Paese per le sue strette parentele con la dieta mediterranea. Uno scenario tanto favorevole, anziché determinare la forte internazionalizzazione delle imprese italiane del settore, ha prodotto invece un fenomeno opposto. L'acquisizione crescente, da parte delle grandi multinazionali, di gran parte delle marche alimentari italiane più prestigiose.

Controcorrente l'acquisizione, da parte di Barilla, dapprima di una marca conosciuta internazionalmente come la svedese Wasa e successivamente di altri brand come Misko, Filiz, Vesta, Yemina. Qualche decennio fa l'esempio lo aveva dato Pietro Barilla ricomperandosi l'azienda che aveva ceduto agli americani della Grace. Tra l'altro, Barilla è la prima marca di pasta nel difficile e competitivo mercato americano.

Nella stessa direzione l'annuncio di Gilberto Benetton dell'apertura di nuovi ristoranti Spizzico in Europa. Spizzico opera nel settore della ristorazione veloce. Il prodotto base è il trancio di pizza cui si accompagnano altri alimenti prevalentemente della tradizione mediterranea. Già presente in Spagna ed in Francia, i programmi sono di una rapida espansione in molti altri Paesi europei.

Più volte, considerando il successo e la diffusione mondiale della pizza, abbiamo avuto occasione di deprecare come ormai questo italianissimo prodotto si fosse internazionalizzato a tal punto da perdere i legami con il suo Paese d'origine. Come il gigantesco business della pizza fosse ormai saldamente nelle mani di grandi multinazionali aggressive e creative e di una miriade di piccoli artigiani. La pizza è un prodotto straordinario: è l'alimento solare e mediterraneo per eccellenza. È semplice e naturale nei suoi ingredienti, nutrizionalmente equilibrato e sano, si presta ad una quantità di elaborazioni, veloce per la preparazione. Molti ignorano che il più diffuso fast food, persino negli Usa, sia proprio la pizza e non l'hamburger. Che sia un'azienda italiana a cimentarsi adesso con la pizza, con un prodotto di qualità e con un *made in* particolarmente prestigioso sui competitivi mercati esteri non può che essere motivo di soddisfazione. Soprattutto quando osserviamo la rapida espansione di McDonald's nel nostro Paese, marchio al quale l'acquisizione di Burghy da parte di Cremonini ha messo le ali ai piedi. Preoccupazioni che sarebbero anacronistiche in un'epoca di progressiva globalizzazione dei mercati se non fosse che promuovere una proposta alimentare tanto diversa dalle nostre tradizioni ha un significato ben diverso che vendere, mettiamo, una polvere per lavare messa a punto all'estero. Ad essere a rischio, con la diffusione di stili alimentari tanto diversi dai nostri, sono brani della cultura materiale, della stessa identità del nostro Paese. Non è certo un caso che preoccupazioni per la "*macdonaldization society*"[6] siano oggi espresse in tanti Paesi che pure non hanno le nostre tradizioni alimentari. Preoccupazioni ma anche frustrazione perché nessun imprenditore del nostro Paese è riuscito a coniugare l'eccellenza del servizio – e forse il rapporto prezzo/qualità – di McDonald con le consuetudini alimentari del nostro Paese.

L'espansione di Spizzico, in Italia e sui mercati esteri, è da guardare quindi con doppia soddisfazione. Perché si contrappone alla colonizzazione del fast food in casa nostra. Perché tenta di rimettere la bandierina del nostro Paese su di un prodotto che ci è stato scippato da lungimiranti multinazionali. Spizzico deve confrontarsi con una competizione internazionale agguerritissima e capillare che ricorre a sofisticate leve di marketing. Pizza Hut, oltre che per varianti ingredientistiche e di gusto immesse a getto continuo, ha registrato uno straordinario successo per la *Stuffed Crust* ed il *Triple Decker*. Domino's, la seconda maggiore catena di pizze al mondo, ha avuto qualche problema perché la competizione sui tempi di consegna a domicilio stava procurando incidenti stradali a catena. Little Caesars, in un mercato come quello americano vale circa 25 miliardi di dollari, si è da anni caratterizzata per essere uno dei più geniali e creativi inserzionisti pubblicitari. Forse dispiace un poco che non siano le tradizionali aziende alimentari a cogliere, sia pure su mercati così competitivi, opportunità tanto interessanti. Ma è una straordinaria garanzia di successo che Spizzico faccia capo ad una famiglia abituata a giocare, *rara avis* nel nostro Paese, da protagonista sulla scacchiera mondiale.

Ma l'alimentare non è l'unico settore emblematico, in questo senso. La crescente attenzione di un grande gruppo francese, come quello di Bernard Arnault, verso la moda italiana fa tornare di attualità scenari purtroppo ricorrenti. Può darsi che le ambizioni di Arnault che, non dimentichiamo, può contare sulle risorse di un colosso come Lazard, si siano esaurite nella partecipazione a Gucci. Ma è certo che voci ricorrenti di marchi italiani in attesa del migliore offerente e, d'altra parte, le difficoltà dimostrate nel cogliere a

6. Per un approfondimento si veda: G. Ritzer (1997), *cit.*

fondo le opportunità della globalizzazione – in un settore che ha il privilegio di costituire una delle voci più importanti della nostra bilancia commerciale – rendano credibile uno scenario che veda i tasselli più pregiati del *made in Italy* prendere altre strade. Sono molte le ragioni a far ritenere non peregrina un'ipotesi siffatta.

La moda ha sempre goduto di pessima stampa presso i responsabili delle politiche economiche del nostro Paese. Una persistente ideologia pauper(popul)ista; la diffidenza – sovente l'anatema – nei confronti del lusso e dei suoi prodotti; il radicamento di una visione ipersemplificata e caricaturale – una sorta di carrozzone frizzi e lazzi – della moda; una concezione paleoindustriale all'insegna del primato dei settori "pesanti" hanno sottratto a questo comparto quelle doverose politiche di sostegno che avrebbero potenziato la domanda interna. E, soprattutto, rappresentato il necessario volano per le esportazioni.

Penalizzano il sistema le scarse risorse finanziarie disponibili per le strategie di globalizzazione. A cui si può rispondere non certo ipotizzando *ensembles* improbabili di grandi marchi ma, semmai, concentrazioni finanziarie. Oppure attingendo risorse, da *public company*, sul mercato azionario. Anche la vocazione recente ad accorciare la filiera producendo in proprio appare, per molti versi, anacronistica. Non dimentichiamo che uno dei motivi di successo della moda italiana va ravvisato proprio nell'incontro, e la stretta collaborazione ciascuno nel proprio ruolo, tra il mondo dello stilismo e l'industria.

Il comparto dovendosi confrontare, sul mercato interno, con un consumatore particolarmente esigente e selettivo in fatto di abbigliamento ha potuto godere di una palestra impegnativa per affilare le sue armi. Risultando, anche per questo, vincente sui grandi mercati internazionali. Il contrario si è verificato invece sul fronte della distribuzione. Laddove l'atipicità del nostro Paese – con la sua struttura ipertrofica di boutique e negozi al dettaglio – non ha certo facilitato la creazione di strutture in grado di dialogare con la distribuzione moderna altrove largamente egemone.

La struttura ancora da prima generazione di molte delle aziende del settore, tra l'altro con problemi successori di non poco conto, rende ancora più indifeso – di fronte alle nuove sfide – il sistema italiano della moda. E, soprattutto, il carisma, la genialità, la professionalità, il fascino, la seduttività dei grandi stilisti ha finito per ostacolare, in molti casi per impedire, la sempre delicata ma indispensabile transizione nella conduzione delle aziende da una fase imprenditoriale ad una manageriale. Con tutta una serie di importanti eccezioni la struttura del management risulta fragile e non sempre all'altezza del giro di affari e del ruolo che queste imprese rivestono sullo scacchiere mondiale. D'altra parte è uno dei pochi settori questo in cui le esperienze manageriali maturate in altri comparti sono meno trasferibili. L'aver importato, ad esempio, manager che si erano fatte le ossa nel settore pure ipercompetitivo dei beni di largo consumo non sempre ha funzionato. Capita così che lo stilista demiurgo finisca per essere coinvolto e responsabilizzato in scelte che implicano altro tipo di competenze. La cattiva utilizzazione di alcune leve del marketing, o la loro latitanza, va in parte ascritta a questo ordine di problemi. Anche nelle pur importanti *joint venture* – costruite negli Usa o nel Sud Est Asiatico – la regola è che la definizione delle strategie di sviluppo sia quasi interamente affidata nelle mani del partner o importatore.

Quanto le griffe del settore sono state incredibilmente brave nello stilismo e nella concezione dei prodotti, tanto sono state distratte nel creare, attorno ad essi – dalla pubblicità ai punti vendita – mondi distintivi, universi semiotici, presidi esclusivi e caratterizzanti nell'immaginario collettivo. Un plesso di valori che dovrebbe rappresentare il più autentico capitale della marca.

16.6. Il riscatto del locale: marche e marchi d'origine

Abbiamo ancora in mente quando, anni fa negli Stati Uniti, degli amici ordinarono a cena dello champagne. Il cameriere portò una bottiglia dove campeggiava la scritta champagne, una marca a noi sconosciuta e, ben evidente, la provenienza californiana. La sorpresa fu solo nostra. Perché i nostri ospiti mostrarono di apprezzare molto, con una punta di compiaciuto sciovinismo, quel palese apocrifo. Si è ricordato l'episodio perché si riferisce ad un prodotto francese ed in quel Paese, a differenza del nostro, si è sempre stati assai attenti a difendere i propri gioielli. Ma anche per sottolineare come, nel campo della tutela della denominazione di origine, ha sempre regnato una notevole approssimazione. Ciò che è severamente interdetto in alcune parti del mondo può essere invece in altre – dove esistono diverse convenzioni internazionali – del tutto lecito.

I provvedimenti della UE relativi ai prodotti DOP – prodotti a denominazione d'origine protetta – segnano un importante contributo per far ordine in questo magma legislativo. Per evitare iniqui scippi di prodotti profondamente radicati in limitate aree geografiche. È vero che la normativa UE ha validità soltanto in Europa. Che la quantità di prodotti in lista di attesa, circa 2000, rischia di produrre un'overdose di marchi di origine. Che esiste un'equivocità di fondo in merito alla possibilità di poter comunque aggirare l'ostacolo producendo surrettiziamente imitazioni dei prodotti DOP destinate a Paesi extraeuropei. Ma si tratta comunque – anche se la parte del leone, come al solito, è toccata alla Francia che si è portata a casa il triplo delle certificazioni rispetto a quelle concesse all'Italia – di un fatto di cui rallegrarsi. È infatti proprio un Paese come il nostro, dove esiste un ricchissimo patrimonio di prodotti tipici – un vero e proprio giacimento culturale – che potrebbe ricavare, maggiori vantaggi.

Questa nuova normativa, tra l'altro, vede la luce in un momento in cui l'*italian food* riceve, nel mondo, importanti riconoscimenti. Per cui, sulla scia di questo generalizzato goodwill, si potrebbero prospettare inedite possibilità di commercializzazione di alimenti tipici del nostro Paese. La cucina italiana e quella giapponese rappresentano infatti, internazionalmente, i due più importanti fenomeni emergenti. In declino appare invece la cucina francese che, da sempre, aveva detenuto un indiscusso primato. A quest'ultima si imputa adesso un eccesso di elaborazioni e di condimenti *versus* la naturale semplicità ed oralità delle due cucine emergenti. Una reputazione gastronomica, quella italiana, solo in minima parte sfruttata commercialmente. E che, sino ad ora, le grandi aziende – forse anche per la sovrabbondanza di prodotti tipici – hanno sovente snobbato. Lasciando questo patrimonio spesso nelle mani di piccole marche e di produttori artigiani. Pensiamo, tra l'altro, che conseguenze avrebbe potuto avere la tutela di denominazioni come pizza o pasta. Per la pizza – lo abbiamo visto – si è ormai perso il legame con il Paese d'origine. Per la pasta si sono accreditate, sullo scenario mondiale, marche con improbabili nomi italiani.

C'è da chiedersi che tipo di suggestione eserciti sul consumatore il marchio di origine. Considerando che, in alcuni casi, i prodotti a cui viene apposto sono firmati da marche che dovrebbero essere in grado, da sole, di garantire la qualità. Ebbene, nonostante le apparenze – di vantaggio, esclusivo o quasi, a livello competitivo – il consumatore guarda con interesse alle garanzie aggiuntive che marchi come DOC, DOP, IGP sono in grado di conferire. Per molti prodotti alimentari la conoscenza del luogo di provenienza viene percepita come un avallo ulteriore. Ed, in alcuni casi, come rilevante certificazione di qualità. Il fatto che un prodotto provenga da zone che, da sempre, sono considerate vocate a determinate produzioni; dove è diffuso un sapere che si perde nella notte dei tempi; dove esiste un habitat zooagricolo particolarmente adatto sta occupando un posto di rilievo tra i parametri della qualità.

Ma il favore con cui il consumatore guarda a questa tipologia di marchi, l'attenzione alla zona di produzione, rivela anche una tendenza più profonda. Che è quella di un interesse nuovo per prodotti che si riscattano dall'anonimato produttivo delle grandi marche industriali. Che sono certamente riuscite a garantire la qualità ma sradicando il più delle volte gli alimenti dalla tradizione storica, antropologica ed insediativa da cui hanno tratto origine. Oppure hanno creato in laboratorio prodotti magari eccellenti ma orfani di storia e di radicazione. Può darsi che si cominci anche ad essere stanchi dei prodotti del villaggio globale. E che quelli del villaggio *tout court* esercitino nuove fascinazioni. Ciò che è certo è che l'interesse per i prodotti tipici trascende l'attuale contingenza dei marchi DOP e segna un ulteriore importante fase nell'evoluzione dei modelli di consumo.

17. Nuovi orizzonti: etica e responsabilità sociali

17.1. Etica e responsabilità sociale

La marca contemporanea sta entrando in una nuova fase del suo ciclo evolutivo. Un ciclo che – come abbiamo osservato – prende avvio con l'orientamento al prodotto, si sviluppa poi con l'orientamento al mercato per avvicinarsi infine al consumatore. Si tratta di una transizione piuttosto significativa, in cui il branding incarna spessori e profondità sconosciuti fino ad un recente passato e pare voler rispondere, con grande attenzione e sensibilità, alle attese di un interlocutore che si rivela sempre meno "acquirente" e sempre più individuo. Tutto questo non è affatto casuale: il marketing contemporaneo può considerarsi come una scienza essenzialmente evolutiva. Le sue regole si adattano incessantemente alla messa a punto dei suoi stessi strumenti, sempre più sofisticati, sempre più efficaci. Ma soprattutto si adattano senza sosta al continuo mutare della sua "materia prima": il consumatore. Si tratta di un *marketing in movimento*, come l'ha definito Philip Kotler[1], che è costantemente rimesso in causa, attraverso nuove missioni e nuove pressioni.

Man mano che capitalismo e mercati crescono in complessità, interconnessioni e dimensioni, man mano che il pubblico acquisisce maturità di consumo, si fa vigile, esigente, esperto si delineano problemi inediti. Problemi di sistema, di gestione prospettica e duratura delle risorse e delle imprese, questioni di regole e di statuti più o meno vincolanti.

La marca sta forse divenendo simile alla Fatina dai Capelli Turchini tutta bontà, oblatività, e disinteresse? Niente di meno vero. La responsabilità sociale diviene espressione della cultura d'impresa seppur sempre funzionale al raggiungimento delle finalità aziendali, grazie alla diffusione di fiducia e

1. P. Kotler, D. Jain, S. Maesincee, *Marketing Moves. A New Approach toProfits, Growth, and Renewal*, Harvard Business School Press, Harvard, 2002.

consenso che la scelta produce all'interno e all'esterno dell'impresa. L'impresa/la marca deve perseguire i propri interessi, deve massimizzare la sua efficienza e i suoi interessi ma nel rispetto delle nuove regole del gioco. Che sono imposte, *in primis*, da consumatori che hanno sviluppato, in questi anni, una forte sensibilità alle responsabilità sociali delle imprese. Consumatori che considerano (sono dati raccolti nel 2003 da ISPO) nella loro maggioranza (56%) come negativo o molto negativo il ruolo svolto dalle Aziende nel sociale (fig. 1).

Fig. 1 - Il giudizio complessivo sul ruolo sociale delle aziende

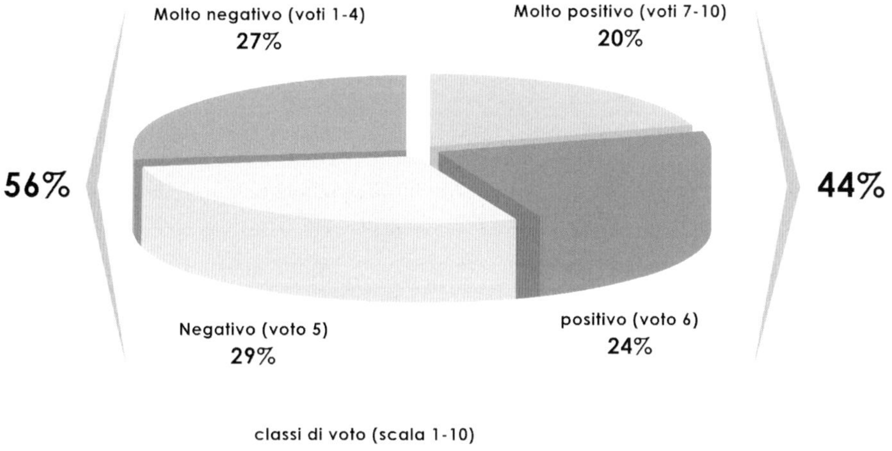

Quando chiediamo che importanza si attribuisce all'assunzione di responsabilità sociali da parte di un'impresa – lungo una scala tra 1 e 10 in prima battuta in termini direttivi, in seconda proiettivi – il rank medio è estremamente elevato (rispettivamente 7.8 e 8.5). Se si osservano le tavole che seguono si può notare come – le differenze sono molto lievi – un simile atteggiamento taglia trasversalmente – in termini interclassisti e intergenerazionali – tutta la popolazione (figg. 2, 3, 4).

Come osserva Edouard de Broglie "aprendosi ai problemi del mondo (macro-ecologia) e alla realtà del terreno vissuto dalla società civile (micro-economia), le imprese possono scoprire delle vere ricchezze. La prima pepita consiste nel ritrovare un'energia e un'attrattività vitali per le loro marche, che restituiscano loro un senso di fronte alla banalizzazione delle offerte"[2].

2. E. de Broglie, *La marque face a l'ethique. Guide du marketing durable*, Pearson Education France, Paris, 2002, p. 11.

Figg. 2, 3, 4 - Grado di importanza attribuito all'assunzione di responsabilità sociali da parte di un'impresa (2003)

	base	Sesso		Classi di età				Titolo di studio	
		maschi	femmine	18-24 anni	24-44 anni	45-64 anni	65-74 anni	laurea	diploma sup.
Per i consumatori in genere	7.8	7.5	8.0	7.5	7.9	7.6	7.9	7.6	7.7
Per me personalmente	8.5	8.2	8.8	8.3	8.6	8.5	8.7	8.6	8.5

Base: totale intervistati (800 casi)

	AREA GEOGRAFICA				AMPIEZZA CENTRI		SITUAZIONE LAVORATIVA	
	nord ovest	nord est	centro	sud isole	45-64 anni	65-74 anni	occupato	non occupato
Per i consumatori in genere	7.5	8.0	7.5	7.9	7.6	7.9	7.6	7.7
Per me personalmente	8.2	8.8	8.3	8.6	8.5	8.7	8.6	8.5

Base: totale intervistati (800 casi)

Score di importanza	Consumatori	Personalmente
1. NON IMPORTANTE	1.4	0.7
2.	0.5	–
3.	1.0	0.5
4.	1.9	0.5
5.	9.6	4.3
6.	8.4	5.9
7.	13.6	9.9
8.	23.7	23.5
9.	5.9	10.6
10. ESTREMAMENTE IMPORTANTE	27.7	42.5
VOTO MEDIO	7.8	8.5

Il termine *mission* – a cui si fa abitualmente riferimento parlando della marca – si riscatta, nel nuovo contesto, dalle sue interpretazioni più ovvie e retoriche. Che la vedono investita di una sorta di mandato: produrre un determinato bene o rendere felici i consumatori e gli azionisti. Per assumere, invece, un significato *molto vicino all'etimologia originaria*. Un compito morale, una vocazione, un impegno di tipo etico. Sia chiaro che l'approdo a queste nuove dimensioni non significa che, in altri periodi, la marca si sia mossa in una direzione non etica. Tuttavia, essa trovava la propria legittimazione, le proprie linee guida, i propri vincoli, all'interno di una serie di regole che la legge, la deontologia, i codici di autodisciplina prescrivevano. Se venivano a crearsi ambiti di discrezionalità non era sempre il tratto della responsabilità sociale a prevalere. E così, la massimizzazione del profitto a breve termine, ha condotto, fino ad un recente passato, alla logica del *business is business*.

Nel nuovo corso la sensibilità e l'opzione per l'etica appare come *una libera scelta*. E nello stesso tempo un'inedita, significativa, chance di gestione del presente[3]. Un surplus di oblatività della marca nei confronti del sociale e della comunità. L'economia e la finanza non possono più insistere in una sorta di autocratica autonomia tecnica e del profitto: il loro sguardo deve oggi estendersi verso dimensioni qualitative, che hanno a che fare con l'umano, con i valori e le responsabilità del mondo civile.

Cosa significa tutto ciò? Anzitutto il passaggio dalla logica della massima soddisfazione degli *shareholders* (gli azionisti) a quella della massima soddisfazione dei diversi pubblici con cui entra in relazione la marca: gli *stakeholders*. Un nuovo bacino che include gli azionisti, i consumatori, gli utenti, il pubblico in generale, ma anche i dipendenti, i fornitori, il sindacato, i lavoratori dell'appalto e del subappalto produttivo, la comunità *at large*. Bernstein[4] illustra efficacemente il raggio d'azione comunicativa della marca, la sua portata in termini di contatti: differenti audience e svariati canali media che propagano a macchia d'olio le informazioni. Il nucleo fondativo della brand s'irraggia così a più livelli. Dalla pubblicità agli opinion leaders, dal punto vendita ai clienti, dalla letteratura manageriale alle istituzioni, dai prodotti ai canali televisivi, dalle pubbliche relazioni ai governi, dalla finanza al *trade*, e così via (fig. 5).

Si tratta di un bacino denso e variegato: gli *stakeholders* impongono un approccio nuovo alla marca, olistico, multidimensionale, responsabile. Osserva Ellwood che "il ruolo della marca come cuore dell'attenzione agli *stakeholders* ha assunto una crescente importanza man mano che il livello di beni e servizi offerti è andato aumentando e man mano che l'ampiezza dei media comunicanti col consumatore s'è allargata"[5].

La vera novità del branding postmoderno, sta nel fatto che la marca ora non deve render conto soltanto alla proprietà (gli imprenditori, i finanziatori, gli investitori…) ma sviluppare una responsabilità ben più ampia nei confronti della società e delle persone. Insomma, una responsabilità verso il proprio ambiente in termini globali. Si tratta evidentemente di una dimensione nuova,

3. Per un approfondimento si veda: E. Pastore-Reiss, H. Naillon, *Le Marketing étique*, Village Mondial, Paris, 2002.

4. Si veda D. Bernstein, *Company Image and Reality: A Critique of Corporate Communications*, Cassel, London, 1991.

5. I. Ellwood, *cit.*, p. 15.

La marca dei valori: The Body Shop

Una celebre campagna pubblicitaria di Body Shop: l'autostima femminile come valore.

L'impegno di Body Shop contro i test sugli animali.

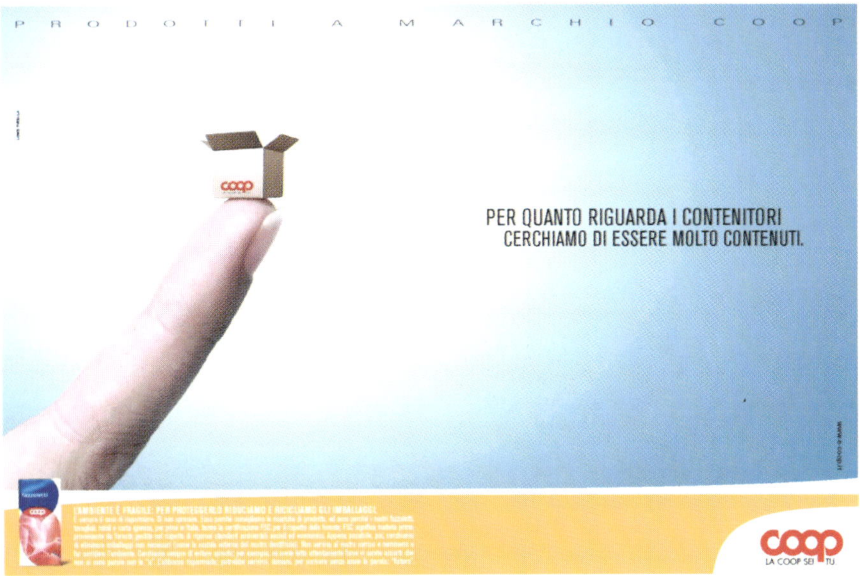

La marca dei valori: Coop.

CON UN SORRISO È MEGLIO

Bio Esselunga e Ctm altromercato:
per un commercio equo e solidale a sostegno del Sud del Mondo.

La collaborazione tra Esselunga e Ctm altromercato ha il fine di sostenere concretamente i **piccoli produttori** di Africa, Asia e America Latina, garantendo loro un guadagno adeguato, per permettere un lavoro senza sfruttamento e promuovere così l'**autosviluppo.**

materie prime da
ctm
per un commercio equo e solidale

ESSELUNGA
BIO

La marca dei valori: Esselunga e il commercio equo e solidale.

La marca dei valori: Fattoria Scaldasole.

La marca dei valori: Volkswagen e l'affidabilità, Benetton e il cosmopolitismo.

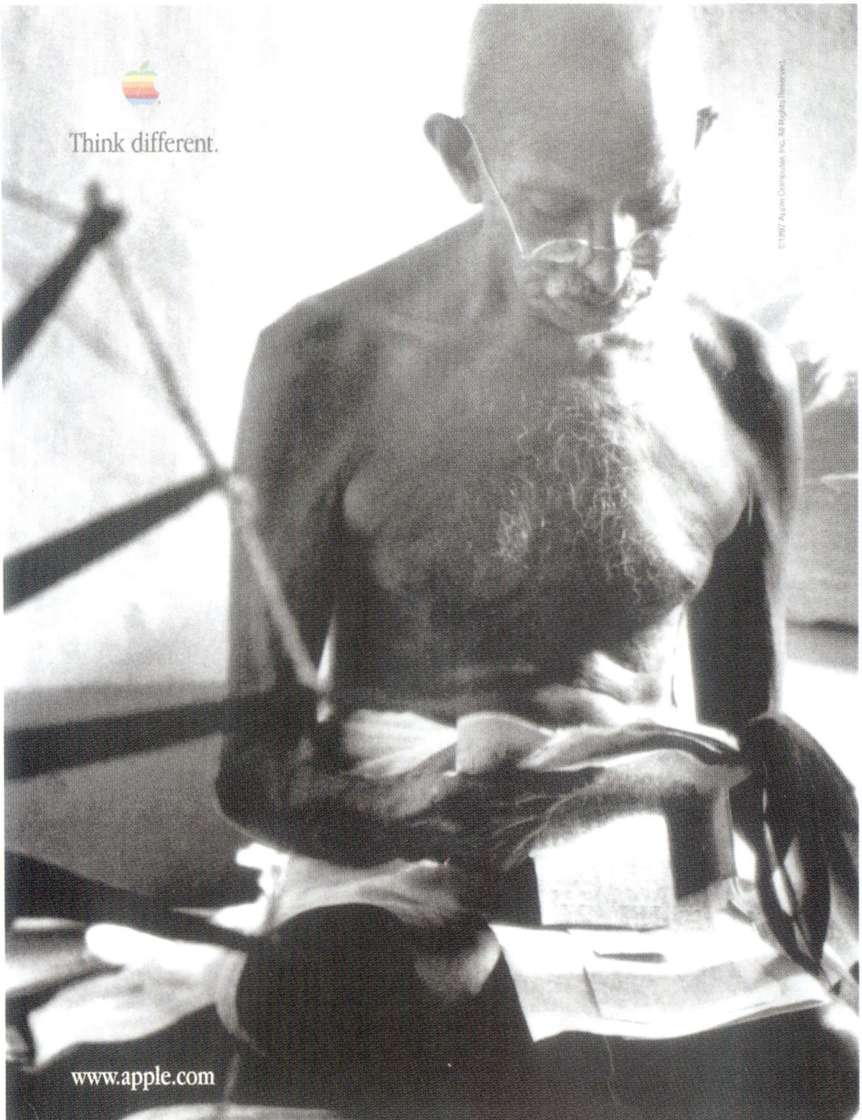

La marca dei valori: il pensiero alternativo di Apple.

Fig. 5 - Canali di comunicazione e key audiences della marca (Bernstein 1991)

un "*inclusive approach*"[6], com'è stato definito, che non fa altro che enfatizzare e sottolineare il potere, il valore ed i valori della marca contemporanea. In questo senso essa trascende l'orientamento al consumatore – orientamento che colloca in primo piano la *customer satisfaction*, la tutela della salute degli individui, la compatibilità ambientale dei prodotti, l'attivarsi di un sistema di relazioni tra impresa e mondo del consumo – per inglobarlo nel più ampio contesto dove il consumatore vive ed opera, non soltanto compera. Ancora una volta appare l'assoluta esigenza di estendere il tradizionale concetto di consumatore, in una nuova – più ampia – accezione che comprenda anche l'idea di individuo, cittadino, abitante del pianeta: *from consumers to people*[7]. Dunque non si tratta più di individuare un bersaglio, di definire il target, di analizzare i comportamenti d'acquisto e l'agire di consumo. Piuttosto, di contestualizzare il consumo e la produzione entro uno scenario multidimensionale, olistico, integrato. L'uomo e il suo intorno si vanno a sostituire al consumatore e al mercato.

Generatore di senso, di culture e sensibilità collettive, la marca crea interessi condivisi e aggrega per sintonia. Stabilisce valori e propone stili di vita. Compone territori e descrive mondi, smuove le coscienze e produce significazione. E siccome il mercato è parte della società, la marca rivendica – al di là

6. *Ibidem*.
7. Si veda M. Gobé (2002), *cit*.

dei suoi obiettivi privatistici, del profitto, del capitale azionario – una specifica soggettività sociale. Un'assunzione di responsabilità che va ben oltre i vincoli imposti dalle leggi. Il contravvenirne penalizza fortemente chi ne infrange le regole.

Procedere nell'area delle responsabilità sociali significa – anche se il postulato primo o imprescindibile è comportarsi eticamente nei confronti dei consumatori, dei dipendenti, dei risparmiatori, dell'ecosistema – farsi carico anche di finalità di alto profilo etico nell'ambito della cultura, della ricerca medica e scientifica, del sostegno ai portatori di handicap, della lotta all'emarginazione, della difesa dell'ecosistema, dei servizi per la comunità e, più in generale, della qualità della vita. Si tratta, in buona sostanza, di una sorta di redistribuzione del valore aggiunto che la marca genera. Significa cioè devolvere a cause di interesse collettivo una aliquota dei propri profitti. Ma anche superare una, ormai anacronistica, contrapposizione tra socialità ed economicità. Il termine Economia deriva dalla parole greca *oikos*: dunque casa. È necessario abitarla con maggior dignità. Anche il marketing e l'agire economico – spesso imputati di cinismo e opportunismo, di errori fatali e gravi disattenzioni – hanno oggi la loro chance di diventare espressioni di sensibilità collettiva, di attenzione all'umanità, di rispetto e senso di responsabilità.

Sovente le motivazioni per la nuova sensibilità hanno cause endogene. Come gli attacchi alla marca da parte dei "no global", una *captatio benevolentiae* nei confronti del mondo politico, della comunità locale, la ricerca di una positiva ricaduta sui dipendenti. Altre volte nascono per un'autentica vocazione della marca a procedere ben oltre i suoi tradizionali confini. In ambedue i casi si tratta comunque di un percorso impegnativo, non solo per le risorse destinate. Perché è indispensabile che anche i comportamenti della marca divengano del tutto coerenti con i nuovi impegni presi nel sociale. Perché occorre che la dimensione etica e il rigore morale vengano interiorizzati dalla cultura aziendale.

La eticizzazione della marca non rappresenta certamente un trattamento cosmetico. Piuttosto è una precisa assunzione di responsabilità che non si esaurisce nella redazione di un bilancio sociale. Nient'altro che una sorta di nuova tensione verso un mondo migliore, l'individuazione di progetti condivisi, di pensieri collettivi e connettivi. La marca s'investe allora di idealità, sposa la Giusta Causa, è orientata al Beau Geste e centrata sull'Umano. L'uomo pare ridiventare la misura di tutti i suoi interventi. E persino nel mondo delle imprese, della produzione e della distribuzione emerge l'inedita consapevolezza della necessità di essere "accanto", mettersi "nei panni di", farsi carico dell'altro. Oggi anche le multinazionali globali e le Corporate più potenti, vogliono comprendere: *cum-prendere*. Ovvero prendere con sé il consumatore in quanto individuo sensibile e pensante. Sanno che la gente non vuole comperare per i propri figli giocattoli o scarpette fabbricate attraverso la sofferenza e lo sfruttamento di altri bambini. Che a nessuno sarà simpatica quell'industria che provoca la deforestazione e che inquina indiscriminatamente, che genera la sofferenza dell'ecosistema e dell'uomo. Tutti i processi di produzione e di informazione e di gestione dell'identita della marca dovranno tenerne conto. Al tempo stesso è importante una corretta comunicazione al proposito. Coerenza, trasparenza ed attenzione diventano allora nuovi linguaggi e nuove linee guida della comunicazione responsabile.

Si tratta di una questione estremamente complessa e per certi versi problematica. C'è, infatti, chi sostiene che quello etico e responsabile possa rappresentare, per le imprese, un atteggiamento funzionale, tattico, utilitaristico. E che, dunque, parlare di etica e insieme di marketing e di economia, sia assolutamente contradditorio, ossimorico. Il francese Andrè Boyer parla a questo proposito di un'*Etica Impossibile*[8].

A nostro modo di vedere, accentuare la dimensione etica della marca non significa mecenatismo. Piuttosto investimenti ispirati al non opportunismo commerciale. E non solo: il *coté* etico assume carattere fondativo e significante pure nella logica del rafforzamento dei valori della marca. Il consumatore postmoderno manifesta, al di là delle apparenze, maggiore consapevolezza spirituale, empatia ecologica, e, in definitiva, sensibilità etica. E dimostra di apprezzare particolarmente il branding dei valori. È come se si attendesse dalla marca un impegno di tipo morale, una profondità di contenuti, uno spessore di significati. Non c'è da sorprendersi se, anche nelle scelte di consumo, a parità di costo e di performance, questi valori della marca possano poi venire premiati. Il nuovo consumatore pare affidare il proprio *commitment* a quei brand impegnati un una rilettura etica del profitto, in una ricerca di compatibilità tra successo economico e matrice culturale, in una ridistribuzione della ricchezza e del benessere sia in termini materiali che morali.

17.2. Il paradosso dell'etica

La marca contemporanea sembra attraversata da un autentico paradosso: nel nuovo corso del branding e del business, l'etica appare come una libera scelta, un formidabile *atout*, un'inedita e significativa, chance di gestione del presente. Nondimeno, il comportamento etico sta diventando per le imprese un dovere imprescindibile.

Dunque, da un lato, una libera scelta: perché al di là delle regole scritte e della deontologia codificata, il nuovo orientamento all'etica, appare come una assunzione di responsabilità che trascende le norme, i divieti imposti, i giurì. Si tratta di una autoregolamentazione, di una autonoma presa di coscienza, di una consapevole disciplina. Dettata certamente dalle culture egemoni e dalle

8. A. Boyer, *L'Impossible Étique*, Éditions d'Organisation, Paris, 2002.

nuove sensibilità presenti nel sociale, come pure da una naturale risposta ai fatti di cronaca, allo stato di salute del pianeta, alla preoccupazione per le generazioni che verranno. Naturalmente si tratta anche di un problema di gestione dell'immagine e dell'identità di marca, come pure di revisone dei *core values* e delle missioni dell'azienda in relazione ad un sentire comune, ad una pubblica opinione. Basti pensare ai riverberi fortemente negativi sulla "reputazione" e sulla stima della marca in seguito a casi recenti di inquinamento ambientale, all'impiego di lavoro minorile negli stabilimenti, propri o di fornitori, nei Paesi del Terzo Mondo. Oppure, all'accusa ricorrente, per alcune brand, che il loro successo possa omologare, a livello planetario, comportamenti e sistemi di valori, finendo così per distruggere subculture che costituiscono mondi vitali e brani importanti delle identità nazionali. McDonald's *docet*.

"Un sentimento di malessere comincia a risalire nella corteccia consumerista dei nostri cari clienti. Il clima deleterio di un'economia liberale pilotata dalla finanza ha finito per generare degli scandali. Gli scandali non possono più essere soffocati in un mondo di media istantanei a caccia del minimo avvenimento. La società civile, rimpiazzata dai media, si risveglia e s'indirizza direttamente ai responsabili delle imprese per opporsi ai loro progetti o per presentare il conto"[9]. È proprio dal mondo della finanza, fatto quasi paradossale, che giungono le prime pressioni di tipo etico sulle imprese. "Un pressione discreta ma reale, probabilmente esercitata dagli investitori a lungo termine, in prima fila le comunità religiose o sindacali, divenute inquiete per i loro gruzzoli, che ricordano alle imprese che il loro obiettivo è quello di creare valore a lungo termine e non quello di far salire i prezzi per poi affondare il giorno dopo"[10]. Col terremoto che le borse mondiali hanno subito agli inizi degli anni 2000 – dopo i casi Cirio e Parmalat – c'è da credere che questa tendenza andrà a confermarsi ed intensificarsi.

Ecco dunque che – sotto la pressione congiunta dei propri clienti e dei propri azionisti – ritornano di attualità gli esperti del marketing e della comunicazione per ritrovare una *visione a lungo termine* delle attività in un ambiente sempre più incerto e turbolento. A fianco del marketing della vendita, quello "istantaneo", a corta distanza, si sviluppa così un marketing più strategico che ragiona sul lungo periodo. "Come tutti i buoni giocatori di scacchi questi strateghi devono piazzare oggi le pedine che permetteranno all'impresa di vincere domani"[11].

Quello dell'etica può dirsi un marketing dello sviluppo lento, progressivo e durevole, basato su impegni rigorosi e responsabili, fondato sull'anticipazione e dunque sull'incertezza. La posta in gioco assume una nuova prospettiva. Per l'impresa è giunta l'ora di comunicare a tutti i pubblici i propri impegni

9. E. de Broglie, *cit.*, p. 13.
10. *Ibidem*, p. 14.
11. *Ibidem*.

sociali e morali, al fine di creare goodwill nei confronti dei clienti, fiducia verso i propri partner commerciali ed i propri azionisti. Ma anche per stimolare e risvegliare la motivazione interna dei propri dipendenti, dei propri talenti, dell'insieme delle risorse umane. Dunque, una libera assunzione di responsabilità, o più cinicamente, un meccanismo di difesa, e di efficiente gestione dei marchi. Non si tratta soltanto di tradurre in termini di profitto un nuovo orientamento sociale, un'inedita attenzione del consumatore all'agire imprenditoriale, come suggerisce la discutibile proposizione di Milton Friedman "*the social responsability in business is to increase its profits*". La responsabilità sociale delle imprese trascende le scelte strategiche, come pure quelle giuridiche (il rispetto delle leggi) ed incarna un autentico mutamento di senso, contribuisce ad una ridefinizione degli obiettivi e dei traguardi delle aziende. È una nuova disciplina capace di orientare e guidare la vita dei marchi e del loro contesto produttivo, distributivo, commerciale.

Tuttavia, questo nuovo atteggiamento sembra pure una misura doverosa in uno scenario profondamente complesso in cui non solo i consumatori, ma tutti gli attori della filiera produttiva, le comunità in cui l'impresa opera e comunica, l'intera società, sembrano incarnare nuove aspettative: ci si attende che le marche assumano un comportamento responsabile. Ecco, allora, l'idea dell'obbligo imprescindibile.

La marca contemporanea sta acquisendo inediti tratti di visibilità. È esposta, moltiplicata, riprodotta. Appare trasversalmente sopra oggetti d'uso quotidiano e servizi; coinvolge milioni di consumatori in tutto il mondo; la sua filiera produttiva è nota; i suoi manager conosciuti; le sue strategie di marketing manifeste; il suo capitale azionario è pubblico; le condizioni di lavoro nei suoi stabilimenti suscettibili di divulgazione. A differenza del passato le imprese stanno perdendo in opacità e guadagnando in trasparenza. L'individuo contemporaneo accetta malvolentieri omissioni, reticenze e segreti, perché tutto ciò che non è reso palese, che non è dichiarato, che non è detto o non è mostrato, risulta sospetto. I segreti industriali stanno perdendo appeal e si rivelano sempre più anacronistici. Ecco perché, al posto del celebre imperativo ispirato al bestseller di Naomi Klein *No Logo*, Giorgio De Michelis[12] suggerisce, in chiave provocatoria, *Not enough Logo*: la marca contemporanea non è abbastanza palese, deve manifestarsi, rendersi visibile, trasparente, osservabile in ogni fase del suo divenire commerciale.

Quella dell'etica, dell'assunzione di responsabilità, dunque, non può dirsi una pura e semplice scelta opzionale, una chance strategica, una possibilità da prendere o lasciare. Piuttosto si tratta di un'ulteriore finalità della marca, un vero e proprio compito. Una sorta di funzione aggiuntiva. E non è casuale se Kapferer, che nella seconda metà degli anni Ottanta individua sei grandi

12. G. De Michelis, Relazione per *Etica e Marca*, Assemblea Pubblica di CentroMarca, Milano, 27 novembre 2002, inedito.

funzioni per la marca (identificazione, orientamento, garanzia, personalizzazione, ludica e di praticità)[13], già all'inizio degli anni Novanta riveda e corregga le dimensioni, e passi da sei ad otto introducendo, tra le altre, la funzione etica[14]. Le funzioni della marca sono per questo autore:

- *De repérage.*
- *De praticité.*
- *De garantie.*
- *D'optimisation.*
- *De personnalisation.*
- *De permanence.*
- *Hédoniste.*
- *Éthique.*

Quando si parla di etica delle imprese, di funzione etica della marca, s'intende, molto genericamente, il comportamento responsabile della marca in relazione alla società. Il termine *responsabilità sociale delle imprese*, abbraccia quindi una vastissima estensione di significati. Da quello ecologico, a quello dei diritti dei lavoratori (e degli esseri umani), da quello pubblicitario (correttezza, veridicità) a quello politico (abuso di potere). Senza parlare poi di temi come il benessere/malessere sociale in rapporto alla ricchezza prodotta nel paese, la genetica (OGM, sperimentazione sugli animali), la trasparenza, l'onestà, la salute. E non solo: i valori comunicati, la sicurezza, e insieme il cinismo delle multinazionali, il finanziamento ai regimi oppressivi, il ricorso ai paradisi fiscali. E così via.

Questa *Corporate responsibility* descrive, in estrema sintesi, il rapporto tra l'impresa e il contesto sociale in cui è inserita. Un rapporto complesso e multiforme, denso di sfumature, di possibilità e di chiavi di lettura. E sicuramente non banale.

Responsabile significa *capace di risposta, abile di responso*: è colui che deve rendere ragione delle proprie azioni (o di quelle altrui). Responsabilità equivale allora a *promettere in risposta*. E dunque, la marca responsabile, l'impresa responsabile, la Corporate responsabile, è quella che può essere chiamata a rispondere degli effetti dannosi delle proprie azioni. Come osserva Gesualdi, "in un momento in cui sembrano valere solo le ragioni del mercato e in cui le multinazionali hanno più potere dei governi, dobbiamo trovare nuovi strumenti per dare delle regole alle imprese in modo da indurle a comportamenti rispettosi nei confronti dei Paesi del Sud del mondo, del lavoro e dell'ambiente"[15].

La nuova sensibilità dei consumatori ha condizionato fortemente l'atteggiamento delle imprese negli ultimi anni. L'agire di consumo è un atto socia-

13. J.-N. Kapferer e G. Laurent, in J. Kapferer, J. Thoenig, *cit.*, p. 103.
14. J.-N. Kapferer (2000), *cit.*, p. 27.
15. Centro nuovo modello di sviluppo. *Guida al consumo critico. Informazioni sul comportamento delle imprese per un consumo consapevole*, EMI Bologna, 1996, p. 5.

le, ma anche un atto politico e un'arma formidabile: è consenso o dissenso, ha efficacia di vita o di morte sui marchi e sulle aziende. Il consumatore, ha un grande potere: premiare le imprese che si comportano meglio e punire le altre. Questo atteggiamento appare tanto più verosimile quando rivolto allo strapotere delle multinazionali, a criticare il comportamento di colossi globali, a condannare o appoggiare cause di rilevanza planetaria. Basti pensare a quelle marche che devono adottare strategie socialmente ispirate all'insegna della *captatio benevolentiae* (perché troppo potenti/monopoliste, con produzioni non ecocompatibili, dannose per la salute ecc.) o che si rivolgono a nicchie con uno spiccato orientamento sociale (ad esempio Body Shop).

Il *boicottaggio del consumo*, il *consumo responsabile*, i movimenti no-global, le diverse forme di *subvertising* si stanno rivelando, negli ultimi tempi, tutti campanelli d'allarme, capaci di allertare e sensibilizzare le imprese in merito al proprio operato. Forse per la prima volta nella storia della civiltà occidentale, ci si rende conto che il consumo è tutt'altro che un fatto privato, una esperienza del singolo o del nucleo familiare. E non va affrontato badando soltanto a parametri come qualità, prezzo, soddisfazione dei bisogni o dei desideri individuali. La *portata universale e planetaria dell'agire di consumo*, si rivela, oggi con grande efficacia e non può trascendere tutta la questione della produzione: dall'impatto ambientale (il problema dei rifiuti e dell'inquinamento) a quello della gestione delle attività produttive e commerciali nel Sud del mondo e nei paesi più poveri. Ecco perché l'assunzione di responsabilità delle imprese appare una libera scelta ma anche un obbligo fondamentale.

17.3. Ethics, responsibility o *Citizenship*? Dubbi, dilemmi e svolte

Che cosa significa, per una marca, comportarsi in maniera etica?

La prima dimensione da assolvere per il pubblico è garantire la qualità dei propri prodotti (37%) operare con la massima trasparenza verso il consumatore (36%) operare nel pieno rispetto dei diritti dei lavoratori (31%) essere attivi nella difesa dell'ambiente (26%) e, a decrescere altre *nuances* della socialità (fig. 6).

In una fase, come quella contemporanea, i nuovi orientamenti ai valori, alle responsabilità sociali, alla soddisfazione del consumatore, risultano confusi in un grande calderone che potremmo denominare – citando una recente iniziativa del branding – "Missione Bontà". Sebbene appaia ormai chiaramente la necessità di un nuovo statuto – etico, umanitario, valoriale e sociale – per la marca, i contorni di questo statuto appaiono nebulosi e confusi. Soprattutto nel nostro Paese. Si tratta, in sostanza, di capire e legittimare le possibili de-

Fig. 6 - Quando un'azienda può definirsi etica? (2003)

clinazioni della marca etica. Che sono tante. Proprio perché siamo di fronte ad un termine dalla grande estensione di significati.

Dunque cos'è l'etica, per la marca? È quell'atteggiamento di ascolto, relazione e *satisfaction* totale del consumatore? Significa, in altre parole, soddisfare al massimo grado i sistemi di bisogni dei suoi principali utenti, fornendo nelle aree che le sono proprie – qualità, innovazione, servizio – prestazioni costantemente crescenti, che si tradurranno poi in incremento nelle shares di mercato?

Oppure, il comportamento etico della marca equivale al rispetto dell'ecosistema e al controllo della filiera produttiva in relazione alle problematiche ambientali, alle risorse energetiche, all'inquinamento e allo sviluppo sostenibile?

O, invece, si tratta del rispetto per il lavoratori, per i dipendenti, le popolazioni presso cui la produzione viene subappaltata e delocalizzata, per le culture locali?

O, piuttosto, si tratta di un nuovo modo di porsi nei confronti dei consumatori che mostrano di avere una propria autonoma sensibilità e che vanno quindi raggiunti secondo le nuove regole del Permission Marketing, non invasive, né aggressive e ripetitive, ma stimolanti e discrete?

Oppure, ancora, quando si parla di marca etica s'intendono quelle strategie che vanno sotto l'etichetta del *cause related marketing*: CRM? Dinamiche commerciali in cui si cerca di raggiungere un beneficio per la marca unendolo ad un vantaggio per una causa sociale?

O semplicemente per marca etica s'intende quella che si carica di valori e significati sociali, che veste i propri prodotti di una efficienza simbolica – e non solo performativa – capace di generare spessore, aura e profondità attorno ai beni e ai servizi?

E, ancora, c'è una produzione etica? Esistono settori della produzione e del consumo più etici di altri?

Come sempre, di fronte alla complessità di un fenomeno come la marca in costante divenire, gli interrogativi ed i dubbi sono molteplici, di varia natura.

In primo luogo dobbiamo sottolineare come questo *new deal* scaturisca da una sostanziale discontinuità del consumatore postmoderno rispetto al passato. L'affrancamento dalla tradizionale dipendenza dal mondo della produzione si accompagna oggi ad una inedita attenzione a dimensioni del prodotto o della marca che prescindono dalla mera fruizione. Dimensioni che paiono trascendere dalle prestazioni oggettive, dalla performance tangibile, dalla soddisfazione immediata, fino a coinvolgere aree sinora inesplorate. E si rivelano, adesso, tratti determinanti per indirizzare o dissuadere all'acquisto.

In una società come quella contemporanea, fortemente incline all'individualismo, l'etica sembrerebbe essere destinata ad un ruolo sempre più marginale. Invece i legami col sociale si rinsaldano. L'assunzione di responsabilità diviene fondativa e centrale dell'identità individuale e collettiva. I doveri verso sé stessi, verso gli altri e verso il mondo s'investono di una autenticità e di uno spessore sconosciuti in passato. Nuove sensibilità esistenziali iniziano ad assumere un rilievo inedito fra le avanguardie sociali. *Un nuovo ethos va emergendo*. Negli individui, nei consumatori e – più in generale – nel mercato. Come osserva Gobè "in un mondo globale influenzato sempre più dalle politiche locali, dalle sommosse religiose, dalla coscienza sociale, il ruolo del business cambierà in maniera radicale. In un mondo così trasformato il bisogno di rivedere la responsabilità di ciascuna impresa si fa critico"[16].

Una *business ethics*[17] contamina il territorio della produzione e degli affari. Tuttavia, se da un lato l'idea dell'etica come possibilità comportamentale appare ovvia e plausibile persino nel mondo economico e commerciale, dall'altro essa si rivela sempre più assurda e anacronistica perché non di opportunità, non di eventualità si tratta. Piuttosto di un atteggiamento al quale le im-

16. M. Gobé (2002), *cit.*, p. XVII.
17. Aa.Vv., *La business ethics e la comunicazione esterna di impresa*, FrancoAngeli, Milano, 2002.

prese contemporanee sembrano non poter sfuggire. Ecco il paradosso. E non è casuale: il termine responsabilità, pare attraversato da una continua tensione interna già dal suo primo apparire nella lingua comune (in quella francese e in quella inglese nel penultimo decennio del secolo XVIII). Inizialmente come parte del vocabolario giuridico e subito dopo con un'accezione anche morale. Il tedesco dispone addirittura di due termini (*Haftbarkeit* e *Verantwortlichkeit*).

Da sempre, le osservazioni filosofica, psicologica, linguistica, forniscono della nozione di responsabilità, una interpretazione morale, designando quella situazione di un agente consapevole e libero nei confronti delle conseguenze che una sua scelta ha causato e che egli era in grado di prevedere. È evidente che il termine non può sfuggire da ogni discussione sul tema della libertà. Max Weber stesso è autore di una fortunata distinzione tra l'etica dell'intenzione e l'etica della responsabilità. La prima saldamente ancorata a tutte le morali cristiane (di cui la morale kantiana è l'esempio più conseguente), la seconda adeguata al disincanto contemporaneo, una versione più laica e moderna. Appare evidente allora, l'ambiguità del termine responsabilità sociale, soprattutto in una fase come quella che stiamo vivendo, caratterizzata da un alto tasso di complessità, discontinuità, imprevedibilità e turbolenza. Un'epoca dominata dall'incertezza, dal crollo di ogni utopia del progresso, dalla preoccupazioni per le generazioni che verranno: siamo in una società in transizione. L'uomo di oggi non dovrebbe cercare di risolvere la complessità, né di ridurla: ma imparare a conviverci e gestirla. Adesso l'etica si sta rivelando un mezzo efficace per affrontare questa inedita gestione: da parte del consumatore, come pure del mondo dell'imprenditoria e del branding. Ma allora, in definitiva, si tratta di uno strumento, di un dovere o di una libera scelta?

Per uscire da questa *impasse*, che parrebbe, a prima vista, di tipo strettamente linguistico e semantico, basterebbe un attento riesame dei termini *etica* e *responsabilità*, in riferimento al comportamento delle imprese. Pensiamo al termine *responsabilità sociale*. Esso pare, negli ultimi, tempi, destinato ad una inevitabile revisione. Quello che risulta criticabile e rivedibile è la parola *responsabilità*: che secondo alcuni autori – Michael Willmott[18] in prima fila – incarnerebbe accezioni sin troppo paternalistiche o buoniste, allusioni ad una ragionevolezza giudiziosa, ad un rigido senno. Insomma, una sorta di atteggiamento prudenziale e particolarmente avveduto, un'idea che non piace alle imprese contemporanee più evolute. Non tanto nei contenuti e nelle verità di fondo (non è criticata l'idea di una necessaria assunzione di responsabilità), quanto, piuttosto nella terminologia, nella forma, nelle possibili interpretazioni.

18. Si veda: M. Willmott, *Citizen Brands. Putting Society at the Heart of Your Business*, John Wiley & Sons, Chichester, 2001.

Nello stesso tempo, l'idea di responsabilità sociale appare limitativa se considerata unicamente come compito doveroso delle imprese: una sorta di "aggiunta" alla *core business strategy*, sentita in chiave di obbligo morale di "restituzione" alla società. Niente di sbagliato nel ritenere che nessuna impresa dovrebbe ignorare i problemi del mondo e che la preoccupazione per i riflessi sociali dell'operato imprenditoriale possa essere accolta nel nucleo strategico ed operativo dell'azienda. Tuttavia, l'ambiguità risiede in un riflesso troppo politico del termine responsabilità: una sorta di gestione *politically correct* del marchio, un'atteggiamento filantropico, paternale e morale, al quale nessuna impresa può sottrarsi perché sono forti le pressioni e le aspettative nel sociale. Willmott, propone una soluzione: "... io suggerisco di usare il termine '*corporate citizenship*' al posto di '*corporate responsibility*' per descrivere il ruolo delle imprese nella società. Alcuni potrebbero obiettare che si tratta di una questione semantica, ma è di fatto importante. L'espressione '*corporate citzenship*' suggerisce una relazione più reciproca e meno filantropica, qualcosa che è certamente coerente con la nozione più generale di '*citizen brands*'"[19].

Questa inedita soluzione di cittadinanza delle imprese, sembra voler abbracciare un'idea allargata di "altruismo": che non sia soltanto donazione caritatevole e marketing dell'assistenzialismo, ma che si riveli, piuttosto, come sforzo di comprensione e di interlocuzione verso la società e i suoi problemi. Nondimeno, come suggerisce Gobé, la *citizen brand* è quella che mette in opera una significativa democrazia del consumatore[20].

La *corporate citizenship* ha a che fare con la volontà delle imprese di prendere a cuore le istanze della società: una relazione profonda, basata su di un coinvolgimento autentico e sincero, che vada oltre la pura beneficenza. Dunque, oltre l'etica e la responsabilità, si tratta adesso di incarnare valori e stabilire una relazione nuova col consumatore/cittadino.

I valori a cui le imprese contemporanee dovrebbero attingere sono quelli emergenti nel sociale, quelli che rispecchiano lo spirito del tempo, quelli più attuali e condivisibili. L'obiettivo è quello di legare, creare un *link* tra *core values* e *corporate citizenship:* un territorio coerente e ricco di attualità culturale. Ora, il compito delle imprese, non può limitarsi ad assumere una qualunque ideologia, a comunicare dei valori, non importa di quale natura, a proporre degli ideali senza tempo, senza storia, senza contatto col presente. Prendiamo Marlboro, ad esempio. La sua posizione ideologica – l'idea della libertà, della scelta di vita selvaggia, di un esistenza radicale e bucolica – appare oggi assolutamente fuori luogo e decisamente insostenibile. Il *Marlboro Country*, a nostro modo di vedere, ha vita breve, ed è destinato ad apparire

19. M. Willmott, *cit.*, p. 3.
20. Per un approfondimento si veda: M. Gobé (2002), *cit.*

immorale, ridicolo e non credibile nel lungo termine. Recenti studi condotti in Gran Bretagna, dimostrano che la gente associa a Marlboro, aggettivi come: cinico spietato, insensibile, criptico, disonesto[21].

Fig. 7 - Aggettivi attribuiti ad alcune grandi marche (Future Foundation/Consumers' Association/Richmond Events 2001)

Marlboro	%	Nike	%	Coca-Cola	%	Virgin	%
Cynical	68	Ambitious	48	Aggressive	44	Innovative	60
Ruthless	59	Aggressive	44	Ambitious	44	Dynamic	51
Heartless	58	Greedy	39	Greedy	39	Ambitious	50
Secretive	58	Exclusive	33	Secretive	35	Adventourous	46
Deceitful	54	Cynical	31	Ruthless	33	Exting	40

La *Corporate citizenship* suggerisce allora anche l'orientamento all'attualità culturale dei valori associati alla marca. Non più etica *tout-cour*, non più buoni sentimenti e grandi ideali in termini assoluti, ma una nuova significazione, contaminata dallo *Zeitgeist*, da un nuovo senso di responsabilità profondamente radicato nel presente e nelle istanze della società. Si tratta, in buona sostanza, di quella "partecipazione al presente del mondo"[22] di cui parla Edgar Morin. Una sensibilità e un impegno autentici. Dimensioni inedite, che sottendono un branding dal volto nuovo e dall'anima più vera: solidale e coerente rispetto al consumatore postmoderno. Che è un soggetto pragmatico e non più ideologico e si muove verso una pressante richiesta di eticizzazione della produzione ma anche verso una valorizzazione dell'etica nelle proprie scelte di consumo. A questo proposito, secondo Marc Gobé, una grande lezione, in termini di risposta delle imprese alle istanze del consumatore, arriva in coincidenza dell'attentato alle Twin Towers dell'undici settembre 2001: "il modo in cui le imprese hanno reagito all'orrendo disastro al World Trade Center ha dimostrato che non viviamo in un mondo in cui la gente e le aziende sono due entità separate, costantemente ai ferri corti. Ha dimostrato che persone come gli imprenditori, persone come gli impiegati, persone come i compratori e persone come i venditori possono tutti condividere gli stessi va-

21. Ricerca condotta da *Future Foundation/Consumers' Association/Richmond Events*, citata in M. Willmott, *cit.*, p. 49.
22. E. Morin (2002), *cit.*, p. 217.

lori e partecipare ad una stessa soluzione... Marche come Coca-Cola, Gatorade, Crystal Geyser e Home Depot hanno donato forniture gratuite, logistica e aiuti di tutti i tipi per i volontari. Coke ha impegnato 12 milioni di dollari per i soccorsi, metà dei quali sono andati alla Croce Rossa. General Electric, Cisco System, Dessault Falcon, Microsoft, Daimler Chrysler, Kellogg's, McDonald's, Burger King, Wal-Mart e Michelin sono state tra le prime a dare il loro contributo. Compagnie assicurative come Allstate hanno speso cifre considerevoli in pubblicità per rassicurare i propri clienti che i loro reclami sarebbero stati accolti in breve tempo e per chiedere alla gente di contattarli senza esitazioni presso lo speciale *information desk*... Le Corporate hanno accettato dunque un nuovo ruolo in tempi di crisi e solidarizzato con la gente, nella sventura..."[23].

Se da un lato comincia a diffondersi la consapevolezza che acquisto e consumo non esauriscano i rapporti con chi produce, dall'altro lato sul versante dell'imprenditoria e della produzione, affiora una nuova coscienza sociale e ambientale. La nuova cittadinanza della Corporate è allora l'equivalente della nuova consapevolezza del cittadino. Tuttavia, a fronte di questo *new deal* del consumatore che pare chiedere una sostanziale coerenza globale nei comportamenti delle aziende e delle grandi multinazionali, l'impressione è che l'industria di marca (salvati alcuni casi eccellenti) sia spesso colta di contropiede.

Ecco allora il sentimento diffuso della responsabilità come dovere, quello dell'etica come filantropia, dell'ambientalismo come strategia, il *cause related marketing* come mera beneficenza, le *Giuste Cause*, i *Grandi Ideali* e le *Missioni Bontà* come *face-lifting*. Una sorta di "caso di coscienza", di ufficio della giustizia, di debito verso L'Altro. Ecco, di nuovo, la necessità di coniare nuovi appellativi come quello di *citizenship* (Willmott), di riscrivere codici deontologici e *brand chart* per proclamare la propria buonafede. Ecocompatibilità, attenzione alle problematiche e sociali del Sud del mondo, delocalizzazione produttiva rispettosa e consapevole, risparmio energetico, riuso, recupero e riciclo, incarnano allora le molteplici istanze di un individuo che pare volgere lo sguardo oltre il giardino del consumo. E s'articolano attorno ad una grammatica dell'etica sempre più desiderata e desiderabile da parte della società contemporanea.

Edouard de Broglie, responsabile dell'area management etico della Young & Rubicam France, individua sette grandi regole per un impegno a lungo termine, una dimensione umanista e una nuova responsabilità della marca. La sua analisi ci sembra interessante.

Le sette grandi regole per un marketing più etico[24]: Legittimità, Responsabilità, Prossimità, Utilità, Perennità, Onestà, Umiltà.

Si tratta di regole che lo stesso autore definisce "d'oro", generate dall'analisi di numerosi casi di marca: di successo e fallimentari. Proviamo ad osservarle una ad una.

23. M. Gobè (2002), *cit.*, p. XXVII, XXVIII.
24. E. de Broglie, *cit.*, pp. 155-157.

La *legittimità* definisce il campo d'azione possibile: è la percezione, da parte del consumatore, che la marca abbia una sua fondatezza. In buona sostanza che l'attività, la storia, l'esperienza e, in definitiva, la "genetica" dell'impresa ne legittimino la validità e l'operato.

La *responsabilità* ha a che fare con quel contratto morale che l'impresa stipula col consumatore: un contratto invisibile, un tacito accordo, basato sul rispetto delle promesse e sulla fiducia. La marca è responsabile della funzionalità del prodotto come pure del rigoroso rispetto di una relazione commerciale equilibrata (diritti del consumatore). "È una responsabilità che tocca le condizioni d'elaborazione, di fabbricazione e di distribuzione del prodotto"[25].

L'*utilità* dell'impresa si fonda su una serie di azioni tangibili e manifeste: attività concrete nella vita della gente. Dunque una marca utile, capace di costruire una realtà che si opponga "all'angelismo della propaganda"[26]. Capace di migliorare la qualità della vita degli individui, di incidere profondamente e positivamente nel sociale, nell'economia, nella solidarietà.

La *perennità* s'inscrive in una dinamica a lungo termine. L'impresa, per essere credibile, deve impegnarsi in prospettiva, deve investire nel futuro, deve saper guardare lontano. "In una operazione di recupero della foresta amazzonica... Peugeot s'è impegnata con l'ONF per... cento anni!"[27].

L'*onestà* ingloba tutte le nozioni di "trasparenza" ma anche la coerenza del comportamento dell'impresa attraverso il suo agire quotidiano.

L'*umiltà* è una condotta paziente e prudente delle imprese. Significa intenzione a costruire fedeltà e confidenza nel tempo. È una ricerca di fiducia, di adesione e di partecipazione nei consumatori. E non una volontà di imposizione con la forza o con la fretta. È dunque anche *understatement* e sobrietà, perché un impegno troppo ridondante o annunciato con grande risonanza è denso di rischi e di pericoli.

Siamo di fronte all'emergere di nuove sensibilità. Da parte del consumatore come pure delle imprese. Alle quali, in questa fase, non sono più concessi – né tantomeno perdonati – atteggiamenti opportunisti, superficiali o arroganti. È un passaggio cruciale e decisivo in cui la marca si trova ad un bivio: può giocare un ruolo difensivo, agnostico, al limite essere messa in mora e ridicolizzata (boicottaggio del consumo[28], *subvertising*, no-global); oppure ha la straordinaria chance di interpretare un ruolo proattivo stabilendo una reale sintonia col consumatore. Soltanto così sarà in grado di contribuire a rafforzare e diffondere i valori emergenti. E, nello stesso tempo, otterrà un riverbero positivo sulla propria immagine, un consolidamento della propria identità, un guadagno sul piano dell'attualità culturale. Insomma, un circolo virtuoso

25. *Ibidem*.
26. *Ibidem*.
27. *Ibidem*.
28. Per un approfondimento si veda: M. Drillech, *Le Boycott*, Presses du Management, Paris, 1999.

di grande rilievo, in cui non avrà più alcun senso ogni sterile dibattito sulla nomenclatura dell'atteggiamento da assumere. Brand responsabile, marca etica, *citizen brand*, diverranno allora innocue etichette, mero sembiante, a fronte di un reale cambiamento di fondo delle imprese: dotate, forse per la prima volta, di maggior coscienza e amore. Disincantate e profonde al contempo. Perché come ricorda Morin: "sotto la determinazione invidualistica... scorgiamo l'attesa e la ricerca millenaria di una maggiore bontà, pietà, amore e bontà nel mondo. Così, al di sotto della cultura delle vacanze estive, appare ancora la domanda più antica, che cerca oscuramente risposta: cosa può e cosa deve fare un uomo della propria vita, una volta soddisfatti i bisogni primari?"[29].

Insomma, il consumatore contemporaneo sta entrando in una nuova fase. Non comprenderlo, non assecondare e gestire questa transizione, può provocare serie difficoltà. Soprattutto nel passaggio agli ultimi sviluppi di questo lungo e delicato percorso. È ciò che può succedere a molte marche nel nostro Paese, anche tra le più grandi, sovente troppo disattente alle nuove attese/responsabilità. Rischiando così di trovarsi spiazzate nei confronti di una massiccia competitività – a livello internazionale ma anche sul mercato domestico – da parte di brand capaci di gestire consapevolmente le fasi attuali.

Quello che sta accadendo, nel mondo dei consumi e, parallelamente, in quello delle imprese, è un grande ritorno del cittadino: un individuo-consumatore che è per la prima volta un cittadino-consumatore. Kapferer, parla, a questo proposito, di *"retour du citoyen"*[30]: "sinora tutto quello che è stato fatto nei confronti dei cittadini ha assunto la forma di iniziative più o meno simboliche: una fondazione, il finanziamento di un programma assistenziale, una donazione al WWF, ma molti cittadini incominciano a chiedersi quali siano gli obiettivi delle imprese che stanno dietro alle marche. La comunicazione delle imprese deve assumersi il compito di rispondere a questo interrogativo, compito al quale la comunicazione euforica della marca non può assolutamente adempiere. E, più in generale, l'impresa deve oggi far sentire la sua presenza molto più di quanto abbia fatto sinora"[31].

Recentemente, a Milano, Marco Tronchetti Provera ha presentato il "Progetto Italia" che Telecom finanzia con 30 milioni di Euro per fornire un tangibile contributo – avviando una serie di iniziative nel sociale e nel settore della cultura – alla crescita del Paese. È un'iniziativa importante, che va ben oltre le forme di sponsorizzazione nel sociale. Perché segna l'avvio, anche in Italia, dell'era di quelle *citizen brand* che interpretano un nuovo ruolo nel sociale ma, anche, le nuove frontiere della marca. Un ruolo molto diverso dalla tradizionale filantropia o mecenatismo che l'impresa ha sovente esercitato. Imprenditori mecenati infatti ce ne sono sempre stati e, ci auguriamo, continueranno sempre ad esistere.

29. E. Morin, *cit.*, p. 226.
30. J.-N. Kapferer (2002b), *cit.*, p. 34.
31. J.-N. Kapferer (2002c), *cit.*, p. 34.

La *citizen brand* – un'espressione usata per la prima volta da BT[32] nel 1997 – vuole sottolineare, già nella nuova locuzione, il rapporto di cittadinanza attiva che la marca vuole/deve interpretare. Una marca in grado di dialogare e di comprendere i bisogni dei cittadini: non soltanto dei suoi consumatori o utenti. Una marca che sappia assolvere al compito di "*putting society at the hearth of its business*" (mettere la società al cuore della propria attività), come recita appunto il documento fondativo del nuovo modo di essere della marca.

Sia ben chiaro che l'ampliarsi della missione della marca non vuol certo significare disimpegno rispetto ai suoi compiti istituzionali. Che sono anche, e forse prevalentemente, quelli di produrre valore, di tutelare le giuste aspettative dei suoi azionisti. Il fatto nuovo è che l'assunzione esplicita di responsabilità sociali consente oggi alla marca di conseguire le sue finalità istituzionali con maggiore incisività. Le indagini mostrano che le marche attivamente presenti nel sociale sortiscono un maggior favore da parte del pubblico. Sono anche quelle in cui si verifica un minor turnover interno ed un maggior orgoglio di appartenenza da parte del personale. E, ancora, sono quelle in cui è più probabile riscontrare una profittabilità più elevata e, persino – come dimostra la migliore tenuta dei fondi di investimento in marche etiche – quelle che ottengono un maggior ritorno anche sui mercati finanziari.

Non è, certo, che la marca sia divenuta improvvisamente oblativa. La nuova opzione della marca per la cittadinanza è indotta da una crescente richiesta in tal senso da parte del pubblico, da una forte aspettativa di assunzione di responsabilità sociali (fig. 8) L'adesione all'item "Le grandi imprese, oltre a

Fig. 8 - Motivi che hanno incoraggiato all'acquisto di una marca (2004)

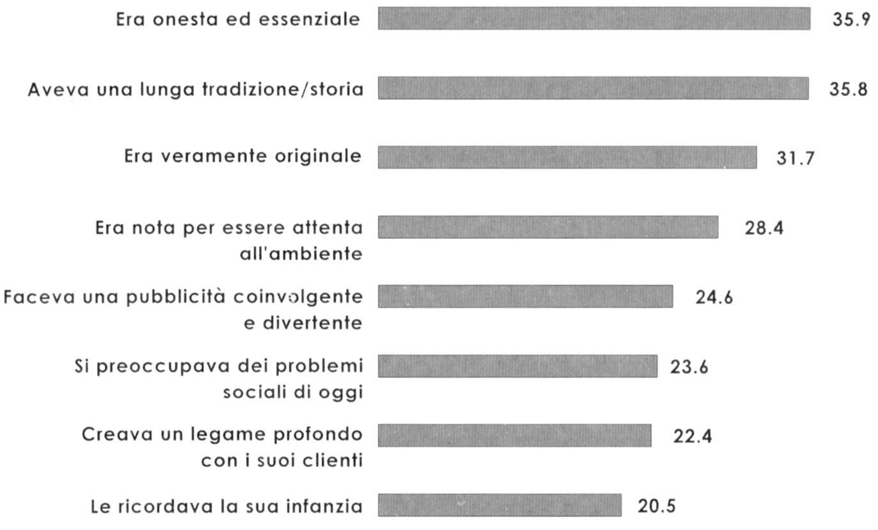

32. British Telecom.

soddisfare il consumatore con beni e servizi di qualità devono anche impegnarsi a risolvere i problemi sociali" è passata dal 15 al 27% nell'ultimo decennio. Ancora più consistente l'incremento di chi dichiara di essere disposto a spendere di più pur di acquistare prodotti di una marca sensibile ai diritti di chi vi lavora ed a problemi ambientali (fonte GPF & A e ISPO).

Se osserviamo i motivi che hanno indotto all'acquisto di una marca, quelli in qualche modo riconducibili a un apprezzamento relativo a dimensioni di responsabilità sociale ("era nota per essere attenta all'ambiente" 28%; "si preoccupava dei problemi sociali di oggi" 24%) coinvolgono circa il 50% degli intervistati.

Nelle tavole successive relative a possibili motivi che hanno dissuaso dall'acquisto, quelli che hanno una matrice etica sono in costante aumento (figg. 9 e 10).

I processi di globalizzazione, la delocalizzazione produttiva, la perdita di credibilità delle tradizionali istituzioni pongono alla marca ulteriori sfide. Ma anche, è l'altro lato della medaglia, le propongono nuove opportunità. Un tempo considerate come "*debilitating consequences*", in antitesi cioè con l'economicità, le responsabilità sociali della marca la promuovono invece a protagonista e cittadina della nostra epoca. Responsabilità sociali che vanno oltre quelle imposte dalla prassi o dalle leggi. Inedite responsabilità nei confronti della comunità in cui l'impresa è insediata, della comunità *at large*, dei settori meno privilegiati o più indifesi della popolazione. Responsabilità non solo non imposte ma nemmeno, *strictu sensu*, attese. Gli anglosassoni distinguono tra *responsibility*, l'obbligo cioè di farsi carico di richieste sociali, e *responsiviness*: quest'ultima intesa come sensibilità sociale, l'andare ben oltre quanto è imposto. È la *responsiviness*, l'assunzione cioè di un ruolo proattivo nella società, l'essenza della *citizen brand*. Una sorta di missione dunque,

Fig. 9 - Motivi che hanno dissuaso dall'acquisto di una marca o di un prodotto

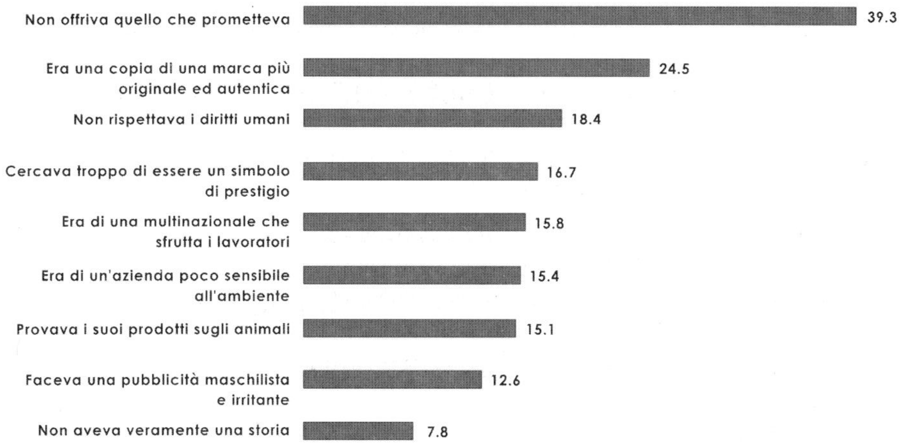

Fig. 10 - Motivi etici che hanno dissuaso dall'acquisto di una marca o di un prodotto

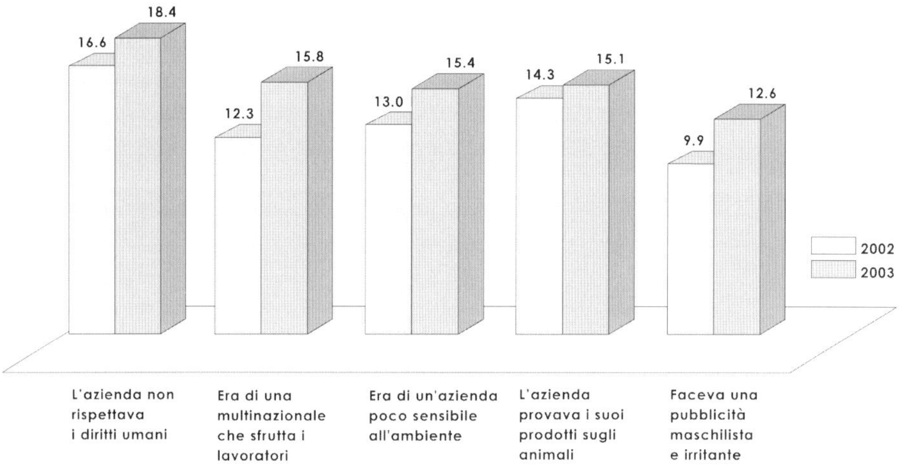

un impegno totale ed alto. Qualcuno, come Elisabeth Laville, ha parlato di Utopia[33]. Noi crediamo che si tratti di un nuovo pragmatismo e un nuovo realismo, dimensioni indispensabili alla società civile dell'epoca postmoderna.

Citizen brands non sono le imprese che limitano il loro impegno a svolgere attività filantropiche o di beneficenza (anche se queste possono rappresentare un'opzione significativa. Sono soprattutto quelle che:
- si comportano onestamente e correttamente;
- comprendono i valori e le esigenze dei dipendenti, dei consumatori, degli investitori e dei fornitori;
- svolgono un ruolo attivo a livello locale e nella comunità più ampia;
- comprendono la società e i suoi problemi e le *issues* con cui più la gente si deve confrontare: guardano "fuori" più che essere rivolte all'"interno";
- dimostrano di optare decisamente per il "social" branding.

33. Si veda E. Laville, *L'Enterprise verte*, Village Mondial, Paris, 2002.

18. Attacchi alla marca

18.1. No Logo?

Ormai cittadina del mondo, la grande marca è protagonista indiscussa del processo di globalizzazione che sta investendo l'economia mondiale, tanto da divenirne – in una sorta di sostituzione metonimica – l'emblema e il paradigma più rappresentativo. E così, la critica alla globalizzazione, s'è trasformata in brevissimo tempo in un duro attacco alle mega brand planetarie.

I primi movimenti di denuncia e di ribellione contro la globalizzazione neo-liberista nascono a cavallo tra gli anni '80 e '90. I guerrieri anti-globalizzazione e il celeberrimo popolo di Seattle (che prende il nome dalla città in cui, nel novembre 1999 folle di contestatori portarono ad una prematura conclusione del vertice dell'Organizzazione Mondiale del Commercio) ne rappresentano la frangia più visibile e più radicale.

La trasformazione del mondo intero in un unico spazio economico entro cui merci, attività produttive e capitali possono muoversi liberamente alla ricerca del massimo profitto ha posto alla ribalta temi come il divario economico tra Paesi ricchi e Paesi poveri, la delocalizzazione produttiva, i diritti dei lavoratori, lo sfruttamento della manodopera, la natura etica delle linee di condotta delle maggiori aziende, la cosiddetta *worldwide style culture* e le interferenze culturali delle grandi imprese.

Argomenti che hanno trovato una formidabile cassa di risonanza in un saggio scritto da una giovane canadese, Naomi Klein e divenuto nel giro di pochi mesi dalla sua uscita (avvenuta nel 2000), un best seller in tutto il mondo: *No Logo*, considerato la bibbia del movimento contro la globalizzazione, mette il marchio nel mirino e racconta la ribellione nei confronti di quella che viene definita la "dittatura delle etichette". Perché – come dichiara la stessa Klein in una intervista – il logo, è diventato oggi il segno che più si avvicina al linguaggio internazionale, più riconosciuto e compreso in molti Paesi che non la lingua inglese. *No logo* significa *No more logos!* La tesi della Klein è quella secondo cui quante più persone verranno a conoscenza dei segreti della rete globale dei marchi e dei loghi, tanto più crescerà l'indignazione e prenderà corpo progressivamente il movimento politico e l'ondata di contestazione già in atto. Una vera e propria sfida alla marca. Una posizione critica e antagonista nei confronti della politica delle multinazionali. Acqua sul fuoco sugli accesi entusiasmi che accolsero la globalizzazione ai suoi esordi. *No Logo* vuole svelare e rivelare l'altra faccia del vilaggio globale, un luogo in cui il divario economico tra i pesi Occidentali avanzati e il resto del mondo è sempre più ampio e dove "sempre più ridotte sono le scelte culturali"[1]. Un luogo in cui – sostiene l'autrice – le regole del gioco non sono uguali per tutti, perché le multinazionali "stanno... sfruttando i Paesi più poveri per ottenere guadagni inimmaginabili"[2], perché, se è vero che siamo collegati da una rete di marchi, è vero anche che esistono "ghetti firmati" e Paesi del Terzo Mondo in cui viene subappaltata ala produzione in cui i lavoratori vivono in condizioni miserabili.

Il lavoro della Klein è un tentativo di analizzare e documentare le forze che alimentano lo "strapotere" delle grandi imprese, descrivendo le condizioni culturali ed economiche che hanno generato la rivolta dei movimenti antagonisti d'opposizione, quelli che hanno come bersaglio il marchio. Da McDonald's a Shell, dal Wal-Mart a Del Monte, da Disney a Monsanto. Dalla torta in faccia a Bill Gates al processo McLibel, dalle incessanti parodie dello *swoosh* Nike alla ridicolizzazione di Marlboro Man attraverso campagne di *creative resistence.*

Sebbene *No Logo* possa considerarsi a tutti gli effetti uno studio serio, ben documentato, un'analisi giornalisticamente ineccepibile dell'attivismo contro le marche, e nonostante il merito che gli va sicuramente riconosciuto di mobilitazione e sensibilizzazione dei consumatori rispetto a temi che intrecciano il mondo delle marche, dell'economia e del commercio con quello dell'etica e della responsabilità sociale, ci sembra di scorgere alcuni limiti non trascurabili nel lavoro della Klein.

No Logo ha ispirato un effetto di moda superficiale e un'opinione diffusa contro le marche, stigmatizzandole, come se fossero di per sé dannose, colpevoli di aver generato un sistema di egemonia culturale e di alienazione, di rappresentare una sorta di motore e/o benzina della "macchina capitalista". Come osservano Mazzalovo e Chevalier "le marche esistono e in sé non sono né buone né cattive. Si possono criticare, ma chiederne la soppressione appare del tutto assurdo... Non si può immaginare che, domani, i supermercati distribuiscano esclusivamente dei prodotti generici: se dovesse succedere nascerebbe subito la necessità di differenziare questi prodotti... le marche riap-

1. N. Klein, *cit.*, p. 18.
2. *Ibidem.*

parirebbero, magari sostituite dall'insegna del negozio che ne farebbe le veci. Di fatto, non esiste davvero un mondo senza marche"[3]. In realtà, ci sembra, che l'effetto No Global, al traino del *No Logo*, tragga linfa ed ispirazione da un vago sentimento presente nei consumatori e in certe correnti di stampo antindustriale e radical chic. Una latente ostilità della gente, anche quando non mobilitata, non organizzata in movimenti antagonisti Un luogo comune, diffuso tra l'opinione pubblica, secondo cui alle marche andrebbero imputati tutti i mali della globalizzazione e della mondializzazione. Marche da stigmatizzare: una sorta di pensiero alla moda, articolato attorno a valori confusi e pregiudizi collettivi. Una nuova ideologia non supportata da evidenze e da riflessioni concrete. A noi sembra, invece, e il nostro libro vuole essere un tentativo di approfondimento e di comprensione in tal senso, che le marche possano considerarsi fattori di progresso sociale, catalizzatrici di valori, oltre che generatori di valore. La loro attitudine e il loro dovere di ascolto nei confronti del consumatore e della società *at large*, impongono certo una nuova assunzione di responsabilità, un nuovo statuto epistemologico, un costante aggiornamento dei significati e una nuova idea di cittadinanza. Ma questa è la sfida che il branding contemporaneo deve affrontare.

18.2. Boicottaggio del consumo

Tra le tante sfide che la marca contemporanea si trova ad affrontare c'è n'è una particolarmente insidiosa, che è – oggi più che mai – sintomo della crescente sensibilità ed attenzione del consumatore al mondo delle imprese, alla loro "condotta", alla loro qualità etica. È il boicottaggio del consumo[4].

Il boicottaggio consiste nell'interruzione, organizzata e temporanea, dell'acquisto di uno o più prodotti, per indurre le imprese produttrici a comportamenti diversi. Il boicottaggio avviene, in genere, congiuntamente ad una capillare informazione e sensibilizzazione sul problema in questione[5].

3. G. Mazzalovo e M. Chevalier, *cit.*, p. 15.

4. Il termine "boicottaggio"deriva dal nome del capitano inglese Charles Cunninghan Boycott, un proprietario terriero vissuto alla fine dell'Ottocento. Boycott possedeva numerose terre in Irlanda ed era noto per le sue prepotenze ed i suoi soprusi nei confronti dei contadini. Le terre venivano confiscate, le case distrutte, i salari erano da fame. Nell'estate del 1880 il capitano Boycott dimezzò le paghe ai suoi braccianti, i quali, per tutta risposta, si rifiutarono di lavorare. A questa vicenda si aggiunse un susseguirsi di soprusi sempre accompagnati da forme di protesta non violenta. Fu proprio in quel frangente che il giornalista americano Redpath coniò il verbo "boicottare" ("to boycott"). Per un approfondimento si veda: C. Smith, *Morality and The Market*, Routledge, Londra, 1990.

5. Per un approfondimento si veda: M. Drillech, *Le Boycott*, Presses du Management, Paris, 1999.

Stiamo assistendo alla definitiva presa di coscienza, da parte degli individui che acquistano e che consumano, che l'atto di consumo è anche parte dell'agire sociale. Che la scelta di una marca in luogo di un'altra può appartenere anche all'ordine delle scelte politiche, oppure ideologiche. Che può essere l'espressione di un consenso o di un dissenso, di un'adesione o di un conflitto. Di un'apprezzamento o di una critica.

Impresa Responsabile e Consumo Responsabile, sembrano due termini destinati a "viaggiare", oggi, di pari passo. Probabilmente esiste un nesso di causa ed effetto tra il comportamento delle imprese e quello dei consumatori. Numerose campagne di opinione pubblica, ispirate da tutta una serie di fatti di cronaca – veri e propri scandali, legati alle vicende di alcune multinazionali – hanno portato alla ribalta temi come lo sfruttamento della manodopera minorile, le condizioni di lavoro negli stabilimenti e nei Paesi dove viene subappaltata la produzione, la denutrizione dei bambini del Sud Del Mondo, le vendite irresponsabili, la produzione e l'utilizzo di prodotti geneticamente modificati, il finanziamento di regimi oppressivi, la produzione di armi.

Dunque il boicottaggio vuole essere la risposta di alcuni movimenti organizzati a certi "comportamenti irresponsabili" delle aziende (oppure alla adesione di queste ad una cultura o ad un governo) e si manifesta attraverso la sospensione dal consumo (e dunque dall'acquisto) dei prodotti di una marca, di una impresa o di una nazione. Poco diffuso in Italia a causa della presenza pressoché totalizzante dello sciopero come strumento di lotta e di protesta, il boicottaggio del consumo è largamente praticato in molti Paesi del mondo[6]. Non abbiamo dati certi sull'influenza in termini di vendite di certe operazioni. Certo è che l'effetto generato è quello di una ondata mediatica capace di sensibilizzare la gente e i mezzi di comunicazione di massa attorno a certi fenomeni. E dunque in grado di costringere le imprese a rivedere le proprie posizioni, a riscrivere un proprio codice comportamentale, ad assumere le proprie responsabilità di fronte agli *shareholders* ma anche (e in particolare) agli *stakeholders*. Si tratta, evidentemente, di una critica dura ai comportamenti più o meno spregiudicati delle delle aziende: un problema di sistema, in cui le regole dovrebbero divenire sempre più nitide e vincolanti, man mano che i mercati crescono in dimensioni, complessità, interconnessioni.

C'è chi sostiene che "il consumo può essere un'arma formidabile per costringere le imprese a comportamenti migliori, perché i consumatori hanno potere di vita o di morte su di loro"[7]. Ralph Nader, uno dei fondatori storici del movimento dei consumatori in America, nel 1989 dichiarò: "molta gente crede che per vincere una campagna di boicottaggio sia necessario provocare

6. Con il boicottaggio, smettendo di comprare merci prodotte da schiavi, nel 1792 i francesi posero fine alla schiavitù. In epoca più recente, Martin Luther King ottenne con il boicottaggio l'abolizione di alcune leggi segregazioniste.

7. F. Gesualdi, *cit.*, p. 7.

una grande riduzione degli acquisti. Ma la sensibilità delle aziende è molto elevata e un calo delle vendite dell'ordine del 2-5% è sufficiente per indurle a rivedere le loro posizioni"[8]. A nostro modo di vedere l'effetto del boicottaggio del consumo è, più che di contrazione delle vendite, quello di "smascheramento" delle imprese dinanzi a comportamenti poco etici. E dunque crediamo che si tratti di genererare una forma coatta di visibilità mondiale rispetto a tematiche che non giovano al buon nome, alla credibilità e alla rispettabilità dell'azienda in questione. Non a caso quelle del boicottaggio, possono definirsi vere e proprie "campagne". Il boicottaggio rende noti i "misfatti" delle multinazionali e in definitiva provoca un consistente danno d'immagine alle stesse, costringendole ad una presa di coscienza. In alcuni casi, tuttavia, il boicottaggio può avere l'effetto di un negativo riverbero sulle quotazioni di Borsa. Gli esperti del mercato finanziario considerano oggi un investimento a rischio l'acquisto di titoli Nestlé, proprio per le forti critiche di cui la compagnia è oggi oggetto. Allo stesso modo, il boicottaggio di McDonald's – simbolo della potenza americana e dell'"imperialismo economico" – soprattutto in Medio Oriente ed Europa ha esacerbato gli effetti negativi della crisi economica in cui è incappata la società nel corso del 2002. Al ritmo di tre nuovi ristoranti al giorno, nel 2002 la McDonald's ha continuato imperterrita la sua strategia di espansione a tappeto in ogni parte del globo, ignorando totalmente le proteste anti-americane, sottovalutando le campagne di boicottaggio del consumo, ridicolizzando le cause dei consumatori obesi, minimizzando le nuove manie salutiste della popolazione e prendendo sottogamba la concorrenza di nuove catene di fast food etnico e regionale. Ma gli errori di calcolo sono costati cari alla regina del fast food e la conferma dei problemi è arrivata coi bilanci del quarto trimestre del 2002 che hanno mostrato la prima perdita trimestrale della storia (un buco di 334 milioni di dollari) e il crollo del 34% delle quotazioni in Borsa[9]. Dunque il boicottaggio è capace di appannare l'immagine e la reputazione di una marca.

A volte basta la minaccia di un boicottaggio oppure una campagna d'informazione contro un'impresa per attirare l'attenzione dei mass media e dell'opinione pubblica, per provocare una reazione da parte dell'impresa stessa. Un caso abbastanza celebre, a questo proposito, è quello della Nestlé. Nel 1976, il gruppo terzomondista svizzero AgDW pubblicò un opuscolo intitolato "Nestlé uccide i bambini". Si faceva riferimento all'uso del latte in polvere nel Sud del mondo, accusato di provocare la morte di tanti bambini. L'opuscolo denunciava la responsabilità di marchi come Nestlé, che attraverso incisive politiche di marketing e pressanti campagne pubblicitarie inducono le mamme del terzo Mondo a sostituire l'allattamento materno con quello artifi-

8. *Ibidem*.
9. D. Roveda, "Nuove ricette per McDonald's", *Il Sole 24 Ore*, 13 aprile 2003, n. 102.

ciale. Il latte in polvere viene ceduto gratuitamente agli ospedali del Terzo Mondo, senza illustrare i rischi di un utilizzo improprio del prodotto. In particolare le pratiche più pericolose, in questo senso, sono da individuare nell'impiego di acqua non potabile, nella mancata sterilizzazione delle tettarelle e nell'eccessiva diluizione della polvere. La Nestlé denunciò il gruppo per diffamazione. Ci fu un processo che si concluse con la condanna di AgDW a cambiare il titolo dell'opuscolo e a pagare un indennizzo alla multinazionale di Vevey. Ma per la Nestlé fu una falsa vittoria perché tutta l'operazione le aveva reso una pessima pubblicità. Senza contare che le notizie riportate nell'opuscolo risultarono veritiere e dunque la sensibilità dell'opinione pubblica aumentò fino a provocare una nuova campagna – questa volta a carattere internazionale – contro la Nestlé.

Un caso analogo è quello che ha visto coinvolta la McDonald's. Nel 1994 McDonald's querelò per diffamazione due disoccupati inglesi Dave Morris e Helen Steel, del gruppo London Greenpeace, per aver realizzato e diffuso un opuscolo di denuncia nei confronti delle scorrettezze e delle malefatte del marchio dalla M dorata. L'opuscolo, dal titolo "Cosa c'è che non va con McDonald's"[10] denunciava tra l'altro: cibo non salutare, sfruttamento del lavoro, furti ai danni dei poveri, danni ambientali, sofferenza degli animali, censure. Ben presto McDonald's si accorse che il processo si stava trasformando in un grande impianto accusatorio, e che aveva dato il via ad una gigantesca campagna di denuncia nei suoi confronti.

Tra i boicottaggi che si sono conclusi in tempi molto rapidi il primato spetta a quello contro la Shell. Nei primi di giugno del 1995 il marchio della conchiglia giallo/rossa, annuncia di volersi sbarazzare della piattaforma petrolifera Brent Spar, ormai fuori uso, affondandola nelle acque profonde del Mare del Nord. Shell è appoggiata dal governo britannico. Greenpeace, sostenuta dal governo tedesco, danese, svedese, si oppone e chiede di non procedere per ragioni di carattere ambientale. La piattaforma, che pesa quasi 1500 tonnellate, è una vera e propria polveriera di sostanze tossiche, in parte radioattive, che danneggerebbero flora e fauna marine. Shell risponde con argomentazioni di carattere economico. Lo smantellamento a terra costerebbe 46 milioni di sterline. L'affondamento solo 12. L'11 giugno del 1995 Shell inizia a traghettare la piattaforma verso il punto stabilito per l'affondamento, ma anche Green Peace entra in azione. Greenpeace Germania invita gli automobilisti a boicottare le stazioni di benzina Shell. Ma la sede inglese della Shell non demorde nel suo proposito. Le fa eco il governo britannico annunciando di continuare a sostenere la scelta, nonostante l'interveno contrario del capo del governo tedesco Helmut Kohl. Un sondaggio rivela che 2 tedeschi su 3

10. In Italia il Collettivo Malatempora ha prodotto un libricino analogo all'originale inglese, con alcuni particolari riferimenti allo "sbarco" della McDonald's nel nostro Paese. Si veda: Collettivo Malatempora, *Cos'è che non va da McDonald's*, Malatempora, Roma, 1998.

aderiscono al boicottaggio o chiedono a Shell di indennizzare i gestori di benzina che stanno subendo delle perdite (in alcuni casi le vendite risultano diminuite fino al 50%)[11]. Nei giorni successivi il boicottaggio attecchisce anche in Inghilterra, Olanda, Svezia, Danimarca, Lussemburgo, Belgio e infne Spagna. Il 19 giugno la Shell inglese annuncia di rinunciare all'idea dell'affondamento e di voler richiedere alle autorità britanniche l'autorizzaione a smantellare la piattaforma a terra.

I movimenti di boicottaggio del consumo sembrano non risparmiare nessun marchio: Nike, ma anche Reebok e Adidas sono accusate di essere le principali complici dello sfruttamento dei lavoratori – bambini compresi – in molti Paesi del terzo mondo dove avviene la delocalizzazione produttiva; WaltDisney è accusata internazionalmente di finanziare il governo dittatoriale di Burma, col quale ha stretti legami economici; Benetton di impiegare manodopera infantile e di sfruttare i lavoratori nelle sue fabbriche di subappalto nei Paesi più poveri; Mitsubishi di distruggere le foreste tropicali al ritmo di 300.000 ettari l'anno, di produrre armamenti e fornire servizi per l'industria nucleare; Novartis (Gerber, Quaker Oats...) è imputata di essere uno dei maggiori gruppi mondiali dediti alla manipolazione genetica; Chiquita è stata coinvolta in intrighi internazionali, in scioperi repressi nel sangue, corruzione, scandali e colpi di stato. Ancora oggi passa per essere un'impresa dal pugno di ferro con molti contenziosi aperti con il sindacato e con le poplazioni dei Paesi in cui opera. Ma la lista delle marche incriminate non finisce qui.

Boicottaggio o non boicottaggio, il problema delle regole che devono sovrintendere al buon funzionamento di un sistema capitalistico andrà però affrontato, prima o poi. Non si tratta solo di etica: il deficit d'attenzione dell'imprenditore per le compatibilità ambientali e per le problematiche legate alla delocalizzazione produttiva; l'autoreferenzialità dei manager che assegnano a se stessi retribuzioni e premi che tolgono agli azionisti una larga fetta degli utili d'impresa, ma anche la scarsa trasparenza nell'assetto proprietario di molte società, sono tutti fattori che minacciano il capitalismo, un sistema che si basa sulla fiducia[12]. Fiducia che i manager faranno l'interesse della loro impresa e che lo Stato con le sue leggi saprà vegliare sul corretto comportamento delle imprese. Ma anche fiducia da parte del consumatore nei confronti della grande marca, la cui vocazione/funzione storica è, non dimentichiamolo, quella della garanzia, dell'affidabilità. L'immagine si può comprare. La reputazione e la rispettabilità vanno conquistate[13].

11. I dati sono tratti da F. Gesualdi, *cit.*, p. 53.

12. M. Gaggi, "L'etica e le regole sono vitali per le imprese", *CorrierEconomia*, 14 aprile 2003.

13. Si vedano, a questo proposito, le interessanti riflessioni di David Batsone a proposito dell'"anima dell'impresa" e degli otto principi per un'eccellente performance finanziaria ma anche "di valore". Batstone D., *Saving the Corporate Soul & (Who Knows?) Maybe Your*

18.3. La marca in un'epoca di anti-americanismo

La politica americana degli ultimi tempi – dalla guerra del Golfo a quella in Iraq – più spesso definita *go-it-alone attitude*, o più brutalmente politica guerrafondaia, ha suscitato una gran quantità di sentimenti anti-americani. Fenomeni e movimenti di boicottaggio del consumo sono spuntati in ogni parte del mondo. L'obiettivo: utilizzare l'agire di consumo come strumento critico e consapevole per condannare quei marchi che hanno appoggiato e sostenuto gli Stati Uniti, per esprimere il proprio dissenso ideologico.

In Italia, a distanza di pochi giorni dall'attacco statunitense all'Iraq, nella primavera del 2003, il Centro Nuovo Modello di Sviluppo[14], ha invocato un boicottaggio alle multinazionali statunitensi che hanno sostenuto il partito repubblicano di George Bush, e/o che hanno rifornito di prodotti l'esercito statunitense. S'è trattato di una campagna che ha messo dichiaratamente sotto accusa – attraverso l'invito al non-consumo – tutto il sistema economico e politico-internazionale americano e che ha proposto una lista di imprese con sede negli Usa (3M, Abbott, Altria, Bristol-Myers Squibb, Campbell, Coca-Cola, Colgate-Palmolive, Fresh Del Monte, Dole, Georgia Pacific, Gillette, Heinz, Johnson & Johnson, Johnson Wax, Kellogg, Kimberly Clark, Mars, Pepsi Cola, Pfizer, Procter & Gamble, Sara Lee) da boicottare. In particolare, questa iniziativa battezzata "*Fuori la guerra dalla tua spesa*", s'è concentrata su 15 prodotti/marchi chiave, tutti presenti nella grande distribuzione nazionale, ognuno commercializzato da una delle aziende in questione[15].

Operazioni di questo tipo, sicuramente utili per promuovere una coscienza critica, per dimostrare che il consumo è un potentissimo strumento politico ed ideologico, per sensibilizzare le imprese e l'opinione pubblica, sembrano

Own. Eight Principles for Creating and Preserving Integrity and Profitability Without Selling Out, Jossey Bass, San Francisco, 2003.

14. Il Centro Nuovo Modello di Sviluppo nasce nel 1985 nei pressi di Pisa. È, in Italia, il gruppo che ha avviato la riflessione sul consumo come mezzo di pressione sulle imprese e che ha cominciato a fare ricerca per orientare le scelte dei consumatori. È interessante notare che il Centro non è un'associazione di consumatori e forse, proprio perché è lontano dalle logiche corporative, ha attribuito al consumo un valore politico. Tra le iniziative del centro, oltre al commercio equo e solidale e il boicottaggio del consumo, una campagna di sensibilizzazione ed una guida per il consumo critico. Per un approfondimento si vedano: Centro nuovo modello di sviluppo, *cit.* e F. Gesualdi, *cit.*

15. Sottilette Kraft - latticini -Altria; Coca Cola - bibite - Coca Cola; Soflan - detersivo - Colgate Palmolive; Del Monte - banane - Fresh Del Monte; Dole - banane - Dole; Tenderly - carta assorbente - Georgia Pacific; Mare Blu - tonno e sardine - Heinz; Carefree - assorbenti e tamponi - Johnson & Johnson; Anitra WC - detersivo - Johnson Wax; Kellogg's - cereali prima colazione - Kellogg; Scottex - carta assorbente - Kimberly Clark; M&M's - cioccolatini - Mars; Gatorade - bevanda dietetica - PepsiCo; Lines - assorbenti e tamponi - Procter & Gamble; Badedas - bagnoschiuma e shampoo - Sara Lee.

però destinate a non intaccare i bilanci e la redditività della marca. E, nemmeno, la sua equity.

Il boicottaggio dei prodotti americani, ha forse generato una leggera flessione nelle vendite nei Paesi arabi – si parla di un 10% – ma è risultato del tutto ininfluente in Europa. Anche le marche più prese di mira dai grandi movimenti pacifisti – McDonald's per tutte – non hanno risentito affatto dello strisciante antiamericanismo di quei giorni. Una antipatia dunque che sembra non essersi tradotta in un diffuso rifiuto per gli hamburger e nemmeno per la Coca-Cola o per tutti quei *packaged goods* caratterizzati da un branding tipicamente statunitense.

Sembrerebbe, allora, che questi attacchi alla marca, non si siano rivelati abbastanza consistenti da intaccare il valore di mercato di certe brand globali con una precisa identità a stelle e strisce. Nell'agosto del 2003, pochi mesi dopo la triste primavera dell'attacco Usa in Iraq, il settimanale Business Week, riportava: "qualunque cosa il mondo pensi degli Stati Uniti in questi giorni, le marche americane dominano la classifica di quest'anno delle 100 *most valuable global brands* messa a punto da Business Week/Interbrand Corp."[16]. La graduatoria annuale delle cento marche globali, di "maggior valore" è basata – come l'ormai consolidato metodo Interbrand certifica da tempo – su di una analisi combinata ed accurata di alcuni fattori: quanto le vendite di ciascun prodotto siano orientate dal *brand name*, influenzate dalla leadership del mercato, dalla stabilità, e dalla capacità della marca di attraversare i confini nazionali.

Ebbene, le marche globali statunitensi risultano coprire 62 delle prime 100 posizioni, e – tra queste – 8 delle prime 10. Altre brand non americane, come ad esempio la finlandese Nokia, le tedesche Mercedes e BMW, le giapponesi Toyota, Honda e Sony, la svizzera Nescafé, la sudcoreana Samsung, la francese L'Oréal, posizionate tra le big, hanno risalito la classifica.

Intaccate ed offuscate dagli scandali aziendali, da mediocri rendimenti del mercato azionario e sofferenti per una più generale *impasse* d'immagine, marche come JPMorgan, Merril Lynch e Morgan Stanley, hanno visto crollare il loro valore. I declini più vistosi si sono avuti con Ford (–16%) e Kodak (–19%) penalizzati, più che da tensioni politiche interne, da errori strategici, da lacune sul versante della qualità e dell'innovazione e da altri fondamentali problemi di gestione del business.

Il dato paradossale è che brand come Levi's e McDonald's hanno visto crescere i loro profitti più all'estero che non "in casa". Le marche in testa alla classifica, Coca-Cola e Microsoft, sono risultate, in definitiva, *global players* che superano il rumore del dissenso politico per sedurre e coinvolgere tutti i consumatori, ovunque: il loro appeal sembra dunque non conoscere ideologie o schieramenti di sorta, non lasciarsi scalfire dall'antiamericanismo.

16. Aa.Vv., "Brands in an age of anti-americanism", *cit.*

Che cos'è, allora che, tiene le marche americane tanto in alto? Secondo il Business Week si tratta di una felice combinazione di un brand management intelligente e pura fortuna[17]. Naturalmente, il fatto che le marche americane siano nate e cresciute nel più ampio e vivace sistema economico del mondo è un vantaggio straordinario.

Le loro iniziative oltreoceano, le questioni relative alla qualità e alla logistica, si sono evolute e risolte. Addirittura, molte marche insistono sul mercato globale da così tanto tempo che sono davvero pochi i consumatori che possono dirne con certezza il luogo d'origine o di provenienza. Nello stesso tempo, gli uomini di marketing statunitensi hanno spesso costruito efficaci politiche di marca e di prodotto attorno ai valori, ai segni e ai simboli della cultura americana. Si pensi a Levi's, sinonimo, in tutto il mondo di spirito americano, di *american way of life*. Lo stesso Philp A. Marineau, chief executive officer della Levi Strauss & CO. ha affermato che i *core values* di Levi's – democrazia, libertà, indipendenza – sono sicuramente visti come "il meglio dell'America e delle sue virtù"[18].

Ed è piuttosto bizzarro constatare che Levi's debba lottare con fatica per mantenere le proprie quote di mercato "in casa", mentre sia la marca più ambita e desiderata in un Paese come l'Asia. Inoltre non dobbiamo dimenticare che i grandi marchi globali di origine statunitense sanno sapientemente inserire e tradurre i loro prodotti nelle singole culture locali: i brand manager sono locali e i packaging, i sapori, le *serving size* sono adattate alle esperienze locali.

Pepsi, ad esempio, in India, s'è costruita una fortissima identità nazionale. È sempre la stessa bevanda gassata al sapore di cola che troviamo negli Stati Uniti, ma con una distintiva variante tutta indiana. Pepsi-Co ha infatti nutrito un'immagine "indigena" sponsorizzando il cricket, sport estremamente popolare in India; utilizzando testimonial e celebrità locali nella pubblicità ed inserendo quanto più possibile nel senior brand management talenti indiani. Non solo, Pepsi ha partecipato attivamente alla vita economica della comunità locale, investendo in importanti progetti agricoli ed industriali in collaborazione col governo del Punjab (tra gli altri ricordiamo coltivazione di pomodori ed esportazione di salsa chili). Non solo: il claim di Pepsi in India, "*Yeh Dil Maange More!*", che potrebbe essere tradotto con "Questo cuore vuole di più!", è talmente popolare che è ormai entrato a far parte del lessico familiare indiano, del repertorio dei luoghi comuni e delle frasi fatte. Non c'è da stupirsi, allora, se la minacciosissima "tre giorni" di boicottaggio dei prodotti stranieri nello stato indiano comunista del Kerala abbia intaccato a malapena le vendite del soft drink. Il fatto risale alla primavera del 2003, quando nello stato del Kerala (uno dei più consumeristi di tutta l'India) a seguito delle posi-

17. *Ibidem.*
18. *Ibidem.*

zioni Usa e Gran Bretagna in merito alla guerra in Iraq, l'Anti-War Forum, un gruppo locale di oltre 250 partiti politici ed organizzazioni, ha dichiarato di voler convertire il Paese in una "*Coca Cola-Pepsi-free zone*". Il Forum s'è mobilitato in una aggressiva ed incisiva campagna *shop-to-shop* finalizzata a persuadere gli operatori commerciali a non stoccare in magazzino prodotti statunitensi. Sono state organizzate persino visite porta a porta per convincere i privati e le singole famiglie, a non comprare marche americane e a sorseggiare latte di cocco e *mango juice* al posto delle più globali (e interventiste) bevande alla cola. Oggetto di boicottaggio pure i prodotti della Hindustan Lever, la filiale indiana della multinazionale britannica UniLever. Tuttavia, la massiccia operazione – che ha subito messo in allerta i manager delle imprese "incriminate" ed ha immediatamente suscitato fortissime polemiche per il suo carattere impositivo nei confronti dei consumatori e dei negozianti – non ha eroso significativamente le quote di mercato dei marchi in questione. In particolare, il più immune da ogni forma di boicottaggio s'è rivelato Pepsi: e non è casuale, visto che si tratta del marchio più integrato e radicato nel territorio indiano.

Nessuna sorpresa nemmeno per il balzo del +6% nel valore complessivo di Pepsi nella classifica dell 100 Top Brands del 2003, rispetto a quella del 2002: 11,8 miliardi di dollari[19].

Dunque, il diffuso sentimento di antiamericanismo pare non volersi tradurre – con la stessa forza ed incisività – verso i prodotti e le marche americane. Anzi, il dato curioso è che può capitare di incontrare giovani manifestanti in corteo contro la politica di Gorge W. Bush che sono al tempo stesso consumatori fedeli del Caffè Moka di Starbucks, oppure che usano un PC IBM ed indossano Nike. Di fronte alla qualità del prodotto, all'efficienza del servizio, all'eccellenza della marca, non c'è ideologia che tenga, non c'è politica che riesca a frenare in maniera significativa il consumo. Ma c'è un altro motivo per cui molti consumatori extrastatunitensi, decisamente sprezzanti nei confronti della politica estera americana, sono gli stessi che poi sorseggiano una Bud o fumano Marlboro. Alcune marche sono divenute talmente trasversali ed onnipresenti, da perdere qualunque identità originaria in merito alla provenienza. Molto spesso i consumatori sono scarsamente consapevoli del Paese d'origine di certi prodotti. Sono in molti ad esempio a pensare che Nokia sia giapponese, quando in realtà si tratta di un marchio finlandese. Nestlé, ad esempio, è comparsa in una lista araba dei prodotti americani da boicottare durante la guerra in Iraq del 2003. Evidentemente non tutti erano a conoscenza del fatto che Nestlé nasce ed ha sede legale a Vevey, in Svizzera. Allo stesso modo, solo pochi sanno che Häagen-Dazts e Estée Lauder sono a tutti gli effetti marchi "*born in the Usa*". Le sonorità di nomi farebbero pensare a Germania e Francia: tuttavia, la loro globalità ne appanna la provenienza, rendendo difficile individuarne i natali.

19. *Ibidem*.

18.4. Il caso Mecca-Cola

Una marca militante, dichiaratamente antiamericana, s'è affermata in tempi rapidi tra i musulmani di Francia e sta arrivando con lo stesso slancio in altri Paesi occidentali. È la Mecca-Cola: una cola ideologica, nata per essere un soft drink gassato del tutto simile alla grande sorella americana Coca-Cola, ma portatrice di un messaggio politico chiaro. La Mecca-Cola, infatti, non è solo un prodotto, è anche una bandiera, un simbolo, un pensiero.

Partita dai quartieri parigini di Sant Denis, la Mecca-Cola è già arrivata in 34 Paesi. In una prima fase la più convinta e solida base di acquirenti è stata la comunità musulmana di Francia, con i suoi cinque milioni di persone, per lo più originarie dei tre principali Paesi del Maghreb: Marocco, Algeria e Tunisia, tutti ex colonie e protettorati francesi. La sua notorietà s'è rivelata grandissima da subito, "la sua espansione è stata fulminea e lo dimostrano le cifre. Pensata nell'agosto del 2002, la società[20] ha cominciato ad avere un'esistenza giuridica nel settembre successivo, il mese seguente è partita la produzione e il lancio ufficiale è avvenuto a inizio novembre, in concomitanza con l'inizio del mese di Ramadan. Anticipato da un discreto battage mediatico e atteso dai membri della comunità musulmana già in preallerta, l'inizio delle vendite è stato un boom: solo nella prima settimana sono andate via 160 mila bottiglie e le vendite poi non hanno mai smesso di aumentare. A metà maggio erano già state vendute 10 milioni di bottiglie da 1,5 litri, almeno altri 14 milioni erano già state ordinate..."[21].

Lanciata dall'imprenditore francese di origine tunisina Tawfix Mathlouthi (già fondatore, in Francia, nel 1992, di Radio Mediterranée) con lo slogan "*ne buvez plus idiot, buvez engagé*!" (non bevete più stupido, bevete impegnato!") la nuova bevanda riprende nei colori, nel gusto, nel formato – persino nel logo dell'onda – lo schema ed il *lay-out* della più celebre delle Cole. Ben in evidenza sulla etichetta, oltre allo slogan provocatorio, la promessa di devolvere il 10% degli introiti ai bambini della Palestina e un altro 10% ad organizzazioni non-profit europee[22]. Meno evidente, ma comunque centrale nella confezione, l'invito a non mischiare il contenuto con alcool.

Insomma, a cominciare dal nome, più che una bevanda una sorta di manifesto ideologico del consumo. Soprattutto considerando la sfida esplicita nei confronti di quella marca che è più marca di tutte, la marca per antonomasia: Coca-Cola. E, al tempo stesso, anche uno dei simboli più accreditati dell'*american way of life*. Dice lo stesso Mathlouthi che "la Mecca-Cola non è un prodotto etnico, non è un prodotto musulmano, è un prodotto ideologico interna-

20. Mecca-Cola Beverages France.
21. G.L. Mealli, "Mecca-Cola: la vittoria del prodotto militante", *L'Impresa*, n. 4/2003.
22. Come Emmaus, fondata dall'Abbé Pierre.

zionale... È un prodotto anti-politica antiamericana e antisionista...Uno degli obiettivi di Mecca-Cola è creare un'indipendenza economica nei confronti degli Stati Uniti"[23]. Sta di fatto che il "format" di Mecca-Cola ha generato degli emuli: in Francia, non appena due mesi dopo il lancio della bevanda di Mathlouthi, sono nate, sull'onda del filone musulmano, la Muslim-Up e la Arab-Cola. E non dobbiamo dimenticare che l'antesignana delle cole non americane è la Zam Zam Cola, dal 1979 bibita nazionale iraniana.

Si è molto scritto sulla Mecca Cola: interpretata come un'inedito fenomeno politico-sociale; come una sorta di *no-logo* ancora più impegnato e polemico della Klein; come un caso clamoroso di applicazione del marketing alla cultura no-global. E si è ulteriormente alimentato il dibattito sui destini delle grandi marche planetarie. Soprattutto in tristi periodi in cui la colonizzazione culturale ed economica fa ricorso alla guerra con lo specioso alibi delle legittimazioni etiche.

Soltanto il tempo e la chiusura dei primi bilanci contabili potranno dirci se la Mecca-Cola è quel grosso successo commerciale da più parti preconizzato.

È assai curiosa la notizia che, durante l'attacco statunitense all'Iraq nella primavera 2003, in Egitto, il ministro degli esteri iracheno Naji Sabri – lo stesso che aveva minacciato di decapitare i prigionieri di guerra -, inviato da Saddam per rilanciare un'offensiva diplomatica, sia stato sorpreso a sorseggiare, in un locale pubblico, una Diet Coke. E che il locale pubblico – udite, udite – fosse, addirittura, l'americanissimo Hard Rock Cafè del Cairo. Forse è solo da addebitarsi al fatto che Mecca-Cola è mal distribuita in Egitto. Assai più verosimile invece che il patrimonio di immagine di una marca – se è davvero tale – riesce persino a fare aggio sulle situazioni sociopolitiche più avverse. Va ricordato, a questo proposito, che Coca-Cola è così sino in fondo yankee che, nella seconda guerra mondiale, i suoi stabilimenti s'insediavano al seguito delle truppe alleate, per la motivazione dichiarata di non far mai mancare ai soldati americani la preziosa bevanda di casa loro. Ed è stata l'unica azienda esentata dalla tassa bellica sullo zucchero. Proprio perché Coke veniva considerata un bene e un simbolo di prima necessità.

Del resto, lo abbiamo visto, le iniziative di boicottaggio dei prodotti e delle marche statunitensi, come risultato della politica interventista in Iraq da parte di Gorge W. Bush nei primi mesi del 2003, si sono, alla fine, rivelate poco efficaci sui fogli di bilancio delle imprese d'oltreoceano. Quale è la conclusione che dobbiamo trarre da tutto ciò?

Che la grande marca ormai è diventata cittadina del mondo, che ha elaborato un grande serbatoio di valori in grado di contrastare anche le grandi ideologie. I prodotti si possono clonare con facilità. Ma è difficile, se non impossibile, trovare un clone di marca di successo. Anzi la marca – è doveroso

23. Da G.L. Mealli, *cit.*

ricordare sempre il *refrain*: se ben gestita, ha una identità seduttiva, è memorabile, culturalmente attuale, chiaramente identificabile, oggetto di un costante *fine tuning* – possiede una propria ideologia che taglia trasversalmente età, condizioni sociali e confini geografici. Può anche, entro certi limiti, prescindere dai prodotti che firma. Del resto, nei mercati di oggi, le imprese vendono prodotti ma i consumatori comperano marche. Semmai c'è da notare la crescente attenzione del consumatore alla dimensione etica – forse l'unico, reale punto di forza di Mecca-Cola consiste proprio nel 20% in *charity* – anche per quanto riguarda la marca. Che coinvolge tutta la filiera della produzione/consumo: dal reperimento delle materie prime e dai diritti dei lavoratori a monte allo smaltimento dei rifiuti e l'ecocompatibilità a valle.

18.5. Subvertising

Un termine ancora poco conosciuto in Italia. Ma abbiamo l'impressione che lo diverrà presto e che, comunque, il fenomeno che descrive stia dilagando anche in Italia. Rispetto all'etimo originario di advertising il nuovo acronimo sta ad indicare una utilizzazione della pubblicità diversa e contrastante rispetto agli obiettivi prefissati. Anzi, il più delle volte, si ritorce ad esplicita accusa nei confronti dell'inserzionista. Un termine che ricorda la parola sovversione: sovvertire appunto i significati tradizionalmente attribuiti dalla pubblicità.

Sarebbe miope che il mondo della comunicazione e della marca sottovalutasse il fenomeno. Perché Internet (un per tutti, il sito di Adbusters) gli sta conferendo dimensioni e diffusione davvero imponenti. Specialmente tra i giovani. Gettonatissimi e ormai di culto, gli spot di alcune marche automobilistiche con un doppiaggio ex novo rispetto all'originale con effetti dissacranti ed umoristici. In questo caso – dato il risvolto sessuale degli apocrifi – il risultato era poco più che goliardico. In altri l'attacco alla marca – destinatarie privilegiate quelle che attentano alla salute o all'ambiente o coinvolte in episodi di lavoro minorile o di sfruttamento – è invece diretto ed esplicito. "*Bob, I've got emphisema*" confessa un cowboy a cavallo rivolgendosi ad un collega, sullo sfondo delle più tradizionali icone del Malboro Country. E, dello stesso taglio, pure se con un gusto discutibile, le parodie di Joe Camel, in versione campagna antitabacco, che diventa: Joe Chemio. Ma gli esempi di questo tipo non mancano davvero, come la rivisitazione del sito di Victoria's Secret – celebre marchio americano di biancheria intima, famoso per i suoi cataloghi popolati da pin-up statuarie, dai corpi perfetti – che propone provocatoriamente il vero segreto di Victoria, ragazza grassottella e morfologicamente "normale": la bulimia.

Il movimento no-global o no-logo – o come lo si voglia chiamare – sta usando questa tipologia di messaggi come principale strumento di comunicazione. In un annuncio la bandiera americana è presentata con i loghi delle grandi multinazionali in luogo delle stelle: un allusione sin troppo chiara al

Mulino Bianco: il ruolo di garante svolto dalla Corporate Barilla.

Barilla anni '70: la tenuta di cottura come valore di prodotto.

Pampers: un posizionamento sul benefit di prodotto.

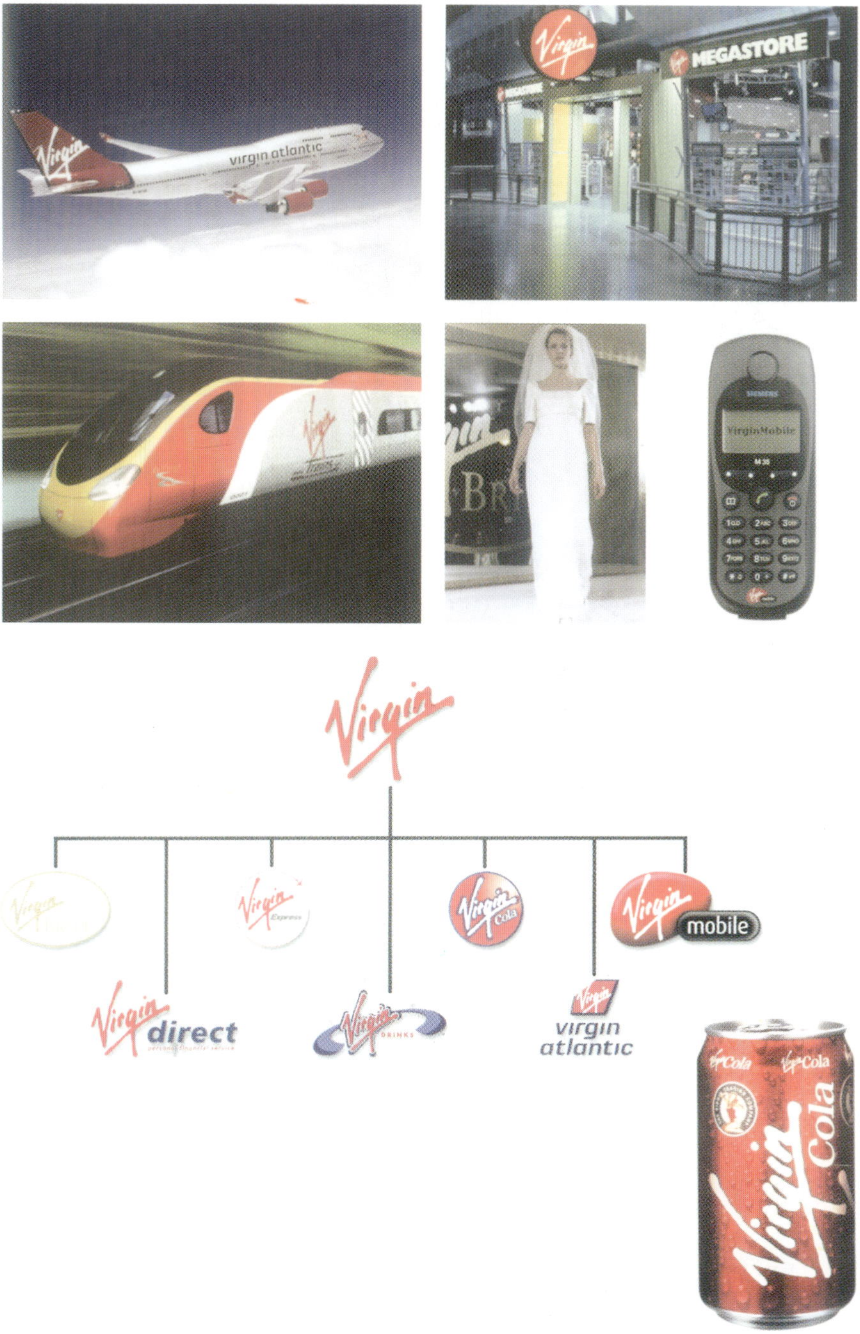

Brand stretching: Virgin.

Estensioni di marca e di linea: Borotalco, Kellogg's, Mars.

Subvertising: Obsession.

Subvertising: Marlboro, Nike.

Subvertising: McDonald's.

Ne buvez plus idiot, buvez engagé !
No more drinking stupid, drink with commitment !
Mecca®-
Cola
Classic
10%*
10%*
European Charity
1.5L
Ne pas mélanger à des spiritueux.
Please do not mix with alcohol.

Mecca-Cola.

ruolo che le grandi marche hanno nelle strategie di quel Paese. In una (contro) pubblictà di Obsession – una fragranza di grande successo di CK – vi è un modello apollineo che si guarda preoccupato dentro i calzoni. In un altro annuncio vi sono dei bambini, questa volta però veramente obesi, che divorano con grande voracità hamburger e patatine di McDonald's.

Se vogliamo non c'è poi niente di nuovo sotto il sole. Già negli anni Settanta alcuni studiosi italiani (da Eco a Faenza) avevano parlato di "guerriglia semiotica" – vale a dire una utilizzazione pirata e sovversiva dei media – inserendosi vampiristicamente in questi per veicolare messaggi di segno opposto. Il Situazionismo lo aveva teorizzato. Generando però solo qualche, raro, caso di grande audience e restando confinato nei canali underground. Adesso, invece, la Grande Rete è divenuta una gigantesca cassa di risonanza a queste provocazioni e non solo a queste. Se le aziende lungimiranti vanno usando il mondo dell'on-line con l'encomiabile scopo di creare delle comunità, di consentire agli utenti di dialogare fra loro e di stabilire una reale relazione con la marca, capita molto spesso che questi interventi sfuggano di mano per divenire catalizzatori di critiche e di messe in mora per chi le aveva promosse. Tra l'altro – almeno per le marche più discusse – i motori di ricerca propongono, proprio sotto il sito ufficiale, uno o più siti – costruiti con grande professionalità – che raccolgono prove e testimonianze delle inadempienze (verso i consumatori, i dipendenti, l'ambiente) dell'azienda. Dai titoli più che espliciti del tipo "*I hate*" (io odio)... e il nome della marca).

Subvertising è qualcosa di più. È rendere paradossali capovolgendone il significato i grandi totem del consumo e il re nudo fa davvero ridere. È, come è stata definita, "*creative resistence*", una denuncia esplicita della presunta mistificazione della marca. È rilevarne l'altra faccia, gettare un fascio di luce sul suo cono d'ombra. Cambiare il contenuto dei messaggi pubblicitari, per far affermare loro esattamente il contrario, sta divenendo un diffuso gioco di società a cui Internet fornisce una platea planetaria. Stanno nascendo in Rete siti specializzati che assurgono rapidamente a cult. Tra l'altro il fenomeno si inserisce in quel costante apprezzamento dell'ironia che rappresenta una dimensione caratterizzante il consumatore postmoderno.

Bibliografia

Aa.Vv., *Exploring Brand Equity*, Advertising Research Foundation, New York, 1995.

Aa.Vv., "Researching Brands", *New Monograph Series*, vol. 3, Esomar, Amsterdam, 1996.

Aa.Vv., *Business Ethics. Reading and Cases in Corporate Morality*, McGraw-Hill, New York, 2001.

Aa.Vv., "Brands in an age of anti-americanism", in *Business Week*, August 4-11, 2003.

Aa.Vv., *The Future of Brands: Twenty-five Visions*, Interbrand Newell and Sorrel, New York University Press, New York, 2000.

Aa.Vv., *Les marques de Distributeurs jouent dans la cour des grands*, Éditions d'Organisation, Paris, 2002.

Aa.Vv. (a cura di G. Fabris), *La comunicazione d'impresa. Dal mix di marketing al communication mix*, Sperling & Kupfer, Milano, 2003.

Aa.Vv., *Net sociology. Interazioni tra scienze sociali e Internet*, Guerini & Associati, Milano, 2002.

Aa.Vv., *Millenium formes de luxe*, JBC & Associés, Boulogne, 2001.

Aa.Vv., *Harvard Business Review on Brand Management*, Harvard Business School Press, Harvard, 1999.

Aa.Vv., *La business ethics e la comunicazione esterna di impresa*, FrancoAngeli, Milano, 2002.

Aa.Vv, *Saggi sulla qualità nell'economia dell'impresa*, Cedam, Padova, 1995.

Aa.Vv., *Pubblicità e televisione*, ERI Edizioni Rai Radiotelevisione Italiana, Roma, 1968.

Aa.Vv., *I nuovi boom. Tendenze e prodotti di successo negli anni della transizione*, Sperling & Kupfer, Milano, 1993.

Aa.Vv., *Barilla, cento anni di pubblicità e comunicazione*, Archivio Storico Barilla, Silvana Editoriale, Milano, 1994.

Aa.Vv., *Sulla bocca di tutti. Buitoni e Perugina una storia in breve*, Electa, Perugina, 1990.

Aa.Vv., *Lessico postfordista. Dizionario di idee della mutazione*, Feltrinelli, Milano, 2001.

Aa.Vv., *La casa e il supermercato. Luoghi e comportamenti del consumo*, Elèuthera, Milano, 1996.

Aa.Vv., "Noi siamo Nike", *Nike*, 2001.

Aa.Vv./Musèe de la Publicité Paris, *Le avventure pubblicitarie di un dromedario*, Lupetti, Milano, 1995.
Aa.Vv., *Carosello. Non è vero che tutto fa brodo*, Silvana Editoriale, Milano, 1996.
Aaker D.A., *Building Strong Brands*, Free Press, New York, 1996.
Aaker D.A., *Brand Equity. La gestione del valore della marca*, FrancoAngeli, Milano, 1997.
Aaker D.A. e Biel A.L., *Brand Equity & Advertising. Advertising's Role in Building Strong Brands*, Lawrence Erlbaum Associates, Hillsdale, 1993.
Aaker D.A. e Joachimsthaler E., *Brand Leadership*, FrancoAngeli, Milano, 2001.
Abruzzese A. e Bazzoffia A., *La casa delle idee. Procter & Gamble e la cultura dell'innovazione*, Lupetti, Milano, 2001.
Alberoni F., *Valori*, BUR, Milano, 1995.
Albrow M., *The Global Age*, Polity Press, Cambridge, 1996.
Amari M., *Guida al turismo industriale: la Lombardia*, Electa, Milano, 1999.
Amari M., *I musei delle aziende. La cultura della tecnica tra arte e storia*, FrancoAngeli, Milano, Nuova edizione ampliata, 2001.
Ambler T., "Measures of brand equity", *Journal of Brand Management*, 2, 6, 1995.
Anholt S., *Brand New Justice. The Upside of Global Branding*, Butterworth-Heinemann, Oxford, 2003.
Arnold D., *The Handbook of Brand Management*, Perseus Books, Boulder, 1992.
Ariès P., *I figli di McDonald's. La globalizzazione dell'hamburger*, Dedalo, Bari, 2000.
Axelrod J., *The Definition Measurement of Brand Equity*, ARF, New York, 1993.
Ballardini B., *Gesù lava più bianco ovvero come la Chiesa inventò il marketing*, Minimum Fax, Roma, 2000.
Barber B.R., *Guerra santa contro McMondo. Neoliberismo e fondamentalismo si spartiscono il pianeta*, Pratiche, Milano, 1998.
Barthes R., *Elementi di semiologia*, Einaudi, Torino, 1966.
Barthes R., *Miti d'oggi*, Einaudi, Torino, 1974.
Barthes R., *Il grado zero della scrittura*, Einaudi, Torino, 1982.
Barthes R., *L'ovvio e l'ottuso*, Einaudi, Torino, 1985.
Barthes R., *La grana della voce. Interviste 1962-1980*, Einaudi, Torino, 1986.
Barthes R., *Scritti. Società, testo, comunicazione*, Einaudi, Torino, 1998.
Bartoccioli M., *La comunicazione di marca. Studio sulle strategie di comunicazione*, ISU Universtità Cattolica, Milano, 2001.
Bartos R., "Ernest Dichter: Motive Interpreter", *Journal of Advertising Research*, febbraio-marzo 1986.
Baskin M., Earls M., *Brand New Brand Thinking. Brought to Life by 11 Experts Who Do*, Kogan Page, London, 2002.
Batstone D., *Saving the Corporate Soul & (Who Knows?) Maybe Your Own. Eight Principles for Creating and Preserving Integrity and Profitability Without Selling Out*, Jossey Bass, San Francisco, 2003.
Becker C., *Du Ricard dans mon Coca. Nous et les marques*, Éditions d'Organisation, Paris, 2002.
Beckwith H., *Selling the invisible: a field guide to modern marketing*, Warner Business Books, New York, 1997.
Bedbury S. (with Fenichell S.), *A New Brand World: 8 Principles for Achieving Brand Leadership in the 21st Century*, Viking Penguin, New York, 2002.
Beigbeder F., *Lire 26.900*, Feltrinelli, Milano, 2001.

Berger A.A., *Ads, Fads and Consumer Culture: Advertising's Impact on American Character and Society*, Rowman & Littlefield, Lanham, 2000.

Berman R., *Pubblicità e cambiamento sociale*, FrancoAngeli, Milano, 1990.

Bernstein D., *Company Image and Reality: A Critique of Corporate Communications*, Cassel, London, 1991.

Bertolini F. e Troilo G., *Green Management. L'ecologia come vantaggio competitivo per l'impresa*, Egea, Milano, 1996.

Bogart L., *Strategia in pubblicità. Come combinare media e messaggi con mercati e motivazione*, FrancoAngeli, Milano, 1990.

Boisdevésy J., *Le marketing relationnel*, Éditions d'Organisation, Paris, 1996.

Boyer A., *L'Impossible Éthique*, Éditions d'Organisation, Paris, 2002.

Boldrini M. e Calabrese O., *Il libro della comunicazione*, Piaggio Veicoli Europei Spa, External relation and communication, Pontedera, 1995.

Bontour A., Lehu, J.-M. , *Lifting de Marque*, Éditions d'Organisation, Paris, 2002.

Botton M., Cegarra J.-J., Ferrari B., *Il nome della marca. Creazione e strategia*, Guerini e Associati, Milano, 1992.

Branson R., *Loosing my Virginity (the Autobiography)*, Virgin Books, London, 2001.

Brantwaite A. e Cooper P., "Analgesic effect of branding in treatment of headaches", *British Medical Journal*, 282, 1981.

Breton T.G. e Defever Kapferer P., *La magie Moulinex*, Le cherche midi, Paris, 1999.

Broglie E. de, *La marque face a l'ethique. Guide du marketing durable*, Pearson Education France, Paris, 2002.

Brun M. e Rasquinet M.P., *L'identité visuelle de l'enterprise*, Éditions d'Organisation, Paris, 1996.

Busacca B., *Il Valore della Marca. Tra Postfordismo ed Economia Digitale*, Egea, Milano, 2000.

Buzzati D., *Il deserto dei Tartari*, Mondadori, Milano, 1945.

Calabrese O., *Serio Ludere (sette serissimi scherzi semiotici)*, Flaccovio, Palermo, 1993.

Calvino I., *Sulla Fiaba*, Einaudi, Torino, 1988.

Carmagnola F. e Ferraresi M., *Merci di culto. Ipermerce e società mediale*, Castelvecchi, Roma, 1999.

Casula C., *Giardinieri Principesse Porcospini. Metafore per l'evoluzione personale e professionale*, FrancoAngeli, Milano, 2002.

Centro nuovo modello di sviluppo. *Guida al consumo critico. Informazioni sul comportamento delle imprese per un consumo consapevole*, Emi, Bologna, 1996.

CentroMarca, *Coevoluzione: chiave di sviluppo tra concorrenza e collaborazione*, Assemblea Pubblica 2000, Inedito.

CentroMarca, *Marca, Mercato, Etica*, Assemblea Pubblica 2002, Inedito.

Ceri P., *Movimenti Globali. La protesta nel XXI secolo*, Laterza, Bari, 2002.

Ceurvost R.W., *A Brand Equity Measure Based on Consumer Commitment to Brands*, ARF, New York, 1984.

Chaincrew, *Chainworkers. Lavorare nelle Cattedrali del consumo*, DeriveApprodi, Roma, 2001.

Chauveau A., Rosé J.J., *L'entreprise responsable: responsabilité sociale-éthique*, Éditions d'Organisation, Paris, 2003.

Chernatony L. de, *From Brand Vision to Brand Evaluation. Strategically Building and Sustaining Brands*, Butterworth Heinemann, Oxford, 2001.

Chernatony L. de e McDonalds M., *Creating Powerfull Brands*, Butterworth Heinemann, Oxford, 1998.
Codeluppi V., *Il potere della marca. Disney, McDonald's, Nike e le altre*, Bollati Boringhieri, Milano, 2001.
Collettivo Malatempora, *Cos'è che non va da McDonald's*, Malatempora, Roma, 1998.
Corrigan P., *La sociologia dei consumi*, FrancoAngeli, Milano, 1999.
Cova B., *Il Marketing Tribale. Legame, comunità, autenticità come valori del marketing mediterraneo*, Il Sole 24 Ore, Milano 2003.
Crainer S. e Dearlove D., *The Ultimate Book of Business Brands. Insights from the World's 50 Greatest Brands*, Capstone, Oxford 2003.
Crawford F. e Mathews R., *The Myth of Excellence. Why Great Companies Never Try to Be the Best at Everything*, Crown Business, New York, 2001.
Cristini G., *Le strategie di marca del distributore. Differenziazione dell'offerta e vantaggio competitivo*, Egea, Milano, 1992.
Cusi A. e Boffa M., *Pringles. Un brand globale nel mercato italiano*, Lupetti, Milano, 2000.
Darwin C., *L'origine delle specie. Selezione naturale e lotta per l'esistenza*, Bollati Boringhieri, Torino, 1967.
Davis S.M., *Brand Asset Management. Driving profitable Growth Trough Your Brands*, Jossey-Bass, San Francisco, 2000.
De Martini A., *La comunicazione people oriented. Un nuovo modello per la comunicazione d'impresa*, Guerini e Associati, Milano, 2002.
Dyson M.E., *Reflecting Black. African-American Cultural Criticism*, University of Minnesota Press, Minneapolis, 1993.
Dotz W. e Husain M., *Meet mr. Product. The Art of the Advertising Character*, Chronicle Books, San Francisco, 2003.
Douglas M. e Isherwood B., *Il mondo delle cose*, Il Mulino, Bologna, 1984.
Drillech M., *Le Boycott*, Presses du Management, Paris, 1999.
Duffy N. e Hooper J., *Passion Branding. Harnessing the Power of Emotion to Build Strong Brands*, John Wiley & Sons, Chichester, 2003.
Eco U., *Opera Aperta*, Bompiani, Milano, 1962.
Eco U., *La struttura assente. La ricerca semiotica e il metodo strutturale*, Bompiani, Milano, 1968.
Eco U., *Trattato di semiotica generale*, Bompiani, Milano, 1975.
Eco U., *Lector in Fabula. La cooperazione interpretativa nei testi narrativi*, Bompiani, Milano, 1979.
Eco U., *I limiti dell'interpretazione*, Bompiani, Milano, 1990.
Elliott M., "Brand it like Beckham", *Time*, 30 giugno 2003.
Ellwood I., *The essential brand book. Over 100 techniques to increase brand value*, Kogan Page, London, 2000.
Fabris G., "Fin dove giunge la fedeltà alla marca", *I prodotti di marca*, Milano, 1961.
Fabris G., (a cura di), *Le ricerche motivazionali. Principi - Metolodologia - Applicazioni*, Etas Kompass, Milano, 1967.
Fabris G., "The product 's Life Cycle: a Phenomenon of Marketing Myopia", in *Publishing a Better Product*, Esomar, Firenze, 1983.
Fabris G. e Mortara V., *Le Otto Italie*, Mondadori, Milano, 1988.
Fabris G., *La pubblicità, teorie e prassi*, FrancoAngeli, Milano, 1992.
Fabris G., *Consumatore & Mercato. Le nuove regole*, Sperling & Kupfer, Milano, 1995.

Fabris G., "I valori intangibili rafforzano la marca", *Il Sole 24 Ore*, 20 luglio 1999.
Fabris G., "Le marche tradizionali di fronte all'irresistibile ascesa della distribuzione", *Il Sole 24 Ore*, 9 dicembre 2001.
Fabris G., *Valore e Valori della marca*, Relazione per "Io parlo tu ascolti. Tu parli, io ascolto", Congresso Nazionale della Pubblicità, Roma, 25 ottobre 2001, Inedito.
Fabris G., *L'amore al tempo di Internet*, FrancoAngeli, Milano, 2001.
Fabris G., *Il nuovo consumatore: verso il postmoderno*, FrancoAngeli, Milano, 2002.
Farquahar H., "Managing Brand Equity", *Marketing Research*, settembre 1989.
Feldwick P., *What is Brand Equity, Anyway?*, World Adverstising Research Center, Henley on Thames, 2002.
Ferraresi M., *Il packaging. Oggetto e comunicazione*, FrancoAngeli, Milano, 1999.
Ferraresi M., *La Marca. Costruire un'identità, rafforzare un'immagine*, Carocci, Roma, 2003.
Ferraro G. , *La pubblicità nell'era di Internet*, Meltemi, Roma, 1999.
Finkelstein J., *The Fashioned Self*, Polity Press with Basil Blackwell, Oxford 1991.
Fonzi A. e Negro Sancipriano E., *La magia delle parole: alla riscoperta della metafora*, Einaudi, Torino, 1975.
Franzen G., *Brands & Advertising. How Advertising Effectivness Influences Brand Equity*, Admap, Henley on Thames, 1999.
Franzen G. e Bouwman M., *The Mental World of Brands. Mind, Memory and Brand Success*, World Advertising Research Center, Henley on Thames, 2001.
Gaggi M. "L'etica e le regole sono vitali per le imprese", *CorrierEconomia*, 14 aprile 2003.
Gardner H., Csikszentmihalyi M., Damon W., *Good Work. When Excellence and Ethics Meet*, Basic Books, New York, 2001.
Geertz C., *Mondo globale, mondi locali. Cultura e politica alla fine del ventesimo secolo*, Il Mulino, Bologna, 1999.
Gesualdi F., *Manuale per un consumo responsabile. Dal boicottaggio al commercio equo e solidale*, Feltrinelli, Milano, 2002.
Giaretta E., *Business ethics e scelte di prodotto*, Cedam, Padova, 2000.
Gobé M., *Emotional Branding: The New Paradigm for Connecting Brands to People*, Allworth Press, New York, 2001.
Gobé M., *Citizen brand: 10 Commandments for Transforming Brands in a Consumer Democracy*, Allworth Press, New York, 2002.
Godin S., *Permission Marketing. Turning Strangers into Friends, and Friends into Costumers*, Simon and Schuster, New York, 1999.
Godin S., *Survival is Not Enough. Why Smart Company Abandon Worry and Embrace Change*, The Free Press, New York, 2002.
Gombrich E.H., *Ideali e Idoli*, Einaudi, Torino, 1986.
Goodrum C. e Darlymple H., *Advertising in America. The First 200 Years*, Harry N. Abrams, Inc., Publishers, New York, 1990.
Gregotti V., *Il disegno del prodotto industriale*, Electa, Milano, 1978.
Greimas A.J., *Del senso 2. Narrativa, Modalità, Passioni*, Bompiani, Milano, 1995.
Grove A., *Only the Paranoid Survive: How to Exploit the Crisis Points That Challenge Every Company*, Currency Doubleday, New York, 1996.
Gruzinsky S., *La pensée métisse*, Arthème Fayard, Parigi, 1999.
Haig M., *Brand Failures. The Truth and The 100 Biggest Branding Mistakes of All Time*, Kogan Page, London, 2003.
Hallberg G., *I consumatori non sono tutti uguali*, Lupetti, Milano, 1999.

Hamilton C., *Absolut. Biography of a Bottle*, Texere, New York, 2000.
Hankinson G. e Cowking P., *The Reality of Global Brands. Cases and Strategies for the Successful Management of International Brands*, McGraw-Hill, Maidenhead, 1996.
Hart S. e Murphy J., *Brands. The New Wealth Creators*, Interbrand, Palgrave, New York, 1998.
Heat R., "The Hidden Power of Advertising. How low involvement processing influences the way we choose brands", *Admap Monograph*, n. 7, Admap Publications, Oxfordshire, 2001.
Held D. e McGrew A., *Globalismo e antiglobalismo*, Il Mulino, Bologna, 2003.
Hoogvelt A., *Globalization and the Postcolonial World: The New Political Economy of Developement*, Macmillan, London, 1997.
Ind N., *Living The Brand. How to Transform Every Member of Your Organisation into a Brand Champion*, Kogan Page, London, 2001.
Interbrand Group PLC, *The World's Greatest Brands*, New York University Press, New York, 1997.
Julien J.R, *Musica e pubblicità. Dai gridi medievali ai jingle radiotelevisivi*, Ricordi Unicopli, Milano, 1992.
Kaisergruber D., Landrieu J., *Tout n'est pas économique. Des enterprises qui construisent leur performance*, L'Aube Éditions, Paris, 2000.
Kanner B., *The 100 Best TV Commercials and Why They Worked*, Times Business, New York, 1999.
Kapferer J.-N., *Rumeurs. Le plus vieux média du monde*, Éditions du Seuil, Paris, 1987. (Edizione italiana: *Le voci che corrono. I più antichi media del mondo*, Longanesi, Milano, 1987).
Kapferer J.-N. e Thoenig J., *La marca. Motore della competitività delle imprese e della crescita dell'economia*, Guerini e Associati, Milano, 1991.
Kapferer J.-N., *Les marques. Capital de l'Enterprise*, Éditions d'Organisation, Paris, 2000.
Kapferer J.-N., *Ce qui va changer les marques*, Éditions d'Organisation, Paris, 2002a.
Kapferer J.-N., *Les marques à l'épreuve de la pratique*, Editions d'Organisation, Paris, 2002b (tr. it., di A. Mortara, *Re-inventare la marca. Potranno le grandi marche sopravvivere al nuovo mercato?*, FrancoAngeli, Milano, 2002c).
Kapferer J.-N. e Laurent, G. *La sensibilité aux marques. Marchès sans marques. Marchès à marques*, Éditions d'Organisation, Paris, 1992.
Kapferer P. e Gaston-Breton V., *La légende Lacoste*, Le cherche midi, Paris, 2002.
Katz D. *Just Do It: the Nike Spirit in the Corporate World*, Adams Media Corporation, Holbrook, 1994.
Keller J. *Il mito Coca-Cola*, Elèuthera, Milano, 1986.
Keller K.L., *Strategic Brand Management. Building, Measuring, and Managing Brand Equity*, Prentice Hall, Upple Saddle River, 2003.
King S., "Brand building in the 1990's", *Journal of Marketing Management*, n. 7, 1990.
Klein N., *No Logo. Economia globale e nuova contestazione* (edizione integrale), Baldini & Castoldi, Milano, 2002.
Knapp D.E., *The Brand Mindset*™, McGraw-Hill, New York, 2000.
Kochan N., *The World's Greatest Brand*, Interbrand, Macmillan Business, London, 1996.
Kotler P., Jain Maesincee D.S., *Marketing Moves. A New Approach toProfits, Growth, and Renewal*, Harvard Business School Press, Harvard, 2002.

Kroc R., *Grinding it out: the making of McDonald's*, St. Martin's Paperbacks edition, 1987.
Kunde J., *Unique Now... or Never!*, Prentice Hall, London, 2002.
LaSalle D.T. e Britton A., *Priceless. Turning Ordinary Products into Extraordinary Experiences*, Harvard Business School Press, Boston, 2003.
Laville E., *L'Enterprise verte*, Village Mondial, Paris, 2002.
Le Corbusier, *Verso una architettura*, Longanesi, Milano, 1984.
Levitt L., *Marketing Imagination*, Sperling & Kupfer, Milano, 1990.
Leuthesser L., *Defining, Measuring and Managing Brand Equity*, Marketing Science Institute, Cambridge, 1988.
Lévi-Strauss C., *Le regard éloigné*, Libraire Plon, Paris, 1983, (tr. it. di P. Levi, *Lo sguardo da lontano. Antropologia, cultura e scienza a raffronto*, Einaudi, Torino, 1984).
Lévi-Strauss C., *L'identità*, Sellerio, Palermo, 1996.
Lewi G., *L'Odyssée des Marques*, Albin Michel, Paris, 1998.
Lewis R.W., *Absolut Book. The Absolut Vodka Advertising Story*, Journey Editions, Boston, 1996.
Lindstrom M., *Clicks, Bricks & Brands. Ovvero il matrimonio tra economia on-line ed economia off-line*, Etas, Milano, 2002.
Logié B. e Logié-Naville D., *Leur nom est une marque*, Éditions d'Organisation, Paris, 2002.
Lombardi M. (a cura di), *Il nuovo manuale di tecniche pubblicitarie. Il senso e il valore della pubblicità*, FrancoAngeli, Milano, 1998.
Lombardi M. (a cura di), *Il dolce tuono. Marca e pubblicità nel terzo millennio*, FrancoAngeli, Milano, 2000.
Lorin P., *5 Géants de la publicité*, Éditions Assouline, Paris, 1991.
Love J.F., *McDonald's: Behind the Arches*, Bantam Book, New York, 1986.
Lugli G., Pellegrini L., *Marketing distributivo*, Utet, Torino, 2002.
Macrae C., *The Brand Chartering Handbook*, Eiu/Addison-Wesley, Harlow, 1996.
Maldonado T., *Critica della ragione informatica*, Feltrinelli, Milano, 1997.
Marinis F. de', *La leggenda delle grandi marche. Uomini, miti e fortune d'America*, Lupetti & Co., Milano, 1989.
Mariotti J., *Smart Things to Know About Brands & Branding*, Capstone, Milford, 1999.
Mazzalovo G. e Chevalier M., *Pro Logo. Le marche come fattori di progresso*, FrancoAngeli, Milano, 2003.
Mazzei R., *Brand equity: il valore della marca. Teoria e prassi dei processi valutativi*, Egea, Milano, 1999.
McDonald C., "Tracking Advertising and Monitoring Brands", *Admap Monograph* n. 6, Admap Publications, Oxfordshire, 2000.
Mealli G.L., "Mecca-Cola: la vittoria del prodotto militante", *L'Impresa*, n. 4/2003.
Miceli V., *Gestire localmente una marca globale, globalizzare una marca locale*, Relazione per il Brand Lab Laboratorio sul Branding, Iulm, 16 aprile 2003, Inedito.
Michel G., *La stratégie d'extension de marque*, Vuibert, Paris, 2000.
Mierau C., *Accept No Substitutes! The History of American Advertising*, Lerner, Minneapolis, 2000.
Minestroni L., *Casa dolce casa. Storia dello spazio domestico tra pubblicità e società*, FrancoAngeli, Milano, 1996.
Minestroni L., *L'alchimia della marca. Fenomenologia di un moltiplicatore di valore*, FrancoAngeli, Milano, 2002.

Monachesi R., *Il Marchio. Storia, semiotica, produzione*, Lupetti & Co., Milano, 1993.
Montagna L., *Lavapiubianco.com. Pubblicità e web*, Hops, Milano, 2002.
Morin E., *Il paradigma perduto. Che cos'è la natura umana?*, Feltrinelli, Milano, 1994.
Morin E., *Lo spirito del tempo*, Meltemi, Roma, 2002.
Moser M., *United We Brand. How to Create a Cohesive Brand That's Seen, Heard, and Remembered*, Harvard Business School Press, Boston, 2003.
Murphy P.E. e Enis, B.M., "Clssifying Products Strategically", *Journal of Marketing*, July, 1996.
Nacci M. (a cura di), *Oggetti d'uso quotidiano. Rivoluzioni tecnologiche nella vita di oggi*, Marsilio, Venezia, 1998.
Norman D.A., *La caffettiera del masochista. Psicopatologia degli oggetti quotidiani*, Giunti, Firenze, 1990.
Orletti F. e Castelfranchi C., *La metafora come processo cognitivo*, Istituto di Psicologia, CNR, Roma, 1972.
G. Padovani, *Gnam! Storia sociale della Nutella*, Cooper & Castelvecchi, Roma, 1999.
Pagano V., "Il valore marchio", *Ottagono* n. 157, febbraio 2003.
Panofsky E., *La prospettiva come forma simbolica e altri scritti*, Feltrinelli, Milano, 1984.
Parson A.J., "Nestlé: the vision of local managers - an interview with Peter Bradeck-Letmathe, CEO elect, Nestlé", The McKinsey Quarterly, 2, 1996.
Pastore-Reiss E. e Naillon H., *Le Marketing étique*, Village Mondial, Paris, 2002.
Pellegrini L., *Il commercio in Italia. Dalla bottega all'ipermercato*, Il Mulino, Bologna, 2001.
Pendergrast M., *Per Dio la Patria e la Coca-Cola. La vera storia (non autorizzata) della bibita più famosa del mondo*, Piemme, Alessandria, 1993.
Pfiffner A., *Henri Nestlé. De l'aide-pharmacien allemand au pionnier suisse de l'industrie*, Nestlé S.A.,Vevey, 1995.
Pirella E., *Il Copywriter. Mestiere d'Arte*, Il Saggiatore, Milano, 2001.
Pittèri D., *La pubblicità in Italia. Dal dopoguerra a oggi*, Laterza, Bari, 2002.
Pringle H. e Thompson M., *Brand Spirit. How Cause Related Marketing Builds Brands*, John Wiley & Sons, Chichester, 1999.
Propp V. Ja., *Morfologia della fiaba*, Einaudi, Torino, 1966.
Ragas M. e Bueno B.J., *The Power of Cult Branding. How 9 Magnetic Brands Turned Customers into Loyal Followers (and Yours Can, Too!)*, Prima Venture, New York, 2002.
Rayport J.F., "The virus of marketing", in *Fast company*, n. 6, dicembre 1996.
Rayport J.F. e Jaworsky B.J., *e-Commerce*, McGraw-Hill Italia, Milano, 2001.
Randall G., *Branding*, Kogan Page, London, 1997.
Rechenmann J.-J., *Internet et marketing*, Éditions d'Organisation, Paris, 1999.
Rechenmann J.-J., *L'audit du site web*, Éditions d'Organisation, Paris, 2001.
Rechenmann J.-J., *Places de marché. Mode d'emploi*, Éditions d'Organisation, Paris, 2002.
Rees G.A., *Character Reading From The Face. The Science of Phisiognomy*, Andrew George Elliot, Kingswood Surrey, 1950.
Reeves R., *Reality in Advertising*, A.A. Knopf, New York, 1961 (trad. it. di L. Denon, *La Realtà' Pubblicitaria*, Etas Kompass, Milano, 1963 e *I miti di Madison Avenue*, Lupetti & Co, Milano, 1988).

Resca M. e Gianola R., *McDonald's. Una storia italiana*, Baldini & Castoldi, Milano, 1998.
Ries A. e Trout J., *Positioning: the Battle for Your Mind*, McGraw-Hill, New York, 2001.
Ries A. e Ries L., *The 22 Immutable Laws of Branding. How to Build a Product or Service in to a World-Class Brand*, Harper Business, New York, 2002.
Ries A. e Ries L., *The 11 Immutable Laws of Internet Branding*, HarperCollins Business, London, 2000.
Ritzer G., *Il mondo alla McDonald's*, Il Mulino, Bologna, 1997.
Ritzer G., *La religione dei consumi. Cattedrali, pellegrinaggi e riti dell'iperconsumismo*, Il Mulino, Bologna, 2000.
Roozen N. e Van der Hoff F., *Max Havelaar. L'avventura del commercio equo e solidale*, Feltrinelli, Milano, 2003.
Rossiter J.R e. Percy L., *Advertising Vommunication and Management*, McGraw-Hill, New York, 1997.
Roveda D., "Nuove ricette per McDonald's", *Il Sole 24 ore*, 13 aprile 2003, n. 102.
Sapelli G., *Responsabilità d'impresa. Tra mercato e nuova sovranità politica*, Guerini e Associati, Milano, 1996.
Sapelli G., *Storia economica dell'Italia contemporanea*, Bruno Mondadori, Milano, 1997.
Sapelli G., *Perché esistono le imprese e come sono fatte*, Bruno Mondadori, Milano, 2000.
Sapelli G., *Antropologia della globalizzazione*, Bruno Mondadori, Milano, 2002.
Sapelli G., *Merci e persone. L'agire morale nell'economia*, Rubettino, Catanzaro, 2002.
Saporito B., "Has-Been Brands Go Back to Work", *Fortune*, 28 aprile 1986.
Sattler H., "Der Wert von Marken", Institut für Betriebswirtschaftslehre, *Report*, n. 341, januar 1994.
Saussurre F. de, *Corso di linguistica generale*, Laterza, Bari, 1983
Scarpellini E., *Comprare all'americana. Le origini della rivoluzione commerciale in Italia 1945-1971*, Il Mulino, Bologna, 2001.
Schaeffer R. e Bateman B., *Coca-Cola*, Quintet Publishing Limited, London, 1995.
Schlosser E., *Fast Food Nation: the Dark Side of the All-American Meal*, Perennial, New York, 2002.
Schmitt B.H., *Experiential Marketing: How to Get Customers to Sense, Feel, Think, Act, and Relate to Your Company and Brand*, The Free Press, New York, 1999.
Schmitt B.H. e Simonson A., *Marketing Aesthetics: the Strategic Management of Brands, Identity and Image*, The Free Press, New York, 1997.
Schor J.B., *The Overspent American: Upscaling, Downshifting, and the New Consumer*, Basic Books, New York, 1998.
Schwartz P. e Gibb B., *When Good Companies Do Bad Things. Responsibility and Risk in an Age of Globalization*, John Wiley & Sons, New York, 1999.
Seybold P.B., *Customers.com*, Times Business, New York, 1998.
Semprini A., *Marche e mondi possibili. Un approccio semiotico al marketing della marca*, FrancoAngeli, Milano, 1993.
Semprini A., *La Marca. Dal prodotto al mercato, dal mercato alla società*, Lupetti, Milano, 1996.
Sherrington M., *Added Value. The Alchemy of Brand-Led Growth*, Palgrave Macmillan, New York, 2003.

Sicard M., *Ce que marque veut dire…*, Éditions d'Organisation, Paris, 2001.
Smith C., *Morality and The Market*, Routledge, Londra, 1990.
Sparvoli A., "Non toccate la Coca-Cola", *Mark-Up*, settembre 1995.
Steinbach Palazzini F., *Coca-Cola Superstar*, Idealibri, Milano, 1986.
Sterne J., *Customer Service con Internet*, Wiley/Tecniche Nuove, Milano, 2001.
Strasser J.B. e Becklund L., *Swoosh: the Unauthorized Story of Nike and the Man Who Played There*, HarperBusiness, New York, 1993.
Thiky N.M. e McGill A., *The Ethical Challenge. How to Lead with Unyielding Integrity*, John Wiley & Sons, San Francisco, 2003.
Travis D., *Emotional Branding: How Successful Brands Gain the Irrational Edge*, Prima Venture Publishing, Roseville, CA, 2000.
Trout J., *Big Brands, Big Trouble. Lesson Learned the Hard Way*, John Wiley & Sons, New York, 2001.
Trout J. e Rivkin S., *The New Positioning. The Latest on the World's #1 Business Strategy*, McGraw-Hill, New York, 1996.
Trout J. e Rivkin, S., *Differentiate or Die: Survival in our Era of Killer Competition*, John Wiley & Sons, New York, 2000.
Università del Progetto, *Pubblicità Canaglia*, Zelig, Milano, 2002.
Upshaw L.B., *Building Brand Identity. A Strategy for Succes in a Hostile Marketplace*, John Wiley & Sons, New York, 1995.
Vaid H., *Branding*, Cassel Illustrated, London, 2003.
Vanderbilt T., *L'anima di gomma. Industria e culture della scarpa sportiva*, Feltrinelli, Milano, 2000.
Velasquez M.G., *Business Ethics. Concepts and Cases*, Prentice Hall, Upple Saddle River, NJ, 2002.
Vincent L., *Legendary brands. Unleashing the Power of Storytelling to Create a Winning Market Strategy*, Dearborn, Chicago, 2002.
Volli U., *Semiotica della pubblicità*, Laterza, Bari, 2003.
Watin-Augouard J., *Histoires de marques*, Éditions d'Organisation & TM ride, Paris, 2001.
Watson J.L., *Golden Arches East. McDonald's in East Asia*, Stanford University Press, Stanford, 1997.
Williams G., *Branded? Products and Their Personalities*, V&A Publications, London, 2000.
Willmott M., *Citizen Brands. Putting Society at the Heart of Your Business*, John Wiley & Sons, Chichester, 2001.
Wong M., "Windows Won War, but Apple Led Way", *Associated Press*, 12 agosto 2001.
Zadek S., *The Civil Corporation: The New Economy of Corporate Citizenship*, Earthscan Publications, London, 2001.
Zyman S., *The End of Marketing as We Know it*, Harper Business, New York, 1999.
Zyman S. e Miller S., *Building Brandwidth. Closing the Sale On Line*, Harper Business, New York, 2002.
Žižek, S., *Il Grande Altro. Nazionalismo, godimento, cultura di massa*, Feltrinelli, Milano, 1999.

639. *Impresa, comunicazione, mercato,* collana diretta da Giampaolo Fabris

1. Ronald Berman, *Pubblicità e cambiamento sociale*
2. Christopher Lorenz, *Dimensione design. L'arma vincente della competizione globale*
3. Andrea Semprini (a cura di), *Lo sguardo semiotico. Pubblicità, stampa, radio*
4. Larry Percy, Arch. G. Woodside, *Pubblicità e psicologia del consumatore*
5. Leo Bogart, *Strategia in pubblicità. Come combinare media e messaggi con mercati e motivazione*
6. Vanni Codeluppi, *Consumo e comunicazione: merci, messaggi e pubblicità nelle società contemporanee*
7. Pascale Weil, *Il nuovo narciso. Comunicazione pubblicitaria e individualismo*
8. Haley I. Russell, *Segmentazione per vantaggi. Principi, metodi e casi del nuovo approccio alla comunicazione pubblicitaria e di marketing*
9. John Sinclair, *La società dell'immagine. La pubblicità come industria e ideologia*
10. David A. Aaker, John G. Myers, *Management della pubblicità*
11. Jean-Marie Floch, *Semiotica, marketing e comunicazione. Dietro i segni, le strategie*
12. Vanni Codeluppi, *I consumatori. Storia, tendenze, modelli*
13. Giampaolo Fabris, *La pubblicità, teorie e prassi*
14. Giovanna Gadotti, *Pubblicità sociale. Lineamenti ed esperienze*
15. Andrea Semprini, *Marche e mondi possibili. Un approccio semiotico al marketing della marca*
16. Stuart Ewen, *Sotto l'immagine niente. La politica dello stile nella società contemporanea*
17. Virgilio Vercelloni, *Comunicare con l'architettura*
18. Roberto Grandi (a cura di), *Semiotica al marketing. Le tendenze della ricerca nel marketing, nel consumo, nella pubblicità*
19. Vanni Codeluppi (a cura di), *La sfida della pubblicità*
20. Chiara Giaccardi, *I luoghi del quotidiano. Pubblicità e costruzione della realtà sociale*
21. Giulia Ceriani, Roberto Grandi (a cura di), *Moda: regole e rappresentazioni. Il cambiamento, il sistema, la comunicazione*
22. Laura Minestroni, *Casa dolce casa. Storia dello spazio domestico tra pubblicità e società*
23. Joseph B. Pine II, *Mass Customization: dal prodotto di massa all'industriale su misura. Il nuovo paradigma manageriale*
24. Jean-Marie Floch, *Identità visive. Costruire l'identità a partire dai segni*
25. Andrea Semprini, *Analizzare la comunicazione. Come analizzare la pubblicità, le immagini, i media*
26. David A. Aaker, *Brand equity. La gestione del valore della marca*
27. Vanni Codeluppi, *La pubblicità. Guida alla lettura dei messaggi*
28. M. Lombardi (a cura di), *Manuale di tecniche pubblicitarie. Il senso e il valore della pubblicità*
29. Peter Corrigan, *La sociologia dei consumi*
30. Mauro Ferraresi, *Il packaging. Oggetto e comunicazione*
31. Vanni Codeluppi, *Iperpubblicità. Come cambia la pubblicità italiana*
32. Marco Lombardi (a cura di), *Il dolce tuono. Marca e pubblicità nel terzo millennio*
33. Giovanni Siri, *La psiche del consumo. Consumatori, desiderio e identità*
34. David Aaker, Erich Joachimsthaler, *Brand Leadership*
35. Giulia Ceriani, *Marketing moving: l'approccio semiotico. Analizzare il mix di comunicazione, gestirne gli effetti di senso*
36. Emanuele Gabardi (a cura di), *La visione strategica. Contributi e percorsi per incrementare l'efficacia della pubblicità*
37. Jean-Noël Kapferer, *Re-inventare la marca. Potranno le grandi marche sopravvivere al nuovo mercato?*
38. Laura Minestroni, *L'alchimia della marca. Fenomenologia di una moltiplicatore di valore*
39. Giampaolo Fabris, *Il nuovo consumatore: verso il postmoderno*
40. George Ritzer, *L'era dell'iperconsumo. McDonaldizzazione, carte di credito, luoghi del consumo e altri temi*

41. Pietro Rutelli, *L'impresa intangibile. Marketing, comunicazione e internet*
42. Francesco Giordana, *La comunicazione del turismo tra immagine, immaginario e immaginazione*
43. Giampaolo Fabris, Laura Minestroni, *Valore e valori della marca. Come costruire e gestire una marca di successo*
44. Nicoletta Cerana (a cura di), *Comunicare la responsabilità sociale. Teorie, modelli, strumenti e casi d'eccellenza*